임시정부 시기의 대한민국 연구

김 희 곤 金喜坤

1954년 대구 출생
경북대학교 사학과, 동 대학원 졸업, 문학박사
한국근대사, 한국독립운동사 전공
Harvard University 방문학자(1996~1997)
안동대학교 사학과 교수(1988~현재)
독립기념관 한국독립운동사연구소장(2004~2006)
대한민국임시정부자료집편찬위원장(2005~2011)
안동독립운동기념관장(2007~2014)
한국근현대사학회장(2011~2012)
경북독립운동기념관장(2014~현재)

임시정부 시기의 대한민국 연구

초판 제1쇄 발행 2015. 4. 13.
초판 제2쇄 발행 2018. 4. 23.

지은이   김 희 곤
펴낸이   김 경 희
펴낸곳   (주)지식산업사
　　　　　본사 ● 10881, 경기도 파주시 파주시 광인사길 53
　　　　　　전화 (031)955-4226~7 팩스 (031)955-4228
　　　　　서울사무소 ● 03044, 서울시 종로구 자하문로6길 18-7
　　　　　　전화 (02)734-1978,1958 팩스 (02)720-7900
　　　　　한글문패 지식산업사
　　　　　영문문패 www.jisik.co.kr
　　　　　전자우편 jsp@jisik.co.kr
　　　　　등록번호 1-363
　　　　　등록날짜 1969. 5. 8.

책값은 뒤표지에 있습니다.

ⓒ 김희곤, 2015
ISBN 978-89-423-1184-2 (93910)

이 책을 읽고 저자에게 문의하고자 하는 이는
지식산업사 전자우편으로 연락바랍니다.

임시정부 시기의 대한민국 연구

김 희 곤

지식산업사

책을 펴내며

대한민국은 언제 건국되었을까? 무슨 어리석은 이야기냐고 말할 수도 있지만, 이 물음이 풀리지 않아서 온통 시끄럽고 더 나아가 나랏일이 꼬이기까지 하고 있다. 몇 년 앞서 터져 나온 '건국절 사태'도 바로 여기에서 비롯했다. 건국절 사태는 광복절을 없애고 8월 15일을 건국절로 만들자는 안이 국회에서 정식으로 발의되자, 찬반을 둘러싸고 치열한 공방전이 벌어졌고, 끝내는 이를 발의한 국회의원이 광복회를 방문하여 사과하고 마무리 짓는 것으로 표면상 주저앉은 일이다. 하지만 그 주장은 지금도 계속되고 있다.

그렇다면 정말 대한민국은 언제 세워졌나? 대한민국이라는 말 자체가 처음 나타난 때가 언제인가? 그 때가 바로 1919년 4월 11일이다. 황제가 주권을 가진 대한제국이 망한 뒤, 8년이 채 되지 않은 1919년 4월 대한민국이란 국호가 등장했다. 이는 '민'이 주권을 가진, 한국 역사에서 처음으로 태어난 국가 이름이다. 그런데 국가의 구성 3요소인 영토·주권·국민을 제대로 갖추지 못한 채, 망명지에서 태어났으니, 온전한 국가일 수는 없다. 그러나 온전하지는 않더라도 망명지에서 정부(임시정부)와 의회(임시의정원) 조직을 가지고 국가(대한민국)를 운영한 사실만은 분명하다. 더구나 1919년 4월 11일 결의한 제헌헌법(대한민국 임시헌장) 제10조에 국토를 되찾으면 '국회'를 소집한다고 분명하게 밝혔다. 다시 말하면 국토를 되찾으면 임시정부는 정부로, 임시의정원은 국회로 발전시킨다는 계획을 1919년에 이미 제시하였고, 이것을 이루어 나간 걸음이 바로 임시정부 시기의 대한민국의 역사요, 그 뜻을 이어받은 것이 정부 시기의 대한민국이다.

이렇게 보면 대한민국은 불완전하더라도 1919년에 세워진 사실만은 분명하다. 그런데 1948년 8월 처음 대한민국이 세워졌다고 주장하는 경우도 있다. 이들이 말하는 대한민국은 북한을 제외한 남한만을 뜻한다. 남북으로 나뉜 한반도에서 남쪽만으로 줄어든 영토와 주권, 국민을 담아낸 대한민국이 바로 이들이 말하는 국가의 범주다. 그런데 대한민국 헌법에는 대한민국의 영토를 '한반도와 그 부속도서'라고 규정하고, 일반 국민들도 그렇게 이해하고 있다. 논리가 맞지 않는다.

그렇다면 1948년 8월 15일, 그날 중앙청 앞에서 열린 경축식장에는 어떤 명칭이 사용되었을까? 그 날 그 곳에서는 '대한민국 건국'이 아니라 '대한민국 정부 수립'을 기념하는 식을 가졌다. 중앙청 앞 광장에서 열린 경축식 동영상을 보면, 이승만 대통령 뒤로 좌우로 길게 내걸린 펼침막에는 '大韓民國 政府 樹立 國民 祝賀式'이라 적혔다. 건국 축하식이 아니라 대한민국 정부를 수립하는 국민의 축하식이라는 말이다. 대한민국이 1919년에 건립되었고, 이를 1948년에 재건한다는 뜻은 대한민국 정부의 제헌헌법 전문에서도 고스란히 드러난다.

> "우리들 대한국민은 기미 3·1운동으로 대한민국을 건립하여 세계에 선포한 위대한 독립정신을 계승하여 이제 민주독립국가를 재건함에……"(1948. 7. 17)

3·1정신으로 대한민국을 세워 세계에 선포한 역사를 앞세우고, 그 독립정신을 이어받아 민주독립국가를 재건한다는 뜻이 선명하다. 그런데 앞의 사실을 뭉개버리고, 오로지 1948년 건국설을 내세우는 목소리만 드높이며 주류인 것처럼 나선다. 그러면서 자신의 입맛에 맞춰 교과서를 만들어야 한다고 목청을 높인다. 그런 처지에 역사 왜곡

을 일삼는다며 일본의 아베 총리를 욕한다. 권력의 입맛에 따라 다르게 주장한다는 현상은 크게 다를 것도 없으면서 말이다.

　이런 현실을 보면서 나는 대한민국의 역사를 임시정부 시기와 정식정부 시기로 구분해서 바라볼 필요가 있다고 생각했다. '임시정부'라거나 '상하이임정', 또는 '임정'이라고 부르는 동안 우리는 '대한민국'이라는 존재를 잊고 살아온 경향이 있다. 분명 그 임시정부는 대한민국을 운영하는 정부 조직이었다. 그래서 나는 대한민국 임시정부가 펼친 독립운동에 관한 글을 발표하다가, 이제 인식을 바꾸어 놓을 필요가 있다고 판단하고, 지난 10년 동안 발표했던 글을 묶어 '임시정부 시기의 대한민국'으로 엮어 보기로 작정하였다.

　내가 생각하는 기본 틀은 각 시대마다 역사적 과제가 무엇인가에 있다. 임시정부 시기의 대한민국이 가지는 과제는 완전한 자주독립국가를 만드는 것이고, 정부시기 곧 분단시대의 대한민국은 통일국가 완성이라는 과제를 가진다는 것이다. 그래서 두 단계의 대한민국이 존재하고, 통일국가를 이루게 되면 세 번째 단계의 대한민국이 될 것이라 내다본다.

　이런 생각을 갖고 제목을 정하고 보니, 격에 맞지 않은 점도 여럿 있다. 단행본을 머리에 그리면서 쓴 주제들이 아니라서 일목요연하지 못하다는 것이 그 하나요, 임시정부 중심의 항일투쟁만을 서술하는 바람에 이 시기 나라 안팎에서 펼쳐진 다양한 역사를 모두 담아내지 못했다는 것이 다른 하나다. 이런 한계가 있지만, 그래도 대한민국의 역사를 임시정부와 정식정부의 두 개 시기를 한 덩어리로 묶어 보는 역사 인식을 높여보자는 뜻을 가지고 이 제목을 내걸기로 작정하였다.

　책 제목을 제대로 충족하는 글이 되자면, 임시정부 시기 대한민국의 역사를 총체적으로 그려 내야 할 것이다. 그 시기에 펼쳐진 나라 안팎의 모든 항일투쟁도 그렇고, 식민통치에 짓밟히고 또 그에 맞서 견뎌 낸 민중의 삶과 의식까지도 포함하는 저술이 나와야 한다는 생각이다.

나는 이런 큰 차원의 통사를 다음 과제로 여기고 있지만, 해낼 수 있을
지 스스로 걱정하기도 한다.

　글쓴이를 이끌어 주신 조동걸 선생님의 건강을 기원하는 말로 머리말
을 마친다. 세월 앞에 장사가 없다고 했던가. 그렇게도 강건하시던 분이
점점 쇠약해지시는 모습은 그저 안타까울 따름이다. 부디 건강하신 날이
이어지길 빌고 또 빈다. 끝으로 모자라고 틀이 맞지 않은 글들을 한 권으
로 엮어 내도록 격려해 주신 지식산업사 김경희 사장님, 또 흐트러진 글
을 꼼꼼하게 읽고 말끔하게 다듬어 준 정다운님께 감사드린다.

대한민국 임시정부 수립 96주년과 광복 70주년을 기리며
대한민국 97년(2015) 4월
김 희 곤

차 례

제1장 1910년대 독립운동과 대한민국의 출범

大韓民國二年元月元旦
民國臨時政府新年祝賀會記念

I. 신해혁명辛亥革命과 한국 독립운동

1. 신해혁명에 쏠린 한국인의 관심

1911년에 시작된 신해혁명辛亥革命이 중국 역사에서 가지는 역사적 의의는 대단히 크다. 안으로 보면, 멸만흥한滅滿興漢이라는 한족漢族의 종족주의 혁명이자, 2천 년이나 지속되던 황제정을 무너뜨리고 공화정을 향해 나아가기 시작한 공화혁명共和革命이다. 밖으로 보면, 이는 중국만의 혁명이 아니라 동아시아 또는 아시아 전체의 혁명이라 평가할 만하다.[1]

한국 독립운동도 신해혁명의 영향을 직접 받았다. 신해혁명이 일어난 시점은 한국인에게 특별하다. 대한제국이 멸망한 지 1년 남짓 지난 때이니, 나라를 되찾을 방법을 찾는 데 몰입하던 한국 독립운동가들로서는 이 혁명에 비상한 관심을 가지지 않을 수 없었다.

한국 독립운동가들이 신해혁명에 관심과 관계를 갖는 정도는 다양했다. 직접 거기에 참가한 김규흥金奎興 같은 인물도 있고,[2] 그 추이에 관심을 두고 중국 혁명인사들과 밀접한 관계를 가지면서 후속 작업에 뛰어든 신규식申圭植 같은 이도 있었다. 또 상하이上海로 가서 혁명의 진행과정을 잠시 지켜본 뒤 국내로 그 소식을 옮겨온 인물도 있

---

1) 이러한 내용은 다음과 같은 배경한의 연구에서 정리되었다. 裴京漢, 〈上海 南京지역의 초기(1911~1913) 韓人 망명자들과 신해혁명〉, 《동양사학연구》 제67집, 1999 ; 裴京漢, 〈韓人參與辛亥革命的史實〉, 《近代中國》 第145期, 臺北 近代中國雜誌社, 2001; 〈中國亡命시기(1910~1925) 朴殷植의 언론활동과 중국인식 -《香江雜誌》, 《國是報》, 《四民報》의 분석-〉, 《동방학지》 123, 2003. 이 연구들은 《쑨원과 한국》, 한울아카데미, 2007에 게재되었다.

2) 裴京漢, 〈辛亥革命과 韓國 -金奎興의 廣東에서의 활동을 중심으로-〉, 中國史學會, "辛亥革命與百年中國"國際學術研討會(2011.10, 武漢) 발표 원고.

고, 이상룡李相龍처럼 만주에서 혁명의 추이를 전해 들으면서 그 영향
을 저울질하던 사람도 있었다. 이러한 인물이나 세력에 대한 연구는
분산적으로 진행되어 왔고, 부분적으로 그 성과가 축적된 분야도 있
다. 김규흥처럼 직접 신해혁명에 참가한 인물을 발굴한 일은 사실상
최근의 성과다.[3]

신해혁명이 진행되던 과정과 추이는 한국 독립운동에 그대로 영향
을 끼쳤다. 혁명이 일어나던 직후, 위안스카이袁世凱의 반동과 제1차
세계대전 등, 주요한 단계마다 한국 독립운동에 전해지는 충격과 영향
은 달랐다. 따라서 한국 독립운동도 그러한 추세에 맞춰 이해할 필요
가 있다. 그래서 이 글은 신해혁명과 그 이후의 추세가 한국 독립운동
의 변화와 어떤 관계를 갖는지를 정리하는 데 목적을 둔다.

2. 대한제국大韓帝國의 종언終焉과 한국 독립운동 기지 건설

1910년 8월 29일 대한제국은 일본 제국주의 침략으로 무너졌다.
의병항쟁과 계몽운동을 펼쳐 국권을 회복하려 노력하였지만, 끝내 일
제의 침략을 막아 낼 수는 없었다. 그러자 한민족의 저항은 나라 안팎
으로 나뉘어 펼쳐졌다. 국내에서는 일제 침략과 통치가 부당하며 결코
이를 받아들일 수 없다고 주장하는 유림儒林들이 앞장서서 자신의 생
명을 끊는 자정순국自靖殉國을 이어갔다. 자정순국은 외교권을 빼앗긴
1905년부터 이미 나타났고, 대한제국이 무너지던 1910년 가을에 집
중적으로 일어났다. 이 시기를 전후하여 순국한 인물 가운데, 확인되
는 사람만 헤아려도 70명이나 된다.[4] 대한제국을 강제로 병합한 일에
대하여 한국이 원해 이루어진 것이라고 일제가 아무리 호도해도, 결코
그럴 수 없는 것임을 이들의 자결이 증명하고 있는 것이다. 또 비록 잦

---

3) 裴京漢, 〈辛亥革命과 韓國 −金奎興의 廣東에서의 활동을 중심으로−〉, 위의 발표
   원고.
4) 金喜坤, 《나라위해 목숨바친 안동선비 열사람》, 知識産業社, 2010, 12쪽.

아들기는 했지만, 일제에 맞선 의병항쟁도 지속되었다.

한편 나라 밖으로는 독립운동을 펼쳐 나갈 새로운 근거지를 찾는 움직임이 활발하게 나타났다. 하나는 독립군을 길러 독립전쟁을 펼치려는 목적으로 그 기지를 개척하는 것이고, 다른 하나는 국제적으로 한국 문제를 해결하는 데 도움을 줄 수 있는 국가와 세력을 찾아 연대를 도모하는 것이었다.

독립군 기지 건설에 가장 적합한 지역으로 인식된 곳은 만주와 러시아령 연해주沿海州였다. 하지만 거기에는 단계별 접근이 필요했다. 우선 일제를 물리치자면 군대가 있어야 하고, 그 군대를 기르자면 인력과 재력이 필요했다. 독립군을 기르자면 먼저 동포사회를 형성해야 하고, 그러자면 가깝고도 안전한 영역을 찾는 일이야말로 당연한 과제였다. 만주는 이 요구에 가장 적합한 곳으로 인식되었다. 이미 1890년대부터 독립운동의 근거지로 주목되고 있던 이유도 거기에 있었다. 의병장 류인석柳麟錫이 부대를 이끌고 이곳으로 이동하여 항일전쟁의 길을 찾았고, 김구金九도 그 가능성을 찾아 만주를 탐방했다. 1900년대에 들어서는 계몽운동계열에서도 만주를 독립운동 기지 건설의 최적지로 인식하고 조사단을 보냈다. 그 대표적인 사례가 바로 신민회新民會의 움직임이었다. 여기에 안동을 비롯한 경북 북부 지역의 독립운동가들이 적극 동참하고 나섰다. 이들의 망명이 집중적으로 펼쳐진 시기는 바로 1910년 망국 직후였다.

나라 밖에서 찾은 또 하나의 길은 국제적인 지원을 받거나 연대를 형성하여 한국 문제를 해결하는 것이었다. 한국 문제 해결에 도움을 줄 수 있는 세력으로 인식되던 국가는 중국과 미국이었다. 특히 중국에 대한 기대는 컸다. 전통적인 친연성親緣性에서도 그러하지만, 무엇보다 청일전쟁에서 패한 중국의 반일감정이 한국 독립운동에 우호적으로 작용할 것이라는 전망을 한국 독립운동가들은 갖고 있었다. 따라서 만주에 독립군 기지를 건설하는 일은 대한제국이 패망하던 무렵에 한국 독립운동가들이 선택한 큰 흐름이었고, 따라서 중국 정국의 변화에 대한 관심은 그만큼 높을 수밖에 없었다. 그런데 그 중국의 상황이 단순하지 않았다는 점에 문제가 있었다. 독립운동가들이 원조를 요청하든가 연대를 요구할 대상이 하나가 아니라 여럿이고, 그마저도 매우 유동적이고 변화무쌍하였기 때문이다.

국외에 독립군 기지가 만들어지자, 국내와 이것을 연결하는 사업도 추진되었다. 독립군 기지가 정상 궤도에 오르기까지 인력과 재력이 지속적으로 공급되어야 했기 때문이다. 이를 위해 활동한 대표적인 조직이 광복회光復會였다. 총사령 박상진이 이끌던 이 조직은 국내에서 자금을 모으고, 이를 여러 군데 설치한 상점과 여관을 연결거점으로 삼아 사람과 자금을 만주로 보냈던 것이다.

1910년 대한제국이 망하자, 독립운동가들은 줄이어 국외로 망명했고, 중국은 가장 많은 망명객이 집중된 곳이 되었다. 만주에는 독립군 기지를 건설하려고 매달렸고, 관내 지역으로는 비교적 정치적인 목적을 가진 인물들이 차츰 다가서고 있었다. 베이징北京과 상하이上海, 난징南京, 광저우廣州가 대표적인 곳이었다. 그러던 상황에서 신해혁명의 분위기가 익어가고, 또 혁명이 터져 나왔다.

3. 신해혁명 참가와 중국 관내關內 한국 독립운동 기지 건설

1) 신해혁명에 참가한 한인韓人

신해혁명에 직접 참가한 한인은 그리 흔하지 않다. 1911년 10월 10일 일어난 우창기의武昌起義와 그 결과로 1912년 1월 1일 수립된 중화민국, 쑨원孫文이 대총통이 된 난징정부南京政府, 그리고 타협 끝에 만들어낸 3월의 베이징정부北京政府 등장까지, 혁명 과정에 직접 참가한 한인들을 찾아내기란 쉽지 않다. 그 혁명에 참가하자면, 그 이전부터 관내 지역에 터를 잡고 중국 혁명인사들과 긴밀한 유대를 가지거나 활동을 함께 펼치고 있어야 가능한데, 실제 그런 인물은 거의 발견되지 않는다. 최근에 발굴된 김규흥은 보기 드물게 신해혁명에 직접 참가한 한인으로 알려진다.[5]

김규흥은 1872년 충북忠北 옥천沃川에서 태어나 교육구국운동을 벌이다가 1906년 말 또는 1907년 초에 상하이上海로 망명했고, 그곳에서 천치메이陳其美를 중심으로 하는 혁명파 인사와 교류하면서 혁명에 참가하는 계기를 맞았다. 1908년 초 광저우廣州로 활동 무대를 옮긴 김규흥은 동맹회同盟會 남방지부南方支部를 중심으로 혁명 대열에 참가하였다. 그가 맡은 임무는 신군新軍을 비롯한 군인들에 대한 혁명 선전 운동 과정에서 비밀 문건이나 전단傳單 등을 보관하거나 전달하는 것으로, 위험천만한 일이었다. 이는 그에 대한 혁명파 지도자들의 신임이 매우 높았음을 보여 준다. 그런 탓에 김규흥은 광둥도독부廣東都督府가 성립되자 새로운 군사치안軍事治安 기구로 설치된 광둥총수정처廣東總綏靖處의 참의參議에 이어, 호군사사護軍使司의 고문원顧問員에 임명될 수 있었던 것이다. 따라서 김규흥은 한국인 가운데 신해혁명에 본격적으로 참가한 첫 인물로 평가되고 있다.[6]

김규흥은 혁명파 심장부에 뛰어들어 활동하는 한편으로, 조국의 독립을 도모할 방안을 찾고 있었다. 어디까지나 중국 혁명 참가도 한국 독립을 최종목적으로 삼기 때문이다. 그가 꿈꾸던 방안은 신문사를 설립하고 개간회사를 만드는 일이었다. 신문사는 한국 독립의 당위성을 선전하기 위한 것이다. 당대 한국 최고 언론인이자 역사학자요 독립운동가인 박은식을 초빙하여 1913년 12월에 창간호를 펴낸《향강잡지香

---

5) 裵京漢,〈辛亥革命과 韓國 －金奎興의 廣東에서의 활동을 중심으로－〉, 中國史學會, "辛亥革命與百年中國"國際學術硏討會(2011.10, 武漢) 발표 원고.

6) 裵京漢,〈辛亥革命과 韓國 －金奎興의 廣東에서의 활동을 중심으로－〉, 위의 발표 원고.

江雜誌》가 그것이다.[7] 이에 필요한 재정은 중국 혁명파 인사들이 지원한 것이니, 말 그대로 중한합작中韓合作의 결과였다. 김규흥은 또 하나의 독립운동 방안으로 개간회사開墾會社를 만들어 만주의 한인들을 만주와 몽골(滿蒙)에 정착시켜 둔전병屯田兵을 양성하려는 계획도 가지고 있었다.[8]

이것도 독립운동 기지 건설에 해당한다. 다만 남만주 지역에 집중된 독립운동 기지가 일제의 간섭과 침탈 앞에 놓여 있으므로, 비교적 안전한 북방에 터를 만들고 장기적인 계획으로 끌고 가는 기지를 만들자는 것이었다. 만주·몽골 지역에 독립운동 기지를 건설하려는 계획은 여러 차례 있었다. 1910년 나라가 망한 직후 서북간도西北間島에 집중된 독립군 기지 건설 사업이 일본의 간섭과 탄압에 직면하게 되자 북방으로 방향을 돌리게 되었는데, 1910년 후반에 들어 의사醫師 김필순金弼淳이 치치하얼齊齊哈爾에 교두보를 만든 것이나, 1920년대에 중반에 들어 안창호安昌浩가 펼친 이상촌 건설운동, 김창숙金昌淑이 치치하얼 일대에 기지를 건설하기 위한 자금을 모으기 위해 국내로 잠입하여 펼친 '제2차 유림단 의거'도 이와 마찬가지다.[9]

김규흥만이 아니라, 당시 난징南京에 유학했다가 북벌학생군에 참가한 한인 청년이 있기도 했지만, 구체적으로 그 인물을 찾기란 힘들다. 다만 신규식의 조카 신형호申衡浩가 혁명 마무리 단계인 1912년 2월에 난징에서 혁명군의 서무를 맡아본 일이 있는 정도만 확인될 뿐이다. 신형호는 이 보다 두 달 정도 앞선 1911년 12월 숙부 신규식을 따라 상하이·난징을 찾아들었던 것이다.

이에 비해 신규식이 혁명에 직접 뛰어든 흔적은 보이질 않는다. 다시 말해 그가 혁명군이나 혁명세력의 중심부에 가담한 것 같지는 않

---

7) 裵京漢, 《쑨원과 한국》, 한울아카데미, 2007, 163쪽.
8) 裵京漢, 〈辛亥革命과 韓國 −金奎興의 廣東에서의 활동을 중심으로−〉, 위의 발표 원고.
9) 김희곤, 《대한민국임시정부 연구》, 지식산업사, 2004, 329·360쪽.

다. 혁명 소식을 들은 그가 흥분과 기대를 안고 상하이와 난징을 찾았고, 혁명에 힘을 보태는 방안을 찾았던 것이다. 조카를 혁명 대열에 참가시킨 뒤, 그는 중화민국 난징 임시정부臨時政府를 지지하고자 고국에서 가져온 돈을 기부금으로 내놓은 것만이 아니라, 국민모금운동〔國民捐運動〕에도 적극 참여하였다. 신규식의 선택에는 조성환曺成煥도 동행하였다. 베이징에서 활동하던 조성환이 자신을 찾아온 신규식의 이야기와 권유를 받아들여 상하이행에 나섰고, 신규식의 움직임에 동행한 것이다. 이 밖에 이열균李烈鈞의 토원군討袁軍에 가담하여 제2혁명에 참가한 김진용金晉庸도 있었다.[10]

이밖에도 신해혁명에 참가했다고 전해지는 인물로 이관구李觀九와 박상진朴尙鎭도 있다. 하지만 이들도 대부분 1911년 우창기의武昌起義에 참가하지 않은 것으로 보인다. 이관구는 "浙江省 杭州府 軍官速成科를 短時日內에 卒業하고 第二次 南京戰爭에 參戰"했다고 회고한 점으로 보아, 1913년 7월 제2차 혁명에 잠시 참가한 것으로 이해된다. 이어서 그는 위안스카이袁世凱의 천하가 되는 것을 보고서 중국을 떠나 러시아로 갔다고 적었다.[11] 박상진도 혁명에 참가했다고 전해지기는 하지만, 분명한 자료가 없다. 그도 만주 독립군 기지를 방문하고서 혁명의 여진이 지속되던 상하이를 잠시 들러 정황을 목격하고서, 급히 국내로 들어와 만주 지역 독립군 기지 지원을 위해 노력한 것으로 정리하는 것이 옳을 것 같다.

신해혁명 소식은 중국 현지나 국내만이 아니라 미국을 비롯한 다른

---

10) 韓人들의 신해혁명 참여 사실에 대해서는 裵京漢, 〈韓人參與辛亥革命的史實〉《近代中國》第145期(臺北, 近代中國雜誌社, 2001); 裵京漢著《從韓國看的中華民國史》, 北京(社會科學文獻出版社), 2004, 3~14·47~51쪽 참조. 申圭植이 上海로 망명한 때가 1911년 12월 20일 전후라는 사실이 밝혀졌으므로 그가 武昌起義로 한정되는 신해혁명에는 참여하지 못한 것으로 정리된다.

11) 李觀求, 〈義勇實記〉, 華史李觀求先生記念事業會《華史遺稿》3, 景仁文化社, 2011, 12쪽.〈義勇實記〉에 한국전쟁에 관한 내용이 담긴 점, 특히 "共産軍이 二回나 侵入하였고"라는 기록이 있어, 1951년 3월 서울이 再收復된 뒤, 곧 1951년 중후반에 작성된 것으로 짐작된다. 그는 1952년 3월 7일 사망했다.

지역에 거주하던 한국인들에게도 충격과 영향을 주기에 충분했다. 앞
서 본 조성환과 안창호 사이에 오간 편지가 이를 증명하지만, 한인들
이 발간한 신문에는 혁명에 참가할 방법을 찾는 적극적인 자세를 보일
정도였다. 대표적인 사례 몇 가지를 살펴본다. 1910년 12월 31일 샌
프란시스코에서 국민회중앙총회장 최정익 이름으로 쑨원에게 축전을
보냈다. 이 소식은 《신한민보》에 〈신공화국티하면보〉라는 제목에 "민
국이 임의 명ᄒ고 공이 총통이 되엿스니 동아의 행복을 티하ᄒ"[12]이라
는 내용을 담았다. 또한 이 신문은 29일자로 〈도으라 듕국혁명군을〉이
란 제목을 붙인 글을 실어 군비軍費 모금에 나섰다.

> 만일 듕국이 팔 힘을 펴는 날이면 우리도 만근이나 눌닌 압력을 들치고
> 한번 나셔 볼지라. 그런고로 듕국의 혁명이 닐어난 후에 눈을 싯고 기달히
> 더니 민국이 임의 완전ᄒ 긔초를 건셜하고 댱강 남북을 자리 맡듯ᄒ야 듕
> 원 텬하를 정돈홈이 멀지 안이ᄒ엿스니 이ᄂ 진실노 一千년에 한번 엇기
> 어려운 긔회로다.[13]

이 글은 이어서 중국 혁명이 한국 독립의 길이니, 군비를 모으자고
주장하였다. 수전소收錢所는 신한민보사에 설치되었다. 실제로 모금이
얼마나 이루어졌는지, 또 중국 혁명파에 전달되었는지 확인하지는 못
했지만, 동포사회가 중국의 혁명이 한국 독립의 기회가 되리라고 판단
하면서 거기에 관심을 집중하고 있던 것만큼은 확실하다. 그런 정황은
연해주에서도 마찬가지였다. 《권업신문》은 우창기의武昌起義 직후에 귀
국한 쑨원이 집권하기보다는 대통령 자리를 위안스카이에게 주고 귀향
하여 남북분쟁을 해결하느라 동분서주하면서 남방 민심을 무마하고 있

---

12) 《신한민보》 1912년 1월 15일자.
13) 《신한민보》 1912년 1월 29일자.

다고 소개하면서, 그의 행적과 선택을 높이 평가하였다.[14]

2) 동제사同濟社 · 신아동제사新亞同濟社와 한국 독립운동의 출발

신해혁명은 한국 독립운동가들이 중국 관내로 본격적으로 망명하는 계기가 되었다. 그 가운데서도 가장 눈에 띄는 인물은 상하이에 한국 독립운동의 교두보를 만들어 낸 신규식이다.[15] 1911년 11월 하순 서울을 출발한 그는 선양瀋陽을 거쳐 12월 10일을 전후하여 베이징에 도착했다. 이곳에서 대한제국 무관학교 동기생인 조성환을 만나 혁명에 관한 정보를 주고받은 그는 함께 혁명의 중심지로 향했다. 조성환도 들려오는 혁명의 소식에 귀를 기울이던 터라, 마침 신규식의 방문을 받고서 함께 길을 나선 것이다.[16] 이들이 톈진天津과 지난濟南을 통과하여 칭다오靑島에서 배를 타고 상하이에 도착한 때는 1911년 12월 20일 무렵이다. 이곳에서 다시 기차를 타고 난징에 도착한 때는 1912년에 들 무렵이다.[17] 이때는 우창기의武昌起義가 끝나고, 난징에서 중화민국이 세워지고, 대총통으로 쑨원이 추대된 직후였으니, 혁명의 열기가 최고조에 다다른 시기였다. 중국 역사에서 어려 천 년 동안 이어오던 전제정치를 넘어서서 공화정치라는 새로운 지평이 열린 것이다.

신규식이나 조성환은 베이징을 떠날 때 '목숨이라도 바쳐' 중국 혁명을 돕는다는 목표를 세웠다.[18] 현장에 도착하여 자신이 혁명에 참가할 길을 찾았고, 중국 혁명인사들에게 자신들의 뜻을 전하는 일부터 시작하였다. 그는 먼저 황싱黃興에게 편지를 보내 성원을 보낸다

---

14) 《권업신문》 1912년 8월 25일자.

15) 金喜坤, 《中國關內 韓國獨立運動團體 研究》, 知識産業社, 1995, 42쪽.

16) 〈曹成煥이 安昌浩에게 보낸 편지〉(1911.12.11); 〈孫貞道가 安昌浩에게 보낸 편지〉, 독립기념관, 《安昌浩資料集》 55, 117쪽.

17) 裵京漢, 앞의 책, 47쪽.

18) 〈曹成煥이 安昌浩에게 보낸 편지〉(1912년 2월), 독립기념관, 《安昌浩資料集》 80~84쪽.

는 뜻을 알렸다. 그리고 나서 신규식은 국내에서 가져온 돈 가운데 수
백 원元을 군사비용으로 기부했다.[19] 엄밀하게 말하면 신규식과 조성
환이 우창기의에 참가하지는 않았지만, 난징정부南京政府가 수립된 직
후부터 혁명의 남은 문제 해결에 힘을 보태고 있은 것만은 확실하다.
이런 과정에서 그는 황싱黃興·쑹자오런宋教仁을 비롯한 혁명인사들과
밀접한 관계를 맺기 시작하고, 1912년 4월 상하이에서 쑨원을 만났
다. 그 자리에서 신규식은 쑨원에게 격정적으로 찬사를 보내며 흠모
와 기대를 표명하였다.[20]

　마침내 상하이에서 한국 독립운동의 첫걸음이 내디뎌졌다. 신규식
이 1912년 7월 4일 동제사를 결성하고 나선 것이다. '동주공제同舟共
濟'의 뜻을 가진 이 단체는 우선 상하이와 난징 지역에 체류하던 한인
청년들을 하나로 묶어 내는 구심점이 되었다. 동제사는 처음 이곳에
도착하는 한인들의 디딤돌이 되고, 일시적으로 지나가는 인물들의 연
락처가 되기도 하면서, 점차 그 세를 키워갔다. 박은식朴殷植과 신채호
申采浩도 그런 인물이다. 그래서 점차 동제사를 중심으로 한인 독립운
동가들이 모여들었다. 이 조직이 출발하던 무렵 상하이와 난징에 머물
던 한인들이야 10명을 전후한 적은 수에 지나지 않았고, 따라서 동제
사가 출범하던 시기의 인원도 그러했다. 하지만 전성기에는 3백 명이
나 되었다고도 전해질 정도로 세가 커졌다.[21] 지금까지 주요 구성원이
라고 그 이름이 알려진 인물만 헤아려도 40명이 넘는다.[22]

　동제사는 출범하면서 바로 항일투쟁에 나선 조직이 아니었다. 상하
이上海와 난징南京에 모여들기 시작한 한인들을 묶어서 항일투쟁의 역
량을 기르는 것이 첫걸음이었고, 따라서 1913년 무렵 주로 신규식의
거처에서 모임을 갖고 유학생들을 위해 박달학원博達學院을 열기도 했

---

19) 裵京漢, 앞의 책, 48~49쪽.
20) 裵京漢, 위의 책, 54~55쪽.
21) 閔弼鎬, 〈睨觀申圭植先生傳記〉, 金俊燁《石麟 閔弼鎬 傳》, 나남출판, 1995, 272쪽.
22) 金喜坤, 앞의 책, 1995, 45쪽.

다. 이는 어디까지나 독립운동의 근거지를 만들어 가는 길이었고, 마치 만주 지역에서 독립군 기지를 건설하고자, 먼저 동포사회의 일구는 것과 마찬가지였다. 일제가 이들의 움직임을 정탐했던 이유도 거기에 있었다.[23] 항일독립운동을 펼칠 수 있는 첫 작업이 한인들을 모으고 교육하며 연대 세력을 형성하는 일이었던 것이다. 이를 바탕으로 삼아 1910년대 이 지역의 독립운동이 점차 제 모습을 드러내게 되었고, 1918년 11월 말 신한청년당新韓靑年黨이 등장하는 기초가 되었으며, 이듬해 대한민국 임시정부가 상하이에 세워지는 바탕이 된 것이다.[24]

신규식은 중국 혁명인사와 연대·결속하는 일이야말로 대단히 중요하다고 판단했다. 남의 국가에서 펼치는 독립운동이라면 두 가지 도움이 필요했다. 하나는 그 나라 인물의 도움이고, 다른 하나는 나아갈 방향, 곧 신해혁명으로 나타난 새로운 사회를 지향하는 정치문화의 수용이다. 이러한 것을 충족할 수 있는 인물이 바로 상하이와 난징을 중심으로 활약하던 혁명인사였다. 신규식이나 박은식 등 한국 독립운동가들이 중국 혁명인사와 연대를 형성한 이유도 거기에 있다. 신규식이 앞장서서 조직한 신아동제사는 바로 그러한 활동의 결실이다.

신아동제사는 동제사와 중국 혁명인사의 결합체이다. 여기에 참가한 중국 혁명인사로는 쑹자오런宋教仁·다이지타오戴季陶·후한민胡漢民·랴오중카이廖仲愷·쩌우루鄒魯·쉬첸徐謙·장지張繼 등이 대표적이다. 이처럼 주요인사들이 참가한 데에는 신규식을 비롯한 한국 독립운동가들이 신해혁명의 현장에 도착하여 기울인 노력이 있었던 것이다.[25] 이러한 연대는 뒷날 중한호조사中韓互助社를 비롯한 한중 연대의 출발점이 되었다. 한중 연대라는 의미에서 보면 앞서 언급한 박은식의 《향강잡지》 발간도 마찬가지다.

23) 鄭元澤 著, 洪淳鈺 編,《志山外遊日誌》, 探究堂, 1983, 78, 81쪽.
24) 金喜坤, 위의 책, 69~72쪽.
25) 金喜坤, 위의 책, 56~57쪽.

4. 신해혁명의 추이에 따른 한국독립운동의 혼선

신해혁명 이후 중국의 정세 변화는 이 지역에서 펼쳐지던 한국 독립
운동에 고스란히 영향을 끼쳤다. 대총통에 취임한 쑨원은 청조를 완전
히 무너뜨리고 혁명을 중국 전역에서 완성시키기 위해 북양군벌北洋軍
閥 위안스카이와 손을 잡았다. 청淸 황제를 퇴위시킨다는 조건을 내걸
고, 쑨원孫文은 대총통 자리를 위안스카이에게 넘겨주었고, 그래서 베
이징정부北京政府가 세워졌다. 하지만 권력을 쥔 위안스카이는 반동反
動으로 돌아섰고, 혁명을 반혁명으로 뒤집었다. 중국국민당을 창당하
여 의회 공화정치를 꿈꾸던 혁명파의 꿈은 여지없이 짓밟혔다. 이에
1913년 7월 제2혁명에 이어 1915년 12월 제3의 혁명으로 이어졌다.

신해혁명의 결실이 뒤집어지는 반동현상은 한국 독립운동가들에게
도 한 순간 혼선을 가져다 주었다. 신해혁명이 일어나기 바로 전, 총리
위안스카이의 도움을 받고자 서간도 지역 독립운동가들이 교섭에 나섰
다. 특히 서간도 지역에 터를 잡은 한인 독립운동가들은 입적문제入籍
問題가 가장 큰 난제였다. 서간도에서 독립운동 기지를 만들자면 토지
를 구입할 수 있어야 하고, 그러자면 국적을 획득해야 하는데, 이것이
해결되지 않았기 때문이다. 더구나 중국인들이 한인들의 만주 이주가
일제를 불러들이는 원인이 된다는 이유로 한인 망명자를 가로막고 있
던 터라, 이들을 회유하자면 정치적 환경을 바꾸어야 했다. 그래서 매
달린 대상이 위안스카이였다. 이회영李會榮이 부친 이유승李裕承과 위
안스카이의 인연을 앞세워 만난 것도 이 때문이다. 그 자리에는 이계
동李啓東(이봉희李鳳羲)이 동행하였는데,[26] 서간도 지역 최초의 독립운동
단체로 평가되는 경학사耕學社의 사장을 맡은 이상룡의 동생이다. 당초
목적했던 펑톈성에 가서 노력하다 해결이 되지 않자 베이징까지 간 것
이다. 이들의 노력으로 서간도 지역 중국 관헌들의 압력은 면할 수 있

---

26) 〈行狀〉, 안동독립운동기념관 《국역 石洲遺稿》 하, 景仁文化社, 2008, 155쪽.

게 되었다. 따라서 혁명이 일어나도 위안스카이에 기대하는 정도가 컸다. 그러다가 1911년 우창기의 소식을 듣게 되자, 이상룡은 조직을 만들어 대응했다고 알려진다. "정예精銳를 뽑아 일개 소대小隊를 편성해서 김영선金榮璿에게 통솔하게 하여 유하현柳河縣으로 나아가서 응하게 하였더니, 혁명정부에서 훈장을 주어 장려하였다"고 적힌 〈행장〉이 이를 말해 준다.[27] 여기에 나오는 혁명정부가 난징정부를 말하는지 알 수는 없지만, 실제로 난징정부가 서간도에까지 훈장을 줄 형편은 아니었을 것 같고, 다만 혁명 소식을 들은 독립운동가들이 설왕설래했다는 정황만은 이해할 수 있다.

1913년 이상룡이 중화민국 국회에 보내는〈중화민국국회제의서中華民國國會提議書〉를 작성한 기록이 있다. 그 내용은 민적民籍 취득과 한인의 재산 보호, 황무지 개간 허용, 학교 교육, 자치 허락 등이 담겼고, 국회에 참여할 권리까지 요구하였다.[28] 1913년이라면 위안스카이가 반동으로 가고 있던 무렵이다. 중화민국 국회라는 것이 어떤 형편인지를, 이들이 제대로 헤아렸는지는 확인할 길이 없으나, 눈앞의 문제를 해결하기 위해 교섭을 시도한 사실만은 인정된다. 서간도에서도 이럴진대, 베이징에서 활약하던 한인 독립운동가들이 베이징정부와 위안스카이에 가지는 기대는 당연히 컸을 것이다. 그런 형편에 위안스카이가 반동으로 돌아선다고 하여, 한국 독립운동가들이 신해혁명의 정신을 따른다면서 이를 외면할 수는 없었다. 오히려 위안스카이의 반동성에 맞추어 노선을 선택하는 움직임이 나타났다. 이것이 바로 중국 정세 변화에 따른 한국 독립운동의 혼선이다.

한국 독립운동의 혼선을 보여 주는 사례가 바로 1914년 말 조직된 신한혁명당新韓革命黨이다. 제1차 세계대전이 일어나고 일본이 산둥반도山東半島의 이권을 차지하기 위해 독일獨逸에 선전을 포고하면서

---

27) 앞의 책, 156쪽.
28) 李相龍,〈中華民國國會提議書(代柳河國民會長作)〉, 안동독립운동기념관 편《국역 石洲遺稿》上, 景仁文化社, 2008, 546쪽.

군대를 파견하자, 한인 독립운동가들은 이것을 한국이 독립할 수 있는 좋은 기회라고 인식하고 신한혁명당을 조직한 것이다. 연해주에서 1915년 3월 상하이로 이동한 이상설李相卨과 신규식申圭植을 비롯한 동제사同濟社 중심인물이 여기에 앞장섰다. 이밖에도 박은식·조성환曺成煥(칭다오)·류동열柳東說(연해주)·유홍렬劉鴻烈(국내)·성낙형成樂馨(베이징)·이춘일李春日 등이 핵심인물이었다.[29] 베이징北京에 본부를 두고, 중국과 한국에 11곳의 지부를 두었다.[30] 그런데 한 가지 눈여겨 볼 사실은 이들이 추구한 전략이다.

신한혁명당이 추구한 기본 방향은 일본과 대립각을 세운 세력과 연대하는 것이었다. 일본에 맞싸워 독립하려면 당연히 일본에 맞서 전쟁을 치르는 세력과 연합해야 했고, 이 경우 연대 대상으로 상정想定한 길이 베이징정부와 연합하고 광무황제光武皇帝 고종高宗을 망명시켜 국가회복〔復國〕의 구심점으로 만든다는 것이었다. 그런데 일본과 전쟁을 벌일 가능성이 있는 베이징정부와 외교관계를 가지려는 점은 이해되지만, 광무황제를 불러내 제정帝政을 다시 세운다는 기획은 이해하기 힘들다. 이미 신해혁명에서 표방된 공화주의를 선호하던 인물마저도 이 대열에 동참한다는 것은 역사반동이기 때문이다. 여기에는 이들의 정세 판단 착오가 개재되어 있었다. 이들은 유럽의 전쟁이 독일의 승리로 끝날 것이고, 독일은 중국과 연합하여 일본과 전쟁을 치르게 될 것이라고 내다보았다. 그러면 독립운동가들이 독일·중국 연합에 동참하는 것이 바람직할 것이고, 그러자면 두 국가체제가 제정이니 거기에 체제를 맞추는 것이 유리하다고 판단한 것이다. 위안스카이가 아직 황제가 되지는 않았으나 이미 그 길은 기정사실로 받아들여지던 무렵이었다. 그래서 추진한 첫 사업이 광무황제를 당수黨首로 추대하고 독일과 대일군사협약對日軍事協約을 체결하고자 했다. 또 베이징정부와는

---

29) 金正明,《朝鮮獨立運動》1, 原書房(東京), 1967, 278-279쪽.

30) 중국 관내와 만주에는 上海·漢口·奉天·長春·安東·延吉 등에, 국내에는 서울·元山·平壤·會寧·羅南 등에 각각 지부를 설치하면서 기본 조직의 골격을 갖추어 갔다.

한중의방조약韓中誼邦條約이란 밀약을 준비했다. 전쟁이 일어나면 중국이 한국에 군자금과 병기를 공급해 줄 것을 핵심으로 삼은 밀약 초안이 마련되었다. 조약체결 권한을 광무황제로부터 위임받기도 정하고, 외교부장 성낙형成樂馨이 국내로 파견되었다. 당의 규칙 및 취의서趣意書의 기초를 박은식이 맡도록 결정했다.[31] 마침 일본이 '21개조 요구'를 강요함에 따라 중국에서 배일운동이 격렬하게 일어나던 터라, 이 움직임은 빨라졌다. 그러나 성낙형이 국내에 잠입하여 활동하다가 일본 경찰에 체포됨에 따라 이 계획은 실패하고 말았다.

신한혁명당 요인들이 중국국민당 인사와 각별한 유대관계를 유지하고 있었지만, 독립을 위해 유리한 쪽을 택하고자 했음을 알 수 있다. 그뿐만 아니라 1890년대 말에 독립협회운동獨立協會運動을 통해 내세워지고 이후 줄곧 추구되던 공화정에 대한 집념도 독립이란 목적을 달성하기 위하여 복벽復辟, 곧 군주사회로 후퇴하는 모습을 보여 주었다. 물론 이런 현상은 제1차 세계대전의 소용돌이에서 독립의 기회를 살피는 과정을 통해 빚어진 방법론의 변화로 봐야 한다. 또한 이 움직임은 혁명파 인사와 소원해질 수 있는 길이기도 했지만, 중국 정부의 혼란이 한국 독립운동에 미치는 영향의 일면을 보여 주는 현상이기도 했다.

---

31) 金正明, 앞의 책, 284~285쪽.

5. 공화주의 수용과 대한민국 건국

1) 대동단결선언과 공화주의 천명

신한혁명당은 일시적이나마 한국 독립운동의 정치사상적인 면에서 혼선을 빚은 사례였다. 이는 또한 한국 독립운동가들이 아직은 전적으로 공화주의를 수용하는 선에 와 있지 않았다는 말이기도 하다. 그렇다고 하여 한국 독립운동가들이 공화주의에 대해 전혀 내용을 모르는 것은 아니었다. 이미 독립협회 단계에서 의회원議會院이라는 이름의 의회를 결성하여 입헌군주제를 도모하려는 노력이 있었고, 계몽운동 단계를 거치면서 1909년이면 경북 안동이라는 지방에서조차 공화주의를 지향하는 움직임이 있었던 것이다. 이상룡이 내건〈대한협회안동지회大韓協會安東支會 취지서趣旨書〉가 이를 말해 준다.[32] 이런 사실은 미주 지역 동포들이 더 적극적이었다. 대한인국민회는 미주 동포의 선언을 통해 이러한 주장들을 드러내고 있었다. 따라서 신한혁명당의 일시적인 반동현상은 중국정부의 혼란이 가져다준 것이지, 한국 독립운동가들의 지향점이 바뀐 것은 아닐 것이다. 이러한 점은 1917년에 나온〈대동단결선언大同團結宣言〉에서 알 수 있다.

이 선언은 1917년 7월에 신규식 등 14인의 이름으로 발표되었다. 그 내용은 대동단결의 필요성, 국내 참상, 해외 동지의 역할, 국제환경, 대동단결의 호소, 제의提議의 강령, 제의에 대한 답장관계 및 발기인 등이었다. 주된 논지를 보면 우선 광무황제가 권한을 포기했으므로 이제 그 행사와 권리는 국민에게 있고, 이것을 해외 동지가 감당하기 위해 국가적 행동을 실천해야 하며 이를 성취하기 위해 '통일기관·통일국가·원만한 국가'라는 3단계 요령要領을 제시했다.[33] 이어서 이 선

---

32) 李相龍, 〈大韓協會安東支會趣旨書〉, 안동독립운동기념관, 《국역 石洲遺稿》上, 景仁文化社, 2008, 622~624쪽.

33) 원만한 국가란 조국의 독립을 말하는데, 독립을 위한 전단계로서 통일국가 즉 임

언은 임시정부 수립에 대한 3개 항과 그 운영에 관한 4개 항 등 모두 7개 항의 제의에 따른 강령을 제시했다.[34] 이 선언의 요지는 두 가지로 압축된다. 하나는 정부를 수립하자는 것이고, 또 하나는 그를 위하여 민족대동民族大同의 회의를 열자는 것이었다.

이를 앞장서 나간 인물은 동제사 주역들이다. 발기자 14명 가운데 동제사의 지도급 인물이 절대 다수를 차지하였다는 데서 이를 알 수 있다.

> 申檉(圭植)·趙鏞殷(素昻)·申獻民(錫雨)·朴容萬·韓震(鎭敎)·洪煒(命熹)·朴殷植·申采浩·尹世復·曹煜(成煥)·朴基駿·申斌·金成(奎植)·李逸(靑嫌)[35]

여기서 8명(신규식·조소앙·신석우·홍명희·박은식·신채호·조성환·김규식)이 동제사 소속이었다. 그렇다면 이 선언이 나올 수 있는 바탕에 동제사라는 조직이 결정적으로 기여한 것이라 평가할 수 있다. 동제사라는 조직체가 있어 한국 독립운동가들이 결집할 수 있는 틀이 되고, 또 연결고리가 된 것이다.[36]

이 선언은 앞으로 세울 나라가 제정帝政이 아니라, 국민이 주인이 되는 민주국가요, 의회를 중심으로 움직이는 공화정부라는 점을 내걸었다. 비록 황제가 국가의 주권을 지키지 못하고 일본 제국주의에게 빼앗겼지만, 그 순간 주권은 국민들 손에 들어갔고, 나라를 되찾기 위해 몸을 던진 독립운동가들이 그 주권을 갖는다는 것이 이 선언의 주장이

시정부 같은 조직을 만들어야 하고, 그를 위한 민족대회 즉 통일기관을 만들자는 것이다. 이러한 추세는 당시 미주에서 발간된《신한민보》에서도 3단계의 요령에 특별히 주목하고 있었다(趙東杰,《대한민국임시정부》, 于史趙東杰저술전집 8, 역사공간, 2010, 28쪽).

34) 〈大同團結宣言〉, 11~12쪽.

35) 〈大同團結宣言〉, 12쪽.

36) 金喜坤, 앞의 책, 1995, 67쪽.

었다. 결코 조선총독부가 한국 역사의 정통성을 가질 수 없고, 독립을
추구하는 민족의 양심을 지키는 세력이 그 정통성을 가진다는 점을 명
확하게 밝혀 준 것이다.

정리하자면 이 선언은 동제사의 지도자들이 "내외상황의 변화를 포
함하여 새로운 독립운동의 활로를 개척하기 위하여 민족대회의民族大會
議를 소집하여 임시정부를 수립하려고 계획한 제의提議·제창提唱의 문
서文書"였고,[37] 또 국제환경의 변화에 대처하기 위한 것이기는 하더라
도 일시적이나마 잘못 예상했던, 신한혁명당의 국제외교방안을 바꾸어
〈대동단결선언大同團結宣言〉을 계획했던 것으로 분석된다.

한편 상하이와 난징에 머물던 독립운동가들은 국제회의에도 관심을
가지고 한국 문제를 상정시키려고 애를 썼다. 1917년 8월에 스웨덴
스톡홀름에서 만국사회당대회萬國社會黨大會가 열리자 동제사는 조선사
회당의 명의로 한국의 독립을 요구하는 전문을 보냈다. 그 내용은 당
시의 제1차 세계대전이 발칸반도 문제 때문에 발생하였다고 전제하고,
그처럼 한국 문제로 말미암아 또 다른 전쟁이 발발할 것이라고 주장했
다. 또 그 전문은 모든 민족의 정치적 문제를 회의에 반영시킬 것을 요
구했다. 그러나 이 당이 실제로 존재했다기보다는, 국제회의에 능동적
으로 참여하여 독립을 달성하려던 노력에서 나온 움직임이었다. 이 사
실은 동제사가 중국내에서 중국 혁명인사와의 유대관계에 머물러 있
던 외교수준에서 벗어나, 이제 국제회의에 능동적으로 참여하여 한국
독립을 요구하는 본격적인 외교활동을 전개할 만큼 성장했음을 의미한
다. 또한 이러한 외교적 성장이 곧 신한청년당의 결성과 대한민국 임
시정부의 정책에 큰 영향을 주었다고 본다.[38]

---

37) 趙東杰, 《대한민국임시정부》, 于史趙東杰저술전집 8, 역사공간, 2010, 55쪽.
38) 金喜坤, 앞의 책, 1995, 68쪽.

2) 3 · 1운동과 대한민국 건국

1919년 2월부터 5월까지 한국인들이 외치는 독립선언이 세계 곳곳 에서 터져 나왔다. 한국인이 살고 있던 곳이면 빠짐없이 독립을 선언 하고 나선 것이다. 1918년 11월 제1차 세계대전이 끝난 뒤, 프랑스 파리에서 강화회의가 열린다는 소식이 들려 왔다. 신해혁명 이후 상하 이에서 활약하던 인사들이 대응책을 만들어 냈다. 신규식과 그의 지도 를 받은 여운형呂運亨이 앞장섰다. 이것이 바로 3 · 1운동의 계기가 되 었다. 파리에 한국 대표를 파견하여 한국 문제를 상정시키는 것과 여 기에 힘을 보태기 위해 국내외에서 독립을 선언하는 것이 그 핵심이 다. 대표를 보낸다고 그 회의가 한국 대표를 받아들이거나 한국 문제 를 다루어 줄 리가 없으므로, 한민족韓民族 전체가 확실하게 독립 의사 를 세계에 선언하여 힘을 실어주자는 것이 이들이 선택한 전략이었다. 이를 추진하기 위해 여운형이 나서서 신한청년당新韓靑年黨을 조직하고 국내외로 대표를 보내 민족의 궐기를 요구했다.[39]

김규식이 신한청년당 대표로서 파리를 향해 상하이를 출발한 때는 1919년 2월 1일이다. 일본 도쿄에 유학하던 한인韓人 학생들이 이런 정황을 전해 듣고 국제회의에 한국 문제를 상정시키기 위해 준비했고, 그 결실이 1919년 2월 8일 독립선언으로 나타났다. 이들은 1919년이 야말로 세계를 개조하는 시기이고, 한국이 일제에 병탄倂呑된 지 9년 만에 독립할 절호의 기회라고 보면서, 독립을 위해 혈전을 치르겠다고 선언하고 나선 것이다.

이를 이어 3월 1일 국내 서울과 평양에서 시작된 독립선언은 5월까 지 전국으로 퍼져 나갔다. 전국 대부분 지역에서 독립이 선언되고, 독 립만세의 함성은 나라 밖으로도 퍼졌다. 한국인이 머물던 세계 모든 곳에서 독립만세의 함성이 메아리쳤다. 만주滿洲 · 지린吉林에서 독립

---

39) 金喜坤, 앞의 책, 1995, 94~102쪽.

운동 지도자들이 〈대한독립선언서大韓獨立宣言書〉를 발표하여 '대한大韓
은 완전한 자주독립'이요, '민주의 자립국'임을 선포했다. 또 일제가 강
요한 '한일합방韓日合邦'은 무효이며, 융희황제隆熙皇帝가 주권을 포기
한 것은 곧 국민에게 주권을 넘겨 준 것이라고 천명했다. 일제를 응징
해야 할 적이라고 규정하고, 독립운동가들이 국민의 뜻을 위임받아 주
권을 행사하고 정의로운 독립전쟁을 벌여 나라를 되찾을 것임을 국제
사회에 선언한 것이다. 러시아 블라디보스토크, 미국의 필라델피아 등
한국인이 거주하는 모든 곳에서 독립선언이 나왔다.

국내 서울에서 발표된 〈선언서宣言書〉첫 구절은 한인들의 주장을 한
마디로 담은 것이다.

吾等은 玆에 我朝鮮의 獨立國임과 朝鮮人의 自主民임을 宣言하노라.

한국이 '독립국'이며, 한국인이 주권을 가진 '자주민'이라는 사실을
온 세계에 천명한 것이다. 그렇다면 다음에 추진할 일은 바로 그 '독립
국獨立國'을 세우는 것이다. 나라 안팎에서 정부 조직을 세운다는 선언
들이 쏟아져 나왔다. 실체를 갖춘 정부 조직으로 세 개가 나타났는데,
국내의 한성정부漢城政府, 블라디보스토크의 대한국민의회大韓國民議會,
그리고 상하이의 대한민국大韓民國 임시정부臨時政府가 그것이다. 이들
은 모두 공화정을 표방했다는 점에서 공통점을 가진다. 차이점은 대한
국민의회가 의회정부 형태라는 것, 한성정부는 일제 통치 아래 존립하
기 힘들다는 점, 이와 달리 대한민국 임시정부는 국가와 정부, 그리고
의회를 갖추었다는 점에서 특징을 가졌다. 1919년 9월 이들 세 조직
은 상하이를 중심으로 하나로 통합되었다.

상하이에서 성립한 대한민국 임시정부는 이 가운데서도 특히 신해
혁명의 영향을 가장 많이 받았다. 체제의 완성도에서도 가장 높았고,
신해혁명의 결실이던 중화민국의 체제를 고스란히 받아들였다. 대한

민국과 임시정부를 세우는 첫 회의는 1919년 4월 10일부터 이튿날까지 상하이에서 열렸다. 그 자리에서 국가와 정부를 세웠으니, 이 회의가 바로 첫 임시의정원臨時議政院이자 제헌회의制憲議會가 된 셈이다. 4월 11일 결정된 사실은 대한민국 건국과 임시정부·임시의정원 구성이다. 국가를 잃은 지 8년 만에 다시 세운 국가는 대한제국大韓帝國이 아니라, 민民이 주인 되는 대한민국大韓民國이었다.

여기에서 신해혁명의 영향을 가늠해 볼 수가 있다. 국호와 연호, 정체, 헌법, 정부와 의회 구성, 헌법, 통수권자 직명 등 헤아리기 힘들만큼 많은 분야에서 신해혁명의 결과를 수용하였던 것이다.

〈표1〉 중화민국과 대한민국의 체제 용어 비교

	국호	연호	정체	정부 조직	의회	법률	통수권자
중국	中華民國	中華民國 (民國)	民主共和制	政府	國會	憲法	臨時大總統
한국	大韓民國	大韓民國 (民國)	民主共和制	臨時政府 (政府)	臨時議政院(國會)	憲章 憲法	臨時大統領

흔히 대한민국 임시정부를 말하면서 국가國家라는 존재는 빠트리고 정부로만 인식해 왔다. '상하이임정上海臨政'이라고 부르는 바람에 대한민국이라는 국가의 존재를 놓쳐버린 것이다. 중국 혁명가들이 신해혁명에서 '멸만흥한滅滿興韓'을 외치며 중화민국中華民國을 건국했듯이, 한국 독립운동가들은 '일제타도'와 '완전복국'을 외치며 대한민국大韓民國을 세웠다. 재건再建한 국가는 대한제국이 아니라 대한민국이었다. 대한제국 이후로 국호는 단연 대한大韓이었고, 안중근安重根도 '대한국인大韓國人'이라 자신을 적었으며, 국가도 "대한 사람 대한으로 길이 보전하세"라고 표현했다. 지린에서 나온 선언서도 '대한독립선언서大韓獨立宣言書'요, 미국에서 성립된 독립운동 대표 조직도 '대한인국민회大韓人國民會'였다. 국호와 마찬가지로 연호도 중화민국의 경우와 같이 국호

를 그대로 사용하였다. 그러니 중화민국과 대한민국은 국호이면서 연호였다. 또 줄여 쓸 때에도 다같이 '민국民國'으로 표기하였다.

신해혁명으로 성립한 정체政體, 민주공화제도 대한민국에 그대로 받아들여졌다. 제헌헌법인 〈대한민국임시헌장大韓民國臨時憲章〉 제1조가 "대한민국은 민주공화제로 함"이라고 규정한 것이다.[40] 물론 위안스카이가 제정帝政으로 반동 회귀한 것이나, 한국 독립운동가들이 제정을 표방한 신한혁명당을 선언한 일이 있지만, 이는 어디까지나 일시적인 반동이거나 전략적인 선택일 뿐, 도도한 흐름은 민주공화제를 지향하는 것이었다. 1917년 〈대동단결선언大同團結宣言〉을 통해 민주공화제를 향한 길을 제시한 한국 독립운동가들의 선택도 그러한 바탕 위에 이루어졌다. 의회도 국회라는 이름을 같이 사용하였다. 1919년 4월 11일 결정된 〈대한민국임시헌장〉이나 9월 11일 개정된 〈대한민국임시헌법大韓民國臨時憲法〉에는 모두 "국토를 회복하면 1년 안에 국회國會를 소집한다"고 하여 '국회'라는 이름을 명문화시켰다.[41]

대한민국은 1919년 건국되었다. 연호를 대한민국이라 썼고, 광복 이후 1948년 9월 1일자로 발간된 대한민국 관보 1호는 발간 날짜를 '대한민국 30년 9월 1일'로 표기했다. 국토를 회복할 때까지, 곧 독립운동을 펼치는 동안에는 '임시정부'와 '임시의정원'이 국가를 운영하지만, 광복이 되면 '정부'와 '국회'로 바꾼다는 뜻이 이름에 담겼다. 이렇듯 우리 민족은 세계 식민지해방운동사에서 민주공화제를 표방한 근대국가를 세우고, 정부와 의회 조직을 갖추어 독립운동을 펼친 귀한 사

---

40) 大韓民國臨時政府資料集編纂委員會, 《大韓民國臨時政府資料集》 1, 國史編纂委員會, 2005, 3쪽.

41) 〈大韓民國臨時憲章〉(1919. 4. 11) 제10조, 임시정부는 국토 회복 후 1개년 내에 國會를 소집함.〈大韓民國臨時憲法〉 제55조. 본 임시헌법을 시행하야 국토 회복 후 1개년 내에 임시대통령이 국회를 소집하되 그 국회의 조직과 선거방법은 임시의정원이 이를 정함(大韓民國臨時政府資料集編纂委員會, 《大韓民國臨時政府資料集》 1, 國史編纂委員會, 2005, 3, 11쪽).

례를 남기게 되었다.[42)]

　민주공화정은 시민사회를 말한다. 이는 근대국가의 핵심이다. 물론 그것이 성숙하지 못하여 완성된 시민사회가 되지는 못했지만, 일단 그를 향한 출발점이라는 사실만은 분명하다. 한국 독립운동가들은 독립운동을 통해 근대국가를 건설하였다.[43)] 그러한 방향성 설정과 추진에 신해혁명의 영향은 컸다.

　1920년이 되면, 좀 늦기는 해도 신해혁명과 쑨원에 대한 기대는 한국 안의 가장 보수적인 유림들마저도 갖고 있었다. 서양 열강을 오랑캐로 여기면서 절대 인정하지 않으려던 보수유림들이 3·1운동 당시 파리강화회의에 독립청원서를 보낼 만큼 변했다. 그런 다음에 별 소득이 없자, '중국 대통령 쑨원'에게 한국 독립을 지원해 달라는 글을 작성하여 보내는 '제2차 장서長書'를 추진한 일이 있었다.[44)] 비록 신해혁명 이후 10년이나 지난 시점이기는 하더라도, 국내 보수유림들이 쑨원의 정치체제까지도 고려하여 도움을 청한 것이라 여겨진다. 다시 말해 국내의 극보수極保守 세력마저도 1920년이 되면 혁명의 물줄기를 긍정적으로 받아들이는 단계가 되어 갔다고 해석할 수 있다.

---

42) 〈표2〉 정부와 임시정부 시기의 체제 용어 비교

	國家	年號	政府	議會	憲法	統帥權者
1919	大韓民國	大韓民國	臨時政府	臨時議政院 (國會)	臨時憲法	臨時大統領
1948	大韓民國	大韓民國	政府	國會	憲法	大統領

　표에 보이는 내용만이 아니라 太極旗를 國旗로 정한 것이나 國歌도 마찬가지다. 그런데 요즘 일각에서 이승만을 띄우기 위해 '1948년 대한민국 건국설'을 들고 나오는 사람도 있는데, 이는 몰역사적이라 주장이다.

43) 필자는 식민지근대화론을 비판하면서, 한국의 독립운동사가 세계 식민지해방운동사에서 가지는 우뚝한 특점이 바로 독립운동으로 근대국가를 건설한 것이라고 주장하면서 이를 독립운동근대화론, 독립운동근대국가건설론으로 정리한 바 있다.(金喜坤, 〈3·1운동과 민주공화제 수립의 세계사적 의의〉,《한국근현대사연구》48, 22~25쪽)

44) 李中業(安東)·張錫英(漆谷)·權相翊(奉化) 등이 주도하였다(金喜坤 外,《奉化의 독립운동사》, 奉化郡, 2007, 195~198쪽).

6. 각국 독립운동의 발전과 신해혁명의 영향

신해혁명은 동아시아의 거대한 판을 뒤집는 역사적 사건이다. 한편으로는 멸만흥한이라는 주도 민족의 뒤집기요, 다른 한편으로는 제정에서 공화정으로 가는 정치체제의 뒤집기였다. 이러한 구도는 한국을 비롯한 아시아 전반에 영향을 주었다. 더욱이 한국은 마침 국가를 상실한 직후였으므로, 한국 독립운동가들도 한판 뒤집기를 꿈꾸었다. 한편으로는 일제를 넘어 독립하는 것이고, 다른 한편으로는 제정을 넘어 공화정을 나타내는 것이다. 이를 실현할 수 있는 법·규범과 동력을 신해혁명에서 찾으려 나섰다. 망국 직후, 신해혁명 소식을 들으며 상하이와 난징으로 향한 한국 독립운동가들의 발걸음이 이를 말해 준다.

1910년대 이 지역에서 펼쳐진 한국 독립운동은 신해혁명의 영향을 고스란히 받았다. 독립운동을 향한 첫 걸음인 동제사는 신해혁명에 참가하려고 상하이에 도착한 신규식의 주도로 결성되었고, 이 지역에서 펼쳐지게 되는 한국 독립운동의 교두보가 되었다. 또 그가 중국 혁명인사와 힘을 합쳐 조직한 신아동제사新亞同濟社는 한·중 혁명인사의 결집체요, 장차 한중 연대와 서로 돕는[互助] 출발점이 되었다. 신해혁명의 결실로 출범한 중화민국과 민주공화정 시도, 그리고 반동과 발전 추세도 한국 독립운동에 고스란히 영향을 끼쳤다. 한국 독립운동가들이 세운 국가 이름부터 연호, 정체, 정부와 의회 이름, 헌법과 법령, 기구와 조직까지도 그러했다. 뿐만 아니라 신해혁명을 주도한 인물들과의 관계에서도 그랬다. 심하게는 일시적인 반동성마저 그대로 받아들여졌다. 신한혁명당의 등장이라거나 대한민국 임시정부 출발기에 "구황실을 우대한다"는 조항을 넣은 것조차 그랬다.

신해혁명을 우창기의로만 한정시키지 않고, 제2, 제3혁명까지 포함시켜 말한다면, 민주공화정을 향한 거대한 흐름을 이해할 수 있다. 이는 한국 독립운동사의 경우도 마찬가지다. 일시적인 반동을 극복하면서 궁극의 대세인 민주공화제를 수용하여 대한민국을 세우고 이를 운영하는 임시정부와 임시의정원을 조직하여 독립운동을 끌어간 현상은 중국 역사와 마찬가지다.

신해혁명의 영향은 한국 독립운동사 속에 줄곧 발전적으로 수용되고 이어졌다. 근대국가와 정부 체제를 세우고 이를 중심으로 독립운동을 펼친 것이다. 그래서 식민지해방투쟁사에서 근대국가와 정부 조직을 세워 독립운동을 펼쳐나간 귀한 사례를 남기게 된 것이다. 또 1921년 쑨원이 이끄는 광둥 호법정부와 연대하여 태평양회의에 공동 대응책을 모색한 점이나, 1930년대 이후 한중 공동 항일투쟁에서도 그러했다.

Ⅱ. 3·1운동과 민주공화제 수립의 세계사적 의의

1. 세계사의 눈으로 한국 독립운동사 바라보기

19세기와 20세기의 세계사적 구도는 두 가지로 요약된다. 하나는 전근대적인 요소를 극복하여 근대사회를 구현해 나가는 것이요, 다른 하나는 제국주의 침략과 이에 맞서 싸운 식민지의 저항과 해방추구였다. 전자의 경우는 구체제 극복을 통한 대내적인 근대화운동으로, 후자는 침략과 저항이라는 국제적 충돌로 나타났다.

서유럽에서 시작된 제국주의 물결이 아시아와 아프리카로 파급되면서 전 세계가 이 두 가지 과제를 중심으로 충돌과 갈등을 벌였다. 침략에 맞서 싸운 쪽에서 보면, 이 시기의 과제는 안으로 전근대성을 극복하여 근대사회를 이룩하는 한편, 밖으로 열강의 침략을 막아내어 자주성을 되찾는 것이었다. 전자가 반구체제적反舊體制的(반봉건적反封建的) 근대화운동이요, 후자가 반침략적反侵略的 민족해방운동이었다. "민족해방운동은 식민지해방운동과 종속해방운동으로 나뉜다. 이 가운데 식민지해방운동이 바로 독립운동이다."[45]

한국의 독립운동은 세계사적인 보편성과 독자적인 특수성을 함께 가졌다. 제국주의 국가의 침략에도 여러 유형이 존재하듯이, 여기에 맞선 식민지 국가의 저항 양상도 다양하였다. 영국·프랑스·러시아·미국·독일·일본 등 제국주의 국가의 침략과 통치 유형이 각각 달랐듯이, 아랍권이나 아시아 및 아프리카의 여러 식민지 국가들의 저항도 양상을 달리했다. 그 가운데 한국의 독립운동은 다른 식민지해방운동

---

45) 조동걸, 《韓國近代史의 試鍊과 反省》, 지식산업사, 1989, 54쪽.

과 비교할 경우, 동질성과 이질성을 함께 띠었다는 말이다. 의병과 계몽운동, 3 · 1운동과 대한민국 임시정부,[46] 독립전쟁과 의열투쟁, 이념적 분화와 통합운동, 사회운동과 사회주의운동 등 다양한 독립운동이 한국근대사를 구성했듯이 다른 나라의 경우도 비슷한 모습과 성격을 지녔다. 하지만 이들을 비교하노라면 차별성도 적지 않았음을 확인할 수 있다. 기존의 문화와 역사적 에너지가 달랐던 점이나, 열강의 침략과 통치 방법이 다른 것도 차이를 보여준 주요 원인이었다.

3 · 1운동과 대한민국 임시정부도 이처럼 세계사적인 차원에서 살펴볼 필요가 있다. 그렇게 하면 보편성과 특수성이 함께 발견되기 때문이다. 이 글에서는 두 가지 사실이 나라 안팎에서 가지는 역사적 의의를 추적한다는 목표 아래 정통성과 근대화 문제를 화두로 삼는다. 정통성은 당연히 역사적 가치와 도덕성 · 정당성에, 그리고 근대화 문제는 그것이 가지는 지향과 성과에 주목할 것이다.

2. 제국주의 침략에 맞서기

침략과 수탈로 살아간 제국주의 국가는 그리 많지 않다. 스페인과 포르투갈의 외연 넓히기로 시작된 절대주의의 확산은 전 세계에 식민지를 만들었다. 그들에게는 그 행위가 '발견'이자 '진출'이지만, 침략 앞에 맨 몸을 드러낸 아시아 · 아프리카 · 아메리카 등에게는 좌절과 굴욕의 순간이었다. '진출'이란 이름 아래 '침략'이 보편화되고, 네덜란드 시대를 거쳐 프랑스와 영국이 패권을 다투는 시기를 이어갔다. 산업혁

---

46) 대한민국 임시정부를 흔히 '임시정부' 혹은 '상하이임시정부'라고 부른다. 이 때문에 '대한민국' 건국 사실은 어디가고 다만 '임시정부' 수립 사실만 인식하는 경향이 있다. 심지어 대한민국 임시정부가 상하이를 떠나 충칭에 가 있던 시절을 말할 때에도, '상하이임시정부'라고 표현하는 이상한 일이 생겼다. 광복 이후 국내에서 임시정부를 수립하자는 논의가 나오는 바람에, 이것과 비교하여 '상하이임시정부'라고 표현한 영향이 크다. 1919년 4월 11일, 상하이에서 세워진 것은 분명 대한민국이라는 국가와 그것을 운영할 정부 조직체인 '임시정부', 그리고 의회인 '임시의정원'이었다. 대한민국과 임시정부를 구분해서 표현하는 것이 바람직하다.

명을 거치면서 이들 서유럽 국가들이 세계 대부분 지역을 식민지로 장악하고, 뒤늦게 출발한 독일과 이탈리아, 그리고 러시아와 미국 등이 식민지 분할을 요구하면서 곳곳에서 충돌을 벌였다. 그 아류로서 일본이 동아시아에 제국주의 국가로 얼굴을 내밀었다.

전체 지구에서 서유럽을 뺀 나머지 나라와 민족들이 제국주의 침략 앞에 무릎 꿇리고 짓밟히는 수난을 당했다. 동남아시아만 예를 들더라도, 인도네시아·필리핀·베트남·인도 등이 네덜란드·스페인·프랑스·영국 등에게, 짧게는 100년에서 길게는 400년이나 되는 동안 침략을 받거나 반#식민지 혹은 식민지 역사를 보내야 했다. 심하게는 '해가 지지 않는 나라'라고 불리던 제국주의의 정수인 영국의 그늘 아래에는 800년이나 되는 기나긴 세월을 국토 상실과 반식민지, 또는 완전한 식민지라는 굴레를 거듭하며 살아온 아일랜드도 있다. 또 남아메리카는 아시아보다 훨씬 일찍 식민지 굴레에 들었다가 1800년대 전반기에 독립하는 나라가 많았지만, 20세기 후반에 종속이론이 튀어나온 사실을 보면, 유럽 열강에 얽혀있는 제국주의-식민지 종속성이 그렇게 쉽게 벗어날 수 없는 것임을 알 수 있다.

제국주의 침략과 수탈의 물줄기는 도도하게 흘러갔다. 거기에 맞서 싸울 수 있는 식민지는 존재하기도, 존립하기도 힘들었다. 버틸 수 있었다면 무너지지도 않았을 터였다. 식민지의 저항은 그래서 미미했다. 400년이나 전개된 스페인의 통치 아래, 필리핀은 별다른 저항을 보이지 못했다. 300년 넘은 동안 프랑스에 핍박받은 베트남도, 응우옌 왕조와 남부 지역 유림들의 의병항쟁 등이 잠시 존재했을 뿐, 저항은 크지도 오래가지도 않았다.[47] 240개 종족과 500개 넘는 언어로 구성된 인도네시아가 벌일 수 있는 저항도 한계가 뚜렷했다.[48] 또 인도에서

---

47) 최병욱, 〈프랑스의 베트남 식민지지배에 보이는 협조와 대결〉, 《전통과 현대》 10(1999 겨울호, http://www.jongtong.co.kr/99win/10s_5.htm)
48) 김희곤, 〈동아시아 독립운동 주도 조직의 성격과 대한민국임시정부〉, 《한국독립운동사연구》 26, 2006, 64쪽.

'세포이 반란'이라 불리는 인도인 영국 용병들의 저항이 있기는 했지만, 엄밀하게 말해 처우에 대한 불만에서 싹튼 저항이지, 우리가 말하는 식민지해방운동·독립운동 차원에서 일어난 것은 아니다. 오랜 역사와 문화를 간직한 아시아 지역이 이 모양이니, 아프리카나 오세아니아에서 제국주의에 저항한 대규모 독립운동은 거의 없었다고 단정할 수 있다.

식민지와 제국주의 열강의 국력 차이는 너무나 컸다. 식민지가 제국주의 열강의 침략을 되받아치기 위해 반침략 투쟁을 벌였다면, 성공했는지, 아닌지를 떠나서 그 자체만으로도 높이 평가될 만한 이유가 거기에 있다. 어디에서나 침략에 맞서 싸운 투쟁은 존재했다. 다만 그것이 민족이나 국가 단위의 저항으로 나타난 경우가 얼마나 되었는지 살펴보면, 그리 흔하지 않다. 대개 침략과 저항이란 힘의 차이가 워낙 컸기에 쉽게 복속되었고, 또 문명 차이를 내세운 제국주의 통치 아래 길들여져 갔다.

절대주의와 제국주의가 벌인 식민주의 조류를 가로막아 내려는 저항은 대부분 지역에서 일어났다. 이는 처절한 생존 투쟁이자 정체성을 지키려던 몸부림이었다. 세밀하지는 않지만, 아시아 지역의 반제反帝투쟁사만이라도 둘러보면, 한국 독립운동사가 가지는 보편성과 함께 특수성을 그려낼 수는 있을 것 같다.

3·1운동은 한국 독립운동사에서 높이 평가되고 있다. 무엇보다 그것이 한국사에서 최초로 근대국가, 민주공화제를 달성해냈다는 사실에서 그렇다. 전 민족이 참가한 것이라거나 비폭력투쟁으로 침략 세력에게 저항하고, 세계에 알려 영향을 주었다는 점에서도 그렇게 평가한다. 세부적으로 살펴보면 의병과 계몽운동의 양대 방략이 하나로 집결하고, 무너진 국가를 다시 되살리는 결정적인 역할을 해낸 것도 지적된다. 그런데 한 가지 문제점은 그것이 세계 식민지해방운동사에서 가지는 위상이나 의미가 몇몇 나라의 식민해방운동이나 반침략운동에 영

향을 주었다는 설명에 그치고 있다는 사실이다. 그러나 좀 더 자세하게 비교한다면, 제국주의가 식민지쟁탈전을 벌이면서 성난 파도처럼 세계를 집어삼키던 그 시기에 3·1운동이 그를 비판하고 막아서는 흐름의 선두권에 속했다는 사실에 주목할 필요가 있다.

제국주의 국가들의 식민주의 노선, 그 물결에 맞서는 투쟁의 대표적인 거사가 바로 3·1운동이다. 이를 확인하려면 제1차 세계대전을 전후한 식민지의 해방투쟁을 눈여겨 보아야 한다. 제1차 세계대전이 식민지를 선점한 선발 제국주의와 그것을 나누어 줄 것을 요구한 후발 제국주의의 충돌임은 두말할 나위가 없다. 이 전쟁은 식민지 국가들에게는 자주독립을 되찾을 수 있는 기회로 여겨졌다. 1916년 아일랜드 더블린에서 일어난 부활절 봉기도 여기에 속하고, 연해주에 등장한 대한광복군정부도 마찬가지다.

제1차 세계대전이 끝난 뒤, 3·1운동은 반침략·반제국주의 투쟁의 물결과 함께 진행되었다. 아일랜드 독립전쟁(Irish War of Independence 또는 Anglo Irish War)이 1919년 1월부터 다시 터져 나온 것도 여기에 속한다. 이에 견주면 3·1운동은 몇 가지 면에서 독특한 성격을 보였다. 발표된 독립선언들은 제국주의와 패권주의의 잘못을 지적하고, 인도주의를 내세워 인류가 평화롭게 공존하는 사회를 추구해야 한다는 방향을 제시하였다. 아일랜드가 전쟁을 벌이던 장면은 한국의 의병과 해산 군인들의 저항에서, 또 만주 지역 독립군의 독립전쟁에서 비슷한 점을 찾을 수 있다. 단순히 독립해야 할 당위성만이 아니라, 인류가 지향해야 할 범세계적인 이상과 지향점을 제시한 점에서 그렇다.

3·1운동을 한국사 차원에서 평가하는 것이 일반적이다. 심지어 현재 한국에서 발행된 세계사 교과서조차 3·1운동을 내세우지 않는다. 제1차 세계대전 직후 식민지해방을 꿈꾸던 많은 약소국들의 움직임과 투쟁은 중요한데도 그렇다. 세계 식민지해방투쟁사 차원에서 그것이 가지는 위상을 평가해야 한다. 자국사적인 시각을 극복하자면서 오히

려 자국사를 역차별하는 것이라는 생각이 든다.

3·1운동은 제국주의 침략 물결에 맞서는 것이었다. 비록 제국주의 열강 가운데 승전국이 중심을 이루어 판을 벌였던 파리강화회의였지만, 여기에 식민지 해방 문제를 다루도록 요구하고 나선 것이다. 한국 문제를 다루어 달라고 온 겨레가 하나 되어 요청하고 나선 거사는 한 민족과 한 나라의 문제가 아니라, 세계 제국주의 열강에 대한 투쟁에 앞서 나간 것이기도 했다. 물론 그 힘이 모자라고, 전달력이 약했지만, 패권주의 때문에 몰락한 식민지가 독립을 얼마나 갈구하고 있는지, 그 사실만은 확실하게 전달하였다. 이러한 노력은 식민지 국가들에게는 귀감이 되지 않을 수 없었다. 제1차 세계대전 직후 활발하게 일어난 식민지해방운동의 선상에서 3·1운동은 시간적으로 선두에 있었고, 그 반향이 결코 작지 않았다는 점을 생각할 필요가 있다. 또 참가자들의 비율도 그러했으며, 무저항 비폭력 투쟁의 방법에서, 또 인류사회가 지향해갈 인도주의를 제시한 사상적인 면에서도 높게 평가해야 마땅하다.

3. 민중의 힘으로 만들어 낸 정통성

1) 3·1운동이 만들어 낸 정통성

역사적 정통성은 급변하는 시기에 등장하는 화두 가운데 하나다. 특히 배타적인 경쟁 상대가 있을 경우 더욱 그러하다. 남북한이 분단된 뒤, 두 정부는 당연히 정통성 논쟁을 벌였고, 지금도 그 흐름을 이어가고 있다.

전통시대 역사 서술에서 중요한 논리 축이 정통론이거나 계통론이었다. 역사 서술에서 정통성 논쟁은 과거 역사를 당대의 시각으로 평가하는 과정에서 비롯하였다. '항일투쟁기'에 만주 지역에 독립운동 기지를 건설한 인사들은 현실적인 문제를 감안하여 만주 지역에 대한 역사적 연고성을 주장하였는데, 이는 당시 민족적 과제를 풀어 나가는 차원에서 제시된 논리였다.[49] 그런데 정통성 논의는 대상 시기에 따라 완전히 다르다. 과거 역사 줄기나 정통성에 의미를 부여하였지만, 이것만이 아니라 사실의 정당성이나 도덕성, 그리고 발전성도 문제로 제기된다. 더구나 정당성이나 정통성 시비를 벌이는 경쟁 상대가 있을 경우, 특히 배타적인 정통성을 주장하는 경우에는 자신의 합리화가 치열하다.

일본 제국주의 침략기에 정통성은 누가 가지는가? 당연히 항일투쟁 세력이 가진다. 그들이 바라고 지향한 것, 그것이야말로 구성원의 염원과 지향점을 담고 있다. 이러한 논의 위에 3·1운동이 한국 독립운동사에서 가지는 역사적 의미를 살펴본다.

첫째, 3·1운동은 한국사에서 가장 많은 국민이 나서서 일으킨 집단항쟁이었다. 전국에서 만세운동이 일어났으니, 한국사에서 이처럼 구성원 대다수가 참가한 저항은 일찍이 존재한 일이 없었다.

둘째, 3·1운동은 '민중'이 역사의 주체로 떠오른 '역사적 사건'이었다. 이 말은 만세운동으로 나타난 민중의 뜻이 곧 민족의 지향점을 말하는 것이며, 그 주장은 역사적 정당성을 갖는다는 것이다. 황제와 지배층이 지켜 내지 못한 나라를 민중의 힘으로 되찾으려 나섰다. 이는 역사적 주인의식의 변화를 보여 주는 장면이 아닐 수 없다. 민중의 힘

---

49) 필자는 널리 사용되는 '일제강점기'라는 표현에 문제가 있다고 생각하여 '항일투쟁기'라는 말로 고쳐 쓴다. '일제강점기'라는 말의 주체가 한국이 아니라 일본이기 때문이다. 일제에 강점되고 조선총독부가 지배하던 상황에 맞서 싸운 그 시기를 일컬으면서 굳이 침략 국가를 주체로 내세워 '일제강점기'라는 이름 붙일 이유가 없을 것이다. 그 시기는 1894년 갑오의병에서부터 1945년 해방에 이르는 기간으로 잡는다. 1910년 이후 식민지 시기만이 아니라, 준식민지·반식민지를 겪은 1894년 이후 1910년까지도 여기에 포함된다는 뜻이다. 다만 1910년 망국 이전에는 국가가 있었으므로 개항기, 대한제국기로 표현하고, 1910년 이후부터 '항일투쟁기'로 사용하면 좋을 것 같다.

으로 나라를 다시 되찾아 세워야 한다고 생각하고, 그 뜻에 맞는 정부를 세우라는 것이 국민의 주문이었다. 이는 3·1운동 이전, 즉 독립운동 전반기에 분출된 역사적 과제를 제시하고 해결하는 것이었다.

셋째, 일제의 침략이 한민족의 뜻과 상반되는 것이고, 강제병합이 무효라는 사실을 천명했다. 일제가 온 세계에 대놓고 '한민족과 합의하여 병합시키고 한국인이 일제의 통치와 지배를 수긍하면서 발전하고 있다'고 떠들어대도, 그것이 결코 옳지 않다는 사실을 확실하게 발표한 것이다. 일제의 선전과 홍보가 조작된 것임을 온 천하에 알린 '대사건'이 3·1운동이었다.

넷째, 3·1운동은 친일·부일배附日輩의 행위가 민족 반역이라는 역사적 사실을 발표하면서, 이러한 행위로 이루어진 모든 결과가 무효임을 밝혔다. 이것은 앞으로도 나타날 민족 반역 행위에 대해 정당성이나 정통성이 없음을 말해두는 것이기도 하다.

다섯째, 3·1운동은 민족의 독립을 위해 투쟁하는 사람이야말로 정당성과 도덕성, 나아가 정통성을 가진다는 의미도 담고 있다. 이는 겨레가 나라를 잃은 시기에 오직 항일투쟁에 나선 인물이나 세력만이 그 정당성을 가질 수 있다는 의미이다.

여섯째, 3·1운동은 한국이 이미 독립국이라는 사실을 천명했다. 독립선언서 첫머리에 "아 조선의 독립국임과 조선인의 자주민임을 선언"한 것에서 알 수 있듯이, 비록 대한제국을 일제가 멸망시켰지만, 이날 '독립국'이라는 사실을 분명하게 밝혔던 것이다. 일제가 강박으로 무너뜨린 나라를 다시 되살려 독립국을 세운다는 뜻이 여기에 담겼다.

일곱째, 3·1운동은 정부 수립을 촉구하였다. '독립국'을 선언했으므로, 다음으로는 그 '독립국'을 유지하고 운영할 '정부'를 수립하는 것이 당연한 순서였다. 민족 전체가 일어나 독립만세를 부르고, 자주독립국임을 선언했다는 사실은 자주독립국을 유지할 정부 조직체를 꾸려나가라는 명령을 내린 것이다. 정부 수립이야말로 민족의 뜻으로 제시한 과제였다.

여덟째, 3·1운동은 민중이 수립하라고 요구한 정부가 옛 체제로 돌아가는 것이 아니라, 진보하라는 명령을 내렸다. 따라서 민중의 뜻과 명령을 현실로 이끌어 낸다면, 그것은 바로 역사적 정당성과 정통성을 담아내는 일이었다.

아홉째, 3·1운동은 나라의 주인이 더 이상 황제가 아니라, 국민임을 분명히 보여 주었다. 다시 말해 국민들의 인식 속에서 대한제국은 종결된 것이다. 3·1운동이 벌어지던 그 어디에도 보황주의保皇主義를 주장하거나 복벽주의復辟主義의 목소리를 드높이는 경우는 보기 힘들었다. 간혹 대한민국 임시정부 수립 초기에 군주제를 완전히 탈피하지 못한 정황이 있다거나 만주 지역에서도 복벽주의를 추구하는 세력이 있다면서 3·1운동과 대한민국 임시정부 수립을 군주제의 종결로 보는 데 이견을 말하는 경우도 있다. 하지만 이것은 어디까지나 과도기적 현상일 뿐이다. 사실상 3·1운동은 역사 회귀적 논리에 종지부를 찍는 거대한 '사건'임에 틀림없다.

2) 대한민국 임시정부가 가지는 정통성[50]

(1) 존립가치에서 가지는 정통성

대한제국이 멸망한 뒤 8년 8개월이 지나서야 대한민국 임시정부가 수립되었다. 정부 없는 시기가 9년 가까이나 된 셈이다. 국내에 광무황제와 융희황제가 생존해 있지만, 이미 주권을 상실한 상태였고, 조선총독부가 통치권을 가졌다고 하더라도, 그것이 결코 한국 정부일 수

---

50) 대한민국 임시정부의 가치를 평가하는 기준으로 존립가치와 역할가치가 제기된 일이 있다.(조동걸,《한국근대사의 시련과 반성》, 지식산업사, 1989, 104~111쪽) 이틀은 대한민국 임시정부를 평가하는 데 적절한 기준 설정이라고 판단되어, 여기에서도 이를 준거 틀로 삼아 대한민국 임시정부가 가지는 정통성을 분석한다.

는 없었다. 정통성을 지닌 정부 조직체가 단절된 것이다.

　이를 극복하려는 노력이 바로 나타났다. 망국을 전후한 시기부터 국외로 대거 망명하여 독립군 기지를 건설하거나 정부 조직체를 수립하려던 노력이 그것이다. 일제 강점으로 말미암아 국내에서는 정통성을 지켜나갈 수 없었기 때문에, 민족운동가들이 해외에서 정부에 버금가는 조직을 만들고자 애를 썼다. 한편으로는 정통적인 군주이자 황제의 존재를 염두에 두면서, 다른 한편으로는 새로운 정부 수립을 추진하였다. 경학사와 부민단, 대한광복군정부와 신한혁명당, 〈대동단결선언〉 등은 모두 그러한 노력에 속한다. 또 만주 지역에 독립군 기지를 건설하고 국내 진공작전을 펼치려고 국내와 국외를 연결시키던 대한광복회도 마찬가지다.

　이런 활동 양상은 당시를 '정통성 단절 시기'로 파악해서는 안 된다는 사실을 알려 준다. 즉 국외에서 독립운동 세력의 손에 따라 주권이 분산적으로 행사되고 있던 것으로 평가할 만하다는 뜻이다. 국내에서 비록 황제가 강압 때문에 제 구실하지 못하지만, 존재한 사실만은 엄연하고, 국외에서는 그를 연계하면서 국권을 되찾으려는 노력이 펼쳐졌기 때문이다. 또 한국인이 주권을 포기한 것이 아니라 일본 제국주의에게 강탈당한 것이요, 빼앗긴 주권을 되찾겠다는 뚜렷한 의지와 처절하게 투쟁한 사실도 확실하다. 더구나 일제가 대한제국을 강탈한 행위 자체가 불법적이었다. 1905년에 박제순과 하야시가 억지로 합의한 것을 '보호조약'이라 우기면서 외교권을 빼앗은 뒤, 대한제국을 농단하고 국권을 강탈한 행위 자체가 결코 정당화될 수 없기 때문이다.[51] 그런 불법적 행위로 만들어진 조선총독부가 정통성을 가진다는 것은 논

---

51) '을사조약'이나 '을사늑약'이란 말이 적절하지 않은 것 같다. 조약으로 체결된 일이 없기 때문이다. 대표의 신임장도 없고, 황제의 재가도 없었다. 단지 외무대신 박제순과 일본공사 하야시 사이에, 그것도 강요에 따라 맺어진 합의일 뿐이다. 따라서 '박제순-하야시 억지 합의'에 지나지 않으므로, 이로 말미암아 빚어진 예속관계나 영토문제는 원천적으로 무효라고 생각된다. '박제순-하야시 메모'로 부르자는 의견도 고려할 만하다.

리에 맞는 말도 아니다. 따라서 대한제국 멸망 이후 3·1운동에 이르기까지 역사적 정통성은 국내외 독립운동 세력들에 따라 분산적으로 계승되고 있었던 것이다. 그러한 분산적 계승은 결국 3·1운동에 와서 하나로 합쳐졌다.

3·1운동은 제1차 세계대전 종전 직후에 국제회의를 겨냥하여 일으킨 대규모 항쟁이자 시위였다. 독일이 1918년 11월 항복함에 따라 세계대전이 끝나고, 이를 마무리 짓고자 파리에서 강화회의가 열리게 되자, 거기에 한국 문제를 상정하는 것이 당시 독립운동가들의 활동 목표였다. 다만 대표를 파견한다고 해서 한국 문제가 상정될 턱이 없으므로, 온 겨레가 자주독립국가를 되살려 세우기를 염원하고 있음을 국제사회에 확실하게 드러내자는 방안이 제기되었다. 즉 종전 시기에 열린 국제회의를 독립의 기회로 파악하고 거기에 대표를 파견하면서 온 겨레의 시위를 끌어내어 이를 뒷받침한다는 것이 그 방략이었다. 그 중심에 신한청년당이 서 있었다.[52]

3·1운동은 앞서 진행된 민족운동의 여러 갈래들을 한 순간에 하나로 묶어 냈다. 1894년 갑오의병에서 시작된 민족운동이 1945년 해방에 이르기까지 51년 동안 진행되었는데, 정확하게 중간 시점에 위치한 3·1운동이 민족운동 선상에서 제기된 의병항쟁·계몽운동·의열투쟁 등의 갈래를 통일시킨 것이다. 무엇보다 3·1선언은 '조선이 독립국'임과 '조선인이 자주민'임을 선언하고 이를 국제적으로 천명한 데서 의의를 찾을 수 있다. '독립국'이라 선언하고 '자주민'이라 밝혔으니 거기에 맞는 정부 수립과 자주적 주권 행사는 당연한 실천 항목이었다. 그래서 당시에 실체를 가지거나 전단傳單 형태만으로 선언된 정부 조직이 무려 열 개 정도나 되었다. 그런데 그 조직체가 표방한 정체는 보황주의나 입헌군주정이 아니라 하나같이 민주공화정체였다. 그러한 조직체가 하나로 통일된 것이 바로 대한민국 임시정부였다. 따라서

---

52) 김희곤, 《중국관내 한국독립운동단체연구》, 지식산업사, 1995, 94~102쪽.

3·1운동은 근대국민국가 수립운동이라는 의미에서 지금까지의 민족운동을 총체적으로 묶어 낸 것이며, 나아가 대한민국 임시정부 수립으로 귀결했다고 평가된다.

1919년 나라를 세우면서 선택한 국호가 '대한제국'이 아닌 '대한민국'이었다. 이는 한민족사에서 최초로 수립된 민주공화정부라는 말이다. '3·1정신'으로 제시된 역사적 과제가 독립된 근대민족국가 수립이었고, 그 뜻을 수렴한 조직체가 대한민국 임시정부였다. 따라서 국가와 정부 수립 사실 자체만으로도 존립가치를 가지고 있다. 이처럼 대한민국 임시정부 수립 자체가 역사적인 정통성을 가졌지만, 그럼에도 과연 그것이 국제법 차원에서 정통성을 확보할 수 있는지 짚어 보아야 하겠다.

망명자들이 수립한 정부가 정통성을 확보할 수 있는지가 첫 문제이다. 주권자인 황제가 일제의 강압 아래 제 권리를 행사하지 못한다는 현실을 수용하고, 망명인사들이 그를 대신하여 대한민국 임시정부를 수립한 자체는 주권자가 정부를 설립한 것으로 이해되는 부분이다. 외교권을 강탈당한 뒤에, 그것이 승인된 일이 없다는 사실을 광무황제가 명백하게 주장했기 때문에 그를 바탕으로 전개된 국권침탈은 사실상 효력이 없는 것이다. 강압으로 이루어진 계약은 고문으로 진행된 진술과 마찬가지로 효력이 없다. 이처럼 강권으로 말미암아 정상적인 주권행사가 막힌 경우, 망명인사들의 손으로 수립된 대한민국 임시정부가 정통성을 확보하는 데에는 큰 무리가 없다고 판단된다.[53]

여기에서 통수권자가 빼앗긴 정통성을, 항일투쟁을 벌인 독립운동가들이 되찾은 면도 고려해야 한다. 1917년 〈대동단결선언〉은 이미 황제가 주권을 포기한 것으로 인정하고, 독립운동가의 손으로 다시 되찾을 방향을 제시했다. 그것도 역사회귀적인 길이 아니라 근대시민국

---

53) 김희곤, 〈대한민국임시정부와 대한민국의 정통성〉, 《한국사학사학보》 13, 2006. 6, 159쪽.

가 건설로 방향을 잡았고, 비록 불완전한 것이기는 하더라도 국가 조
직체와 주체성을 회복한다고 천명했던 것이다. 국가 정통성은 이제 대
한제국에서, 3·1운동으로 표출된 민족의 뜻을 담아 독립운동가들의
손으로 설립된 대한민국에 넘어갔다. 국가 정통성이 조선총독부에게
넘어간 것이 아니다.

(2) 역할가치에서 가지는 정통성

역할가치에서 대한민국 임시정부가 가지는 정통성 문제는 몇 가지
기준에서 검토해야 한다. 첫째, 국민들에게 행사한 통치권 여부가 주
요 기준이 될 것이다. 대한민국 임시정부는 국내 통치권을 장악하기
위해 연통제와 교통국을 통해 행정망을 구축해 나갔고, 국내에 주비
단籌備團을 결성하여 국내 군사거점 확보에도 노력하였다. 도지사에서
군수와 면장에 이르기까지 임시정부가 직접 임명하고, 그를 통해 국
내 행정을 원격 제어한다는 것이 임시정부가 수립한 정책이요 방략이
었다. 연통제가 바로 그 핵심이고, 그것을 운영하면서 독립운동 조직
을 연결하고자 나라 안팎을 연결하는 교통국을 두었다.[54] 그리고 주비
단은 임시정부가 국내진공작전을 감행할 때 국내에서 일어날 군사거점
조직으로 마련되었다.[55] 실제로 평안도와 황해도 일부에 면장까지 임
시정부가 임명한 사실이나, 각지에 교통부장을 선임하여 파견한 일은
모두 임시정부의 통치권 행사로 평가할 수 있다. 더구나 당시 국민들
이 임시정부 활동에 기대를 걸고 지원에 나선 점도 그러한 평가를 가
능하게 만든다. 다만 일제의 압박과 방해로 주권 행사가 한계에 부딪
쳤지만, 그것이 임시정부가 가진 한계라기보다는 일제가 만들어 놓은
한계라는 점을 분명하게 인식할 필요가 있다. 따라서 임시정부는 그

---

54) 〈국무원령 제2호 : 임시지방교통사무국장정〉(1919. 8. 20), 《獨立新聞》 1919년 8
　　월 26일자.
55) 이성우, 〈주비단의 조직과 활동〉, 《한국근현대사연구》 25, 2003, 310~337쪽.

자체만으로도 실체를 가진 정부이고, 역사적 승계와 주권적 정당성이 확인되기 때문에 정통성을 가진다고 평가할 수 있다.

둘째, 대한민국 임시정부가 독립운동의 최고지도기관으로 구실을 제대로 해냈는지에 대한 문제이다. 일단 국가와 정부 수립기에는 최고지도기관 역할을 수행했고, 국내외 동포사회 전체도 임시정부를 최고기관으로 인정했다고 평가된다. 물론 정부 수립과 통합정부 달성 직후에 신채호를 비롯한 '반反임시정부' 세력이 형성되기도 했지만,[56] 심지어 멕시코·쿠바 지역 동포사회마저도 임시정부를 인정하고 지원할 정도였다. 그런 임시정부의 대표적 위상은 1923년 1월부터 5월 사이에 열린 국민대표회의 이후에 급격하게 추락했다. 밖으로는 임시정부를 최고기관으로 인정하지 않는 세력들이 형성되고, 안으로는 조직과 이념적 분화를 극복하지 못하여 활동상이 미약해짐에 따라 대표성을 상실해 갔다. 간혹 한인애국단 활동과 같은 투쟁으로 명성을 일부 회복하기도 했지만, 정부라는 이름에 걸맞지 않을 만큼 미약한 모습이 일반적이었다. 그러다가 충칭重慶시절(1940~1945)에 다시 이름값에 버금가는 활동을 폈고 위상도 회복했다. 따라서 독립운동 최고지도기관이라는 이름에 어울리는 역할을 했는지에 대해서는 시기에 따라 평가가 엇갈릴 만하였다. 그렇다고 임시정부 말고 최고지도기관으로 평가하고 지목할 만한 조직체도 찾기 힘들다. 결국 최고지도기관이라는 역할을 기준으로 삼는다면, 임시정부가 정통성 일부만 소유할 뿐 결코 독점적 정통성을 가지지는 않았다.

대한민국 임시정부가 가지는 것은 배타적 정통성, 독점적 정통성이 아니다. 항일투쟁기에 한국인이 거주하던 모든 지역에서, 다양한 방략과 이념으로 투쟁하는 단체와 인물이 있었다. 그런 세력 사이에는 이념과 방략에서 차이를 보였지만, 나라를 되찾고자 독립운동 선상에서

---

56) 신채호를 비롯한 베이징 지역 인사들의 주장이 '반反임시정부'이지, '반反대한민국'은 아니었다.

움직이거나 민족적 양심을 지켜 나간 세력이라면, 누구나 정통성을 갖는 것이 마땅하다. 굳이 임시정부 영역이 아니더라도, 베이징이든 만주든 그 어디서라도 민족문제를 해결하기 위해 삶을 내던진 인물과 세력은 모두 정통성 범주 안에 든다고 보아야 할 것이다.[57]

셋째, 대한민국 임시정부 스스로가 장차 대한민국 정부로 이어진다는 지향점을 명시했는지도 중요한 기준이 된다. 대한민국 임시정부는 스스로 대한민국 정부의 앞 단계임을 명시했다. '정식' 정부가 아닌 '임시' 정부라는 사실은 독립을 달성할 때까지 일시적으로 정부를 구성한다는 뜻이다. 말하자면 대한민국 임시정부의 다음 목표가 '임시'가 아닌 '정식' 대한민국 정부 수립에 있음을 명시한 것이다. 그러한 사실은 의회議會 이름에서도 확인된다. 대한민국 임시정부는 의회를 '임시의정원臨時議政院'이라 이름 붙이면서, '완전한 국회가 성립되는 날', 즉 독립을 이루면 임시의정원을 해산하고 '국회國會'를 구성한다고 헌법에 명문화시켰다.[58] 이것은 곧 '대한민국 임시정부와 대한민국 임시의정원'이요, '대한민국과 정부와 대한민국 국회'라는 틀을 의미하고, 대한민국 임시정부가 장차 완성된 대한민국과 정식정부를 향해 가려고 작정했던 사실을 명확하게 보여 준다.

넷째, '임시'라는 접두어를 떼어 내기 위해 대한민국 임시정부가 어느 정도 활동을 펼쳤고, 또 얼마나 제대로 구실하였는지도 중요한 문제임에 틀림없다. 다시 말해 정부라는 이름에 걸맞은 활동과 역할을 보여주었는지 여부가 그것이다. 앞에서 본 것처럼, 임시정부는 시기에 따라 독립운동계를 대표하고 독립운동을 왕성하게 이끌어 가기도 하였지만, 그 반대로 허약한 모습을 보인 경우도 많았다. 경우에 따라서는

---

57) 해방 이후 그들이 선택한 정치적 성향이나 선택 노선을 가지고, 역으로 항일투쟁기의 정통성을 부여하는 데 한계를 둘 이유도 없다. 어디까지나 항일투쟁기의 선택은 당시의 것으로 한정시켜 평가해야 한다. 그리고 해방 이후 정국 상황에 얽매여 배타적이고 독점적인 정통성을 고집하는 일은 통일을 대비하는 올바른 자세가 아닐 것이다.

58) 대한민국임시헌법(1919년 9월 11일 개정) 제4장 제34조(국사편찬위원회, 《대한민국임시정부자료집》 1, 2005, 10쪽)

그 영향력이 전체 독립운동계를 지휘하기도 했지만, 더러는 '정부'라는 이름에 어울리지 않게 하나의 독립운동 단체 수준에 지나지 않거나, 심지어 다른 독립운동 조직보다 미약했던 순간도 있었다. 국내진공작전을 펼치기 위해 만주 지역 독립군들을 정부 조직 아래 귀속시키고, 직접 장교를 양성하기도 했고, 또 1905년에 외교권을 강탈당한 뒤 14년 만에 처음으로 정부 이름을 내걸고 외교활동에 나섰다. 그 활동은 27년 동안 쉼 없이 진행되었다. 그런데 임시정부가 '정부 구실'을 제대로 해내지 못한 시기가 있다고 해서 정통성을 상실한다고 말할 필요는 없다. 그렇지 않다면 외침을 받아 위험하던 시기, 개항 이후나 대한제국처럼 정부 구실을 제대로 해내지 못하던 시기의 조선과 대한제국을 한국사의 정통에서 제외시키는 것이나 마찬가지이기 때문이다.

대한민국 임시정부가 미약한 모습을 보이던 시기도 많았다. 이는 독립운동 세력의 분화와 분산, 지도력 결핍, 인적·물적 자원의 공급 차질, 좌우 분화에 따른 이념적 갈등현상 등 내부 원인과 중국 내정을 비롯한 국제 정세의 변화라는 외부 원인이 맞물리면서 나타난 모습이다. 한때 '바람 앞의 등불'과도 같은 절체절명의 위기에 부딪치기도 했다. 하지만 대한민국 임시정부는 이런 난관을 하나씩 극복해 나가면서 무려 27년이라는 오랜 기간에 걸쳐 독립운동의 중심축 구실을 맡았다. 이념의 분화를 발전적으로 소화해 나가면서, 완성된 국가와 정식 정부 수립을 대비한 강령을 마련하고, 정당과 군대를 조직하며, 국제관계를 풀어 나갔다. 그러는 과정에서 국내와 만주, 러시아와 미주 등 세계 도처에서 활동을 벌이던 독립운동세력 대다수가 대한민국 임시정부를 주시하고 지원하였으며, 임시정부도 이들을 연계시키는 데 목표를 두고 활동하였다. 그러므로 민족운동사에서 임시정부가 담당했던 역할은 시기에 따라 편차가 있고, '역할가치'에 대한 평가도 다양할 수밖에 없다.

역할가치와 관련하여, 대한민국 임시정부가 가지는 역사적 의의와 정통성 문제도 검토할 필요가 있다. 대한민국 임시정부의 대내적 성과로는 최초의 민주공화정부 수립만이 아니라 이념적 분화를 극복하여 좌우 통합정부를 달성했다는 사실을 들 수 있다. 특히 대한민국 임시정부가 독립운동계의 대통합을 달성한 사실은 민족통일을 염원하고 있는 오늘날 우리에게 귀중한 교훈을 주고 있다. 그리고 대외적으로는 세계 식민지해방운동사에서 정부 조직을 가지고 27년 동안 독립운동을 펼쳤다는 전무후무한 사례를 남긴 점과, 이를 바탕으로 열강 세력들이 1943년 12월 1일 카이로선언을 통해 한국의 독립을 보장한 초유의 성과를 거둔 점이라는 두 가지 사실이 그것이다. 그렇기 때문에 인도 지도자 네루P. J. Nehru는 아시아 식민지 국가 가운데 열강에 독립을 보장받은 유일한 나라가 한국이라며 부러워했던 것이다.[59]

끝으로, 대한민국 임시정부가 자신의 힘만으로 직접 국가를 회복하지 못했다고 해서, 정통성을 가지지 않는 것은 아니다. 세계 식민지 출신 국가들이 자신의 투쟁만으로 독립을 회복한 경우는 찾기 힘들다. 대개 식민지는 제국주의 국가가 벌인 제2차 세계대전이 끝나고 그 뒷마무리 과정에서 독립하는 것이 보편적이었다. 그렇다고 그들이 자신들의 식민지해방운동 과정에서 등장한 조직체에 정통성을 부여하는 데 망설이지는 않는다. 굳이 정통성에 고개를 갸웃한다면, 정통성 자체가 없다기보다는 불완전하다는 데 이유가 있다. 이것 역시 정통성이 분산적으로 계승되고, 독립국가 건설 과정에서 통합을 거치게 되는 것이 일반적이라는 말이다.

---

59) Jawaharlal Nehru 지음, 노명식 옮김, 《世界史遍譯》, 삼성문화문고, 1974, 272~273쪽.

4. 독립운동으로 일구어낸 근대사회

머리에서 밝혔듯이, 세계 식민지해방운동사에서 공통된 과제는 두 가지였다. 하나는 전근대적인 요소를 극복하여 근대사회를 구현해 나가는 것이요, 다른 하나는 제국주의 침략과 이에 맞서 싸운 식민지의 저항과 해방추구였다. 전자의 경우는 구체제 극복을 통한 대내적인 근대화운동으로, 후자는 침략과 저항이라는 대외적 반외세 투쟁으로 나타났다.

한국 독립운동사에서 3·1운동과 대한민국 임시정부는 이 두 가지 요소를 모두 갖고 있다. 특히 근대화를 추구한 부분에서 그 의미를 음미해 볼 필요가 있다. 근대라는 말을 정치적인 의미에서 접근하면 당연히 민주공화제를 떠올리게 되고, 경제적으로는 자본주의, 사상적으로는 합리주의와 과학적 비판정신을 말하게 된다. 또 민주공화제를 말하자면 자연히 근대 민주주의와 시민사회, 자유와 평등 그리고 인간의 존엄성 등을 주요 항목으로 말하게 된다. 그렇다면 한국사에서 근대를 일구어 낸 분야 가운데 정치사적인 측면을 집중적으로 들여다보면, 언제 민주공화제를 지향하고, 또 그것을 일구어 냈는지 살펴봐야 한다.

정치체제면에서 군주정을 넘어 민주정을 향한 논의가 시작된 시기는 독립협회까지 거슬러 올라간다. 그렇다고 당장 그때가 민주정의 출발은 아니다. 역사적 과제가 민주정을 지향하는 것도 있지만, 당장 벼랑 앞에 서 있는 국가를 지켜 내려면 그 군주정을 보호해야 하는 것이 당시의 과제였다. 가능하다면 국가를 지켜 내면서 민주정으로 나아가야 했지만, 작은 충격에도 무너져 내릴 만큼 약한 군주정이 대한제국의 모습이었다. 마침내 나라가 망하자, 이제는 조선총독부라는 통치조직 아래 민중은 기존 군주정보다 더 악화된 조건에서 살게 되었고, 이제 역사적 지향점은 자주독립국가 건설과 민주공화정부 수립으로 바뀌었다. 3·1운동 직후에 발표된 여러 정부 조직체의 성격이 한결같이 민주공화정체였던 이유가 바로 여기에 있었던 것이다.

대한민국이 세워지고, 그것을 운영할 정부가 수립되었다. 3·1운동 당시 이미 '가정부假政府'가 세워진다는 소식이 국내 길거리에 나돌았다. '가정부'는 '임시정부臨時政府'이다.[60] 결국 대한민국 임시정부는 정식정부의 바로 앞 단계 조직이다. 대한민국을 세웠는데, 형편상 정식정부를 유지하기 어렵기 때문에 대한민국 임시정부를 꾸려 나간다는 것이 당시 정책적 선택이었다. 비록 '임시'라는 접두어가 있더라도, 대한민국 임시정부는 민주공화제를 채택하여 근대화를 일구어 나간 것임에 틀림없다. 독립운동을 통하여 정치적인 근대화를 이루었다는 점을 여기에서 확인할 수 있다.

대한민국은 1919년에 건국되었다. 이는 3·1운동으로 나타난 뜻을 수렴하여 수립한 것이라기보다는, 3·1운동을 통해 국민들이 명령한 것을 실행에 옮긴 것이다. 그런데 여기에 단순하게 '정부 수립'만 담긴 것이 아니라, '대한민국 건국'과 '임시정부 수립'이라는 두 가지 의미를 담고 있다. 최초의 '민국'이 세워진 것이고, 이를 운영하는 최초의 '국민정부'가 만들어진 것이다. 다만 그 정부가 여러 가지 한계를 고려하여 정식정부가 아니라 대한민국 임시정부요, 정식 국회가 아니라 임시의정원이었다.

〈표1〉을 통해 국호와 연호 정부 조직 형태와 의회 등을 비교해 보면, 이것이 대한민국의 건국과 대한민국 임시정부 수립이라는 뜻을 헤아릴 수 있을 것이다.

〈표1〉 대한제국과 대한민국의 체제 용어 비교

국호	연호	정부	정부형태	의회
대한제국	光武 隆熙	정부	군주정(황제)	의회원(좌절) 중추원
대한민국	民國	대한민국 임시정부	대통령제(관리정부) 국무령제(내각제) 국무위원제(집단지도) 주석제(이당치국)	임시의정원
대한민국	民國 西紀	정부	대통령제의원내각제 (2년 한정)	국회

60) 여기에 나오는 '假'는 '거짓'이 아니라 '임시'라는 말이다. '가등기', '가입주' 등에서 그러한 용례를 쉽게 찾을 수 있다.

독립운동을 통해 근대화를 일구어 나간 점에서, '독립운동 근대화론' 을 이야기하고 식민지 근대화론의 한계를 지적해야 한다. 물론 근대화 라는 과제가 정치적인 면이나 경제적인 요소로만 모든 것을 표현할 수 는 없을 것이다. 식민지 근대화론자들은 오직 경제적인 요소에만 시각 을 맞추어 주장을 펼치고 있다.

식민지 근대화론자들은 통계치에 매달리고, 수치 변화에서 발전을 증명했다고 기쁜 얼굴로 목소리를 높인다. 하지만 그것은 한민족이나 대한민국 임시정부가 직접 경제를 운영했다면 어떠한 결과를 도출했을 지 비교하는 논의는 빠트리고 있다. 또 제국주의 경제체제에 종속되는 것을 근대화 과정으로 판단한다면, 제국주의적 시각에 매몰된 과오에 지나지 않는다. 이는 지금도 경제가 어렵다고 강대국에게 무조건 매달 리거나 종속되자는 논리와 마찬가지다. 여기에는 대한민국 임시정부 나 독립운동 세력들이 내걸었던 경제정책에 대한 분석과 이에 대한 근 대 지향성, 발전 지향성의 분석도 있어야 한다. 더구나 근대화라는 화 두가 오직 정치와 경제 요소만으로 결정되는 것이 아니라는 사실은 모 두 알고 있다. 여기에는 사상적인, 또는 문화적인 요소도 함께 고려해 야 한다.

이 글에서 근대의 요소와 충족 여부를 모두 따지기는 어렵다. 다만 앞에서 말한 것처럼, 최소한 정치적인 면만 보아도 독립운동 과정에서 근대 시민사회를 이룩해 낸 점을 인정할 만하다. 여기에 사상적인 분 야를 보아도 그렇다. 전통적인 위정척사사상을 바탕으로 펼쳐지던 의 병항쟁은 점차 민중의 손으로 확산되면서 계급사회라는 한계를 극복해 갔고, 이를 헤치고 올라선 혁신유림은 서유럽 근대 사조인 계몽주의 나, 시민사회를 향한 혁명 논리를, 그리고 다음으로는 사회주의까지도 도입하여 독립운동의 현장에 접목시켰다. 이상룡이 의병에서 출발하여 저항적 계몽운동을 펼치다가 만주로 망명한 뒤로 유교적 바탕 위에 사 회주의까지 수용하면서 독립운동의 노선으로 틀을 잡게 만든 점은 독립운동 과정에서 근대화를 일구어 낸 면을 보여주기에 모자라지 않는 다. 3·1운동 이후 신세대 독립운동가들이 사회주의를 비롯하여 다양 한 이념을 수용하면서 민족문제 해결에 나선 것도 사상적인 면에서 근 대화를 가져오는 데 기여한 부분이다.

5. '독립운동 근대화론' 제기

3·1운동은 제1차 세계대전 종결 과정에서, 제국주의 침략의 물결 을 뒤집으려던 시도였다. 대한민국 임시정부도 세계적 질서 변화를 기 회로 삼고 국민의 명령을 수행하는 과정에서 탄생했다. 따라서 한국사 만이 아니라 세계사적인 차원에서 이를 이해하고 평가해야 한다는 것 이 이 글의 요지이다.

한국사에서 가지는 위상이나 의의는 이미 교과서에 정리되어 있을 정도이니 다시 되풀이할 필요가 없을 것이다. 하지만 세계사적인 의미 는 좀 더 찾아내고 해석할 필요가 있다. 세계 식민지해방운동사에서 가지는 비중이나 위상이 평소 생각해 오던 것보다 훨씬 더 무겁고 높 기 때문이다. 그렇지만 한국에서 출판되는 세계사 교재마저도 식민지 해방운동사에서 3·1운동이나 대한민국 임시정부에 대한 서술을 외면 해서는 안 된다. 세계 역사는 오직 힘을 가진 강자의 진출과 침략만이 아니라, 대다수 인류의 저항사라는 면도 있고, 또 중요하기 때문이다. 겉으로 화려한 제국주의 출신 국가의 '영광스러운 침략 문화'만큼, 식 민지 경험 국가들의 고유한 정신문화와 '고통스런 저항'도 제대로 평가 하는 안목이 필요하다.

식민지근대화론은 제국주의적 시각의 연장이자, 신제국주의 논리이 다. 강한 것만이 정의롭다는 것이 식민지근대화론자의 기본 관념인 것 같다. 이를 들고 나오는 사람의 눈으로 본다면, 서유럽 열강이 시작하고 미국과 일본이 뒤따라 펼친 침략으로 문을 열게 된 나라는 모두 그 제국주의 덕분에 발전했다. 하지만 몇 되지 않는 침략 제국주의 국가 때문에 온 세계가 핍박을 견디고 싸우면서 일구어 낸 '부활의 역사'도 매우 중요한 의미를 갖는다.

여기에서 '독립운동 근대화론'을 제기하면서 이에 대한 연구를 제안한다. 이것은 한국사만의 문제가 아니라, 식민지해방운동을 벌인 세계 모든 피압박 민족과 국가에 해당하는 것일 수 있다. 제국주의적 시각과 그 연장선상에서 움직이는 논리를 깨트릴 수 있는 이론이 곧 '독립운동 근대화론'일 것이라고 판단하기 때문이다. 이와 함께 '일제강점기'라는 용어도 재검토할 필요가 있다.

부록

Significance of the March 1st Movement and the Korean Provisional Government in World History

I. Prologue

The year of 1919 was a very significant period for both Korean and world histories. In world history, the year saw a completion of territorial war between the front-runner and late-coming imperial nations. Wrapping up the world war, the year was a starting point for the victorious countries to engage in efforts to form a new international order centered on them, giving birth to the Paris Peace Treaty. As for the colonized countries, they were seriously affected by the victory and defeat of the imperial nations. Against this backdrop, the colonized nations which had been under colonial rule of the victorious countries like the United States and United Kingdom could not expect independence in the true sense of the word. Accordingly, the nations controlled by the outside forces had no choice but to pay a keen attention to the result of the war. But it would not be so easy for the nations to give up all privileges even if they were ruled by the winning countries. As for them, they might have expected chances to proactively raise the issues related to them and their peoples in the process of holding the international conferences.

The colonized nations seemed to have two kinds of similar goals. One was to set up an independent nation free from outside forces and the other was to establish a modernized state rather than returning to old regime or middle age. The former was revealed in the form of independent movement against colonialism while the latter was materialized in the process of pursuing modernization. To sum up, the independence struggle had the common objective of gaining sovereignty and constructing modern nations.

In Korean history, the year of 1919 was also an important period. After experiencing more than eight years of colonial rule, the Korean people felt that they faced a precious chance to set up an independent nation. They also had progressive trends calling for establishment of a modern democratic country instead of retuning to the old regime of monarchism. The former refers to modernization while the latter implies independence movement from colonial rule. The year of 1919 is very important in the Korean history in that such change took place at that time.

In view of the significance of the year 1919, let's look into the meaning of the March 1st Independence Movement and the Provisional Government of the Republic of Korea. The reason of jointly studying the March 1st Movement and the Provisional Government campaign is that the latter was established as a result of the former and their special significance deserves world assessment.

II. The Meaning of March 1st Independence Movement in World History

1. Taking the lead in fight against imperial aggression

Less than 10 nations have engaged in imperial aggression and exploitation around the globe. Absolutism triggered by territorial expansion by Spain and Portugal was focused on establishing colonies around the world. As for the colonial countries, such invasions were considered 'discoveries' or 'forays' but for the colonized nations in Asia, Africa and America they were equivalent to frustrations and agonies.

Infiltration took place in the name of advancement. For instance, France and UK fought over the hegemony following the Netherlands. During the post-industrialization period, the front-runner Western nations occupied most of the world regions as their colonies and they confronted challenges from late-comers like Germany, Russia and the United States who called for dividends of their own. In the process, Japan emerged in East Asia as a second-tier imperial nation.

Many nations other than Western countries were subjected to the imperial aggression. In Southeast Asia, nations like Indonesia, the Philippines, Vietnam and India became colonies of the Netherlands, Spain, France and the UK for the period extending from 100 to 400 years. Nations in Latin America had been under colonial rule from a longer time before the colonialism in Asia, with some of them being liberalized in early 1800s. But the rise of "the theory of dependence" in late 20th century proves the interlocked relations between the colonial and once colonized countries. Colonial history can also be traced in Europe. Ireland provides the most exemplary case whose people suffered from the yoke of UK's colonial rule for more than 800 years without territorial sovereignty.

The imperial nations' exploitation and aggression was so strong that few colonized nations could stand with it. That is the reason why the colonized nations' resistance remained at minimal level. Despite Spain's colonial rule which lasted more than 400 years, the Philippines deployed a little resistant movement. In defiance of colonial rule of France, Vietnam carried out only a small scale independence movement by Nguyen Dynasty and Confucius scholars in the southern region. Indonesia's independence movement was also limited given the fact that the nation is composed of more than 240 races and 500 languages. In India, there was "Sepoy Mutiny" triggered by Indian mercenaries, but that was a sort of revolt in protest of the poor welfare system rather than an independence movement. Given the seemingly minimal resistance in Asian region with relatively long history and tradition, we can definitely conclude that there were virtually no independence movements against imperialism in Africa and Oceania.

The discrepancy of state power between the colonial and colonized countries was so wide. This is the reason why the colonized nations which carried out independence movement against all odds should be highly assessed. Struggle against aggression exists elsewhere. But there are few cases where such movements took place at national level comprising all the people. In general, oppression easily occurred because the strength of aggression was so strong compared to the resistance. In the process, colonized nations were tamed with the influence of the cultural superiority of the colonial countries.

Most resistance against absolutism and imperialism first took place in provincial areas. It was a kind of struggle for survival and for keeping identity. Looking into the history of struggle against imperialism in Asia, albeit without details, will help describe the common and special points of Korea's independence movements.

The March 1st Movement has been highly assessed in Korean independence movement history. Most of all, the movement helped to give birth to the modern and democratic republic for the first time in Korean history, in consideration of nationwide participation, non-violent struggle and far-reaching impact upon the global community. But there is a limitation also. Regarding the meaning of March 1st movement in the world's history of anti-colonialism, some assert the movement gave only a limited impact upon independence movement in some countries. We need to pay heed to the fact that the March 1st Movement took the leading role in preventing then dominant imperial forces from overwhelming the remaining regions of the world.

The March 1st Movement should be judged as the most representing struggle aimed to prevent the imperial nations' colonialism and its trend from spreading further. To prove this, we need to refer to the independence struggle by the colonized nations around the World War I. In the wake of the world war, the March 1st Movement began with the rising trend of anti-aggression, and anti-imperialism. This was in line with the rise of the Irish War of Independence or Anglo Irish War.

By comparison, the March 1st Movement showed particular characteristics in some aspects. The declaration touched upon the problematic points of imperialism and hegemonic attitudes while submitting a direction for humankind for the sake of peaceful coexistence based on humanitarianism. Besides the inevitability of independence, the movement also cited the ideal and vision the humans should pursue.

The Movement has generally been dealt with in the context of Korean history. Even world history textbooks published in Korea have largely failed to refer to the movement. Despite the importance of the independence struggle by many small countries in the post-World War I period, there have been few references about them. It is a sort of reversed discrimination against own history in the pretext of overcoming self history-oriented concept.

From the perspective of world anti-colonialism history, the March 1st Movement took the leading role in stopping the mega trend of imperialism and colonialism. The movement also prompted nations attending the Paris Peace Treaty forum to deal with the issue of the colonized nations though the participants originally attempted to exploit the forum as a stage to garner their interests. It was a kind of challenge against the then power nations as the movement, backed by all the people, called on the attending nations to cope with the Korean issue. It was beyond a matter of one nation and people. Despite limited influence and lack of spreading forces, the movement realized a certain goal of advertising the fact that the colonized nations were so eager to retain independence. Such move provided an exemplary case for the nations under or facing colonialism. That was the reason why many nations like China made headline coverage about the movement.

The March 1st Movement should be assessed within the context of the world anti-colonialism history in the wake of the World War I. The movement took the lead in terms of time range, and China highly appreciated the movement in dealing with the May 4 Movement, which proves the movement's influence and repercussion. The movement should get high mark in light of the high participatory rate, adoption of non-violent methods and provision of humanitarianism the human beings should pursue.

2. Grass—roots people emerged as the prime mover of history and set up an identity

The concept of 'minjung (masses)' emerged and took root in the Korean history in the process of the independence movement and modernization. During the pre-modern society, similar terms of 'baekseong' or 'min(people)' were used but they were never referred to the prime mover of history. They only meant the controlled class. Rather than meaning the leading class, they mainly got negative implication as seen in the reference of 'minran(popular uprising)'.

In contrast, minjung has a further positive implication as the prime mover of history. They emerged in modern society, which means they are the consequences of the modernization process. They became the very subject, rather than objective, of ruling. As the March 1st Movement took place at the time when such masses emerged and took root in the Korean modern history, it has a significant meaning in the Korean history. In addition, the movement provided a chance to solidify integrity by combining the ethnic Koreans overseas as well as the people in the nation.

The concept of masses was formed in the struggle to save the nation on the brink of collapse. They enhanced the sense of self-pride in the process of fighting against imperial aggression. Since the colonial rule began, they became the subject of resistance. During the pre-modern society, the ruling class composed of King and the noble men called yangban played the leading role of protecting the state. But the masses replaced their role during the post-modern period. Thus, they became to take a progressive nature beyond the difference of classes.

Historical legitimacy is one of the key issues emerging in a rapidly changing era. And then who had the legitimacy during the Japanese colonial rule? The great Japanese imperial or the Government-General? Neither. Anti-Japan independence activists deserve such historical legitimacy who endeavored to reinstate the nation from the hands of the Japanese imperialists under the Japanese colonial rule. The masses wanted the liberation of the Joseon Kingdom from Japan's colonial rule and such efforts deserve the legitimacy. And did the masses hope to see and independence in the real sense? The March 1st Movement provides the exact answer to this question. The March 1st Movement is the world's unprecedented independence campaign attended by an absolute majority of people across the nation. The fact that almost all the people took part in the movement shows their solidarity, providing an opportunity to firm up identity.

The March 1st Movement was a historical event through which masses emerged as the prime mover of the history. This means the people came with a direction the nation should go, and their claim has historical legitimacy. The people's uprising instead of the royal family and upper class to reinstate the nation shows they have emerged as the leader of history. The people wanted to see setup of a government that abides by the need of the people. This was equivalent to finding solution to the historical tasks before the March 1st Movement.

The March 1st Movement demonstrated that Japan's aggression was totally against the will of the Korean people and the forcible annexation was not effective at all. The movement rebutted Japan's claim that 'the annexation was made in a consultation with the Korean people and the Koreans are enjoying the benefits from the annexation.' The movement was a big event which revealed Japan's propaganda and advertisement were totally fabricated.

The Korean people asserted Japan's occupation and aggression was null and void including various kinds of forcibly-contracted agreements, treaties and consequences of such accords. This means independence fighters have the properness, morality and legitimacy for their struggle against the Japanese imperialism during the colonial period.

The Korean people proclaimed Korea was already a "sovereign" nation through the March 1 Movement. They proclaimed "Joseon(Korea) is an independent nation and its people have their own sovereignty" through the Independence Declaration. Though the Japanese imperial regime collapsed the Korean Empire, the Korean people made it clear that the nation is an independent one in an apparent bid to revive the nation. So setup of an independent nation and its government became a historical mission. Against this backdrop, the Republic of Korea and it's Provisional Government were founded in April, 1919.

The Korean people expressed their clear-cut will through the March 1st Movement that the nation should not return to the monarchy regime again, which means the Korean Empire came to an end with the enhanced consciousness of the people. There scarcely were calls for prolonging the pre-modern political system centered on empire and the emperor among the movement activists. Despite stints of such outmoded systems in the initial stage of setting up the Provisional Government, they were only temporary. As a matter of fact, the March 1 Movement was a historical incident that put the final touch on any attempts to reverse the history. So putting the people's will and order into concrete action had been a task to retain historical properness and legitimacy.

Ⅲ. Meaning of the Republic of Korea Provisional Government in world history

1. Setup of 'Republic of Korea,' an independent nation established by masses

As mentioned before, the Independence Declaration described Joseon as an independent nation and Joseon people having their own sovereignty. There had been moves to set up the independent state long before the March 1st Movement. From January, 1919, independence activists in Shanghai region were very busy preparing for the movement. They tried to send delegates to foreign nations including Kim Kyu-sik to France in bids to express the determination of the Korean People toward national independence. Toward that end, they focused on raising money. Kim left Shanghai for Europe on Feb. 1. Figures who acted at home and abroad gathered in Shanghai to discuss details on world situation and the planned movement. Organizations preparing for the Feb. 8 Declaration and the March 1st Movement and bodies in Manchurian region dispatched their representatives to Shanghai. The people in Shanghai at that time were excited at the news that the March 1 Movement occurred. They opened liaison office where independence activists gathered to share information and discuss policy direction. They also came to hold a historical meeting to discuss the set up of future state and it's government.

On April 10, 29 representatives from various regions held a round-the-clock meeting and came with a decision on the name and systems of the nascent state. The nation was named 'the Republic of Korea' with the Provisional Government with democratic republic system taking charge of the administration. That was a democratic republic set up for the first time in Korean history. Thus the meeting was for the establishment of the national constitution. Superficially, that was too big a consequence to be created through one-night discussion. But the decision was an outcome of long-time deliberation by the independence activists since accession. So they could sum up the details in a short span of time and come with the determination.

The following day on April 11, "The ROK Provisional Constitution", which is equivalent to the nation's founding constitution was legislated with 10 articles in total. Following is the first article.

Article 1. Republic of Korea shall be a democratic republic

This means the establishment of a nation whose name is the Republic of Korea. The nation was an empire ruled by emperor when it was on the verge of losing its sovereignty. But it became a republic led by masses. Minguk(民國) means a nation of people with the state system of democratic republic.

Up until now, we have been familiar to the expression that 'the provisional government was set up in 1919' rather than 'the Republic of Korea was set up'. This led to highlight the establishment of the provisional government rather than the Republic of Korea. By using the term of provisional government instead of the full name of "Republic of Korea Provisional Government" the people have been more accustomed to the term of the provisional government only. After liberation there were talks for setup of an interim government. For fear of possible confusion with the new government, the previous one began to be called "Shanghai Provisional Government." And the name remained even after the provisional government left Shanghai. In the process, people came to remember only the name of Shanghai Provisional Government while forgetting that of 'Republic of Korea.' But as a matter of fact, 'Republic of Korea' was founded as evidenced by the first article of the nation's founding constitution 'Republic of Korea Provisional Constitution.'

The second most important thing is the fact that the nation was a 'democratic republic,' rather than an imperial nation and the people pursued a democracy based on republic system. And such wishes were revealed in the March 1st Independence Movement. Such claim was already expressed in the ethnic Korean society in the United States immediately after the loss of the nation while independent fighters active in China proclaimed the pursuit of the democratic republic through the "Declaration of Grand Solidarity." The declaration contained the will of the masses and the people and was reflected in the Independence Declaration of the March 1 Movement. The Republic of Korea was founded on the basis of such moves.

In order for the ROK Provisional Government to have representing rights, it should have gotten permit from the people in 1919. There were several governmental organizations which sprouted up around 1919 like the 'Hansung Government' and 'Korean People's Congress' in Vladivostok in action. The ROK provisional government came to have the representing power by absorbing the two organizations. Both of them did not oppose to the idea of founding the Republic of Korea by voluntarily joining the provisional government.

2. ROK's government organizations – 'provisional government' and 'provisional congress.'

Now let's look into the relation between the Republic of Korea and the Provisional Government. Article two of the ROK Provisional Constitution stipulates as follows:

Article 2: The Republic of Korea shall be ruled by the provisional government based on the resolution of the provisional congress.

This means the provisional government and the provisional parliament were supposed to rule and administrate the Republic of Korea. The provisional government was set to implement policies in accordance with the resolution of the parliament. Regarding this, some scholars define the Provisional Government as parliament-controlled government. We can confirm here the fact that the Republic of Korea was founded alongside the provisional government as the organizations needed for a state.

The parliament's first session dealt with the issues of founding the Republic of Korea along with the provisional government and the congress. In other word, the provisional parliament gave birth to the Republic of Korea and the provisional government. Nine years after the annexation of the nation, the Korean People were able to found state, equipped with government and the parliament. The parliament was the fruit of a 20-year-long struggle after the Tongnip Hyeophoe(Independence Council) failed to set up the parliament.

Such enthusiasm can be seen through the following emotional statement by then first House Speaker Lee Dong-nyung. "Now is the most meaningful moment of my life. We are not committed to the independence movement for the sake of the revival of the monarchism. We are processing the moves with a firm mission of enabling democratic system to take root in this country."

This shows that the foundation of the Republic of Korea was not simply meant for the nation to escape from Japan's colonial rule. Rather, it was in line with the global trend of establishing democratic republic in a historical progressiveness beyond a simple issue of own nation.

If so, when the Provisional Government and Provisional Congress could detach the auxiliary word of 'provisional'? It would be the time when the nation met liberation from the colonial rule. After liberation, the government would become a formal one, not a provisional one. This is stipulated in the last article of the ROK Provisional Constitution.

Article 10. The Provisional Government shall convene a parliament in one year after recovering the national territory

This refers to the need to convene the parliament upon recovering the national territory, which means changing the provisional congress to formal National Assembly. This fact is also contained in the first revised constitution promulgated on Sept. 11, 1919.

Article 34. The Provisional Congress shall be disbanded with the setup of a full National Assembly its rights shall be transferred to the National Assembly.

This means a strong determination to form a formal National Assembly while disbanding the provisional congress after expelling the Japanese imperial regime and recovering the national territory. This also indicates the Republic of Korea shall be administered by Government and the National Assembly after the recovery of the national territory though it was ruled by the provisional government and the provisional congress before the liberation. This shows the Korean people endeavored to establish a state and improve it systematically.

3. The world's rare case of carrying out anti—colonial struggle at government level

No more than 10 nations in the world enjoyed imperialism, which means many other nations suffered from the colonial rules and engaged in independence movement. A few of them carried out the anti-colonial struggle at the government level. Most common style involved campaigns led by political parties as shown in the examples of the liberation or voluntary bodies of Vietnam, the Irish party of Sinn Fein, People's Democratic Party and Communist Party of Indonesia, and Kuomintang(The National People's Party) and Communist Party of China. Governmental organizations only included exiled governments of France and Poland based in the UK during the World War II. But they existed only for a short span of time. In contrast, the ROK Provisional Government carried out independence movement for more than 26 years and four months from April, 1919 until the national liberation. It attempted to grasp the administrative authority through a remote control on the one hand while carrying out independence struggle by forming a military unit on the other hand. In the process, it also employed joint military strategy with the united allies. It sometimes focused on diplomatic activities as part of "anti-aggression tactics," which is a peculiarity point the Korean independence struggle has in the world history.

Some point out that the Provisional Government had failed to do what it was supposed to. Of course, the government was nothing but an independent organization at times, but not always. This is proved in the fact that the government dominated part of the domestic administrative units in initial stage and carried out infiltration mission into the territory by utilizing the independence forces while sometimes joining hands with the allied forces. It also punished those who cooperated with Japan while realizing the integrity between the right and left forces transcending the ideological differences. Beside internal factors that led to weaken the provisional government, there were also outside factors like Japan's oppression and unfavorable international situation. The Japanese government at that time focused on finding the lifeline between the provisional government and the domestic forces, the greatest factor that contracted the influence of the provisional government.

Some experts gave extremely poor marks on the provisional government citing the fact that it failed to get the recognition from the international community. This is based on contradictory logic. Imperial countries have no reason to recognize the controlled state and its government trying to escape the imperial and colonial rules. The imperial countries should have not invaded or colonized at first once they had the intention to recognize the controlled nations. No colonized countries in the world would be assessed positively should they be judged negatively only because the international community did not recognize them. Such theory is valid only from the perspective of imperial nations. Against this backdrop, the fact that allied forces guaranteed the independence of the Republic of Korea through the Cairo Declaration proves the greatness of the ROK Provisional Government's efforts in the world anti-colonial history.

Ⅳ. Independence movement as modernization

As mentioned before, there are two historical tasks in anti-colonial independence movement. The one is to pursue modern state while overcoming the pre-modern factors and the other is to devote to a liberation movement against the imperial invasion. The former was revealed in the form of in-house modernization drive by replacing the old regime while the latter was materialized with struggle against aggression from outside. In Korea's independence movement history, March 1st Movement and the Provisional Government had both factors. In particular, we need to look into the meaning of the modernization campaign. The term of modernity can be interpreted in various forms according to respective areas. In politics, it means democratic republic system while in economy, it refers to capitalism. In terms of thought, it indicates rationalism and scientific critical mentality. When it comes to democratic republic system we may naturally refer to modern democracy, civic society, liberty and equality, and human dignity. In political aspect, we need to focus on pursuit and cultivation of the democratic republic system.

The move for the possible adoption of democratic system instead of the monarchy one dates back to the time of 'Tongniphyeophoe.' But that does not necessarily mean the democratic system began at that time. Despite the mission for the democratic system, there was a dire need to keep the imperial system viable to save the nation on the brink of collapse. The then Korean Empire failed to keep the national identity and solve difficulties in the way to the democratic regime. With the collapse of the nation, the Joseon people's living condition more deteriorated under the Government-General of Joseon than under the hitherto monarchy system. Given the background, the people came to pursue construction of sovereign independent nation and democratic republic government in a shift of historical direction. This is the reason why many governmental organizations which sprang up immediately after the March 1st Movement came with the democratic republic system in the front.

The Republic of Korea was founded in 1919. This does not mean that the activists set up the state by reflecting the will revealed in the March 1st Movement. Rather, it means the activists put into action what the people ordered to them via the movement. That did not mean a simple setup of a government. Rather it was significant since it involved the first popular republic and democratic government. The then government established the provisional government and the provisional congress instead of formal ones, in consideration of various unfavorable factors faced with it.

Progressiveness was also revealed in the areas of society and thought. The voluntary civilian army's struggle was originally based on a 'wijeongcheoksa(xenophobic campaign based on Confucianism)' but began to break the limit of class society in the process of being spread through the masses. On top of this, the renovating Confucian scholars grafted various modern theories on the independence movement including illuminism, revolutionary doctrine toward a civic society and even socialism. During the post-March 1st Movement, young generation independence activists attempted to resolve the national issues through various kinds of ideologies like socialism, which helped speed up modernization in terms of thought.

In economic aspect, capitalism is generally cited as the criteria of modernization. And there is brewing controversy regarding this. Some claim Japanese colonial rule has contributed to the development of Korea's capitalism while others assert Japan's rule brought about negative impact with perverted growth. It is nonsense to claim that the modernization was solely thanks to the colonial rule. This is because economic criteria cannot be the whole barometer of judging a history. The value Koreans cultivated through the independence movement far exceeds the economic merit.

The colonized countries experienced far more difficulties never seen for the Western imperial nations in the process of modernization. There might be some lessons that they learned from the imperial countries in terms of modernization model and procedures. But as a matter of fact, the colonial nations' ultimate goal lied on perpetuating the colonial and exploiting system rather than helping the colonized counties speed up the modernization. This is the reason why the oppressed countries mainly in Asia and Africa engaged in fierce struggle to escape from the colonial rules. This is seen in histories of Asian nations including Indonesia which achieved independence via a 10-year independence struggle during the post-World War II period.

In the midst of such hardship, however, Korea was not involved in only national issue of sovereign independence. It managed to realize a modern nation. This is all the more meaningful in that the nation concentrated on the goal of constructing a modern society and attaining a sovereign independence despite Japan's unprecedented cruel policy of crumbling the national culture. Against all odds, the nation could see the rise of modern society in political aspect. 'The Theory of Independence Movement as Modernization' refers to colonized countries' setup of a modern society in the process of anti-colonialism campaign and there is much need to highly assess the fact that Korea's independence movement history, particularly involving the March 1st Independence Movement and the ROK Provisional Government, has been a representing model.

V. Conclusion

1919 was a significant year both for imperial and colonized countries. While the imperial countries engaged in hegemonic struggle involving the ownership of the colonial territories, the colonized nations were seeking chances to get liberation. Against that backdrop, the March 1st Independence Movement took the front line in a struggle against the invading forces and even with attempts to revert the trend. Due to a winner-takes-all situation, the movement largely failed to achieve its goal but it was certainly a surprising resistance against absolutely strong forces. Accordingly, the movement should be understood and assessed from the perspective of world history.

The March 1st Movement has also a significant meaning in Korean history. It is because of the rise of 'minjung(masses)' as the leading force of history, rather than the conventional controlled class. The masses called for new type of state and government organization and the Republic of Korea was established in response to the call. The ROK Provisional Government was also set up as the first democratic republic in the Korean history. Based on these and others factors, the March 1st Independence Movement and the ROK Provisional Government have secured historical properness and legitimacy of themselves. The fact that the nation could realize modernization through independence movement deserves high appreciation.

The ROK Provisional Government has an outstanding prestige in the world history of anti-colonialism. More than 27-year-long struggle based on an established state and government has been unprecedented elsewhere in the world. The year 1919 was a starting point for the nation to make such history and for Korean independence fighters to proactively utilize circumstance to change the global trend.

Some refuse to recognize the ROK Provisional Government as the root of the Republic of Korea in the sense that it had failed to put the people and territory under its control. But such a claim is short-sighted and wrong, based on the perspective of imperial countries. We need to deal with the issue from the viewpoints of the colonized countries which carried out independence movement. It is improper to view the issues based on the history of some imperial countries while neglecting the histories of many other oppressed nations.

The Western imperial nations underwent civilian revolution in the lead up to the formation of democratic and civic states. Korea reaped fruits equivalent to civilian revolution through the independence movement. The Korean history demonstrated an exemplary model of developing a modern society as well as coping with national issues in the process of carrying out anti-colonial struggle. The modernization theory of independence movement can thus have persuasive assertiveness.

The year of 1919 was a period regarded as a good opportunity for the colonized nations as well as the victorious countries. Among the world's colonized countries, Korea took the front in a struggle for realizing sovereign independence and modernization and demonstrated exemplary process of cultivating modernization via independence movement. This is the reason why we should assess the March 1st Independence Movement and the ROK Provisional Government within the context of the world history.

Ⅲ. 한국인의 눈으로 본 상하이
-19세기 말~20세기 전반-

1. 세계로 나가는 새로운 창구, 상하이

침략을 받는 민족과 국가는 침략 열강의 국력이나 문화 실상을 알고 싶어 했다. 자신보다 강한 무력을 앞세우고 쳐들어온 침략국의 힘과 에너지가 어느 정도인지 궁금하지 않을 수 없었다. 열강의 진면목을 탐색하려는 시도는 당연한 일이고, 새로운 문화를 탐구하고자 국외 진출이 늘어난 것도 그 때문이었다. 한인들이 처음 눈길을 돌린 곳은 가까운 중국과 일본이었고, 양국을 개화와 근대화의 모델로 삼은 이유도 거기에 있었다. 그러면서 시야가 점차 미주와 유럽으로 넓어졌다. 즉 새로운 문화를 찾아가는 눈길은 침략의 길을 거슬러 가는 것이었다.

중국 상하이는 근대 개화기부터 한국인들이 드나든 주요 도시 가운데 하나였다. 한국인들이 이곳을 드나들기 시작한 시기는 1880년대라고 추정된다. 처음에는 인삼 장사를 비롯한 상인들이 왕래하다가, 점차 정치적 목적을 지닌 인사들이 드나들었다. 그러다가 독립운동가들이 본격적으로 집결하기 시작한 시기는 나라를 잃은 1910년이었다. 상하이는 한국 독립운동사에서 중요한 도시 가운데에서도 으뜸이었다. 그러므로 상하이를 말하면 한국 독립운동이, 한국 독립운동을 생각하면 상하이를 떠올리게 된다. 그렇다고 상하이가 오직 독립운동의 터전만은 아니었다. 한인들이 바라본 상하이는 다양한 색깔과 향기를 드러내고 있었고, 또 사람마다 다르게 그려 냈다. 그러한 차이는 결국 세상을 보는 시각의 차이에서 비롯된 것이지만, 일단 선진 외국도시와 문화에 대한 대응 방식의 차이를 보여 주었다.

이 연구는 근대 전환기, 항일투쟁기에 이곳을 드나들며 활동한 한인들이 바라본 상하이를 추적한다. 이를 통해 상하이라는 도시를 바라보는 시각의 차이가 결국 삶의 양극성으로 드러나는 면, 문화에 대한 인식 차이가 가져다준 적응ㆍ부적응 현상을 정리하려 한다. 식민지 현실을 벗어나서 활동하는 가운데 그를 극복하려 투쟁한 인물도 나타나고, 오히려 그곳에서 저급한 문화에 종속되어 또 다른 문화식민지인으로 전락하는 군상도 찾아본다. 한인의 눈으로 본 상하이의 다양성을 정리하는 데 머물지 않고 그에 따라 색깔을 달리하는 행로의 다양성을 규명하는 데 이 연구의 목표를 둔다.

한국인과 상하이 지역을 연관시킨 연구는 이미 많다. 물론 그 대다수가 독립운동사이고, 특히 대한민국임시정부와 관련된 것이 가장 많아서 일일이 언급할 필요가 없을 정도이다. 임시정부 수립 이전과 수립 이후 1932년 윤봉길 의거까지의 시기가 연구의 주요 대상이었다. 그렇지만 한국인이 상하이라는 지역을 어떻게 인식했는지에 대한 연구는 없는 것 같다. 가장 근접한 업적으로는 상하이 지역 한인사회를 추적한 연구를 들 수 있는데,[61] 이번 연구는 여기에 도움을 받은 바가 많다.

2. 상하이의 특성과 한인의 내왕

1) 상하이의 특성

상하이는 중국이 서양 열강의 공격을 받아 피해를 가장 크게 본 3대 하천 입구 도시 가운데 하나였다. 남쪽 주강珠江 입구의 홍콩과 광저우, 북으로는 황하黃河 입구의 톈진과 베이징, 그리고 중간에 장강長江

---

61) 孫科志, 2001, 《上海韓人社會史》, 한울아카데미.

입구의 상하이와 난징이 그러했다. 침략국들이 하천 입구를 장악하고 내륙으로 전진하는 교두보를 확보한 것이다.

한인들이 상하이를 눈여겨보고 발길을 향한 이유는 여러 가지였다. 한인들의 내왕이 급격하게 증가한 계기는 1910년 국가 상실과 1919년 3·1운동이다. 이 시기에 일반인들의 이주가 점차 증가한 것과 달리 독립운동자들의 망명은 급격하게 늘어났다. 또 유학을 목적으로 삼은 청년들의 이동도 늘어났다. 이처럼 상하이가 한국인에게 주목받은 것은 상하이가 가진 몇 가지 특성 때문이었다.

우선 상하이는 명말明末에 들어 빠른 속도로 떠오른 신흥 도시였다. 도시 상업과 함께 면방직과 면포업이 발달하고, 부상거고富商巨賈들이 거액의 자금을 투자하여 시장을 조성하였으며, 은 유통량이 수십만을 넘을 정도였다.[62] 아편전쟁 직전까지 상하이는 장강 삼각주 일대의 상업 중심지였다. 일본과 무역이 활발했고, 발달한 사회·경제 조건과 지리적인 우월성은 상하이가 국제적 대도시로 성장할 수 있는 조건으로 작용하였다. 또한 그러한 점이 바로 상하이를 열강의 침략 목표로 떠오르게 만들기도 했고, 한인들이 시선을 돌린 이유도 되었다.

둘째, 외국 주권이 행사되는 조계租界(Concession)가 있었다는 사실이 그 특징 가운데 하나다. 1845년에 영국 조계가 만들어졌고, 미국은 성공회 주교가 나서서 1848년에 홍커우虹口 일대를 거류지로 장악했다. 그리고 1849년에는 프랑스 조계도 만들어졌다. 이 가운데 미국과 영국 조계 지역이 1863년에 공공조계로 통합 관리되기 시작했다. 이 가운데 한인들에게 주목을 받은 지역은 단연 프랑스 조계였다. 일제 관헌 자료는 "이 가운데 프랑스 조계가 1866년에 개시되었고, 프랑스는 자유·평등을 이상으로 하는 국가이기 때문에 조계 안에서도 분위기가 그러하며, 독자적으로 정치하고, 사법 사무상에도 공조共助에 응하지 않는다. 그래서 조선인은 이 국제적 관계를 이용하고 일본

---

62) 丁日初 主編,《上海近代經濟史(1843-1894)》1, 1994, 4쪽.

의 주권이 미치지 않는 이 조계 안에서 각종의 책동을 개시함에 이르 렀다"[63]고 하여 한국 독립운동자들이 프랑스 조계를 중심으로 활동하 고 있다고 했다. 이것이 바로 상하이의 특성이며 독립지사들이 집결했 던 요인이었다.

셋째, 상하이는 세계 해상 교통과 동양 무역의 중심지였다. 1842년 난징조약 이후 상하이는 통상항구로 개항되었다. 그 직후부터 외국인 선박수리공장을 비롯한 열강의 공업시설이 터를 잡았다. 1853년 상하 이 지역 수출입 총액이 광저우를 압도하였고, 상하이가 중국에서 중심 항구로 위치를 부상하였다. 그리고 상하이 현성과 조계 지역에 새로운 점포가 증가하고, 1860년대에는 중국인 기업도 등장하였으며, 1880 년에는 중국에서 가장 번성한 상업 도시가 되었다.

따라서 상하이는 미주와 유럽인의 내왕과 거주가 많아 국제적인 여 론 형성과 정보 수집 및 외교 활동 전개에 이점이 많았다. 이러한 특성 으로 인해 1919년 9월에 현순玄楯과 김성겸金聖謙이 임시정부 대표로 서 블라디보스토크 대한국민의회大韓國民議會와 절충했을 때, 결의사항 가운데 "정부의 위원은 아직 상하이에 둘 것이니 각지에 연락이 비교 적 편리한 까닭이다"[64]라는 내용을 넣게 되었다. 상하이는 이처럼 교 통과 무역만이 아니라 서양문화와 사상을 받아들이는 세계 문화의 흡 입구이자, 동서 문화의 충돌과 혼합 공간이었다.

넷째, 상하이는 중국 혁명의 핵심 거점이었다. 이곳의 정치적 동향 은 당시 중국의 정치적 상황을 선도하고 대표하는 것이었다. 1903년 에 장지張繼에 의해《무정부주의無政府主義》가 번역된 곳도 상하이이며, 도쿄, 홍콩과 더불어 혁명출판물의 기지가 된 곳도 이곳이었다. 그리 고 신해혁명辛亥革命 전개 과정에서 상하이 중심의 혁명운동은 중요한 일부를 이루고 있었다. 그래서 독립사상과 혁명의식을 가진 많은 지사

63) 金正明,《朝鮮獨立運動》2, 東京: 原書房, 1967, 435쪽.
64) 金元容,《在美韓人50年史》, California, 1959, 458쪽.

들이 망명하게 되었고, 1911년에 신규식이 이곳에 망명하여 천치메이
陳其美 · 쑹자오런宋教仁 등의 중국 혁명인사들과 더불어 혁명운동을 전
개한 이유도 거기에 있었다.[65]

다섯째, 상하이는 신해혁명에 정치 · 외교만이 아니라 군사 · 경제에
서도 혁명군의 주요 거점이었다. 독립 후 상하이에서는 곧바로 호군滬
軍 · 학생군 · 결사대 등을 모집하여 당면과제인 난징 공략의 준비를 서
둘렀고, 이에 따라 군량미와 무기 공급에 필요한 경비 조달이 시급한
과제였다. 이때 재정적인 지탱은 상하이의 상공계층에 의해 이루어졌
고, 이들이 도독부의 물적 기반이 되었다.

여섯째, 상하이는 동아시아 민족주의 운동의 중심지였다. 중국 혁명
인사들의 활동무대가 된 상하이에는 세계적인 혁명인사들이 집결하였
고, 망명객 · 위험인물 · 낙오자 · 부패분자 · 낭인호객 등 잡다한 인물
들이 모여 들었다. 그 소용돌이 속에 동아시아의 혁명인사들도 상하이
를 찾았다. 한국을 비롯하여 베트남 · 인도 · 말레이시아 · 태국 등의 애
국지사들이 모여든 것이다. 따라서 상하이는 동아시아 민족운동과 식
민지해방운동의 근거지가 되었다.[66] 즉 상하이는 '자유의 도시이며 평
화의 이상향'이었다.[67]

이러한 특성 때문에 한국 독립지사들은 이곳을 국내외의 독립운동
과 정보를 연결하는 거점으로 삼았다. 상하이는 국내와 북미, 하와이
의 독립운동자들을 연결하는 중계지점이었고, 샌프란시스코의 《신한
민보新韓民報》, 호놀룰루의 《국민보國民報》 등도 이곳을 통해 국내로 배
포되었다.[68] 때문에 일제는 "북미와 하와이 방면에 왕래하고자 하는
조선인으로서 이 지역을 경유하지 않는 자가 없을 뿐만 아니라 하와이
에서 발행되는 여러 불온 인쇄물 등도 역시 이 지역을 경유하여 조선

---

65) 김희곤, 《중국관내 한국독립운동단체연구》, 지식산업사, 1995, 33쪽.
66) 김희곤, 앞의 책, 지식산업사, 1995, 34쪽.
67) 上海寓客, 〈上海의 解剖〉, 《開闢》 3호, 1920, 107쪽.
68) 朝鮮總督府 慶北警察部, 《高等警察要史》, 1934, 85쪽.

안으로 수입된다"[69]고 판단하여 주시해야 할 곳으로 보았다. 또 취업
이든 유학이든 미주와 유럽으로 나가는 중요 통로가 상하이였다.

2) 상하이를 찾은 한인들

한국인들이 상하이에 드나들기 시작한 때를 정확하게 알 수는 없다.
일단 1880년대가 그 출발점이 아닌가 여겨진다. 조청상민수륙무역장
정이 체결되고, 1883년 11월에 청국 윤선輪船이 상하이와 인천항을 오
가면서 무역이 시작되었으니,[70] 한국인 내왕의 시작도 이 시점일 것 같
다. 물론 배의 통행이 없던 시절에도 인삼 상인들이 오갔으므로 1880
년대 이전에도 한국인의 왕래가 없지는 않았을 것이다. 하지만 합법적
이고 공개적인 나들이는 역시 1880년대가 되어야 가능했을 것 같다.
1884년과 1886년에 잇단 흉년으로 상하이 쌀이 운반되었고, 1889년
과 1893년에도 상하이에서 미곡을 수입하여 재난을 이겨 낸 일이나,
톈진기기국에서 생산된 무기가 국내로 반입된 출발지가 바로 상하이였
던 점도 그를 말해 준다.[71] 그렇다면 상하이에 내왕한 초기 인물들은
이런 무역이나 무기 구매와 관련된 사람들이라 짐작된다.

상하이를 찾은 초기 인물은 상인과 관리였다. 특히 인삼 보따리 장
사가 발을 디디지 않은 곳이 거의 없을 정도로 그 활동 영역은 넓었다.
다음으로 관리들이 이곳을 방문하였다. 1883년에 해관海關을 설치하
면서 거기에 필요한 자금을 조달하고 해관 업무를 맡을 요원을 확보하
기 위해 관리가 파견된 것이다. 권지협판교섭통상사무權知協辦交涉通商
事務 민영익과 묄렌도르프가 바로 그들이다. 이어서 조희연과 김학익
등이 기계와 무기를 구입하려고 파견되기도 했다. 이 당시에 유학생

---

69) 金正明, 앞의 책, 435쪽.
70) 羅愛子, 《韓國近代海運業史研究》, 국학자료원, 1998, 49~50쪽.
71) 孫科志, 《上海韓人社會史》, 한울아카데미, 2001, 33~37쪽.

도 나타나기 시작했고, 양반 출신 부호 자제들도 드나들었다. 1885년
에 민영익이 상하이에 모습을 드러냈다가 정착했으니, 첫 정착인이라
추정되기도 한다. 또 이구원이나 김승학이 찾아든 시기도 이 무렵이
다.[72] 윤치호가 도착한 시기도 1885년이었다.[73] 그리고 청일전쟁이 일
어나던 1894년에 리홍장李鴻章을 찾아왔던 김옥균金玉均이 홍종우洪鐘
宇의 손에 살해된 곳도 바로 상하이이다.[74]

그렇지만 1900년 이전에 상하이에 오래 체류한 한인은 그리 많지
않았다. 비록 윤치호 일기나, 전해지기를 1905년 안중근 상하이 도착
시기에 다수 한인이 거주했다고 하지만, 상하이 공공조계 공부국 조사
에서는 단지 8명만 거주한다거나, 1910년까지 대개 50여 명만이 통
계에 확인되는 점으로 보아, 한인 동포사회의 규모는 작았다는 사실을
확인할 수 있다.[75]

1910년에 나라를 잃자 망명객들이 본격적으로 등장했다. 독립군기지
를 건설하려고 서간도와 북간도에 경학사耕學社와 간민교육회墾民教育會
를 결성하던 그 무렵에, 상하이에도 독립운동 기지로서의 가능성을 찾
는 노력이 나타났다. 특히 상하이에 시선이 모아진 계기는 신해혁명이
었다. 이로 말미암아 집결한 인사들이 1912년에 결성한 동제사同濟社는
상하이에서 조직된 독립운동단체의 효시였고, 박달학원(1913)·신한독
립당(1915)·신한청년당(1918) 결성과 1917년 〈대동단결선언〉을 거치면
서 다수의 청년들을 집결시키는 교두보를 확보했다. 그러다가 1919년
3·1운동은 상하이 지역에 한국인들의 집중을 가속화 시켰다. 1920년
무렵에 상하이 거주 한국인 수가 5백 명을 넘었고, 1920년대 말에는 1

---

72) 앞의 책, 39쪽.

73) 尹致昊, 〈上海 생각〉, 《三千里》10권 5호, 1938, 63쪽.

74) 1930년대에도 사건 현장인 蘇州河의 東華洋行에는 김옥균의 '전인격을 숭배하는 일
본인'들이 그가 살해된 현장 2층방을 기념으로 봉하여 놓고 참배자에게 보였다.(柳光
烈, 〈上海와 朝鮮人〉, 《東光》31, 1932, 19쪽)

75) 위의 책, 40~41쪽. 민영익은 당시 어명으로 상하이에 도착하여 홍삼 판매에 힘썼
다고 전해진다.(柳光烈, 〈上海와 朝鮮人〉, 《東光》31, 1932, 18쪽)

천 명 선을 유지했다. 1932년 윤봉길 의거 이후에는 상하이를 떠난 한국
인들이 많았다가, 이후에 다시 회복하는 추세를 보였다.[76]

상하이를 찾거나 그곳에서 활동한 한국인은 다양하다. 정치인만이
아니라 각양각색의 집단이 존재했다. 상하이를 공공조계와 프랑스 조
계, 그리고 중국인 거주지로 크게 나눌 때, 독립운동가와 그 가족은 프
랑스 조계에 살았고, 비정치적인 인물이나 친일분자들은 공공조계에
자리 잡았다. 또 일부는 중국인들이 살던 상하이현에 거주하기도 했
다. 따라서 상하이에 머물던 한국인들은 거주 지역만으로도 활동 성향
을 나타내 주었다. 게다가 상하이는 자금을 도피시켜 두는 곳이기도
했다. 광무황제의 측근이던 민영익이나 현상건玄尙健이 상하이에 머물
었고, 게다가 민영익이 거금을 사취당한 사건은 정치 자금이 상하이에
떠돌다가 발생한 사건 일면을 보여 준다.[77]

3. 민족 · 반민족의 이중 공간

상하이에 도착하기 이전에 이미 한국인들은 시가지 구성의 특성을
알고 있었다. 조계가 설치되고 그에 따라 삶의 형태가 달라진다는 사
실을 알고 있었던 것이다. 그렇기 때문에 대다수 한인들은 자신이 머
물 장소를 예정하고 도착했다. 독립운동을 목표로 둔 사람들은 프랑스
조계에 근거지를 마련했고, 그렇지 않은 인물들은 공공조계를 선택했
다. 친일 성향을 띠거나 정치적인 문제와 거리가 먼 사람들은 일본인
거류 지역인 홍커우 일대에 머물렀다. 즉 상하이에 대한 한국인들의
인상은 선명하게 나뉘어 있었던 셈이다. 그래서 황푸탄黃浦灘이 아니라
양수푸楊樹浦 부두에 내리는 사람들은 누구나 일본 형사들을 두려워했

76) 孫科志, 앞의 책, 57~59쪽.
77) 尹致昊,《尹致昊日記》1, 국사편찬위원회, 190쪽, 1971, 214쪽.

고, 특히 반일 성향을 지닌 인사들은 그를 따돌리느라 고민했다.

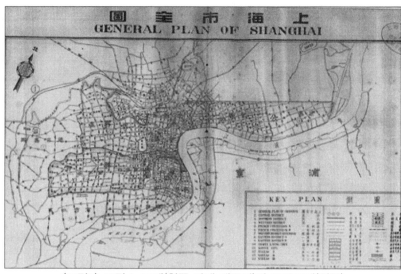

〈그림1〉 프랑스 조계(왼쪽 아래 테두리)와 공공조계(위쪽)

　　조계는 하천이나 도로로 구분되지만, 대개 뚜렷한 구분선이 없고, 간단히 돌이나 나무에 표식을 새겨 둘 뿐이었다. 가든 브리지Garden Bridge는 명소이기도 하고 공공조계와 프랑스 조계를 가르는 중요한 지점이었다. 그런데 영국과 프랑스 조계는 시가지의 모든 시설과 모양이 달랐다. 전차 모양도 다르고, 전신주도 다르고, 경찰인 순포巡捕의 인종과 복장도 모두 달랐다. 그러니 굳이 경계선을 확실하게 표시하지 않아도 알 만했다. 그런데 일본군이 상하이를 침공하던 무렵에는 도로상의 구분선에 철문이 만들어지기도 했다. 일본군이 상하이를 침공하던 1932년 1월에는 중국인들이 프랑스 조계로 피신하기 위해 철문을 돌파하려고 아비규환을 이루기도 했다.

　　독립운동가들에게는 프랑스 조계가 더 없이 좋은 근거지였다. 다만 끊임없이 파견되는 일제 밀정들을 감시하고 일본영사관 경찰의 동향을 역추적하면서 활동을 펼쳐야 하는 고단한 삶이 반복되는 곳이기도 했다. 비록 그렇더라도 숨을 공간이 있다는 사실만으로도 프랑스 조계는 안락한 곳이었다. 완전하게 안주할 수도 없지만 잠시 숨을 돌리고 새로 출발할 수 있는 공간이 그곳이었다.

상하이가 항일투쟁의 공간으로 인식된 사실은 굳이 언급하지 않아도 될 만큼 널리 알려져 있다. 따라서 여기에서는 간단하게 정리하고 넘어간다. 상하이가 항일투쟁의 적절한 공간으로 인식된 시기는 대개 신해혁명이 진행되던 무렵이다. 1900년대에 이미 정치적인 목적을 가지고 상하이를 드나든 인물도 있었지만, 본격적으로 항일투쟁의 공간으로 인식하고 발을 디딘 사람은 신규식·박은식·신채호 등에서 비롯되었다. 이들이 가능성을 가진 곳으로 점찍은 곳이 바로 프랑스 조계였다. 1910년대에 유학생들이 들어와 신학문 학습과 항일투쟁 무대로 인식하기도 했는데, 여운형이 대표적인 경우다. 3·1운동 직후에 국내만이 아니라 세계 각지에서 한인들이 대거 상하이로 집결한 이유도 이곳이 항일투쟁 본거지로 적격이라는 판단 때문이었다.

상하이는 긴장성에서도 양면성을 가진 곳으로 받아들여졌다. 의지만 있다면 항일투쟁과 친일행각 어디에도 가담할 수 있었다. 이와 달리 본인 의사와 아무 관계도 없이 반일인사가 되고 친일파가 될 수도 있었다. 일본 총영사관 경찰이 끊임없이 파견하는 밀정의 활동과 끝없이 지속되는 회유공작이 주요하게 작용하였다. 일제 경찰은 밀정을 보내 정보를 수집하고, 암살을 사주하거나 분열공작을 벌였다. 단순한 학생일지라도 더러는 독립운동가를 만나 민족문제를 고민하다가, 다른 한편으로는 일본 경찰에 쫓기는 긴장 속에 살았다.[78]

상하이는 반민족 행태와 환락, 한탕주의가 만연한 곳으로 인식되기도 했다. 국내에 견주어 익명성이 보장된 공간이라는 점이 주된 요인

---

78) 김구, 《백범일지》, 나남출판, 2002, 305~307쪽.

이었다. 따라서 선택한 길이나 직업에 굳이 가문의 전통을 언급할 이
유도 없었다. 그래서 갖가지 퇴폐적이고 부정적인 행각이 펼쳐지기도
했다. 그 가운데 가장 대표적인 것이 일확천금을 노린 일이다. 임시정
부가 상하이를 떠난 뒤에 점점 그런 인물들이 많아졌고, 그 가운데에
는 일제 앞잡이가 된 것만이 아니라 마약 판매로 돈을 벌어 일본군에
비행기를 헌납하는 인물이 나오기도 했다. 또 위안소를 경영한 인물도
허다했다.[79] 이처럼 상하이는 익명성이 보장되는 반면에 도덕성이 전
혀 문제가 되지 않는 공간으로 인식되었다.

　임시정부가 상하이에 머물 때만 하더라도 그러한 행위는 홍커우 지
역에서만 가능하였다.[80] 그런데 임시정부가 떠난 뒤, 특히 중일전쟁에
서 태평양전쟁을 거치는 과정에서 상하이에 잔류한 한인 가운데 활동
범위를 넓히면서 향락사업에 뛰어들고, 노골적인 친일활동을 밀고 나간
자들이 늘어났다. "중일전쟁에서 태평양전쟁을 거치는 동안에 이른바
'황군의 앞잡이'가 되어 위안소 경영은 한인들이 독차지하고 후방에서
중국 국민에게 마약─홍환紅丸 · 헤로인(흰 가루)─을 팔아 치부한 것도 우
리 한인들이다"라는 표현은 그러한 상황을 대변해 주는 이야기다.[81] 한
인들 사이에 상하이가 그렇게 인식되었다는 점은 다른 지역에서 상하이
로 이주하여 부정적인 행위를 벌이는 인물이 급격하게 늘어났다는 사실
에서 확인된다. 그 가운데 변절자들의 행위는 더욱 가관이었다.

　　만주─북경, 천진─제남, 서주 등지를 굴러먹다가 마침내 화려한 국제도
　시에 와서 그들은 망국노의 근성을 여지없이 발로시켰다. 외면에는 모모실
　업공사니, 의원, 약국 등의 간판을 버젓이 걸어 놓고 내면은 90%가 이 살

---

79) 金明洙, 《明水散文錄》, 삼형문화, 1985, 32쪽.
80) 상하이 시내 중앙을 흐르는 蘇州河 이북 지역의 日人居住地區를 가리키는 이곳에
　　1920년대에 10만 명이 넘는 일본인이 모여 살고 있었다(金明洙, 《明水散文錄》, 삼형
　　문화, 1985, 72쪽).
81) 각주 19)와 같음.

인적인 행위이다. 과거의 누구누구하는 독립운동자, 애국지사, 종교가, 문화인, 학자 등의 일류신사님(?)들이 일본군용기를 타고 그 부귀한 상품을 운반하는 형편이었다. 일본군부의 빽을 믿고 영ㆍ미인 주택을 빼앗아 일류호텔에서 주지육림으로 난장판을 일삼던 실업가 양반들이 고국방문단을 조직하여 금의환향(?)하는 넌쎈스 연극을 꾸민 일도 있다. 이것이 해방 직전의 상해시절이다. 이런 무리들이 지금도 서울 바닥에서 역시 날뛰고 있지 않은가![82)]

이처럼 친일파를 부정적으로 비판한 김명수金明洙(김종상金鍾商의 아들) 자신도 일본군이 상하이를 완전히 점령한 시기에는 친일적인 길을 걸었다. 일제가 왕징웨이汪精衛 정부와 손잡고 1941년 11월에 설립한 상하이대학上海大學에서 김명수는 김전명金田明이라고 개명하여 동물학 교수 겸 교무처 부주임을 맡았다. 상하이대학은 일제 군특무부가 1938년 9월에 '선무공작원宣撫工作員'을 양성하기 위해 설립한 유신학원維新學院을 개편한 것인데, 푸단대학復旦大學 자리에 개교하였다.[83)]

이런 상하이에 광복군이 잠입하여 활동해도 성공할 가능성은 희박하였다. 물론 임시정부는 줄곧 상하이에 요원을 파견하여 정보를 수집하고 인물을 포섭하였다. 1945년 초 안후이성에 자리 잡은 광복군 제3지대는 한인청년 모집과 자금 확보를 위해 상하이에도 요원을 파견하였다. 그렇지만 손창식 같은 거부는 상하이에 잠입하여 광복군 요원을 불러 모으던 한성수를 밀고하여 사형장으로 몰아넣었다.[84)]

---

82) 金明洙, 앞의 책, 32~33쪽.

83) 朴巨影, 1942, 〈'上海大學' 訪問記, 朝鮮人教授 金明水氏를 맛나서〉, 《大東亞》 14권 5호, 50~52쪽.

84) 한성수는 학병 탈출 1호로 알려지는 인물로, 쉬저우에서 탈출하여 안후이성 부양 김학규가 이끌던 광복군 제6징모분처(1945년 제3지대가 됨)에서 활동하다가 상하이 한인사회에 침투하였다. 난징에서 일본군 군법회의에서 사형선고를 받고 순국하였다.(김문택, 《광복군 김문택 수기; 광복군》, 독립기념관 한국독립운동사연구소, 2005, 165쪽; 金永鎭, 〈故韓聖洙同志 殉國追念記〉, 《한국광복군동지회》 21, 1974 ; 김희곤, 〈학병 탈출 1호, 광복군 한성수 열사의 불꽃같은 삶〉(한성수 선열 순국 60주기 추모제 및 학술강연회, 2005)

본래 친일적인 인물이야 그렇다고 치더라도, 독립운동가나 그 후손
이 친일과 환락의 길을 걸은 경우도 더러 있다. 대한민국 임시정부 초
기에 의열투쟁에 참가했던 김성근이 일본 밀정으로 활약하다가 탄로가
나자, 국내로 도주한 뒤에는 신의주 국경에서 고등계 형사가 되었다고
전해진다.[85]

안중근의 외아들 안준생安俊生 이야기는 그 가운데서도 대표적이다.
중일전쟁 때 안중근의 가족은 상하이에 남았다. 안준생은 헤로인 장사
로 부자가 되었고, 이후 일제의 간계에 따라 치욕스런 장면을 연출했
다. 즉 그는 "처가의 권유에 따라 헤로인 장사를 시작하여 일약 치부致
富했고, 조선총독부의 초청으로 고국을 방문하여, 서울 장충단 박문사
에서 치욕의 이야깃거리를 남겼으니, 즉, 이등박문(이토 히로부미) 아들
과의 눈물의 악수일 장면이 그것이다."[86] 안중근 아들이 마약 장사를
할 수 있는 공간이 상하이였다. 독립운동가라고 떠들어대던 인물도 약
방을 경영하며 마약을 주무르던 곳이 여기였다. 그러니 독립운동가의
아들이라고 해서 아버지와 같은 위상을 주문할 수는 없겠다. 상하이는
그처럼 반일과 친일, 절제와 환락이 엉킨 곳으로 인식되고, 또 실제 삶
들이 그러했다.

중일전쟁이 시작되고, 태평양전쟁이 임박할 시점에는 그 정도가 심
해져 조계 지역 전면 장악을 요구하는 목소리가 터져 나왔다. 김경
재金璟載가 상하이에 머물면서 발표한 글에는 일제가 상하이 지역에
서 벌인 변화를 생생하게 보여 준다. 일본 육전대가 공동조계를 장악
하고 있고, 거리와 여관방에 '건설建設 동아東亞 신질서新秩序'라는 글

---

85) "우스운 것은 대한민국독립유공자 명단에 그의 이름이 당당히 끼어든 넌센스가 있
다. 변절자에 대해서는 심사위원 역사가 선생들이 큰 실수를 저지른 것이다."(金明洙,
《明水散文錄》, 삼형문화, 1985, 248쪽)

86) 金明洙, 앞의 책, 252쪽. '치욕의 이야기'란 안중근의 아들이 눈물로 사죄하자 이등
박문 아들이 원수를 용서하고 화해한다는 장면을 일제가 연출했고, 거기에 안준생이
각본대로 움직인 것을 말한다. 김명수는 같은 글에서 안준생이 해방 후 부산에서 살다
가 해군병원선에서 일찍 별세했는데, 그 시절에 손원일의 덕택을 많이 입었다고 적었
다. 유족들은 미국으로 이민 갔다.

이 붙어 있다고 그는 썼다. 그러면서 김경재는 쑤저우허 건너편에 항일분자들이 활동하고 있고, 배일언동이 있는 그곳과 공동조계 사이에 물가 차이가 있어 불편하니 조계를 전면 회수해야 한다고 주장하였다.[87] 또 일제가 태평양전쟁을 일으킨 뒤에는 "말썽 많고 두통거리이던 조계는 우리 일본군의 진출로 나날이 명랑하여지고"라거나, "영어 말살론英語抹殺論이 화인직원간華人職員間에 대두하여 점심시간을 이용하여 우리 일본어 낙습諾習 등을 하고 있다"고 자랑스럽게 글 쓰는 사람도 나타날 지경이었다.[88]

4. 근대문화 흡수 공간

1) 첫 인상, '신천지新天地 별세계別世界'

상하이에 도착하는 교통편은 대개 선박이었고, 기차도 이용되었다. 선박을 이용할 경우 일본 거류 지역에 가까운 양수푸와 프랑스 조계에 가까운 황푸탄 부두가 상륙 지점이었다. 한국에서 일본을 거치는 선박은 대개 양수푸에 정박하기 때문에 일본총영사관 경찰의 감시를 받을 수밖에 없었다. 톈진에서 기차를 이용하면 난징에서 장강 건너편인 포구역에 내려 배를 타고 난징을 거쳐 상하이에 이르렀다. 상하이에 도착한 사람들이 처음으로 맞게 되는 존재가 인력거 황포차黃布車를 끄는 인부 쿨리(苦力)였다. 무슨 말인지 알아들을 수 없고 시끄럽기만 한 인력거꾼에게 어렵게 목적지를 알리고도, 제대로 가는지 알 수 없어 발만 동동 굴렸다. 실제로 엉뚱한 곳에 도착하여 낭패를 당한 경우도 허다했다.

---

87) 金璟載,〈戰時下의 上海〉,《三千里》12권 3호, 1940, 56~58쪽.
88) 李光斌,〈變貌하는 上海, 大東亞戰 勃發後의 上海諸相〉,《大東亞》14권 3호, 1942, 152~153쪽.

　　맨발 벗은 '苦力'들이 비호같이 끌고 달리는 '黃包車'라는 인력거가 개미
떼처럼 몰려들어서 배에서 내리는 손님들을 집어삼켜 가지고 다짜고짜로
줄달음질을 쳤다. 불란서 조계 '법조계'를 향해 달리는 인력거 위에 생후
처음으로 앉아 있는 시골뜨기 소년의 시야 앞에 전개되는 상해 시가지의
경이적인 풍경. 그것을 나는 단지 한마디 '찬란한 잡색'이라고 밖에 표현할
수 없었다.[89]

　　상하이의 첫인상은 이처럼 '찬란한 잡색'이거나 경이로움이었다. 그
가운데는 건물에 대한 인상이 가장 강렬했다. 한인들이 상륙하자마자
마천루摩天樓처럼 솟아 있는 빌딩 숲을 지나면서 국제도시를 처음으로
실감했다. 황포탄 부두를 따라 줄지어 늘어선 빌딩을 바라보면 그저
기가 막힐 뿐이었다. 서울에서 바라본 높은 건물이라야 기껏 남대문이
나 2층 높이의 서양식 건물이었다. 그런데 갑자기 눈앞에 10층이 넘는
석조건물들이 가득 들어서 있는 장면은 장관이 아닐 수 없었다. 중국
인조차도 '걸어 다니는 사람들 머리 위로만 사진을 찍으면 이곳이 중국
도시라고 생각할 사람이 아무도 없을 것'이라고 말할 정도였다.

〈그림2〉 1920년대 황푸 와이탄

　　1885년대 상하이에 갔던 윤치호는 상
하이가 도쿄나 요코하마보다 더 번창하
고 문물이 발달하여 놀랐다고 표현하였
다. 윤치호는 상하이 첫인상을 "5, 6층,
7, 8층의 고루거각高樓巨閣이 이모저모
에 날 보아라 하듯 소사 잇고 벽안碧眼
의 영미英米 인사가 분주히 내왕하며, 자
동차 마차 등 문명의 이기利器가 분잡하
게 가로街路로 치구馳驅하는 양, 진실로

89) 金光洲, 〈上海時節回想記〉, 《世代》 상 12월호, 1965, 47쪽.

눈이 부시었다"고 표현하였다.[90] 이미 일본을 들렀던 그였음에도, 상당히 놀란 심정을 이 글에서 알 수 있다. 특히 1930년대가 되면 고층 건물은 급격하게 높아졌다. 1936년에 완성한 "22층의 뿌러들 에멀숀이며, 25만불에 세계적 유명한 경마장 압혜 용립聳立한 20층의 빠크호텔, 난징로변南京路邊에 웃둑선 17층에 건물들, 삐지네쓰 센타ー街 한가운데 공동조계共同租界 공부국工部局 본부本部의 마천루摩天樓 등"이 대표적이다.[91] 20층이 넘는 건물들이 속속 세워졌다. 상하이가 가진 화려한 외관은 당시 한국문학에도 그대로 반영되어 향락적으로 투영되어 나타났다.[92] 황푸탄에 늘어선 빌딩은 처음 그곳에 도착하는 한국인에게는 경이로웠고, '신천지新天地 별세계別世界'라는 말이 절로 나왔다.

상하이의 시간 개념도 한국인 눈에는 특별한 것이었다. 시간에 정확하게 맞추면서 살던 경험이 별로 없던 한국인에게 일광검약제도日光儉約制度라 불린 서머타임Summer Time 제도는 생경한 경험으로 다가왔다. 대개 4월에서 9월 사이에 서머타임이 실시되었다.[93] 무더운 상하이에서 여름을 지내기에는 이 제도는 적절한 것으로 여겨진 듯하다.

한국인들이 상하이를 한마디로 표현한 말은 여러 가지였다. '인종전람회',[94] '미謎의 국國·세계중미世界中謎의 도시, 자유의 도시요 평화의 이상향, 광명의 도시이자 암흑의 도시', 일소천지一小天地·일소축도一小縮圖[95] 등이 대표적이다. 이것은 세계적인 수수께끼의 도시이면서 세계의 축소판이고, 긍정과 부정이 어울린 공간이란 표현이다. 마도魔都라는 표현도 널리 쓰였다. 그리고 범죄가 많아서 '동양의 시카고'라거

---

90) 尹致昊, 〈上海 생각〉, 《三千里》 10권 5호, 1938, 63쪽.
91) 黃浦江人, 〈삼백만명 사는 상하이 최근의 모양은 엇더한가〉, 《三千里》 8권 1호, 1936, 170~171쪽.
92) 崔一, 〈朝鮮現代文學中的上海〉, 《東疆學刊》 21권 1기, 2004, 49쪽.
93) 《독립신문》 1919년 9월 18일자 3면.
94) 金文若, 〈上海의 밤〉, 《新人文學》 2호, 1934, 10쪽.
95) 上海寓客, 〈上海의 解剖〉, 《開闢》 3, 1920, 107쪽.

나, 안개가 많아서 '동양의 론돈'이라 표현되기도 했다.[96]

2) 학문과 예술의 흡수 창구

상하이는 혁명의 중심지로 여겨졌다. 신해혁명이 일어날 무렵 신규식이 망명하고, 박은식·신채호가 드나들며 우리 민족문제 해결을 위한 방안을 모색하였다. 동제사나 신한청년당이 조직되거나 임시정부가 이곳에서 수립된 것도 그러한 과정에서 생성된 것이다. 이러한 정치적인 부분보다는 학문과 예술을 흡수하는 공간으로 상하이를 바라보고 접근한 한인들의 행적도 두드러진다.

우선 상하이는 한인들에게 새로운 학문을 흡수하는 곳으로 여겨졌다. 상하이에 많은 유학생들이 몰려든 이유도 거기에 있다. 유학생들이 상하이에 도착한 뒤 맨 먼저 해결할 문제가 언어였다. 중국어는 당연하고, 미국으로 유학 갈 학생들은 영어를 배워야 했다. 상하이는 유학 목적지이기도 하지만, 미국으로 갈 기회를 찾는 곳이기도 했다. 여운형은 진링대학(現 난징대학) 영문과를 다니다가 상하이에서 미국인이 경영하는 협화서국協和書局에 고용되었다. 그는 그곳에 대해 "대개 여행권 없이 미국으로 가려는 사람이나 또는 사진결혼으로 미국으로 건너가려 하는 사람들을 미국기선회사와 관계당국에 교섭하여 주는 일종 주선기관이었는데, 매년 수백 명씩 지원자가 있어 일이 몹시 분주하였다"고 회상하였다.[97] 또 상하이 유학생들이 찾은 곳 가운데 대표적인 곳이 프랑스 조계 왕즈로望志路 베이융지리北永吉里 10호였다. 그곳은 인성학교仁成學校 교사이기도 하고, 영어 개인교수를 담당했던 김종상金鍾商이 살던 곳이다. 그는 중산대학 영문과를 졸업하고, 뒷날 서울대

96) 黃浦江人, 〈삼백만명 사는 상해 최근의 모양은 엇더한가〉, 《三千里》 8권 1호, 1936, 169쪽; 李光洙, 〈上海에서〉, 《三千里》 6, 1930, 72쪽; 柳光烈, 〈上海와 朝鮮人〉, 《東光》 31, 18쪽.

97) 여운형, 〈상해회상〉, 《三千里》 10월호, 1932(몽양여운형선생전집발간위원회편, 1981, 《夢陽呂運亨全集》 1, 한울, 30쪽 수록)

에서 강의한 김명수金明水의 아버지다.[98]

1920년대에 상하이에서 대학을 다닌 학생들은 상당히 많았다. 몇 사람의 회상을 통해 드러난 이름들을 정리해 보면 다음과 같다.[99]

후장대학滬江大學 : 주요한朱耀翰 · 주요섭朱耀燮 · 피천득皮千得 · 조동선趙 東善 · 현정주玄正柱 · 안원생安原生 · 차균찬車均燦 · 오현환吳鉉煥

퉁지대학同濟大學(국제대학國際大學) : 서재현徐載賢(공과) · 장호근張虎根(공과) · 이태환李泰煥 · 유진동劉振東(의과) · 안호상安浩相(독일유학 전까지)

민궈대학民國大學(중국공학대학中國公學大學) : 구익균具益均 · 김기승金基昇 · 송면수宋冕秀 · 김병연金炳淵

푸단대학復旦大學 : 한규영韓圭榮(체육과) · 김진동金振東 · 안병무安炳武 · 유 승규禹昇圭(푸단復旦 전신 서가대徐家滙 고교 시절) · 반태유潘泰悠(치의학)

자오퉁대학交通大學 : 안원생安原生 · 신국원申國權(교수)

라오둥대학勞動大學 : 선우애鮮于愛

치즈대학持志大學 : 안우생安偶生 · 위혜원韋惠園

우쑹상선학교吳淞商船學校 : 손원일孫元一 · 민영구閔泳玖

전단대학震旦大學 : 옥인찬玉仁燦(법과) · 김동철金東哲(의과) · 이만영李晩榮(문과)

지난대학暨南大學 : 이용규李容珪(영문과) · 오성룡吳成龍(영문과) · 이도웅李島雄

이슈대학藝術大學 : 김염金燄(영화과)

난양의과대학南洋醫科大學 : 장죽식張竹植 · 최석용崔錫湧 · 김광주金光洲

치장대학之江大學 : 엄항섭嚴恒燮 · 심대섭沈大燮(심훈沈薰)

둥난의학원東南醫學院 : 최성오崔省吾 · 정구린鄭求麟

밍창대학明强大學 : 김덕목金德穆

---

98) 김종상의 집은 프랑스 조계 한국인의 연락 중심지이자 유학생들에게는 일종의 쉘터 였다.(金光洲, 〈上海時節回想記〉,《世代》상, 12월호, 1965, 248쪽)

99) 金光洲, 앞의 글, 252쪽; 安炳武,《七佛寺의 따오기》, 범우사, 1988, 65~66쪽; 정 정화,《長江日記》, 학민사, 1998, 67쪽. 위혜원은 뒷날 마산대 영문과 교수가 되었 다. 그리고 밍창대학의 김덕목은 임시정부 요인이던 김붕준의 아들이다.

1910년대에 시작된 유학은 1920년대에 들어 지역마다 유학생회 결성으로 발전하였다. 난징에 유영留寧(난징)학우회學友會, 쑤저우에 유오동학회留吳同學會처럼, 상하이에도 유호학생회留滬學生會가 결성되었다. 그러다가 이들을 하나로 묶는 작업이 진척되어 전중국고려유학생회가 추진되었다. 1920년 여름에 유호학생회와 난징학생회가 앞장섰다. 그 결과 조직된 것이 바로 고려화동유학생회연합회高麗華東留學生會聯合會였다. 본부를 상하이에 두고 장쑤·안후이·후베이·저장·장시 등을 아우른 것이다.[100]

문학에서는 김광주와 김명수가 두드러졌다. 김광주는 의과대학을 다니다가 결국은 문학을 선택했고, 동인지를 만들어 냈다.[101] 특히 김명수는 1930년에 전차 '인스펙터(감독)'로 취직하여 경험한 것을 〈두 전차 인스펙터〉라는 제목의 소설로 동아일보 신춘문예에 당선하였고, 김광주는 단편 처녀작 〈밤이 깊어갈 때〉를 이어 〈북평에서 온 영감〉·〈포도鋪道의 우울憂鬱〉을 《신동아》에 발표하고, 〈파혼破婚〉을 《신가정新家庭》에 계속 발표하였다.[102] 그뿐만 아니라 태륜기는 영화 비평을 중국 신문에 연재하여 발군의 실력을 자랑하였다.

상하이는 한인 청년들에게 영화와 연극이라는 새로운 분야를 익히는 곳이기도 했다. 예술대학 영화과를 다닌 김염은 '전영황제電影皇帝로 군림'하였다. 베이징에서 한국인 부모 아래 출생한 그는 중국 여배우 왕인미王人美를 부인으로 맞았으며, 두 사람이 주연한 뮤지컬 영화 〈어광곡漁光曲〉은 대단한 인기를 누렸다.[103] 김염의 존재는 한인 청년들에게는 희망을 주는 일이요, 감격스런 일이기도 했다.

---

100) 1922년 임원은 회장에 鄭光好, 부회장 卓明淑, 회계 姜斌, 서기 金柱, 조사원 朴贊永, 의사부 의사장 金善良, 의사원 朱耀翰 李康熙 崔志化 安原生(姜斌, 〈高麗華東留學生會聯合의 出生과 그 由來〉, 《開闢》24호, 1922, 54~55쪽)

101) 김광주(1910~1973)의 본명은 金浚培이다. 경기도 수원시 신풍에서 태어난 그는 해방 후 경향신문 문화부장, 편집국 부국장을 역임했다.

102) 金光洲, 앞의 글, 251쪽.

103) 金明洙, 《明水散文錄》, 삼형문화, 1985, 261쪽.

　　서울에서 영화감독이나 촬영기사로 활동하던 인물들이 상하이로 가서 직접 영화 제작에 들어가기도 했지만, 대개 새로운 영화기술을 연마하는 공간으로 인식하였다. 영화감독 이규환李圭煥 · 이경손李慶孫, 촬영기사 한창섭이 상하이로 왔다. 이경손은 서울에서 〈춘희春姬〉를 찍었고, 상하이에서도 영화를 제작하였다. 이경손은 안중근 의거를 각색한 〈애국혼愛國魂〉을 제작하여 중국에서 큰 인기를 얻었다. 정기탁 · 김일송을 출연시켰는데, "김일송의 미모에다가 일본 제국침략의 대원흉 이등박문을 만주 하얼삔 척두에서 사살하는 영웅적 장면이 중국민중의 대환영을 받은 것이다."[104] 또 활극배우 전창근全昌根은 역사영화 〈양자강楊子江〉을 제작하여 본국으로 수입했다.[105]

　　출판과 인쇄기술에 대한 수준도 한국인 눈에는 놀랄만한 것이었다. 지금까지도 유명한 상무인서관商務印書館은 당시 한국인 시각에는 현란하기가 그지없는 것이었다. 1890년대 중반에 문을 연 상무인서관이 1920년대 중반에는 사무와 편역編譯 담당자 1,100여 명에 인쇄소 공원이 3,600여 명, 바깥에서 부속을 다루는 직공 1천여 명, 인쇄공장만 5개소, 베이징과 홍통에 인쇄분창, 30여개의 발행소, 3천여 개의 특약판매소를 자랑하는 규모가 되었다. 편역소編譯所 인원이 305명이나 되고, 세계 대부분의 언어가 번역되었다. 직원을 위한 병원과 학교까지 갖춘 상무인서관은 한국인 눈으로는 경이로울 따름이었다. 임시정부에서 활동하던 차리석車利錫이 현장을 보면서 놀란 점은 자신이 보는 앞에서 5만 부짜리 영어독본, 5만 5천 부짜리 학생자전, 3만 부짜리 영화합해사휘, 중국 최대 사고전서를 비롯하여 160여 종이 인쇄되고 있던 사실이다.[106] 중국의 문화심장이 뛰고 있는 현장을 보면서 중국의 가능성을 이해한 탐방이었다.

---

104) 각주 43과 같음.
105) 金明洙, 각주 43과 같음; 金光洲, 앞의 글, 256쪽.
106) 車利錫, 〈上海商務印書館 中國事業界의 一瞥(2)〉,《東光》12, 1927, 35~39쪽.

5. 반식민지半植民地 근대도시의 혼잡성

1) 의식주 문화의 극단적인 혼재

상하이의 주인은 당연히 중국인이다. 하지만 '빼앗긴 땅' 조계에는 중국인을 비참하게 만드는 곳도 있었다. 조계에 있는 공원에는 '개와 중국인은 들어오지 못한다'는 게시문이 붙어 있었다. "자기 물건을 빌려주고도 그와 갓치 스름을 밧고 남의 물건을 빌고도 그갓치 물건주인物件主人을 욕辱한다"는 표현이 적절하게 들린다.[107] 특히 프랑스공원에는 양복차림을 원칙으로 삼았고, 중국옷이나 일본옷 차림으로는 출입할 수 없었다. 오직 7월 14일 프랑스혁명기념일에만 출입이 가능했다.[108] 한국인은 출입이 자유로웠으므로 자신을 외국인이라 생각하고 중국인과 차별 의식을 가졌다. 그러면서도 황푸탄 물결 위에서 살아가는 선상마을, 즉 '정크마을'에 대해서는 비참한 모습을 노래하듯 표현하기도 했다.

> "작은 뱃속에 닭도 기르고 돼지도 기르고 일가족이 물 위에서 일평생을 산다. 낮이 되면 배를 저어 가면서 물위에 떠다니지마는 저녁이 찾아오면 한 곳에 모여서 배와 배를 연결하는 큰 부락을 이룬다. 그들은 호롱불을 켜놓고 호금胡琴을 켜기도 하고 축음기를 돌리기도 한다. 불빛이 물위에 반사되어 네온으로 장식한 거리보다 한결 아름답고 노래와 시의 세계를 상상케 한다. 그들은 이 배에서 저 배로 옮겨 타면서 마실을 가기도 하고 낭만과 애정의 세계에 단꿈이 맺히는 고요한 밤을 맞게 되는 것이다. 그러나 이런 아름다운 것만은 아니었다. 돼지가 꿀꿀대는 소리를 내는가 하면 뱃머리에서 궁둥이를 까고서 용변 보는 모습도 보인다."[109]

---

107) 玄佐健, 〈上海이야기〉, 《서울》 7호, 1920, 46쪽.
108) 金星, 〈上海의 녀름〉, 《開闢》 38호, 1923, 43쪽.
109) 太倫基, 《回想의 黃河》, 갑인출판사, 1975, 320쪽.

〈그림3〉 선상가옥

　한국인이 본 상하이 지역 주택은 크게 세 가지로 구분된다. 하나는 하늘을 찌를 듯 버티고 선 빌딩과 화원花園이라는 이름을 붙인 서양식 대저택, 그리고 농당弄堂 혹은 농장弄場이라 불리는 건물이다. 고층건물은 가히 압권이었다. "무너질까봐 겁이 나는 수십 층 고층건물……'가든 부리지'를 미끄러지듯이 인력거가 넘어섰을 때, 그 앞에 전개되는 은행가의 웅장한 건물에 나의 두 눈은 휘둥그레지면서도, 가슴 속에서는 두근두근 방망이질을 쳤다"는 표현은 처음 상하이에 도착한 사람의 마음을 그대로 전해 주는 말이다.[110] 1930년이면 아스팔트 포장도로와 그 위를 시원하게 달리는 택시에 대한 감상들을 남겼다.[111]

　빌딩이야 은행 출입이나 가능해야 드나드는 것이고, 화원은 조계 지역, 특히 난징로南京路 · 화이하이로淮海路 일대에 늘어선 대저택이라 한국망명객에게는 그저 그림에 지나지 않았다. 한국인이라면 대체로 '농당'에 거주하는 것이 일반적인 일이었다. "이것은 상하이 주택가의

110) 金光洲, 앞의 글, 247쪽.
111) 安炳武,《七佛寺의 따오기》, 범우사, 1988, 57쪽.

특수한 용어로, 수십 호 내지 수백 호 아파트 같이 꼭 같은 집들이 나란히 한 문 안에 몰려서 사는 지점의 총칭, 흔히 농당에 XX리里니, XX방坊이니 하는 명칭을 붙인다."[112] 즉 아이런리愛仁里라거나 융지리永吉里 등이 그것이다.[113] 길가에 연립주택 단지로 들어가는 문이 있고, 그 문 윗부분에 이름이 붙었다. 거기로 들어서면 대개 2층 규모의 연립주택이 길게 들어서 있다. 그 속에 2층 한 칸을 세를 빌려 사는 경우는 괜찮은 편이고, 형편이 더 어려운 경우에는 '정자간亭子間'이라는 곳에 살았다. 2층 발코니 아래 한 칸 남짓한 좁은 방인데 좁기도 하거니와, 여름에는 무지하게 덥고 겨울에는 추운 방이다. 특히 '사람을 삶을 듯한 상하이의 여름날'[114]이었으니 대단한 고통이었다.[115] 특히 낡은 농당은 빈민굴로 변해 갔고, 그를 '빈민굴 셋방'이라 표현하기도 했다.[116]

노동자가 많은 상하이는 주택난이 심했다. 2층 연립주택은 가파르게 올라가는 계단을 이용하는데, 항상 위험스러웠다. 김구의 아내 최준례가 산후에 추스르기 힘든 몸으로 계단을 내려오다 굴러 떨어져 갈비가 부러지고, 폐병으로 진행되어 1924년 1월 1일에 사망하였다. 집안에 화장실이 없어서 한국의 요강과 같은 변통便桶을 사용하는 곳이었다. 산후에 약한 몸으로 변통을 비우러 경사가 급한 계단을 내려오다가 굴러 떨어진 것이다.[117]

---

112) 金光洲, 앞의 글, 247~248쪽.

113) 愛仁里라면 "프랑스 조계 끝판에 낡은 헌 동리가 있었는데, 여기는 서울 남산골 샛님들만이 모여 사는 특정 마을이자, 정승 판서를 지낸 양반들이 사는 동네였다. 이곳에 이시영·조소앙·조완구·윤기섭·신규식·신채호·민재호 등 대학자들이 우거했고, 대종교신자들이 예배드리는 곳이었다."(金明洙, 《明水散文錄》, 삼형문화, 1965, 251쪽)

114) 金光洲, 위의 글, 249쪽.

115) "더운 날은 화씨 115도(섭씨 46도)까지 올나 간 일이 잇엇다. 콜타-ㄹ를 칠한 행길이 물큰물큰하고 반사하는 태양열이 홧홧 얼골에 처밧친다.(金星, 〈上海의 녀름〉 《開闢》 38호, 1923, 43쪽.

116) 安炳武, 위의 책, 59쪽.

117) 김구, 《백범일지》 상권(백범김구선생전집편찬위원회, 1999, 《백범김구전집》 1, 489쪽)

아침에 변통을 갖고 나와 씻은 뒤에 골목길에 내놓고 말리는 것이 한국인 눈에는 낯설기만 했다. 집집마다 화장실이 없으니 낮에도 변통은 항상 곁에 있어야 했다. 그래서 프랑스 조계에 있는 공원은 화장실을 사용하기 위해 모여드는 독신자들의 출입이 빈번한 곳이었다. "상해 중국인 풍습에는 '便桶'을 타인에게 빌려주지 않기 때문이다."[118] 또 "아침은 노서아다관露西亞茶館(노서아요리점露西亞料理店)에 가 조반을 먹고 변소便所는 주인집에서 오정五町 가량 떠러저 있는 불란

〈그림4〉 농당 입구를 들어서면 좌우에 가파른 계단을 가진 2층집들이 빼곡하게 들어서 있다.

서공원佛蘭西公園에 산보散步삼어 단이며 누게 되었다"는 이야기도 그러한 정황을 표현하고 있다.[119]

화장실 때문만이 아니라 프랑스 조계의 공원은 한인들에게 긴요한 공간이었다. 공원 주변에 한인들이 많이 거주하고 있었고, 그래서 독립운동가들이나 망명객들이 공원을 중심으로 맴돌았다. 이곳은 무직자들의 안식처요 유학생들이 영어를 공부하기 위해 모여드는 곳이기도 했다. 또 공원은 폐병환자들의 요양처 구실도 했다. 겨울에는 일광욕하기에 가장 적합한 피한처避寒處였고, 여름이면 매일 밤 9시부터 '프랜취클럽'에서 심포니 오케스트라의 연주가 있어 클라식 애호자들은 울타리

118) 金明洙, 앞의 책, 35쪽.

119) 金成桂, 〈南京上海紀行文〉《新人文學》3, 1934, 24쪽.

너머로 웅장하고도 찬란한 고전 음악의 대향연을 맛볼 수 있었다.[120]

상하이에서 마주치는 또 하나의 신기한 모습은 다양한 인종이었다. 국내에서는, 그것도 서울에서 선교사들이나 만났을 정도였지만, 상하이는 세계 모든 지역 인종들이 모여든 곳이었다. 그래서 상하이를 '세계축도世界縮圖'라 불렀다. 우선 길거리에 버티고 선 경찰들의 모습부터 달랐다. 공공조계 순포巡捕들이 중국인 · 인도인 등이었고, 프랑스 조계에는 베트남인들이 주류를 이루었다. 특히 순포들의 제복이 인종에 따라 달랐다는 사실은 재미난 일이기에 충분했다. 이광수는 그 장면에 대해 열강이 가진 오만과 과시로 이해하였다. 즉 영국과 프랑스가 자신이 정복한 인도와 베트남 사람들에게 고유 복장을 입혀 '순사'로 삼음으로서 "자기네 정승판서의 위풍으로 노복에게 괴상한 차림을 식히어 우습거리로 삼음과 가트며 또 이 불상한 種을 한 흥미잇는 골동품으로 애완愛玩함과 가트나이다"라는 표현이 그것이다.[121]

Policemen in the foreign concession (1939).

〈그림5〉 공공조계 경찰. 복색이 제각각이다.

---

120) 각주 58)과 같음.
121) 李光洙, 1930,〈上海에서〉《三千里》6호, 73쪽.

일래本來 상해上海는 세계인世界人의 시市라는 말이 잇다. 그러나 녀름날 저녁의 만국공원은 그야말로 공원 일홈 그대로 만국인萬國人의 집합처集合處가 된다. 천평千坪 내외內外되는 상해上海서도 아주 좁은 이 만국공원萬國公園 안에서 우리는 세계世界 각국各國 사람을 다 볼 수 잇고 세계世界 각국各國 방언을 다 드를 수 잇는 것이다. 밋상 멀끔한 미국인美國人, 활게 내두르는 서면이나 노위사람, 엉댕이 내두르는 불란서 여자, 겸잔을 빼는 영국 아해들, 생글생글 웃는 혼혈아들, 사람을 녹이게 아름다운 포도아 여자, 장화 신은 아라사 노동자勞働者, 하오리 닙고 게다 끄는 일인日人, 양복洋服 닙은 중국인中國人, 내복內服 저구리만 닙은 인도印度 문직이꾼들, 니빨 색캄한 안남인安南人의 떼, 동글한 모자 쓴 토이기인土耳古人, 턱석뿌리 유태猶太 녕감, 또록또록하는 파사인波斯人, 가이써 수염 기른 독일인獨逸人, 뚱뚱한 화란和蘭 여자, 어청어청하는 조선인朝鮮人, 키 적은 이태리 사람, 신부神父 텨럼 생긴 에급 사람들이, 제각기 제나라 의복衣服 혹은 제나라 식式의 양복洋服을 닙고 가지각색의 방언을 주절거리면서 형형색색의 거름거리로 공원 안이 떠들썩해진다.[122]

상하이 사람들의 의복은 현격한 양면성을 보였다. 평면구성으로 단순한 짱산[長衫]은 대수롭잖은 것이지만, 여인들이 입은 옆 터진 치마는 충격적이었다. "상해에 있는 동안은 한복을 입지 않고 줄곧 짱산[長衫]이라는 중국옷을 입고 지냈는데, 임정의 어른들이건 아녀자들이건 모두 그 짱산을 입었다. 그것도 아주 헐값에 천을 사서 만들어 입었다."[123] 이와 달리 여인들의 옷맵시는 모든 한국인들에게 낯선 것이기도 하려니와 충격적이기도 했다. 삼판선의 노를 젓는 여인들은 치마조차 입지 않았고,[124] 길거리를 쏘다니는 젊은 여인들은 옆이 길게 터

122) 金星, 1923,〈上海의 녀름〉《開闢》38호, 45쪽.

123) 정정화, 앞의 책, 87쪽.

124) 김구, 《백범일지》하권(백범김구선생전집편찬위원회, 1999,《백범김구전집》1, 495쪽)

진 치마를 입어 허벅지를 드러냈다. '푸른 빛깔 내리닫이 옷을 양쪽으로 벌쭉벌쭉 벌려지며 허벅지 각선미를 드러낸다는 사실'은 한국청년들 가슴을 뛰게 만들기 충분했다.

의복에 여유가 없는 것만이 아니라 신발도 마찬가지다. 독립운동가들의 경우는 식생활이나 의생활 사정이 어려웠으므로 신발에 대해서는 엄두도 내지 못할 지경이었다. 정정화가 신발에 대한 사연을 특별하게 기록한 것을 보면 그러한 정황을 이해할 만하다.

> "신발이라고 해서 구두나 운동화 따위의 가죽·고무제품은 엄두도 내지 못할 실정이었고, 고작해야 헌 헝겊 조각을 몇 겹씩 겹쳐서 발 모양을 내고 송곳으로 구멍을 내서 마라는 단단한 실로 촘촘하고 단단하게 바닥을 누벼서 신고 다녔다. 그나마도 살림을 꾸리는 사람이 꽤 바지런하다는 소리를 듣는 집 식구들이나 얻어 신고 다닐 정도고, 그 외에는 짚세기를 끌고 다니는 사람이 대다수였다. 그러니 구두는 고사하고 운동화만 신고 다녀도 일종의 사치에 속했다. 너나 할 것 없이 임정의 그늘 아래 몸 드리우고 사는 사람은 헝겊신마저도 감지덕지할 지경이었다. 백범같은 분은 여기저기 다니기를 잘 하니까 그 헝겊신의 바닥이 남아날 날이 없었다. 바닥은 다 닳아 너덜거리니 명색만 신발바닥이고 신발 목 부분만 성한 채로 매달려 있는 꼴이었다. 신발도 신발이지만 백범은 그만큼 억척스러운 분이기도 했다."[125]

의복 이야기에 날씨를 빠트릴 수 없다. 상하이를 드나든 인물들이 겪은 큰 고통 가운데 하나가 기후였다. 여름과 겨울이 모두 견디기 힘든 날씨이기 때문이다. 여름에는 짙은 습기에 더운 열기가 합쳐지면서 한증탕과 같아서 '삶는 듯하다'는 표현이 적절하다. 그리고 겨울에는 역시 진한 습기에 찬 공기가 엮어지면서 뼈를 쑤시는 듯한 추위가 찾

---

125) 정정화, 《長江日記》, 학민사, 1998, 88쪽.

아온다. 한국보다 남쪽 지역이니 춥지 않을 것 같지만, 난방이란 시설 자체가 없던 곳인데다가 찬 습기가 사람을 뼈 속까지 아프게 만든다. 그래서 결핵환자가 많기도 했다.

상하이의 식생활은 다른 지역에 견주어 쉬운 곳으로 인식되었다. 쌀밥을 주식으로 삼는 한국인에게는 적당했다. 황하문화권과 달리 장 강문화권은 미곡 산지였고, 따라서 쌀이 풍부하였다. 그래서 잡곡밥 을 찾아볼 수 없는 곳이 상하이였다. 물론 굶주리는 사람이 전혀 없는 것은 아니지만 한국인의 눈에는 부자나 가난한 사람이나 살 수 있는 공간이라고 생각할 정도였다. "가난한 사람도 살 수 있고, 부자도 살 수 있는 곳이 바로 상하이라는 말이 있기도 했다. 동전 한 닢만 가지 면 시장에 나가서 국수 튀기고 남은 찌꺼기라도 한 대접씩 받아먹을 수 있었으니 가난한 사람도 살게 마련이었고, 사실은 우리가 그런 축 이었다"[126]는 표현이 그것이다. 그럼에도 불구하고 백범 모친이 뒷골 목에 버려진 채소 푸성귀를 주워 식사를 해결한 삶이나, 돈이 없어 호 떡으로 연명한 사연은 독립운동가들의 어려운 나날을 보여주는 대목 이 아닐 수 없다.[127]

2) 환락과 무법의 혼잡 공간

대다수 한인에게 상하이는 환락의 도시로 여겨졌다. 특히 상하이의 밤거리는 '무서운 악마의 기미氣味 나쁜 미소로서 충만된 거리'라고 표 현될 정도였다.[128] 돈을 가진 인물들이 무도장을 비롯한 환락가를 누 볐다. 일본인 거류지에 사는 인물들이 공공조계에 자리 잡은 환락가에 많이 드나들었다. 만약 프랑스 조계에 거주하던 한인 청년들이 댄스홀

---

126) 정정화, 앞의 글, 88쪽.
127) 安炳武, 《七佛寺의 따오기》, 범우사, 1988, 59쪽.
128) 姜聖九, 〈上海夜話〉 《開闢》 신간3호, 1935, 74쪽.

을 드나들면 독립운동가들은 꾸짖기도 했는데, 김구가 김광주를 나무
라는 장면은 그런 사연을 말해주는 일화이다. 또 상하이는 자유연애가
당연한 곳일 뿐만 아니라, 민족과 국가라는 경계를 넘은 국제 연애가
가능한 곳이었다. 중국인 처녀와 연애하고, 애정의 도피행각을 벌이는
곳이기도 했다. 함남 길주 출신 한 여성의 국제 삼각연애와 그 처참한
말로는 여러 사례 가운데 하나일 뿐이다.[129] 상하이는 익명성이 상당히
보장된 공간이었다. 여기에 드나든 한국인의 생활이 틀에 얽매이지 않
은 이유도 거기에 있었다.

> 가든 브릿지에 기대서서 밤이 깊어가는 것을 맞으면서 유랑민의 시름
> 없는 시간을 보냈다. 이제부터 밤의 상하이가 음부淫婦가 치마를 벗다시
> 피 창문을 연다. 카페나 댄스홀을 향하여 젊은 사람들이 달린다. 애욕을 위
> 하여 술을 마시고 정열을 쏟는다. 갱은 총을 들고 창녀는 얼굴에 페인트를
> 칠하고 거리에서 웃음을 팔기 시작한다.[130]

> 꿈의 사마로四馬路라는 노래가 있다시피 밤의 쓰마루는 확실히 네온의
> 정글이고 미녀의 정글이었다. 키에프라는 댄스홀은 쎅스폰을 부는 사람이
> 백계 러시아인이고 팬서-들도 중국복이나 양장을 하고 있다. 그러나 우리
> 나라 여자들도 많다는 것이다.[131]

한인 청년들 눈에는 국제도박장도 자극적으로 느껴졌다. 국제도박
장 따─쇼판(大小版)은 4층 건물 전체에 각종 도박시설을 갖추고, 종업
원이 2천 명이나 되었다고 전해진다. 네덜란드와 중국의 공동투자로
경영되던 국제도박장을 처음 본 한인 청년들이 어떻게 받아들였을지는

---

129) 姜聖九, 〈上海異域에 展開된 國際三角愛의 血祭 ─ 李尙山孃의 悲戀의 眞相〉, 《開
闢》신간2호, 1934, 68～77쪽.
130) 太倫基, 《回想의 黃河》, 갑인출판사, 1975, 321쪽
131) 太倫基, 《回想의 黃河》, 갑인출판사, 1975, 325쪽.

쉽게 헤아릴 만하다.

상하이는 갱단의 도시로 보였다. 이육사는 〈공인 "깽그"단 중국청방
비사소고中國靑幇秘史小考〉라는 글에서 상하이의 갱단인 '청방靑幇'을 소
개하면서 장제스 정부의 부도덕성을 폭로하였다. 상하이 갱단의 대표
두위에성杜月笙 · 황진룽黃金榮 · 장수린張肅林 등이 상하이 프랑스 조계
의 실질적인 지배자인데, 1928년까지 유망 집단이다가 장제스 정부가
이끄는 해방군이 상하이에 도착한 뒤 두 세력이 결탁하여 상하이 남녀
6천 명을 희생시키고 노동자를 압박 · 착취했다고 평가하였다. 이육사
는 또 이후 갱단이 국민당의 계급적 기초가 되고, 때문에 정부가 두위
에성杜月笙에게 상하이 지역 공산주의자들을 억압하기 위한 관직을 주
었다고 분석하였다. 갱단의 유지 기반은 아편 밀매와 노동자 착취였기
때문에 자금 공급과 자유로운 아편 운반이 서로 보장되었다면서, 그는
노동조합 자체가 갱들의 손안에 들어 있고 두목이 당치黨治에 참여하
여 지도자로 활약함에 따라 범죄단체가 되었다고 주장하였다.[132] 청방
지도자들의 비리와 범죄행위를 육사는 이렇게 결론지었다.

> 상해사변上海事變에는 2 · 3인二三人의 청방두목靑幇頭目들은 19로군十九
> 路軍에게 무기武器를 공급供給한 대상代償으로 거대巨大한 돈버리를 할 수
> 가 있엇다. 일절一切의 회합會合과 행열行列과 결사結社와 언론言論이 용서
> 容恕되지 안는 국민당國民黨의 치하治下에서 상해上海의 《깽》들만은 모든
> 악습惡習과 범죄犯罪의 대비밀결사大秘密結社를 만들어 가지고 가장 대담大
> 膽하게 한 노력勢力을 위為하야 다른 한 세력勢力을 궤멸潰滅하기에 난폭亂
> 暴하게 상해上海의 지붕 밑을 도라단이는 것이다.[133]

한인들의 눈에 비친 상하이는 조계 지역과 비조계 지역(중국 영토) 사

---

132) 김희곤, 《새로 쓰는 이육사 평전》, 지영사, 2000, 194~195쪽.
133) 李活, 〈공인 "깽그"단 中國靑幇秘史小考〉, 《開闢》 3월호, 1935, 45쪽.

이에 극단적인 모습을 보였다. 조계 지역은 서양식 주택과 교통시설, 문화시설 등으로 국제도시의 면모를 드러냈지만, 이와 달리 중국인 거주 지역의 모습은 열악하기 짝이 없었다. 비록 독립운동가들이 상하이에서 중국 혁명인사들과 교우하면서 존경심을 갖기도 하고 동지적인 결속을 일구어 내면서 민족문제를 논의하기도 했지만, 일반 중국인 거주 지역에 대해서는 마치 뉴욕의 할렘가처럼 비천하게 보았다. 김명수는 동아일보 신춘문예 소설부 당선작 〈두 전차 인스펙터〉라는 작품을 통하여 중국인 거류지를 이렇게 묘사했다.

> 조가도曹家渡라하면 외국 사람들이 도무지 안사는, 저 영계英界의 북쪽 끄트머리—공장들이 많고 불량패 도적놈의 소굴들이 있는, 유명한 곳이다. 여기에서는 인스펙터와 무지한 승객들 사이에 충돌이 자주 생기기 때문에 누구나 여기 일을 할 때에는 눈을 슬쩍슬쩍 감아 준다. 그래서 차장은 여기 오면 협잡을 제 할대로 막 해먹고 승객들은 거저 타기 일쑤였다. 전번 5·30운동 때 서양인 인스펙터가 이곳에 왔다가 죽도록 얻어맞고 간 다음부터는 그들의 세력이 더욱 높아갔다.[134]

폭력이 난무하는 정도가 아니라 살인 행위가 환락의 한 면에 자리잡을 정도였다. 배곯는 어려운 연인을 연극에 출연시켜준다고 꾀어 무대에 세운 뒤, 삼각관계를 설정하여 연적을 살해하는 장면을 연출하면서, 실제로 권총으로 쏘아 죽이는 엽기적인 일이 발생하기도 했다. 관객 모두가 서양인인 공간에서 나체쇼가 끝난 뒤에 이어진 간단한 연극에서 일어난 일이다. 정신질환자와 그의 연인 역할을 맡은 사람을 서양인 신사가 아무 이유도 없이 죽이는 간단한 스토리인데, 실제 총을 발사하여 죽이는 사건이 벌어졌다.[135] 이 사실은 소설 형식으로 전해지

---

134) 金明洙, 앞의 책, 52쪽.
135) 姜聖九, 〈上海夜話〉, 《開闢》 신간 3호, 76-80, 1935, 56쪽.

지만, 실화를 바탕으로 재구성된 것으로 알려진다. 살인 행위를 지켜보면서 쾌락을 얻는 상하이 환락가를 짐작하고도 남을 이야기다.

6. 가치관에 따라 엇갈리는 기회의 땅

한국인의 눈에 띈 상하이는 지리적으로 가장 가까운 근대도시요, 동서양 문화가 혼재한 국제도시이자, 세계 첨단 문화가 숨 쉬는 신세계였다. 근대 문화가 유입되면서 동시에 국가 상실로 나아가던 그 시절에, 상하이는 한국인에게 기회의 땅으로 다가섰다. 한국인들이 다양한 목적을 띠고 상하이로 몰려든 이유는 바로 거기에 있었다. 대개 신천지라는 느낌은 동일하게 받아들였지만, 목적에 따라 한국인들 눈에 비친 상하이는 달리 보였다. 특히 항일과 친일의 구분점은 확연했고, 대한민국 임시정부가 상하이에 머물던 시기와 떠난 시기에 상하이라는 공간은 한국인에게 다른 모습으로 다가섰다.

한국인에게 상하이는 근대도시라는 점에서 보편성과 특수성을 가진 곳이었다. 우선 보편성을 본다면, 그곳은 근대 문화를 수용할 수 있는 공간이자 창구였다. 서양인들이 설립한 다양한 대학은 한인 청년들이 근대문화를 흡수할 수 있는 공간이자, 새로운 세계를 열어 가는 곳이었다. 또 세계적 수준을 자랑하는 영화와 연극 등 예술 분야도 상하이가 자랑하는 근대문화였다. 높은 건축물과 빠른 자동차 물결도 대다수 근대도시와 마찬가지였고, 화려한 외관과는 반대로, 어둡고 퇴폐적인 뒷거리 문화도 다른 근대도시와 비슷했다. 다만 그것을 바라보는 한인들 눈에는 보편적이 아니라 특별한 존재로 보였음이 틀림없다.

다음으로 한인의 눈으로 볼 때, 상하이는 특수성을 가진 도시였다. 우선 그곳은 민족문제와 관련하여 독특한 공간이었다. 열강 조차지 가운데 프랑스 조계는 한국 독립운동이 가능한 곳이고, 이와 달리 공공조계지는 친일분자들이 거주하는 곳이었다. 따라서 그곳에 머무는 목적에 따라 거주 지역이나 삶의 형태가 달랐다. 상하이는 항일과 친일이 교차되는 곳이고, 임시정부와 일제 경찰이 맞서 투쟁하는 장소였다. 임시정부와 일본영사관이 정보전을 벌이면서 투쟁하는 바탕에는 한인사회가 놓여 있었다. 따라서 상하이에 머무는 한인들에게는 어느 한 쪽을 선택해야 하는 과제가 주어졌고, 그것에 따라 삶도 달라졌다. 한인들에게 상하이는 선택과 긴장의 공간이었던 셈이다.

상하이는 또 다른 의미에서 민족문제를 가진 곳이었다. 중국인이 자신의 영토에서 주인 구실도 못하고 오히려 반식민지인半植民地人의 삶을 살던 곳이 상하이였다. 민족 차별이 곳곳에서 나타나고, 제국주의 열강이 만들어낸 화려한 거리에 견주어, 중국인들의 영역은 더욱 퇴락하고 볼품없는 공간으로 여겨졌다. 반식민지가 된 상하이에서, 한인들 일부는 같은 처지의 식민지인이라는 동류의식을 갖기도 하고, 더러는 일본이라는 가면을 덮어쓰고 제국주의적인 인식을 갖기도 했다. 항일과 친일의 삶이 그 가운데 하나를 선택하게 만들었다.

제2장 대한민국 임시정부의 체제와 이념

I. 한국 독립운동과 프랑스의 만남[1]

한국인들이 프랑스에 대해 가진 첫인상은 '이상한 종교를 앞세운 침략자'였다. 특히 1866년에 프랑스 함대가 강화도에 침입하여 군인과 민간인을 죽이고 문화재를 약탈한 사건은 한국인 뇌리 속에 침략의 대표적인 모습으로 자리 잡혔다. 프랑스가 종교를 앞세워 대립각을 세웠기 때문에 한국과 외교조약을 맺는 과정에서 그 어느 나라보다 힘든 과정을 거쳐야 했다.

그런데 프랑스에 대한 한국인의 부정적인 시각은 이때부터 45년이 지나서 조금씩 달라지기 시작했다. 그러한 변화가 이루어진 공간이 바로 중국 상하이였다. 1910년에 나라를 잃은 직후, 한국 독립운동가 Nationaliste Coréen들이 이곳에 독립운동 기지를 건설하게 되면서 프랑스와 새로운 만남을 만들어가기 시작한 것이 그 계기였다.

1. 중국 상하이에서 만난 한국과 프랑스

1) 중국 상하이를 찾은 한국인들

나라를 잃던 1910년을 전후하여 한국 독립운동가들은 국내에서 본격적인 항일투쟁을 벌이는 데 한계를 느끼고 나라 밖에 독립운동 기지를 건설하기 위해 적당한 지역을 찾아 나섰다. 많은 사람들이 강을 국

---

[1] 이 글은 2006년 국가보훈처의 요청에 따라 한국 독립운동과 프랑스의 관계를 필자가 작성한 것으로 두 나라 언어로 소책자에 담겼다.

경으로 삼은 만주를 기지로 선택하여 북쪽으로 이동했고, 이밖에도 중국 본토와 몽골·미국·유럽 지역을 찾아 나섰다. 즉 한국인은 새로운 활동 영역을 개척해 나갔고, 그래서 한국인이 존재한 모든 지역에서 독립운동이 일어났다.

한국 독립운동이 펼쳐진 대표적인 지역은 단연 중국이다. 같은 중국 영토이더라도 만주와 상하이는 차이가 컸다. 만주는 군대를 조직하여 국내로 진공하려던 인물이 집결하였고, 그래서 군대를 양성하여 실제 일본과 독립전쟁을 벌였다. 이에 견주어 상하이는 세계 정세 변화를 쉽게 알 수 있던 곳이므로, 독립을 위한 기회를 포착하고 외교를 벌여나가기 적당한 곳이었다. 그래서 국제정세 변화 속에서 독립의 기회를 포착하려던 인물들이 이곳으로 모여들기 시작했다.

상하이는 한국인에게 꿈과 희망의 도시였다. 이곳은 한국에서 가장 가까운 국제도시이고, 세계로 나아갈 수 있는 통로였다. 유학길에 오르는 학생들에게도, 서양 문화를 받아들이려는 청년들에게도 이곳은 준비 장소이자 출발지였다. 좁은 한국을 벗어나 유럽으로 향해 나가던 중계지이자 그곳에 세워진 대학을 통해 새로운 문화를 터득할 수 있는 곳이 바로 상하이였다.

특히 상하이는 혁명의 요람이었다. 자유와 평등, 민권과 민주, 그리고 사회주의라는 서양의 근대 정치사상도 이곳을 통해 들어오고 퍼져 나갔다. 중국 혁명인사들도 이곳에서 활동하면서 신해혁명을 이끌어 냈고, 또 중국공산당이 상하이에서 결성된 이유도 거기에 있었다. 그러한 정황은 한국인들에게도 마찬가지였다. 근대 정치사상을 접할 수 있고, 신해혁명의 핵심부이던 상하이는 국권회복을 꿈꾸던 한국 독립운동가들에게 상하이는 매력적인 도시가 아닐 수 없었다.

그렇다면 상하이에 무엇이 있어 한국 독립운동가들을 끌어당겼을까? 프랑스 조계Concession Française De Changhai가 그 해답이다. 한국 독립운동가에게 필요한 요건들이 바로 그곳에 있었기 때문이다. 그들에게 필요한 조건들은 다음과 같은 몇 가지였다.

> 첫째, 자유로운 정치 활동 공간이다.
> 둘째, 세계 정세 변화를 쉽게 파악할 수 있는 곳이다.
> 셋째, 독립운동을 지속적으로 펼쳐나갈 인적·물적 토대가 갖추어진 곳이다.
> 넷째, 독립운동에 필요한 발전적 정치사상이 갖추어진 곳이다.
> 다섯째, 국내와 교통이 편리한 곳이다.

이러한 요건들을 잘 갖춘 공간이 상하이에 있었다. 프랑스 조계가 바로 그곳이다. 상하이에는 영국(1845년), 미국(1848년)에 이어 프랑스(1849년)가 조계지를 만들었다. 이 조계지역은 해당 영사관에서 관리하고 있었는데, 효과적인 관리를 위해 세 나라는 1854년에 공동으로 행정조직 공공조계공부국公共租界工部局(International Settlement of Shanghai)을 만들었다. 그러나 프랑스와 영국 사이에 분쟁이 일어나는 바람에 1862년에 프랑스는 독자적인 행정관리기구를 설치하였는데, 이를 공동국公董局(공동동사회共同董事會)이라 불렀다. 한편 일본은 청일전쟁 직후 1896년에 거류지를 확보했다.

2) 상하이 프랑스 조계에 한국 독립운동의 교두보를 확보하다

언제부터 한국 독립운동가들이 프랑스 조계를 활동공간으로 인식했을까? 그 시기는 1910년 8월 한국이 일본 침략으로 무너진 직후였다. 1910년 이전에 상하이에서 정치 활동을 펼친 한국인은 거의 없었다. 그 이전에 드나든 한국인은 대부분 상인들이었다. 그래서 상하이주재 일본총영사관도 한국인들의 움직임에 대해 "조금도 의심할만한 것이 없다"고 일본 외무대신에게 보고할 정도였다. 그러다가 한국 독립운동가들이 거기에 나타나기 시작했던 시기는 1910년 가을이었다.

　상하이를 독립운동에 적당한 공간이라고 판단한 인물이 나타났다. 신규식이 그 대표적인 인물이다. 그는 1911년 상하이를 살펴본 뒤에 독립운동의 교두보를 확보하고자 노력했다. 그 결실이 1912년 7월에 상하이에서 결성된 동제사였다. 함께 어려운 일을 극복하자는 뜻을 가진 이 단체에 참가한 대표적인 인물로는 박은식과 신채호라는 이름난 지도자들이 있었다. 동제사는 점차 중국 대도시에 지부를 설치하면서 조직을 확대시켜 나갔다. 또 다음해에는 중국 혁명인사들과 힘을 합쳐 신아동제사新亞同濟社를 결성했다. 새로운 아시아를 창출하려는 한·중韓中 연대조직이었다. 또 이들은 1913년 상하이에 박달학원이라는 학교를 설립하여 한국 청년들에게 애국사상을 고취시키고 유학 예비교육을 시켜 세계로 진출시키기 시작했다.

　당시 상하이에 몰려든 세계인들은 크게 다섯 부류로 구분된다. 유럽과 미국으로 대표되는 서양인, 러시아인, 일본인, 유태인, 그리고 한국인 등이 그것이다. 이 가운데 서양인과 일본인은 수익을 추구하고자 이곳에 몰려들었다. 그들은 제국주의 진출이라는 조류를 타고 상하이에 터를 잡고 각종 사업을 펼쳤다. 다음으로 유태인은 파시스트의 박해를 피하여 몰려들었다. 또 러시아인은 주로 제정 러시아 귀족들이 러시아혁명에 떠밀려서 극동으로 이동했다가 블라디보스토크에서 이곳으로 배를 타고 옮겨 왔다. 그러나 이들과 달리 상하이에 집결한 한국인은 독립운동을 목적으로 삼은 사람이 주류를 이루었다.

　상하이에서 활동하던 한국 독립운동가들이 특히 프랑스 조계로 급히 이주한 계기가 있었다. 그것은 1917년 7월 독립운동가들이 새로운 국가를 건설하기 위해 발표한 〈대동단결선언大同團結宣言〉을 발표한 일이었다. 이제 일본총영사관은 상하이에서 활동하던 한국 독립운동가들을 주목하기 시작했다. 일본은 상하이가 장차 한국의 독립운동 기지가 될 지도 모른다고 우려하기 시작했던 것이다. 마침 1917년 8월에 일본 총영사관이 블라디보스토크에서 활약하다가 상하이로 이동한 어느 독립운동가를 검거하는 일이 발생하였다. 그러자 상하이에서 활동하던 한국 독립운동가들은 영국과 미국이 관리하던 공공조계를 떠나 프랑스 조계 안으로 급하게 이동하였다.

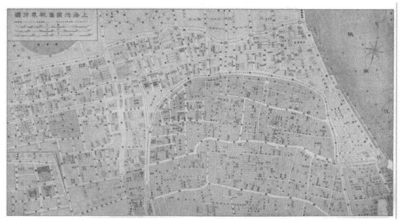

〈그림 1〉 1917년 프랑스 조계 중심지.(오른쪽 둥근 부분은 상하이 현성, 위쪽이 공공조계, 황푸강변 에서부터 상하이 현성 위를 거쳐 왼쪽으로 펼쳐진 중간 부분이 프랑스 조계)

2. 대한민국 임시정부에게 활동무대를 제공한 프랑스 조계 공동국

1) 대한민국 임시정부Korea Provisional Government 수립

1919년 4월 상하이 프랑스 조계에서 대한민국 임시정부가 수립되었다. 그 계기는 제1차 세계대전의 종전과 파리에서 열린 강화회의였다.

제1차 세계대전은 1918년 11월 독일이 항복함으로써 막을 내렸다. 전쟁을 마무리 짓고자 파리에서 강화회의가 열린다는 소식을 들은 상하이 지역 한국 독립운동가들은 이 회의를 독립을 달성할 수 있는 기회로 인식하였다. 먼저 강화회의에 대표를 파견하기로 작정한 인사들이 신한청년당Young Korean Association을 결성하고, 만주와 국내, 그리고 일본으로 요원을 파견하여 자금 모집에 들어갔다. 상하이에서 활동하던 여운형을 비롯한 한국 독립운동가들은 그 소식을 나라 안팎에 알리고, 동포에게 조국을 독립시킬 수 있는 기회가 왔으므로 민족 전체가 독립을 바라는 분명한 자세를 밝혀 달라고 요구했다. 그 이유는 일본이 한국문제를 거론할 이유가 없을 만큼 한국인들이 일본의 통치 아래 순응하고 있다고 선전하던 것을 격파하기 위해서는 전체 민족이 참가하는 의사 표시가 필요하다고 판단했기 때문이다.

파리에 보낼 대표로 김규식이 선정되었다. 그는 1919년 2월 1일 파리를 향해 상하이를 출발했다. 그를 지원하기 위한 활동이 두 가지인데, 하나는 활동 자금을 모아 보내는 일이고, 다른 하나는 온 국민이 독립국임을 선언하고 시위를 벌이는 것이었다. 그러한 사정이 알려지자, 1919년 2월 8일 일본 도쿄에서 한국 유학생들이 시위를 일으켰고, 한국에서는 3월 1일 서울과 평양에서 대규모 시위가 터져 나왔다. 그 시위는 마른 들판에 불길이 번져 나가는 것처럼 전국으로 확산되었고, 국외 지역도 마찬가지였다. 시위는 3월부터 5월까지 국내 전체 지역에서 전개되고, 국외에서는 만주 지역, 러시아 극동 지역, 그리고 미주에서도 시위가 일어났다. 이는 한국인이 살던 모든 곳에서 시위가 일어났다는 뜻이다.

국내에서 민족대표들이 발표한 〈선언서〉는 그 첫머리에 한국이 독립국이요, 한국인이 자주민이라는 사실을 천명하였다. 이에 따라 그 독립국을 운영할 정부가 필요했다. 역사적 요청에 따라 1919년 4월 상하이와 서울, 블라디보스토크Vladivostok에서 한국 정부가 나타났고, 9월에 상하이를 중심으로 하나로 통합되었다. 이제 프랑스 조계는 한국 독립운동의 총본산이 된 셈이다.

1919년 4월 10~11일 대한민국임시정부를 수립하는 회의가 프랑

스 조계 진선푸로金神父路(현 루이진얼로瑞金二路)에서 열렸다. 참가자들
은 의회를 구성하고 정부 조직을 만든 뒤 내각을 구성했다. 그 소식이
알려지자 임시정부는 국내외 한국인들의 정신적 상징이 되고, 해방을
가져다 줄 희망이 되었다. 프랑스 조계는 곧 한국 독립운동의 본산이
자, 한국인에게 희망의 장소가 된 것이다. 그러한 바탕 위에는 프랑스
의 정책이 깔려 있었음을 지나쳐 버려서는 안 된다.

2) 대한민국 임시정부와 프랑스 조계 공동국

대한민국 임시정부는 민주공화정부로 출범하였다. 이것은 한국 역
사에서 수립된 최초의 민주공화정부였다. 이 정부는 몇 가지 기본 목
표를 수립했다. 첫째, 정부가 비록 국외에 머물지만 원격으로 국내 행
정을 장악한다는 것이다. 둘째, 파리에서 열리는 강화회의에 전력을
쏟아 한국 문제를 제기하고 독립의 기회를 마련한다는 점이다. 셋째,
만주 지역에서 활동하던 한국독립군들을 연합하여 독립전쟁을 준비한
다는 것이다. 넷째, 상하이 지역에 만들어진 교민단 조직을 국외 한인
사회 전체로 파급시켜 해외 거주 동포들을 독립운동 선상에 집결시킨
다는 점이다.

대한민국 임시정부는 이러한 목표 아래 우선 파리로 파견된 김규식
을 외무총장 겸 파리강화회의 참가 대표로 선임하였다. 그리고 국내로
연결시키는 비밀 연결망을 확보해 나갔고, 이어서 국내에 지역 관리들
을 임명하여 세금을 거두어들였다.

프랑스 조계에 대한 통치 책임자는 프랑스 총영사였고, 행정기구는
공동국이었다. 그 아래에 경찰서Services De Police가 있어 치안을 담당
했다. 프랑스 조계가 한국인에 대해 가진 정책은 크게 두 시기로 나뉜
다. 1932년 홍커우공원Hongkew Park 의거가 그 구분점이다. 전기에는
후기와 달리 프랑스 조계가 한국 독립운동에 대해 간섭하지 않거나 우

호적인 정책을 폈다.

대한민국 임시정부가 수립되고 활동에 들어가자 일본은 프랑스 조계에 협조를 요청했다. 일본은 밀정을 파견하여 정보를 수집하여 독립운동가들의 주거지를 파악한 뒤, 한국 독립운동가를 체포해 달라고 프랑스 조계에 거듭 요청하였다. 그렇지만 프랑스 조계는 한국 독립운동을 제한하지 않았다. 프랑스의 기본 정책은 온건한 독립운동은 간섭하지 않는다는 것이고, 다만 폭탄을 제조하는 것과 같은 과격한 일에 대해서는 제재를 가했다. 특히 조계 공동국에 한국인을 채용하여 임시정부와 프랑스 조계 사이에는 매우 우호적인 관계를 유지해 나갔다.

많은 한국인들이 프랑스 조계로 왔고, 대한민국 임시정부는 이들을 관리하는 교민단을 구성하여 지도하였다. 한인들이 빈번하게 오가게 되면서 사건사고도 많이 일어나게 되자, 대한민국 임시정부와 프랑스 조계는 접촉을 자주 갖게 되었다. 조계 공동국은 한국인을 경찰로 고용하여 연결고리를 만들었고, 특히 뒷날 한국 건국의 아버지라고 추앙되는 김구와 밀접한 관계를 가졌다. 김구는 대한민국 임시정부 수립 초기에 경찰 총책이었는데, 프랑스 조계 경찰과 서로 긴밀한 연락관계를 가졌다. 일본 총영사관에서 한국 독립운동가를 체포해 넘겨달라고 요구하면, 프랑스 경찰 담당자는 그런 인물이 없다고 말하거나, 피할 수 없을 경우 미리 김구에게 알려서 피신할 수 있는 여유를 준 뒤에 프랑스 경찰과 일본 경찰이 동행하여 조사하도록 만들었다.

일본은 프랑스 조계가 협조하지 않아 불만이 많았다. 일본 정보문서는 그 불만을 다음과 같이 표현하였다. "프랑스는 자유·평등을 이상으로 하는 국가이기 때문에 조계 안에도 분위기가 그러하며, 그들이 독자적으로 정치하고, 사법 사무에도 서로 돕지 않는다. 그래서 한국인은 이러한 국제관계를 이용하고 일본의 주권이 미치지 않는 프랑스 조계 안에서 활동하고 있다"는 내용이 그것이다. 또 한국을 통치하던 조선총독부 경무국장은 다음과 같이 일본 외무대신에게 보고할 정도였다.

"프랑스 조계가 일시적으로 임시정부를 봉쇄하는 형식을 취했으나 며칠 지나지 않아 부활시켰고, 간판은 걸지 않았으나 실제로는 청사를 설비하고 공공연하게 임시정부 또는 외무총장 등의 이름을 사용하기를 꺼리지 않았으며, 프랑스 관리도 아무런 단속도 하지 않고 묵인하였다."

게다가 일본이 대한민국 임시정부 기관지인 《독립신문》을 폐간시키려고 여러 번 시도했으나, 프랑스 영사관은 "관련 한인이 인쇄기 등을 중국인에게 매각하였으므로 압수할 수 없다"는 이유를 내걸고 인쇄기 압수를 거절했다. 이 점이 바로 상하이의 특성이며 독립지사들이 집결했던 요인이었다.

일본의 불만과는 반대로 한국 독립운동가들은 프랑스 조계를 '안전지대'라고 불렀다. 일본 영사가 프랑스 영사에게 무엇을 교섭하면 관리가 바로 임정에 알려주니 우려할 필요가 없었다. 1919년 10월 한국인들이 폭탄을 제조한다는 정보가 일본영사관에서 전해지자, 한국 독립운동가들에게 퇴거와 기관지 《독립신문》의 폐간을 요구했지만, 그 조치는 오래가지 않았다. 프랑스 총영사는 1926년 3월에 "프랑스는 한국 독립운동에 대해 일체 간섭하지 않는다. 프랑스 조계 안에서는 살인 및 폭탄 소요를 절대 일으키지 말 것이며, 만약 다른 조계에서 행할 때에는 설혹 다른 나라 관헌의 교섭이 있어도 절대로 인도하지 않는다"는 요지로 성명을 발표하기도 했다. 심지어 프랑스 총영사관은 한국 독립운동가들이 운영하던 인성학교에 교육 자선사업을 보조한다는 명목으로 해마다 자금을 지원하기도 했다.

대한민국 임시정부는 항상 프랑스 조계에 감사한 마음을 갖고 있었다. 그래서 1928년에 조계 경찰 부책임자인 사비에가 10년 근무를 마치고 본국으로 돌아갈 때, 비록 대한민국 임시정부가 살림이 어려웠지만 기념품을 마련하여 전달하면서 고마움을 나타낼 정도였다. 이 사실은 일본 정보 문건을 통해 확인된다.

3) 상하이를 떠나는 대한민국 임시정부

대한민국 임시정부에 대한 프랑스 조계의 정책은 1932년에 바뀌었다. 상하이 홍커우공원에서 터진 한인애국단의 투탄의거가 그 계기가되었다. 대한민국 임시정부는 1931년 9월 일본이 만주를 침략하자, 일본 침략전쟁을 공격하는 전략을 세웠다. 일본 침략본부와 요인을 공격하는 것이 그 핵심이었다. 이것은 아무런 상관이 없는 일반인도 겨냥하는 테러와 달리 침략전쟁에 관련된 기관과 인물만 선별하여 공격하는 것으로, '반침략전쟁反侵略戰爭'으로 이해할 수 있다.

1932년 1월 대한민국 임시정부에서 파견한 이봉창이 일왕을 겨냥하여 폭탄을 던진 거사가 있기 이전에는 프랑스 조계 당국이 한국 독립운동을 보호하던 정책을 유지했다. 일본 총영사관이 대한민국 임시정부에 대한 단속을 요구하고 나섰지만, 프랑스 조계는 그저 두 차례 엄중 경고하는 선에서 마무리 지었을 뿐이다. 하지만 1919년 4월 29일 상하이 홍커우공원에서 터진 윤봉길의 거사는 더 이상 프랑스 조계가 한국 독립운동을 보호해 주기 힘들게 만들었다. 일본 공사와 군 수뇌부를 공격하여 사상자를 발생시킨 사건이 일본에게 너무나 큰 충격을 주었기 때문이다.

대한민국 임시정부와 요인들은 프랑스 조계를 벗어나 항저우로 옮겨갔다. 이로써 대한민국 임시정부가 프랑스 조계와 가진 관계는 끝났다. 이후 상하이에는 한국 아나키스트와 사회주의자들이 활약했고, 프랑스 조계는 이들의 활동을 공개적으로 허락하거나 지원하지 않았다. 더구나 일제가 1938년에 상하이를 점령하고, 제2차 세계대전에 참가한 뒤에는 프랑스 조계마저 장악하는 바람에 한국 독립운동과 프랑스 조계의 관계는 완전히 없어지게 되었다.

3. 파리에서 활동한 대한민국 임시정부 대표

제1차 세계대전이 끝나자 파리에서 강화회의가 준비되고 있었다. 여기에 참석하고자 김규식이 1919년 2월 1일 상하이를 출발하여 3월 13일 파리에 도착하였다. 그가 파리에 도착할 무렵은 이미 국내에서 3·1운동이 일어나, 그 소식이 세계로 알려지고 있었던 때였다. 파리에 도착하자마자 그는 샤토됭Chateaudun 거리 38호에 '강화회의 한국민대표관'을 설치하고 선전활동에 나섰다. 마침 상하이 프랑스 조계에서 수립된 대한민국 임시정부가 그를 외무총장 겸 파리강화회의 전권대표로 선임하고 신임장을 보냈다. 그는 한국민대표관을 대한민국 주파리위원부La Mission Coréenne Paris로 개편하고 통신국Bureau D'Information Coréenne을 설치하였다.

세계 곳곳에서 한국 독립운동가들이 파리로 합류하였고, 부위원장 이관용, 서기장 황기환이 업무를 맡았다. 이들은 회람Circulaire을 발행하는 한편, 독립공고서The Claim of the Korean People and Nation를 의장 조르주 클레망소Georges Clémenseau와 영국 로이드 조지Loyde George 수상, 그리고 각국 대표에게 발송하여 대한민국 임시정부를 승인해 달라고 요구했다. 그러나 끝내 그 요구가 받아들여지지 않은 채 회의가 끝났다.

대표 김규식은 회의가 끝난 뒤에 각국 대표단을 방문하여 한국 문제를 설득해 나갔다. 그는 또 7월 28일 프랑스 동양정치연구회에서 한중 양국문제에 대해 연설하고, 30일 프랑스 국민정치연구회에서 한국 문제 보고회를 가졌다. 그 노력은 한국 문제를 국제화시키는 데 성과를 거두었다고 평가된다. 프랑스 《앙탕트Entente》지는 1919년 7월 7일자 기사에서 "파리강화회의가 한국인의 절규를 외면하고 한국인이 영원히 노예 상태에 머물러 있게 된 것을 보고만 있었다"고 분개하였고, 《르 쁘티 마르세예Le Petit Marseillais》지는 7월 22일자 기사에서, "강화회의는 한국인들의 요구를 약식으로 검토한 후 국제연맹에서나 문의해 보라는 식을 떠넘겼다"고 비평하였다.

이후에도 대한민국 주파리위원부는 황기환이 주역을 맡아 1920년까지 활약하였다. 대한민국 주파리위원부는 스위스 루체른에서 열린 만국사회당대회Permanent Commission of Labor and Socialist International와 프랑스 인권옹호회에 대표가 참석하여 한국 문제를 보고하였다.

대한민국 주파리위원부는 또《자유한국La Corée Libre》을 매달 1천 부씩 프랑스와 영어로 발행하여 한국 문제를 알리는 데 힘썼다. 그 결과는 1919년 3월 이후 1920년 10월 말까지 파리 지역에서 한국 관련 기사가 80여종 323건이나 보도될 정도였다.

주파리위원부가 해체된 뒤에도 외무부는 그곳에 파리고려통신사와 함께 서영해를 통신원으로 두었다. 제2차 세계대전이 일어나자 1940년부터 서영해의 활동은 다시 활발해져서 머지않아 프랑스가 대한민국 임시정부를 승인하는 단계로 발전하였다. 그 결실이 1945년 3월 전쟁을 치르고 있던 프랑스가 대한민국 임시정부를 승인하고, 서영해를 주프랑스 대표로 임명하는 단계로 나아가게 되었던 것이다.

4. 협력자, 동반자로 다가선 프랑스

한국 역사에서 프랑스와의 첫 만남은 유쾌한 일은 아니었다. 하지만 한국이 일제 강점기 고난에 찬 독립운동을 펼치는 과정에서 프랑스는 한국인에게 새로운 모습으로 다가섰다. 중국 상하이의 프랑스 조계에 한국 독립운동가들이 인연을 가진 기간은 1910년부터 1932년까지 22년이고, 대한민국 임시정부가 활동한 기간은 1919년부터 1932년까지 13년이었다. 그 동안 상하이는 한국인들의 꿈과 희망이 만들어지던 곳이고, 더 나아가 아시아 식민지해방운동에 열린 공간이었다.

특히 프랑스는 한국 독립운동의 열린 공간을 제공해 주고, 보호해 준 나라였다. 그것은 프랑스 대혁명으로 표출된 자유와 평등의 고귀한 이상을 가진 나라가 바로 프랑스였기 때문이다. 일본의 계속된 항의에도 불구하고 프랑스는 대한민국 임시정부를 비롯한 한국 독립운동가들의 활동을 보장하였다. 그럼으로써 프랑스는 더 이상 환영 받지 못하는 낯선 나라가 아니라 협력자로 우리 민족에게 다가선 것이다.

나아가 1950년 북한 공산군의 도발로 6·25전쟁이 발발하자, 프랑스는 UN군의 일원으로 참전하였다. 해군 구축함과 지상군 전투부대를 파견하여 6·25전쟁 내내 한국을 도와 공산군과 싸운 것이다. 이로써 한국과 프랑스는 혈맹의 우방이 되었다.

지난 시기 이러한 협력과 혈맹의 관계를 토대로, 이제 한국과 프랑스는 경제와 문화 교류는 물론, 정치·국방 등 여러 분야에서 든든한 동반자 관계를 맺고 있다. 프랑스의 고속철도 TGV가 상징하듯, 21세기 한국과 프랑스는 더욱 더 긴밀한 국제사회의 협력, 동반자로 자유와 평화가 꽃피는 자랑스러운 인류의 역사를 창조해 나가길 바란다.

II. 대한민국 임시정부와 국외 독립운동

1. 대한민국과 임시정부의 뜻

한국인이 머문 곳 가운데 독립운동이 벌어지지 않은 곳은 없다. 한국인이 있던 모든 곳이 곧 한국 독립운동의 터전이자 기지였다. 의병을 벌이던 인물들은 한계에 부딪치자 만주로 이동하여 새로운 투쟁을 준비했고, 심지어 하와이로 살러 갔던 이민노동자들도 그곳에 발을 딛자마자 나라 찾는 일에 힘을 보태고 나설 정도였다. 나라를 더 이상 지탱하기 힘들다는 판단이 서게 되던 1909년에는 의병도 계몽운동가도 모두 나라 밖으로 시선을 돌렸다. 나라 무너지는 것은 불 보듯 뻔한 일이니, 다시 나라를 되찾을 수 있는 방안을 마련하기 시작했던 것이다. 그것이 바로 나라 밖에 터전을 만드는 일이었다. 국외 독립군 기지, 이것은 나라를 되찾으러 나서는 출발점이었다.

1910년대에 나라 밖에서 틀을 갖춘 독립운동 기지는 만주가 대표적이다. 이밖에도 상하이를 비롯한 중국 관내 지역, 두만강 너머의 연해주 지역, 하와이와 샌프란시스코를 비롯한 미주 지역, 일제의 본거지인 일본 지역 등이 거기에 속한다. 다시 말하면, 한국인이 나가서 머물고 있던 세계 모든 곳에서 독립운동의 터전이 마련되고 있었던 셈이다. 그들의 활동이 한국 독립운동에 끼친 영향은 대단히 크다. 그 가운데서도 대한민국 임시정부와 그들이 가지는 관련성은 두드러진다. 나라와 정부를 세우는 데에도, 또한 이를 유지해 나가는 데에도 국외 독립운동가들의 기여는 절대적이었다. 국가와 정부를 나라 밖에서 세우고 이끌어가는 형편이므로 나라 밖에서 활동하던 독립운동가들의 힘이 절대적으로 필요했던 것이다.

대한민국 임시정부는 국가와 정부의 이름이다. 대한민국은 한국 역

사에서 최초로 성립한 민주공화국이자 독립국이다. 대한민국 임시정부
는 이 국가를 운영하는 정부 조직이다. 그리고 임시의정원은 의회조직
이다. 다만 국토를 회복하면 정식 정부와 정식 의회가 되는 것이다. 그
래서 제헌헌법인 대한민국임시헌장에 국토를 회복하면 "국회를 소집
한다"고 명시했다. 1910년에 나라가 망할 때는 황제가 주체가 되는 대
한제국大韓帝國이었다. 하지만 1919년에 새로 세운 나라와 정부는 국
민이 곧 주인이 되는 민국民國이자 민주공화정부였다. 바로 이러한 국
가와 정부를 수립하는 데는 국민들의 뜻과 바람이 담겨 있지만, 무엇
보다 나라 밖에서 활동하던 독립운동가들의 정신적인 지향이 고스란히
녹아 있었던 것이다. 따라서 나라 밖에서 펼쳐진 독립운동은 대한민국
건국과 임시정부 수립 과정에도 결정적인 영향을 주었고, 또 독립운동
의 전개과정도 정부와 줄곧 얽히면서 돌아갔다.

　이 글은 먼저 나라 밖에서 펼친 독립운동이 근대국가를 건설하는 과
정을 정리한다. 나라를 잃자마자 나라 밖으로 망명한 독립운동가들
이 국가의 정통성을 주장하면서 건국을 목표로 삼고, 더구나 군주사
회가 아닌 시민사회를 지향하여 근대국가를 만들어 간 과정을 살펴본
다. 이어서 나라 밖에서 세워진 근대국가를 운영하고 유지하는 임시정
부가 나라 밖에서 조직되고 활동하던 독립운동 세력과 가지는 연계성
을 추적한다. 서술 시기는 대한민국 임시정부가 머물던 곳에 따라 세
부분으로 나눈다. 상하이시기上海時期(1919~1932), 장정시기長程時期
(1932~1940), 그리고 충칭시기重慶時期(1940~1945)가 그것이다.[2]

---

2) 長程은 上海나 重慶과 달리 지역 이름이 아니지만, 중국 내륙 여러 도시를 7년 동안
　이동하던 시기라서 이렇게 이름 붙인다. 최근에 한국독립운동사편찬위원회와 독립기
　념관 한국독립운동사연구소가 발행한 '한국독립운동의 역사' 시리즈에도 대한민국 임
　시정부 역사를 '상해시기'와 '장정시기', 그리고 '충칭시기' 등 세 권으로 나뉘어 발간
　되었다.

2. 근대국가와 정부 수립

나라가 무너져 가자, 이를 지탱해 내려고 몸부림치던 인사들은 새로운 방안을 찾아 나섰다. 나라를 지켜 내기가 사실상 어렵다는 판단 때문이었다. 나라 밖에 독립운동 기지를 만들자는 방안이 그래서 나왔다. 더 이상 국내에 일제와 맞붙어 싸울 수 있는 조직이나 단체를 유지할 수 없었던 것이다. 의병은 철저하게 짓밟혔고, 계몽운동도 항일투쟁의 성격이 강한 경우는 대부분 탄압을 받을 수밖에 없었다.

나라 밖으로 빠져나간 독립운동가들은 교두보를 확보하는 데 힘을 쏟았다. 지리적으로 옮겨가기 쉬운 만주에는 곳곳에 독립운동 기지가 만들어졌고, 연해주 지역도 마찬가지였다. 1903년 하와이에 도착한 이민자들도 독립운동을 후원하고 나섰고, 미국 본토에서도 그랬다. 또 가까운 일본에서도 유학생들을 중심으로 독립운동 조직들이 형성되어 갔다. 이들의 한결같은 바람은 나라가 무너지지 않는 것이었다. 하지만 1910년 나라를 잃게 되자, 이번에는 나라를 되찾는 것이 목표로 설정되었다.

1910년 나라를 잃자마자, 독립운동가들의 활동 목표는 나라를 되찾아 세우는 쪽으로 바뀌었다. 식민지가 아닌 독립국가를 세우는 것이 새로운 목표가 되었다. 무너진 나라는 황제가 주인인 대한제국이다. 하지만 독립운동가들이 목표로 삼은 독립국은 대한제국의 복원이 아니었다. 1910년대 대다수 독립운동가들의 염원은 대한민국大韓民國의 건국이었다. 나라를 잃은 직후에 미주 지역 동포들이 내놓은 건국 방향도 그랬고, 1917년 〈대동단결선언大同團結宣言〉은 그러한 내용을 체계적으로 담아냈다. 국민이 주인이자 주체가 되는 민주정, 의회를 갖춘 공화정이 그 핵심이었다. 그렇다면 1910년대 독립운동의 화두는 독립국가의 건설과 민주공화정의 구현이었다. 1910년대 한국 독립운동가들이 추구한 목표는 바로 독립국가의 건설만이 아니라 민주공화정체를

확립하는 것이었다. 여기에 나라 밖에서 활동한 독립운동가들의 역할
이 결정적이었다.

국외 독립운동가들이 대한민국 건국과 임시정부 수립에 이바지한
면은 두 단계로 설명할 수 있다. 첫 단계는 바로 독립국가 건설과 민주
공화정체 수립을 향한 그들의 노력과 활동이다. 그 노력은 나라가 무
너지자마자 시작되었다. 이상룡과 이회영, 여준과 문창범 등을 비롯한
만주 지역의 독립운동가들, 신규식과 신채호 등 상하이 지역의 활동가
들, 안창호와 박용만을 비롯하여 미주 지역에 자리 잡은 인물들의 활
동이 그랬다. 이들은 독립군을 길러 내고 군대를 조직하였으며, 국내
독립운동을 지원할 조직을 만들어 냈다. 그 성과가 1910년대 후반에
들어 눈에 띌 만큼 나타났다. 1919년 서로군정서와 북로군정서의 등
장은 이를 말해 준다.

두 번째 단계, 곧 독립국을 세우는 계기를 이들이 만들어 냈다.
1918년 11월 독일의 항복으로 끝난 제1차 세계대전의 종전을 독립기
회로 포착한 것이다. 1919년 초에 프랑스 파리에서 강화회의가 열린
다는 소식에, 한국 문제를 상정시키기 위해 김규식을 대표로 파견하고
이를 지원할 국내 동포들의 항쟁을 유도한 것이다. 여기에 호응하여
2·8독립선언이 적의 심장부 도쿄에서 일어났고, 3월 1일에는 서울과
평양을 비롯한 국내에서 독립을 선언하는 대규모 시위가 일어났으며,
3월 12일에는 지린과 서간도 류허현 산위엔포에서, 3월 13일에는 옌
지 룽징에서, 그리고 뒤를 이어 한국인이 머물던 세계 모든 곳에서 독
립이 선언되었다. 그렇게 선언된 독립국의 이름을 정하고, 정부를 조
직하려는 움직임이 곳곳에서 나타났다. 정부를 조직하려는 움직임은
이미 2월에 블라디보스토크에서 대한국민의회 성립으로 출발하였다.
국내에서도 같은 행적이 나타났다. 상하이에서도 이와 마찬가지 움직
임이 나타났다.

1919년 4월 10일, 상하이에 모여든 독립운동가 대표 29명이 건국

과 정부 수립을 논의했다. 여기에 합류한 독립운동가들은 세계 곳곳에
서 모여든 대표들이었다. 상하이에서 터를 잡은 신규식과 여운형은 말
할 것도 없고, 국내에서 파견된 현순, 만주에서 활약하던 이동녕과 김
동삼, 미주 지역에서 합류한 여운홍 등, 당시 독립운동계를 대표하던
인물들이 그 자리에 모였다. 밤을 새며 논의한 끝에, 4월 11일 오전
건국과 정부 수립을 마무리 지었다. 대한민국 건국과 임시정부 수립,
임시의정원 조직이 그것이다.

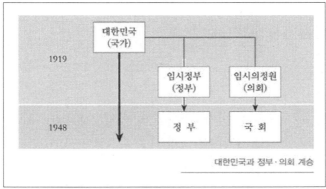

〈그림2〉 김희곤, 《만주벌 호랑이 김동삼》, 지식산업사, 2009, 95쪽.

여기에서 확인할 수 있는 점은 대한민국 건국과 임시정부 수립 과정
에 나라 밖에서 활동하던 독립운동가들의 몫이 결정적이었다는 사실이
다. 첫째, 국내 3·1운동이 대한민국 건국과 임시정부 수립에 결정적
인 계기가 되었지만, 사실상 그 3·1운동의 계기는 나라 밖에서 활동
하던 독립운동가들의 판단과 노력으로 마련된 것이다. 둘째, 한국 역
사에서 최초의 민주공화국이자 근대국가를 건설한 것도 국외 독립운
동가들의 활동이 결정적이었다. 독립국가를 만드는 선에 그치지 않고,
근대국가를 만들었다는 사실은 특별히 눈여겨 볼 사실이다.

거기에는 독립국 건설과 자주정부 수립, 그것도 민주공화정체 수립

이라는 성과가 담겼다. 이는 독립운동을 통하여 근대국가 건설을 이루
었다는 말이다. 근대국가 건설이란 다름 아니라 근대 시민혁명의 성과
이다. 국외 독립운동의 결실이 바로 시민혁명의 성과인 근대국가의 달
성을 가져온 것이다. 다만 임시정부와 임시의정원으로 운영하다가, 국
토를 회복하면 정부와 국회를 만든다는 목표를 명확하게 밝혔다. 대한
민국 건국과 임시정부 수립은 바로 1910년대 국외에서 펼친 독립운동
의 목표를 하나로 수렴해낸 결실이었던 것이다.

3. 상하이시기(1919~1932)

1) 건국과 정부 수립기

　　대한민국을 세우고, 임시정부(정부)와 임시의정원(의회)을 조직하자
마자, 독립운동계를 통합하는 것이 다음 과제였다. 1910년대 이후 만
주에 뿌리를 내린 독립군 조직이 가장 돋보이는 존재였고, 상하이를
비롯한 중국 관내 지역의 독립운동단체, 연해주 지역에 터를 잡은 독
립군과 단체, 하와이와 미국 본토의 동포사회, 일본의 유학생과 동포
등이 모두 그러했다. 더구나 건국과 정부 수립에 앞서 프랑스 파리로
출발한 김규식에 대한 지원도 중요한 일이었다. 그래서 임시정부는 지
역마다 적절한 연계방안을 추진하였다. 국내와 일본, 만주와 연해주로
연락원을 보내 독립선언과 대표파견에 필요한 자금 모집을 추진한 것
이다.
　　임시정부가 심혈을 기울인 것은 우선 연해주에서 먼저 성립한 대한
국민의회와 통합하는 것이었다. 안창호가 앞장서 벌인 정책이 끝내 성
공하여 이동휘가 상하이에 국무총리로 부임하면서 통합정부가 구성되
었다. 거기에 국내 한성정부와의 통합이라는 숙제도 해결되면서 1919

년 9월에는 통합정부를 이룰 수 있었던 것이다.

미주 지역 동포사회는 자연스럽게 대한민국 임시정부 아래로 들어 왔다. 우선 가장 큰 세력을 가진 대한인국민회는 안창호가 대한민국 임시정부를 이끌면서 물 흐르듯 연결되었고, 더구나 이승만이 임시대 통령으로 추대되고 구미위원부가 설치되면서 더욱 긴밀하게 묶어졌 다. 건국과 정부 수립기에 재정 문제 해결에는 미주 지역 동포들의 역 할이 특기할 만하다. 1919년 5월 안창호가 상하이에 도착할 때, 미주 동포들로부터 모금해 온 5만 달러는 정부가 뿌리를 내리는 데 크게 기여했다. 그 뒤로도 미주 동포들의 재정적인 기여는 이어졌다. 특히 연통부와 교통국이라는 연결고리가 일제 탄압으로 붕괴된 뒤로는 미 주 동포들의 자금에 기대는 비율이 더 늘어났다. 직접 지원된 금액은, 국민회 중앙총회의 46,454달러와 구미위원부의 16,732달러를 합하 여 63,186달러였다. 구미위원부의 송금액은 1921년 8월까지만 합산 된 것이기 때문에 그 뒤에 다소간 대한민국 임시정부에 보냈을 가능 성을 고려하더라도 7만 달러 이내였을 것으로 생각된다. 미주 교민들 로 거둔 자금 가운데 20~23% 정도가 대한민국 임시정부에 도착했던 것이다.[3]

만주 지역의 독립군과 단체들도 대한민국 임시정부에 쉽게 귀속하 였다. 3 · 1운동 이후 군정부를 내세우던 세력들이 대한민국 임시정부 와 협의를 거치면서 그 지휘 아래 조직으로 편제되었다. 한족회와 서 로군정서, 대한국민회와 대한군정서가 대표적이다. 안창호가 대한민국 임시정부를 대표하여 1920년을 '독립전쟁의 원년'으로 선포할 수 있었 던 데에는 이런 바탕이 있었던 것이다.[4]

초창기 대한민국 임시정부의 군사활동은 주로 시베리아와 만주 일 대의 독립군 단체에 의지하고 있었다. 제1차 세계대전을 마무리 짓는

---

3) 고정휴, 〈대한민국임시정부와 미주지역 독립운동〉, 한국근현대사학회편, 《대한민국 임시정부수립80주년기념논문집》, 국가보훈처, 1999, 503쪽.
4) 《獨立新聞》 1920년 2월 5일자.

국제회의에 대응책을 마련하는 과정에서 수립되고, 또 그 회의에 대한
활동에 비중을 두고 있었던 대한민국 임시정부로서는 당장 독립전쟁을
수행할 만한 군사활동을 벌이기 어려웠다. 동포들이 많이 거주하고 있
고, 또 무장독립군을 거느리고 있던 만주와 시베리아 지역의 독립운동
단체에게 그 역할 상당 부분을 맡긴 이유가 거기에 있었다. 하지만 대
한민국 임시정부는 1920년에 들어서는 스스로 독립군을 조직하거나
군사력을 기르는 방안도 추진했다. 직할 부대를 편성하거나 만주와 연
해주에서 활약하던 군사조직을 대한민국 임시정부 아래로 편입하는 정
책이 그 핵심이었다. 무관학교 설립이나 비행대 편성 시도 등도 그러
한 노력에 속한다.[5]

대한민국 임시정부는 만주 지역의 독립군 조직을 내세워 독립전쟁
을 준비해 나간다는 계획을 세웠다. 서로군정서와 북로군정서는 독립
전쟁을 펼치던 대표적인 단체였다. 또 대한청년단연합회와 대한광복군
총영은 대한민국 임시정부와 밀접한 관계에 있었고 육군주만참의부는
대한민국 임시정부의 직할단체였다. 1920년 만주에 파견된 최동오는
독립군단체가 모두 22개요, 무장군인이 약 2,000명을 넘는다고 보고
했다.[6] 그 가운데 대한광복군총영은 대한민국 임시정부의 직속기관으
로 독립전쟁을 펼치고 있던 유일한 단체였다. 대한광복군총영은 1920
년 5월 7일 상하이에서 안창호 · 김희선 · 이탁 등이 논의하기 시작하
여, 6월 남만주에서 대한독립단과 대한청년단연합회의용대가 합쳐 결
성되었다.[7]

한편 대한민국 임시정부는 미국 캘리포니아주에 비행사 양성소를
설치하여 비행대 편성을 시도하였다. 이는 비행기를 이용하여 국내에
선전전단을 뿌린다는 데 목표를 두었는데, 이승만과 안창호는 여기에

---

5) 김희곤, 《대한민국 임시정부》 1(상해시기), 한국독립운동사편찬위원회 · 독립기념관
   한국독립운동사연구소, 2008, 120~121쪽.
6) 申肅, 《나의 一生》, 일신사, 1963, 61쪽.
7) 蔡根植, 《武裝獨立運動秘史》, 대한민국공보처, 1949, 61쪽.

깊은 관심을 가졌다.[8] 이를 실천에 옮긴 인물은 군무총장 노백린과 캘리포니아주 북쪽 글렌Glenn 카운티의 월로스Willows에 있던 '쌀의 왕' 김종림金鍾林이었다. 이들은 1920년 2월 월로스 농장 부지에 한인 비행사 양성소를 설치하였다. 그러나 예상하던 독립전쟁이 일어나지 않고, 점차 동포들의 지원이 줄어들게 되자, 재정적인 어려움에 부딪쳐 끝내 문을 닫고 말았다.[9]

중국 관내 지역의 독립운동은 대한민국 임시정부에 절대적인 관계를 가졌다. 상하이의 독립운동 단체들은 대한민국 임시정부의 직할조직이었다. 이 밖에 난징·광저우·톈진 등에도 독립운동 조직들이 만들어졌고, 이들은 대한민국 임시정부에 긴밀한 연락망을 가지고 움직였다. 다만 베이징에는 대한민국 임시정부를 반대하는 세력들이 모여 있었다. 신채호가 가장 대표적인 인물이다. 미국 윌슨T. W. Wilson 대통령에게 위임통치를 주문했던 인물을 대통령으로 선임한 대한민국 임시정부를 인정할 수 없다는 것이 반대의 이유였다.

대한민국 임시정부의 외교활동은 미국과 프랑스, 그리고 중국과 러시아에 집중되었다. 건국과 정부 수립이 제1차 세계대전의 종결과 정리라는 국제정세 속에서 이루어진 것이므로 파리강화회의와 밀접한 관계를 가졌다. 때문에 정부 수립 이전에 파견된 신한청년당 대표 김규식에게 바로 정부 대표 이름을 주었던 것이다. 대한민국 임시정부는 수립되자마자 파리위원부를 설치하고 김규식을 외무총장겸 파리위원부 대표로 선임했다. 미국에도 구미위원부를 설치하여 외교활동을 폈다. 게다가 임시 대통령이 미국에 머물고 있었으므로 그 활동 자체가 대한민국 임시정부의 것이기도 했다. 미주 지역에서는 특히 대한인국민회가 대한민국 임시정부에 절대적인 지지를 보냈다.

러시아 지역의 독립운동과 대한민국 임시정부 관계도 밀접하게 전

---

8)《島山日記》1920년 1월 19일·2월 2일·2월 8일자.

9) 김희곤, 앞의 책, 2008, 122쪽.

개되었다. 이동휘가 대한민국 임시정부 국무총리로 부임하면서 통합이 이루어졌기 때문이다. 하지만 통합정부가 제대로 된 것이 아니라고 비판하면서 연해주로 돌아간 인물들은 독자적이거나 반임시정부의 길을 걸었다. 더구나 이승만과 갈등을 벌인 이동휘마저 연해주로 돌아가게 되면서, 사실상 대한민국 임시정부와 연해주 지역의 독립운동 단체 사이에 연결이 느슨해지고 말았다.

2) 조직 개편과 난국 돌파 시기

건국과 정부 수립 직후에 임시정부는 나라 밖의 독립운동 조직들과 활발한 관계를 유지했다. 그러다가 1920년을 넘어서면서 독립운동계를 이끌어 가는 데 한계를 보이기 시작했다. 거기에는 안팎의 문제가 얽혀 있었다. 대한민국 임시정부 스스로 난관을 극복해 나가는 능력에 한계를 보인 것이 내부 문제이고, 대한민국 임시정부의 생명줄을 차단하는 일제의 정책이 외부 문제이다. 이승만과 이동휘의 갈등은 수립기 정부를 결정적으로 약화시켰다. 거기에다가 일제가 대한민국 임시정부로 향한 국내의 지원 연결망을 모조리 잘라 버렸던 것이다. 또 만주 지역을 침공하여 동포사회를 짓밟음에 따라 독립군 조직이 크게 위축된 것도 마찬가지였다.

대한민국 임시정부는 조직을 개편하면서 난국을 헤쳐 나갔다. 1923년에는 국민대표회의를, 1926년부터는 유일당운동을 벌이면서 새로운 돌파구를 찾았다. 1925년에 이승만을 탄핵하고, 1926년에 국무령제로 체제를 바꾸었으며, 1927년에는 국무위원제를 채택한 것도 모두 이러한 노력의 과정이었다. 그러다가 1930년을 맞으면서 한국독립당을 조직하여 이당치국以黨治國 체제를 갖추었고, 한인애국단을 중심으로 의열투쟁을 방략으로 펼쳐나갔다.

이러한 시기에도 대한민국 임시정부는 국외 독립운동과 줄곧 연계 작업을 폈다. 자유시참변 이후 흩어져 돌아온 독립군을 다시 대한민국 임시정부와 연계시켜 나갔다. 1920년대 중반에 들어 만주에서 3부가 세워지고 다시 안정을 되찾자 대한민국 임시정부는 이들과 다시 엮기 시작했다. 예를 들자면 참의부는 조직을 정비하면서 대표를 대한민국 임시정부에 보내 그 전말을 보고하였고, 특히 대한민국 임시정부 직할 아래 남만주 군정부로 인정하고 지휘해 달라고 주문하였다. 그러자 대한민국 임시정부는 김승학과 이유필 등 요인을 파견하여 군정부 조직과 활동을 지원하도록 하였다. 이에 조직 이름도 '대한민국 임시정부 육군주만참의부'로 바꾸었다.

1923년 1월 상하이에서 열린 국민대표회의는 대한민국 임시정부와 국외 독립운동의 관계를 알려 준다. 이 회의의 가장 핵심 주제는 대한민국 임시정부의 방향을 찾는 것이었다. 이는 1921년을 지나면서 독립운동계의 중심부 구실을 잃어가고 있었다는 것을 뜻한다. 임시대통령 이승만이 상하이를 6개월 동안 방문하고 떠난 뒤, 대한민국 임시정부의 구심력은 급격하게 떨어졌다. 이를 만회하기 위한 노력이 국민대표회의로 나타났다. 1923년 1월부터 5월 말까지 상하이에서 열린 이 회의에 세계 모든 곳의 한국 독립운동 세력 가운데 대표권을 인정받은 130여 명이 참석하였다.[10] 한국 독립운동의 돌파구를 찾으려는 이 회의에서 가장 주된 주제가 결국 대한민국 임시정부의 방향이었다. 대한민국 임시정부를 새롭게 개조할 것인지, 아니면 아예 없애고 새로운 것을 만들 것인지가 그 핵심이었다. 국민대표회의는 6월에 들어 개조파와 창조파로 나뉘어 흩어지고 말았지만, 뒤집어 보면 이것도 대한민국 임시정부가 독립운동계의 대표적인 위치에 있었다는 사실을 말해주는 것이기도 하다.

1925년 이승만 탄핵 이후, 박은식이 제2대 임시대통령을 지내는 짧은 동안, 대한민국 임시정부는 개헌을 단행하여 내각책임제를 채택하

---

10) 김희곤, 《대한민국임시정부 연구》, 지식산업사, 2004, 358쪽.

였다. 국무령제가 그것이다. 이 무렵 대한민국 임시정부는 만주 지역의 최고 지도자를 추대하여 난국을 헤쳐 나가자고 뜻을 모았다. 정의부의 핵심인물인 이상룡을 국무령으로 추대한 이유가 거기에 있었다. 초대 국무령을 맡은 이상룡이 나라 안팎의 지도자들을 불러 모아 내각을 구성하려고 노력하였지만, 대한민국 임시정부를 부정하거나 반대하는 세력들을 설득하지 못하고 끝내 내각 구성에 실패하였다.

미주 지역과 대한민국 임시정부 관계는 이승만 탄핵 이후 복잡해졌다. 이승만 계열은 대한민국 임시정부에 냉정한 자세를 보였지만, 이와 달리 반反이승만 세력은 대한민국 임시정부를 적극 지원하였다. 특히 하와이는 이승만을 둘러싸고 극명하게 나뉘었다. 미국 본토에서도 안창호를 지지하는 세력은 대한민국 임시정부를 줄곧 지원하였다. 안창호가 1926년부터 유일당운동을 펼쳐 나갈 수 있었던 이유도 그가 재미 동포들을 방문하여 강연회를 열면서 자금을 확보한 바탕이 있었기 때문이다.[11]

유일당운동 시기에는 대한민국 임시정부와 만주 지역 독립운동계가 다시 연결되었다. 안창호가 앞장서서 추진한 좌우합작운동, 유일당운동이 대한민국 임시정부 주변에서 만주로 확산되어 갔다. 대한민국 임시정부 스스로 유일당운동에 매달리면서, 이를 확산시키고자 잠시 국무령을 지낸 홍진을 만주로 파견하기도 했다. 그 결과 만주 지역에도 1927년부터 1929년 사이에 유일당운동이 진행되었다. 국내와 일본에서 펼쳐진 신간회를 포함하면 그때는 전체 독립운동계의 좌우합작 시기였다. 그것을 선도해 나간 것이 바로 대한민국 임시정부를 중심으로 펼쳐진 유일당운동이었다.

대한민국 임시정부는 1930년 무렵 의열투쟁을 주된 방략으로 채택하였다. 독립전쟁을 치를 만큼 군대를 확보하지 못한 상태에서, 또한 독립운동의 열기가 식어 있는 현상에서, 이를 타개할 방안이 필요

---

11) 김희곤, 앞의 책, 360~361쪽.

했다. 독립전쟁을 준비하기 위해 한국노병회를 조직하여 10년을 기한
으로 삼고 군인과 전쟁비용 마련에 힘을 썼지만 성과가 미미했다. 그
러자 효율적인 투쟁 방법을 찾았고, 그것이 바로 한인애국단의 거사로
나타났다. 여기에 미주 지역 동포들의 지원이 결정적이었다. 거사 자
금이 대부분 미주 동포로부터 왔던 터였다. 김구가 엄항섭을 통해 미
주 동포들에게 편지를 계속 보냈고, 거기에 응답한 인사들이 자금을
보내옴에 따라 한인애국단의 투쟁이 시작된 것이다.

> 나는 영문英文에 문맹이라 피봉皮封도 쓸 수 없고 동포들 중에 기개幾個
> 친지가 있으나 주소도 알 수 없으므로 엄항섭, 안공근 둘의 조력助力으로
> 그 곳의 주소 성명 기인幾人을 지득知得하여 가지고 임시정부의 현상을 극
> 진 설명하고 동정을 구하는 편지를 써서 엄군이나 안군에게 피봉을 써서
> 우송하는 것이 유일의 사무라.[12]

그의 정성과 계획이 알려지게 되고, 그 결과 편지에 대한 회답이 점
차 증가하기 시작했다. 시카고ㆍ하와이ㆍ샌프란시스코ㆍ멕시코ㆍ쿠바
등에서 점차 의연금이 도착하기 시작했다. 그가 1년 정도 벌인 노력의
결과로 의연금이 어느 정도 축적되어 갔다.[13] 그런 바탕 위에 한인애국
단이 등장하였다.

---

12) 白凡金九先生全集編纂委員會,《白凡金九全集》1, 대한매일신보사, 1999, 508쪽.
13) 백범은 아무리 어렵더라도 의연금을 철저하게 관리했다고 하는데, 그러한 사실을
전해 주는 증언이 남아 있다. 즉 "미주에서 1년에 몇백 달러씩 임시정부로 우송해 왔
어요. 그러나 상해의 총우편국으로 오는 것이니 찾으러 가야 합니다. 총우편국은 홍커
우, 왜놈들이 조선 사람을 체포할 수 있는 공동조계에 있거든요. 그러니까 백범이 손
수 갈 수 없고 자기 심복 부하를 보내야 하지 않겠습니까? 그런데 그 가운데는 찾아
다가 백범에게 준 부하도 있고, 노름에 써 버린 놈도 있고, 잃어버렸다는 놈도 있었어
요. 그때 형편이 그랬어요. 그런데 백범 손에 돈이 들어오면 백범은 주머니에 넣고 실
로 꿰매어 봉해 버립니다. 자기 사생활이 세상없이 어려워도 그 돈을 쓰는 법이 없어
요. 어떤 사람이든지 일하려는 사람이 오면 그때서야 끌러서 다 줍니다."(鄭華岩 증
언, 李庭植ㆍ金學俊,《혁명가들의 항일회상》, 民音社, 1988, 323~324쪽)

4. 장정시기(1932~1940)

윤봉길 의거 직후 대한민국 임시정부가 상하이를 떠나 길고 긴 이동
길, 장정長程에 올랐다. 항저우와 전장을 거쳐, 창사, 광저우, 류저우,
치장, 그리고 마지막 충칭에 이르기까지 8년 동안 고난의 행군이 이어
졌던 것이다. 그동안 대한민국 임시정부는 나라 밖 다른 곳에서 활동
하던 독립운동 세력과는 긴밀한 관계를 맺기 어려웠다. 스스로 존립해
나가기도 힘겨운 시절이었기 때문이고, 더구나 지속적으로 이동하는
과정이기 때문이기도 했다. 그래서 이 시기에 대한민국 임시정부가 국
외 독립운동 조직들과 가진 관계는 대부분 그 주변을 맴돌던 세력이었
다. 여기에 덧붙일 수 있다면 미주 지역 단체들과 가진 연계성이었다.

대한민국 임시정부는 장정시기에 가장 최악의 상황을 맞았다. 악
조건은 많고도 심각했다. 일본군의 추적을 피하고 따돌리느라 한곳에
정착할 수 없다는 사실, 또 그런 과정에서 정부 운영 자체가 어렵다는
점, 거기에다가 의열단을 중심축으로 삼고 대한민국 임시정부 주변의
정당들이 통합하면서 대한민국 임시정부를 부정하는 일이 생긴 점이
그런 것이다. 하지만 대한민국 임시정부는 이런 난국을 헤치고 나가
면서 장제스蔣介石와 담판을 가져 중국 정부가 정식으로 대한민국 임
시정부의 존재를 인정하고 초급장교 양성을 지원하도록 이끌어 내기
도 했다.

장정시기는 일제의 중국 침공이 이어지던 시기였다. 만주 침공 이후
괴뢰 만주국 건국, 그리고 1937년 중일전쟁이 그러한 과정이었다. 누
구나 본격적인 중일전쟁, 곧 독립의 기회가 눈앞에 닥쳐왔다고 판단했
다. 무엇보다 군대 조직이 급선무였다. 대한민국 임시정부나 주변 세
력 모두 군사력 양성에 활동의 초점을 모았다.

김구는 한인애국단의 투쟁에 힘입어 장제스와 회담을 가졌다. 난징
중앙육군군관학교 안에 있던 총통관저에서 그를 만나, 한인청년들을

중국군관학교에 입교시킬 수 있게 만들었다. 뤄양군관학교에 한인청년을 위한 특별반을 만든 것은 바로 그 결실이었다. 이때 대한민국 임시정부는 북만주에서 활약하던 한국독립당의 당군인 한국독립군 지도부를 초빙하기로 결정했다. 이에 따라 1933년 9월부터 그해 말까지 김구의 지원금으로 이청천李青天을 비롯한 재만 한국독립당과 한국독립군의 지도 세력은 관내 지역으로 이동하였다.[14] 이들은 한창 무르익고 있던 대일전선통일전맹對日戰線統一同盟에 참가하고 김구와 합의한 대로 뤄양분교洛陽分校에서 한인청년을 군사간부로 양성하기 시작했다. 그것이 바로 '중국중앙육군군관학교 뤄양분교 제2총대 제4대대 육군군관훈련반 제17대'였다.[15] 김구와 이청천 및 김원봉이 각각 파견한 청년들이 뤄양에서 군사간부로 육성되었다. 그런데 이해관계가 얽히면서 이 교육이 완료되지 못하자, 김구계열의 청년들은 난징의 중앙육군군관학교에 입학하였다.

대한민국 임시정부는 1937년 12월 창사로 이동하여 기나긴 여정을 지나는 동안 군사조직을 만들었다. 1939년에 류저우柳州에서 탄생한 한국광복진선청년공작대韓國光復陣線青年工作隊가 그것이다. 이어서 대한민국 임시정부는 치장綦江에 도착한 뒤 군사특파단軍事特派團을 조직하여 시안西安으로 파견하였다. 당시 격증하고 있던 한인들을 포섭하여 장차 군사력으로 육성하고 이를 바탕으로 일본군과 전쟁을 치르겠다는 계산에서 나온 전략이었다. 이것이 1940년 한국광복군이 창설되는 기초가 되었다.

장정시기에 초급장교 양성에 먼저 성과를 올린 쪽은 김원봉이 이끄는 의열단이었다. 황포군관학교를 졸업한 의열단 단장 김원봉을 비롯한 간부진들이 중국국민당정부의 군사위원회에 많은 동기생들을 두고 있었기 때문이다. 그래서 의열단은 난징 주변에 세 차례에 걸쳐 조선

---

14) 한상도, 《대한민국임시정부》Ⅱ(장정시기), 한국독립운동사편찬위원회 · 독립기념관 한국독립운동사연구소, 2008, 64쪽.
15) 위의 책, 71쪽.

혁명군사정치간부학교를 설치하여 초급간부를 양성해냈다. 이후에도
의열단은 한인청년들을 모집하여 싱즈군관학교星子軍官學校를 비롯한
중국의 여러 군관학교에 파견하였고, 초급간부의 수를 늘려갔다. 의
열단을 주축으로 만들어진 민족혁명당은 난징에서 양성한 군사간부로
우한이 함락되기 직전인 1938년 10월 조선의용대朝鮮義勇隊를 조직하
였다.

　장정시기에 대한민국 임시정부는 주변 독립운동 세력을 통합하려
고 무진 애를 썼다. 대한민국 임시정부 주변에는 여러 개의 정당조직
이 등장하였으나, 대한민국 임시정부와 거리를 두고 있었다. 김구가
일본의 집요한 추적을 따돌리는 동안 대한민국 임시정부와 한국독립
당의 관계도 멀어졌다. 그런 틈에 대한민국 임시정부에 거리를 둔 세
력들이 정당을 조직하고, 또 이를 통합하는 길을 걸었다. 의열단 주력
이 정당체제로 전환하였고, 난징에서 조직된 한국혁명당과 이청천李
靑天의 만주 한국독립당이 통합하여 신한독립당을 만들었다. 이들이
나서서 1935년 7월 조선민족혁명당을 건설하였다.[16] 그럴 때 조소앙
趙素昻마저 대한민국 임시정부의 유일여당이던 한국독립당을 뛰쳐나
가 거기에 합류하였다. 여기에 집결한 인물은 '반임정反臨政 · 비김구
非金九' 세력의 결집을 표방하고 대한민국 임시정부 해체를 요구하였
다.[17] 그러자 김구 · 송병조宋秉祚 · 차리석車利錫 등은 1935년 10월 급
히 한국국민당을 창당하여 유일여당으로서 대한민국 임시정부를 지탱
하도록 만들었다.

　한국국민당은 대한민국 임시정부를 유지하면서 다시 우파 세력의
통합에 나섰다. 조선민족혁명당에 참가했다가 두 달 만에 뛰쳐나온 조
소앙 중심의 한국독립당 세력과 협력을 모색하였다. 또 1937년 4월
이청천 세력이 민족혁명당을 탈퇴하여 조선혁명당을 조직하자, 이들과

16) 조선총독부경무국보안과, 《고등경찰보》 5, 1935, 84~85쪽.
17) 한상도, 〈중국 관내지역 독립운동 단체의 활동〉, 《한국독립운동사사전》(총론편) 하,
　　독립기념관, 1996, 461쪽.

통합하는 방안을 찾아 나섰다. 이 밖에도 정부 주변에는 민족혁명당에
참여하지 않은 중간 및 좌파 세력 가운데 김성숙金星淑·박건웅朴建雄
등이 1936년 난징에서 조직한 조선민족해방동맹, 남화한인청년연맹을
결성했던 유자명柳子明·정화암鄭華岩 등의 아나키스트들이 1937년에
조직한 조선혁명자연맹이 있었다. 비록 군소조직이 있기는 했지만, 관
내 지역 독립운동계는 민족혁명당과 한국국민당이라는 양대 정당체제
로 변모하고 있었다. 대한민국 임시정부가 풀어야 할 숙제는 바로 이
들을 끌어안는 것이었다.

　1937년 7월 7일에 일어난 중일전쟁은 또 다시 관내 지역 독립운동
계의 변화를 가져왔다. 김구는 민족혁명당에서 탈퇴한 한국독립당(재
건)과 조선혁명당을 한국국민당과 하나로 묶는 연합체 구성에 착수하
였다. 그것이 바로 1937년 8월에 만들어진 한국광복운동단체연합회,
곧 광복진선光復陣線이었다.[18] 이에 대해 김원봉은 민족혁명당을 중심
으로 조선혁명자연맹과 조선민족해방동맹을 묶어 1938년 2월 하순 한
커우漢口에서 조선민족전선연맹, 곧 민족전선民族戰線을 조직하였다.[19]

　대한민국 임시정부를 사수하고 있던 김구가 이들 세력을 통합하는
구체적인 수순 밟기에 들어간 시기가 1937년 중반이었다. 미국으로
이승만에게 서신을 보내 미주 지역의 독립운동단체들도 참가하는 통합
정당 창출에 나선 것이다. 마침 터진 중일전쟁은 이러한 행보에 속도
를 더하도록 만들었다. 전시체제에 맞추어 중국군과 연합작전을 논의
하자면, 먼저 통합체를 구성해야만 했다. 그래서 이승만의 답이 오기
도 전에 그 사정을 8월 2일자 편지로 알렸다.[20] 이어서 8월 17일 난징
에서 한국국민당·한국독립당(재건)·조선혁명당 3개 정당과 미주 지
역의 6개 단체가 힘을 합쳐 광복진선을 결성하면서, '한국광복운동단

---

18) 선언서를 발표한 날짜가 1937년 8월 17일이었다(金正明,《朝鮮獨立運動》2,
　　1967, 599쪽).
19) 內務省警保局,《社會運動ノ狀況》9, 東京: 三一書房, 1972, 1166쪽.
20) 백범김구선생전집편찬위원회,《白凡金九全集》4, 대한매일신보사, 1999, 758쪽.

체연합회선언'을 발표하였다. 그 말미에 적힌 단체는 다음과 같다.

> 미주 대한인국민회
>
> 하와이 대한인국민회
>
> 하와이 대한인단합회
>
> 하와이 대한부인구제회
>
> 하와이 동지회
>
> 미주 한인애국단
>
> 원동 조선혁명당
>
> 원동 한국국민당
>
> 원동 한국독립당[21]

위의 6개 단체는 사실상 미주 지역 독립운동 세력 전체가 여기에 참가했음을 뜻한다. 대한인국민회는 1910년에 샌프란시스코에서 결성되어 가장 규모가 큰 조직이었고, 1910년대에는 '무형의 한족정부韓族政府', 혹은 임시정부에 준하는 조직체로 인식될 정도였다. 나머지 다섯 단체는 모두 하와이를 중심으로 활동하던 조직이다. 하와이의 대한인국민회는 이승만이 이끌던 동지회와 갈등을 벌이던 조직이다. 이승만은 상하이를 방문하여 6개월 머물다가, 하와이에 도착하자마자 1921년 7월 21일 자신을 지지하는 세력을 모아 동지회를 조직하였다. 이것이 16년이 지나는 동안 철저하게 이승만 중심의 조직체가 되었다. 여기에 반해 대한인국민회는 앞서부터 존재했던 조직으로, 반反이승만 세력이 이를 꾸려 나가면서 꾸준히 대한민국 임시정부를 지원했다. 박신애朴信愛가 대표를 맡은 대한부인구제회도 하와이에 있던 부인회로서 대한민국 임시정부에 꾸준히 지원하던 단체였다. 전경무田耕武가 이끌던 대한인단합회도 주로 하와이에 뿌리를 둔 조직인데, 대한민국 임

---

21) 앞의 전집, 760~761쪽.

시정부 지원활동을 펼쳤고, 한시대韓始大가 한인애국단을 조직하여 역시 대한민국 임시정부를 지원했다. 따라서 미주 지역 단체들 가운데 조선민족혁명당과 조선의용대를 지지하는 세력을 제외하면, 대부분 대한민국 임시정부을 지원하고 광복진선에 참가했음을 알 수 있다.

이들은 광복진선을 조직하면서 중일전쟁에 대한 선언을 발표하였다. '한국광복운동단체대중일전국선언韓國光復運動團體對中日戰局宣言'이 그것이다. 이 전쟁이야말로 한중 양국 민족의 생사와 존망이 걸린 것이라면서 두 민족이 힘을 합쳐 일제를 분쇄하자고 주장했다. 이어서 국치기념일인 8월 29일자로 연거푸 선언을 발표하여 양 민족의 연합전선을 주문하고 나섰다.[22]

물론 광복진선에 동참했다고 모두 대한민국 임시정부 자체에 속했던 것은 아니다. 하지만 대한민국 임시정부의 여당인 한국국민당과 정부 주변에서 움직이던 한국독립당(재건)과 조선혁명당은 대한민국 임시정부에 합류한 것이나 마찬가지였다. 그리고 미주 지역 6개 단체도 대한민국 임시정부를 지탱하는 조직으로 평가해도 틀리지 않는다. 대한민국 임시정부는 중일전쟁 발발 시기에 들어 중국 관내에서 활약하던 우파 세력을 아우르고, 나아가 미주 지역 독립운동 단체들을 끌어안는 단계까지 나아가게 되었다고 평가할 수 있다.

장정기에 국외 독립운동 세력 가운데 미주 지역을 제외하면 대한민국 임시정부와 관계를 가질 곳이 없었다. 만주 지역에서 활동하던 독립군 지도부가 이동해 온 데다가, 연해주에서는 동포들이 중앙아시아 지역으로 고난의 길을 걷던 때였기 때문이다. 따라서 이 시기 대한민국 임시정부가 가지는 국외 독립운동 세력은 역시 중국 관내 지역을 기본으로 삼고 미주 지역 독립운동 단체들과 연계를 가지는 것이 핵심이었다. 그러므로 대한민국 임시정부가 1937년 중일전쟁 발발 직후에 광복진선과 민족전선이라는 두 개 연합체제가 형성되자, 미주 지역 단

---

22) 앞의 전집, 762~766쪽.

체들도 이들 연합체와 연계하였다. 대한민국 임시정부를 지원하고 나선 조직은 바로 광복진선에 참가한 세력이었고, 다른 단체는 대한민국 임시정부에 참가하지 않고 있던 민족전선에 끈을 연결하고 있었다.

5. 충칭시기(1940~1945)

충칭시기는 대한민국 임시정부가 다시 안정을 되찾고 국내외 독립운동 세력에게 통합을 추진하던 때였다. 이때 힘을 쏟은 분야는 세 가지였다. 우파 정당의 통합, 좌파를 비롯한 주변 정당 조직 통합을 거쳐 통합정부 달성, 국토를 회복할 때 완성할 국가상 마련, 군대 조직 등이 그것이다. 이 가운데 좌우합작을 이룬 통합정부만 빼놓고는 1942년 이전에 모두 달성되었다. 1940년 5월 8일에 하나로 통합하여 결성한 한국독립당(충칭)은 비록 우파 진영만의 통합이기는 하더라도, 광복진선 결성 이후 줄곧 추진된 우파 진영 3당 통합이 이루어진 것이었다. 또 1919년 망명지에서 건국했지만, 머지않아 국토를 되찾아 돌아갈 것을 내다보면서 완성된 국가상을 담아냈으니, 1941년 11월 28일에 마련한 〈대한민국 건국강령〉이 그것이다.[23]

또 대한민국 임시정부는 국군인 한국광복군을 조직하였다. 세계대전에 즈음하여 독립전쟁을 펼치는 것만이 아니라, 연합국의 구성원이 되기 위해서라도 군대가 필요했던 터였다. 1940년 9월 15일 김구는 〈한국광복군선언문〉을 발표하면서, "대한민국 임시정부는 원년(1919)에 정부가 공포한 군사조직법에 의거하여 중화민국 총통 장제스蔣介石 원수의 특별 허락으로 중화민국 영토 안에서 한국광복군을 조직하고,

---

23) 간혹 '건국강령'이라는 존재를 내걸고서, 이것이 바로 '건국'이 이루어지지 않은 증거라고 주장하는 경우도 있다. 하지만 이는 국토를 회복하여, 국가를 운영하는 정부가 국내로 들어갔을 때, 곧 완결·완성된 체제를 제시하는 것이었다. 따라서 이를 내세워 앞서 '건국'이 이루어지지 않았다는 주장은 틀린다.

대한민국 22년(1940) 9월 17일 한국광복군총사령부를 창립함을 자에 선언한다"고 밝혔다.[24] 이틀 뒤인 9월 17일 한국광복군이 창설되었다. 이로써 우파 진영은 당黨(한국독립당)·정政(임시정부)·군軍(한국광복군) 체제를 정립하였다. 이러한 바탕 위에 1941년 12월 8일(미국 날짜) 하와이 진주만에 대한 일본의 공습 소식을 듣자마자, 대한민국 임시정부는 바로 그날(충칭 날짜 12월 9일) 〈대한민국임시정부大韓民國臨時政府 대일선전對日宣戰 성명서聲明書〉를 발표하였다.[25]

충칭시기에 국외 독립운동 세력 가운데 가장 힘을 기울여야 할 것이 바로 대한민국 임시정부 주변에 맴도는 반反임시정부 세력이었다. 조선민족혁명당과 그 당이 이끄는 조선의용대가 대표적이었다. 그래서 대한민국 임시정부는 이를 끌어들이는 데 최선을 다했다. 마침 장제스의 뜻을 배경으로 삼아 대한민국 임시정부는 민족혁명당과 조선의용대를 끌어안는 조치를 취했다. 임시의정원은 1942년 10월 제34회 회의에서 임시의정원 의원 선거 규정을 고쳐 조선민족혁명당이 참여할 길을 터놓았다. 그 결과 좌우 통합정부가 이루어졌다. 정치 통합과 함께 군사 통합도 이루어졌다. 이미 1941년 1월에 무정부주의 청년들이 핵심을 이룬 한국청년전지공작대韓國靑年戰地工作隊를 광복군 제5지대로 흡수했던 대한민국 임시정부는 1942년 4월 20일 제28차 국무회의에서 조선의용대와 한국광복군의 통합을 결의하였다.[26] 조선의용대는 7월에 해체되고 광복군 제1지대로 새롭게 편제되었으니, 사실상 흡수통합이었다. 이로써 옌안延安의 조선의용군을 제외한 관내 지역의 모든 군사조직이 대한민국 임시정부 아래 통합된 것이다.

대한민국 임시정부는 좌우합작 정부를 구성해 나가면서 자신감을 가졌다. 대한민국 임시정부가 다시 국외 독립운동 세력들에게 눈을 돌

---

24) 獨立運動史編纂委員會, 《獨立運動史》 6, 1973, 177~178쪽.
25) 김희곤, 앞의 책, 2004, 174~175쪽.
26) 秋憲樹, 《資料 韓國獨立運動》 3, 연세대출판부, 1975, 112쪽.

릴 수 있던 바탕에는 이러한 배경이 있었다. 우선 중국 관내 지역에서 중국공산당 권역에서 활약하던 한인세력을 교섭 대상으로 삼았다. 중국공산당의 본부 옌안에 자리 잡은 화북조선독립동맹華北朝鮮獨立同盟(이하 독립동맹), 그리고 그 무장조직인 조선의용군과 연계를 추진한 것이 그 핵심이다.

독립동맹은 1942년 7월 조직되었다. 중국공산당의 장정에 참가한 무정武亭과 1938년 이곳으로 합류한 최창익崔昌益과 허정숙許貞淑, 그리고 이들의 유도로 1941년에 화베이로 북상한 조선의용대 주력이 합류하여 만들어졌다. 위원장은 1942년 4월 옌안에 도착한 김두봉金枓奉이 맡았다.[27] 조선의용군은 북상한 병력이 '조선의용대 화북지대' 이름을 갖고 있다가, 독립동맹 결성에 맞추어 개편된 것이다. 조선의용군 사령관은 무정이 맡았고, 지대장은 박효삼朴孝三이었다. 조선의용군은 독립동맹과 당군黨軍이었다. 독립동맹은 일종의 정당 조직이고, 조선의용군은 독립동맹의 무장조직이었다.

대한민국 임시정부는 이들과 연계하는 계획을 밀고 나갔다. 대한민국 임시정부와 독립동맹의 통일전선을 도모하고, 광복군과 조선의용군을 하나로 모으는 방안을 찾아나갔다. 마침 분위기가 좋았다. 국공합작으로 저우언라이周恩來를 비롯한 중국공산당 주요인물들이 충칭에 포진해 있었고, 또 그들이 한국광복군총사령부성립전례에 참석하는 등 대한민국 임시정부에 관심을 기울이고 있던 터였다. 이와 마찬가지로 옌안의 조선독립동맹도 대한민국 임시정부를 타협의 대상으로 삼고 있었다. 김학무金學武가 김구와 김두봉金枓奉의 서신 연락을 맡았던 사실,[28] 1941년 10월 옌안에서 개최된 동방각민족반파쇼대회에서 대한민국 임시정부 주석 김구를 명예주석단에 추대하고, 독립동맹 진서북

27) 한시준, 《대한민국임시정부》Ⅲ-충칭시기, 한국독립운동사편찬위원회·독립기념관 한국독립운동사연구소, 2009, 101~102쪽.
28) 韓洪九, 〈華北朝鮮獨立同盟의 조직과 활동〉, 서울대대학원 석사학위논문, 1988, 67쪽.

분맹晉西北分盟 성립대회에서 쑨원孫文·장제스蔣介石·마오쩌둥毛澤東과 함께 김구의 초상화를 대회장에 내걸었다.[29] 이러한 독립동맹의 태도에 대한민국 임시정부도 화답하고 나섰다. 대한민국 임시정부가 《독립신문獨立新聞》에 〈조선의용군의 깃발, 만리장성에 휘날리다〉라는 기사를 실어, 그 활동을 높이 평가한 것이다.[30]

대한민국 임시정부는 한국광복군과 조선의용군의 연계를 추진하였다. 그 논의는 1944년 대한민국 임시정부 주석 김구와 조선독립동맹 위원장 김두봉 사이에 이루어졌다.[31] 해방 이후 남북협상을 도모하는 가운데 1948년 2월 16일 김구가 김두봉에게 보낸 편지에서 그러한 정황이 드러난다. 즉 4년 앞서 옌안에서 김두봉이 보내온 편지 내용 가운데, "우리가 지역과 파벌을 불문하고 성심으로 단결하여 실제적인 일로 연락을 한다면, 압록강에 군대를 모으는 일의 실현을 촉진시킬 수 있다. 만일 여러 분께서 동의한다면 내(김두봉)가 중간에 나서서 알선하겠다"는 구절을 인용하였다.[32] 이로 보아 대한민국 임시정부와 독립동맹 사이에 군사력 통합에 대한 논의도 진행되었음을 알 수 있다. 미처 결실을 맺기에 앞서 전쟁이 끝나버렸지만, 이 노력은 중국국민당정부의 관할 구역을 벗어나 관내 지역 전체 독립운동 세력의 통합을 꾀하였다는 점에서 높이 평가할 만하다.

대한민국 임시정부의 자세는 적극적이었다. 1945년 샌프란시스코 회의가 개최될 때, 대한민국 임시정부는 독립동맹 측에 대표를 파견한다는 사실을 통보하는 한편, "카이로회의에서 결정된 '상당시기'를 거절할 것, 국제공동관리 문제를 거절할 것" 등 모두 7개 항에 대해 협력

---

29) 각주 27)과 같음.

30) 독립운동사편찬위원회, 《獨立運動史》8, 1975, 198~199쪽.

31) 한시준, 앞의 책, 104~105쪽.

32) "我們不問地域南北 派別異同 誠心團結 實事連絡 始能促進會師鴨綠之實現 諸位若能同意 淵可以從中斡旋"(백범김구선생전집편찬위원회, 〈金九·金奎植이 金枓奉에게 보낸 서신〉, 《백범김구전집》8, 대한매일신보사, 1999, 722쪽)

을 요구하기도 하였다.[33] 또 대한민국 임시정부에서 국무위원 장건상
張建相을 옌안延安으로 파견한 사실도 두 세력 사이의 연합 노력을 보여
준다.[34] 논의가 급히 진척되었지만, 일제 패망이 먼저 닥치는 바람에
이러한 노력이 성과를 올리지도 못하고 말았다.

또 대한민국 임시정부는 멀리 러시아 동부 지역, 연해주의 '한인부
대'와 연계하는 방안도 추진하였다. 여기에서 말하는 한인부대는 만주
에서 활약하다가 연해주로 이동한 김일성 중심의 항일유격대를 일컫는
다.[35] 이들은 1940년 10월 소련으로 옮겨가, 1942년 7월 하바롭스크
에 동북항일연군교도려東北抗日聯軍敎導旅(88특별보병여단)로 편성되어 활
동하고 있었다.[36] 대한민국 임시정부는 이미 김일성의 항일유격대 행
적을 알고 있었다. 김구가 주도한 한국국민당 기관지《한민韓民》제14
호에 '무장단武裝團의 활동活動'이란 제목으로, 1937년 6월 4일 항일유
격대가 보천보普天堡 경찰서와 면사무소를 습격한 거사를 보도한 일이
있었다.[37] 이러한 점은 조선민족혁명당의 잡지에도 마찬가지로 실렸
다. 김구는《백범일지》에서 김일성의 무장부대에 대해 기록하기도 했
을 정도였다.[38] 그런데 1940년 10월 김일성 부대가 소련으로 이동한
뒤, 대한민국 임시정부는 그 뒤 소식을 알지 못했다. 그러다가 대한민
국 임시정부는 이들과 연계할 계기를 만났다. 1944년 7월 이충모李忠
模의 등장이 그것이다. 그는 러시아 지역의 한인들 실상과 활동을 보고

---

33) 〈對華北朝鮮獨立同盟要求書〉(素昻文類 619).

34) 한시준, 〈1940년대 전반기의 민족통일전선운동〉, 《대한민국임시정부의 좌우합작운
    동》, 한울, 1995, 169쪽.

35) 한시준, 앞의 책, 2009, 108쪽.

36) 신주백, 《만주지역 한인의 민족운동사(1920~45)》, 아세아문화사, 1999, 486쪽.

37) 《한민》 제14호, 1937년 6월 30일(최기영 교수 소장자료)

38) 동삼성 방면에 우리 독립군이 벌써 자취를 감추었을 터이나, 신흥학교 시절 이후
    30여 년이 지난 오늘까지 오히려 김일성 등 무장부대가 의연히 산악지대에 의거하여
    엄존하고 있다. 이들이 압록·두만을 넘나들며 왜병과 전쟁을 할 수 있었던 것은 중국
    의용군과 연합작전을 하고 러시아의 후원도 받았기 때문이다. 이렇게 현상유지를 하
    는 정세라. 관내 임시정부 방면과의 연락은 극히 곤란하게 되었다.(도진순 주해, 《백
    범일지》, 돌베개, 1997, 315쪽)

하였다.[39)]

러시아 지역 한인들에 대한 정보를 갖게 되면서, 대한민국 임시정부
는 이들과의 연계를 모색하고자 하였다. 김구가 1944년 9월 5일 장제
스와 면담할 때, '비망록備忘錄'이란 이름으로 6개의 요구사항을 제출하
였는데, 그 가운데 '러시아 중앙아시아 일대의 1백 만 한국인에 대하여
교통 및 연락 등의 방편을 마련하는 데 협조해 줄 것'을 요청하고 있는
것이 그것이다.[40)] 러시아 지역과 관계를 갖기 위해서는 중국 측의 양해
가 필요하였고, 이에 대한 협조를 중국 측에 요구한 것이다. 김구가 제
출한 6개 요구사항에 대해, 중국 측은 소련 지역 한국 교포[韓僑]와 연
락 문제에 대해 "한국정부에서 구체적인 사실을 제출하면 교통노선을
고려하겠다"고 답했다.[41)]

김구는 소련에서 활동하고 있는 한인들과의 연계를 위해 연락원을
파견하였다. 연락원은 이충모였다. 그는 1945년 3월 이후 충칭을 떠
났다. 하지만 파견원이 가던 도중에 일본이 항복하는 바람에 이것도
성과를 올리지는 못했다.[42)] 이것도 대한민국 임시정부가 국외 독립운
동 세력들을 광범하게 연대하여 독립운동을 끌고 나가려던 전향前向적
인 조치였다.[43)] 일제의 패망과 해방을 내다보면서 대한민국 임시정부
가 연해주 한인부대와 상호 연계를 추진하고 있었다는 사실만은 확인
할 수 있다.

---

39)〈蘇聯境內百萬韓僑 參加反法西斯戰爭〉,《독립신문》1944년 8월 29일.

40) 백범김구선생전집편찬위원회,《백범김구전집》5, 대한매일신보사, 1999,
542~543쪽.

41) 백범김구선생전집편찬위원회,《백범김구전집》5, 대한매일신보사, 1999, 546쪽.

42) 한시준, 앞의 책, 2009, 111쪽.

43) 연해주 하바롭스크에 있던 한인부대에서도 대한민국 임시정부와의 연계를 모색하
였다. 김일성 회고록은 그러한 정황을 알려 준다. "림시정부가 광복군을 조직한 것
도 충칭에 있을 때입니다. 림정이 자기 산하에 광복군과 같은 무장력을 내어 온 것은
그들의 활동에서 하나의 전진이었다고 할 수 있습니다. (중략) 우리는 그들과도(광복
군) 손을 잡아보려고 시도하였습니다. 김구계렬과의 합작이 성사되면 조국해방을 위
한 최종작전이 벌어질 때 그들의 무장력도 동원할 수 있다는 것이 우리의 견해였습니
다."(《세기와 더불어》8, 410~411쪽)

끝으로 대한민국 임시정부는 미주 지역 한인사회와 긴밀한 관계를 유지하였다. 사실 대한민국 임시정부가 기댈 수 있는 국민적 토대가 미주 지역 동포들뿐이었다. 중국 관내와 만주는 일본군 침략으로 무너지고, 연해주 동포마저 중앙아시아로 강제 이주 당한 터라 어쩔 수 없는 지경이었다.[44] 대한민국 임시정부가 체제를 정비하고 국외 독립운동 세력들에게 적극 연계 작업을 도모하자, 미주 동포들도 이에 힘을 보태고 나섰다. 1940년 5월 민족주의 계열 3당이 통합하여 한국독립당을 결성하였을 때, 하와이 애국단과 단합회團合會가 한국독립당 하와이총지부로 개편하고, '경제적 책임을 부담한다'고 나선 일은 대표적인 사례에 속한다.[45] 또 광복군을 창설하자, 《신한민보》는 "광복군 조직은 3·1운동 이후 처음 있는 큰 사건"이라며 "힘이 있으면 힘을 돈이 있으면 돈을 내라"고 모금운동을 전개할 정도로 적극적이었다.[46]

대한민국 임시정부의 적극적인 태도는 미주 지역의 한인사회의 결집을 촉진시켰다. 1941년 4월 재미한족대회가 열리고, 북미 대한인국민회·동지회·하와이 국민회·중한민중동맹단·대조선독립단·한국독립당 하와이총지부·의용대 미주후원회연합회·하와이 대한인부인구제회·하와이 여자애국단 등 9개 단체가 연합하여 재미한족연합위원회를 결성한 것이다.[47] 이는 미주 한인사회가 통일을 이룬 최대의 독립운동 기구이자, 대한민국 임시정부를 후원하기 위해 조직된 연합체였다. 대한민국 임시정부가 재미한족연합위원회와 긴밀한 연계를 맺는 것은 더 말할 나위가 없다.

대한민국 임시정부는 재미한족연합위원회 외교위원부로 하여금 대미외교를 전담하도록 하였다. 대한민국 임시정부는 1941년 6월 4일

---

44) 한시준, 앞의 책, 2009, 122쪽.
45) 국사편찬위원회, 《독립운동사자료집》 8, 1974, 734~735쪽.
46) 《신한민보》 1940년 2월 29일자 및 6월 20일자.
47) 홍선표, 〈하와이 해외한족대회연구〉, 《한국독립운동사연구》 13, 한국독립운동사연구소, 1999, 205~210쪽.

주미외교위원부駐美外交委員部 설치를 결의하고, 이승만을 위원장으로 임명하였다.[48] 대한민국 임시정부는 이를 통해 미국과의 외교활동을 전개하였다. 그러는 동안 미주 동포들은 대한민국 임시정부에 국민으로서의 역할을 충실하게 맡았다. 독립금을 모아 3분의 2를 대한민국 임시정부에 지원한다는 원칙을 세우고 재정 후원에 나섰던 것이다.[49]

　대한민국 임시정부가 벌인 국외 독립운동 가운데 프랑스에 파견된 외교원의 노력도 빠트릴 수 없다. 대한민국 임시정부의 외교 활동 목표는 열강의 승인을 획득하는 것이었다. 하지만 제국주의 열강이 식민지의 해방투쟁을 벌이던 정부 조직을 승인하기 쉽지 않았다. 그런데 프랑스는 대한민국 임시정부를 승인하였다. 일찍이 1919년 파리위원부가 설치되었다가 해체된 일이 있었다. 그런데 외무부가 그곳에 파리고려통신사와 통신원을 두었는데, 그 통신원으로 서영해徐嶺海가 있었다.[50] 1940년부터 다시 나타난 그의 활동은 머지않아 프랑스가 대한민국 임시정부를 승인하는 단계로 발전하였다. 그 결실이 1945년 3월 대한민국 임시정부를 프랑스가 승인하고, 서영해를 주프랑스 대표로 임명하는 단계로 나아가게 되었던 것이다.[51]

---

48) 국사편찬위원회, 《대한민국임시정부자료집》 16(외무부), 2007, 7쪽.

49) 한시준, 앞의 책, 2009, 125~126쪽.

50) 위의 책, 187~188쪽.

51) 국사편찬위원회, 〈프랑스주재 대표 임명에 관한 국무위원회의 공함〉, 《대한민국임시정부자료집》 16(외무부), 114~115쪽; 〈임시정부와 주중프랑스대사관과의 우의관계〉, 《대한민국임시정부자료집》 16(외무부), 88쪽; 《대공보》 1945년 3월 23일자(국사편찬위원회, 《대한민국임시정부자료집》 16(외무부), 90쪽.

6. 대한민국 임시정부를 중심으로 본 나라 밖의 독립운동

대한민국이 건국되고 임시정부가 수립될 수 있던 바탕에는 국외 독립운동이 있었다. 나라 밖에서 만들어진 독립운동의 역량이 이를 탄생시켰고, 그들의 지향이 한국 역사에서 최초의 민주국가 공화정부를 창출한 것이다. 그러므로 건국과 정부 수립에는 국외 지역 독립운동이 결정적으로 기여했다.

건국과 정부 수립 이후 이것이 유지되는 데에도 국외 독립운동이 기여한 것은 두말할 필요가 없다. 다만 시기에 따라 기여한 지역과 강도에는 차이가 있었다. 그 가운데에서 지리적인 위치로 보아 중국 관내 지역의 독립운동이 단연 절대적이었다. 정부가 상하이에 머물던 시기에는 주로 상하이와 난징, 톈진, 우한, 광둥 등에서 대한민국 임시정부를 지원했다. 대한민국 임시정부는 수립기에 만주 지역 독립군을 끌어안으려 노력했고, 그 결실이 곧 서로군정서와 북로군정서의 편입, 한국광복군총영의 직할로 나타났다. 또 연해주에서 결성된 대한국민의회와 통합을 일구어 냈고, 미주 지역에서도 절대적인 지지를 보내왔다. 따라서 건국과 정부 수립기에 국외 독립운동 세력의 절대다수가 대한민국 임시정부를 지지했던 것이다.

1920년대 초반을 지나면서 대한민국 임시정부가 약화되어 갔다. 이를 만회하기 위한 노력이 여러 방면에서 추진되었다. 만주 독립군마저 자유시참변 이후 급격하게 약화되었다. 그러나 대한민국 임시정부는 국민대표회의와 유일당운동을 거쳐 활로를 모색하였고, 국무령제를 채택하여 만주 지역 지도자를 초빙한 것도 이 때문이었다. 이마저도 효과를 거두지 못하자, 대한민국 임시정부는 국무위원제를 채택하여 정면 돌파를 시도하였다. 이 시기에 대한민국 임시정부에 생명줄을 이어주던 세력은 미주 동포들이었다. 이봉창·윤봉길 의거로 대표되는 한인애국단의 투쟁도 그러한 지원 위에 가능했다.

　윤봉길 의거 이후 장정기에 들어 대한민국 임시정부는 극도로 어려운 고난의 길을 걸었다. 정착하지 못한 상황이라 국외 독립운동 세력과의 연계라거나 지휘는 아예 어려운 것이었다. 그러한 상황임에도 불구하고 대한민국 임시정부는 주변 독립운동정당 조직과 연합을 도모하였다. 그러면서 미주 지역 독립운동 세력과 연계 작업을 펼쳤다. 한국광복운동단체연합회, 곧 광복진선의 결성이 바로 그 결실이다.

　1940년 충칭에 도착하면서, 대한민국 임시정부는 안정을 되찾았다. 우파 3당을 통합한 데 이어, 주변의 반임시정부 세력을 끌어들이는 데 힘을 기울였다. 조선민족혁명당을 대한민국 임시정부 안으로 끌어들이고 조선의용대를 한국광복군으로 편입시켰다. 다음으로는 중국공산당 영역에 있던 화북조선독립동맹과 조선의용군과 연계 작업을 펼쳤다. 서로 서신이 오가고, 대표가 파견되면서 합작을 향한 작업이 진척을 보였다. 그럴 무렵 대한민국 임시정부는 다시 멀리 떨어진 소련 동부 지역 하바롭스크에 대표를 파견하여 김일성의 항일부대와도 연결을 시도하였다. 하지만 화베이과 하바롭스크에 대한 연계 작업은 일제 패망이 먼저 닥치는 바람에 성과를 거두지 못하고 말았다. 하지만 이러한 정황은 민족문제를 해결하기 위한 대한민국 임시정부의 적극적이고도 열린 자세를 보여 준다. 국외 독립운동 조직을 연계하고 포용하려는 자세가 그것이다.

　충칭시기 대한민국 임시정부에게 '국민'다운 구실을 해 준 것이 미주동포사회였다. 이들은 인구세와 성금에 해당하는 독립금을 모아 대한민국 임시정부를 지원했다. 제2차 세계대전이 진행되는 상황에서 재미한족연합위원회가 결성되고, 대한민국 임시정부는 외교의 긴요한 사정에 따라 주미외교위원부를 만들었다.

　대한민국 임시정부와 국외 독립운동 세력 사이에는 끊을 수 없는 연관성이 있다. 건국과 정부 수립 자체가 그 세력의 역할과 기여로 이루어진 것이기 때문이다. 그 뒤에도 정부의 존속 자체가 국외 독립운동 세력이라는 존재를 위에 가능했다. 연계성은 시기와 장소에 따라 그 편차는 컸다. 대한민국 임시정부는 고난을 이겨내며 정착하고, 또 새롭게 투쟁역량을 키워 나갔지만, 국외 독립운동 세력은 시간이 갈수록 약화되는 것이 대세였다. 그나마 남아 있는 투쟁세력마저도 거리가 멀어지고 연락이 어려워졌다. 특히 제2차 세계대전으로 치닫는 상황은 정부로서의 기능을 펼칠 수 없도록 길을 막았다. 그런 어려움은 당시 식민지해방투쟁을 벌이던 국가와 민족들이 겪던 공통적인 일이었다. 물론 내부적인 한계도 있었지만, 그보다도 외부 환경은 더욱 냉혹했다.

　이런 정황임에도 국외 독립운동 세력을 끌어안으려는 대한민국 임시정부의 자세는 변함없었다. 그들을 연계시켜 독립을 향한 민족 총역량 규합에 혼신의 힘을 쏟아 부은 것이 대한민국 임시정부의 한결같은 방향이었고, 그 성과도 적지 않았다. 국외 동포사회의 기대와 지원이 이를 증명한다.

Ⅲ. 동아시아 독립운동 주도 조직의 성격과 대한민국 임시정부

1. 제국주의 침략에 마주친 동아시아

서유럽 여러 나라가 세계로 나아가는 길은 아시아와 아프리카 국가들이 식민지로 변해 가는 과정이었다. 중세 봉건사회를 넘어선 서유럽 제국은 산업혁명을 거치면서 자본주의 사회로 이행하였고, 독점자본을 내세워 식민지를 개척하거나 재분할 과정을 거쳤다. 19세기 말에는 영국 · 프랑스 · 러시아 · 이탈리아 등이 제국주의 물결을 주도하였고, 여기에 독일과 미국 및 일본이 합세하면서 결국에는 제1, 2차 세계대전이라는 극단적인 국면을 만들어냈다.

제국주의 국가의 힘겨루기 속에서 아시아 · 아프리카 대다수 국가나 민족은 주권을 상실하고 식민지 늪으로 빠져 들었다. 기존 국가나 지배계급이 나서서 침략에 맞서 싸웠지만, 한 순간에 식민지로 전락하여 갔다. 결국 이들 식민지는 다시 자주권을 되찾기 위해 몸부림쳤다. 독립운동이라거나 민족운동이라는 것이 결국 식민지에서 해방되자는 것이다. 그 식민지해방운동을 주도해 나갈 조직과 인물이 필요했고, 역사적 부름에 따라 다양한 세력이 나타났다. 세계 식민지 제국은 모두 적절한 조직을 갖추고 해방운동에 나선 것이다.

제국주의 침략에 맞선 국가와 민족의 저항은 처절했다. 전통적인 국가나 왕조 차원의 전쟁도 있었고, 계층과 계급에 따른 항쟁도 펼쳐졌다. 그것이 한 세기를 넘어 진행되는 동안 주도세력이 바뀌고, 다양한 이념과 종교의 영향으로 저항 세력 사이에 갈등과 연합 · 통합도 이루어졌다. 그러면서 제국주의를 극복해 가는 저항 단위도 변해갔다. 형제단(아일랜드)이나 의화단(중국)이라는 이름에서 광복회(중국·베트남·한국) 같은 단체 이름이 나타나다가, 정부(한국·필리핀)와 정당(대다수 국가)이 주도적인 단위로 나타났다.

독립운동 주도 단위의 변화는 결국 운동 지향점과 내용 변화를 말해준다. 독립운동을 이끌어 간 단위마다 독립이라는 목표가 같았지만, 제국주의 침략에 대한 인식이나 그에 대한 극복논리 및 활동은 국가와 민족, 그리고 시기에 따라 상당한 차이를 보였다. 한국 독립운동을 이끈 단위는 의병(의진)에서 시작하여 '단團'이나 '회會'를 이름에 붙인 경우가 대다수였고, 제1차 세계대전을 맞아 군정부軍政府 명의가 나타났으며, 러시아혁명 직후에 한인사회당이 '당黨' 이름을 내세우고 나섰다. 그리고 3·1운동 직후에 대한민국 임시정부를 비롯한 여러 정부 조직이 선언되다가 1919년 9월부터 하나의 정부로 통합되었다. 한편 상하이에서 고려공산당이 만들어졌지만, 정당 조직이 독립운동의 주요 단위로 대두한 것은 1926년 유일당운동을 거쳐 1920년대 말이었고, 대한민국 임시정부와 밀접한 관계를 가지면서 활동이 펼쳐졌다.

이 글은 식민지해방운동을 펼친 여러 국가와 민족의 반외세 항쟁을 주도한 기관을 비교해 보면서 한국 독립운동의 특징을 규명하는 데 목표를 둔다. 그러자면 유럽과 아프리카를 비롯해 세계 전역을 다루어야 하지만, 이번 연구에서는 그 범위를 아시아에 한정시키려 한다. 프랑스와 일본에 저항했던 베트남, 영국에 맞선 인도, 네덜란드에 항쟁한 인도네시아, 스페인·미국·일본과 맞싸운 필리핀, 열강 침략으로 반식민지 상태를 겪은 중국을 다루고자 한다. 그러면서 한국 독립운동을 주도한 조직의 보편성과 특수성을 헤아려 보는 것이 이 연구의 초점이자 방향이다.

2. 동아시아 독립운동의 주도 조직

1) 중국

중국이 완전하게 식민지로 전락하지는 않았다. 그러나 아시아의 '대국大國'이 자본을 앞세운 유럽 제국주의 국가와 그 아류인 일본에게 상당한 영토를 빼앗기고 반식민지半植民地의 길을 걸었다. 두 차례에 걸친 중영전쟁을 필두로 하여 1930년대에는 만주를 상실하고 1940년에는 중국 대륙 절반 가까이를 일본군에게 내어 줄 정도였다.

중국 해방운동의 첫 단계는 청말淸末 반제운동反帝運動에서 시작되었다. 난징조약(1842)과 베이징조약(1860) 이래로 중국은 서유럽 열강에게 철저하게 유린당했다. 관세자주권을 상실하고 치외법권을 인정하며 최혜국 조항을 인정했고, 홍콩을 비롯한 영토 일부를 할양하거나 조계를 내주어야 했다. 자국 영토 안에 외국 군함이 자유롭게 이동할 정도였으니, 사실상 완전한 주권국가라고 보기 어려웠다.

패전을 거듭하던 중국은 국가 차원에서 반제운동을 펼칠 수는 없었다. 그 몫은 자연히 정부가 아닌 새로운 주도 세력에게 돌아갔다. 유교질서를 수호하려던 지방관과 신사층紳士層이 1860년대부터 반제운동을 주도했고, 점차 민중, 특히 민간 비밀결사가 반제운동의 주도 세력으로 등장했다. 항쟁의 주된 지향점은 반기독교운동이었다. 그러나 애초의 목적과는 달리 결과는 오히려 열강에게 더욱 많은 이권을 빼앗기는 것으로 나타났다. 애국적 열정으로 일어난 의화단운동이 가져온 결과는 신축조약辛丑條約(1901)이라는 치명적인 것이었다. 이에 따른 배상금은 중국이 근대화로 나아갈 재원을 고갈시킬 정도였기 때문이다. 결국 청조를 타도하지 않고서는 반제운동의 결실을 제대로 거둘 수 없다는 한계를 인식한 인사들이 청조 타도를 부르짖고 나섰으니, 곧 신

해혁명辛亥革命(1911)이었다.[52]

반제운동이 추진되는 과정에서 흥중회興中會·광복회光復會·중국혁명동맹회中國革命同盟會 등이 앞뒤를 이어 추진 주체로 등장하였다. 정당 조직의 앞 단계에 해당하는 단체가 1900년대에 등장한 것이다. 그들의 활동으로 신해혁명이 추진되었고, 중국국민당(1912)이 결성되었다. 중국의 혁명과 정당 조직의 등장은 하나의 물결 속에 이루어진 것이다.

중화민국이 성립된 뒤, 반제운동의 대상은 일본으로 고정되어 갔고, 항일운동이 초점으로 자리 잡혔다. 제1차 대전을 마치면서 독일의 자리에 일본이 들어섰고, 이에 굴복한 정부에 항의하여 일어난 5·4운동(1919)은 베이징정부와 일본, 그리고 국제 열강에 대항한 대도시 중심의 반제투쟁이었다. 중국 반제운동의 한 갈래를 엮어 나가는 중국공산당(1923)이 상하이에서 결성되었다.

중국의 반제운동은 군벌시대를 종식시킨 중국국민당 정부와 뒤늦게 출범한 중국공산당 몫이 되었다. 1924년에 맺은 제1차 국공합작은 반제운동이란 하나의 광장에 이념을 달리하는 두 정당의 힘을 결합시켰고, 시위와 파업으로 투쟁의 절정을 보여 준 5·30운동(1925)이 바로 그 시기에 일어났다. 이를 기점으로 정치투쟁, 곧 반제투쟁으로 전환하였고, 유례없는 민족주의적 대투쟁으로 발전하여 전체 중국인이 일대 각성하는 계기를 마련하였다.[53]

이후로 중국의 반제운동은 중국국민당 정부와 중국공산당이라는 두 개 조직이 주도하였다. 즉 정당이 이끄는 정부 조직이 반제운동의 주도 조직이 된 것이다. 장제스의 반공청당反共清黨(1927) 이후 갈라선 두 세력이 시안사건西安事件(1936) 이후 다시 제2차 국공합작을 이루면서 항일전쟁을 이끌어 갔고, 비록 폐허 위의 승리였지만 1945년 일본군

---

52) 윤혜영, 〈중국에서의 제국주의 침탈과 반제운동〉,《殉國》54(1995. 7), 22~23쪽.
53) 윤혜영,《중국현대사연구》, 일조각, 1996, 191쪽.

에게서 항복을 받아냈던 것이다.

일본 패망 이후 중국은 다시 3년전쟁을 겪었다. 반외세라는 차원에서 더욱 선명한 노선을 보인 중국공산당이 민중의 지지를 받아 승리하였고, 그 결과 중국은 대륙과 타이완으로 분단되었다. 이 분단이 중국인 자신의 탓이기도 했지만, 열강의 침략이 가져다 준 결과이기도 했다.

2) 베트남

제국주의 열강에게 침략당하기 직전, 18세기에 베트남은 남북으로 두 세력이 형성되어 있었다. 북부와 중부에 '떠이선西山'군과 남부의 '응우옌푹아인阮福暎'이 그것이다. 프랑스 선교사의 지원을 받은 남부세력이 북쪽을 진압하여 일구어 낸 것이 응우옌 왕조(1802~1945)였고, 이것이 최초로 남북 전체를 합쳐서 만들어 낸 통일 왕조였다. 외세를 동원하여 성립한 통일왕조는 당연히 지원 세력인 프랑스의 침략을 허용할 수밖에 없었다. 즉 1859년 프랑스군이 사이공(현 호치민시)에 진주하면서 응우옌 왕조 지배는 중단되었고, 여기에 반발하는 베트남인들은 반기독교운동을 펼치면서 프랑스와 충돌하였고, 이후 협조와 대결이라는 큰 구도 속에서 프랑스와 관계를 엮어 나갔다.[54]

프랑스는 청불전쟁(1884~1885)을 통해 베트남 지배권을 장악하고, 프랑스령 인도차이나를 성립시켰다. 그 결과 베트남을 세 부분으로 나누어 북부 통킹 지역을 보호령, 중부 안남을 보호국, 남부 코친차이나를 식민지로 장악했으며, 캄보디아·라오스를 보호국, 하노이·하이퐁·다낭 등을 직할 식민도시로 만드는 한편, 중국 광저우에 조차지를 확보했다.

베트남 해방운동의 선두는 남부 지역 저항군이 맡았다. 그들은 응우

---

54) 최병욱, 〈프랑스의 베트남 식민지지배에 보이는 협조와 대결〉,《전통과 현대》 10(1999 겨울호, http://www.jongtong.co.kr/99win/10s_5.htm)

옌 왕조의 의견에 반해 저항을 지속해 나갔고, 충효를 앞세운 유교 지
식인이 주도하였다. '껀브엉勤王운동'으로 표현되는 1870~1880년대
투쟁은 전직 관료·유학자·문신文紳 등이 주도했고, 반프랑스·반기
독교가 그 핵심이었다. 1900년대 초 이후로는 해방운동의 성격 변화
가 나타났다. 교육운동·무력 증강·혁명 추구 등이 그것이다.[55]

1910년대에 새로운 개념의 해방운동 조직이 결성되었으니, 베트남
광복회가 그것이다. 1912년에 결성된 이 조직은 군대 조직으로서, 판
보이쩌우潘佩珠(1867~1940)에 따라 주도되었다. 베트남광복회는 일본
과 중국 광둥 및 태국 방콕을 잇는 해외 혁명기지를 건설한 뒤, 베트남
국내 진공을 시도하다가 1914년에 와해되었다.[56] 이것은 한국의 대한
광복회가 만주 지역 독립군 기지 건설과 국내 진공을 염두에 둔 것과
흡사한 점이다. 한편 계몽운동으로서 사립학교 설립과 신사조 소개 등
에서 판쩌우찐潘周楨(1871~1926)의 활동이 대표적이다. 그는 급진적으
로 공화제를 추구한 인물로 프랑스와 협조하면서 하노이에 동킨응이아
툭東京義塾을 설립하고 베트남 국어 사용과 애국사상 전파에 힘을 기울
였다.[57]

1920년대는 베트남의 반프랑스운동에 전기가 마련된 시기였다. 계
몽운동을 거쳐 민족의식을 갖춘 신세대가 양산되고, 이들을 비롯하여
지식인·농민·소상인들이 반프랑스운동의 전면에 부상했기 때문이
다. 또 공산주의 이념이 가세하면서 무력적 혁명운동으로 발전한 것도
이 시기의 특징이다. 이러한 변화 속에서 등장한 베트남청년혁명동지
회(1925)는 호치민이 결성한 사회주의 성향의 해방운동단체였다.

베트남에서 정당 이름을 내세운 해방운동단체는 중국국민당을 모
방한 베트남국민당(1925)이 효시다. 그 이름은 정당이지만, 1930년에

---

55) 각주 3)과 같음.
56) 유인선, 《새로 쓴 베트남의 역사》, 이산, 2003, 329~331쪽.
57) 유인선, 앞의 책, 326~328쪽.

프랑스 병영을 무력으로 공격할 정도로 직접 항쟁을 펼쳐나간 기관이다. 하지만 프랑스군의 역공을 받아 흩어지고 말았다. 베트남국민당이 무너지던 무렵에 베트남공산당(1930)이 결성되었다. 여러 청년조직을 망라한 이 베트남공산당은 국제적인 네트워크를 가진 공산주의 계열이 주도권을 장악했고, 소비에트 운동을 펼치기도 하였다. 그러다가 1936년에 프랑스에서 인민전선이 승리하자, 베트남 혁명운동가들은 짧은 순간 프랑스와 우호적인 관계를 가졌다. 하지만 유럽 정세 변화로 다시 적대적 관계로 돌아서자 베트남 혁명운동은 약화되어 갔다. 그러던 가운데 일본이 등장했다.

1940년에 일본군이 베트남에 진입함에 따라 프랑스 식민정부는 한순간에 약화되었다. 당시 해방운동을 주도한 조직이 베트남독립동맹(1941, 베트민, 월맹越盟)이었다. 베트민의 창설과 더불어 모든 정치활동은 그 이름으로 펼쳐지고, 베트남공산당은 배후에서 조종하면서 전면에 나서지 않았다.[58] 베트민은 한편으로 프랑스 식민주의와, 다른 한편으로 일본 파시스트에 투쟁하였다. 그러다가 1945년 3월 일본이 프랑스 식민정부를 붕괴시킴에 따라 프랑스의 베트남 지배가 종결되었다.[59] 그러나 그 프랑스의 자리에 일본이 대치된 것뿐이었다.

베트민이 주도한 항일투쟁은 일본 패망 직전에 전국 봉기로 나타났다. 베트민이 전국을 통제하고, 응우옌 왕조 마지막 황제인 바오다이保大가 퇴위하였다. 프랑스와 일본 제국주의 지배가 종식되고 왕정 폐지가 이루어짐에 따라, 자주 민주사회를 구현했다는 의미에서, 이것이 '8월혁명'이라 불린다. 그 결과 9월에는 호치민을 수반으로 베트남민주공화국 수립이 선언되기에 이르렀다.[60] 하지만 이것이 완전한 독립이나 해방은 아니었다. 일본군 무장을 해제한다는 목적으로 북위 16도선

---

58) 앞의 책, 356쪽.
59) 위의 책, 360쪽.
60) 위의 책, 362쪽.

을 경계 삼아 북쪽에 중국국민당 군대, 남쪽에 영국군이 주둔하였고, 1946년에 양군이 철수하자, 프랑스가 남부에 재진입한 것이다.

이후 반프랑스 항쟁은 베트남민주공화국이 주도하였다. 중국공산당이 중국국민당을 쫓아내고, 북한에 공산정권이 들어서는 분위기 속에 베트민 지도부도 급격하게 공산화되어 갔다. 그러자 베트남독립동맹을 구성하던 우파 민족주의자들은 베트민을 이탈하여 반공주의자들과 합세하여 바오다이 황제를 다시 옹립하여 남부에 응우옌 왕조를 부활시켰다. 응우옌 왕조에 협조자로 다시 등장한 프랑스가 베트남에서 완전하게 철수한 것은 1954년 디엔비엔푸 전투에서 북베트남에게 패배한 뒤였다.[61]

베트남 해방운동은 유교지식인과 전직 관료 및 신사 등 전통적인 지배계급이 앞장섰다. 그러다가 도쿄 유학생 출신을 비롯한 신지식인들이 베트남광복회를 결성하여 국내진공을 준비하기도 했고, 주도 조직이 베트남국민당을 거쳐 베트남공산당, 그리고 좌우통합세력인 베트남독립동맹으로 이어졌다.

3) 필리핀

필리핀 식민지 역사는 길고도 길다. '마젤란의 세계일주' 이후 1565년부터 산정한다면, 필리핀이 식민지로 지낸 기간은 무려 380년에 가깝다. 스페인이 1898년까지 330년 정도, 미국이 1942년 5월까지 44년, 그리고 일본이 1945년 2월까지 3년을 식민지로 통치했고, 1945년 7월까지 미국이 다시 장악했다.

필리핀은 식민지 기간 동안 끊임없이 저항했다. 특히 19세기에 들어 유럽의 자유주의 물결과 남아메리카 여러 나라가 독립을 쟁취하는 상황에서 필리핀도 독립운동을 펼쳤지만 목적을 달성하지 못했다. 그

---

61) 유인선, 앞의 책, 385~389쪽.

러다가 19세기 후반에 들어 훨씬 조직적이고 구체적인 투쟁을 펼치기 시작했다. 이 시기를 대표하는 진보적 개혁지향자가 보니파시오Andres Bonifacio와 아기날도Emilio Aguinaldo였다. 이들은 비밀결사 카티푸난 Katipunan을 결성하여 스페인 지배세력·수도 성직자·대지주에게 대항하여 혁명을 일으키려 하다가 사전에 발각되어 실패하였고, 아기날도는 홍콩으로 망명하였다.[62]

　　1898년에 미국이 스페인과 전쟁을 벌이게 되자, 필리핀혁명군은 미국을 지지하고 나섰다. 홍콩에 망명해 있던 아기날도가 필리핀독립협회 결의를 바탕으로 미국과 협력을 작정하고 귀국하였으며, 필리핀독립군은 미군의 지원에 힘입어 스페인군을 격파하였다. 미국·스페인 전쟁을 독립 기회로 삼겠다는 필리핀독립군과 스페인 격파에 필리핀을 이용하려는 미국의 계산이 맞물려 양측은 협조관계를 맺었다. 스페인이 패배한 직후인 1898년 6월에 필리핀은 독립과 '혁명정부' 수립을 선포하고 아기날도를 대통령으로 선출하였다. 이어서 헌법을 제정하고 1899년 1월에 제1공화국을 수립했다. 하지만 미국은 끝내 이를 인정하지 않고 군정에 나섰다. 여기에 반발하고 나선 필리핀 혁명정부는 1899년 2월부터 1902년 4월까지 3년 동안 미국에 맞서 처절한 전쟁을 벌였다.

　　필리핀·미국 전쟁이 끝난 뒤에도 필리핀의 무장항쟁이 종식된 것은 아니었다. 게릴라 저항이 광범위하게 전개되었던 것이다. 다만 그것이 전국적으로 확대되거나 통일되지 못하는 한계를 갖고 있었다. 아기날도 대통령이 미군에 체포된 뒤에는 독립운동이 급격하게 약화되어 갔다. 그럼에도 아랑곳 하지 않고 필리핀의 게릴라 저항은 꾸준하게 이어졌다.

　　미국의 식민통치를 수용하지 않을 수 없는 상황을 인식하면서 필리

---

62) 서용석, 〈스페인과 미국의 필리핀 지배〉,《전통과 현대》10(1999 겨울호, http://
　　www.jongtong.co.kr/99win/10s_7.htm); 권오신,《미국의 제국주의; 필리핀인들
　　의 시련과 저항》, 문학과지성사, 2000, 42~43쪽

핀에는 여러 정당이 결성되었다. 미국이 필리핀 하원의회 설립을 허용함에 따라 제한된 범위이기는 하지만, 정당 활동이 시작된 것이다. 1907년에 결성된 민족당은 "완전하고 즉각적인 독립"을 강령으로 채택하고 정당 활동과 독립운동을 주도해 나갔다. 이에 반해 연방당·진보당은 친미정당이자 매국정당 가운데 대표적 존재였다.[63] 필리핀 의회는 1919년부터 1935년까지 11차에 걸쳐 독립청원사절단을 파견하여 미국에게 독립을 간구하였다. 결국 1935년에 10년이란 한시적 조건으로 독립과도정부가 수립되었고, 케손Manuel L. Quezon 대통령이 취임하였다. 자치정부를 달성한 필리핀으로서는 1년 뒤에 완전한 독립을 내다보면서 체제를 정비해 나갔다. 그러나 이를 좌절시킨 것이 바로 일본군의 침략이었다.

일본은 진주만을 공습한 지 4시간 뒤에 필리핀 곳곳을 공습하였다. 1942년 1월 3일 일본군이 마닐라를 점령했고, 5월에는 필리핀 전역이 일본에 강점당했다. 또 다시 식민 시대가 시작된 것이다. 그러자 케손 대통령이 이끄는 정부는 오스트레일리아를 거쳐 미국 샌프란시스코로 망명하였고, 1944년 8월에 케손 대통령이 사망하자 부통령 오스메나 Sergio Osmena가 뒤를 이었다.[64]

필리핀은 반일항전을 펼쳤다. 게릴라의 저항은 필리핀 전역에서 펼쳐졌고, 흩어진 미군과 연합전투를 벌였다. 그리고 샌프란시스코 방송과 이를 정리한 신문이 일본군의 감시를 따돌리며 저항 에너지를 만들어내는 데 기여하였다. 그리고 비록 한계가 뚜렷하지만 미국에 망명해 있던 필리핀 망명정부의 메시지는 꾸준히 필리핀 해방운동을 격려하고 있었다. 그런 가운데 맥아더가 이끄는 미군이 1944년 10월에 다시 필리핀으로 진격하고 1945년 2월에 필리핀 통치권을 필리핀 정부가 되

---

63) 권오신, 《미국의 제국주의; 필리핀인들의 시련과 저항》, 문학과지성사, 2000, 113~114쪽.
64) 김태명, 〈일제하 필리핀의 민족해방운동〉, 《殉國》 54(1995. 7), 59~60쪽.

찾았으며, 7월에 미국으로부터 완전한 주권을 돌려받았다.[65]

필리핀의 해방운동에서 정부 조직이 일찍 나타났다. 스페인 식민지에서 미국 식민지로 변하는 과정에서 선포된 필리핀 혁명정부가 그것이다. 그 정부가 미국에 대항하여 3년전쟁을 펼치다가 실패한 뒤, 미국은 필리핀에 자치의회를 인정해 주었고, 이후로 필리핀 독립운동은 정당을 중심으로 전개되었다. 민족당이 그 대표적인 조직이었다. 1935년에는 미국과 타협하여 과도정부가 수립되었지만, 일본의 침략을 받아 1942년 1월에 일제 식민지로 전락했다. 그리고 3년 뒤 통치권을 되찾고 독립할 때까지 비록 한계가 뚜렷했지만 미국에 망명한 정부가 항쟁을 격려하였다.

4) 인도네시아

인도네시아는 지리적인 조건에서 서유럽 국가들이 식민지를 개척하기 시작하던 무렵부터 침략 대상지였다. 그래서 이 지역을 손대지 않은 열강이 없을 정도였고, 열강의 침략과 수탈을 당한 기간은 무려 400년이 넘는 길고 긴 세월이다. 포르투갈에 이어 네덜란드가 1619년에 지금의 자카르타에 해당하는 바타비아를 건설하면서 식민통치를 시작했는데, 통치의 주체가 국가가 아닌 동인도회사(VOC, Vereenigde Oostindische Compagnie)라는 회사 형태를 띠고 있었다. 이는 이윤 추구 극대화가 목표였다는 사실을 말해 준다. 그리고 인도네시아에 대한 네덜란드의 직접통치는 공식적으로 동인도회사 해산과 함께 시작되었고, 실질적인 직접통치는 1830년에 가서야 이루어졌다.[66]

인도네시아는 식민지해방운동에서 어려움이 많은 나라였다. 침략국도 많았지만, 인도네시아라는 단일 전통국가가 존재한 일이 없기 때문

---

65) 김태명, 앞의 책, 59~60쪽.
66) 신윤환, 〈네덜란드의 인도네시아 통치〉, 《전통과 현대》 10(1999 겨울호, http://www.jongtong.co.kr/99win/10s_6.htm)

에 구심력이 없었다는 점이 가장 대표적이다. 수많은 섬들로 구성된 점이나 다양한 종족 구성과 종교, 또 언어의 불일치는 난제 가운데 난제였다. 그렇기 때문에 인도네시아 해방운동은 내적인 단결을 달성해 내는가 아닌가에 관건이 달려 있었고, 이런 난제를 해결하는 데 진전을 보인 시기는 1920년대였다.

인도네시아에는 19세기 후반부터 미약하나마 문화적 활동을 지향하면서도 종족적 색채가 강한 여러 가지 운동이 일어났다. 1908년 와히딘 수디로후소도Wahidin Soedirohoesodo가 주도한 부디우토모당Budi Utomo黨이 대표적이다.[67] 그 뒤 이슬람교도들을 중심으로 한 사레카트이슬람(SI, 이슬람연합) 운동이 인도네시아 전역에 걸쳐 일어나 종교를 통하여 종족의 벽을 극복하여 통일된 힘을 보여 주었다. 1910년대에 들어 사레카트이슬람은 급진적인 정치색을 띠기 시작했다. 1914년에 인도네시아사회민주연합이 등장한 이후, 1920년에 들어 동인도공산주의자연합을 거쳐 1924년에 인도네시아공산당으로 변신하면서, 인도네시아 해방운동은 크게 발전해 가기 시작했다.[68] 1920년대 중반을 넘어서자 좌우합작이 결실을 이루면서 민족운동은 급격하게 발전하였다. 인도네시아공산당은 1926년 노동조합 통일전선으로 동인도노동조합협의회를 결성하고, 이어 12개 정당과 노동조합을 결속하여 반제국주의 통일전선을 결성하였다. 1926~1927년 전국에 걸친 무장폭동은 그들의 힘을 보여 주는 거사였다. 그렇게 되자 네덜란드는 이를 비합법 조직으로 규명하고 탄압에 나섰다. 1만 3,000명이 체포되고, 일부가 총살되었으며, 4,500명이 수감되었다. 인도네시아 민중저항은 장차 20년 이내에 회생할 기미가 보이지 않을 만큼 철저한 탄압이 뒤를 이었다. 이를 통해 인도네시아인들은 네덜란드 식민정부의 본성을 인

---

67) 양승윤, 《인도네시아사》, 대한교과서주식회사, 2005, 285~287쪽.
68) 위의 책, 309쪽.

식하게 되고, 민족주의를 발아시켜 나갔다.[69]

　이 무렵 우파 세력은 인도네시아국민당 결성에 나섰다. 인도네시아
국민연합(1927)을 거쳐 1928년 5월에 결성된 인도네시아국민당이 공
산당의 무장폭동과 달리 비협조·비폭력 대중운동을 벌여 지도권을 장
악하고 세력을 확산시켜 나갔다. 그 핵심에 수카르노Soekarno가 있었
고, 그가 제창한 순수 민족주의운동은 국민적 공감대를 끌어냈다. 그
리고 인도네시아민족자치단체협의회(PPPKI)가 결성되고 범인도네시아
민족주의가 태동하였다. 1928년에 열린 제3차 인도네시아청년총회가
숨파 프무다Sumpah Permuda(젊은이의 맹세)를 선언하여 인도네시아 민
중들의 관심을 집중시켰다. 인도네시아를 하나로 묶어 내는 데에는 민
족주의운동이 적절한 것이었고, '하나의 조국-인도네시아, 하나의 민
족-인도네시아인, 하나의 언어-인도네시아어'가 그 운동의 확고한 틀
이자 방향이었다.[70]

　인도네시아 민족운동이 힘을 발휘하자 네덜란드 식민당국은 지도
자를 체포하였다. 그러자 민족운동의 방향은 군중집회를 통한 민중
계몽으로 수정되었다. 식민통치 아래 의회 구실을 맡은 폴크스라트
Volksraad의 지도자 탐린Thamrin은 1930년 1월에 인도네시아국민당
을 세워 네덜란드와 협력을 통해 인도네시아의 자치권 획득을 목표로
삼았다. 한편 인도네시아국민당이 해산 당하자 수카르노가 인도네시
아당(PI)으로 새로 조직하여 비협력 대중운동을 지속했다. 1931년에는
샤리르Sjahrir가 설립한 인도네시아민족교육협회(新PNI)가 인도네시아
당과 쌍벽을 이루면서 인도네시아 민족운동을 이끌어 갔다.[71]

　1930년대 이후 인도네시아 민족운동의 현실적인 목표는 자치권 획
득이었다. 그러한 노선은 1935년 12월에 결성된 대인도네시아당(PIR)

---

69) 앞의 책, 315~316쪽.
70) 양승윤, 〈인도네시아의 민족주의운동과 독립투쟁〉, 《殉國》 54(1995. 7), 41~43쪽.
71) 양승윤, 위의 책, 1995. 7, 41~42쪽.

으로 이어져 네덜란드와 협력을 통한 독립을 목표로 삼는 형국으로 진
행되었다.[72) 네덜란드에 비협조정책을 펴던 이슬람 종교지도자들도 협
력체제를 구축하고 나섰다. 1939년 5월에는 인도네시아민족교육협회
만을 제외한 나머지 민족주의 운동 단체들이 인도네시아정치동맹을 결
성하고 인도네시아인민대회를 개최하여 민중동원에 성공하였다.[73) 이
들은 자치의회 구성을 요구하고 나섰다. 그런데 1940년 5월에 제2차
세계대전이 발발하여 네덜란드가 함락되고, 1942년 3월 일본이 새로
운 침공자로 등장하였다.

　일본군이 침공하여 350년 역사의 네덜란드 식민지를 종식시키자,
인도네시아인들은 협력적인 모습을 보였다. 일제 통치 아래 인도네시
아인들의 활동은 지하 무장항쟁과, 일본에 대한 협력 속에 독립을 목
표로 삼는 두 가지 유형으로 나타났다. 지하 무장운동은 신新PNI를 중
심으로 반네덜란드·반일본 투쟁으로 샤리르가 대표적이다. 반면에 수
카르노와 하타Hatta가 이끈 협력활동은 전쟁과정에서 인도네시아의
국익을 옹호하면서 종전과 함께 독립을 달성한다는 목표를 갖고 있었
다. 1944년 일본이 패전 국면에 들자 일본도 인도네시아의 독립을 공
식적으로 약속했고, 친일시비가 있기도 했지만 독립이 눈앞에 다가서
자 민족주의자들의 평가도 높아졌다. 1945년 3월 인도네시아 민족주
의자들은 일제의 허가를 받아 인도네시아독립준비위원회를 구성하고
신생 정부를 논의하였다. 4세기만에 식민통치가 물러서기 시작했지만,
새로운 국가를 탄생시킨다는 것은 그리 쉬운 일이 아니었다. 특히 제
국주의에 저항하던 방법의 차이와 종교, 좌우 이념의 간극, 신구 세대
의 인식 차이들이 얽혀 하나의 국가를 수립한다는 것이 너무나 험난한
일이었다.

　수카르노와 하타가 인도네시아 독립위원회를 대표하여 1945년 8월

---

72) 양승윤, 앞의 책, 2005, 337쪽.
73) 위의 책, 341쪽.

17일 독립을 선포하였다. 그리고 다음 날 대통령 중심의 입헌민주공화국을 표방한 '1945년 헌법'이 공포되었다.[74] 인도네시아 최고의 목표는 통일된 단일국가 수립이었다. 공화국정부가 세워졌지만, 일주일 뒤에 네덜란드가 기득권을 주장하고 다시 상륙하면서 장벽에 부딪쳤다. 이에 청년들이 무장항쟁에 나서서 일제 기관들을 장악하기 시작하고, 군중집회를 연일 이어 나갔다. 일본군을 해체하기 위해 상륙한 영국군이 네덜란드를 지원하고 나섬에 따라, 인도네시아는 다시 영국군과 전투를 치렀다. 이슬람지도부는 성전으로 규정하고 나서자 각종 무장단체들이 전투에 동참하였다. 인도네시아 · 네덜란드 연방공화국을 거치고, 인도네시아 문제가 국제연합에 상정되고 협상이 진행되다가, 결국 1950년 8월 17일, 독립 선포 뒤 꼭 5년 만에 연방이란 틀을 깨고 인도네시아공화국이 수립되었다. 하지만 네덜란드 · 인도네시아연합이라는 족쇄는 1956년 2월에 가서야 폐기됨으로써 완전한 독립은 몇 년 더 늦어지는 기나긴 인고의 세월이었다.

　인도네시아 독립운동에서 주도 조직은 대개 협회와 정당 명칭을 내세운 조직이 많이 등장했다. 1910년대부터 등장한 사회주의는 1920년대에 인도네시아공산당 결성으로 발전했고, 1926~1927년에 인도네시아 역사상 최고의 무장항쟁을 펼쳤다. 1930년대에 들어 인도네시아당과 대인도네시아당 등 정당 조직이 독립운동을 이끌면서, 도서국가島嶼國家라는 지리적 성격과 다종족 · 다언어 · 다종교가 가지는 분산성과 다양성을 극복하여 전체를 민족주의라는 틀로 결속시켜 나갔다. 특히 인도네시아는 전통적인 단일국가이거나 통합국가가 아닌 경우였으므로, 식민지해방운동 과정 자체가 민족주의를 형성하고 근대국가를 수립하는 과정이었다.

---

74) 경남대학교 극동문제연구소, 《인도네시아》, 경남대학교 출판부, 1983, 16쪽.

5) 인도

인도에 대한 영국의 침략과 통치는 식민지를 영속시킨다는 계획 아래 준비되고 진행되었다. 영어 교육을 통해 영국식 사고방식을 갖는 새로운 지식층을 만들어, 영국통치에 필요한 협조자이자 충성 집단을 창출하고, 이를 바탕으로 식민지 경영의 효율성을 높인다는 것이 영국의 정책이었다. 그 계산은 정확하게 들어맞아 반세기만에 신지식층이 형성되었고, 1885년에는 이들을 중심으로 국민회의라는 충성집단이 조직되었다.[75] 그 지도자들은 영국을 닮아 가는 과정과 자신들의 입지를 조금씩 넓히는 데 만족하였다. 영국 식민통치 정책이 성공한 것이다. 하지만 머지않아 난관이 나타나기 시작했으니, 국민회의 대표 가운데 틸라크Tilak를 비롯한 항영抗英세력이 나타나기 시작한 것이다. 즉 충성스런 신민으로 대영제국 안에 안주하는 것이 아니라, 인도의 완전 자치를 목표로 삼은 저항 세력이 형성되어 갔다.[76]

항영운동에 불을 지핀 사건이 1905년 영국의 벵골 지역 분리조치였다. 무슬림과 힌두를 기준으로 동서로 분리하는 것이 종교적 대립을 조장하려는 분리통치정책이라 판단한 인도인들이 저항하였고, 스와데시Swadeshi(토산품 애용)와 보이콧Boycott(외국상품배척), 국민교육, 자치운동 등이 구체적인 활동으로 나타났다. 이 운동은 인도 전역으로 확산되고 큰 성과를 거두었다. 애국시인 타고르Tagore가 스와데시 상점을 개설한 것도 이 시기의 일이다.[77]

'과격파'보다 더욱 강한 '폭력파'가 나타났다. 국민회의나 대중적인 지지가 미약했지만, 벵골 분리조치 이후 이 세력은 점차 확산되어 갔다. 그러나 '과격파'라는 중간층이 워낙 두터웠으므로 '폭력파'가 확산

---

75) 森本達雄, 〈인도 독립사〉, 네루 외 저, 신경림 편역, 《인도의 독립운동》, 1979, 75쪽.

76) 조길태, 《인도사》, 민음사, 1994, 448쪽.

77) 위의 책, 454~455쪽.

되는 데에는 한계가 있었다. 그럼에도 불구하고 여기에 학생층이 가담함으로써 강도 높은 투쟁은 지속되었다.

인도 해방투쟁사에서 획기적인 변화는 간디Gandhi의 출현이었다. 1915년에 남아프리카에서 귀국한 간디가 그곳에서 성공시킨 사티아그라하Satyagraha(진리추구) 운동을 인도에 도입하였다. '사티아그라하 서약'과 '사티아그라하 연맹'을 조직하고 대중에게 가르침을 주었다. 1919년 4월 6일을 '사티아그라하의 날'로 정했다.[78] 이는 물리적 힘에 대한 정신력 우위를 내세우면서 비폭력을 전쟁을 펼쳐나가는 방략이다. 이는 안중근이 이토 히로부미를 처단한 뒤 일본의 회유를 물리치면서 오히려 이론적 우위를 보인 점과 유사하다.

1917년 비하르주와 구자라트주에서 이 운동을 펼쳐 농민·노동자들이 지주와 공장주의 횡포를 해결하는 성과를 올리면서, 간디는 마하트마Mahatma, 즉 '위대한 성자'로 떠올랐다. 1920년 8월 간디는 대규모 사티아그라하 운동에 나섰다. 제1차 세계대전에 참여하고 기여한 피의 대가에 극히 인색한 영국 태도에 반기를 든 것이다. 여기에 국민회의와 무슬림연맹이 합동회의를 열고 간디가 이끄는 비폭력·비협조 운동을 적극 지지하고 나섰다.[79] 급기야 총독부 행정이 마비되자, 총독부는 2만 5천 명을 투옥시키는 탄압으로 맞섰다.[80]

간디는 1930년 시민불복종운동을 일으켰다. 이것은 비폭력·비협조보다 한층 적극적인 저항운동이었다. 이것은 단순한 비협조가 아니라 아예 총독부의 법규를 무시하는 투쟁을 펼치는 방법이었다. 241마일 '소금행진'으로 대표되는 항쟁은 세계적으로 유명한 사건이었다.[81]

---

78) 森本達雄, 〈인도 독립사〉, 네루 외 저, 신경림 편역, 《인도의 독립운동》, 1979, 104~105쪽.

79) 힌두와 무슬림의 연합은 큰 숙제였고, 그래서 1차 세계대전 직후 두 세력의 연합 모색이 성과를 거두기 시작하자, 무슬림 지도자 진나는 힌두·무슬림 화해가 통일정부가 출현하는 신호라고 강조할 정도였다.(조길태, 《인도민족주의운동사》, 신서원, 1993, 312쪽)

80) 조길태, 《인도사》, 민음사, 1994, 514-515쪽.

81) 森本達雄, 〈인도 독립사〉, 네루 외 저, 신경림 편역, 《인도의 독립운동》, 1979,

그가 감금되자 격렬한 저항과 파업이 뒤따랐고, 5백 명이 넘는 사상자와 6만 명의 투옥자가 나왔다. 제2차 세계대전이 터지고 일본군이 미얀마를 유린하자, 영국 처칠Churchill 수상이 종전 후 인도의 자치를 보장한다면서 인도의 지원을 요구하고 나섰다. 간디는 단호하게 선철수先撤收 주장으로 맞받았다. 간디를 비롯한 국민회의 지도자들이 대거 구속됨으로써 저항은 약화되었다.[82]

이어서 일본군의 지원을 받아 항영전쟁을 펼치는 세력이 나타났다. 1942년에 결성된 인도국민군이 그것인데, 이는 일본군에게 포로가 된 인도장병을 근간으로 삼아 결성된 것이다. 이어 그해 10월에 싱가포르에서 '자유인도임시정부'가 수립되고, 영국과 미국에 선전포고하였다. 그러나 일본군의 패전으로 말미암아 임시정부는 항복하고 말았다.[83]

제2차 세계대전이 끝난 뒤, 영국이 정권을 이양함으로써 인도는 독립을 성취했다. 무슬림과 힌두교의 충돌은 인도의 앞길을 가로 막았고, 전국을 피로 물들였다. 한편 쇠약해진 간디를 앞지르고 힌두지도자 네루Nehru와 파키스탄의 분리독립운동 지도자 진나Jinnah가 정권을 잡고 나섰다. 1947년 8월 15일 약 2백 년 만에 독립을 쟁취하였지만, 인도와 파키스탄으로 나뉘는 분단의 비극을 겪어야 했다.[84]

인도의 독립운동은 국민회의라는 식민지 회의체와 무슬림연맹, 공산당 조직을 통해 전개되었다. 영국의 영원한 식민지 건설을 위한 조직체로 결성되었지만, 인도 독립을 추구하는 세력이 결집되면서 항영운동의 핵심으로 자리 잡기 시작한 것이다. 여기에 간디가 가세한 이후, 특히 1920년대 이후 사티아그라하 운동·시민불복종운동·인도철퇴운동 등은 국민회의와 힌두·무슬림연맹, 농민과 노동자 등이 총체적으로 식민통치를 종식시키는 운동으로 전개되었다.

137~139쪽.

82) 조길태,《殉國》54(1995. 7), 38~39쪽.

83) 森本達雄, 위의 책, 174~175쪽.

84) 조길태, 위의 책, 540~547쪽

3. 한국 독립운동의 주도 기구

한국 독립운동은 1894년 갑오의병에서 시작되었다. 전통적인 유림이 그 지도부를 구성하여 앞장섰고, 대개 학맥과 혈맥이 얽혀 지도력을 발휘하였다. 의병전쟁이 진행되는 과정에서 민중의 성장과 역할이 점증하였다. 계몽운동 단계에 접어들어서는 신지식층이 국민교육회를 비롯한 구국교육단체와 학회, 그리고 신민회와 같은 비밀결사체를 구성하여 독립운동을 이끌어 갔다. 1910년에 나라를 잃은 뒤에는 의병과 계몽운동 지도자들이 망명하면서 새로운 운동기관을 만들었다. 간도와 남만주 일대에서 건립된 독립군 기지가 그것으로, 경학사·백서농장·부민단 등이 그러한 조직에 속했다. 그리고 국내에서 의병계열이 조직을 갖추고 활약하기도 했고, 만주 지역 독립군 기지를 육성하고 국내로 연결하는 차원에서 대한광복회의 활약도 돋보였다.

제1차 세계대전을 전후하여 독립운동 조직에는 많은 변화가 나타났다. 대한광복군정부라거나 신한혁명당이 그러하고, 러시아혁명의 영향을 받아 러시아 지역에서 결성된 한인사회당이나 상하이에서 조직된 신한청년당도 그러했다. 이들이 아직 만족스런 체제를 갖추거나 완전한 강령을 갖춘 단계는 아니더라도, 일단 명칭에서 '군정부'라거나 '정당' 이름을 가진 단체가 나타나고 이를 단위로 독립운동이 펼쳐지기 시작한 것이다.

1919년 3·1운동은 독립운동 조직에 큰 변화를 가져왔다. 제 모습을 갖춘 정부 조직이 수립되고, 또 그것을 바탕으로 독립운동이 진행되기 시작하였다. 3·1운동이 일어나자 바로 정부 조직이 곳곳에서 발표되었고, 실체를 갖춘 국민의회(3. 17)와 대한민국 임시정부(4. 11), 그리고 한성정부(4. 23) 등과 전단으로만 드러난 정부 조직들은 한결같이 민주공화정을 표방하였다. 상하이에서 대한민국 임시정부가 수립되는 과정에서 정당조직론과 정부수립론이 절충을 벌이다가 끝내 정부수립으로 가닥을 잡았다. 정당조직이 앞서고 정부수립이 뒤를 따르는 길이 보편적이지만, 3·1운동으로 선언된 '독립국'을 이끌어 나갈 정부 조직체가 훨씬 매력적이었던 것 같다.

1919년 가을에 이들 정부가 하나로 통합되면서 대한민국 임시정부는 한국 독립운동의 구심체가 되었다. 대한민국 임시정부가 전체 독립운동을 이끌어가는 현상은 수립 후 2년 가까이 진행되었다. 밖으로는 우선 파리강화회의에서 한국 문제를 상정하려는 노력을 벌이고, 1905년에 외교권을 빼앗긴 이후 처음으로 국제무대에서 독자적인 목소리를 내려고 힘을 쏟았다. 군사면에서 만주 지역 독립군을 정부 조직 아래 편제시키고, 자체 무관학교와 군대를 편제하면서 국내진공의 가능성을 내다보았다. 그러는 한편 국내 행정을 장악하기 위해 원격통치망을 구축해 나갔다. 교통국과 연통제가 바로 그것이다. 그리고 국내진공을 펼칠 경우 나라 안에서 호응하고 나설 군사 세력을 마련하기 위해 국내에 주비단籌備團을 심어 나갔다. 또 해외 동포사회를 정부 중심으로 묶어 내는 작업도 추진되었다. 상하이와 톈진의 교민단을 정부의 바탕으로 확보하고, 미주와 시베리아의 대한인국민회를 자치기관으로 파악하였다. 그리고 대한민국 임시정부 주변에는 많은 단체들이 자리 잡았다. 정부의 직할 조직으로서 적십자회라거나 인성학교 등 많은 조직들이 들어섰으며, 비록 정부의 지휘를 받지 않더라도 의열단을 비롯한 투쟁조직도 대한민국 임시정부와 일정한 거리를 가지며 활동하였다.

대한민국 임시정부가 독립운동을 추진하는 망명정부로서 제구실할 때에는 여기에 필적할 다른 조직이 없었다. 대개 대한민국 임시정부와 밀접한 관계를 가지거나 일정한 거리를 유지하며 활동했던 것이다. 그러다가 대한민국 임시정부가 1921년부터 약화되면서 독립운동 주도 조직체에 변화가 나타났다. 우선 대한민국 임시정부에 합류해 있던 사회주의자들이 고려공산당을 결성하였고, 코민테른의 자금을 지원받아 대한민국 임시정부 자체의 존폐와 개편 문제를 다룬 국민대표회의가 열리기도 했다. 사회주의 수용과 국제정세 변화는 대한민국 임시정부 중심의 독립운동 지도부에 큰 변화를 가져다주었다. 새로운 이념의 수용과정에서 나타난 분화와 통일운동이 독립운동계 지형변화를 가져왔기 때문이다. 이당치국以黨治國 체제와 좌우합작이란 틀이 씨줄과 날줄이 되어 유일당운동唯一黨運動을 시작했고, 국내외 전반에 걸쳐 조직의 통합과 이념의 혁신화가 추진되었다. 그러나 민족문제에 대한 이해와 이념의 다양성이 얽히면서 독립운동가들의 이합집산이 거듭되었고, 1920년대 말에는 코민테른의 영향을 받으면서 좌우합작이 소강상태에 들었다.

한편 1920년대 국내에서는 청년운동 조직들이 활발하게 등장했고, 사회주의 영향을 받으면서 노동운동과 농민운동을 이끌어 가는 계몽적 단체들이 결성되었다. 특히 1925년에는 조선공산당이 결성되어 일제의 탄압을 겪으면서도 비밀조직으로 유지되었고, 그 과정에서 6·10만세운동을 주도하기도 했다. 또 1927년에는 민족주의 세력과 연합을 일구어 신간회를 결성하기도 했다. 만주 지역에서는 서로군정서와 북로군정서를 비롯한 군정부 성격을 지닌 조직체가 대한민국 임시정부와 연계를 맺으면서 독립운동을 이끌어 갔고, 참의부·정의부·신민부 등도 그러했다.

1930년대에 독립운동을 이끌어간 주도 조직은 대한민국 임시정부, 그 정부에 대해 처지가 다른 여러 정당조직, 만주 지역 정당 등이 대표적이다. 유일당운동에 매달리던 1920년대와 달리 사회주의 계열의 독자적 노선 선택은 대한민국 임시정부 구성원들로 하여금 한국독립당 결성으로 방향을 잡게 만들었다. 1930년 조직된 한국독립당은 대한민국 임시정부를 구성한 유일정당이었고, 의열투쟁 방략을 선택하여 일본의 침략을 맞받아치는 반일전쟁을 벌임으로써 활기를 되찾았다. 그러다가 1930년대 중반이면 대한민국 임시정부 주변에는 한국국민당과 조선민족혁명당을 비롯해 여러 개의 정당조직이 포진하고, 광복진선光

復陣線이나 민족전선民族戰線과 같이 합종연횡을 거듭하면서 1940년대
까지 독립운동의 주요 조직으로서 자리 잡았다. 이 과정에서 군사력을
양성하고 중일전쟁이 일어나자 바로 전시체제를 갖추어 나갔다. 조선
의용대와 한국광복군이 그 결실이었다. 일본군이 하와이를 기습했다는
소식을 듣자마자 바로 대일전선對日宣戰을 포고한 대한민국 임시정부의
자세나 미국 OSS 부대와 합작한 것, 인면전구印緬戰區에 광복군을 파
견하여 영국군과 합작한 것은 모두 군사력 양성의 결실이었다.

한편 만주 지역에서는 1920년대 후반 유일당운동이 마무리될 무렵
조선혁명당과 한국독립당이 생겨나 조선혁명군과 한국독립군을 이끌
며 항일전쟁을 치렀다. 그리고 1930년대 후반에는 중국공산당만주성
위원회 소속 동북항일연군에 많은 한인들이 참여하여 반일전쟁을 펼쳐
상당한 성과를 올리기도 하였다. 한편 미주 지역 동포사회에도 독립운
동을 이끌어가는 조직들이 다수 나타났다. 1903년 노동이민으로 시작
된 동포사회 형성은 곧 독립운동 조직으로 연결되었고, 대한민국 임시
정부 수립 이후에는 해방에 이르기까지 대개 정부 옹호와 지원이라는
일관된 길을 걸었다.

4. 독립운동을 이끈 조직의 발전과 대한민국 임시정부

독립운동을 이끌어간 조직은 국가에 따라 약간 차이를 보인다. 중국
은 지속적인 전쟁으로 많은 땅을 상실당하면서 반식민지半植民地 상태
에 빠졌지만, 자국 영토 안에서 국가를 유지하는 정부가 있고, 이를 지
지하는 국민이 존재하였다. 대일항전의 주도 조직은 정부(난징정부)와
정당(중국국민당, 중국공산당)이었고, 두 차례 합작을 이루면서 일본을 물
리쳤다. 해방 후 3년전쟁을 치르고 중국과 타이완이 분립되었다.

다른 국가의 경우 독립운동 주도 조직은 대개 정당이었다. 베트남 ·

필리핀 · 인도네시아가 모두 그러했고, 한국도 이와 비슷했다. 그렇다
고 해서 사정이 같았다는 것은 아니다. 동아시아의 경우 자국 안에 합
법적인 공간을 가진 정당이 존재했지만, 한국의 경우는 국내에 그런
활동이 불가능했기 때문이다. 그래서 조선공산당이 지하로 잠적했고,
오직 국외 망명지에서 정당 조직을 운영할 수 있었던 것이다.

　정당 조직이 등장한 시기는 필리핀과 인도네시아가 1900년대로 빠
르고, 한국과 중국에서는 1910년대, 그리고 베트남은 1920년대였다.
필리핀의 경우 미국 · 스페인 전쟁이 끝나자마자 선포했던 필리핀 혁명
정부가 '3년전쟁' 끝에 무너지자 일찍 정당이 들어섰다. 인도네시아는
이슬람교와 공산주의가 결합하면서 좌파 정당 중심의 활동이 강했다.
한편 베트남의 정당 조직은 군사 조직을 겸한 것이어서 만주 지역에서
활동한 조선혁명당군이나 한국독립당군과 유사했다. 그리고 정당 조직
은 대체로 좌우 세력으로 분립되고, 이들이 통합하거나 일시적으로 합
작을 도모하는 공통점을 보였다. 인도의 경우는 영국이 식민지를 의식
화 시킨다는 목표 아래 안전판으로 만들어 낸 국민회의가 독립운동의
구심점으로 떠오른 사례였다. 여기에 간디가 사티아그라하 운동을 벌
이며 합세했고, 다른 한편에서는 무슬림연맹이 영향력 큰 주도 조직으
로 움직였다.

　독립운동 주도 조직으로서 정부 조직을 가진 나라는 한국과 필리핀,
그리고 인도였다. 그렇다고 해서 필리핀과 인도의 경우가 한국과 비슷
하지는 않았다. 필리핀은 두 차례 정부 조직이 존립하였다. 미국과 스
페인의 전쟁이 끝나자 바로 혁명정부(1899)를 선언했지만, 결국 3년 전
쟁 끝에 좌절하고 말았다. 그러다가 1935년에 식민통치국가 미국의
허락을 받아 과도정부를 운영하였고, 1942년 일본의 침략을 받을 때
에는 식민모국의 품속에 옮겨가서 안주했다. 하지만 한국의 경우는 망
명지에서 수립되고 존립했다. 그래서 험난하고 힘든 과정을 겪어야만
했다. 또 인도의 경우는 일본군의 지원을 받아 1942년에 대한민국 임

시정부가 망명지에서 수립되었지만, 2년 만에 무너지고 말았다.

〈표〉 동아시아의 독립운동 주도 조직

	한국	중국(타이완)	베트남	필리핀	인도네시아	인도
침략국	일본	영국 프랑스 일본	프랑스	스페인 미국 일본	네덜란드 일본	영국
독립운동 주도조직	정부 정당	정부 · 정당	정당	정당 · 정부	정당	국민회의 · 정당 · 정당
망명정부 소재지	중국		미국			
망명정부 존속기간	1919~1945			1942~1944		
해방/ 복국/ 건국	1945/1948	1945	1954	1944/1945	1945/1950	1947

　　대한민국 임시정부를 세계 식민지해방운동사에서 특별히 눈여겨 볼 필요가 있다. 다른 국가에서 찾아볼 수 없는 특징을 갖고 있기 때문이다. 대한민국 임시정부는 시기에 따라 왕성하게 독립운동계를 대표하고 이끌어 가기도 하였지만, 그 반대로 매우 허약한 모습을 보이기도 하였다. 경우에 따라서는 활발한 활동을 통해 정부적 위상을 드러내기도 했지만, 어떤 때에는 '정부'라는 이름에 어울리지 않게 하나의 독립운동 단체 정도의 수준에 지나지 않거나 오히려 다른 독립운동 조직보다 훨씬 미약했던 시기도 있었다. 대한민국 임시정부는 수많은 난관을 하나씩 극복해 나가면서 무려 26년 반이라는 긴 시간에 걸쳐 독립운동의 중심축으로 자리 잡았다.

　　대한민국 임시정부의 대내적 성과로는 최초의 민주공화정부를 세웠다는 것과 이념적 분화를 극복하여 통합정부를 달성하였다는 사실을 들 수 있다. 민주공화정을 구현한 점은 '혁명'에 속한다. 베트남이 1945년에 식민지 해방과 함께 민주공화국 수립을 달성하여 '8월혁명'

이라 부르는 점과 비교할 만하다. 다음으로 대한민국 임시정부가 독립
운동계의 대통합을 달성한 사실은 민족통일을 염원하고 있는 오늘날의
우리에게 귀중한 교훈을 주고 있다. 민족이 이념보다 상위개념으로 규
정된다면, 그를 목표로 통합을 달성할 수 있다는 선례를 보여준 사실
이다. 이 경우는 인도네시아의 민족운동이 종족과 종교, 이념의 차이
를 넘어 '하나의 민족'을 구현해 낸 사실과도 비교해 볼만한 부분이다.

대한민국 임시정부는 대외적으로도 세계사적 의미에서 두 가지 성
과를 남겼다. 하나는 세계 식민지해방운동사에서 정부 조직으로서 27
년에 가까운 기간 동안 식민지해방운동을 펼쳤다는 전무후무한 사례
를 남긴 것이고, 다른 하나는 이를 바탕으로 열강 세력들이 카이로선
언(1943. 12. 1)을 통해 한국의 독립을 보장하게 되는 초유의 사건을 가
져 온 것이다. 그렇기 때문에 인도의 지도자 네루Nehru는 아시아 식민
지 국가 가운데 열강에 독립을 보장받은 유일한 나라가 한국이라며 부
러워했던 것이다.

한국 독립운동을 이끌어 간 주도 조직은 각종 애국단체에서 점차 정
당 조직체로 발전하였다. 그런 점은 다른 아시아 국가들의 경우와 마
찬가지다. 다만 망명지에서 정부를 수립하고 이를 중심으로 27년이라
는 오랜 기간 동안 투쟁을 펼쳐나간 점에서, 한국 독립운동이 세계 식
민지해방운동사에서 가지는 의미가 크다고 평가할 만하다.

Ⅳ. 충칭시기 대한민국 임시정부의 지도체제

1. 대한민국 임시정부의 충칭 정착

대한민국 임시정부가 중국의 전시 수도인 충칭重慶에 도착한 때는 1940년이었다. 윤봉길 의거 직후 상하이를 떠나 전장鎭江에 머물던 대한민국 임시정부는 1937년 11월 18일 후난성 창사長沙로 이전하고, 1938년 7월 1일 윈난성 쿤밍昆明을 목적지 삼아 출발하여, 9월 17일 광둥성 남해 현성에 도착했으나, 일본군 공격에 방향을 틀어 광둥성 류저우柳州에 도착, 그곳에서 반년을 보냈다. 1939년 4월 류저우柳州를 떠난 대한민국 임시정부는 5월에 충칭 남쪽 치장綦江에 도착하고, 7월 그곳에 판공처를 설치하였다. 그런데 김구는 광저우에서 대한민국 임시정부와 헤어져 바로 충칭으로 이동하였으므로, 이미 1938년 말에 충칭에 도착하여 움직이고 있었다. 그러다가 정부 판공처가 정식으로 충칭에 도착한 시기는 1940년 9월 초, 곧 한국광복군을 창설하기 직전이었다.

대한민국 임시정부가 이동하던 길은 멀고 힘든 여정旅程만이 아니라 중첩된 많은 과제를 풀어야 하는 고난의 길이기도 했다. 독립전쟁을 치를 수 있도록 체제를 갖추는 전시체제戰時體制 구축構築, 좌우 세력을 묶어야 하는 통합정부 추진, 대한민국 임시정부 요인과 가족들의 생명을 보전해야 하는 지원체제 마련, 여기에 정부를 이끌어 갈 지도체제 확립 등이 주된 과제였다.

이 가운데 지도체제는 상당한 문제를 안고 있었다. 1927년에 제3차 개헌을 통해 마련된 '대한민국임시약헌大韓民國臨時約憲'이 13년 동

안 대한민국 임시정부를 이끌던 헌법이었고, 여기에 담긴 국무위원제
가 지도체제의 기본이었다. 그런데 대한민국 임시정부가 충칭에 도착
하던 무렵, 이를 바꾸어야 한다는 필요성이 절실하게 대두하였다. 그
래서 제4차 개헌, 곧 제5차 헌법이 마련된 것이다. 뒤 이어 좌우합작
으로 통합정부를 이루면서 다시 지도체제의 개편이 진행되었다. 1944
년에 개정된 제6차 헌법 '대한민국임시헌장大韓民國臨時憲章'이 그 결실
이다.

이 글은 대한민국 임시정부가 충칭시절에 갖춘 지도체제를 분석하
는 데 목적을 둔다. 이를 주제로 다룬 선행 연구로 몇 편이 눈에 띈다.
이들 연구는 대한민국 임시정부가 충칭에 도착하여 주석제에 이어 주
석·부주석제를 채택한 사실을 정리하거나,[85] 그러한 변화가 좌우합작
이라는 과정을 통해 진행된 것이라는 점을 정리해 냈다.[86] 또 민족혁명
당의 대한민국 임시정부 합류와 신한민주당 결성으로 빚어진 지분 다
툼, 그리고 개혁과정에서 주석·부주석제의 등장과정과 정치지형 변화
를 추적한 성과도 있었다.[87] 이 연구는 이러한 기존의 연구업적을 바
탕으로 삼으면서도, 제4차 헌법부터 마지막 제6차 헌법까지 조문을 비
교 검토하여 지도체제의 변화가 독립운동과 어떻게 맞물려 돌아갔는지
밝히는 데 목표를 둔다. 이를 밝히기 위해, 《대한민국임시정부자료집》
편찬 과정에서 새로 수집된 〈대한민국임시정부공보〉와 함께 헌법 문안
을 비교하는 데 중점을 둔다.

---

85) 손세일, 〈대한민국임시정부의 정치지도체제〉, 《3·1운동 50주년기념논집》, 동아일
  보사, 1969.
  홍순옥, 〈대한민국임시정부의 제5단계 헌법문안에 관한 연구〉, 《동국대논문집》 3,
  1974.
  조동걸, 〈대한민국임시정부의 조직〉, 국사편찬위원회, 《한국사론》 10, 1982.
86) 홍선표, 〈임시정부 주석제 조직과 운영〉, 《대한민국임시정부수립80주년기념논문
  집》 상, 국가보훈처, 1999.
87) 배경식, 〈충칭시기 '반한독당세력'의 임시정부 개조운동〉, 《대한민국임시정부수립
  80주년기념논집》 상, 국가보훈처, 1999.

2. 국무위원제의 한계

국무위원제는 대한민국 임시정부의 지도체제로서는 가장 오래 유지되었다. 이 체제는 1927년 4월 11일 개정된 헌법인 '대한민국임시약헌'을 근거로 삼아대한민국 임시정부 존속 기간의 반에 해당하는 13년 동안 이어졌다. 지역으로 보더라도 이 체제는 대한민국 임시정부가 존재한 모든 지역에 걸쳐 존속했다. 상하이에서 시작하여 이동기를 거쳐 충칭에 도착할 때까지 국무위원제가 존속했던 것이다.

국무위원제는 대한민국 임시정부가 쇠약한 국면을 극복하기 위한 체제를 모색하는 과정에서 선택된 지도체제이다. 1926년 안창호가 앞장서서 시작한 유일당운동唯一黨運動에 대한 대응이라는 점과 내각 구성이 어려워 국무령제가 제대로 뿌리 내리지 못하던 한계를 극복하자는 것이 개헌과 국무위원제 채택의 직접적인 요인이었다. 유일당운동에 대한 대응은 독립운동세력이 하나로 뭉친 유일대당이 만들어진다면, 정부 운영 권한을 거기에 넘긴다는 것으로 정리되었다. 이는 국내외에 걸쳐 널리 퍼져가던 유일당운동을 대한민국 임시정부가 능동적으로 수용한 것이다. 제4차 헌법인 '대한민국임시약헌' 제1, 2조는 다음과 같다.

> 제1조 : 대한민국은 민주공화국이라 국권은 인민에게 있음.
> 　광복완성 전에는 국권이 광복운동자 전체에 있음.
> 제2조 : 대한민국의 최고권력은 임시의정원에 있음.
> 　광복운동자의 대단결인 당이 완성된 때에는 국가의 최고권력이 이 당에 있음.

제1조는 주권의 소재를 규정했다. 주권을 인민이 가지지만, 광복을 완성해 나가는 과정, 곧 독립운동 기간에는 그것이 광복운동자, 독립운동가 전체가 가진다는 점이 그 내용이다. 제2조는 최고권력이 의회

인 임시의정원에 있지만, 광복운동 과정에서 유일대당唯一大黨이 결성
되면 그 당에 최고권력을 넘겨, 국가를 이끌어가도록 하는 이당치국以
黨治國 체제를 헌법에 담은 것이다. 이처럼 헌법에 명문화시켜 두었지
만, 유일대당 결성은 쉽게 이루어지지 않았다. 다만 좌우합작을 향한
시도와 노력은 1930년대에 들어서도 꾸준하게 이어졌다.

다음으로, 지도체제에 대해서는 국무령제를 개혁하는 쪽으로 가닥
을 잡아 갔다. 대한민국 임시정부가 당초 대통령중심제에서 1925년
국무령제로 전환하였다. 이승만李承晚 초대 임시대통령을 탄핵한 뒤,
박은식朴殷植이 2대 임시대통령에 취임하자마자 개헌을 단행하였다.
내각책임제인 국무령제가 그래서 도입된 것이다. 그러나 이상룡李相龍
과 홍진洪震이 국무령을 연달아 맡았지만 내각을 구성하는 일 자체가
어려웠고, 그런 힘든 상황이 이어졌다. 이 난제를 해결하고자 나선 인
물은 바로 뒤를 이어 국무령을 맡은 김구였다. 그가 나서서 찾은 해결
책이 바로 국무위원제를 성립시킨 것이다. 이는 수반首班 한 사람이 맡
아야할 부담감을 줄여서, 내각 구성을 쉽게 만드는 데 목적을 두었다.
다시 말해, 국무위원을 뽑아 국무회의를 구성하더라도, 최고 수반 한
사람을 의회인 임시의정원에서 별도로 선출하는 것이 아니었다.

그렇다면 이것은 별도로 정한 수반이 없다는 말이다. 그런데 헌법
에는 '주석主席'이라는 표현이 나타난다. 즉 제4차 헌법 제36조에 국무
회의에서 주석 한 사람을 국무위원이 호선互選한다고 못 박았다. 주석
을 두더라도 임시의정원에서 선출하고 독점적인 권한을 주는 것이 아
니라, 다만 국무회의에서 호선하는 것이요, 더구나 한시적인 자리였기
때문이다. 말 그대로 국무회의를 진행하는 임무만을 갖는다는 뜻이 여
기에 담겨 있다. 그래서 이 체제를 주석제主席制라고 부르지 않고, 국
무위원제國務委員制라고 불렀다.

국무회의에 대해 제28조는 "임시정부는 국무위원으로 조직한 국무
회의의 의결로 국무를 총판함. 국무위원은 5인 이상 11인으로 함"이

라고 규정했다. 이들 국무위원의 임기는 3년으로 정해졌다. 또 제40조
는 내무·외무·군무·법무·재무 등 각부를 두되 사정에 따라 그 수
를 증감한다고 정했다. 그래서 1927년 이후 대한민국 임시정부는 내
무·외무·군무·법무·재무 등 다섯 부를 두게 되었고, 국무위원들
이 이를 나누어 맡았다. 그런데 이 당시에는 행정 각부의 대표자를 '총
장總長'이나 '부장部長'이 아니라, '주무원主務員'을 둔다고 정해졌다. 또
그 주무원도 국무회의에서 호선하는 것이었다.(41조) 이는 주무원을 주
석이 임명하는 것이 아니라, 국무위원들이 부서를 서로 나누어 맡았다
는 뜻이다. 실제로 이 시기 국무위원은 5명으로 유지되었으므로, 그들
이 각각 한 부서를 맡고, 그 가운데 한 사람이 주석직도 맡았다. 예를
들면 1931년 1월 22일 국무위원은 조완구趙琬九·조소앙趙素昻·김철
金澈·이동녕李東寧·김구金九 등 5명이었고,[88] 윤봉길 의거 바로 뒤인
1932년 5월 22일 있은 부서변경에는 내무장內務長 조완구, 외무장外務
長 조소앙, 군무장軍務長 김구, 법무장法務長 이동녕, 재무장財務長 김철
등으로 명시되었다.[89]

좀 더 자세한 사례를 살펴보자. 1933년 6월 일제의 추적을 따돌리
면서 은신하던 김구와 이동녕이 국무회의에 참석하지 못하자, 두 사람
은 해임되었다. 참석하지 못하는 기간이 두 달을 넘으면 자연히 국무
위원직에서 해직된다는 제34조 규정에 따른 것이다. 그 뒤를 이은 국
무위원은 내무장 차리석車利錫, 외무장 신익희申翼熙(김규식金奎植으로
교체), 법무장 최동오崔東旿, 재무장 송병조宋秉祚였다. 그런데 송병조
가 주석을 맡았다.[90] 송병조는 재무장을 맡은 부서의 '주무원主務員'으
로 국무위원이면서 회의 주재자인 주석을 맡았다. 여기에는 행정 수반

---

88) 국사편찬위원회, 〈대한민국임시정부공보〉 49, 《대한민국임시정부자료집》 1, 2005,
173쪽.
89) 국사편찬위원회, 〈대한민국임시정부공보〉 호외, 《대한민국임시정부자료집》 1,
2005, 174쪽.
90) 국사편찬위원회, 〈대한민국임시정부공보〉 55, 《대한민국임시정부자료집》 1, 2005,
175쪽.

이라는 의미가 없었다. 그러므로 뒷날 충칭에서 국정을 총괄 지도하는 최고 책임자인 주석제 시절의 주석과는 달랐다. 따라서 이를 국무위원제라고 불러 왔다.

1934년에 들어 국무위원 수가 늘어났다. 이는 행정 각부의 책임주무원이 아닌 국무위원도 생겼다는 말이다. 1월 20일 김규식金奎植·조성환曺成煥·송병조宋秉祚·윤기섭尹琦燮·조소앙趙素昻·양기탁梁起鐸·최동오崔東旿·김철金澈·성주식成周寔 등 9명인데, 주무원으로 호선된 사람은 내무장 조소앙, 외무장 김규식, 군무장 윤기섭, 법무장 최동오, 재무장 송병조 등이었다.[91] 행정 부서보다 많은 수의 국무위원이 선출됨에 따라 무임소 국무위원이 생겨난 것이다. 피신하던 이동녕과 김구가 대한민국 임시정부에서 비켜선 반면, 김원봉이 앞장선 조선민족혁명당(이하 민족혁명당으로 줄임) 결성에 조소앙으로 대표되는 한국독립당까지 합류한 상황이었다.

민족혁명당이 1935년 7월 결성되고 대한민국 임시정부마저 해체 국면에 들었다. 대한민국 임시정부를 고수하고 있던 인물은 송병조와 차리석 등 아주 적은 인원에 지나지 않았다. 극도로 쇠약해진 대한민국 임시정부를 살려 내기 위해 김구가 다시 앞으로 나섰다. 한국국민당은 그 결실로 결성되었고, 대한민국 임시정부를 지탱하는 세력이 되었다. 이들이 앞장서서 1935년 11월에는 이동녕과 김구가 한국국민당을 이끌고 다시 국무회의에 등장하였다. 이동녕·이시영·김구·조완구·조성환 등 5인이 국무위원에 당선되고, 11월 3일 책임주무원을 호선한 결과, 주석 이동녕, 내무장 조완구, 외무장 김구, 군무장 조성환, 법무장 이시영 등이 선정되고, 재무장 송병조, 비서장 차리석이 연임되었다.[92] 대한민국 임시정부를 고수하던 인물과 김구가 이끌던 한

---

91) 국사편찬위원회, 〈대한민국임시정부공보〉 56, 《대한민국임시정부자료집》 1, 2005, 176쪽.
92) 국사편찬위원회, 〈대한민국임시정부공보〉 61, 《대한민국임시정부자료집》 1, 2005, 193쪽.

국국민당 계열이 합류한 것이다. 1937년 중일전쟁이 터지자, 민족혁명당에서 이탈한 조소앙의 재건한국독립당과 이청천의 조선혁명당이 대한민국 임시정부에 합류했다. 그 체제로 충칭까지 이어갔다.

치장綦江에 터를 잡고 있던 1939년 10월 23일 임시의정원은 국무위원 11인을 새로 뽑았다. 임기가 끝났기 때문이다. 그 결과 이시영 · 조성환 · 김구 · 송병조 · 홍진 · 유동열柳東說 · 조완구 · 차리석 · 조소앙 · 이청천李靑天이 선출되었다. 이틀 뒤, 국무회의는 각부 주무원을 뽑았다. 그리고서 주석의 임기를 '3개월'로 정했다. '3개월'이란 규정은 짧은 기간을 정해 돌아가며 맡는 정황과 주석이란 존재의 성격을 말해준다. 주석에 이동녕, 내무장 홍진, 외무장 조소앙, 군무장 이청천, 참모장 유동열, 법무장 이시영, 재무장 김구, 비서장 차리석이 그 내용이다.[93]

여기에서 주석은 부서를 맡지는 않았다는 사실이 가장 먼저 눈길을 끈다. 또 기존 5부에 참모부가 증설되었다는 점을 알 수 있다. 이어서 다음해 3월 주석을 맡던 이동녕은 치장에서 죽음을 맞았다.[94] 1927년 당시 다섯 명 국무위원을 확보하는 것도 쉽지 않은 상황에서, 각부를 맡은 주무원들이 국무회의를 열다가, 1930년대 후반에 들어서는 부서 책임을 지지 않는 무임소無任所 국무위원이 여럿 나타날 만큼 상황이 변했다. 더구나 대한민국 임시정부가 치장에 도착한 뒤로 안정을 찾아가면서, 대한민국 임시정부로 힘이 집중됨에 따라 국무위원이 늘어나고, 그래서 부서 책임을 지지 않는 국무위원이 나왔다. 그래서 역시 부서 책임이 없는 주석이 등장했다. 이제 명실상부한 최고 직책인 '주석'이 등장할 차례가 된 것이다.

이상의 내용에서 알 수 있듯이, 1927년 이후 대한민국 임시정부는

---

93) 국사편찬위원회, 〈대한민국임시정부공보〉 65, 《대한민국임시정부자료집》 1, 2005, 210쪽.

94) 국사편찬위원회, 〈대한민국임시정부공보〉 호외, 《대한민국임시정부자료집》 1, 2005, 220~221쪽.

국무위원제라는 집단지도체제를 유지했다. 한 사람의 절대적인 집권이나 주도가 아니라, 내각을 구성하는 국무위원이 공동으로 권한과 책임을 분담하는 체제였다. 마지막 국무령에 선출된 김구가 권력보다는 원활한 정부 운영을 선택한 결과였다. 갖은 악조건을 견디며 대한민국 임시정부를 지켜낼 수 있던 데에는 이러한 지도체제 선택이 주효했다. 하지만 윤봉길 의거 이후 험난한 이동기에는 그렇지 못했다. 특히 민족혁명당으로 대통합이 이루어지던 1935년 무렵에는 대한민국 임시정부의 여당이던 한국독립당마저 정부를 버리고 그곳으로 떠났다. 이런 난국에 대한민국 임시정부를 책임질 대표자가 필요했다. 김구와 이동녕이 한국국민당을 결성하여 다시 일으켜 세운 덕분에 대한민국 임시정부는 제자리를 찾았다. 그런 바탕 위에 민족혁명당과 통합과 합작을 논의하면서, 다른 한편으로는 전시체제를 갖추어 갔다. 그런 과정에서 집단지도체제가 아닌 단일지도체제에 대한 필요성이 대두한 것이다.

3. 주석제 채택

주석은 모임이나 회의체를 주재主宰하는 직책이다. 그것이 정당政黨일 수도 있고, 국가國家일 수도 있다. 북한의 조선노동당 주석이 있는가 하면, 중국의 국가 주석도 있다. 대통령이나 국가 주석은 모두 'President'로 표기된다. 1927년 제4차 헌법인 '대한민국임시약헌'에 명시된 주석은 대통령을 지칭하는 President의 개념은 아니었다. 그런데 대한민국 임시정부가 President로서의 주석을 선택한 것은 충칭에 도착한 직후였다.

임시정부가 충칭에 판공처를 둔 직후 자신감을 갖고 독립운동에 강도를 높여갔다. 9월 17일 국군으로서 한국광복군을 창설하고, 3주일 지난 1940년 10월 9일, 제32회 임시의정원 회의에서 제4차 개헌이자 제5차 헌법을 제정하면서 지도체제를 바꾸었다. 제5차 헌법의 주요 구성은 제1장 총강總綱, 제2장 임시의정원, 제3장 임시정부, 제4장 회계, 제5장 보칙 등으로, 전문前文 없이 본문 42개조로 이루어져 있다. 이는 제4차 헌법보다 8개조가 줄었지만 기본내용은 크게 달라지지 않았다. 다만 지도체제를 바꾸고, 현실적으로 필요한 행정부의 기능을 강화했다는 것이 주된 차이점이다. 여기에서 선택된 지도체제가 바로 주석제였다.

"임시정부는 국무위원회 주석과 국무위원으로 조직"된다고 제23조에 명시되었다. 그러면서 국무위원 수는 6인 이상 10인 이내로 정해졌다. 국무회의가 국무위원회로 바뀌고, 그 구성원이 국무위원만이 아니라, 과거와 다른 새로운 직권을 가진 '주석'이 포함되었다. 주석이나 국무위원이 모두 임시의정원에서 선출되는 것은 당연하다.(제10조) 주석을 국무위원 가운데 호선하는 것이 아니라, 직접 임시의정원에서 선출했다. 여기에서 눈여겨 볼 점은 주석이 가지는 권한이다. 이것을 확인해야 4차 헌법에 등장하는 '주석'과 다른 위상을 정확하게 알 수가 있기 때문이다. 국무위원회 주석이 갖는 직권은 제27조에 10개 항목으로 명문화되었다. 이를 앞서의 헌법에 나타나는 주석의 규정과 비교하면 〈표 1〉과 같다.

국무위원회 주석은 국무위원회를 주재한 선에 머문 것이 아니라 대한민국 임시정부를 대표하는 직책이다. 그래서 국군통수권을 가진다. 말 그대로 최고 지도자이다. 오랜 기간 집단지도체제를 통해 권력과 책임을 분산시켜왔던 대한민국 임시정부가 한 사람에게 권력과 책임을 몰아주는 체제를 선택한 것이다. 집중적인 관리와 통솔이 필요한 시점이라는 판단에서 나온 결과였다.

〈표1〉 국무회의 주석에 대한 제4 · 5차 헌법

제4차 헌법(1927)	제5차 헌법(1940)
국무회의는 그 主席 1인을 국무위원이 互選함(제36조)	국무위원회 주석의 직권(제27조) 1. 국무위원회를 소집함 2. 國務委員會議의 主席이 됨 3. 臨時政府를 代表함 4. 國軍을 總監함 5. 국무위원의 副署로 법률을 공포하며 명령을 발함 6. 필요로 인정할 때에는 행정 각부의 명령을 정지함 7. 국무위원회의 결의로 긴급명령을 발함 8. 國書를 접수함 9. 정치범을 特赦함 10. 국무위원회의 회의 중 可否 同數일 때에는 이를 표결함 단, 緊急命令을 發할 때에는 次期 의회의 追認을 구하되 否決될 때에는 즉시 效力을 失함을 공포함

　지도체제 변화의 핵심은 주석의 위상을 강화하여 주석체제의 내각을 구성하는 것이었다. 기존 국무회의에서 주석을 호선하던 것을 고쳐, 임시의정원이 주석을 선출하였다. 임기 규정도 두었다. 1927년 헌법체제에서 국무회의 주석은 일시적인 자리에 불과했고, 더구나 임기 규정이나 권한도 명시되지 않았다. 1930년대 중반에는 임기가 겨우 3개월로 정해지기도 했다. 그런데 제5차 헌법에서는 이것이 3년 임기에 재선이 가능하도록 바뀌었다. 만약 주석에게 유고有故가 생기면 국무위원회에서 대리 한 사람을 선출한다는 규정도 담았다. 이처럼 3년이란 기간을 정해 주석의 자리를 고정固定시키는 한편, 국군을 총감總監하는 것을 비롯하여 최고 지휘자의 권한을 대폭 강화하면서 안팎으로 대한민국 임시정부를 대표하게 만들었다. 군사 최고 통수권을 주석의 권한으로 규정한 부분이 이를 말해준다. 대한민국 임시정부가 시안西安에 보냈던 군사특파단軍事特派團을 바탕으로 삼아 광복군총사령부를 그곳으로 전진 배치시킨 조치나, 1940년 11월 1일자로 통수부統帥

府를 설치하여 최고 통수권을 주석에게 맡긴 점은 주석이 전시체제에 펼칠 권한을 적절하게 규정한 것임에 틀림없다.[95]

국무위원회의 역할은 국무國務를 의결議決하고 집행執行하며, 행정 각부를 두어 행정사무를 처리하고, 각부의 조직 조례를 제정하여 시행하게 했다.(24조) 행정 부서는 다섯을 두었다. 내무부·외무부·군무부·법무부·재무부가 그것이다. 국무위원이 6인 이상 10인 이내였으므로, 무임소 국무위원이 생기는 것은 당연했다. 다만 필요하다면 부서를 증감增減할 수 있다고 명시해 놓았다.(32조) 여기에서 눈에 띄는 변화는 각부의 장에 '부部'자를 더하여 '부장部長'으로 부르게 만든 사실이다. 대한민국 임시정부가 처음 출발할 때 각 부의 책임자는 '총장'이었지만, 4차 헌법에는 '주무원主務員'으로 기록되는 바람에, 내무장內務長·법무장法務長 등으로 일컬어 왔다. 그런데 1940년 개헌을 통해 '부장' 명칭이 생겨, 그 뒤로는 내무부장·법무부장 등으로 불리게 되었다.

제4차 개헌에 따라 1940년 10월 9일 주석과 국무위원을 새로 뽑았다. 주석에 김구, 이시영·조완구·조소앙·차리석·조성환·박찬익 등 6인이 국무위원으로 당선되었다.[96] 이듬해 1941년 2월에 국무위원회가 〈고국내동포告國內同胞書〉를 공포하면서, 그 끝에 각부서의 부장들을 밝혀놓았다.

국무위원회 주　　　석	김　구
국무위원 겸 내무부장	조완구
외무부장	조소앙
군무부장	조성환
법무부장	박찬익

95) 독립운동사편찬위원회, 《독립운동사》 4, 1972, 821쪽.
96) 국사편찬위원회, 〈대한민국임시정부공보〉 67, 《대한민국임시정부자료집》 1, 2005, 230쪽.

재무부장   이시영
비 서 장   차리석[97]

주석제 선택은 김구의 지도력을 제도화시킨 것이라 볼 수 있다.[98]
김구는 1940년 5월 한국국민당·한국독립당·조선혁명당 등 우파 3
당을 통합하여 새로운 한국독립당을 결성하는 데 결정적인 힘을 발휘
했다. 대한민국 임시정부 판공처가 치장에 머물렀지만, 김구는 충칭
에 있으면서 중국정부와 밀접하게 움직이면서 자신의 영역을 확고하
게 굳혀 갔다. 그러한 바탕 위에 우파 3당 통합이 이루어졌다. 그리고
서 정부를 충칭으로 옮기고 한국광복군을 창설하여 당黨(한국독립당)·
정政(임시정부)·군軍(한국광복군) 체제를 갖추어 갔다. 그 가운데 '정'에
해당하는 부분을 정리한 작업이 바로 제5차 헌법 제정이요, 주석제
선택이었다.

김구는 '당'의 대표직인 중앙집행위원장이자, '정'의 대표인 주석이
며, 한국광복군의 통수권을 가지게 되었다. 제4차 헌법에 나타난 국무
회의의 단순한 주재자가 아니라, 국가를 대표하는 최고 직위인 주석이
된 것이다. 결국 주석제는 제4차 헌법으로 실시된 집단지도체제를 끝
내고 주석의 권한을 강화하여 정부의 실질적인 수반首班으로 격을 높
인 것이다. 정부 수반의 위치를 높인다는 사실은 정부의 통할기능統轄
機能을 강화하고, 대한민국 임시정부가 점차 독립운동의 국민적 기반
을 회복하고 있다는 것을 뜻한다.[99]

---

97) 국사편찬위원회, 〈대한민국임시정부공보〉 69, 《대한민국임시정부자료집》 1, 2005,
  234쪽.
98) 金榮秀, 《大韓民國臨時政府憲法論》, 三英社, 1980, 148~149쪽.
99) 趙東杰, 〈大韓民國臨時政府의 組織〉, 《韓國史論》 10, 국사편찬위원회, 1985, 81쪽.

4. 민족혁명당의 합류와 지도체제 개편 요구

주석제를 선택한 지 1년이 지나면서 대한민국 임시정부에 커다란 변화 물결이 일어났다. 이는 한국독립당이라는 유일여당唯一與黨 체제로 유지되던 대한민국 임시정부에 다른 정당 세력이 합류하려는 시도에서 비롯했다. 단순한 세력 등장이 아니라, 좌우합작을 통한 통합정부 달성이라는 추세가 그것이다. 1929년 중단된 좌우합작운동이 1932년 이후 줄곧 추진되었지만, 대한민국 임시정부가 이들을 하나로 묶어세우는 구심점이 되지 못했다. 특히 1939년 치장綦江에서 7당회의와 5당회의를 벌이면서 접합점을 찾으려 무던히 애를 썼지만, 결국 목적을 달성하지 못했다. 그래서 끝내 우파 3당만이 통합하여 한국독립당을 결성하고 이당치국체제以黨治國體制를 갖추었을 뿐, 좌파 세력의 대표인 민족혁명당은 여기에 합류하지 않았다. 그러던 민족혁명당이 변화하기 시작했다. 대한민국 임시정부에는 관여하지 않는다고 '불관주의不關主義'를 고수하던 민족혁명당이 기존 자세를 바꾸기 시작한 것이다.

민족혁명당의 노선 전환은 안팎의 상황 변화 때문에 시작되었다. 안으로는 조선의용대 주력이 화베이 지역으로 북상해버리는 바람에 세력이 크게 약화된 때문이다. 밖으로는 중국국민당 정부의 태도가 바뀐 것이다. 중국국민당 정부는 지원창구를 대한민국 임시정부로 통합할 계획을 알려왔다. 이 때문에 김원봉의 고민은 깊어갔다. 그래서 찾은 길이 대한민국 임시정부에 합류하는 것이었고, 1941년 중반부터 논의가 표면으로 드러나기 시작했다.

민족혁명당은 1941년 5월 당 중앙회의에서 내부적으로 대한민국 임시정부 참여를 결정했다. 그리고서 한국독립당에게 대한민국 임시정부 합류에 대한 구체적인 방안을 협의하고 나섰다. 그런데 제시된 방안이 대한민국 임시정부의 유일여당唯一與黨인 한국독립당을 설득하거나 회유할 수 있는 선이 아니었다. 민족혁명당이 내놓은 제안은 두 당이 통합하여 단일당을 구성한 뒤 대한민국 임시정부를 공동 운영하자는 것이었다.[100] 서로 대등한 자격으로 대한민국 임시정부를 운영하자는 것이 민족혁명당의 요구였던 셈이다. 그러니 한국독립당으로서는 이를 선뜻 받아들일 수 없었다. 10년 넘게 험난한 과정을 견디며 대한민국 임시정부를 지켜온 인물들로서는 주도권을 그렇게 쉽게 내놓기도 힘들지만, 더구나 민족혁명당이 이미 한풀 꺾인 세력임을 서로가 잘 알고 있던 터였다. 두 당 사이에 논의가 잠시 중단되다가, 다시 시작하는 계기가 나왔다. 태평양전쟁이 터진 때문이다. 중국국민당 정부에서 대한민국 임시정부 승인 가능성이 높다는 이야기도 흘러 나왔다. 민족혁명당에 앞서 조선민족전선연맹을 형성하던 군소 세력 가운데 조선민족해방동맹과 조선혁명자연맹이 먼저 대한민국 임시정부 합류를 선언하고 나섰다.

민족혁명당은 1941년 12월 10일 '제6차 전당대표회의 선언'을 통해 대한민국 임시정부 참여를 선언하였다.[101] 새로운 변화가 나타난 때문이다. 12월 10일이라는 시점을 보면 그것이 드러난다. 태평양전쟁 발발이 바로 그것이다. 베이징 시각으로 12월 8일 낮에 이 소식을 전해 들은 대한민국 임시정부는 국무위원회 결의와 임시의정원의 의결을 거쳐 12월 10일 대일선전포고인 〈대한민국임시정부대일선전성명서〉를 발표하였다.[102] 김원봉은 전쟁이 끝나면 대한민국 임시정부가 국제적으로 승인받을 가능성이 커질 것이고, 그렇다면 미리 합류하여 자신의 영역을 확보해야 한다는 계산에 도달했을 것이다. 통일전선노선의 변화라는 민족혁명당 자체의 논리적 근거에 입각한 점도 있지만, 대한민국 임시정부를 확대 개편하여 독립운동의 최고지휘부로 개편하려는 목

---

100) 秋憲樹 編, 《資料韓國獨立運動》 2, 연세대출판부, 1972, 75쪽.
101) 秋憲樹 編, 《資料韓國獨立運動》 2, 연세대출판부, 1972, 204~211쪽.
102) 김희곤, 〈대일선전포고에 대한 몇 가지 문제〉, 《대한민국임시정부 연구》, 지식산업사, 2004, 174~178쪽.

표도 갖고 있었다.[103] 하지만 합류는 선뜻 이루어지지 않았다.

민족혁명당이 실제로 대한민국 임시정부에 참여한 때는 선언 이후 1년 가까이 흐른 1942년 말이었다. 들어오려는 세력과 이를 받아들이는 쪽의 계산이 서로 맞아 들기 힘들었기 때문이다. 들어서려는 민족혁명당은 대한민국 임시정부를 개조하려는 의지를 가졌고, 이를 맞이하는 한국독립당은 이들에게 자칫 대한민국 임시정부를 탈취당할까 우려하고 있었다. 절충점을 찾는 데 상당한 기간이 흘렀다. 그러다가 군사 통합이 먼저 진척을 보였다. 중국국민당 정부의 지원창구 단일화는 조선의용대가 더 이상 버틸 수 없는 환경을 만들어 주었다.

1942년 4월 20일 국무위원회는 조선의용대를 한국광복군으로 합편하기로 결의했다.[104] 따라서 광복군 편제도 바뀌었다. 조선의용대가 제1지대로, 기존 1·2·5지대를 묶어 제2지대로 각각 재편한 것이다. 민족혁명당이나 한국독립당이나 모두 각각의 군사력을 별다른 간섭이나 우려 없이 묶어 냈다. 이어서 10월에 개원한 제34차 정기의회에 민족혁명당 인사들이 임시의정원 의원으로 참여함으로써 정치적인 통합마저 이루었다.[105]

민족혁명당이 정치적으로 합류하고 나서는 데는 임시의정원 의석을 늘려 참여를 유도한 것이 주효했다. 그 뒤를 이어 1942년 11월 18일 국무위원 수도 증원하였다. 그래서 민족혁명당 소속 김규식金奎植·장건상張建相이 국무위원이 되었다. 1943년 3월 30일에 공포된 '잠행관제潛行官制' 제정공포 내용을 보면, 주석 김구 다음으로 국무위원 김규식·유동열·이시영·박찬익·장건상·조성환·조완구·조소앙·차리석·황학수 등 10명이었다.[106] 법으로 정해진 인원을 가득 채운 셈이다.

---

103) 배경식, 앞의 책, 644쪽.
104) 국사편찬위원회, 〈대한민국임시정부공보〉 75, 《대한민국임시정부자료집》 1, 2005, 260쪽.
105) 독립운동사편찬위원회, 《독립운동사》 4, 1972, 671쪽.
106) 국사편찬위원회, 〈대한민국임시정부공보〉 77, 《대한민국임시정부자료집》 1, 2005, 275쪽.

5. 주석 · 부주석제로 전환

1944년 대한민국 임시정부는 마지막 개헌을 단행했다. 이는 '대한
민국 임시헌장'이라는 이름으로 1944년 4월 22일 공포되었다. 전문前
文을 두었는데, 거기에는 '대한민국'이 건립되고 '임시의정원'과 '임시정
부'가 세워졌다는 점, 아울러 '임시헌장'이 제정되었다는 사실을 명시
했다. 이것은 국가가 세워지면서, 필요조건인 의회議會와 정부政府, 그
리고 헌법을 모두 갖추었다는 사실을 강조한 표현이다.

지도체제와 관련된 부분을 보면, 우선 제17조에서 의정원이 국무위
원회 주석 및 부주석, 그리고 국무위원을 선거한다고 규정하였다. 부
주석副主席이라는 자리가 새로 생긴 것이다. 제29조에서 국무위원회
구성을 밝혔다. "임시정부는 국무위원회 주석과 국무위원으로 조직한
국무위원회로써 국國을 총판總辦함"이라는 것이 그 내용이다. 그리고
앞서 증원했던 국무위원 수를 헤아려 "국무위원은 8인 이상 14인 이내
로 함"이라고 덧붙였다.

이러한 변화는 민족혁명당이 대한민국 임시정부에 참가한 뒤 끊임
없이 요구했던 개혁과 지분 확대 시도가 반영된 결과였다. 민족혁명당
의 요구가 집요한 만큼, 한국독립당의 고수 노력도 마찬가지였다. 그
러다가 절충점을 찾았고, 그 결과가 제5차 개헌, 곧 제6차 헌법 제정
이었다. 두 세력은 1944년 4월 11일 대한민국 임시정부를 개편하는
방안을 합의했다. 하나는 국무위원과 행정 부서 부장에 대한 지분문제
였다. 국무위원 수를 10인에서 14인으로 늘이고, 따로 주석과 부주석
을 1인씩 두며, 행정 각부 부장은 주석이 국무회의에 천거하여 결의를
거쳐 임명한다는 것이 그 핵심이다. 둘째, 국무위원 인원을 정당 세력
별로 분배하는 비율문제이다. 결국에는 한국독립당 8석, 민족혁명당 4
석, 조선민족해방동맹과 조선무정부주의연맹 각 1석으로 정해졌다. 그

러면서 주석은 한국독립당, 부주석은 민족혁명당의 몫으로 정했다.[107]

그렇다면 주석의 권한이 주석·부주석제로 바뀌면서 달라진 것이 있는지 확인할 필요가 있다. 제32조가 국무위원회 주석의 직권을 규정한 항이다. 5차 헌법에서 명시된 주석의 권한과 거의 차이가 없다. 다만 항목이 10개에서 9개로 줄면서 정치범 특사 권한이 없어졌다. 당시로서는 그리 큰 문제가 아닌 것 같다. 그것보다 오히려 주목되는 점은 주석의 권한 가운데 상징적인 항목, 곧 '임시정부를 대표함'이라는 것이 맨 앞으로 나온 사실이 눈길을 끈다. 그리고 긴급명령을 내릴 수 있는 구체적인 내용이 적시된 점에서도 차이를 보인다. 행정 통일을 방해하거나 위법 혹은 월권일 때라는 국무위원회가 행정 각부의 명령을 정지시킬 권한을 가졌다. 좌우 통합정부를 달성한 뒤, 어느 정파가 한 개 부서를 독단적으로 끌고 가지 못하도록 제어하자는 의도가 여기에 담긴 것 같다. 대한민국 임시정부를 이끌어 가던 집권 여당인 한국독립당으로서는 안전장치가 당연히 필요했고, 이처럼 구체적으로 제시해 놓은 내용은 그러한 필요성 때문에 만들어진 것이라 생각된다.

〈표2〉 주석의 권한에 대한 제5·6차 헌법 비교

5차 헌법	6차 헌법
1. 국무위원회를 소집함	1. 임시정부를 대표함
2. 國務委員會議의 主席이 됨	2. 국서를 접수함
3. 臨時政府를 代表함	3. 국군을 統監함
4. 國軍을 總監함	4. 국무위원회를 소집함
5. 국무위원의 副署로 법률을 공포하며 명령을 발함	5. 國務委員會議의 主席이 됨
6. 필요로 인정할 때에는 행정 각부의 명령을 정지함	6. 국무위원회의 가부 동수일 때에는 표결함
7. 국무위원회의 결의로 긴급명령을 발함	7. 국무위원의 副署로 법률을 공포하며 명령을 발함
8. 國書를 접수함	8. 行政 統一 혹 公益에 방해되거나 違法 혹 越權으로 認할 때에는 행정 各部署의 명령을 정지하고 국무위원회에 取決함
9. 정치범을 特赦함	9. 국무위원회의 의결로 긴급명령을 발함단; 緊急命令을 發할 때에는 次期 의회의 追認을 구하되 추인되지 못할 때에는 그 뒤로부터 효력이 喪失됨을 즉시 공포함
10. 국무위원회의 회의중 可否 同數일 때에는 이를 표결함단, 緊急命令을 發할 때에는 次期 의회의 追認을 구하되 否決될 때에는 즉시 效力을 失함을 공포함	

107) 추헌수 편,《자료 한국독립운동》2, 연세대출판부, 1975, 62쪽.

　부주석은 사실상 큰 권한이 없었다. 제33조에 "부주석은 주석을 보좌하며 국무위원회에 열석列席하고 주석이 유고할 시에 그 직권을 대행함"이라고 규정되었다. 국무위원회에 참석하지만 실제 권한이 없고, 다만 주석이 유고할 때에만 그 권한을 대행하는 것이었다. 한편 부서는 내무·외무·군무·법무·문화·선전宣戰 등 각부와 기타 각 위원회를 두되, 시의時宜에 따라 그 수를 증감할 수 있다고 정했다.

　1944년 4월 24일 제36회 임시의회에서 김구를 주석, 김규식을 부주석으로 뽑았다. 이어서 국무위원을 선출하였다. 14명 정원을 모두 뽑자는 김원봉의 제안을 받아들였다. 그 결과 이시영李始榮·조성환曹成煥·황학수黃學秀·조완구趙琬九·차리석車利錫·장건상張建相·박찬익朴贊翊·조소앙趙素昻·성주식成周寔·김붕준金朋濬·류림柳林·김약산金若山(김원봉金元鳳)·김성숙金星淑·안훈安勳(조경한趙擎韓) 등 14명의 국무위원이 선임되었다.[108] 행정부서는 종래 9부에서 교통부交通部·생계부生計部를 폐지하고 기존의 학무부學務部 대신 문화부文化部를 신설하여 총 7부로 만들었다.[109] 1944년 5월 6일 김구 주석의 제의로 국무위원회의에서 선임된 각부 부장은 외무부장 조소앙, 군무부장 김원봉, 재무부장 조완구, 내무부장 신익희申翼熙, 법무부장 최동오崔東旿, 선전부장 엄항섭嚴恒燮, 문화부장 최석순崔錫淳이었다.[110] 민족혁명당이 대한민국 임시정부에 들어와 벌인 개조 투쟁의 결실이 부주석과 국무위원 14인 가운데 김원봉·장건상·성주식·김붕준 등 4인, 7개 행정부장 가운데 군무부장(김원봉)과 문화부장(최석순)을 확보한 것이다.

　주석·부주석제의 확립은 대한민국 임시정부가 좌우합작 통합정부, 또는 통일전선정부統一戰線政府 성격을 가지게 된 것을 뜻한다. 여

108) 국사편찬위원회,〈대한민국임시정부공보〉81,《대한민국임시정부자료집》1, 2005, 312쪽.

109) 홍선표, 앞의 책, 208~209쪽.

110) 국사편찬위원회,〈대한민국임시정부공보〉81,《대한민국임시정부자료집》1, 2005, 314쪽.

기에 대해 제36차 의정원 회의를 종결한 후 발표한 〈제36차 임시의회 선언〉은 새로 탄생시킨 정부 성격을 '통일전선統一戰線의 정부政府'라고 규정하였다.

> 이번 선거된 정부 主席·副主席 및 전체 國務委員은 우리 革命運動史에서 가장 貢獻이 많은 민족적 지도자이며, 또 우리 민족의 각 革命政黨과 社會主義 各黨의 權威있는 지도자들이 聯合 一致하여 생산한 <u>全民族 統一戰線의 政府</u>이다.(밑줄—필자)[111]

통합정부를 일구어낸 것에 대해 중국국민당 정부도 진심으로 축하해 주었다. 1944년 7월 17일 중국국민당中國國民黨 중앙집행위원회中央執行委員會 우티에청吳鐵城 비서장秘書長은 대한민국 임시정부 요인들을 초대하여 만찬을 가지는 자리에서, 대한민국 임시정부가 일치단결하여 성공적으로 개각改閣을 단행한 것을 치사致辭함으로써 중국 정부의 뜻을 밝혔다.[112] 1939년 5당·7당 통일회의 이후, 줄곧 중국국민당 정부는 두 세력의 통합을 요구했고, 더구나 조선의용대 주력이 화북으로 북상한 뒤에는 민족혁명당에게 대한민국 임시정부로 통합할 것을 요구하고 나섰던 중국 측이었다. 여기에는 조선의용대 북상에 대한 책임을 묻는 의미도 있고, 지원 창구를 하나로 묶는 뜻도 있었다.

민족혁명당의 주장이 수용된 뒤, 주석·부주석제는 별다른 충돌 없이 정착되었다. 그러나 한국독립당과 민족혁명당 모두에서 내부적으로 불만을 가진 인물들이 나왔고, 그들이 새로운 공간으로 이동하여 결집하기 시작했다. 1945년 2월 8일 결성된 신한민주당은 바로 그들의 새로운 결집체였다.[113] 한국독립당에서 홍진·유동열, 민족혁명당에서

---

111) 독립운동사편찬위원회, 《독립운동사》 4, 1972, 1007쪽.
112) 崔鍾建 譯編, 《大韓民國臨時政府文書輯覽》, 知人社, 1980, 101~103쪽.
113) 추헌수 편, 《자료 한국독립운동》 2, 1975, 191쪽.

김붕준·손두환이 대표적 인물이다. 이들은 모두 기존 정당에서 비주류에 해당하는 인물이었다. 이들이 제3의 세력을 형성하면서, 양당체제에서 3당 구도로 바뀌었다. 특히 임시의정원 안에서는 신한민주당이 민족혁명당을 넘어 제2당의 위치에 올라설 정도였다.[114)]

6. 지도체제의 변화와 통합정부 완성

지도체제의 변화는 다양한 요인에서 출발한다. 독립운동을 목적으로 삼은 조직으로서는 당연히 독립운동의 조건 변화에다가 정치 지형의 변화에 따라 체제를 바꾸어 가게 마련이다. 대한민국 임시정부도 건국 초기부터 광복 이후 환국에 이르기까지 상황과 여건의 변화에 따라 체제를 적절하게 바꾸어 나갔다. 지도체제는 그 가운데서도 대표적인 부분이다.

대통령중심제에서 국무령제로, 다시 국무위원제로 전환한 것도 그러한 여건 변화와 밀접한 관련을 가졌다. 권력과 책임의 집중 현상을 막으려던 국무위원제는 대한민국 임시정부 쇠약기를 넘길 방안으로 채택되었고, 실제 13년이란 기간 동안 유지되었다. 그러다가 대한민국 임시정부가 충칭에 도착하여 비교적 정착된 상태가 되면서, 이를 개편하는 논의가 나타났다. 그 결실이 곧 주석제 채택이었다.

주석제에서 주석의 존재는 정부를 대표하는 것이었다. 이것은 1927년 제4차 헌법에 국무회의 주석이라고 등장하는 존재와 달랐다. 그때 주석은 그저 일시적으로 국무회의를 주재하는 존재였지만, 제5차 헌법의 주석은 최고 집권자요 통수권을 가졌다. 그래서 이를 '주석제'라고 부른다. 이는 우파 3당을 하나로 묶어 한국독립당을 결성하고, 한국광복군을 창설하여 든든한 체제를 확보한 김구가 확실한 지도력을 장악

---

114) 배경식, 앞의 책, 655쪽.

했음을 말해준다. 즉 주석을 맡은 그가 바로 당黨(한국독립당)·정政(임시정부)·군軍(한국광복군) 체제의 최고 통수권자임을 의미한다.

주석제를 변화시키는 계기는 민족혁명당의 요구로 나타났다. 대한민국 임시정부를 부정하고 관계하지 않던 정책을 바꾸어 1941년부터 합류를 타진했다. 양당이 통합하여 단일당으로서 대한민국 임시정부를 장악하려는 민족혁명당의 요구를 한국독립당이 받아들이지 않는 바람에 합류 시점은 늦어졌다. 그러다가 1941년 12월 태평양전쟁 발발은 다시 합류 논의를 본격화시켰다. 그 결과 먼저 군사합작이 이루어졌다. 조선의용대가 한국광복군에 통합된 것이다. 이어서 의정원의 의원수와 국무위원 수를 늘려 민족혁명당에게 지분을 챙겨 주면서 좌우 합작을 이루었다. 이에 민족혁명당은 다시 지분 확대를 요구했고, 이에 따라 합의한 내용이 바로 제6차 헌법으로 나타났다. 거기에서 채택된 지도체제가 주석·부주석제였다.

대한민국 임시정부가 선택한 지도체제는 정부 조직만이 아니라 독립운동을 이끌어 나가는 기본틀이었다. 따라서 정치 지형과 독립운동의 상황에 적절한 체제를 선택하는 것이야말로 중요한 일이 아닐 수 없었다. 1927년 권력을 분산시키면서 성립한 국무위원제가 혼란과 이동기를 버텨 낸 체제였다면, 주석제 채택은 안정과 제2차 세계대전을 맞아 강력한 지도력이 요구되던 상황에서 이루어진 것이다. 또 주석·부주석제는 좌우 통합정부를 달성함에 따라 권력과 책임의 몫을 분담하려고 선택한 체제였다. 충칭시기에 선택한 지도체제는 바로 그러한 정치와 독립운동의 지형에 적절한 것이었다.

V. 항일투쟁기의 진보와 보수 구분 문제

1. 어떻게 구분하나

인간은 끊임없이 구분하며 산다. 옳은 일과 그른 일, 아름다운 것과 추한 것, 아군과 적군, 강한 것과 약한 것 등 헤아릴 수 없이 많은 극단의 개념과 기준을 두고서 부류를 나누며 자신의 취향에 맞춰 살아간다. 무리를 일단 정하거나 반대로 귀속되면, 안으로는 대동의식을 갖지만 밖으로는 배타성을 갖는 경우가 일반적이다. 그러다가 더 큰 범주의 무리, 혹은 거대집단이 만들어지거나 그것과 관계를 맺게 되면, 그 속에서 큰 범위의 집단동류의식을 가지면서 또 그만한 크기의 다른 집단에 대해 배타성을 갖게 된다.

인간은 배타성 논리 위에서 정체성을 확인하려 든다. 그 정체성 논의는 정통성 논의로 한 걸음 더 나아가게 되고, 급기야 정치적 배타성으로 다시 확대 재생산되기에 이른다. 이러한 구분 행위에서 '진보와 보수'도 대표적인 기준 가운데 하나로 거론된다. 특히 근자에 들어 '진보와 보수'라는 기준이 온 거리를 휩쓸고 있다. 마치 해방 직후에 좌와 우로만 세상 모든 일이 구분되던 것처럼, 오늘날 이 사회를 규정지을 수 있는 유일한 기준으로 회자되는 듯하다. 그 소리에 귀를 기울이자면, "진보는 발전이요, 보수는 퇴보이다"라거나, "진보는 정의요, 보수는 불의이다", 또는 "이 사회에서 진보가 반드시 승리해야 하고, 보수는 무너져야 하는 존재이다"라는 양자택일적인 내용으로 들리기도 한다.

그렇다면 무엇이 진보이며, 무엇이 보수인가? 사전적인 의미로 정리하자면 진보는 사회의 기존 모순을 해결하려는 사상이나 새로운 체제를 지향해 나가는 행위 그 자체이다. 따라서 진보의 기준은 그 사회의 모순을 무엇으로 파악하느냐에 달려 있다. 이와 반대로 보수는 기존 체제를 유지하면서 사회발전을 도모하려는 것이다. 이 말은 진보만이 아니라 보수도 발전 논리에 속한다는 뜻이다.

대개 기존체제에 매달리거나 혹은 구체제로 회귀하자는 논의까지도 보수의 영역에 포함시키는 경우가 많다. 그렇지만 그 주장은 옳지 않다. 예를 들자면, 대한제국 시기에 자유(민주)주의를 추진하는 '진보'와 입헌군주사회를 지향하는 '보수'는 모두 발전지향적이었다. 그런데 이와 달리 전제군주사회로 돌아가자는 주장도 존재하였는데, 이것은 '보수'가 아니라 '반동'이었다. 따라서 보수와 반동은 다른 것이고 구별해서 사용해야 한다.

그런데 특정 시기를 이처럼 진보와 보수 및 반동으로 나누기가 그리 쉽지만은 않다. 첫째 이유는 그것이 시기에 따라 모순도 달라지고, 이에 따라 그 모순을 타파하려는 지향점도 달라지기 때문이다. 즉 모순과 그에 대한 대응이 항상 하나의 기준이나 개념으로 지속되지 않고, 역사의 발전과 더불어 끊임없이 변하게 마련이다. 어제의 진보는 오늘의 보수로 자리 잡게 되고, 다시 새로운 진보 개념을 찾아내게 된다는 말이다. 둘째, 구분선이 모호한 경우가 워낙 허다하고, 더구나 구분할 수 있는 요소들을 내걸더라도 그것이 중첩되어 있으므로 하나의 선을 택하기 어렵다. 셋째, 비록 같은 시기일지라도 지역에 따라 기준점이 다르기 때문이기도 하다. 지역적인 차이에서도 국내와 국제사회의 범위에 따라 달리 나타난다. 결국 진보와 보수를 구별하기가 쉬운 일이 아님을 알 수 있고, 또 이분법적인 구분 자체가 그리 바람직하지 않을 수 있다는 의미이기도 하다. 넷째, 동일한 인물의 경우에도 시기에 따라 진보와 보수를 오갔기 때문에 획일적으로 한 인물을 평가하기 곤란하다.

진보와 보수를 이야기하면서 다른 차원에서 문제와 부딪친다. 즉 이 하나의 기준만으로 특정 시대, 특히 여기에서 다루는 항일투쟁기를 구분하기 어렵다는 말이다. 왜냐하면 이보다 더 중요한 기준으로 민족문제가 대두되어 있던 상황이기 때문이다. 다시 말해 계급문제와 민족문제 가운데 어느 것을 근본적인 모순으로 선택하느냐에 따라 진보와 보수의 기준이 달라지기도 한다. 또 그 구분을 떠나 민족문제 해결을 위한 가장 적절한 방안을 찾는 것이 더욱 중요하다고 여겨질 수도 있다. 그래서 우선 진보와 보수라는 축으로 항일투쟁기를 검토하고서, 이어서 가장 기본문제인 민족모순에 대한 것으로 또 다른 축으로 삼아 평가하여 종합하려 한다.

2. 진보와 보수라는 축

1) 3·1운동 이전의 진보와 보수

항일투쟁기에 들 무렵에는 대한제국 시절부터 논의되던 진보 논리가 이어지고 있었다. 즉 입헌군주주의, 자유주의, 자본주의 및 사회진화론이 그것이다. 여기에다 제1차 세계대전을 겪으면서 새로운 방향이 가늠되는 가운데 1910년대 말 들어 국외 지역의 독립운동가들 사이에 전해지기 시작한 사회주의는 당연히 진보론에 속한다. 대개 이 사조들은 군주사회에서 민주사회를, 폐쇄사회에서 개방사회를 지향하는 것이었다. 따라서 진보의 논리 속에는 자유와 평등, 그리고 인간의 존엄성이라는 새로운 발전 기준이 제기되었다.

자유주의와 입헌군주주의는 이미 독립협회 단계에서 논의되던 것으로 급진과 점진의 차이는 있지만 일단 진보의 범주에서 속했다. 다만 제1차 세계대전이 진행되는 과정에서 입헌군주주의는 점차 보수의 영역으로 들어섰다. 고종이 생존하고 있던 상황에서 헤이그밀사였던 이상설이 대한광복군 정부를 구상한 것은 그러한 변화를 말해준다. 따라서 이 시기에 오면 한말에 보수에 속하던 위정척사론은 이제 보수가 아니라 반동이라는 범주로 해석되기에 이르렀다. 한편 자유주의는 이를 기조로 삼은 자본주의와 함께 근대화과정에서 자리 잡은 대표적인 진보론이다.

1900년대 초에 들어온 사회진화론도 대표적인 진보론에 속했다. '적자생존'과 '우승열패'라는 명제 아래, 생존을 위해 적자를, 승자가 되기 위해 '열'이 아닌 '우'를 추구하였고, 실력양성운동이 전개된 이유도 여기에 있다. 하지만 이것은 우리보다 더 '적자'를 인정하고, 또 더 우월한 일본이 침략해 오는 데 대하여 정당성을 부여하는 결과를 초래하였다. 진화의 주체를 '국가'와 '민족' 가운데 어디에 두느냐에 따라 전혀 다른 결과가 나타났다. 그 주체를 '국가'로 본 경우에는 '대한제국'이 '대일본제국'과 통합하여 거대국가로 나아가는 것이 훨씬 더 '적자'이자, '우성'이 되는 것이고, 이와 달리 발전 주체를 '민족'으로 보는 경우에는 한민족의 존립과 융성을 목표로 삼아야 했다. 이 가운데 전자의 논리, 즉 국가를 진화의 주체로 삼고 쫓아간 세력이 일제가 내세운 '동양평화론'을 이상세계로 생각하였다. '진보회'를 결성하고, 일진회로 계승한 이유가 거기에 있었던 것이다. 그리고 그 길을 걸어간 이용구과 송병준 같은 인물들은 결국 부일배로 기록되기에 이르렀다. 그렇지만 만약 이들을 진보와 보수라는 잣대로만 평가한다면, 그들은 분명히 진보론자였다.

1910년대 국내에서 새로운 진보론이 나타났다. 공화주의를 추구하던 계몽주의계열의 인사와 무장투쟁을 밀고 나가던 의병계열 인사들이 서로 이념과 투쟁 방략을 주고받으면서 통합한 광복회가 그것이다. 즉, 이들은 민족문제라는 최우선 과제를 풀어나가기 위해 서로가 가진 진보의 측면을 수용하였으니, 항일투쟁기의 한국사의 바람직한 특성으로 평가될 만하다.

한편 사회주의에 대한 구체적인 인식에 앞서, 민족문제 해결을 위해 이를 자의적으로 받아들이려는 시도가 있었다. 신규식이 만국사회당대회에 조선사회당이라는 이름으로 외교활동을 편 것이 그것이고, 조소앙의 사회주의에 대한 관심과 접근도 그러한 차원에서 이해된다. 그러다가 러시아혁명 직후 1918년부터 러시아 지역 한인사회를 통하여 사회주의가 전파되기 시작하였다. 그리고 국내에 본격적으로 그 영향이 미치기 시작한 시기는 3·1운동을 펼치던 과정이었다.

반면 일제강점 초기의 보수론으로는 입헌군주주의가 대표적이다. 비록 항일투쟁을 벌이더라도 시민사회가 아닌 군주사회의 테두리 안에서 점진적인 변화를 추구하려는 것이 골자였다. 또 유교구신론이나 대동사상이 비록 유교 차원에서는 진보적인 것이었으나, 당시 사회의 전반적인 눈으로 보면 역시 보수론이었다. 그리고 대종교를 중심으로 만주 지역과 중국 관내에서 활약하던 인물들의 경우도 보수적인 범주에 속했다.

2) 3·1운동 이후의 진보와 보수

3·1운동으로 "조선의 독립국임과 조선인의 자주민임"이 선언되었다. 따라서 그 독립국을 운영해 나갈 자주적인 정부 수립이 당연한 다음 수순이었다. 여러 곳에서 정부 조직체가 선언되고 실제 조직체로 드러난 것이 세 군데나 된 것도 바로 그 때문이다. 그런데 그렇게 선언된 정부 조직체가 한결같이 민주공화정체를 표방하였다. 그것은 바로 당시 민족적 염원이 군주국가가 아닌 민주국가, 군주사회가 아닌 민주사회를 지향한 것이었고, 그 결과로 수립된 결정체가 대한민국 임시정부였다. 때문에 이 정부가 존재가치 또는 존립가치라는 면에서 긍정적으로 평가되는 것이다.

3·1운동 이후 1920년대에 들면서 진보와 보수라는 자리에 새로운 이념과 논리가 자리 잡기 시작하였다. 당시 진보론에는 사회주의와 그 궤를 함께 하는 공산주의 및 아나키즘 등을 들 수 있다. 이들은 대개 민주주의의 구성 요소인 자유와 평등 가운데 후자에 중심을 둔 발전방향을 제시하였다. 즉 계급해방을 궁극적인 목표로 삼으면서 독점자본주의 체제인 일본제국주의를 붕괴시키거나 절대권력체계를 무너뜨려 절대 자율사회를 이룩하려는 방안을 제시한 것이다.

당시에 사회주의론자들의 인식 수준은 공산주의와 민주사회주의 사이에 확연한 구분을 보이지 못하였고, 대개 공산주의적인 성향이 강했다. 이를 한국 문제에 적용하는 과정에서 자유주의 세력과 연합 혹은 결별, 그리고 다시 연합을 모색하는 전술적인 변화를 보였다. 그러한 전술의 변화가 자주적이기보다는, 혁명의 종주국이자 후견인인 러시아가 지휘하는 국제공산당의 절대적인 영향 아래 나타났던 것이다.

1920년대 진보론자들의 활동은 주로 농민운동과 노동운동을 통해 표출되었다. 한국 농민의 반 이상이 소작농으로 전락하자 이를 항일의 대열로 이끌어 냈고, 도시의 노동자를 결집시켜 노동운동이라는 방법으로 일제에 맞섰던 것이다. 이를 선도해 나간 인물로 김재봉이나 김찬·박헌영·권오설 등이 대표적이다. 제2의 3·1운동이라고 불리기도 하는 6·10만세운동도 바로 이들의 결정적인 역할로 추진된 것이다. 한편 국외에서는 이동휘와 여운형 등 많은 인물들이 러시아 지역과 만주 및 중국 본토 지역에서 활약하였고, 대한민국 임시정부에도 가담하기도 했다. 이들 사회주의자 가운데는 1928년 이후 1930년대 초반까지 민족문제를 제쳐 두고 국제주의로 나아간 경우가 많다. 그러다가 1930년대 중반에 들면서 다시 민족문제에 초점을 맞추는 회귀성을 보였다. 이론적으로 보자면 민족주의보다는 국제주의가 진보적인 것이므로 사회주의자들이 진보적으로 나가다가 뒤로 물러난 셈이 된다.

한편 아나키즘은 절대 자유체제를 지향하면서 주로 베이징에 거주하던 신채호와 이회영을 중심으로 자리 잡게 되었다. 국내와 만주 지역에 무정부주의단체가 결성되고 중국 관내 지역에서도 김성숙·정화영·백정기·류림 같은 인물들이 활약하였다. 이들은 강력한 의열투쟁을 벌여나갔다.

3·1운동 이후 보수론으로는 자유주의가 대표적이다. 자유주의라고 하더라도 그 영역이나 변화의 범위는 넓다. 국내에서는 신민회를 이어 활동한 이상재를 비롯한 인물들의 행로가 그러하고, 이상룡이나 김동삼, 이시영 등 남만주 지역에서 활약하던 많은 인물이 여기에 속했다. 이상룡의 경우 비록 사회주의를 이해하고 수용하려는 의도를 보이기도 했지만, 결국 그를 자유주의의 범주에서 이해하는 것이 옳다. 또 김구와 이동녕을 비롯한 임시정부의 주요 구성원들이 그러했고, 미주 지역에서 활동하던 인물도 마찬가지. 김지섭·나석주·김시현 등 의열투쟁가들도 마찬가지다.

대한민국 임시정부에 대한 평가는 다양하다. 진보와 보수라는 기준으로 보자면, 대개 보수적으로 평가하는 경우가 많았다. 하지만 대한민국 임시정부를 보수적으로만 평가하는 것은 옳지 않다. 1941년에 제시한 대한민국 임시정부의 건국강령에 사회주의를 수용한 삼균주의가 기조를 이루고 있기 때문이다. 물론 1920년대 초에 임시정부를 고수하는 세력들이 자유주의적인 노선을 선택하였지만, 1920년대 중반에 좌우합작을 펼쳐 나갔고, 그것이 중단된 1930년 무렵에는 강령에서 사회주의적인 성향을 나타내기도 하였다. 구성원 가운데 보수적인 인물이 있다고 하여 대한민국 임시정부 그 자체를 보수적으로만 평가하는 것도 그리 현명한 판단은 아닌 것 같다.

한편 전통적인 유림이라는 조직으로 민족문제에 부딪친 마지막 저항이 유림단 의거였는데, 이 경우도 대표적인 보수론에 속했다. 〈파리장서〉라는 제1차 유림단 의거와 1925~1926년에 김창숙이 주도한 제

2차 유림단 의거는 사실상 유림의 조직적인 저항으로서는 최후를 장식한 것이다.

1920년대 중도론자로 이야기하자면 조소앙이 대표적이다. 그가 내세운 삼균주의의 본질은 균등사회를 건설하려는 것이고, 그러한 성격을 서양의 정치사조에 비교한다면 자유주의자이면서도 사회주의 노선을 받아들인 것으로 평가된다. 그의 주장은 곧 정치적으로는 자유주의를, 사회경제적으로 사회주의를 추구하는 것이었다. 결국 그의 지향점은 사회민주주의를 건설하려는 것으로 정리된다.

한편 3·1운동 이후 1920년대의 반동 노선은 다양했다. 민족의 개조를 내세우고 나타난 개량주의자들이 대표적이고, 여기에 사회혁신을 부르짖으면서도 사실상 일제 침략세력과 밀접한 관련을 가진 일부 지역의 청년운동도 마찬가지였다. 이들의 공통점은 모두 당시 민중의 의식이나 수준이 극히 저조하다는 인식 아래 민족성을 진보적으로 깨쳐 나가야 한다고 주장한 점이다. 그런데 이것도 이론적으로만 따진다면 분명히 진보적이었다. 민족의 문화적 수준을 선진 국가의 수준으로 끌어 올려야 한다고 주장하고 노력해 나간 점이 그렇다는 말이다. 특히 이광수의 '민족개조론'이 대표적인 논리에 속한다. 그런데 이것이 1937년 이후 전시수탈체제에 접어들면서 확산 강화되었다. 여기에 종교인과 문인 및 예술인이 대거 합세하면서 '대동아주의'가 구가되었다. 따라서 그 논리가 진보론이지만, 그것이 일제를 주체로 삼은 것이므로 사실상 일제의 지배체제를 절대적으로 옹호하는 것이고, 따라서 그것이 보수가 아니라 반동으로 평가되는 것이 마땅하다. 이들이 선택한 진보가 일제의 침략체제를 옹호하는 것이므로, 한민족의 위치에서 보면 그것은 반동이 된다.

3. 민족과 반민족, 반일과 친일

민족을 중심에 두고 본다면, 항일투쟁기에 가장 큰 모순은 당연히 민족의 식민지종속문제였다. 따라서 민족문제를 중심으로 항일투쟁기를 볼 경우 '민족적'인 것과 '반민족적'인 것이 가장 주된 기준이 된다. 이를 다른 표현으로 옮겨본다면, 민족중시와 민족경시, 독립과 종속, 그리고 반일과 친일로도 표현될 수 있다.

민족과 반민족이라는 기준도 그리 간단한 것은 결코 아니다. 이 문제도 넓은 스펙트럼을 보이기 때문이다. 우선 투쟁의 강도 문제에서 차이를 보이고, 특정 인물일지라도 시기에 따라 투쟁의 양상과 정도를 달리하며, 또 동일한 집단에 속한 인물 사이에도 성향의 차이가 있게 마련이기 때문이다.

1) 민족중시와 반일

먼저 1910년대 민족운동의 특징은 일제 강점을 막지 못한 충격과 이에 대응할 장기적인 방안을 모색하는 두 가지로 요약된다. 국내에서는 일제강점이 현실로 나타나자 순절로써 저항하는 한편, 독립의군부와 민단조합 같은 의병항쟁이 여맥을 이어 나갔고, 계몽운동도 조선국권회복단과 같은 결사체나 학교를 통한 교육운동으로 계승되고 있었다. 그러면서 의병과 계몽운동의 두 계열이 합류하면서 결성된 광복회(1915)가 1910년대를 대표하였다.

한편 이 시기의 활동 가운데 만주 지역에서 전개된 독립군 기지 건설 사업이 가장 돋보였다. 계몽운동을 벌이던 인사 가운데 강성을 지닌 인물들이 대거 만주로 망명하고, 독립군 기지를 건설하기 위해 우선 동포사회를 결성하고 나섰다. 경학사(1911)와 부민단(1916) 및 한족회(1919)로 이어지는 것이 그러한 사례에 속한다. 또 이 결사체가 군사력을 양성하기 위해 군사학교를 설치하고, 그 결실이 서로군정서와 북로군정서로 나타났다. 이 당시 만주로 망명하여 정착하는 과정에서 단발하고 중국인 복장을 갖추며, 중국 국적을 취득한다고 하여 반민족으로 평가해서는 안 된다. 그 행위가 중국인이 되는 데 목표를 둔 것도 아닐 뿐만 아니라 한민족의 독립을 위한 군사기지 건설에 기초가 되는 동포사회를 형성하고 유지시키기 위한 길이었기 때문이다.

또 이 시기에는 제1차 세계대전이라는 국제정세 변화를 주시하면서 이에 적합한 대응방안을 찾아 나서는 노선도 생겼다. 대한광복군정부(1914)·신한혁명당(1915)·대동단결선언(1917) 등이 모두 그러하다. 마침 제1차 세계대전이 끝나고 그 전후처리를 위한 강화회의가 열리자, 이를 독립의 기회로 파악하고 외교활동을 벌이는 과정에서 신한청년당(1918)이 결성되고, 또 한국인의 독립의지를 국제회의에 전달하기 위해 민족 전체가 참여하는 항쟁을 벌였으니, 곧 3·1운동이었다. 이처럼 상하이 지역에서 3·1운동 이전에 펼쳐진 활동이 곧 대한민국 임시정부(1919) 수립을 위한 교두보가 된 것이다. 한편 일본에서는 역시 제1차 세계대전의 마무리를 지켜보면서 2·8독립선언을 발표하여 국내외 3·1시위의 서막을 열었다. 그리고 미국에서는 대한인국민회(1910)가 결성되고 박용만에 의해 소년병학교가 세워지기도 했다.

1920년대의 민족운동은 3·1운동을 계기로 전기를 마련하였다. 일단 이전까지 추진되던 민주국가수립운동이 3·1운동으로 매듭지어지고, 이후로는 완전한 독립을 확보하는 독립국가 건설이라는 과제가 남았다. 그런데 밀려 든 사회주의라는 물결과 이로 말미암은 이념과 방략方略의 분화는 다시 완전한 독립과 통일국가 수립운동이라는 새로운 과제를 잉태하였다. 더구나 '문화정치'라는 이름 아래 자행된 일제의 민족분열정책도 혼잡성을 가중시켰다. 따라서 1920년대에는 민족과 반민족문제도 복잡한 양상을 보였다.

1920년대 민족중시 노선은 국내외를 가리지 않고 한국인이 존재하는 거의 모든 곳에서 펼쳐졌다. 국내에서는 곳곳에서 의병항쟁을 이은 의열투쟁이, 계몽운동을 계승하여 지智·덕德·육肉을 발전시키려는 청년운동이 민족실력양성 차원에서 각각 전개되었으며, 민족자본 육성을 위한 노력도 시도되었다. 1924년을 지나면서 점차 사회운동이 농민·노동운동을 중심으로 펼쳐지면서 계급해방운동으로 이어졌다. 조선공산당이 결성되면서 이 운동은 비록 코민테른에 국제적인 성향으로 보고되었지만, 실제로 국내에서는 민족운동의 성향을 다분히 갖고 있었다. 때문에 민족운동세력의 통일운동 차원에서 6·10만세운동을 일으키고 신간회(1927)를 설립할 수 있었다. 이외에도 유림들이 주도한 마지막 투쟁으로 제2차 유림단 의거(1925~1926)가 있었고, 광주학생운동이 1920년대의 마지막을 장식하면서 1930년대 초의 전국적인 항일투쟁으로 연결되어 나갔다.

한편 국외 지역에서는 만주 지역의 독립군이 무장항전을 펼친 것과 중국 관내 지역의 임시정부 활동이 대표적이다. 만주에서는 봉오동·청산리전투로 대표되는 무장항쟁이 벌어지고 그를 이은 참의부·신민부·정의부 등이 조직과 활동을 이어나갔으며, 1927년에는 국내외 전체에서 나타나는 좌우합작(통일전선) 조류가 형성되었다. 중국 관내 지역에서는 주로 상하이 지역의 임시정부를 중심으로 복잡한 노선과 활동이 이어졌다. 파리강화회의(1919)와 워싱턴회의(1922) 및 모스크바 극동민족대표회의(1922)에 대한 대표파견과 외교활동이 펼쳐졌고, 중국 광둥의 호법정부와 소련 및 미국에 대한 외교활동도 펼쳐졌다. 국제정세 변화를 독립의 기회로 포착하려는 움직임이었다. 한편 1920년 무렵부터 서서히 좌우분화가 생겨났는데, 이를 극복하려는 선구적인 노력이 1926년 유일당운동으로 나타났다. 또 의열단을 비롯한 의열투쟁 단체들이 곳곳에서 결성되고 투쟁도 펼쳐졌다. 베이징을 중심으로 활약한 신채호와 이회영을 중심으로 아나키스트 활동이 두드러졌고, 그것이 의열단의 투쟁에 영향을 주기도 하였다. 당시 소련 지역에서도

적기단을 비롯한 무장조직이 활약하거나, 코민테른 동방공산대학 출신
들이 배출되면서 국내외로 인력을 공급하여 영향을 주었다.

일본에서는 아나키스트들의 활동이 두드러졌고, 점차 일본의 노동
운동에도 주역으로 성큼 들어서기 시작하였다. 또 신간회와 근우회의
지회 활동도 활발하였다. 그리고 미국에서는 대한민국 임시정부와 연
결된 활동이 주류를 이루었다.

1930년대에 들자 국내에서는 민족적 저항으로는 조선어학회를 비
롯한 국학연구가 한 맥을 잇고, 노동운동과 농민운동이 주류를 형성하
였다. 사회주의운동은 주로 조선공산당재건운동에 목표를 두고 곳곳에
서 활동을 보였는데, 1930년대 중반에 들면서 점차 다시 민족문제로
방향을 선회하여 민족운동세력의 결속이 다시 한 번 시도될 터를 만들
었다. 농민운동이나 노동운동도 그 다수가 사회주의운동의 성격을 지
니고 있었다. 또 학생운동단체들도 1930년대 전반기에는 주로 사회주
의적 성격을 띠다가 후반기에 들면서 민족문제에 초점을 맞추는 양상
을 보였다.

1930년대 국외 지역의 민족운동은 주로 만주 지역과 중국 본토 지
역에서 펼쳐졌다. 만주 지역에서는 한국독립당이 이끄는 한국독립군
과 조선혁명당의 조선혁명군이 1930년대 전반기에 왕성하게 독립전
쟁을 벌였다. 그러다가 한국독립군의 지휘부는 1930년대 중반에 중
국 관내 지역으로 이동하였고, 조선혁명군은 후반기까지 활약하면서
도, 일부 지휘부는 역시 관내 지역으로 이동하여 임시정부 외곽 세력
으로 자리잡았다. 그리고 사회주의자들은 조선공산당재건운동에 힘쓰
는 한편, 코민테른의 결의에 따라 중국공산당만주성위원회에 가입하
여 활약하였다. 동북항일연군은 바로 이 위원회 소속의 군대였지만,
한국인이 주류를 이룬 부대는 민족적 성향을 강하게 지니면서 항일전
쟁을 벌였다.

1930년대에 중국 관내 지역의 민족운동은 대한민국 임시정부의 이

동과 더불어 활동이 전개되어 갔다. 즉 대한민국 임시정부가 의열투쟁 방략을 채택하여 한인애국단 투쟁을 벌인 뒤고, 상하이를 떠난 뒤 중일전쟁을 겪으면서 내륙을 거쳐 충칭에 이르렀다. 그 시기에 민족운동 세력의 통일운동이 여러 번 시도되는 한편, 군사력을 양성하고 그를 바탕으로 조선의용대와 한국광복진선청년공작대가 결성되고 전지공작에 나섰다.

반면에 이 시기에 소련이나 미국 및 일본에서는 동포들의 민족운동이 약화되었다. 소련의 경우에는 한인들이 소련공산당으로부터 대숙청을 당하고 1937년에 중앙아시아로 강제 이주되면서 사실상 민족운동의 흐름이 단절되다시피 하였다. 다만 일본에서는 노동운동이 그 맥을 이어 나갔다.

1940년대에 들면, 국내에서는 다시 독립군적 결사체들이 곳곳에 결성되어 갔다. 그리고 반전운동 조직이 나타나기도 하고, 징용과 징병을 반대하는 움직임도 나타났다. 특히 건국준비위원회는 눈앞으로 다가선 해방을 예견하고 해방조국을 준비하였다. 만주 지역에서 활동하던 동북항일연군은 그 생명을 다하고 일부가 소련 지역으로 이동하였다. 이와 달리 중국 관내 지역에서는 충칭의 임시정부와 옌안의 조선독립동맹이 활발한 활동을 보였다. 대한민국 임시정부는 〈건국강령〉을 마련하고, 좌우합작을 달성하였다. 특히 한국광복군을 창설하여 중국 전구에 파견된 미국의 OSS 부대와 합작하고 국내진공을 시도한 것은 임시정부의 활동 가운데 대표적인 것이다. 조선독립동맹은 조선의용군을 편성하고 중국공산당 휘하의 부대와 합작하였다. 한편 미국에서는 재미한족연합위원회의 활약이 이루어졌고, 임시정부 주미외교위원부가 설치되어 전후를 내다보면서 활발한 외교활동을 펼쳤다.

2) 반민족과 친일

1910년대 민족중시 노선과는 반대로 반민족행위도 벌어지고 있었다. 그 가운데는 일제 강점 달성에 '공적'을 세운 인물들이 작위를 받고, '은사금'이란 이름으로 거액의 포상금을 받으면서 부일의 길을 걸어갔다. 다른 한편으로는 조선총독부의 정책에 따라 새로 부일세력이 육성되고, 새로운 지방행정체제에 따라 말단 지역에 면제面制가 실시되고 그 하수인으로 친일 면장들이 포진하게 되었다. 한편 대종교가 극한 투쟁을 펼치는 한편에 카톨릭은 일제와 호흡을 맞추는 반민족성을 보였다.

1920년대에 반민족적 행위자의 등장도 다양해졌다. 일제의 민족분열정책에 편승하여 민족해방이라는 목적을 폐기한 채 일제의 앞잡이〔走狗〕로 전향하는 인물들이 다양하게 나타났다. 3·1운동 직후부터 창씨개명을 주장한 한상룡이나, 한민족의 경륜이 독립할 정도에 미치지 못하므로 일본의 통치를 받는 것이 당연하다는 논리를 펼치고 나온 이광수가 대표적인 인물이다.

1920년대에 대다수의 종교 세력이 반민족 노선을 걸어갔다. 카톨릭은 이미 그 이전부터 철저하게 조선총독부와 연결되었고, 1920년대에는 기독교나 불교 및 유교를 가릴 것 없이 대다수의 종교는 민족문제에 입을 다물었으며, 오히려 일제통치와 타협하는 길을 걸었다. 기독교는 미신타파운동이라는 조선총독부의 정책에 발맞추어 민족종교 탄압에 나섬으로써 민족운동세력을 분열시키고, 불교는 일제 종단과 통합을 추구하면서 일제의 앞잡이가 되어 갔으며, 유교 세력은 일제가 만든 경학원에 몸을 던져 친일 유림이 되어 갔다. 그래서 지방에 따라서는 향교철폐운동이라는 것이 벌어지기도 한 것이다.

1930년대에 들면 전시체제에 발맞춰 반민족행위는 하늘을 찌를 듯하였다. 스스로 〈황국신민의 서사〉(1937)를 입안하기도 하고, 신일본주의를 외치기도 하였다. 이광수가 1939년 이후 사상·감정·풍습·습관 중에 비일본적인 것을 제거하고 일본적인 것을 대입 순화한다는 '생활의 황민화'를 부르짖은 것은 그 정수에 속한다. 이런 행보는 1940년에 그대로 이어졌다. 조선어를 전폐하자거나 창씨개명 상담실을 연 인물도 나왔고, 교회에 일본 신주인 가미다나(神栅) 모시기 운동(1943)이 펼쳐지는 등 반민족행위가 줄을 이었다. 그것도 일제의 강요나 압박에 따라서가 아니라 자진하여 나선 것이니 반민족의 극치가 아닐 수 없다. 그런 인물들이 1940년대에 대동아주의 혹은 대동양주의를 내걸고 반민족 부일배로 집결하였으니, 사상보국연맹(1939)·황도학회(1940)·창씨개명선도(1940)·국민총력조선연맹(1940)·임전대책협력회(1941)·조선임전보국단 및 부인대(1941)·조선문인보국회(1943)·조선전시종교보국회(1944)·대화동맹(1945) 등이 대표적인 조직이었다. 이들의 반민족행위가 해방 후 제대로 정리되지 못하였고, 심지어는 그들 대다수가 권력주도층으로 다시 자리 잡은 일은 역사에서 정의가 승리할 수 없다는 허탈감 마저 안겨 주었다.

반민족행위자들의 대다수는 그들의 선택이 진보의 길이라고 믿었다. 특히 미국과 일본으로 유학을 다녀온 인물들이 근대화의 기수임을 자처하고, 그 길이 곧 선진사회로 나아가는 지름길임을 확신하면서 대중에게 그것을 불어넣고자 노력하였다. 특히 선진문물을 익히고 돌아왔다는 점에서 그들이 민중의 선망을 받았으므로, 그 역기능은 대단히 컸다.

4. '진보·보수'와 '민족·반민족'의 종합 구도

진보와 보수가 역사적 평가의 중요한 척도가 됨은 당연하다. 하지만 시대적 과제가 이보다 더 중요한 민족문제를 수반하고 있는 상황에서는 진보와 보수라는 잣대만으로 성격을 모두 평가하기는 곤란하다. 따라서 두 가지 척도를 함께 고려하는 것이 바람직하다. 그런데 진보와 보수의 기준이 3·1운동을 전후로 다르게 나타나므로 일단 두 시기로 구분하여 정리하려 한다.

1910년대의 경우는 좌우의 축은 진보가 자유주의와 공화주의로 대표된다면, 보수는 입헌군주주의가 그러했다. 전자는 국민주권국가 수립을 지향하는 것이고, 후자는 개혁을 지향하지만 결국 군주사회를 유지하려는 것이다. 비록 입헌군주사회 보다도 더 개혁지향적인 대동사상이나 유교구신론도 전반적인 구도로 보면 보수적인 범주로 평가된다. 여기에 민족과 반민족이라는 축을 겹쳐 놓으면 〈그림1〉과 같다.

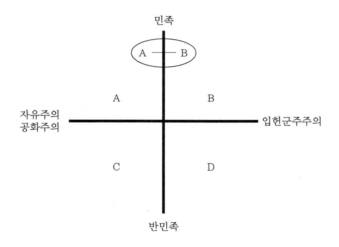

〈그림1〉 3·1운동 이전의 구도

A그룹에는 1907년 이후 신민회 계열을 잇는 인물이거나 조선국권회복단 구성원들이 대표적이니, 안창호나 이상재 등을 꼽을 수 있다. B그룹에는 독립의군부나 민단조합 같은 1910년대 의병항쟁을 계승한

인물들이 대표적이다. 그리고 A−B그룹에는 공화주의와 복벽주의자의
만남인 광복회가 속한다. C그룹에는 진보를 표방하면서 그 지향점이
식민지로 방향을 잡고 조선총독부 정책에 앞장선 인물들이 속하는데,
유길준·윤효정·박중양·이용구 등을 들 수 있다. D그룹은 유림적인
바탕에다가 민족을 버린 인물이 속할 것이므로 친일유림 조직인 경학
원의 대제학이던 김윤식 같은 이가 대표적이다.

　　그러다가 1920년대에 들면서 그 기준이 달라져서 진보가 평등에 중
점을 두어 사회·공산주의 노선이 자리 잡고, 보수가 자유에 중점을
두어 자본주의체제를 지향하였다. 그리고 아래와 위로는 1910년대와
마찬가지로 민족문제를 중심으로 삼아 민족중시와 민족경시(국제주의)
라는 축을 겹쳐보면 〈그림2〉와 같다.

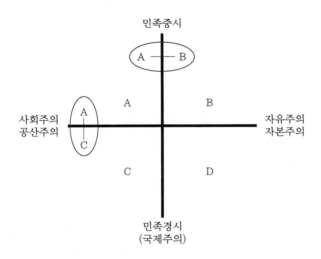

〈그림2〉 3·1운동 이후의 구도

　　1920년대 초반에 들어 국내 지역의 청년운동은 대개 B그룹이었다.
그러나 1924년 이후 청년운동의 다수는 A그룹으로 전환했다. 특히 조

선노농총동맹이나 조선공산당은 A에 속한다. 김재봉·김찬·권오설 등을 들 수 있겠고, 국외 지역의 경우에 신채호·이회영·이동휘 등이 포함된다. 좌우분화가 일어나더라도 여기에 크게 영향을 받지 않고 민족운동선상을 지킨 경우는 대개 A-B그룹에 속했다. 이상룡이나 김동삼이 그러했고, 좌우분화를 극복하려는 활동도 역시 그랬다. 따라서 신간회와 유일당운동이 그러하고 안창호가 여기에 속한다. 임시정부를 구성한 인물들은 대개 B그룹에 속했다. 김구·이동녕·이승만이 그렇고, 유림 출신인 김창숙도 그러하며, 국내에서 활약하던 이상재도 그러한 경우였다. D그룹에는 1920년대에 이완용이나 김윤식 같은 구세대 인물을 넘어 이광수와 같은 신세대 반민족 인물이 나타났다. 3·1운동 직후에 창씨개명을 들고 나오거나 조선사편수회의 역사친일이 행해지고, 종파를 가릴 것 없이 거의 모든 종교 교단에서 종교친일 행각이 벌어졌다. C그룹에는 1928년 코민테른 12월테제 이후 민족부르주아와 결별의 길을 걷게 되는 ML계열이 속한다. 물론 그것이 반민족행위는 아니지만, 일단 민족문제와는 거리를 둔 국제주의 지향성을 보였다는 점에서 여기에 분류된다. 따라서 중국이나 일본 및 소련의 공산당 조직 속에 흡수되어 활동하면서 민족중시의 성향은 약화되고 반대로 국제주의 성향이 강화되었다. 그리고 그러한 경향성은 1930년대 전반기까지 이어졌다.

1930·40년대에 진행된 사회주의 성향의 농민조합과 노동조합 활동 및 각 지역의 조선공산당재건운동은 모두 A에 속했다. 1935년에 결성된 조국광복회는 다시 민족문제를 중시하는 방향으로 선회한 증거인데, 따라서 A-B그룹으로 보는 편이 옳다. 이런 경우가 조선민족혁명당도 마찬가지다. 따라서 김원봉이나 김일성은 A-C로 볼 수 있고, 조소앙의 경우는 대표적인 A-B로 분류된다. 김구를 비롯한 임시정부 주요 구성원들은 변함 없이 B그룹에 속했다. 다만 경제정책에서는 진보적인 부분을 수용하였다. 한편 1931년 일제의 만주침공과 1937년

중일전쟁을 거치면서 D그룹은 폭발적으로 증가하였다. 스스로 〈황국
신민서사〉를 만들어 강요한 김대우, 친일 기독교인의 표상인 정춘수 ·
정인과 · 전필순, 유림의 정만조 · 어윤적 · 김길창, 불교의 이회광 · 이
종욱 · 권상로 등이 대표적이다. 특히 일본의 신전인 가미다나를 교회
에 봉안하도록 밀어붙인 전필순의 경우는 광신적인 것이었다. 1940년
대의 예술 · 문화인, 여성 지도자 등은 대개 D에 속했는데, 전반적으로
민족에게 가장 큰 해악을 끼친 경우였다. 반면에 C그룹은 진보주의자
가운데 친일로 걸어 간 인물이다. 김기진(팔봉) · 박영희 · 현영섭 등이
대표적이다.

반일의 강도를 이념면에서 보면 A가 B보다 강했다. 왜냐하면 자유
주의는 자본주의를 추구한다는 점에서 제국주의와 경제적으로 동질성
을 갖고 있어서, 자본주의를 공격하는 것이 곧 자유주의 자신을 공격
하는 것이기도 했기 때문이다. 일본제국주의 자체가 자본주의의 극단
적인 어두운 속성을 강하게 드러내고 있었다. 그런데 이에 비해 사회
주의는 자본주의를 파괴하려는 성향이었기 때문에, 그 지향점 자체가
일본제국주의 체제를 붕괴시키는 것이었다.

그러나 실제로 A그룹이 민족문제에 B그룹보다 더 기여했는가에 대
해서는 의문의 여지가 있다. A그룹이 1920년대 말부터 1930년대 전
반 사이에 C방향(국제주의)으로 이동함으로써 일단 민족문제에서 한 걸
음 뒤로 물러섰고, 따라서 민족운동에서 그 기여도가 낮아질 수밖에
없었다. 1930년대 중반에 이를 반성하면서 민족문제로 다시 돌아선
것을 높이 평가할 필요가 있겠다. 그러나 이것도 전술상의 변화인지
아니면 기본가치에 대한 기준의 변화인지를 고려한다면 전술차원의 것
으로 이해될 부분도 많다.

5. 새로운 기준, 인간의 존엄성

요즈음 역사 평가의 기준으로 널리 말해지고 있는 진보와 보수라는 기준점을 살펴보면서 내린 결론은 이것만이 역사를 평가하는 기준이 아니라는 사실이다. 더구나 이를 이분법으로 나누어 진보를 '선'이요 '정의'라거나, 보수를 '악'이요 '불의'라고 구분하는 것은 크게 잘못된 논리이다. 왜냐하면 진보나 보수는 모두 긍정과 부정의 양면성을 갖고 있기 때문이다. 증명되지 않은 이상세계를 추구하는 점에서 진보는 발전지향적이긴 하지만 불확실하고 위태롭다. 더구나 그것이 현실로 나타날 경우 예상하지도 못한 부정적인 결과로 귀결된 사례도 확인되었다. 동양평화론이나 대동아주의처럼 일본침략논리에 함몰된 근대지향과 국가주의가 특히 그러했고, 민족문제보다 계급해방을 상위개념으로 내세워 민족문제에서 한 발 물러선 것도 마찬가지였다.

항일투쟁기를 평가함에 있어 진보와 보수라는 구획보다는 민족문제가 더욱 중요한 평가기준이 된다. 항일투쟁기는 말 그대로 일본제국주의에 따라 한국이 식민지가 된 시기이고, 따라서 역사적 최고 목표는 민족의 독립을 달성하는 것이었다. 그러므로 이 시기를 평가하는 데에는 민족(민족중시·민족주의)과 반민족(민족경시·국제주의)이라는 기준이 더욱 중요하고도 기본적인 것임은 당연하다. 그렇다고 이것만이 평가의 기준으로 적용되는 것도 잘못이다.

항일투쟁기 한국사의 특성은 민족문제라는 최우선 과제에 진보성향을 만들어 대입시켜 나간 점이다. 1910년대에 공화주의라는 진보론과 무력투쟁이라는 방략을 결합시켜 새로운 진보론을 만들어 낸 광복회를 비롯하여, 1920년대 후반의 신간회와 유일당운동, 1930년대 중반 이후 좌우합작(협동전선·통일전선), 1940년대 임시정부의 좌우합작 실현은 사상과 이념의 차이를 극복하고 민족문제에 집중한 한국사의 특성을 보여주는 대목이 아닐 수 없다. 그럼에도 불구하고 진보와 보수라

는 틀만으로 한 시대를 재단하려 드는 자세는 역사를 다시 왜곡시키는
것일 뿐만 아니라 우리의 역사를 왜소하게 만드는 일이기도 하다.

 역사평가에서 단순한 기준이 아니라 복합적인 기준 적용이 필요하
다. 대개 민주주의의 구성 요소로 자유와 평등, 그리고 인간의 존엄성
을 이야기한다. 좀 거칠게 표현하자면, 자유에 무게를 둘 경우 자유민
주주의가 되고, 평등에 비중을 두면 평등민주주의, 즉 사회민주주의가
된다. 이 기본적인 틀에서 어느 방향으로 어느 정도 치우치느냐에 따
라 그 사회의 성격이 달라진다. 하지만 무엇보다 중요한 것이 '인간의
존엄성'이 보장되는 사회로 나아가야 한다는 사실이다. 자유와 평등을
아무리 내세우더라도 인간의 존엄성이 무너지는 경우는 또 다른 전체
주의 사회나 독재체제 사회가 되는 현상을 확인해 왔고, 또 목격하고
있기 때문이다.

 '인간의 존엄성'의 보장은 진보지향을 평가하는 중요한 잣대가 되어
야 한다. 요즈음 세계적으로 중시되는 환경문제도 이 기준과 직접 연
결되어 있다. 인간 스스로의 존엄성을 무시하는 체제나 이론은 인류의
공적公敵이다. 21세기에 들어 '인도주의'가 다시 중요하게 제기되는 이
유도 여기에 있다.

제3장 임시정부에서 정식정부로 발전한
대한민국 역사

Ⅰ. 한국 독립운동의 세계사적 성격과 위상

한국의 독립운동은 세계사적인 보편성과 독자적인 특수성을 함께 가졌다. 제국주의 국가의 침략에도 여러 유형이 존재하듯이, 여기에 맞선 식민지국가의 저항도 다양하게 나타났다. 영국·프랑스·미국·독일·일본 등 제국주의 국가의 침략과 통치 유형이 각각 달랐듯이, 아랍권이나 아시아 및 아프리카의 여러 식민지국가들의 저항도 모습을 달리했다. 그 가운데 한국의 독립운동은 다른 식민지해방운동과 비교할 경우 동질성과 이질성을 함께 내포하였다는 말이다. 따라서 한국의 독립운동사를 제대로 이해하는 길은 바로 이것이 가지는 세계사적 의미를 정리하는 것이다.

1. 시기와 단계별 특성

한국의 독립운동은 대개 50년을 갓 넘는 것으로 정리된다. 그 가운데 독립운동의 첫 머리를 장식한 것이 의병전쟁이다. 이것은 대개 세 시기로 구분되는데, 전기의병(1894~1896), 중기의병(1904~1907. 7), 후기의병(1907. 8~1909)이 바로 그것이다. 여기에 전환기의병(1910~1914)과 말기의병(1915~1918)을 덧붙여 5단계로 설명하는 경우도 설득력을 얻고 있지만, 대체로 전자의 경우가 널리 받아들여지고 있다. 전기의병은 전통적인 지배계급인 양반 유생들이 주도하였지만, 중·후기로 진행되면서 점차 평민의병장이 등장하고 주도층이 하향 대중화하여 역사적 발전을 보인 것으로 정리되었다. 의병전쟁은 식민지로 접어드는 진입단계에서 벌인 무력항쟁이었고, 의리론과 명분론이 이념적 축을 이루었다.

다음 단계는 계몽운동이었다. 이것은 1904년을 기점으로 삼아 1910년 전후 시기까지 전개된 것으로 정리되고 있다. 계몽운동의 핵심은 국권회복에 필요한 인력양성과 민족자본 육성에 있었다. 국가를 상실 당할 위기를 맞아 직접 무력항쟁을 펼치는 의병의 활동이 무기와 인력의 열세에서 빚어지는 한계를 보이는 가운데, 새로운 시대를 열어 갈 인재를 양성하고, 국제적 채무관계에 따르는 종속현상을 막아 보려는 노력이 나타났으니, 이것이 곧 계몽운동이었다. 그래서 전국 모든 지역에서 근대교육을 표방한 민족교육기관이 세워지고, 외국 자본의 침탈을 막아보려는 국채보상운동도 전국으로 퍼져 나갔다. 또 신민회를 비롯한 비밀결사체가 조직되어 새로운 길을 모색하는 한편, 공개적인 조직인 학회와 지역별 교육회의 활동, 신문과 잡지를 통한 언론활동 등이 여기에 힘을 보탰다.

1910년에 국가를 잃게 되자 독립운동에도 상당한 변화가 나타났다. 전통적인 지배계층에서 다수의 자정순국자가 나왔다. 1905년 을사조약이 강제로 체결되자 민영환을 비롯하여 다수의 인사들이 자정순국自靖殉國의 길을 택하였는데, 특히 1910년에 국망의 사태가 벌어지자 이 길을 택하는 인사들이 줄을 이었다. 현재까지 확인되는 순국지사는 70명 가까이에 이른다. 한편 나라를 잃자, 독립운동의 새로운 기지를 마련하려는 움직임도 나타났다. 만주 지역으로 이동하여 독립군 기지를 건설해 나간 것이나, 중국 상하이 지역에 교두보를 확보한 것이 대표적인 사례에 속한다. 또 국내에서는 소규모이긴 하지만, 의병과 계몽운동의 합류 가능성을 보여 주었다. 의병들의 규모가 축소되면서 도심부로 잠입하고, 계몽운동계열이 이들과 하나의 광장으로 합류하는 움직임을 보였는데, 광복회의 조직과 국내외 연결망이 바로 그것이다.

1919년에 일어난 3·1운동은 한국 독립운동사에서 분수령으로 이야기된다. 제1차 세계대전의 뒤처리를 위해 프랑스 파리에서 강화회의가 열리자, 이를 독립을 달성할 기회로 포착하고, 한민족의 독립 의사를 천명한 거사가 3·1운동이었다. 이것은 안으로 민족적 대단결을 일구어 독립운동 기반을 확대시켰고, 밖으로 국제사회에 한국 독립의 당위성을 분명히 밝혔다. 3·1운동은 "대내적으로는 일제의 식민지 무단통치를 근본적으로 파산시켰으며, 대외적으로는 일제 식민지 통치 아래에서의 한국민족의 불행과 고통과 일제의 잔혹무비한 식민지 통치의 진상을 전 세계에 폭로하여 비판받게 하였다."[1]

3·1선언은 '조선의 독립국임과 조선인의 자주민임'을 천명했다. 그렇게 선언된 독립국가를 운영하기 위한 정부 조직이 각종 선언문에서 등장했고, 그것이 대한민국 임시정부 수립으로 정리되었다. 이것은 한국사에서 최초로 등장한 민주공화정부였으니, 근대국민국가 수립운동의 결실이었던 것이다.

1920년대에는 독립운동의 양상이 다양해지고 범위도 확대되었다. 국내에서는 민립대학설립운동이나 물산장려운동처럼 자산가 중심의 활동이 전개되고, 사회주의의 도래와 함께 노동운동·농민운동·형평운동·여성운동·학생운동 등이 확산되어 갔다. 조선공산당의 출현과 좌우세력의 발전, 그리고 이를 바탕으로 6·10만세운동에 이어 민족운동 세력의 통일을 추구한 신간회가 그 뒤를 이었다. 한편 만주 지역에서는 독립군의 무장항쟁이 왕성하였는데, 봉오동·청산리전투가 가장 대표적이다. 그리고 만주 지역에서 민정民政과 군정軍政 기능을 가진 독립군 조직이 대거 등장하였다. 또 1920년대 중반부터 만주 지역에서 조선공산당 만주총국을 중심으로 한인공산주의자의 활동도 활발하였다. 1926년 후반기부터 1928년 말까지 조선혁명연장론을 바탕으로 반일시위를 벌였다. 그러다가 1928년 말부터 중국공산당도 한인공산주의자를 중국반제반봉건투쟁의 자원으로 이해하고, 자신의 영역 안

---

1) 신용하, 〈한국독립운동의 역사적 의의와 평가〉, 국사편찬위원회, 《한민족독립운동사》10, 1991, 257쪽.

으로 끌어들이기 시작했다.[2]

한편 중국 본토 지역에서는 대한민국 임시정부가 일제의 집요한 감시와 압박 및 자체의 구심력 상실로 쇠약해지기 시작하자 돌파구 마련에 부심하였다. 그 결과 이념적인 통일운동에 나서는 한편, 장기적인 독립전쟁 준비방략을 수립하면서 의열투쟁을 병행해 나갔다. 그리고 의열단으로 대변되는 의열투쟁 조직은 1920년대 전반기에 왕성한 활약을 보였다. 또 중국 남부 지역에서는 광둥廣東이 독립운동의 근거지로 주목되고, 많은 청년들이 집결하였지만 국공분열 직후 중국의 혁명물결에 동참하면서 다수의 희생자가 발생하기도 했다. 한편 미주 지역에서 동포사회가 틀을 굳히고 대한민국 임시정부를 지원하거나 독자적인 활동을 펼쳤고, 일본에서도 유학생과 노동자가 증가하면서 이들의 활동이 늘어갔다.

1930년대에는 독립운동 전반을 이끌어 나갈 통할 조직이 없었다. 하지만 이 시기에는 독립운동사에서 정당조직이 구심점을 이루었다는 점에서 특징을 보였다. 국내에서는 일제의 만주 침공 이후 전반적으로 독립운동 에너지가 약화되었고, 학생운동과 조공재건운동 및 노동·농민운동이 그나마 명맥을 유지해 나갔다. 중국에서는 독립운동정당이 등장하여 구심체로서 기능하였다. 대한민국 임시정부는 한인애국단 거사 이후 중국 내륙으로 이동하였고, 중일전쟁을 겪으면서 충칭으로 옮겨갔다. 만주 지역에서는 전반기에 조선혁명당군과 한국독립당군의 활약이 펼쳐졌고, 중국공산당 만주성위원회 소속 동북항일연군이 활발한 활동과 국내진입작전이 빛을 발하기도 했다. 중국 관내 지역에서 활약하던 조선의용대가 동북항일연군을 모델로 설정했던 사실은 동북항일연군이 당시 한인 무장항쟁의 모범으로 인식되었음을 알려 준다.[3]

1940년대에 들어서 국내에는 독립군의 성격을 띤 조직들이 다시 나

---

2) 金春善, 〈朝鮮共産主義者加入中國共産黨及"双重使命"的研究〉, 《民族統一戰線的形成與中韓抗日鬪爭》(中韓國際學術會議, 北京大學國際交流中心), 2004, 222~224쪽.

3) 김희곤, 《대한민국임시정부 연구》, 지식산업사, 2004, 419쪽.

타났다. 학생들 조직마저도 독립군과 유사한 성향을 드러냈다. 그리고 건국동맹도 해방을 전망하면서 독립국가 건설을 가늠하고 나섰다. 중국에서는 대한민국 임시정부가 광복군을 조직하고 국군으로 양성하여 국내진입을 시도하였고, 정치적으로 좌우합작을 달성하였다. 화베이 지역에서는 조선독립동맹과 조선의용군의 활동이 왕성했다. 당시 국내와 중국 지역 독립운동 조직들 사이에 대통합이 시도된 일은 특기할 만하다. 그리고 대한민국 임시정부의 국무위원이 옌안의 조선독립동맹에 파견되거나, 둥베이 지역의 독립운동 세력에게 교섭대표가 파견된 사실도 드러나고 있어서 해방 전야의 통합 시도가 흥미롭다. 미주 지역에서는 미국정부에 벌인 외교활동이나 대한민국 임시정부 지원활동 및 참전활동이 있었다.

2. 지역적 특성

독립운동이 펼쳐진 곳은 한인이 거주한 세계 모든 지역이었다. 다시 말하자면 한인이 살고 있던 모든 지역이 바로 한국 독립운동의 근거지였다는 말이다. 국내는 말할 필요가 없으니, 국외 지역을 거론해 보자. 우선 가장 먼저 독립운동의 기지가 만들어진 곳이 만주 지역이다. 1860년대 이후 이주가 시작되고, 그곳이 생활의 새로운 터전으로 떠올랐다. 그러다가 1896년에 류인석을 비롯한 의병대열이 이곳으로 이동하면서 독립운동의 근거지로 주목을 받았다. 곧 이어 1900년대에 들면서 독립운동의 거점 확보를 위한 탐사가 이어지고, 1910년 직후에는 망명객들이 대거 이곳으로 이동하면서 독립군 기지가 곳곳에 건설되었다. 그 가운데 대표적인 곳이 서간도와 북간도였다. 독립군을 양성하자면 동포사회가 형성되어야 했고, 이를 위해서는 먼저 경작지와 정착촌이 건설되어야 했다. 초기 망명객들이 자신의 재산을 여기에 쏟아 부은 것도 이러한 이유 때문이다.

1910년대 만주 지역에 정착촌 형성과 민족교육기관 설립 및 독립군 양성으로 성과를 올렸다. 신흥무관학교나 백서농장 등이 대표적이다. 그 성과가 1920년에 봉오동·청산리전투로 나타났다. 일제의 침공과 장쩌린 군벌의 야합으로 독립군 기지가 위태로워지자 주요 항전 세력들이 북만주로 이동하였다. 참의부와 신민부 및 정의부가 조직되어 동포사회를 결속하고 독립운동을 이끌어 갔고, 조선공산당의 활동도 활발했다. 1930년대에 들어서는 한국독립당군과 조선혁명당군의 활약에, 동북항일연군의 활동도 가세되었다.

중국 관내 지역도 독립운동의 중요한 근거지였다. 1910년대에 상하이와 베이징이 주요 근거지였고, 특히 상하이에는 1919년에 대한민국임시정부가 수립되면서 세계 각처에서 조직된 독립운동 기관의 구심체 역할을 맡기도 했다. 1920년대에 들어서는 광둥 지역이 독립운동의 근거지로 자리를 굳혔다. 그리고 1930년대에 들어서는 중국 내륙으로 독립운동 근거지가 이동하였고, 1940년대에는 충칭과 옌안이 중심점이 되었으며 한국광복군과 조선의용군의 활동이 돋보였다.

러시아 지역은 만주와 마찬가지로 1860년대 이후 한인의 이주와 정착이 시작되었고, 독립운동과 관련한 인사들의 망명은 1890년대 의병출신으로부터 비롯되었다. 두만강 건너편인 연해주가 주된 활동 지역이었고, 1930년대에 중앙아시아로 강제 이주 당하기 전까지 왕성한 활동을 보였다. 그리고 이르쿠츠크나 모스크바는 한인 공산주의운동의 주요 근거지이기도 했다.

일본 지역은 일제의 본거지임에 따라 제약 조건이 많았지만, 학생운동·노동운동·의열투쟁이 두드러졌다. 1919년 도쿄에서 일어난 2·8운동은 국내 3·1운동의 선구가 되었고, 1920년대에 들면서 노동운동과 아나키즘운동이 강하게 일어났다. 개인적으로는 박열이나 김지섭의 투쟁이 손꼽힌다. 1930년대에 들어서는 이봉창 의거가 대표적이며 노동운동이 강도를 높여 갔다.

　미주 지역은 하와이와 미국, 멕시코 및 쿠바가 핵심 지역이었다. 1902년 말에 하와이로 출발한 노동이민이 한인사회를 형성하는 출발점이었고, 곧장 독립운동의 주요 거점으로 자리 잡아갔다. 1914년에 하와이에서 박용만이 조직한 대조선독립군단이 무력항쟁을 표방한 대표적 조직이었고, 대한민국 임시정부의 구미위원부가 외교활동의 중심이 되었으며, 대한인국민회가 독립운동의 구심점 노릇을 맡고 나섰다. 그리고 유럽 지역에서는 런던과 파리, 헤이그 등이 주요 활동 지역이었다. 이외에도 동유럽이나 동남아시아 등 한인이 거주한 모든 곳에서 독립운동이 펼쳐졌다. 직접 독립운동을 벌이기도 하고, 더러는 독립운동을 지원하기도 했다.

　이상에서 본 것처럼, 한인이 거주하는 모든 곳에서 독립운동이 펼쳐졌다. 단순히 만주 지역이나 중국 관내 지역이 아니라 세계 모든 지역에서 그러했다. 따라서 한국 독립운동의 지역적 특성은 한인이 거주한 세계 모든 곳이라 정의하는 것이 옳다. 여기에서 짚어 두어야 할 더욱 중요한 한 가지 사실은 세계적으로 분포된 한국 독립운동의 세력들이 네트워크를 형성했다는 것이다. 1900년대 이전에는 만주와 연해주가 주된 지역이면서 상호 연결망을 가졌고, 1900년대에 들어서는 하와이 노동이민자에 의해 형성된 독립운동의 교두보가 여기에 동참했다. 이어서 1910년대에는 중국 본토 지역, 특히 상하이와 난징, 베이징 지역, 그리고 일본의 도쿄와 미국 본토 지역 샌프란시스코와 네브라스카 등이 새로운 기지로 추가되었다. 그러면서 상하이의 고려교민친목회와 연해주의 대한인국민회 시베리아총회, 미주의 대한인국민회 미주총회, 하와이총회 등이 조직되고 연결망을 형성해 나갔다. 3·1운동이 일어나던 무렵에도 상하이 지역과 국내 및 일본 도쿄 유학생회 사이에서 확실한 연결망을 확인할 수 있다. 1920년대에는 대한민국 임시정부와 만주 지역, 러시아 지역, 미주 지역, 유럽 지역 사이의 연계는 왕성하였다. 1930년대 이후에는 일제의 만주 침공과 중일전쟁 및 태평양전쟁을 겪으면서 연결망이 다소 흐트러지기도 하였지만, 충칭의 대한민국 임시정부와 옌안의 조선독립동맹 및 미주 지역 독립운동 조직 사이에 연계망을 형성하고 있었다. 따라서 지역적인 면에서 한국 독립운동은 세계적인 분포를 보이면서도, 서로 조밀한 네트워크를 형성하고 있었던 셈이다.

3. 이념적 특성

한국 독립운동을 이끌어 간 이념은 시기에 따라, 또 계층과 계급에 따라 다양했다. 독립운동의 출발점인 의병전쟁은 위정척사론을 계승한 복벽주의가 이념적 바탕을 이루었다. 국권을 회복하더라도 군주사회를 유지해 나가야 한다는 전근대적인 복벽론을 굳게 지닌 것이다. 이보다 약간 뒤늦게 시작된 계몽운동은 이와 완전히 다르게 공화주의를 표방하고 국민국가 수립을 목표로 삼았다. 따라서 전자의 경우는 국권을 회복하더라도 군주사회를 회복하자는 것이고, 후자는 공화주의에 입각한 근대국민국가를 건설하자는 근대지향성을 보였다.

독립운동 전개 과정에서 중요한 이념적 틀로 자리 잡은 복벽주의와 공화주의는 하나의 구조 속에 용해되기 어려웠다. 그런데 두 가지 이념이 공동의 광장으로 합류하기 시작한 조직이 1915년에 결성된 대한광복회였다. 복벽노선을 고집하던 의병계열과 공화주의를 표방한 계몽운동계열이 합류한 것이다. 여기에서 한 걸음 더 나아가 구체화된 주장이 1917년에 발표된 〈대동단결선언〉으로, 민주공화정부 수립을 표방하였다.[4] 그런데 국내에서 완전한 의미로 이념적 수용과 합류는

---

4) 조동걸, 〈臨時政府樹立을 위한 1917년의 '大同團結宣言'〉, 《한국학논총》 9, 1987, 127쪽.

3·1운동 과정에서 확립되었다.

3·1운동은 "조선의 독립국임과 조선인의 자유민"임을 선언하였다. 이 선언은 이미 3·1운동 이전에 논의된 대한민국 임시정부 수립 계획과 관계를 가지고 있었다. 즉 주체 세력이 3월 3일자로 발행한《조선독립신문朝鮮獨立新聞》제2호에 따르면 가정부假政府, 곧 임시정부 수립을 기획하고 있음을 알 수 있다.

> 假政府組織說. 日間 國民大會를 開하고 假政府를 조직하며 假大統領을 選擧하얏다더라. 安心安心 不久에 好消息이 存하리라.[5]

독립선언서와 신문기사는 조선이 독립국이라는 사실을 선언하고, 국민대회를 거쳐 '가대통령'을 선거한다고 했다. 즉 대통령제 민주공화정부를 수립한다는 말이다. 즉 선언된 독립국을 운영하기 위해 정부 조직이 수립되는 것은 당연한 수순이요, 수립될 국가가 대한제국이 아니라 대한민국이 된다는 뜻이었다. 이런 필요성에 따라 여러 정부 조직이 선포되었는데, 대한민국 임시정부로 통합되었다. 한국 역사상 최초의 민주공화정부가 수립된 것이다. 다만 완전한 독립을 달성할 때까지는 대한민국 임시정부와 임시의정원이라 이름하여 과도적인 체제를 꾸려가고자 했다. 광복 이후에는 임시의정원을 국회로 정식 발전시킨다고 명문화했던 대한민국 임시정부의 헌법이 그를 말해준다. 근대국민국가 수립이라는 목표가 달성된 것이고, 자유민주주의가 중심 이념임을 확인할 수 있다. 주적主敵인 일본이 우리의 자유를 침탈한 존재이므로, 여기에서 자유를 회복하는 것이 곧 민족의 자주와 자존, 국가의 독립을 달성하는 길이었다.

다음으로 독립운동에서 주요한 이념의 하나로 사회주의가 새롭게 등장하였다. 사회주의를 수용한 인물들은 일제를 독점자본주의 체제로

---

5) 국사편찬위원회,《韓國獨立運動史 資料》5, 탐구당, 1975, 2쪽.

인식하고, 이를 격파할 방법으로 계급투쟁을 적격이라 인식하였다. 일제가 자본가이자 유산자이며 지배계급인 반면에, 한국은 무산자요, 피지배계급이라고 이해하면서, 일본과 한국의 지배·피지배계급 구도를 부수는 것이야말로 독립을 달성하는 지름길이라 여겼던 것이다.

제1차 세계대전을 거치는 과정에서 사회주의 혹은 사회당이라는 용어가 독립운동가들이 사용하기 시작하였다. 특히 러시아혁명 직후에 러시아 거주 한인들 사이에서 급격하게 확산되면서 1918년에 한인사회당이 출현하였고, 3·1운동을 전후하여 국내에도 파급되었다. 이 사조는 민족문제를 풀어 나가는 중요한 요소로 작용하기 시작하였다. 이를 수용한 여부에 따라 독립운동가들은 이념적 성숙과 분화 현상을 보였고, 통합을 모색하면서 이념적으로나 방략면에서 발전해 갔다.

한편 아나키스트들은 일제를 절대권력으로 인식하였다. 아나키즘은 모든 형태의 독재체제를 거부하고 절대적인 자율사회를 최고 덕목으로 삼았다. 아나키스트들은 한국의 자율체제를 붕괴시킨 일제를 최고의 적으로 삼고, 그것을 무너뜨리는 데 목표를 두었다. 어떠한 형태의 지배와 강권이라도 모두 거부하는 아나키스트들은 절대적인 자유와 자율성이 보장되는 사회를 구현하기 위해 암살·파괴·폭동 등의 방법을 제시하였다. 의열단의 이름으로 발표된 〈조선혁명선언〉에서 그러한 정신을 한 눈에 파악할 수 있다.

사회주의의 도래는 한국 독립운동에 이념적 발전을 가져왔다. 기존의 독립운동 이념이던 민족주의 노선과 어울리면서 과도적인 교섭단계를 지나 점차 민족문제 해결을 향한 새로운 무기로 자리 잡아간 것이다. 대한민국 임시정부에도 한인사회당 세력이 참가하였고, 곧 고려공산당을 결성하여 하나의 공간 속에서 활동하였다. 국내에도 1924년 무렵부터 청년운동은 대개 사회주의 노선을 수용하였고, 1925년에는 조선공산당이 조직되었다. 그러다가 1927년에 민족문제라는 광장에 신간회가 좌우합작체로서 들어섰다. 비록 이것이 코민테른의 〈12월테제〉 이후 분리되기도 했지만, 1930년대 중반에 들어 민족문제를 중심으로 다시 좌우합작을 추구한 노력이 거듭되었고, 중국 본토 지역에서 1940년대에 들어 대한민국 임시정부 주변의 좌우합작을 이룰 수 있었다. 또 대한민국 임시정부와 옌안의 조선독립동맹 사이에 결속을 추구하던 것도 그러한 차원에서 이해되며, 대한민국 임시정부가 둥베이 지역 항일투쟁을 주도했던 김일성에게 광복 직전에 밀사 파견을 시도했던 점도 마찬가지다.

4. 방략적 특성

한국 독립운동사에서 추구된 방략은 시기와 지역에 따라 다양했다. 독립운동의 첫 단계는 의병전쟁이라는 무장항쟁이었다. 이것은 의리정신과 위정척사사상을 근간으로 삼은 양반 유림의 지도와 저항력의 주체인 농민이 결합함으로써 가능했다. 해산된 군인들이 참가한 후기의 병에서는 전투력이 증강되기도 했지만, 열악한 무기와 훈련되지 않은 의병으로 일본군을 격파하기는 어려웠다. 다만 자신의 생명을 돌아보지 않고 일본군과 맞서 싸운 점에서 의리와 민족의 자존을 지켜 나가려던 의지를 확인할 수 있었다.

1904년부터 전개된 계몽운동은 국권을 회복하기 위한 인재양성과 민족자본육성에 목표를 두었다. 사회진화론을 받아들이면서 자강自强이 곧 국권회복의 지름길이라 판단하고, 시간이 걸리더라도 기본을 다져 가는 전략을 선택하였다. 그러나 계몽운동 속도가 서양 열강들의 영향 아래 제국주의 아류로 급성장한 일제의 침략 속도를 따를 수가 없었다.

1910년대에는 독립전쟁을 준비하는 방략이 추진되었다. 나라를 잃는 현실을 내다보면서 나라 밖에 독립군 기지를 건설하려는 계획이 1907년 신민회의 준비에 따라 세워졌다. 그러다가 나라를 잃자마자 서울과 안동의 인물들이 앞 다투어 망명길에 올랐고, 경학사·부민단·한족회·백서농장·신흥무관학교·서로군정서·북로군정서 등은 모두 독립군 기지 건설 노력과 그 결실이었다. 1920년대 만주 지역 독립군의 활동은 모두 이러한 바탕 위에 형성되었다. 국내에서는 양대 방략이던 의병전쟁과 계몽운동이 하나로 합류하는 발전적인 모습을 보였다. 1915년 결성된 대한광복회가 대표적인 사례이다.

　3·1운동 이후 1920년대에는 나라 안팎에서 독립전쟁과 독립전쟁 준비방략, 의열투쟁과 외교방략이 추진되었다. 먼저 제1차 세계대전 직후 프랑스 파리에서 전후처리를 위한 강화회의가 열리자, 독립의 좋은 기회로 파악한 인사들이 새로운 방략을 추진하였다. 강화회의에 한국문제를 상정시키려면 한민족 전체가 독립을 원한다는 선언이 필요했고, 이에 따라 3·1운동을 일으켰다. 독립을 선언하고, 독립된 국가를 운영할 임시정부를 수립하였다. 그리고 강화회의에 대한민국 임시정부의 대표를 선임하고 의사를 전달하려 노력했다. 그것이 곧 외교방략이다. 그렇다고 해서 대한민국 임시정부가 외교에만 매달렸던 것은 결코 아니다. 만주에서 결성된 서로군정서와 북로군정서를 군무부 산하에 편입하고, 국내에 군사력을 확보하기 위해 주비단籌備團을 설치했다. 내무부는 세계 각처에 존재하는 한인들을 정부 산하로 편제하기 위해 교민단을 만들기도 하고, 대한인국민회 각지 총회를 장악하기도 했다. 또 국내의 행정장악을 위해 연통제를, 그리고 교통부 산하에 교통국을 만들어 독립운동의 연결망을 확보하기도 했다. 동원 가능한 모든 방략을 총체적으로 구사한 것이다. 다만 파리강화회의 결과 형성된 베르사유Versailles체제 아래에서 독립운동이 장기화되리라는 전망이 서자, 장기적으로 독립전쟁을 준비하는 노력이 나타났다. 한국노병회가 대표적인 사례이다.[6]

---

6) 김희곤, 《중국관내 한국독립운동단체연구》, 지식산업사, 1995, 209~213쪽.

만주 지역에서는 봉오동·청산리 승첩 이후 자유시참변을 겪은 이후 다시 군사력 정비 과정을 거쳤고, 무장부대의 국내진공이 여러 차례 시도되었다. 참의부·정의부·신민부는 모두 군정과 민정기능을 가진 조직으로서, 군사력을 갖춘 지방정부 기능을 맡고 있었다.

한편 중국 본토 지역에서는 의열단을 비롯한 의열투쟁 방략을 채택한 조직이 등장하고, 성과도 컸다.[7] 국내외에 여러 차례 파견된 의열단원들의 활약은 국내외 신문보도로 널리 알려질 정도였다. 대한민국 임시정부도 쇠약기에 접어들면서 돌파구로서 병인의용대를 조직하기도 했다. 그런데 1920년대 후반에는 의열투쟁의 대명사와 같은 의열단의 주역들이 방략 전환을 모색하였다. 궁극적으로 독립이 독립전쟁을 통해 달성된다는 전제 아래 주역 스스로 군사간부로 육성되는 길을 택한 것이다. 광둥의 황포군관학교에 진학하여 군사간부로 졸업한 일이 그 길이었다.

1930년대는 만주 지역에서 독립전쟁 방략이 전개되고, 중국 본토 지역에서는 의열투쟁 방략이 구사되었다. 만주에 침공한 일본군에 맞서 남만주에서는 조선혁명당군이, 북만주에서는 한국혁명당군이 활약하였고, 1930년대 후반에 들면서 동북항일연군의 활약이 돋보였다. 이에 견주어서 중국 본토 지역에서는 의열투쟁과 군사간부양성이 추진되었다. 전자는 대한민국 임시정부가 한인애국단을 조직하여 일제 침략을 맞받아치는 반침략전反侵略戰으로서 추진된 것이었다. 일제가 만주를 침공하자, 이에 맞서 대한민국 임시정부는 한인애국단을 통해 침략국의 중심부와 거점 및 최전방의 요새 및 요인을 응징하는 작전이었다. 일제 심장부와 조선총독부, 남만철도주식회사, 상하이주둔군사령

---

7) 의열투쟁과 테러는 외형상 작탄활동이라는 점에서 같다. 하지만 성격과 의의는 매우 다르다. 의열투쟁은 정의에 바탕을 두고 불의를 소탕한 것인데, 그 정의라는 것이 국제적 보편성을 가져야 한다. 그래서 의열투쟁은 역사적 평가를 받는데, 이와 달리 테러는 인류의 비난을 면치 못한다. 그리고 의열투쟁은 공격 대상이 적의 기관이나 주요 인물로 한정되고 명확하지만, 테러는 불특정 다수를 겨냥하는 것으로 억울한 피해가 크다.(조동걸, 〈이봉창 의거의 역사성과 현재성〉, 한국근현대사의 탐구, 경인문화사, 2004, 140쪽)

부 및 일본군행사장 등이 그 대상이었고, 실제로 여섯 팀이 파견되었다. 본격적으로 독립전쟁을 벌일 준비가 되지 않은 상태에서 일본군의 침략에 대응할 수 있는 방략이었던 셈이다. 1930년대 중후반에 들어 군사 간부 양성활동이 펼쳐졌다. 대한민국 임시정부나 그 주변에 자리 잡은 조선민족혁명당이 모두 그러했고, 그 결실이 조선의용대와 한국 광복진선 청년공작대로 나타났다.

1940년대에는 독립전쟁과 외교가 주된 방략이었다. 한국광복군 창설과 조선의용대 통합, 옌안의 조선의용군의 활동이 활발하였다. 그리고 대한민국 임시정부와 미주 지역 인사들에 의해 외교활동이 두드러졌다. 1943년 12월 카이로선언에서 한국 독립에 대한 결의사항이 담긴 사실이 그를 증명한다. 국내에서도 제2차 세계대전의 말미에서 독립군적 성향을 지닌 지하조직이 확산되어 갔고, 특히 학생조직에서 두드러지게 나타났다.

5. 세계사적 성격과 의의

한국의 독립운동은 세계 식민지해방운동과 견주어 독특한 몇 가지 성격을 가졌다.

첫째, 한국의 독립운동은 세계 식민지해방운동사에서 선구적인 역할을 보였다. 1890년대 이후 이미 의병전쟁으로 열강에 직접 항전하였고, 제1차 세계대전이 끝나자마자 식민지해방운동의 선두에 서서 3·1운동을 이끌어 냈다. 이것은 세계대전을 맞아 식민지로 허덕이던 피침략국 민족에게 빛이 되었고, 식민지·반식민지 약소민족이 분발하여 적극적으로 독립운동을 일으키는 계기를 만들어 주었다.[8] 1919년

---

8) 신용하, 〈한국독립운동의 역사적 의의와 평가〉, 국사편찬위원회, 《한민족독립운동사》 10, 1991, 285면.

4월 5일에 일어난 인도의 '사티아그라하운동(진리수호운동)', 중국 베이징대학에서 비롯된 5·4운동이 가장 대표적이고, 그 영향이 필리핀과 이집트 등으로도 확산되어 갔다. 그리고 제2차 세계대전을 맞아서도 프랑스와 폴란드와 어깨를 겨룰 만큼 지속적이고도 활발한 항전을 벌였다. 카이로선언을 통해 열강이 독립을 보장한 점은 그 사실을 부러워했던 인도의 지도자 네루Jawaharlal Nehru의 말에서 증명되고도 남는다.

둘째, 일제의 침략과 통치정책이 민족말살정책이었음에도 자신의 고유문화를 가장 잘 지켜낸 특성을 보였다. 일제의 통치정책은 한국인의 말과 글 및 역사와 종교를 말살하여 궁극적으로는 민족성 자체를 없애려는 것이었다. 하지만 한국의 독립운동은 철저하게 자신의 문화를 고수하는 것을 지향점으로 삼았다. 민족말살정책에 대항하여 민족혼 보존을 들고 나선 것이다. 한글 연구와 보급, 조선어학회 활동, 국혼적國魂的 역사관을 바탕으로 삼은 한국사 연구와 보급, 단군 중심의 종교활동과 독립운동의 연계 등이 그것이다. 한글 연구와 보급 결과는 일본어 해득자의 수치에서 드러났다. 1940년대에 일본어 해득자가 한국은 20% 정도이지만, 타이완의 경우는 90%나 되었다는 사실은 한국인의 저항성과 민족 보존성이 특별한 것임을 알 수 있다. 1910년대 국내외 독립운동의 조직망이 대종교 체제와 거의 동일했다는 점은 민족종교와 독립운동의 관계를 말해주는 것이며, 단군을 미신으로 몰아버리면 독립운동 세력도 붕괴되리라는 판단 아래 조선총독부가 '미신타파운동'을 벌인 이유도 거기에 있었던 것이다. 그리고 《한국통사韓國痛史》와 《한국독립운동지혈사韓國獨立運動之血史》와 같은 연구서가 독립운동의 주요한 부분으로 자리 잡은 점도 독립운동의 한 고리였다. 그리고 민족문화보존운동에는 한국인들이 우리 문화에 대한 자긍심과 아울러 일본문화를 낮추어 보아 왔던 전통도 크게 작용하였을 것이다.

셋째, 한국 독립운동의 무대가 세계적이라는 사실이다. 유럽과 미

주, 중국과 러시아 등 한인이 거주하던 모든 곳에서 독립운동이 전개
되었다. 망국 이전에 노동이민을 떠나거나 농경지를 찾아 나선 이들도
정착한 뒤에는 독립운동에 가담하였고, 뒷날 독립운동을 목적으로 삼
고 망명한 인물들은 당연히 자신이 자리 잡은 모든 곳에서 조국의 해
방을 위해 노력하였다. 따라서 세계 식민지해방운동에서 가장 넓은 분
포를 보였다고 추정된다. 그런데 이들의 활동은 네트워크를 구성했다
는 점에서도 높게 평가할 만하다. 대한인국민회의 각지 지부가 그랬
고, 대한민국 임시정부에 대한 전체적인 지원이 그러했다.

　넷째, 국외 지역에서 활동하던 인물과 세력은 그 지역이나 국가의
정치성향에 민감하게 반응하였다. 중국과 일본 및 미주 지역의 정치적
상황은 서로 달랐고, 그 속에서 전개하던 독립운동도 그 성향을 달리
하였다. 심지어 한 국가에 존재하더라도 각 지역의 정치적 성향에 따
라 활동 내용도 달랐다. 예를 들자면 중국 지역에서 1910년대와 1920
년대는 베이징과 광둥의 성향이 달랐고, 그 이후에는 중국국민당과 중
국공산당의 영향권에 따라 활동 성향이 달랐던 것이다. 또한 러시아혁
명의 전후가 다르듯이 같은 지역일지라도 시기에 따라 차이를 보였다.
이러한 사실에 대해 그 지역 국가나 세력에 종속된 것으로 이해할 필
요는 없다. 반대로 조국의 독립을 위해 자신이 자리 잡은 지역이나 국
가의 이념과 방략을 수용하고 이용한 것으로 볼 수도 있기 때문이다.

　다섯째, 한국 독립운동은 활동 지역의 반제투쟁과 결속을 도모하
여 공동 항전을 폈다. 중국에서는 중국국민당 정부와 중국공산당 정
부에 각각 국제적 연대를 추구하였다. 중국공산당과 조선의용군의 연
대, 동북항일연군 참가와 주도, 광복군과 중국전구 주둔 미국 OSS와
의 합작, 임팔Imphal전투에서 보인 광복군과 영국군의 합작 등은 모두
독립을 쟁취하기 위한 국제적 연대활동의 대표적인 사례이다. 또 러시
아 지역에서도 러시아 정부와 합작을 끌어냈다. 미국에서는 정부와 의
회에 외교활동을 벌여 반일 분위기를 조성하고, 한국 문제를 국제적인

문제로 끌어내려 애를 썼다. 일본 지역에서는 아나키스트들이나 사회
주의자들이 일본의 사회운동가들과 연합하여 활동하기도 했다.

　여섯째, 한국 독립운동은 정부 조직을 중심으로 독립운동을 벌였다
는 점에서 특징을 가졌다. 물론 프랑스나 폴란드처럼 정부 조직을 가
지고 활동한 경우가 없지 않지만, 그것은 1940년대에 들어 잠시 존재
했을 뿐이다. 즉 그것은 27년 동안이나 버텨 낸 대한민국 임시정부에
견주어 극히 짧은 기간에 지나지 않았다. 그렇다고 해서 대한민국 임
시정부가 모든 독립운동의 구심체라는 말은 아니다. 정부 조직과는 거
리를 두고 별개의 존재로 활약한 세력도 있다. 비록 시기에 따라 굴곡
이 있기는 하더라도 끝내 정부 조직이 존재하고, 이를 중심점으로 활
약한 내용은 세계적인 차원에서 특별한 경우라고 평가할 만하다.

　정부 조직의 존재는 대내적으로 세련된 건국계획을 마련하게 해 주
었고, 대외적으로는 세계대전을 맞아 공식 대응방안을 마련할 수 있게
해주었다. 대한민국 임시정부를 중심으로 활동한 정당들은 나름대로
정강과 강령을 내세우고 활동하였고, 임시정부 자체도 해방 후 수립할
국가를 가늠하며 1941년 12월에 〈대한민국 건국강령〉을 공포하였으
니, 이것이 대내적인 효과이다. 그리고 〈대일항전포고對日宣戰布告〉와
〈대독항전포고對獨宣戰布告〉는 정부가 취할 국제적인 공식대응이었다.
일본이 패전 이후 샌프란시스코 강화회의에서 한국을 전쟁 당사국으로
인정하지 않으려 했지만, 대한민국 임시정부의 선전포고는 국제법적으
로 아무런 하자가 없는 것이었다.

　한국의 독립운동은 지향성에서 세계사적 보편성을 가진다. 안으로
근대사회를 지향하면서 밖으로 침략세력을 몰아내 자주권을 확보하려
는 이중 과제를 안고 있던 점에서 그러하다. 일제의 침략과 지배를 극
복하되, 지향점은 군주사회로 돌아가려는 복벽노선이 아니라 근대적
국민국가를 수립하는 것이었다. 즉 자주권을 가진 국민국가 건설과 근
대적 질서가 확립된 사회를 형성하는 것이 독립운동의 궁극적 목표였

다. 이러한 점은 세계사에서 보편성을 지닌다. 어느 지역 어느 민족 가릴 것 없이 피지배민족의 대다수는 자주권 확보와 근대 사회 구현을 목표로 삼았기 때문이다.

다른 한편으로 중국·일본과 함께 동아시아권 국가와의 관계 속에서 독특한 양상을 보이기도 했다. 동아시아에서 가장 후진국이던 일본이 선발 제국주의의 침략과정에서 그 아류로 성장하여 전통적인 삼각 균형체제를 붕괴시키면서 세계적 구도 변화를 가져왔다. 이것은 단순히 동아시아 삼각구도를 붕괴시킨 것만이 아니라, 세계적인 구도 변화를 가져왔다. 즉 서유럽 열강들이 아시아를 분식한 상태에서, 일본이 여기에 동참하여 지분을 요구하면서 제2차 세계대전이 벌어졌고, 지축을 흔들던 변화는 결국 한국을 중심으로 대륙과 해양이라는 양대 세력이 맞서는 구도를 만들어 놓았다. 한국의 피침략과 저항은 동아시아의 범주를 넘어서 세계적 문화충돌의 역학관계를 반영하였다. 한반도는 그 가운데에 자리 잡은 무게 축이었다. 일제의 팽창은 곧 해양세력이 대륙세력을 밀어붙이는 것이었고, 동아시아 균형구도의 붕괴만이 아니라 세계적인 균형 붕괴를 가져왔다.

제2차 세계대전이 끝나면서 한국은 식민지 시대 이전에 가지던 동아시아 중심축의 기능을 제대로 복원시키지 못하고 있다. 중심축이라는 주어진 과제는 전과 마찬가지이지만, 그 축 자체가 남북으로 동강난 것이다. 축 자체가 부러진 상태이므로 균형은 극히 불안정하기 마련이다. 그런 소용돌이 속에 일본 우익의 부흥은 상황을 더욱 악화시킬 가능성을 보이고 있다. 그러한 상황이 형성된 데에는 일본이 패전 이후 '일제'를 극복하거나 탈피하지 못한 사실이 주된 요인으로 작용하고 있다.

'일본'은 '일제'가 아직 그 속에 살아 있고, 폭발 우려가 높은 활화산이다. 독도 문제나 역사 교과서 문제는 '일본' 속에 들어차 있는 '일제'라는 마그마가 일시적으로 분출되는 수증기에 지나지 않는다. 일본이

'일제'라는 속성을 청산하지 않는 한 동아시아의 균형은 항상 불안정하고, 그것이 곧 세계적 불안정의 주요 요인이 되리라는 점은 의심할 나위가 없다.

Ⅱ. 대한민국 임시정부의 정통성

1. 국가와 정부의 정통성 논쟁

전통시대 역사 서술에서 중요한 논리 축이 정통론이거나 계통론이었다. 역사서술에서 정통성 논쟁은 과거 역사를 당대의 시각으로 평가하는 과정에서 비롯되었다. 실학자들이나 '항일투쟁기'에 국혼적國魂的 역사관歷史觀을 가진 사가史家들이 만주 지역을 중시하면서 고구려 정통론을 주장한 것도 당시의 민족적 과제를 풀어나가는 차원에서 제시된 논리였다. 그런데 오늘의 정통성 논의는 이런 것과는 다르다. 과거 역사 줄기에 정통성을 부여한다는 점은 일치하지만, 지금의 논의는 하나의 민족이 두 개 국가로 분단되어 상호 경쟁적이고 배타적인 정통성을 주장하는 차원에서 펼쳐지는 논리라는 점에서 차이를 보이기 때문이다. 결국 전자의 경우가 당시의 과제를 해결하기 위해 펼친 논리라면, 후자의 경우는 자신이 처해 있는 위치를 합리화시키려는 것이다.

대한민국은 임시정부 시기의 대한민국의 '법통法統'을 계승한다고 헌법에 규정하고 있다. 제헌헌법에서도 그러한 뜻이 담겨졌고, 지난 1987년에 개정된 현행 헌법 전문에는 '법통'이란 용어가 그대로 명시되었다. 그런데 법통이란 말은 정통에 비해 낯설다. 역사서술에서 법통이란 말이 쓰인 경우를 찾기 힘들다. 그것은 헌법학에서도 마찬가지다. 과문한 탓인지 모르지만, 헌법 전문에 나오는 '법통'이란 용어를 정통과 비교하여 분석한 헌법학자는 거의 없는 것 같다. 그 개념 차이를 학문적으로 해석하는 데 불확실한 점이 있기 때문일 것이다. 헌법학에서는 정통성이란 단어를 대개 'Legitimacy'로 표현하지만, 그 말이 법통이란 용어와 동일하게 쓰인다고 보기는 힘들다. 1987년 개정 헌법의 전문에 '법통'이란 말이 들어가는 과정에서 그것이 정통성과 어떤 개념 차이를 갖고 사용되었는지 알 수는 없다. 그래서 이 연구는 법통성이 헌정사 차원에서, 정통성이 국가사 차원에서 쓰일 수 있다고 짐작하고, 법통과 정통이란 말을 굳이 엄격하게 구분하여 사용하지는 않으려 한다. 또 '역사적 정통성과 정권의 정당성'에 유의하면서 대한제국에서 대한민국 임시정부로, 다시 대한민국 임시정부에서 대한민국 정부로 이어지는 계통이 정통성을 가지는지 그 여부를 확인하는 데 연구의 목표를 둔다.

대한민국 임시정부와 대한민국 정부의 정통성 문제에 대한 견해는 분단국가 수립 무렵부터 경쟁적으로 제기되었다. 분단은 배타적 경쟁관계를 가져왔고, 경쟁이 지나쳐 전쟁을 겪으면서 남북한은 상대의 존재를 부정하고 배타적인 정통성을 각각 내걸고 나왔다. 남쪽에서는 제헌헌법에 대한민국 임시정부 계승을 명문화하고 나섰고, 대한민국 임시정부가 독립운동의 최고봉으로서 독립운동계를 장악하거나 지도했다고 찬양했다. 그리고 남한이 그 대한민국 임시정부의 법통을 잇는다고 주장했다.

반면에 북쪽에서는 김일성 중심의 역사를 기술하면서, 대한민국 임시정부에 대해서는 역사적 실체에 대한 구명究明 없이 그저 반론만 쏟아 부었다. 《조선전사》에 기술된 내용을 보면 다음과 같다.

> "실로 '상해림시정부' 안의 사대매국노들이 한 일이란 이른바 '정부' 틀만 차려 놓고 애국동포들로부터 '운동자금'이나 거둬들여 탕진하며 강대국들에 대한 '청원운동'이나 하고 서로 물고 뜯고 하는 파벌싸움이나 일삼아온 데 지나지 않았다. '상해림시정부'의 책동은 3·1봉기 후 우리나라 부르주아 민족운동의 전면적인 쇠퇴몰락 과정의 직접적인 반영인 동시에 그의

뚜렷한 표현이기도 하였다."[9]

북한은 이처럼 대한민국 임시정부를 철저하게 부정적으로 평가하는
반면에, 김일성이 펼친 항일투쟁사에 정통성을 부여하였다. 북한에서
'단군릉'을 들고 나온 이유가 그 연장선상에 있으리라는 짐작도 든다.
이처럼 냉전 구도 속에서 남북한은 모두 정권 유지를 위해 상호 배타
적인 정통성ㆍ법통성 시비를 펼쳤다.

한편 남한의 경우 1980년대에 들어 대한민국 임시정부에 대한 부정
적인 논의도 제기되었다. 이른바 '정당성'이나 '도덕성'에 문제가 있는
정권이 들어설 때, 그 정권이 대한민국 임시정부를 동원하여 배타적인
정통성 논리를 들고 나가는 바람에 그런 논의가 부각되었다. 즉 말기
군사정권은 대한민국 임시정부 법통 계승 사실을 주장하고 나서면서,
슬그머니 군사정권의 정당성을 담아내려는 모습을 보였다. 남한 학계
의 일각에서 거기에 견강부회하거나 심지어 거기에 앞장선 인물도 나
왔다. 그러면 그럴수록 부당한 집권세력을 거부하면서 민주화를 요구
하던 연구자들은 대한민국 임시정부의 역사적 의의와 가치를 부정적으
로 평가해 나갔다. 북한의 주장과 흡사할 정도로 부정적인 평가에 초
점을 맞춘 견해도 발표되었지만, 그것은 대개 연구라기보다는 사론에
가까운 글이었다. 물론 냉전 구도 속에서 이해되는 일이기도 하지만,
그 때문에 대한민국 임시정부에 대한 종합적인 자료 수집이나 실질적
인 연구는 진행되지 않고 배타적 정통성 논쟁에 휘말려 표류하기도 했
다. 무수한 논쟁을 거듭하면서도 실질적인 연구는 별로 진척되지 않
았다는 말이다.[10] 남북한 모두 대한민국 임시정부 탄생과정이나 대한
민국 정부 수립 과정에 대한 정밀한 연구보다는 정치적 주장에 무게를

---

9) 과학ㆍ백과사전출판부,《조선전사》15, 1983, 224쪽.
10) 1999년에 국가보훈처와 한국근현대사학회가 펴낸《대한민국임시정부수립80주년기
   념논집》두 권은 대한민국 임시정부 주제만으로 60편이라는 논문을 담아냈다. 이 사
   업은 기왕의 연구를 정리하기도 하면서, 새로운 분야를 개척하여 대한민국 임시정부
   연구가 크게 진척되는 계기를 마련하기도 했다.

두어왔다. 배타적 정통성 논쟁의 발단은 바로 여기에 있었다.

2. 대한민국 임시정부의 정통성 여부

1) 존립가치에서 가지는 정통성 여부[11]

대한제국이 멸망한 뒤 8년 8개월이 지나서야 대한민국 임시정부가 수립되었다. 국가를 잃고 정부가 없는 시기를 9년 가까이나 보낸 셈이다. 국내에 광무황제와 융희황제가 생존해 있지만, 이미 주권을 상실한 상태였고, 조선총독부가 통치권을 가졌다고 하더라도 그것이 결코 한국 정부일 수는 없었다. 정통성을 지닌 정부 조직체가 단절된 것이다.

이를 극복하려는 노력이 바로 나타났다. 망국을 전후한 시기부터 국외로 대거 망명하여 독립군 기지를 건설하거나 정부 조직체를 수립하려던 노력이 그것이다. 일제 강점으로 말미암아 국내에서는 정통성을 지켜나갈 수 없었기 때문에, 민족운동가들이 해외에서 정부에 버금가는 조직을 만들고자 애를 썼다. 한편으로는 정통적인 군주이자 황제의 존재를 염두에 두면서, 다른 한편으로는 새로운 정부 수립을 추진하였다. 경학사와 부민단, 대한광복군정부와 신한혁명당, 〈대동단결선언〉 등은 모두 그러한 노력에 속한다. 또 만주 지역에 독립군 기지를 건설하고 국내 진공작전을 펼치기 위해 국내와 국외를 연결시키던 대한광복회도 마찬가지다.

이런 활동 양상은 당시를 '정부 조직 단절 시기'로 파악해서는 안 된

---

11) 대한민국 임시정부의 가치를 평가하는 기준으로 존립가치와 역할가치가 제기된 일이 있다.(조동걸, 《한국근대사의 시련과 반성》, 지식산업사, 1989, 104~111쪽) 이 틀은 대한민국 임시정부를 평가하는 데 적절한 기준 설정이라고 판단되고, 여기에서도 이를 준거 틀로 삼아 대한민국 임시정부가 가지는 정통성을 분석한다.

다는 사실을 알려 준다. 즉 국외에서 독립운동 세력의 손에 의해 주권
이 분산적으로 행사되고 있던 것으로 평가할 만하다는 뜻이다. 국내에
서 비록 황제가 강압 때문에 제구실을 못하지만 존재한 사실만은 엄연
하고, 국외에서는 그를 연계하면서 국권을 되찾으려는 노력이 펼쳐졌
기 때문이다. 또 한국인이 주권을 포기한 것이 아니라 일본 제국주의
에게 강탈당한 것이요, 빼앗긴 주권을 되찾겠다는 뚜렷한 의지와 처절
하게 투쟁한 그 사실 자체만은 확실하기 때문이기도 하다. 더구나 일
제가 대한제국을 강탈한 그 행위 자체가 불법적이었다. 1905년에 '박
제순-하야시 억지 합의서'를 '보호조약'이라 우기면서 외교권을 빼앗
은 뒤 대한제국을 농단하고 국권을 강탈한 행위 자체가 결코 정당화될
수 없기 때문이다. 그런 불법적 행위로 만들어진 조선총독부가 정통성
을 가진다는 것은 논리에 어긋난다. 따라서 대한제국 멸망 이후 3·1
운동에 이르기까지 역사적 정통성은 국내외 독립운동 세력들에 의해
분산적으로 계승되고 있었다고 정리할 수 있다. 그리고 그러한 분산적
계승은 결국 3·1운동으로 합일되었다.

　3·1운동은 제1차 세계대전 종전 직후에 국제회의를 겨냥하여 일어
난 시위였다. 1918년 11월 독일 항복으로 종결된 세계대전을 마무리
짓기 위해 파리에서 강화회의가 열리고, 거기에 한국 문제를 상정하는
것이 당시 독립운동자들의 목표였다. 다만 대표를 파견한다고 해서 한
국 문제가 상정될 턱이 없으므로, 전 민족이 자주독립국가 수립을 염
원한다는 의사를 표명하자는 방안이 제기되었다. 즉 종전기 국제회의
를 독립의 기회로 파악하고 거기에 대표를 파견하면서 거족적인 시위
를 끌어내어 이를 지원한다는 것이 그 방략이었다. 그 중심에 신한청
년당이 서 있었다.[12]

　3·1운동은 앞서 진행된 민족운동의 여러 갈래들을 한순간에 하나
로 묶어 냈다. 1894년 갑오의병에서 시작된 민족운동이 1945년 해방

---

12) 김희곤, 《중국관내 한국독립운동단체연구》, 지식산업사, 1995, 94~102쪽.

에 이르기까지 51년 동안 진행되었는데, 정확하게 중간 시점에 위치한 3·1운동이 민족운동 선에서 제기된 의병항쟁·계몽운동·의열투쟁 등의 갈래를 통일시킨 것이다. 무엇보다 3·1선언은 '조선의 독립국'임과 '조선인의 자주민'임을 선언하여 자주 독립 국가임을 국제적으로 천명한 데서 의의를 찾을 수 있다. '독립국'이라 선언하고 '자주민'이라 밝혔으니 거기에 맞는 정부 수립과 자주적 주권 행사는 당연한 실천 항목이었다. 그래서 당시에 실체를 가지거나 전단傳單 형태만으로 선언된 정부 조직이 무려 열 개 정도나 되었다. 그런데 그 조직체가 표방한 정체는 보황주의나 입헌군주정이 아니라 하나같이 민주공화정체였다. 그러한 조직체가 하나로 통일된 것이 바로 대한민국 임시정부였다. 따라서 3·1운동은 근대국민국가 건설 운동이라는 의미에서 기왕의 민족운동을 총체적으로 묶어 낸 것이며, 나아가 대한민국 건국과 임시정부 수립으로 귀결되었다고 평가된다.

국호는 '대한제국'이 아닌 '대한민국'이었다. 이는 대한민국 임시정부가 한민족사에서 최초로 수립된 민주공화정부라는 말이다. '3·1정신'으로 제시된 역사적 과제가 독립된 근대민족국가 수립이었고, 그 뜻을 수렴한 조직체가 대한민국 임시정부였다. 따라서 대한민국 임시정부는 수립 사실 자체만으로도 존립가치를 안고 있다. 이처럼 대한민국 임시정부 수립 자체가 역사적인 정통성을 가졌지만, 그럼에도 과연 대한민국 임시정부가 국제법 차원에서 정통성을 확보할 수 있는지 짚어 보아야 하겠다.

망명자들이 세운 국가와 정부가 정통성을 확보할 수 있는지 그 여부가 첫 문제이다. 주권자인 황제가 일제의 강압 아래 제 권리를 행사하지 못한다는 현실을 수용하고, 망명인사들이 그를 대신하여 대한민국을 건국하고 임시정부를 수립한 자체는 주권자가 정부를 설립한 것으로 이해되는 부분이다. 외교권을 강탈당한 뒤에, 그것이 승인된 일이 없다는 사실을 광무황제가 명백하게 주장했기 때문에 그를 바탕으로 전개된 국권침탈은 사실상 효력이 없는 것이다. 강압으로 이루어진 계약이 무효인 것과 마찬가지다. 이처럼 강권으로 말미암아 정상적인 주권 행사가 막힌 경우, 망명인사들의 손으로 수립된 대한민국 임시정부가 정통성을 확보하는 데에는 큰 무리가 없다고 판단된다.

2) 역할가치에서 가지는 정통성 여부

역할가치에서 대한민국 임시정부가 가지는 정통성 문제는 몇 가지 기준에서 검토해야 한다. 첫째, 국민들에게 행사한 통치권 여부가 주요 기준이 될 것이다. 대한민국 임시정부는 국내 통치권을 장악하고자 연통제와 교통국을 거쳐 행정망을 구축해 나갔고, 국내에 주비단을 결성하여 국내 군사거점 확보에도 노력하였다. 도지사에서 군수와 면장에 이르기까지 대한민국 임시정부가 직접 임명하고, 그를 거쳐 국내 행정을 원격 제어한다는 것이 대한민국 임시정부가 수립한 정책이요 방략이었다. 연통제가 바로 그 핵심이고, 그것을 운영하면서 독립운동 조직을 연결하기 위해 나라 안팎을 연결하는 교통국을 두었다.[13] 그리고 주비단은 대한민국 임시정부가 국내진공작전을 감행할 때 국내에서 일어날 군사거점조직으로 마련되었다.[14] 실제로 평안도와 황해도 일부에 면장까지 대한민국 임시정부가 임명한 사실이나, 각지에 교통부장을 선임하여 파견한 일은 모두 대한민국 임시정부의 통치권 행사로 평가될 수 있다. 더구나 당시 국민들이 대한민국 임시정부 활동에 기대를 걸고 지원에 나선 점도 그러한 평가를 가능하게 만든다. 다만 일제의 압박과 방해로 주권행사가 한계에 부딪쳤지만, 그것이 대한민국 임시정부가 가진 한계라기보다는 일제가 만들어 놓은 한계라는 점을 분명하게 인식할 필요가 있다. 따라서 대한민국 임시정부는 그 자체만으

---

13) 국무원령 제2호 임시지방교통사무국장정(1919. 8. 20)
14) 이성우, 〈주비단의 조직과 활동〉, 《한국근현대사연구》 25, 2003, 310~337쪽.

로도 실체를 가진 정부이고, 역사적 승계와 주권적 정당성이 확인되기 때문에 정통성을 가진다고 평가할 수 있다.

둘째, 대한민국 임시정부가 독립운동의 최고지도기관으로 구실을 제대로 해냈는지에 대한 문제이다. 일단 정부 수립기에는 최고지도기관 역할을 수행했고, 국내외 동포사회 전체도 대한민국 임시정부를 최고기관으로 인정했다고 평가된다. 물론 정부 수립과 통합정부 달성 직후에 신채호를 비롯한 '반임시정부' 세력이 형성되기도 했지만, 심지어 멕시코·쿠바 지역 동포사회마저도 대한민국 임시정부를 인정하고 지원할 정도였다. 그런 대한민국 임시정부의 대표적 위상은 1923년 1월부터 5월 사이에 열린 국민대표회의 이후에 급격하게 추락했다.[15] 밖으로는 대한민국 임시정부를 최고기관으로 인정하지 않는 세력들이 형성되고, 안으로는 조직과 이념적 분화를 극복하지 못하여 활동상이 미약해짐으로써 대표성을 상실해 갔다. 간혹 한인애국단 활동과 같은 투쟁을 거쳐 명성을 일부 회복하기도 했지만, 정부라는 이름에 걸맞지 않을 만큼 미약한 양상이 일반적이었다. 그러다가 1940년대 충칭시절에 다시 이름값에 버금가는 활동과 위상을 회복했다. 따라서 독립운동 최고지도기관이라는 이름값에서는 대한민국 임시정부가 뚜렷한 한계를 보였다. 그렇다고 대한민국 임시정부 외에 최고지도기관으로 평가하고 지목할 만한 조직체도 찾기 힘들다. 결국 최고지도기관이라는 구실을 기준으로 삼는다면, 대한민국 임시정부가 정통성 일부만 소유할 뿐 결코 독점적 정통성을 가지지는 않았다.

셋째, 임시정부 시기의 대한민국은 스스로 장차 정식 정부 시기의 대한민국으로 이어진다는 지향점을 명시했는지 아닌지도 중요한 기준이 된다. 대한민국 임시정부는 스스로 대한민국 정부의 앞 단계임을

---

15) 국민대표회의 당시 개조파와 창조파 모두 대한민국 임시정부의 대표성에 비판의식을 갖고 더 이상 최고기관으로서 역할을 할 수 없다는 공통된 문제의식을 가졌다.(윤대원, 〈대한민국임시정부의 조직운영과 독립방략의 분화(1919~1930)〉, 서울대학교 대학원 박사 학위논문, 1999, 349쪽)

명시했다. '정식'정부가 아닌 '임시'정부라는 사실은 독립을 달성할 때까지 일시적으로 정부를 구성한다는 뜻이다. 말하자면 대한민국 임시정부의 다음 목표가 대한민국의 '임시'가 아닌 '정식' 정부 수립에 있음을 명시한 것이다. 그러한 사실은 의회議會 이름에서도 확인된다. 대한민국 임시정부는 의회를 '임시의정원臨時議政院'이라 지칭하면서, '완전한 국회가 성립되는 날', 즉 독립을 이루면 1년 안에 '국회國會'를 소집한다고 헌법에 명문화시켰다.[16] 즉 이것은 '대한민국 임시정부 임시의정원'이 '대한민국 정부 국회'라는 틀로 나아가기를 지향했음을 명확하게 보여준다.[17]

'임시'라는 접두어를 뗀다는 것은 바로 독립을 의미한다. 그렇다면 대한민국 임시정부는 그 '임시'라는 말을 떼어 내려고 어느 정도 활동을 펼쳤고, 또 얼마나 제대로 구실하였는지 그것도 중요한 문제임에 틀림없다. 다시 말해 정부라는 이름에 걸맞은 활동과 기능을 보여 주었는지 그것이 세 번째 문제다.

대한민국 임시정부는 시기에 따라 독립운동계를 대표하고 독립운동을 왕성하게 이끌어 가기도 하였지만, 그 반대로 허약한 모습을 보인 경우도 많았다. 경우에 따라서는 그 영향력이 전체 독립운동계를 지휘하기도 했지만, 더러는 '정부'라는 이름에 어울리지 않게 하나의 독립운동 단체 수준에 지나지 않거나, 심지어 다른 독립운동 조직보다 미약했던 순간도 있었다. 국내진공작전을 펼치고자 만주 지역 독립군들을 정부 조직 아래 귀속시키고, 직접 장교를 양성하기도 했고, 또 1905년에 외교권을 강탈당한 이후 14년 만에 처음으로 정부 이름을 내걸고 외교활동에 나섰다. 그 활동은 27년 동안 쉼 없이 진행되었다. 그런데 대한민국 임시정부가 '정부 구실'을 제대로 해내지 못한 시기

---

16) 대한민국임시헌법(1919년 9월 11일 개정) 제4장 제34조(국사편찬위원회, 《대한민국임시정부자료집》1, 10쪽)

17) 김희곤, 〈'대한민국임시의정원'과 '대한민국 국회'〉, 《국회보》 2003년 6월호, 대한민국 국회, 51~54쪽.

가 있다고 해서 정통성을 상실한다고 말할 필요는 없다. 그렇지 않다면 외침을 받아 위험하던 시기, 개항 이후나 대한제국처럼 정부 구실을 제대로 해내지 못하던 시기의 조선과 대한제국을 한국사의 정통에서 제외시키는 것이나 마찬가지이기 때문이다.

대한민국 임시정부가 미약한 모습을 보이던 시기도 많았다. 이는 독립운동 세력의 분화와 분산, 지도력 결핍, 인적·물적 자원의 공급 차질, 좌우 분화에 따른 이념적 갈등현상 등 내부 요인과 중국 내정을 비롯한 국제 정세의 변화라는 외부 요인이 맞물리면서 나타난 모습이다. 한때 '바람 앞의 등불'과도 같은 절체절명의 국면에 처하기도 했다. 하지만 임시정부는 이런 난관을 하나씩 극복해 나가면서 무려 27년이라는 오랜 기간에 걸쳐 독립운동의 중심축 구실을 맡았다. 이념의 분화를 발전적으로 소화해 나가면서 건국에 필요한 강령을 마련하고, 정당과 군대를 조직하며, 국제관계를 풀어 나갔다. 그러는 과정에서 국내와 만주, 러시아 지역과 미주 지역 등 세계 도처에서 활동을 벌이던 독립운동세력 대다수가 대한민국 임시정부를 주시하고 지원하였으며, 대한민국 임시정부도 이들을 연계시키는 데 목표를 두고 활동하였다. 그러므로 민족운동사에서 대한민국 임시정부가 담당했던 역할은 시기에 따라 편차가 있고, 따라서 '역할가치'에 대한 평가는 다양할 수밖에 없다. 임시정부가 정통성을 상실한다거나 독점적인 정통성을 가진다는 평가는 어느 것도 합당하지 않다.

대한민국 임시정부가 가지는 역사적 의의와 정통성 문제를 검토할 필요가 있다. 대내적 성과로는 최초의 민주공화정부 수립만이 아니라 이념적 분화를 극복하여 좌우 통합정부를 달성했다는 사실을 들 수 있다. 특히 대한민국 임시정부가 독립운동계의 대통합을 달성한 사실은 민족통일을 염원하고 있는 오늘날 우리에게 귀중한 교훈을 주고 있다. 그리고 대외적으로는 세계 식민지해방운동사에서 정부 조직을 가지고 26년 반이라는 장기간에 걸쳐 독립운동을 펼쳤다는 전무후무한 사례

를 남긴 점과, 이를 바탕으로 열강 세력들이 카이로선언(1943. 12. 1)을
통해 한국의 독립을 보장한 초유의 성과를 거둔 점이라는 두 가지 사
실이 그것이다. 그렇기 때문에 인도 지도자 네루P. J. Nehru는 아시아
식민지 국가 가운데 열강에 독립을 보장받은 유일한 나라가 한국이라
며 부러워했던 것이다.[18]

끝으로, 대한민국 임시정부가 직접 국가를 회복하지 못했다고 해서
정통성이 없지는 않다. 세계 식민지 출신 국가들이 자신의 투쟁만으로
독립을 회복한 경우는 적다. 대개 식민지는 제국주의 국가가 벌인 제2
차 세계대전이 끝나고 그 뒷마무리 과정에서 독립하는 것이 보편적이
었다. 그렇다고 그들이 자신들의 식민지해방운동 과정에서 등장한 조
직체에 정통성을 부여하는 데 망설이지는 않는다. 굳이 정통성에 고개
를 갸웃한다면, 정통성 자체가 없다기보다는 불완전성에 기인하는 것
이다.

3. 대한민국 임시정부와 대한민국 정부 계승 여부

해방 이후 국토는 소련과 미국의 점령으로 양분되었다. 3년 동안 군
정이 진행되고, 남북에 각각 성격을 달리하는 두 개의 정부가 수립되
었다. 통일을 지향하던 목소리와 움직임이 있기도 했지만, 분단으로
치닫던 상황을 극복하지 못하고, 결국에는 배타적인 두 정부가 들어선
것이다. 남쪽에 세워진 정부는 임시정부 시기의 대한민국을 계승한다
는 뜻을 분명하게 밝혔지만, 북쪽에서는 대한민국 임시정부 자체를 부
정적으로 평가하였다. 남쪽에 수립된 대한민국이 명시한 사항은 바로
제헌헌법 전문에서 다음과 같이 드러났다.

---

18) Jawaharlal Nehru, 노명식 옮김, 《世界史遍譯》, 삼성문화문고, 1974, 272~273쪽.

　　"悠久한 歷史와 傳統에 빛나는 우리들 大韓國民은 己未 三一運動으로
　大韓民國을 建立하여 世界에 宣布한 偉大한 獨立精神을 繼承하여 이제 民
　主獨立國家를 再建함에……"(1948. 7. 17)

　　이 글은 세 가지 사실을 함축하고 있다. 첫째, 대한민국 임시정부가
3·1운동으로 수립되었다는 점이다. 둘째, 대한민국(임시정부)을 건립
하고 세계만방에 선포했던 독립정신을 계승한다는 것이다. 셋째는 그
독립정신을 이어 받아 민주독립국가를 세운다는 점이고, 넷째는 앞서
수립된 대한민국(임시정부)을 '재건'한다는 사실이다. 즉 제헌헌법은 대
한민국 임시정부를 '임시정부'라고 표현하지 않고, '3·1운동으로 건립
된 대한민국'이라고 명시했다. 그리고 이제 그 정신을 이어받아 수립
되는 민주독립국가가 처음 건립되는 것이 아니라 '재건'되는 것임을 천
명했다. 이는 임시정부 시기의 대한민국이 바로 정부 시기의 대한민국
이 되고, 이제 망명지가 아닌 본국 영토에서 '민주독립국가'로 '재건'됨
을 밝힌 것이다. 제헌헌법 전문에서 표현된 이 구절은 일단 정부 시기
의 대한민국이 임시정부 시기의 대한민국을 계승했음을 분명하게 드러
낸 증거로 평가된다. [19)

　　제헌헌법 표현대로라면, 정부시기의 대한민국이 임시정부 시기의
대한민국을 계승한다는 사실은 분명한 셈이다. 하지만 거기에는 두 가
지 점에서 한계를 안고 있기도 했다. 미군정 3년이라는 공백기가 하나
이고, 제대로 승계한 것인지 여부가 나머지 하나다.

　　첫째, 미군정은 일제 조선총독부와 마찬가지로 우리의 주권을 장악
한 외세였다. 강제적으로 주권을 빼앗긴 것이지, 결코 우리가 주권을

---

19) 참고로 1987년 10월 29일에 개정된 현행 헌법을 보면 제헌헌법과 표현에서 차이가
　　있음을 알 수 있다. "悠久한 歷史와 傳統에 빛나는 우리 大韓民國은 3·1運動으로 建
　　立된 大韓民國臨時政府의 法統과 不義에 抗拒한 4·19民主理念을 계승하고," 제헌헌
　　법은 '우리들 대한국민은 대한민국을 선포한 독립정신을 계승하여 민주독립국가를 재
　　건함'이라고 표현하였지만, 현행 헌법은 '대한민국은 임시정부의 法統'을 계승했다고
　　적었다.

포기한 적은 없다. 대한민국 임시정부가 귀국한 뒤에 〈국자〉 1, 2호 선언으로 주권선언을 시도한 것이나,[20] 비상국민회의를 열어 과도정부 수립을 밀고 나가면서 미군정과 갈등을 벌였다. 그런데 대한민국 임시정부가 반탁운동을 통해 권력접수 시도나 비상국민회의에 따른 정권수립이 모두 미군정으로 말미암아 좌절되고, 그것이 바로 '임정 법통론'의 좌절을 일정하게 반영한 것이라고 볼 수 있다.[21] 그렇지만 바로 그 사실이 오히려 주권을 포기하지 않았다는 증거가 되기도 한다. 지향점이나 의지가 부족한 것이 아니라 외세의 강압과 간섭으로 꺾였을 뿐이다.

첫째 문제와 달리, 두 번째 문제는 논란을 일으킬 부분이 있다. 대한민국 임시정부의 체제와 제도, 이념과 정신, 그리고 인적 구성에서 제대로 계승했는지 아닌지는 부분마다 차이를 보이기 때문이다. 우선 체제와 제도를 본다면, 대한민국은 민주공화정체를 이어받았다는 점에서 대한민국 임시정부를 계승했다고 평가할 수 있다. 대한민국 임시정부가 달성했던 그대로 민주제를 추구하고, 임시의정원도 국회로 발전시켜 공화제를 구현했다. 하지만 이념과 정신면에서는 불완전한 계승임을 쉽게 확인할 수 있다. 1941년 11월에 발표된 '대한민국건국강령 大韓民國建國綱領'은 대한민국 임시정부가 지향한 이념적 방향이 정리된 것인데, '열린' 이념과 체제가 담겨 있다. 여기에 제시된 민족국가는 개인이나 특정 계급의 독재를 철저하게 반대하는 신민주국이요, 정치·경제·교육에서 국민 모두가 균등한 권리를 가지는 균등사회를 목표로 삼았다.[22] 결국 광복 이후에 세울 국가는 자본주의나 사회주의로 치우치는 국가가 아니라, 하나의 민족이 기반이자, 한 국민을 기본 단위로 삼는 전민적全民的 국가國家였다.[23] 이는 대한민국 임시정부 시절 한국

---

20) 申昌鉉,《申翼熙》, 태극출판사, 1972, 245쪽.
21) 도진순,《한국민족주의와 남북관계》, 서울대출판부, 1997, 82쪽.
22) 한시준,〈조소앙의 삼균주의〉,《한국사 시민강좌》10, 113~114쪽.
23) 김희곤,《대한민국임시정부 연구》, 지식산업사, 2004, 273~274쪽.

독립당의 이념으로 표명된 것이기도 하고, 좌파 세력의 대표인 조선민족혁명당의 강령과 흡사하여 합작 가능성을 열어둔 것이기도 했다.

그런데 대한민국 제헌헌법은 임시정부 시절 대한민국이 제시한 '열린' 이념과 정책을 승계하였다. 헌법을 제정할 당시 참고 문헌 10가지 가운데 '대한민국건국강령'이 포함되었고, 실제 조문에도 자유권과 수익권을 철저하게 보장하면서 "농지는 농민에게 분배"한다거나 자원성 기업과 공공성 기업을 국유화한다고 규정하였으니, 이는 건국강령과 크게 차이나는 것도 아니었다. 그러나 그러한 "헌법의 문자 표현과는 다르게, 문자로 표현된 이상理想은 친일정권과 그 하수인에 의해 짓밟히고 말았다."[24] 문자로는 건국강령을 계승했지만, 실제로는 이념적 통합을 모색할 광장을 배제시킨 '닫힌' 정부가 되고 말았다.

또 인적 계승도 불완전한 것이었다. 해방 정국에서 통일정부 수립을 주장하던 대한민국 임시정부 세력은 설 곳을 잃었고, 분단이 진행되면서 남한과 북한의 집권세력 모두에게 수난을 당하면서 역사의 무대에서 철저히 밀려났다. 주로 남쪽으로 귀국했던 대한민국 임시정부 구성원들이 통일정부를 지향하기도 했지만, 더러는 단독정부 수립 주장 세력과 타협하는 경우도 생기면서 인력이 흩어지기 시작했다. 더구나 대한민국 임시정부를 구성했던 인물 가운데 좌파인사들이 월북함에 따라 대한민국 임시정부 구성원들이 또 한 차례 크게 축소되었다. 더구나 김구가 단정 참여에 반대함에 따라 대한민국 정부 출범 이후 대한민국 임시정부 주류는 권력 중심부에 들어갈 수 없었고, 거기에 접근하려는 인사들은 대한민국 임시정부 그룹을 이탈하였다. 막상 권력이 이승만에게로 기울자, 김구의 장악력이 무너지고 이탈자가 속출했다. 반면에 집권세력은 대한민국 임시정부 출신 인사들을 흡수하여 대한민국 임시정부 계승이라는 명분을 쌓기도 했다.[25]

---

24) 조동걸, 〈대한민국임시정부의 건국강령〉, 《대한민국임시정부수립80주년기념논문집》상, 국가보훈처, 726~727쪽.
25) 이승만이 한국광복군 제2지대장 이범석을 국무총리로 기용한 점은 여기에 해당한다.

대한민국 수립 후, 대한민국 임시정부 주류 인사들이 설 자리는 좁
았다. 김구가 살해된 데다가 전쟁으로 말미암아 주력 인사들이 대거
납북되는 바람에 새롭게 복원될 기회마저 없어지고 말았다. 김규식·
조소앙을 비롯한 대한민국 임시정부 최고 지도자들이 북으로 끌려갔
다. 그래서 최고 지도자급 이외의 구성원들은 새로운 집권세력과 타협
하든지, 아니면 목소리를 낮추고 지내야 했다. 심지어 한국광복군 출
신이 대한민국의 장교가 되어서도 자신의 경력을 드러내지 않으려 애
쓰는 비극마저 벌어지기도 했다.[26] 이처럼 대한민국 임시정부와 대한
민국 정부 사이에는 인적 계승에서도 불완전성이 두드러진다. 한편 납
북 인사들과 달리 분단국가가 수립되기 이전에 월북하여 북한 정부에
참가한 대한민국 임시정부 인물도 있었으나, 그곳에서 주류로 정착하
지는 못했다. 비록 월북 초기에 지도자급 반열에 드는 경우도 있었지
만, 전쟁 직후에 대다수 숙청됨으로써 실제 명성에 걸맞은 위상이나
활동을 보이지 못하고 말았다.

대한민국 정부가 대한민국 임시정부의 정통성을 '완전히 계승'했다
는 주장에는 무리가 있다. 대한민국 정부가 대한민국 임시정부가 표방
했던 정신을 계승한 점은 사실이지만, 이념적 포용성은 오히려 줄어들
었다. 더구나 일부 구성원들이 새로 수립된 정부에 참여했지만, 결코
주력인사들이 아니었다. 따라서 대한민국이 임시정부 시기의 대한민국
을 계승하는 면도 많지만, 실제로는 그렇지 못한 점도 많다는 사실을
인정해야 한다. 물론 그러한 현상이 오직 대한민국 임시정부 구성원들
의 잘못이나 국내인사들의 책임만으로 돌릴 수는 없다. 거기에는 외세
간섭도 주요하게 작용했기 때문이다. 그렇지만 끝내 상황을 제대로 판
단하지 못하고 난국을 극복하지 못한 요인에는 내부 원인도 무시할 수
없을 만큼 크다는 점을 인정해야 한다.

---

26) 광복군 출신이라면 손해를 보는 경우가 흔했다는 이야기는 광복군 출신들에게서 흔
   히 들을 수 있는 말이다.

4. 통일지향적 정통성 논리 검토

남북한에 세워진 두 개 정부는 철저하게 배타적인 정통성을 주장해 왔다. 자신의 정통성 확보를 위해 상대방의 정통성 논리를 철저하게 폄하하는 정책과 행위가 남북한에서 동일하게 되풀이 되었다. 그래서 북쪽에서는 남한의 정통성 근본이 되는 대한민국 임시정부를 철저하게 깎아내렸고, 남쪽에서는 북한의 정통성 논리의 기반이 되는 김일성의 항일투쟁을 거짓으로 몰아 붙였다. 얼마나 깊게 인식되었기에 지금도 남한의 대중들은 김일성을 가짜로 생각하는 경우가 많고, 반대로 북한 에서는 남한에서 독립운동을 펼친 게 없다고 생각할 정도이다.

그렇다면 남북한 가운데 어느 쪽이 정통성을 가질까? 이 문제를 해 결하려면 무엇보다 정통성의 기준이 먼저 확정되어야 하겠다. 일제침 략기, 즉 항일투쟁기에 어느 세력이 정통성을 가졌는지 평가하려면, 당연히 시대정신이나 역사적 과업이 무엇인지 확인해야 한다. 그것은 당연히 민족문제 해결이므로, '민족적 양심'이 정통성 여부를 따질 기 준이 된다. 민족이 국가를 상실한 처지에서 민족적 양심 여부는 오직 일제 침략을 격파하고 완전한 독립국가를 회복하는 데 기준을 두어야 한다. 그러므로 이러한 길 위에 서 있었다면, 조직이나 단체들의 이념 및 성향과는 상관없이 펼친 활동의 내용과 성과만큼 정통성을 가진다 고 말할 수 있다.

우선 대한제국이 무너졌을 때, 그를 계승한 정통성은 민족독립을 지 향하여 국가 안팎에서 항일투쟁을 벌이면서 새로운 정부를 수립하려 노력했던 독립운동가들의 몫이었다. 그리고 3·1운동으로 합일된 민 족운동의 의지가 대한민국 임시정부 수립으로 이어진 것도 분명한 사 실이다. 그렇다고 해서 대한민국 임시정부를 벗어나 있던 독립운동 세 력들이 정통성 범주에서 이탈된 것은 결코 아니다. 만약 대한민국 임 시정부가 전체 독립운동 세력들을 총괄했다면 그런 표현도 가능하겠지만, 대한민국 임시정부의 영향력 자체가 시기에 따라 심한 편차를 보였고, 그와 관계없이 활동한 세력들도 많았기 때문이다. 따라서 대한제국과 1910년대 항일투쟁을 계승한 것이 오직 대한민국 임시정부만이라는 주장은 성립하기 어렵고, 민족양심에 따라 항일투쟁의 길을 걸은 인물과 세력에게 그 정통성이 주어져야 한다. 국내뿐만 아니라 중국·러시아·미주·유럽 등 어디에서든지 민족적 양심과 같은 길을 걸었던 인물과 집단은 모두 마찬가지다. 그 노선을 걸었다면, 이념의 차이는 큰 문제가 되지 않는다. 그 길을 걸은 모든 인물과 조직은 민족사적 정통성 위에 존재한다. 대한민국 임시정부가 끝까지 정통성을 독점할 수는 없고, 대한민국 임시정부만이 정통성이나 법통성을 가진다는 말은 편협한 주장에 지나지 않는다.

다음으로 살펴볼 문제는 계승의 완전성 여부이다. 즉 이는 계승 주체가 민족운동에서 성취한 성과를 제대로 이어받았는지를 따지는 척도 문제이다. 남북한은 모두 민족운동의 성과를 온전하게 이어받지 못했다. 대한민국도 임시정부 시기의 대한민국을 계승한다면서 역사적 업적을 온전하게 이어받지 못했고, 북한도 그런 점에서 마찬가지다. 북한이 대한민국 임시정부를 폄하하고 김일성 항일투쟁사 중심으로 정통성을 주장한다고 하더라도, 그것이 온전한 의미에서 민족운동의 정통을 독점적으로 계승한 것이라 말할 수 없기 때문이다. 김일성 중심의 항쟁사 또한 민족운동의 한 부분인데, 거기에 배타적 정통성을 부여한다면 완성도가 크게 떨어지고 만다. 또 남북한의 구성원이 활동 경력이나 공간, 그리고 이념에서 큰 차이를 보였다고 하지만, 남북한 집권자 모두 자신의 정권 확립을 위해 많은 항일투쟁가들을 강제로 역사무대 뒤편으로 몰아넣는 잘못을 범하기도 했다. 그 목적을 달성하려고 역사적 사실을 과장하거나 윤색하는 경우도 있었다.

결국 남한이나 북한, 그 어느 쪽도 배타적인 차원에서 민족운동의 정통과 법통을 온전하게 계승한다고 말하기 어렵다. 남한이나 북한 어느 한쪽에 배타적인 정통성을 부여하면, 결국 통일 이후 어느 한쪽에만 정통성을 두는 논리를 가져오게 되고, 항일투쟁기에 펼친 한민족의 활동을 애써 위축시키는 잘못을 저지르게 된다. 통일된 한국에서는 이 시대의 민족적 양심에 맞는 길을 걸었던 모두에게 정통성을 부여함으로써, 그 전체를 민족사적 총역량으로 파악할 수 있을 것이다.

5. 시대적 과제와 정통성의 기준

역사적 과제가 민족문제 해결에 있었던 항일투쟁기에는 정통성의 기준이 '민족적 양심'에 있었다. 대한민국 임시정부가 대한제국 멸망 이후 독립운동을 펼친 민족적 항쟁을 계승하고, 특히 3·1정신으로 표현되는 근대민족국가 수립 목표를 달성했다는 점에서 정통성을 확보했다고 평가할 만하다. 하지만 어디까지나 그것은 완전하고도 독점적인 정통성 확보가 아니었다. 대한민국 임시정부 영역 밖에서 활동하던 독립운동 세력들도 역시 '민족적 양심'의 범주에 속했기 때문이다. 따라서 대한민국 임시정부는 항일투쟁을 벌이던 나머지 조직이나 세력과 정통성을 나누어 가진 것으로 파악하는 편이 옳다.

그리고 분단 시대의 정통성 논의는 과거와 현재, 그리고 미래를 잇는 큰 틀에서 이해하는 편이 바람직하다. 분단 시대라고 해서 경쟁적이고 배타적인 차원이 아니라, 통일 시대를 내다보면서 따져보고 정통성 논의의 방향을 제시할 필요가 있다. 앞으로 통일되는 날이 오면, 남북한 어느 한쪽에만 정통성을 부여하기는 어려울 것이기 때문이다. 하나의 국가로 통일된다면, 항일투쟁기 이후 분단 시대는 정통성이 나뉜 시기로 파악될 가능성이 크다. 오늘 분단 시대에 애써 배타적 정통성을 주장하든 아니든, 통일 시대에는 어느 한쪽만을 택하지는 않을 것 같다. 그렇지만 앞으로도 상당 기간 정통성 시비가 완전히 사라지지는 않을 것이다. 경쟁 상대라는 틀이 깨어지지 않는다면 어느 쪽이 더 옳고 우위에 있느냐는 점이 늘 기준이 될 것이다. 그럴 경우 통일지향성과 인권 문제, 두 가지가 그 기준으로 합당하리라 생각된다.

첫째, 통일지향성은 정통성 논의에서 주요한 기준이 될 것이다. 그동안 남북 양쪽에서 통일을 주장하는 목소리가 높았지만, 진정으로 통일을 지향한 인물은 그리 많지 않았다고 생각한다. 특히 남북에서 장기적으로 권력을 독점한 세력은 표리부동한 자세를 보였다. 입으로는 통일을 내세우면서도, 실제로는 분단 위에 권력을 유지해 나가는 정책이 기본 틀이었다. 안보를 내세워 독재정권을 유지해 나간 점은 남북한이 정도에서 차이가 있을 뿐 현상에서는 마찬가지였다. 따라서 통일 주장의 진정성이 있느냐 없느냐는 정통성 논쟁에서 주요한 기준이 되기 때문이다.

둘째, 인간의 존엄성이 확보되었는지 아닌지도 주요한 기준이 될 것이다. 권력을 개인 사유물로 여겨 독점하거나 장기 세습하는 현상, 그를 관철시키려고 구성원을 억압하는 체제에 정통성을 부여할 수는 없다. 자유와 평등이 조화로운 사회이면서, 인간의 존엄성이 확보되는 사회를 유지하는 것이 정통성 여부에 중요한 기준이 될 것이다.

Ⅲ. 독립운동과 민족통일

1. 분화와 통합, 그리고 통일

세계 식민지 해방운동사에서 한국의 독립운동은 보편성과 특수성을 아울러 가진다. 외세 침략과 통치에서 벗어나 자주독립하려는 저항운동이자, 근대국가를 세우는 것이라는 점에서 보편성을 갖는다. 한편 독립운동을 펼치는 과정에서 근대국가를 수립하고 정부와 의회 조직체를 구성하여 이를 중심으로 독립운동을 펼쳐 나간 점에서 특수성을 가지기도 한다.

독립운동을 펼쳐 나가는 동안 운동세력 사이에 나타난 분화와 분열, 그리고 이에 대한 해결 노력도 나라나 민족별로 비슷하다. 식민지 해방투쟁을 벌이는 동안 이념과 방략에서 차이가 있는 세력들이 등장했고, 그들 사이에는 분화와 갈등, 그리고 통합이라는 현상이 보편적으로 일어났다.

분화는 문제를 바라보는 시각이나 이해관계, 또는 문제를 풀어갈 방략의 차이에서 비롯된다. 따라서 시기에 따라 다양하게 나타났다. 1894년 갑오의병이 일어난 뒤 항일의병이 거대한 줄기를 형성했고, 10년 뒤에 새로운 형태의 계몽운동이 일어나면서 투쟁 방략에 분화 현상이 나타났다. 또 러시아혁명의 여파가 밀려들면서 다시 새로운 분화 현상이 나타났다. 이들 두 차례의 거대한 분화현상은 당연히 통합을 요구하는 출발점이기도 했다. 이는 시대적 과제를 해결하기 위한 필연적인 요구였다.

통일과 통합은 곧 시대적 과제를 해결하기 위한 시대적 · 역사적 요구였다.[27] 말할 것도 없이 이러한 요구는 지난날의 것만이 아니라 바로 오늘의 것이요, 내일의 것이기도 하다. 현재 한국이 안고 있는 시대적 과제 가운데서도 가장 큰 것이 곧 분단 문제다. 사실 분단이라면 굳이 남북 분단만을 말하지는 않는다. 동서 분단이라는 지역 가르기로부터 종교 가르기, 계급 가르기, 집단 가르기 등 숱한 분단과 분화 현상을 보이고 또 만들어 낸다. 그러므로 지금 요구되는 가장 큰 과제는 곧 가르기 현상을 이겨낼 합치기일 것이다. 그렇더라도 이 가운데 가장 중요한 과제로 손꼽히고 있는 것 또한 남북 분단 문제다. 분단을 이겨 내는 길은 곧 통합과 통일이다.

이 글은 '겨레 가르기'의 현실 문제를 극복하기 위한 교훈을 독립운동사에서 찾는 데 목적을 둔다. 남북 분단만이 아니라 근대사에 나타난 분단 극복 노력을 추적한 연구는 분야별로 많이 나왔다. 서술 대상 시기로 본다면, 맨 앞에 광복회 연구를 들 수 있다. 의병과 계몽운동의 분화와 갈등을 극복해 나간 1910년대의 광복회에 대한 연구는 곧 통일의 교훈을 찾는 것이기도 했다.[28] 다음으로 3·1운동에 나타난 통합이 있고, 이 무렵 들어온 사회주의로 말미암은 분화와 이를 극복하려던 나라 안팎의 유일당운동唯一黨運動이 1920년대를 장식하였다. 이에

---

27) 엄밀하게 가려 쓰자면 통합과 통일은 다르다. 통합은 개체를 합치는 것이고, 통일은 오로지 하나로 통합하는 것이다. 도량형을 하나로 정하면 통일이지만, 사회단체나 지방자치단체를 묶을 때는 통합이라 부른다. 남북 분단을 극복하여 하나가 된 국가를 만들어내는 것이 민족통일이라면, 구성원의 의식과 문화현상 등을 하나로 엮어가는 것을 사회통합, 문화통합이라 규정지을 수 있다. 하지만 역사의 현장에서는 이것이 선명하게 구별되지는 않았다. 통합과 가까운 말로 합작이란 것이 흔히 쓰였고, 통일과도 뒤섞여 사용되었다. 좌우합작이라거나 통일전선은 함께 쓰인 말이다. 통일이란 말은 1920년에 안창호가 민족문제를 풀어가는 데 가장 중요한 덕목으로 내세운 것이었고, 유일당운동 과정에서도 그랬다. 1939년 치장에서 열린 한국혁명운동 통일 7단체 회의(약칭 7당회의)도 마찬가지다. 이 글에서는 집단을 묶어 가는 과정을 통합으로, 그것이 하나의 정치적 체계를 일구어 낼 때는 통일로 서술하지만, 구체적인 서술 과정에서는 두 가지가 명쾌하게 구분되지 못하는 경우도 더러 있다. 이러한 한계를 넘어서기 위해서는 역사 속에 등장하는 이 용어를 개념화시켜야 하지만, 이는 다음 과제로 미룬다.

28) 광복회에 대한 연구는 많이 쏟아져 나왔고, 그 가운데 이성우의 박사 학위논문 〈광복회 연구〉(충남대, 2007)이 대표적이다.

대한 연구도 여러 편 발표되었다.[29] 또 1930년대 주로 중국 관내 지역
에서 펼쳐진 좌우합작, 혹은 통일전선운동이라 불리는 통일운동이 연
구되었고,[30] 끝으로 1940년대 나라 안팎의 독립운동 세력이 시도한
연계와 대한민국 임시정부가 좌우합작으로 통합정부를 달성한 사실이
역사적 성과와 교훈으로 연구되어 나왔다.[31] 뒤이어 광복 직후 국내에
들어온 대한민국 임시정부 중심의 남북 통일운동에 대한 연구논문도
여러 편 발표되었다.[32] 이들 연구는 정도 차이가 있지만 대부분 분단
극복의 해결책을 찾는 데 염두에 두고 진행되었다.

이 글은 독립운동사에 등장한 통합·통일운동을 바탕으로 삼고, 여
기에 광복 직후에 펼쳐진 통일운동을 연속적인 것으로 묶어 하나의 틀
로 정리하는 데 목표를 둔다. 우선 독립운동에 나타난 통일운동에 대
해서는 1910년대, 1920년대, 그리고 1930~1940년대 등 세 시기
로 나누어 정리한다. 첫 시기에는 의병과 계몽운동의 통일을 도모했던

---

29) 이균영, 《신간회 연구》, 역사비평사, 1993; 김희곤, 〈1920년대 임시정부의 협동전
    선운동〉, 《대한민국 임시정부의 좌우합작운동》, 한울아카데미, 1995; 황민호, 〈만주
    지역 민족유일당운동에 관한 연구〉, 《숭실사학》 5, 1988; 김영범, 〈대한민국임시정
    부와 민족유일당운동〉, 한국근현대사학회, 《대한민국임시정부 수립 80주년기념논집》
    하, 1999.

30) 강만길, 《조선민족혁명당과 통일전선》, 화평사, 1991; 김영범, 〈국공대결기
    (1928~1935) 중국에서의 한인 민족전선통일운동 연구〉, 《한말 일제하의 사회사상과
    사회운동》, 문학과지성사, 1994; 한상도, 〈1930년대 좌우익 진영의 협동전선운동〉,
    《대한민국임시정부의 좌우합작운동》, 한울아카데미, 1995; 한상도, 〈중일전쟁 직후
    협동전선운동과 전국연합진선협회〉, 《한국독립운동사연구》10, 한국독립운동사연구
    소, 1996; 염인호, 〈1930년대 중국관내지역에서 전개된 통일전선운동〉, 《김용섭교
    수정년기념 한국사학논총 한국근현대 민족문제와 신국가건설》, 지식산업사, 1997;
    한상도, 《한국독립운동과 국제환경》, 한울, 2000; 신주백, 《1920~1930년대 중국지
    역 민족운동사》, 선인, 2005.

31) 한시준, 〈1940년대 전반기의 민족통일전선운동〉, 《대한민국임시정부의 좌우합작운
    동》, 한울아카데미, 1995; 정병준, 〈해방직전 임시정부의 민족통일전선운동〉, 《대한
    민국임시정부수립80주년기념논문집》 하, 국가보훈처, 1999; 김영범, 〈1940년대초
    재중국 '민족좌파'의 임시정부 참여 재론: 외인·외압론 및 정략론을 넘어서〉, 《백범
    과 민족운동 연구》 7, 백범학술원, 2009.

32) 도진순, 《한국민족주의와 남북관계》, 서울대출판부, 1997; 도진순, 〈백범 김구의
    평화통일운동, 그 연원과 생명력〉, 《백범과 민족운동연구》 1, 2003; 서중석, 〈남북협
    상과 백범의 민족통일노선〉, 《백범과 민족운동연구》 3, 2005; 이현주, 《해방전후 통
    일운동의 전개와 시련》, 지식산업사, 2007.

1910년대의 추세와 그것이 완성도를 높인 3·1운동, 이어서 대한민국 건국과 임시정부 수립 시기의 좌우통합정부 달성 등을 담는다. 둘째 시기는 1920년대 나라 안팎 전체에 걸쳐 진행된 유일당운동과 신간회다. 독립운동에 사회주의 물결이 본격적으로 닥치면서 나타난 분화와 이를 극복하려는 노력이 초점이다. 셋째는 1930~1940년대에 펼쳐진 통일운동과 그 결실의 하나로 평가되는 좌우통합정부 달성이다. 끝으로 광복 직후에 펼쳐진 통일운동을 살피면서 항일투쟁기의 것과 어떻게 다른지 구명하려 한다.[33] 다만 광복 뒤의 통일운동에 대한 시기 범위는 광복 직후로 한정한다.

2. 항일투쟁기의 통일운동

1) 1910년대 독립운동 노선의 통합

한국 독립운동의 출발은 1894년 '갑오의병'이고,[34] 10년 뒤에 새로운 방안으로 등장한 것이 계몽운동이다. 의병항쟁이나 계몽운동은 방략이 달라도 목적이 같았다. 국권 회복 또는 독립이 그 목적인 것이다. 하지만 두 가지 노선은 힘을 하나로 모으지 못하고 오히려 갈등을 빚었다. 의병계열 인물들은 계몽운동이 내세우던 인재양성이나 민족자본 형성에 대해, "그것이 어느 세월에 이루어지겠느냐"고 반문하면서, 당

---

33) 시기를 구분하면서 '광복'과 '해방'이란 말이 함께 쓰인다. 엄밀하게 말하면 현실은 완전한 광복도 완전한 해방도 아니었다. 주역에서 말하는 것처럼 완전한 본래의 모습으로 돌아온 '광복'도 아니고, 그렇다고 사회과학에서 말하는 것처럼 종속상태에서 완전히 벗어난 '해방'도 아니기 때문이다. 독립운동사에서도 이들 용어는 노선이나 영역에 따라 분류되거나 함께 쓰였다. 여기에서는 굳이 해방을 부정하여 광복을 택한 것은 아니다. 역사적으로 실재했고 또 독립운동사 전공자들이 흔히 쓰던 용어인 데다가, 광복절을 없애자는 논의가 일어나 한껏 세간을 달군 사실을 염두에 두고 이 말을 쓴다.

34) '갑오의병'에 연구와 개념 규정은 金祥起의 연구(《韓末義兵研究》, 一潮閣, 1997, 52~59쪽)에서 비롯되었다.

장 전쟁을 벌여야 한다고 주장했다. 그 반면에 계몽운동가들은 저급한 무기 성능과 훈련되지 않은 농민군의 수준을 들어 일본군을 이길 수 없다고 비판하면서 인재 양성과 민족자본 육성이 선결사항이라고 주장 하였다.

이들 두 가지 노선은 투쟁 방법만이 아니라 이념에서도 큰 차이를 보였다. 의병계열은 복벽주의를 추구하는 반면, 계몽운동계열은 공화 주의를 지향하고 있었다. 그러므로 이들 사이의 골은 깊고 넓었다. 양 대 계열은 서로 비난하는 선에서 머물지 않고 심하게는 충돌까지 빚 어냈다. 남궁억이 세운 강원도 양양의 현산학교峴山學校를 의병이 불 을 지르기도 했고, 경북 북부 지역에서 최초로 세워진 중등학교인 안 동 내앞(川前)의 협동학교協東學校를 예천 지방 의병이 공격하여 교감 과 교사를 살해하기도 했다. 학생들을 단발시켰다는 것이 의병들의 공격 명분이었다.[35] 이와 반대로 계몽운동가들은 신문이나 잡지에 의 병들의 활동을 비난하였다. 그러니 두 계열이 합일점을 찾기가 더욱 어려워졌다.

이를 극복하려는 추세는 1910년 나라가 무너지기 직전에 나타났다. 1907년 신민회가 결성된 뒤 1909년 나라 밖에 독립운동 기지 건설 계 획을 세우는 과정에서 성향 변화를 보였던 것이다. 독립군을 양성해 내는 쪽으로 논의가 진행된 것이다. 이는 계몽운동 계열에서 투쟁 방 략의 변화, 곧 실력양성에서 독립전쟁으로 방향을 틀어 간 것을 말해 준다. 이러한 변화는 반대쪽에서도 나타났다. 안동 출신 이상룡은 전 통 유림으로서 의병에 힘을 쏟은 인물이지만, 1909년 대한협회 안동 지회를 출범시키면서 공화주의와 독립전쟁을 접목시키고 나섰다. 이념 에서는 계몽운동 노선을, 투쟁방법에서는 의병을 잇는 독립전쟁을 들 고 나온 것이다.

나라가 무너지던 시기, 독립운동 노선의 통일운동은 1915년 광복회

---

35) 김희곤, 《안동 사람들의 항일투쟁》, 지식산업사, 2007, 29쪽.

결성으로 성과를 올렸다. 광복회는 1915년 음력 7월에 대구에서 조직 되었다. 여기에는 의병과 계몽운동, 두 계열 인사가 합류하였다. 1913 년 경북 풍기에서 의병출신자들이 조직한 광복단과 1915년 1월 대구 에서 계몽운동 계열이 조직한 조선국권회복단의 일부 인사가 통합점을 찾은 것이다. 이를 이끌어 낸 주역은 박상진이었다. 방략은 의병계열 의 무장항쟁과 독립전쟁을, 이념은 공화주의를 지향했다. 따라서 의병 과 계몽운동의 양대 노선이 통일을 일구어 냈다. 이것이 1910년대 후 반 국내와 만주를 묶는 큰 틀에서 활발한 활동을 펼쳐 나갔다.[36]

1919년 3·1운동은 광복회가 일구어 낸 통일운동을 완성시킨 것이 라고 평가할 만하다. 방략에서는 척사계열의 의병항쟁을, 이념에서는 계몽운동계열의 공화주의를 택하여 통합했기 때문이다. 이 통합은 이 념의 차이를 극복했다는 데만 머물지는 않는다. 종교와 계급의 차이를 극복한 점에서도 그러한 평가가 가능하다. 새로 유입된 종교들은 제 국주의 국가의 침탈과정에 얽혀 들어왔으므로 민족문제를 해결하려고 통합하는 일은 염두에 두지 않았다. 그러던 이들이 3·1운동에서 같 은 광장으로 합류한 것은 중요한 변화요 성과였다. 상하이에서 발원하 여 국내로 연결된 3·1운동의 계기는 북쪽으로는 기독교 계통으로, 남 쪽으로는 일본을 거쳐 천도교 계통으로 연결되었고, 끝내 이것이 불교 대표와도 합류하면서 거대한 항쟁을 만들어냈다. 또 신분 차이를 넘어 선 투쟁도 마찬가지였다. 겨레가 하나 되어 벌인 항일투쟁은 계급이나 직업, 빈부의 차이를 넘어서 하나로 통합하는 계기가 된 것이다. 특히 그 과정에서 민중이 역사의 주역으로 떠오른 점은 민족문제 해결을 위 한 통일의 방향을 가늠하게 만들어 주었다.

3·1운동은 국내만의 것도 아니었다. 2·8독립선언에서부터 만주 지린의 〈대한독립선언서〉, 나아가 미주 지역의 독립선언까지 한인들이 거주하던 세계 모든 곳에서 독립이 선언되었다. 따라서 세계 모든 곳

---

36) 김희곤, 앞의 책, 29~30쪽.

의 한인들이 한 목소리로 독립을 선언하고 투쟁을 다짐하는 거대한 조류가 형성된 것이다. 이런 과정에서 대한민국이 세워졌다.

대한민국은 1919년 4월 11일 상하이에서 세워졌다. 독립협회 시기부터 제기된 공화주의를 수용하여 한국 역사상 최초로 공화정체를 갖춘 근대국가가 등장한 것이다. 1910년에 나라를 잃을 때는 대한제국大韓帝國이었지만, 나라 잃은 지 9년이 채 안된 1919년 4월에 독립운동가들이 세운 국가는 대한민국大韓民國이었다.

국가를 운영하는 조직으로 정부와 의회가 기본이다. 그러나 국토를 빼앗긴 상황에서 정식 정부와 의회를 구성할 수 없었으므로, 독립을 달성하기까지는 '임시' 조직을 두었다. 임시정부와 임시의정원이 그것이다. 그런데 거의 같은 시기에 나라 안팎에서 정부 조직이 등장했다. 실체를 가진 것이 상하이 말고도 두 곳에 더 있었다. 블라디보스토크에서 소집된 대한국민의회와 서울에서 선언된 한성정부가 그것이다. 이들 모두 공화정체를 선택하는 데는 이견이 없었다. 이를 하나로 묶어 가는 작업이 1919년 중반을 장식했다. 그 중심에 안창호가 움직였고, 그의 협상과 통합 조정력이 주효하여, 9월 마침내 통합정부가 구성되었다. 9월 11일자로 제1차 개헌이 이루어졌으니, 〈대한민국 임시헌법〉이 그것이다.[37] 이것은 사실상 사회주의가 한국 독립운동사에 영향을 끼친 이후 처음으로 이루어진 좌우합작이면서, 대한민국을 세운 뒤 힘을 쏟은 통일운동의 결실이었다. 한편으로는 사회주의가 형성되기 시작하던 무렵의 합작이란 의미에서 본다면, 분화 초기 단계에서 시작된 합작이란 것과 앞으로의 분화와 합작을 예견하는 것이기도 했다.

---

37) 국사편찬위원회, 《대한민국임시정부자료집》1(헌법·공보), 2005, 6~11쪽.

2) 1920년대 유일당운동

(1) 1920년대 전반기의 분화와 통합 논의

1920년대는 혁신성과 분화, 그리고 통일운동이 두드러진 시기였다. 그 계기는 사회주의 유입에서 비롯되었다. 사회주의가 한국 독립운동사에 접목되기 시작한 시점은 러시아혁명이 일어난 뒤 반 년 정도 지난 1918년 5월이다. 하바롭스크에서 한인사회당이 결성된 것이다. 이것이 1919년 9월 상하이로 옮겨 대한민국 임시정부에 참가하였고, 다른 한편으로 이르쿠츠크 고려공산당도 생겨나 갈등과 경쟁을 거듭하였다. 1921년 1월 이르쿠츠크에서 고려공산당이 조직되자, 앞서 상하이로 옮겨간 이동휘 중심의 인물들도 같은 해 5월에 상하이에서 고려공산당을 결성하였던 것이다. 이들 사이에는 경쟁구도만 갖는 것이 아니라 혁명을 추구하는 목표와 방법에 차이를 보였다.

한편 국내에 사회주의 물결이 파급되기 시작한 때는 3·1운동 무렵이다. 1920년대에 들어 확산된 그 물결은 점차 노동운동과 농민운동, 그리고 청년운동의 핵심 이념으로 터를 잡았다. 이것이 더 나아가 1925년 조선공산당과 고려공산청년회 조직으로 나타나고, 노동·농민운동이 확산되기에 이른다. 따라서 새로운 사조의 등장과 이를 민족문제 해결에 접목하는 노력은 독립운동계의 분화를 가져왔다. 사회주의가 뿌리를 내려가는 만큼, 민족운동 세력의 통합을 꿈꾸는 논의도 제기되었다.

이처럼 사회주의 사조가 전반적인 흐름을 형성하는 반면에, 민족주의 계열에서는 일부가 기존 계열을 이탈하여 친일노선으로 빠져 나가는 세력이 나타나기도 했다. 그러자 민족문제에 공통분모를 가진, 항일투쟁을 기본으로 삼은 민족주의 기존 세력과 사회주의를 받아들인 양대 계열 사이에 접촉과 합작 논의가 나타났다. 1923년 전조선청년당대회 시절에 이미 민족협동전선 논의가 나왔고,[38] 1925년에 들어 진전된 주장이 나오기 시작했다.[39]

1923년 상하이에서 열린 국민대표회의도 좌우합작이라는 선상에서 이해할 수 있다. 비록 대한민국 임시정부에 대한 처리 문제를 주된 논제로 삼지만, 역시 독립운동세력의 통합이나 통일을 추구한 점에서 그렇게 평가할 수 있기 때문이다. 더구나 130명이 넘는 대표와 이를 수행한 인물들이 반 년 가까이나 상하이에 머물며 회의를 진행하는 데 필요한 자금은 레닌 정부가 보내준 것이었다.[40]

임시정부가 독립운동을 통일적으로 지도할 정부로서의 영도력을 잃어가자, 그 해결책으로 국민대표회의 소집 방안이 제시되었다. 그 결과 1923년 1월 국민대표회의가 상하이에서 막을 올렸다. 이 회의에서는 독립운동의 통일방안을 둘러싸고 기존의 임시정부의 헌법, 제도, 정책 기타 일체를 개선하자는 '개조론'과, 기존의 각 단체를 모두 해체하고 새로운 통일조직을 만들자는 '창조론'이 맞섰다. 초기에는 개조론이 우세하여 국민대표회의를 통해 임시정부의 헌법과 조직 등을 개조함으로써 통일적 지도기관의 위상을 복원하고자 했다. 임시정부 안에서 현 체제를 고수하려는 세력은 창조파의 움직임을 격렬히 반대했다. 그러나 임시정부와 창조파의 교섭이 나아가지 않자, 소속 단체로부터 소환 통보를 받은 김동삼은 의장직을 사임하였다. 이후 국민대표회의는 창조파가 우위를 점하게 되었고, 개조파 인사들은 '한 민족 두 국가'의 화근을 만들 수 없다면서 국민대표회의가 무효라고 선언하고 이탈하였다. 이로써 독립운동 세력들의 통일운동은 중단되고 말았다.[41]

---

38) 이균영, 앞의 책, 38쪽.

39) 이균영, 위의 책, 42쪽.

40) 자금 문제에 대한 연구로 조철행의 〈국민대표회 전후 민족운동 최고기관 조직론 연구〉(고려대 박사 학위논문, 2010, 87~104쪽)가 자세하다.

41) 창조파는 6월 초 좌파들만 참석한 국민대표회의를 개최하고 국호를 '한'으로 하고 '단군기원'을 사용하는 정부를 수립했다. 창조파의 신정부 수립 조치에 대해 임시정부는 내무총장 명의로 내무부령 제1호를 발표해 국민대표회의 해산을 명령했다. 이렇게 해서 독립운동 세력의 의사를 결집해 임시정부를 개조하거나 새로운 정부를 수립하려

(2) 1920년대 중후반의 국외 유일당운동

1926년은 나라 안팎을 가릴 것 없이 통일운동이 강하게 대두하는 양상을 보인 시기였다. 국내의 통일운동은 6·10만세운동을 거쳐 이듬해에 신간회 결성으로 열매를 맺었다. 중국 관내 지역에서 역시 1926년에 시작된 유일당운동은 만주로 확산되어 갔다. 이들 모두를 유일당운동이라는 하나의 틀로 읽을 수 있다. 이것은 좌우 세력이 오로지 하나로 뭉쳐 한 개 정당을 조직하고, 이를 중심으로 독립운동을 펼쳐 나라를 되찾자는 데 목표를 두었다. 중국국민당이나 소련공산당처럼 정당조직으로 국가를 운영하는 이당치국以黨治國 체제를 갖추자는 것일 뿐만 아니라, 좌우 세력이 하나의 정당, 유일당으로 통합하자는 것이 그 목표였다.

유일당운동은 1926년 5월 상하이에서 조직된 독립운동촉성회에서 시작되었다.[42] 주역인 안창호가 '주의 여하를 막론하고 단합된 통일전선을 결성하여 일대 혁명당을 결성할 것'을 촉구하고 나섰고, 베이징의 좌파 세력인 원세훈과 협의하면서 이 운동은 본격화했다. 국내에서 들려온 6·10만세운동은 이 움직임에 박차를 가하도록 만들었다. 통일된 대당 결성의 필요성에 대한 세론이 높아지는 가운데, 7월 8일 홍진은 임시정부 국무령으로 취임하던 자리에서 '민족대당의 조직'을 천명하였다. 안창호와 원세훈은 1926년 10월 임시정부 세력과 베이징의 좌파 세력을 규합해 대독립당조직베이징촉성회를 결성했다.[43]

임시정부는 헌법을 개정하면서까지 유일당운동을 지지하고 나섰다. 홍진의 뒤를 이어 12월에 국무령에 오른 김구가 이 일을 밀고 나간 것이다. 1927년 3월 세 번째로 개정된 제4차 헌법이 그 결실이다. 제2

던 국민대표회의는 끝나고 말았다.

42) 朝鮮總督府 警務局,《高等警察關係年表》, 1930, 201쪽.

43) 류시중·박병원·김희곤,《국역 고등경찰요사》(안동독립운동기념관자료총서3), 선인, 2010, 210~212쪽.

조에 "대한민국의 최고권력은 임시의정원에 있음"이라고 규정한 뒤, "광복운동자光復運動者의 대단결大團結인 당黨이 완성된 때에는 국가의 최고 권력이 이 당에 있음"이라는 내용을 덧붙였고,[44] 제5장 보칙補則 제49조에는 헌법 개정 방법을 규정하면서 "광복운동자의 대단결인 당黨이 완성된 때에는 이 당에서 개정함"이라 정했다.[45]

유일당운동에 대해 사회주의 세력들도 호응하고 나섰다. 이에 1927년 3월 홍진과 홍남표 두 사람 이름으로 '전 민족적 독립당 결성의 선언문'이 발표되었고, 한국유일독립당상하이촉성회韓國唯一獨立黨上海促成會가 성립되었다. 임시정부 계열 16인, 사회주의 계열 8인의 집행위원이 선정되어 좌우세력이 하나의 광장으로 합류하였다.[46]

유일당운동은 각지에서 촉성회를 결성하는 방식으로 진행되었다. 1926년 10월 베이징촉성회北京促成會를 신호탄으로, 1927년 3월 이후에는 상하이 · 광저우 · 우한 · 난징 등지에서도 촉성회가 성립되었다. 이후 각지의 촉성회를 연합하려는 움직임이 전개되어 1927년 11월 9일 상하이에서 한국독립당관내촉성회연합회가 열렸다. 이 회의에서 그동안 독립운동이 침체했던 이유가 운동 방법의 부적합과 유기적 통일기관의 부재에 있다고 진단됐다. 이에 각지의 촉성회를 연합한 조직을 당조직 주비회籌備會로 발전시키고자 했다. 곧 연합회를 유일당 결성 준비 작업으로 여긴 것이다.[47]

연합회의 지도부는 15인 집행위원회와 5인의 상무위원회로 구성되었는데, 여기에는 임시정부만이 아니라, 그동안 임시정부에 대해 비판적이었던 베이징 세력과 사회주의 세력도 참여하고 있었다. 이 점에서 관내 지역 독립운동자들이 거의 망라되었다고 해도 지나치지 않다. 이

---

44) 국사편찬위원회, 《대한민국임시정부자료집》 1(헌법 · 공보), 2005, 15쪽.
45) 같은 책, 18쪽.
46) 김희곤, 《대한민국임시정부》 1-상해시기, 한국독립운동사편찬위원회 · 한국독립운동사연구소, 2008, 226쪽.
47) 같은 책, 238쪽.

연합회는 전위 조직으로 1927년 11월 중국본부 한인청년동맹을 조직하며 주도적으로 활동했다.[48]

1928년에 접어들면서 유일당운동은 답보 상태에 빠졌다. 이 무렵 민족주의 세력은 민족적 단일 대당 결성을 통해 임시정부의 위상과 역할을 강화하려는 목적을 갖고 있었다. 이에 견주어 사회주의 진영은 유일당운동을 좌파 세력의 확대와 주도권을 장악하기 위한 통일전선 전술로 파악하고 있었다. 우파 진영은 민족단일당을 '전민 일치의 중앙집권적인 대독립당'으로 성격을 규정한 데 비해, 좌파 진영은 노농대중의 이해와 입장에 기초한 '전투적 협동전선' 또는 '혁명적 통일전선'의 결성을 주창하고 나섰다.[49] 특히 1928년 코민테른 12월테제에서는 민족 부르주아 세력에 대한 노농대중의 주도권을 강조하면서 유일당 결성보다는 좌파 세력의 독자성과 주도권 확보를 중시하는 노선으로 전환했다. 이에 따라 유일당운동은 목표로 삼던 결실을 거두지 못하고 중단되었다.

한편 유일당운동은 중국 관내에서 시작되어 곧 만주로 파급되었다. 다시 말해 1926년과 이듬해에 한국 독립운동계 전체가 통일운동에 몰입하고 있었다는 말이다. 만주에서 조직된 독립군들이 자유시참변을 겪은 뒤 다시 터를 잡아가는 과정에서 참의부(1923. 6)·정의부(1924. 11)·신민부(1925. 3)로 정립되었는데, 이들이 각각 동만·남만·북만을 장악하면서 자치기관이자 독립군 조직으로 움직였다. 1925년 말부터 북만조선인청년동맹·남만청년총동맹·동만청년총동맹 등 사회주의 계열의 단체가 들어서고 1926년 5월에는 조선공산당와 고려공산청년회의 만주총국이 조직되었다. 그런데 마침 일본이 만주 군벌과 미쓰야협정을 맺어 독립운동과 한인사회를 압박하자, 정의부가 앞장서서 이를 극복할 방안을 찾아 나섰다. 마침 중국 관내에서 들려온 유일당

48) 같은 책, 241~242쪽.
49) 김영범, 〈1920년대 후반기의 민족유일당에 대한 재검토〉, 《한국근현대사연구》 1, 한국근현대사학회, 1994, 128쪽.

운동 소식과, 더구나 홍진이 국무령을 사임하고서 유일당운동을 펼치려고 만주로 옮기게 되자, 이 움직임은 빨라졌다. 여기에 1927년 2월 안창호가 지린 지방을 순회하며 열었던 강연회도 크게 기여했다.

1927년 초 정의부가 앞서 나갔다. 그 결과 4월에 유일당 조직을 위한 협의회가 열렸고, 1928년 5월에 민족유일당 조직촉성회가 열렸다. 좌·우익 18개 단체 대표 39명이 모였다. 하지만 조직 방법에 이견이 생겨 주춤해졌다. 기존 단체를 연합하는 방법을 주장하는 단체본위 조직론과, 기존 단체를 해산하고 개인별로 가입하자는 개인본위 조직론으로 나뉜 것이다. 끝내 이 차이를 이겨 내지 못했다. 그래서 찾은 다른 길이 바로 정의부가 제안했던 3부 통합이었다. 이것마저도 방법의 차이와 일제의 추적 때문에 멈춰버렸다. 한편 ML파 중심의 개인본위 조직론자들도 유일당운동을 이어 나갔다. 하지만 '제2차 간도공산당 사건'으로 간부들이 붙잡히고 코민테른의 12월테제가 발표됨에 따라, 유일당운동은 주춤해졌다.

3부 통합운동은 2개 그룹으로 재편되었다. 하나는 김동삼·김좌진·김승학 등이 조선공산당 만주총국과 재만농민동맹 등을 받아들여 혁신의회를 조직한 것이다. 이는 민족유일당재만책진회와 재만한족총연합회를 거쳐, 한국독립당으로 이어졌다. 한편 정의부를 주축으로 모인 나머지 세력들은 민족유일당조직동맹을 만들고, 1929년 국민부와 민족혁명당을 만들었다.

만주 전체를 아우르는 통일조직을 만들어내지는 못했지만, 두 개의 큰 줄기를 형성했다는 점에서 1920년대 후반의 통일운동이 무의미한 것은 아니었다. 특히 홍진이 국무령 자리를 내던지고 만주로 가서 이 운동에 앞장선 것이나, 안창호가 유일당운동을 확산시키고자 지린에서 회의를 연 것, 또 김동삼을 비롯한 인물들이 무산자계급운동의 영역에까지 동참하면서 통합을 일구어 낸 사실은 모두 통일운동의 과정이자 성과임이 분명했다.

(3) 1920년대 중후반의 국내 유일당운동

국내에서 펼쳐진 통일운동은 1926년 6·10만세운동과 1927년 신간회 결성으로 뚜렷한 성과를 보였다. 먼저 6·10만세운동은 융희황제 순종의 인산일에 맞춰 일어난 제2의 만세운동이었다. 6·10만세운동은 김단야金丹冶를 비롯한 조선공산당의 임시상해부 인사들과 국내의 권오설權五卨을 중심으로 이루어졌다. 이들은 본래 메이데이 대중투쟁을 계획하다가, 융희황제의 죽음을 맞아 투쟁방향을 민족운동으로 바꾸어 간 것이다.

조선공산당 임시상해부는 계획 초기부터 천도교를 유력한 제휴 세력으로 여겼다. 조선공산당과 천도교 구파와의 연결은 고려공산청년회의 책임비서인 권오설과 박래원을 거쳐 이루어졌다. 여기에서 천도교 구파 지도자들은 배후에서 지원하는 전술을 택하였다. 권오설은 '6·10투쟁특별위원회'라는 투쟁지도부를 결성하고 앞장섰다. 천도교측은 격문 인쇄와 배포, 지방 조직을 활용하여 만세운동을 확산시키는 일 등을 맡았다. 여기에 필요한 자금은 권오설이 천도교측에 건네주었다. 그 결과 5월 31일까지 격문 인쇄를 마쳤다. 거사 직전에 주역들이 일제 경찰에 붙잡히면서 주저앉을 위기를 맞았지만, 조선학생과학연구회와 세칭 '통동계通洞系'의 활약이 이를 가능하게 만들었다. 권오설의 명령을 받은 조선학생과학연구회가 장례식 당일 가두 행렬에서의 만세 선창과 격문 살포를 맡았다. 그 결과 장례 당일 오전 8시 30분쯤 시작된 시위는 오후 2시까지 이어졌고, 지방으로도 확산되었다.

조선공산당 임시상해부는 6·10만세운동을 통일된 민족운동으로 규정하였다. 권오설은 〈격고문〉에서 식민지 민족을 무산자계급으로 제국주의를 자본주의계급으로 규정하면서, 민족적·정치적 해방과 계급적·경제적 해방을 동일한 성격으로 못 박았다. 여기에서 민족해방과 계급해방을 통일적으로 파악한 논리는 계급지상주의의 편향성이 극복되고 있음을 엿볼 수 있다. 민족혁명을 위해 자유주의자와 통일전선을 형성하는 이론적 단서로도 주목된다.[50] 따라서 3·1운동과 비교하여 운동의 기반과 이념이 한층 발전된 모습을 보인 것이다.

이러한 통일운동은 그대로 신간회운동으로 이어졌다. 6·10만세운동 직후, 7월에 조선민흥회가 발의되었는데, 이것도 서울청년회계열과 민족주의 일부 세력이 연합을 도모한 것이다. 1926년 11월 정우회 선언으로 속도를 내기 시작했다. "종래의 국한되었던 경제적 투쟁에서 계급적·대중적·의식적 정치형태로 전환해야 한다. 이 과정에서 비타협적 민족주의자와의 일시적인 공동전선이 필요하다"는 방향전환론이 나온 것이다. 그해 말에는 안재홍과 신석우가 만나 좌우합작으로 단일민족당을 조직하기로 합의하였으니, 나라 밖에서 펼쳐지던 유일당운동과 마찬가지였다. 마침내 1927년 2월 15일 신간회가 창립되었다. 민족주의 좌파와 사회주의 세력이 반자치운동이라는 공동 목표 아래 집결한 것이다. '기회주의를 일체 부인한다'는 등 강령을 내세우며 출범한 신간회는 전국 140개가 넘는 곳에 지회를 두면서 2만 명에서 4만 명에 이르는 회원을 확보하며 최대 규모의 민족운동단체로 커 나갔다. 여기에 도쿄와 교토 등 일본 대도시에도 지회가 들어섰고, 여성운동세력도 근우회를 조직하여 보조를 맞추었다. 나라 안팎 전체에서 거대한 통일운동의 물결이 흘러넘친 것이다. 하지만 일제의 철저한 견제에 막혀 제 목적을 달성하지 못하고, 12월테제의 영향을 받으면서 1931년에는 문을 닫고 말았다.

1920년대 후반, 나라 안팎 전체에서 펼쳐진 통일운동은 오로지 하나의 정당조직을 결성하여 민족문제를 해결하자는 것이었다. 그러므로 큰 틀의 통일운동을 독립운동계 전체가 펼쳐 나간 것이라고 평가할 만하다. 하지만 1920년대 말, 특히 1929년 이후에는 정체상태에 빠졌

---

50) 장석흥, 〈권오설의 민족운동 노선과 성격〉, 《한국근현대사연구》 19, 2001, 229~232쪽.

다. 따라서 새로운 돌파구를 찾는 노력이 곳곳에서 나타났다. 일단 하나가 되지는 못하더라도 정당조직을 만들려는 시도가 진행된 것이다. 중국 관내만이 아니라, 만주에서도 그랬다.

3) 1930 · 40년대 통일운동과 통합정부 달성

1920년대 말에 잠시 주춤해진 통일운동은 1930년대에 들어서면서 다시 고개를 내밀었다. 곳곳에 독립운동정당이 조직되면서 이들 사이에 통합을 향한 움직임이 나타난 것이다.

중국 관내에서는 대한민국 임시정부를 중심으로 유일 여당인 한국독립당(상하이)이 1930년 1월 25일 출범하였다. 한편 만주에서는 같은 무렵에 한국독립당(만주)과 조선혁명당이 결성되었다. 또 난징에서 의열단도 정당 조직으로 변모하고, 한국혁명당도 등장하였다. 한국혁명당은 1934년 만주에서 남하해 온 한국독립당(만주)과 결합하여 신한독립당을 창당하기에 이른다.[51]

독립운동정당들이 등장하면서, 일제의 만주침공에 맞서기 위해 통일운동이 다시 시작되었다. 1932년 10월 한국대일전선통일동맹을 결성한 것은 새로운 출발점이었다. 독립운동정당의 통일운동은 1935년 7월 조선민족혁명당(이하 민족혁명당)으로 결실을 맺어 갔다. 중국관내와 만주에서 활약하던 5개 정당조직에다가 미주 지역의 4개 독립운동단체까지도 참가하여 통일전선체이자 민족단일당을 내세웠다. 하지만 이것은 제한적이었다. 김구를 비롯한 임시정부 고수 세력이 참가하지 않고, 조소앙이 바로 탈퇴하여 한국독립당(재건)을 재건했으며, 1937년 이청천의 조선혁명당마저도 탈퇴했던 것이다.

독립운동정당들의 통일운동은 1937년 7월 중일전쟁이 터지면서 다시 불붙었다. 김구가 이끄는 한국국민당이 앞장서서 우파 정당인 조소

---

51) 김희곤, 《대한민국임시정부 연구》, 지식산업사, 2004, 212~224쪽.

앙의 한국독립당(재건), 이청천의 조선혁명당 등 3개 정당과 현순의 대한인국민회, 이승만의 대한인동지회 등 6개 단체를 묶어 한국광복운동단체연합회(약칭 광복진선光復陣線)를 결성하였다. 이 조직은 전선이 중국 내륙으로 이동하는 동안 군대를 준비하였다. 1938년 10월 류저우에 도착한 뒤 한국광복진선청년공작대를 조직하여 장차 한국광복군이 창설되는 기초를 마련하였다. 한편 민족혁명당은 좌파 세력인 조선민족해방동맹, 조선혁명자연맹 등을 묶어 1937년 12월 조선민족전선연맹(약칭 민족전선民族戰線)을 결성하였다. 이 연맹은 이듬해 10월 우한에서 조선의용대를 결성하여 곳곳에 터를 잡고 중국군 지원에 나섰다. 따라서 중일전쟁 직후에는 두 개의 좌우연합체로 정리되고, 각각 전시체제를 갖추어 갔다.[52]

양대 연합체는 다시 통일을 도모하고 나섰다. 여기에 중국국민당 정부의 강력한 권유가 힘을 실어주었다. 그 결과 한국독립당의 김구와 민족혁명당의 김원봉은 1939년 5월 공동으로 '동지 동포 제군에게 보내는 공개통신'을 발표했다. 전 민족적 통일기구를 조직하겠다는 뜻과 함께 정치 강령이 나왔다. 그러면서 통일운동의 결실이 연맹이 아닌 단일당, 곧 유일당 형태를 기대하고 있었다. 통일운동이 한 걸음 더 나아간 것이다. 이를 구체화시키려는 모임이 바로 1939년 8월 쓰촨성 치장에서 열린 한국혁명운동 통일 7단체 회의(약칭 7당회의)였다. 여기에는 광복진선 측의 한국국민당 · 한국독립당(재건) · 조선혁명당과 조선민족전선연맹 측의 조선민족혁명당 · 조선민족해방동맹 · 조선혁명자연맹 · 조선청년전위동맹 등이 참가했다.[53]

통일조직의 성격에 합의가 이루어지지 않았다. 1920년대 말 만주에서 벌어진 비극이 되풀이되었다. 김구와 김원봉은 단일당을, 조선민족해방동맹과 조선청년전위동맹은 연맹 형식을 각각 내세웠다. 끝내 이

---

52) 김희곤, 앞의 책, 233~241쪽.
53) 김희곤, 위의 책, 242쪽.

견을 좁히지 못하고 연맹론을 주장한 두 단체가 탈퇴함에 따라 5당회의로 축소되었다. 이들 5개 정당은 1939년 9월 전국연합진선협회를 결성하였다. 그러나 민족혁명당이 바로 탈퇴함에 따라 짧은 순간 존재했을 뿐,[54] 사실상 열매를 맺지 못하고 말았다. 그렇더라도 임시정부를 옹호하는 우파 세력이 주도하여 전국연합진선협회 결성을 발표한 사실 자체는 임시정부의 위상 강화를 뜻하기도 한다.

1930년대 독립운동 정당의 통일운동은 주로 중국 관내 지역의 독립운동정당을 중심으로 삼고 미주 지역 단체들이 합류하는 형식으로 펼쳐졌다. 이와 달리 만주 지역이나 국내에서는 통일운동이 활발하지 않았다.

1940년대에 들면 통일운동은 임시정부가 터를 잡은 충칭을 중심으로 진행되었다. 먼저 우파 3당의 통합부터 일구어 냈으니, 1940년 5월에 결성된 한국독립당(충칭)이 그것이다. 이어 9월에는 한국광복군을 창설하고, 10월에는 국무위원제를 주석제로 고치는 개헌을 단행하였다.[55] 그리하여 한국독립당·임시정부·한국광복군이라는 당·정·군 삼위일체의 지도체제가 확립되었다. 이를 바탕으로 임시정부는 다시 통일운동에 나섰다. 이보다 앞서 임시정부는 독립운동정당의 통일을 도모하는 기초 작업으로서 국무위원과 임시의정원 의원 정원을 늘려 좌파가 합류할 수 있는 공간을 마련하였다.

김원봉을 중심으로 한 좌파 진영은 임시정부에 관여하지 않는다는 '불관주의' 원칙을 지키고 있었다. 하지만 이러한 방침을 바꾸어 임시정부에 참여할 수밖에 없는 상황과 맞닥뜨렸다.[56] 먼저 자금줄을 쥐고 있던 중국국민당 정부가 임시정부 지원을 강화하면서, 아울러 중국국민당 정부는 국제사회에서 임시정부의 승인 문제를 적극 추진하겠다는

---

54) 한상도, 《한국독립운동과 국제환경》, 한울, 2000, 279쪽.
55) 국사편찬위원회, 《대한민국임시정부자료집》1(헌법·공보), 2005, 25쪽.
56) 추헌수 편, 《資料 韓國獨立運動》2, 연세대출판부, 1975, 211쪽.

의사를 밝혔다.[57] 이에 김성숙이 이끄는 조선민족해방동맹은 1941년
12월 1일 임시정부로 합류하였다.[58] 마침 12월 8일 일본이 진주만을
기습하여 태평양전쟁이 터지고, 임시정부가 10일 대일선전을 포고하
자 임시정부의 위상이 높아졌다. 그러자 민족혁명당도 여러 민주국이
파시즘 집단과 혈전을 전개하고 있는 국제정세와 함께 임시정부의 국
제적 승인 가능성'을 말하면서 임시정부 참여를 밝혔다. 여기에는 조선
의용대 주력이 중국국민당 정부의 영역을 벗어나 옌안으로 이동한 것
도 중요한 변수로 작용하였다. 김원봉의 주력이 크게 약화되었기 때문
이다.

통일운동은 군대 통합에서 먼저 결실을 거두었다. 1941년 1월 시
안을 중심으로 활동하고 있던 무정부주의 계열의 한국청년전지공작대
100여 명이 한국광복군으로 편입되었다. 뒤를 이어 민족혁명당이 이
끌던 조선의용대를 한국광복군이 통합함으로써 군사적 통일이 달성되
었다. 1942년 4월 임시정부 국무회의는 조선의용대를 한국광복군에
편입한다는 것을 결의하고, 5월 김원봉은 한국광복군 부사령을 맡는
조건으로 합병에 동의하였다.[59] 그러면서 7월에는 조선의용대가 한국
광복군 제1지대로 편성되었다.[60]

1942년 8월 임시의정원 의원 선거 규정이 개정되었다. 좌파 인사들
이 들어설 공간을 마련하는 데 그 목적이 있었다. 10월에 실시된 임시
의정원 의원 선거에서 조선민족혁명당 10명, 조선혁명자연맹 2명, 조
선민족해방동맹 2명 등 14명의 좌파 인사가 포함된 23명의 의원이 새
로 뽑혔다. 여기에다가 의원 23명을 보선하여 임시의정원 정원을 46
명으로 확대하였다.

1942년 10월 25일 임시의정원은 제34차 정기의회 개원식을 가졌

57) 한상도, 앞의 책, 366쪽.
58) 김희곤, 앞의 책, 2004, 253쪽.
59) 국사편찬위원회, 《대한민국임시정부자료집》11(한국광복군Ⅱ), 2006, 20~21쪽.
60) 국사편찬위원회, 《한국독립운동사》자료3, 1968, 523~525쪽.

다. 당별 의원은 한국독립당 26명, 조선민족혁명당 16명, 조선민족해
방동맹 2명, 조선혁명자연맹 2명 등이었다.[61] 처음으로 다당제 체제에
서 형성된 통일의회가 열린 셈이다. 1944년 4월 현재 임시의정원 의
원은 한국독립당 25명, 조선민족혁명당 12명, 조선민족해방동맹 3명,
무정부주의자연맹 2명, 통일동맹 1명, 무소속 7명이었다.[62] 여당인 한
국독립당이 50%를 차지하여 야당과 세력균형을 유지한 것이다. 여기
에서 마지막 개헌을 일구어 냈다.

임시정부 조직도 달라졌다. 부주석 자리가 신설되고, 국무위원 수를
6～10인에서 8～14인으로 증원하였다. 또 행정부서도 내무 · 외무 ·
군무 · 법무 · 재무 등 5부 외에, 문화 · 선전 2개 부서를 더 두었다. 새
로운 인물을 추가하는 것은 당연한 순서였다. 주석에는 한국독립당의
김구, 부주석에는 민족혁명당의 김규식이 뽑혔다. 국무위원에는 한국
독립당 8명, 민족혁명당 4명, 조선민족해방동맹 1명, 무정부주의자연
맹 1명 등 14명이 선임되었는데, 7개 행정부서에도 좌파 계열 인사가
참여했다.[63]

임시정부 직원 구성에서도 좌우합작을 이루었다. 당시 임시정부 직
원은 96명 정도로 파악되는데, 한국독립당 46명, 조선민족혁명당 29
명, 조선민족해방동맹 8명, 통일동맹 4명, 무정부주의연맹 2명, 그리
고 소속이 불명확한 사람이 7명이다. 이렇듯 임시정부는 좌우파 인사
가 함께 참여하는 통합 정부를 구성하였다. 이에 따라 임시의정원에서
는 1944년 4월 '제36차 임시의회 선언'에서 다음과 같이 밝혔다.

　　　이번 선거된 정부 주석, 부주석 및 전체 국무위원은 우리 혁명운동사에
　　서 가장 공헌이 많은 민족적 지도자이며, 또 우리 민족의 각 혁명 정당과

---

61) 한시준, 《의회정치의 기틀을 마련한 홍진》, 탐구당, 2006, 248쪽.
62) 한시준, 〈1940년대 전반기의 민족통일전선운동〉, 《대한민국임시정부의 좌우합작운
　　동》, 한울, 1995, 157쪽.
63) 국사편찬위원회, 《대한민국임시정부자료집》1(헌법 · 공보), 2005, 312～313쪽.

사회주의 각 당의 권위 있는 지도자들이 연합 일치하여 생산한 <u>전 민족 통</u>
<u>일전선 정부</u>이다.[64](밑줄-필자)

충칭시절 임시정부는 중국 관내 지역의 독립운동 조직을 하나로 묶
어 통일적 지도기관으로 확대 강화되었다. 또한 임시정부의 승인을 얻
기 위해서나 제2차 세계대전 이후 건국 사업을 대비하기 위해 외교에
힘썼고, 특히 미주 지역과의 연계에 주목하였다. 그뿐만 아니라 옌안
의 조선독립동맹, 국내의 건국동맹과도 연계해 통일전선을 결성하기
위한 활동을 밀고나갔다.

1940년대에 임시정부와 조선독립동맹은 여러 차례의 서신을 주고
받으면서 통일과 합작을 모색하였다. 1945년 4월 임시정부는 장건상
을 옌안에 파견하였고, 그는 조선독립동맹 위원장 김두봉을 만나 충칭
에서 개최할 독립운동자대표대회에 참여하겠다는 동의를 받아냈다. 또
한 여운형의 건국동맹은 최근우를 베이징에 파견해 임시정부 측과의
연대방안을 찾기도 했다.

이처럼 3대 독립운동 세력이 통일을 도모하는 동안 일제가 항복했
다. 이로써 독립운동 세력의 통일 노력이 실질적인 성과를 거두기도
전에 일제가 항복한 것이다. 그러나 1930 · 40년대에 임시정부가 민족
의 대표 및 독립운동의 중심 기관임을 자임하면서 통일운동을 벌여 나
간 사실만은 확실하다.

---

64) 독립운동사편찬위원회, 〈대한민국임시의정원 제36차임시의회선언〉, 《독립운동사》
   4, 1972, 1007쪽.

3. 광복 직후의 통일운동

1) 단독정부 수립 반대운동

광복은 분단의 시작이었고, 분단은 통일운동의 새로운 출발점이었다. 해방정국에서 맞이한 가장 큰 과제는 남북에 두 개의 정부가 들어서는 것이었다. 두 개의 정부는 곧 두 개의 국가로 연결된다. 따라서이 시기의 통일운동은 곧 남북에 두 개의 정부가 수립되는 것을 막고, 하나로 통합된 정부를 세우는 것이었다. 그렇지만 통일운동은 단순한과제가 아니었다. 물론 내부 분화와 분열도 있지만, 근본적인 문제는외부 세력의 점령으로 만들어진 것이기 때문이다. 다시 말해 분단이굳어지는 것을 막는 한편, 이를 하나로 통합하는 일은 내부의 운동 에너지만으로는 불가능했다. 점령국의 합의가 선결 사항이자 요건이었기때문이다. 따라서 통일운동도 내외의 요건과 밀접하게 얽혀 돌아갔다.

통일운동의 대척점에는 분단정부 수립을 지향하는 단독정부수립론, 곧 '남한단정론'이 들어섰다.[65] 이것이 처음 등장한 때는 이승만이 처음 귀국하던 길에 도쿄를 들린 1945년 10월이다. 그는 도쿄에서 맥아더·하지와 더불어 3자회동을 가지고 그 원형에 대한 논의를 거쳤다.[66] 그는 이후 변함없이 '남한단정론'을 밀고 나갔다. 특히 미소공동위원회가 난관에 빠질 때마다, 이승만은 이 논리를 부각시켰고, 1946년 6월 3일의 '정읍발언'은 이를 공식화 시킨 것이었다. 이는 남한단정

---

65) 단정론은 북한에서도 나왔다. 소련군이 점령한 뒤로 겉으로 드러난 것과 달리 일찍부터 북한 단독정부 수립이 추진되었다. 북한 내부에서 권력 장악을 향한 갈등과 경쟁이 지속되는 동안 김일성 중심의 단독정부가 진척을 보였다. 따라서 남북 모두에서 점령국과의 이해관계를 가진 세력들이 단정론을 펼치고 있던 점은 마찬가지였다.

66) 도진순,《한국민족주의와 남북관계》, 서울대출판부, 1997, 46쪽. 이것은 미국 국무부가 주도하던 신탁통치계획과 배치되는 것(외교관계 신탁문제 등에 대한 것)은 이것이 나의 단독의사만이 아니요 군정당국에서도 극력으로 자기 나라의 국무성과 싸워가면서 우리를 조력하고 있습니다(〈독립촉성중앙협의회록〉, 1945. 12. 15, 도진순, 같은 책, 46쪽에서 재인용).

론 구상의 효시가 아니라 미소공동위원회 이전부터 준비된 과정의 일
단을 결산하는 발언이었다.[67]

한편 김구를 비롯한 대한민국 임시정부 세력은 임정법통론을 축으
로 삼아 독자적인 자주국가 수립에 집중하였다. 이 목표는 남북 어느
한쪽만의 정부나 국가를 지향한 것은 아니었다. 물론 남쪽으로 환국한
형편에서 북한까지를 포함한 정부를 주장하는 것은 현실과 거리가 있
지만, 목표로 삼은 것은 남북을 아우르겠다는 구상에서 나왔다. 이 때
문에 임정법통론을 앞세운 자주국가수립론은 이승만 세력만이 아니라
미군정과 좌익 세력, 그리고 북한까지도 반대하고 나섰다. 임정법통론
의 주장이 강해질수록 미군정의 임시정부 불승인 원칙은 확고해졌고,
나아가 임시정부 해체 공작까지 추진되었다.[68]

1946년 중반, 미군정은 한때 김구와 이승만이 아닌 중간 세력을 키
우고 지원한다는 방침을 정했다. 그 결실이 10월 4일에 나온 김규식 ·
여운형의 '합작 7원칙' 발표였다.[69] 미군정이 좌우합작을 통해 남조선
과도입법의원을 구성하고 나섰다. 하지만 중간 세력을 키운다는 미군
정의 정책은 제한적이었다. 김구가 소극적이나마 여러 차례 성명서를
발표하여 지지한 것과 달리, 이승만이 단독정부 수립을 주장하면서 좌
우합작에 반대하고 나서는 바람에 걸림돌에 걸린 것이다. 더구나 미군
정의 뜻을 꺾는 것이 어렵다고 판단한 이승만은 1946년 말에 미국으
로 가서 단독정부수립론을 관철시키려고 정계에 로비를 벌였다.

이와 달리 김구는 국민의회를 열어 정부 수립으로 바로 나아갔다.

---

67) 도진순, 앞의 책, 353쪽.

68) 1946년 초 임시정부가 반탁운동 열기를 모아 과도정부를 수립할 모체로 '비상정치
회의'를 소집하였지만, 하지J. R. Hodge의 정치고문인 굿펠로우P. Goodfellow의 공
작과 이승만의 개입으로 비상정치회의는 '미군정의 자문기관인 남조선대표민주의원'
으로 변질되고 말았다.(도진순, 위의 책, 225쪽)

69) 삼상회담 결정에 의하여 남북을 통한 좌우합작으로 민주주의 임시정부 수립할 것,
미소공위 속개 요구, 토지몰수와 분배, 친일파 처리 조례 마련과 입법기구화, 남북한
정치운동자 석방과 테러 제지 노력, 입법기구화, 자유 보장 등이 골자였다.(백범김구
선생기념사업협회 백범전기편찬위원회, 《백범 김구》1(생애와 사상), 교문사, 1982,
428쪽)

이를 위해 그는 1947년 새해에 들자마자 자주적 통일정부 수립에 매진하겠다고 다짐하고, 비상국민회의·독촉국민회·민족통일총본부 등의 통합을 위한 연석회의를 열어 '반탁투쟁위원회'를 결성하였다.[70] 그러면서 '비상국민회의'를 중심으로 모든 민족세력이 집결하기를 희망한 결과, 그 결실이 새로운 통합기구인 '국민의회'로 나타났다. 이것은 임시적인 협의기구가 아니라 '상설적 대의조직'이며 '독립운동의 피 묻은 최고기관'으로서 '대한민국의 유일한 역사적 입법기관'이라 규정하였다.[71] 김구는 이로써 과도정부가 성립되었음을 선포하고, 우익진영의 헤게모니를 장악하려 들었다.[72] 하지만 미군정의 강경한 제지와 이승만과 한국민주당의 견제 때문에, 김구는 주저앉고 말았다.[73]

이승만이 급히 미국에서 돌아오면서 남한단정론은 다시 급부상하였다. 4월 28일 이승만은 남한과도정부 수립 주장과 함께 단정밀약설 유포하여 자신의 입지를 강화시켜 나갔다. 더구나 미소공동위원회가 표류하게 되면서 이 논리는 더욱 힘을 얻었다. 6월 27일 남한만의 총선거에 대비하여 보통선거법안이 통과되고, 이승만은 남한총선거로 연결시키기 위해 노력하였다. 이에 대해 김구는 다시 한 번 단독정부수립을 반대하는 한편,[74] 임시정부의 법통을 계승한 국민의회를 입법기관

---

70) 《동아일보》 1947년 1월 21일자. 반탁투쟁이 단정수립 반대 주장과 상호 모순되는 것으로 여기는 논리도 있다. 그런데 이들 두 가지 사안이 서로 대척점에 있는 것은 아닐 것이다. 또 신탁통치를 받아들인다고 해서 그것이 곧 통일정부를 만들어낸다는 전제도 성립하기 힘들다. 독립운동에 생을 바친 인물들로서는 체질적으로 신탁통치란 받아들이기 힘들었고, 더구나 반탁투쟁은 충칭시절 대한민국 임시정부가 열강의 '共管統治論'에 반대투쟁을 벌였던 그 연장선 위에 존재한 것이다.

71) 조선통신사편, 《조선연감》, 1948, 438~439쪽.

72) 3월 3일에 김구는 임시정부 주화대표로 하여금 미·중·소·불·영 5개국에 자주정부 수립을 승인할 것, 미소군이 즉각 철병할 것, 신탁통치안 폐지, 전후 건설공약 촉진 등을 요구하는 요구서를 제출하도록 명하였다(《동아일보》, 1947. 3. 7). 이와 함께 그는 '대한민국 임시정부 특별행동대 총사령부' 이름으로 〈포고령〉을 준비하고, 브라운 소장을 방문하여 통치권 이양을 요구하였다.

73) "G-2 Weekly Summary", no.78(1947. 3. 13), 79(1947. 3. 20, 도진순, 앞의 책, 151쪽에서 재인용)

74) 《서울신문》 1947년 9월 2일자.

으로 삼아야 한다고 주장하였다.[75]

반면에 이승만은 독자적인 총선거 실시를 주장하였다. 이승만은 임시정부 법통성 주장이 불필요하다고 역설하면서 국민의회와의 합류를 포기하고 총선거를 실시하고자 총선거대책위원회를 구성하였다. 1947년 12월 이승만이 김구와 국민의회를 무시하고 한국민주당과 연계하여 독자적으로 단독선거를 위한 한국민족대표단을 구성하자, 김구는 절대 반대와 즉각 해산을 요구하였다.[76]

한편 미군정은 미소공동위원회에서 한국 문제를 해결하는 것이 불가능하다고 판단하여 유엔총회에 이 문제를 상정하였다. 그 결과 유엔총회는 1947년 11월 13일에 토의를 가지고, '총선거 실시 및 통일정부 수립 이후 미소 양군 철수를 감시할 유엔한국임시위원단 파견'을 결정하였다.

2) 통일정부 수립운동의 좌절

1948년 1월부터 김구는 자주적 평화통일운동을 적극 추진하고 나섰다. 1월 8일 유엔한국임시위원단이 입국하는 것을 기회로 삼아, 김구는 〈유엔한국임시위원단에 보내는 의견서〉를 제출하였다.[77] 그 요지는 미소 양군이 철수한 뒤, 유엔 감시 아래 남북 지도자들의 합의로 전국총선을 실시하여, 완전한 자주정부를 수립한다는 것이었다. 유엔대표기구의 도움으로 남북요인의 회담을 추진하려하자, 한국민주당과 동아일보가 공격에 나섰다. 그러자 김구는 2월 10일 〈삼천만 동포에게 읍고泣告함〉이란 성명을 발표하여 "나는 통일된 조국을 건설하려다가 38선을 베고 쓰러질지언정 일신의 구차한 안일安逸을 취하여 단독정부

---

75) 백범김구선생기념사업협회 백범전기편찬위원회, 앞의 책, 455쪽.
76) 《조선일보》 1947년 12월 23일자
77) 백범김구선생기념사업협회 백범전기편찬위원회, 앞의 책, 1982, 465~467쪽.

를 세우는 데는 협력하지 아니하겠다"고 선언하였다.[78]

1월 16일 이승만이 우익 진영 대표 70여 명을 초청하여 '정당·사회단체 대표자회의'를 열고, 총선거 시행을 추진하자,[79] 두 사람은 완전히 등을 돌렸다. 이승만과는 도저히 통일정부 수립으로 나아갈 수 없다고 판단한 김구는 중간파와 합작을 도모하는 방향을 선택했다. 김규식과 민족자주연맹이 그 대상이었다.[80] 입법의원에서 가능한 지역에서 총선거를 실시한다는 긴급동의안이 제출되자, 이를 막으려 노력하였지만 성공하지 못했다. 이에 김규식을 비롯한 20여 명이 입법의원에서 물러났다. 특히 2월 26일에 열린 유엔 소총회는 유엔한국임시위원단의 임무수행이 가능한 지역 안에서 총회 결의를 실행하자는 제의를 가결시켰다.

김구는 마지막 수순으로 북한요인과 직접 담판을 벌이는 방안을 선택하였다. 1948년 2월 16일 김구는 김규식과 함께 김일성과 김두봉에 각각 비밀 서한을 보내 남북정치지도자협상회의를 열어 통일정부 수립의 방안을 찾아보자는 뜻을 전했다. 당시 한 신문의 여론 조사는 국민이 남북회담에 지지도가 높았던 사실을 보여 준다.[81] 3월 25일 평양방송이 남북회담을 제의하고 나섰다. '남조선 단독정부 수립을 반대하는 남조선 정당·사회단체에게 고함'이란 주제로 17개 단체의 대표를 초청하여 4월 평양에서 회의를 개최한다는 내용이었다. 그리고 백범에게는 다음 날인 3월 26일, 3월 15일자로 작성된 김일성과 김두봉의 서한이 전달되었다.

남북회담을 준비하기 위해 4월 3일 12개 정당을 비롯한 129단체 대표가 모여 통일독립운동자협의회를 결성하였다. 하지만 이 협의회는

---

78) 백범김구선생기념사업협회 백범전기편찬위원회, 위의 책, 473쪽.
79) 《조선일보》 1948년 1월 17일자.
80) 도진순, 앞의 책, 166쪽.
81) 단선·단정 11.5%, 단선 5.0%, 남북회담 71.0%, 위원단 철수 12.5%(《우리신문》 1948.2.23)

좌익과 중간좌파가 불참함으로써, 연합체라기보다는 협의체라는 성근 조직이 되고, 따라서 행동을 통일함에 있어 한계가 분명하였다.[82]

김구는 남한 단체들을 결속하면서, 북한으로 미리 대표를 파견하여 상황을 점검해 보았다. 4월 7일 안경근과 권태양을 평양으로 보내어 현지 사정을 확인한 결과, 큰 틀의 협상을 펼 수 있는 자리가 될 수 없다는 한계를 알게 되었다. 그렇더라도 일단 방문하여 기회를 찾는 편이 좋겠다는 것이 김구의 생각이었다. 4월 15일 비장한 회견을 가진 뒤, 19일 경교장을 출발하였다. 〈단결로 독립완수〉라는 성명서로 김구는 우리 민족의 문제가 세계평화문제와 직결된다는 점을 강조하고, 한민족 문제를 세계사적 차원에서 이해하고 의미를 부여하였다.[83]

20일 저녁 평양에 도착한 김구는 김두봉에 이어 김일성을 만났다. 모란봉극장에서 열린 연석회의에서 축사한 뒤, 김구는 한계를 느껴 더 이상 연석회의에 참석하지 않았다. 오로지 요인회담을 기다린 것이다. 평양에 도착한 지 열흘 지나 30일에 김구·김규식·김일성·김두봉이 참석한 '4김회담四金會談'이 열렸지만, 한계가 뚜렷한 만남이었다. 이 자리에서 '외국 군대 즉시 동시 철거', '전조선정치회담 소집', '민주주의 임시정부 수립', '투표를 통해 통일조선입법기관 설립', '조선헌법 제정하여 통일적 민주정부 수립', '남조선단독선거 인정 않음' 등을 합의했다.[84] 하지만 이 합의가 현실화되기는 어려웠다.

김구는 5월 5일 서울로 돌아왔다. 북으로 출발하기 앞서 "앞으로 얼마 남지 않은 생을 깨끗이 조국통일 독립에 바치려는 것이 금차 북행을 결정한 목적"이라고 밝힌 점에서 보듯이, 그의 북행이 집권욕에 말미암은 선택이 아니라 오로지 마지막 생애를 민족의 제단에 던지자는

---

82) 도진순, 앞의 책, 220쪽.
83) 백범김구선생전집편찬위원회, 《백범김구전집》 8, 대한매일신보사, 1999, 598~599쪽.
84) 《동아일보》 1948년 5월 3일자

다짐에서 나온 것임을 헤아릴 수 있다.[85] 그러고서 남한 단독정부 수립을 향한 총선거에 김구와 김규식은 참가하지 않았다.

5월 10일에 남쪽에서 총선이 치러지고, 5월 30일에 대한민국 국회가 문을 열었다. 그리고 7월 17일에 헌법이 제정되었으며, 7월 20일에 정·부통령 선거가 치러졌다. 이렇게 남북 통일정부 수립운동은 미완의 운동으로 마무리되고 말았다. 6월 7일 김구·김규식이 통일독립운동기구의 강화에 관해 "통일이 없이는 독립이 없고, 독립이 없이는 우리는 살 수 없다"로 시작하는 강령적인 성명서를 발표하면서 정당·사회단체 대표자회의를 소집하고, 제2차 남북회담을 추진하기도 했지만, 통일정부수립운동은 막을 내리고 말았다.

4. 통일운동의 성격과 지형 변화

통일운동은 시기에 따라 성격이나 형태에서 차이를 보였다. 이는 곧 시대적 과제가 달랐다는 말이다. 항일투쟁기의 지상 과제는 당연히 민족해방, 민족독립이었다. 이를 향한 활동은 단계별로 다양하게 나타났다. 이미 앞에서 살펴본 것이지만, 간단히 요약하면 이렇다.

독립운동사에서 처음으로 나타난 통일운동은 의병과 계몽운동계열 사이의 분화와 갈등을 극복해 나간 광복회로 열매를 맺었다. 완전한 통합은 3·1운동에 와서 이룩되었다. 3·1운동 이후에 다시 한 번 큰 분화가 생겼으니, 그 계기는 사회주의 유입과 개량주의자의 등장이다. 민족독립, 민족해방이란 공동의 목적을 향해 다시 한번 대통합이 추진되었으니, 6·10만세운동이 그렇고 유일당운동이 그렇다. 이는

---

85) 김구는 1930년대 이후 좌우합작을 추구하였고, 끝내 1942년에는 좌우합작정부를 일궈냈으며, 더욱이 해방 직전에는 옌안으로 장건상을 파견하여 조선독립동맹과, 이충모를 만주로 보내 김일성과 연계를 모색했던 역사적 행적의 연장선상에서 북행을 단행하였음을 이해할 필요가 있다.

나라 안팎을 가릴 것 없이 한국 독립운동이 펼쳐지던 모든 곳에서 추진된 것이다. 이러한 움직임은 아시아 여러 국가에서도 마찬가지였다. 1920년대 말에 일단 주춤해진 통일운동은 1930년대에 들어 다시 일어났고, 그 결실이 1942년 임시정부에서 맺어졌다. 한 걸음 더 나아가 임시정부는 화북조선독립동맹과 합작을 시도하고, 국내와 김일성 세력까지도 연결해 보려는 시도를 펼쳤다. 이것이 열매를 맺었다면 통일정부라 일컬을 만했다.

이와 달리 광복 직후의 통일운동은 항일투쟁기의 그것과는 크게 달랐다. 그 차이는 분단 극복, 곧 민족통일이라는 역사적 과제에서 비롯하였다. 열강의 분할 점령은 분단을 의미했고, 이는 곧 새로운 통일운동의 출발점이 되었다. 본래 하나였던 국가가 35년 식민지 생활을 끝내는 순간 남과 북으로 나뉘고 만 것이다. 항일투쟁을 펼치던 인물들의 머리에 분단된 국가나 정부라는 것은 사실상 존재할 수가 없었다. 그런데 갑자기 닥친 열강의 분할 점령은 암울한 미래를 말해 주었고, 따라서 이 시기의 최고 목적이자 시대적 과제는 곧 다시 하나가 된 국가와 정부를 구성하는 것이었다.

그런데 여기에서 문제는 역사적 과제가 통일할 형태나 형상이 아니라, '통일' 자체라는 점이다. 항일투쟁기에는 통일운동을 벌일 때는 민족독립·민족해방이라는 최고 가치를 향해 머리를 맞댈 수 있었지만, 분단국가가 되어가는 길목에서는 오로지 헤어지지 말자거나 나뉘지 말자라는 슬로건이 앞섰다. 오로지 한 겨레가 한 국가를 구성하자는 것이 최고 목적이었다. 다시 말해 어떤 국가와 정부로 통일할 것인지를 따지기보다는, 오로지 하나가 되어야 한다는 당위성이 앞선 것이다. 말할 것도 없이 거기에는 분단을 상상한 일도 없던 독립운동가와 민중의 생각이 고스란히 담겨 있었다. 김구가 그 당시에 분단국가·분단정부가 들어서면 다시는 통일된 단일국가와 정부를 구현하기란 멀고도 험한 일임을 분명히 선언하였던 것이다.

통일을 향한 구심력보다는 이를 떼어 내려는 원심력이 더 컸다. 통일운동은 구심력이라면, 점령한 열강과 이에 손잡은 세력이 원심력으로 작용하였다. 따라서 이 시기의 통일운동은 열강의 분할 점령 정책에 대항하면서, 또 거기에 편승한 분리주의 세력에 맞서면서 펼치는, 말 그대로 악전고투였고, 그들이 움직일 수 있는 공간도 좁았다. 끝내 구심력이 원심력을 이기지 못했고, 분단 정부가 세워지면서 통일운동은 종결되고 말았다.

남북 분단에 이어 전쟁은 통일을 요원하게 만들었다. 전쟁은 통일운동에 철저한 족쇄를 채워버렸다. 통일운동을 벌이는 인물에게 간첩이라거나 반체제 인사로 몰아 처벌하는 현상은 남북이 마찬가지였고, 이 바람에ㄴ 그들은 통일이란 말조차 끄집어낼 수 없는 처지에 몰리게 되었다. 더구나 남북에서 장기간 유지된 권력 독점체제는 통일운동을 변질시켜 버렸다. 분단이 장기적으로 지속되는 탓에 이런 변질은 더욱 심해졌다.

통일에 대한 기대나 전망은 다양한 색깔로 나타난다. '우리의 소원은 통일'이라는 노랫말에서 느끼듯이, 통일을 감성적으로 받아들이는 경우가 많다. 그런 반면 남북의 장기독점권력은 이러한 감성을 전략적인 차원에서 해석하고 이용하였다. 북한의 통일전선 전술도 마찬가지다. 이런 현상은 권력집단에만 한정된 것이 아니었고, 권력을 차지하겠다는 집단도 그랬다. 그 행위는 통일과 통일운동 자체에 대한 회의를 불러일으키는 원인을 제공하였다.

현재 통일운동의 목표는 당연히 남북통일·민족통일이다. 이처럼 당위성만 강조하다보니, 이룩해야할 통일된 국가의 모습과 질적인 수준에 대한 논의는 없는 것이나 다름없다. 통일국가의 형상이 어떤지, 질적인 수준은 어떠하며, 그 내용은 어떠할 것인지에 대한 논의가 없다는 말이다. 그렇다면 늘 평화 통일이니 흡수 통일이니, 방법만 내세울 수밖에 없다. 형편없는 통일국가보다는 차라리 질이 좋은 분단이 더 좋겠다는 이야기를 탓할 수만은 없게 되었다. 더구나 밖으로는 '우리는 하나다'라면서 통일을 마땅하다고 외치면서도, 안으로는 끊임없이 편 가르기를 벌이면서 갈등을 부추기고 있는 현실은 앞뒤가 맞지 않는다.

항일투쟁기에 통일운동과 지금의 분단극복을 위한 통일운동은 차이가 있다. 그러나 둘 다 험하고 힘든 것임은 마찬가지다. 독립운동을 펼치는 동안 이룩해 낸 통일운동의 교훈을 되새기면서, 남북 분단을 넘어, 통일로 나아가기 위한 조건이 무엇인지 심각하게 고민할 필요가 있다.

5. 통일 시대 전망

독립운동 시기의 통일운동은 효율적이고도 강력한 독립운동을 추진하기 위한 것이었다. 이념과 방략의 차이를 넘어 민족독립을 공통된 목표점으로 삼은 것이었고, 좌우 통합정부, 통일정부를 구성함으로써 열매를 맺었다. 이와 달리 해방 이후의 통일운동은 남북한에 두 개의 정부가 들어서는 것을 막아 하나의 국가, 통일정부를 만드는 데 목적을 두었다. 하지만 분할 점령한 열강의 이해와 집권을 최고 가치로 둔 세력에 가로막혀, 이 통일운동은 미완으로 마무리 되었다.

통일운동은 아직도 진행형이다. 남북으로 나뉘어 있는 한, 이 운동은 완전하게 끝날 수는 없는 민족사적 의미를 갖고 있다. 독립운동 과정에서 펼쳐진 통일운동을 살피는 이유도 이 때문이다. 그렇다면 독립운동사에서 보이는 통일운동에서 어떠한 교훈을 찾아낼 수 있을까.

첫째, 항상 합류할 수 있는 공간, 광장이 마련되어야 한다. 단순하게 차이를 보이는 노선이 아니라 극단적으로 맞부딪친 세력이 통합하려면, 일방적인 흡수 통합이 아닐 바에야 서로가 모여 어깨를 부빌 수 있는 공간이 마련되어야 한다. 1915년 광복회 결성과 1942년 통합정부 달성이 가능했던 이유 가운데 하나도 그것이었다.

둘째, 역사적 최고 가치, 최고 과제를 이해하고 이를 풀어 나가려는 인물을 선택하는 역사 인식이 필요하다. 집권을 위해서라면 언제든지 겨레를 '편 가르기'할 인물이 아니라, 하나로 묶어 가는 지도자를 높게 평가하는 분위기를 만들어야 한다. 독립운동사 속에서 찾는다면 안창호와 김동삼이 대표적이라 여겨진다.

셋째, 앞으로 지향해 나갈 통일운동은 그 목적으로 삼는 형상이 중요하다. 무조건 통일만을 내세우는 일은 설득력이 약하다. 질적으로 어떤 체제와 내용을 담는 통일인지가 더 중요하게 여겨지기 때문이다. 무엇을 위한, 무엇을 향한, 어떤 형태의, 질적인 수준이 어느 정도의 통일인지 따져야하는 시점이다. 항일투쟁기에는 독립운동을 펼치는 모든 세력의 통일이 중요했지만, 이제는 어떤 체제의 통일인지가 더 중요하게 여겨지는 단계에 이르렀다는 말이다.

가장 적절한 형태의 통일상을 상정하고, 남북이나 동서가 모두 참여할 공간을 만들며, 집권욕과 분파주의가 아니라 통합과 통일을 최고 덕목으로 요구하는 시민의식이 필요하다. 역사 속에서 그런 지도자를 높게 평가하고, 사회에서 그런 인물을 부각시키며, 또 그런 인물을 길러내는 지혜가 긴요해 보인다.

Ⅳ. 대한민국 정부수립과 백범 김구

백범 김구는 대한민국 임시정부의 최고 지도자로 활약하는 동안 광복하는 날에 수립해야 할 국가상을 머릿속에 그리고 있었다. 중진들과 더불어 그려낸 실체가 곧 〈대한민국건국강령〉이었다. 여기에서 지향점으로 내세운 '신민주국가'는 정치 · 경제 · 교육의 균등을 바탕으로 하는 삼균주의를 기본골격으로 삼고, 어떠한 계급과 형태의 독재도 거부하는 민주주의 체제 국가였다. 정치적으로 하나의 계급에 따른 독재를 부정하고 국민의 기본권을 중시하며 지방자치제를 기본으로 삼는 민주주의를, 사회경제적으로 분배의 합리성을 통한 경제균등과 토지 · 대생산기구 국유화라는 사회주의 정책을 적절하게 가미한 정치형태를 지향하였다. 사회경제적으로 사회주의적 요소를 강하게 지니고 있던 터였으므로, 좌우합작의 공간이 열려 있었고, 그것이 곧 1942년에 좌우합작을 이루어내는 바탕이 되었다.[86]

대한민국 임시정부가 좌우합작을 달성한 사실은 해방 후 국내에서 좌우갈등이 심화될 때에도 김구가 의연히 대처하는 역사적 교훈으로 작용했다. 대개《백범일지》상권의 내용을 들어, 김구를 사회주의자들과 갈등만을 가진 인물로 착각하는 경우가 많다. 하지만 이것은 1930년대 후반 이후 줄곧 좌우합작을 추진하다가 마침내 1942년에 좌우합작을 일궈 낸 부분을 알지 못한 데서 비롯된 착오이다. 대한민국 임시정부 시절에 펼친 좌우합작의 연장선상에서 환국 이후 김구의 정치적 행보를 이해해야 한다.

김구가 환국한 뒤에 활동한 시기는 1945년 11월 이후 서거하던

---

86) 김희곤,《대한민국임시정부 연구》, 지식산업사, 2004, 251쪽.

1949년 6월까지 겨우 3년 7개월이다. 그 가운데서도 대한민국 수립과 얽힌 기간은 2년 반 정도였다. 그 사이에 김구의 건국구상과 실천은 많은 요인의 도전에도 불구하고 일관된 하나의 틀을 형성하고 있었다. 이 글은 그러한 사실을 염두에 두면서, 김구가 환국한 직후부터 5·10 총선 불참을 결정할 때까지 2년 6개월 동안 자주국가·통일국가를 꿈 꾸며 걸어간 행적을 정리하는 데 초점을 둔다.

논의에 앞서 '건국'이란 용어에 대해 오해가 있어 이를 먼저 살핀다. 대한민국의 건국은 이미 1919년 4월 11일 상하이에서 이루어졌다. 다 만 망명지에서 주권과 국민 및 영토라는 세 가지 기본 요건을 갖추지 못한 상황이기 때문에, 자주독립국가를 완성할 때까지는 '임시정부(정 부)'와 '임시의정원(의회)'가 국가를 운영하며, 국토를 회복하는 말, 곧 독립하면 정식 '정부'와 '국회'가 이를 잇는다고 1919년 4월에 제정된 헌법에 명시하였다. 그런데 중국 충칭에서 1941년 11월 〈대한민국 건 국강령〉이 나오고, 김구가 환국한 뒤 '건국 3단계'라는 구상이 표명된 것은 '완전한 자주독립국가'를 뜻한다. '건국'은 망명지에서 독립운동을 펼쳐 나가기 위해 임시정부와 임시의정원이 운영하는 대한민국이 아 니라, 정식정부와 국회가 움직여 나가는 대한민국을 세우는 것을 뜻한 다. 따라서 김구가 말하는 건국은 외세의 간섭을 받지 않는 완전한 자 주독립국가요, 분단되지 않는 통일국가를 말한다.[87]

---

87) 대한민국이란 용어가 두 가지로 쓰이고 있다. 하나는 헌법 영토 조항에 나오듯이 한 반도 전체를 포괄하는 국가이고, 다른 하나는 남한만을 뜻하는 것이다. 앞의 것은 통 일을 역사적 과제로 전제한 것이고, 뒤의 것은 분단된 남쪽의 국가만을 말한다. 1919 년 건국론은 앞의 것이고, 1948년 건국론은 뒤의 주장에서 나온 것이다. 김구가 말한 '건국' 용어는 앞의 논리이면서, 임시정부가 운영하는 대한민국이 아니라 자주권을 가 진 정식 정부가 움직여 나가는 대한민국을 의미한다.

2. 환국과 '건국 3단계' 구상

1) 환국과 대한민국 임시정부 국내 접목 구상

일본의 항복 소식을 듣자마자, 대한민국 임시정부는 곧 환국 준비에 들어갔다. 하루라도 일찍 국내로 진입하여, 1941년 11월 미리 마련해 둔 〈대한민국건국강령〉을 바탕으로 정식정부를 수립하는 것이 당면 과제였다. '대한민국 임시정부'가 아니라 '대한민국 정부'이요, '대한민국 임시의정원'이 아니라 '대한민국 국회'를 건설하는 역사적 과업이 눈앞의 현실로 다가왔기 때문이다.[88] 광복 직후인 1945년 8월 21일 열린 대한민국 임시의정원 회의가 정권을 국내인민에게 넘기기 위해 곧 입국하기로 결의한 사실도 이러한 사정을 말해 준다. 여기에서 집권당인 한국독립당을 제외한 야당은 환국 이전에 정부 구성원들의 총사퇴를 주장하고 나섰지만, 김구는 환국하여 직접 국민에게 정부를 인계하자고 주장하였다. 정부 자체를 유지하고 귀국한 뒤에 직접 국민 앞에 정부를 바쳐야 한다는 것이 김구의 생각이었다.[89]

김구가 9월 3일자로 발표한 〈국내외동포에게 고함〉은 정부 수립 방향에 대한 그의 의도를 명확하게 보여준다. 첫째, 가장 빠른 시일 안에 입국한다. 둘째, 연합군 4개국 제휴와 우호협정 체결을 시도한다. 셋째, 전국에 걸쳐 보통선거로 정부가 수립되기까지 국내에 과도정권을 수립하고자 각 계층의 영수들과 회의를 가진다. 넷째, 과도정권이 수립되면 대한민국 임시정부의 임무가 완료된 것으로 인정하고, 일체 직능 소유 문건을 이관한다. 다섯째, 국내에 건립될 정식정권은 독립국

---

88) 대한민국 임시정부는 1919년 9월에 제1차 헌법개정을 단행하면서, 독립 달성 이전에는 의회에 대해 임시의정원이란 명칭을 사용하고, 광복을 이루면 대한민국의 입법부로서 국회를 둔다고 규정하였다. 이것은 결국 광복 이전에는 대한민국 임시의정원을, 광복 이후에는 대한민국에 국회를 둔다는 말이다.(김희곤, 〈'대한민국 임시의정원'과 '대한민국 국회'〉, 《국회보》, 대한민국 국회, 2003년 6월호, 51~54쪽)

89) 김구, 《백범일지》, 국사원, 1947, 352~353쪽.

가·민주국가·균등사회 원칙의 신헌장新憲章에 따라 조직되어야 한다. 여섯째, 과도정부 수립 이전에는 대한민국 임시정부가 질서유지를 책임진다. 이러한 김구의 뜻은 대한민국 임시정부가 국내로 곧장 진입하여 '자주독립한 민주주의국가를 완성'하는 데 중심축이 되려는 것이었다. 그러나 그의 뜻과는 달리 자신과 대한민국 임시정부의 환국은 연기되었다. 대한민국 임시정부를 공식적으로 인정하지 않으려는 미국과 미군정의 정책 때문이었다.

환국 시기가 늦어지면서 김구는 두 가지 사항을 우려하게 되었다. 이미 충칭시절에 터져 나온 열강의 공동관리, 즉 신탁통치가 현실로 나타나거나, 미·소 양국의 남북한 점령으로 말미암은 분단 가능성 때문이다. 그래서 전자에 대해서는 충칭에서 자유한인대회를 열어 공관통치를 반대하고 국제 통신사를 거쳐 그 소식을 세계 각국에 알린 일이 있고, 후자에 대해서는 김구가 1945년 11월 5일에 국내를 향해 상하이를 출발하면서 '어떠한 분할도 반대한다'고 천명했던 것이다. 그러면서 그는 '선거에 의한 민주정부 수립'이란 방향도 다시 한 번 다짐했다.

김구를 포함한 대한민국 임시정부 요인 15명이 귀국한 날짜는 1945년 11월 23일이었다.[90] 김포공항으로 환국한 그는 다음날 미군정 사령관 하지를 방문하고, 이승만을 만나는 것으로 국내 활동을 시작하였다. 김구가 풀어 가야 하는 최대 과제는 자신이 이끌고 들어온 대한민국 임시정부를 국민들의 손에 쥐어 주는 작업이었다. 거기에는 두 가지 걸림돌이 있었다. 하나는 대한민국 임시정부를 인정하지 않으려는 미군정으로 대변되는 미국의 정책이요, 다른 하나는 겉으로는 대한민국 임시정부를 인정하면서도 속으로는 그것을 거부하려는 이승만을 비롯한 여러 정치세력이었다. 이러한 걸림돌을 하나로 엮어 낸 표현이 바로 "군정이 실시되고 있는 관계로 대외적으로는 개인 자격이

---

90) 김구, 김규식, 이시영, 유동열, 김상덕, 엄항섭, 김진동(김규식 子), 유진동, 장준하, 이영길, 백정갑, 윤경빈, 선우진, 민영완, 안미생.

된 것이나, 우리나라 사람 시각에서 보면 대한민국 임시정부가 환국한 것"이라고 밝힌 김구의 첫 기자회견 소감이다. 이 말은 국민의 절대적인 지지를 확신한 자신의 자부심 가득한 표현이자, 장차 자주독립한 국가와 정부를 세우는 과정에서 대한민국 임시정부가 맡을 구실과 위상을 표명한 것이다.

해방 직후 국내 상황이 무척 복잡하게 전개되었다. 이미 광복 직후에 여운형이 만든 건국준비위원회와 인민공화국이라는 국가 이름을 가진 정당조직체가 등장하기도 했고, 대한민국 임시정부의 환국을 기다려 이를 봉대한다는 한국국민당과 한국민주당을 비롯한 정치그룹이 형성되었으며, 10월 이승만이 귀국길에 도쿄에 들러 맥아더·하지와 더불어 3자회동을 가지면서 신탁통치의 방향을 짚어 보기도 했다. 대한민국 임시정부의 공식적인 환국이 연기되는 4개월 동안 국내 환경은 복잡다단한 변화를 보였고, 그만큼 김구나 대한민국 임시정부가 국내에 접목해야할 토양은 거칠어져 갔다.

대한민국 임시정부 요인 1진이 귀국하자마자, 이를 환영하는 물결이 흘러 넘쳤다. 27일 안재홍(한국국민당)이 김구를 방문하여 과도정부를 만들어 법통을 넘기기보다 대한민국 임시정부가 바로 집정하기를 원한다는 의사를 표명하였고, 송진우(한국민주당)가 김준연과 함께 방문하여 대한민국 임시정부의 정통성을 확인하였다. 여운형(인민당)과 허헌·이강국(조선인민공화국) 등을 비롯한 좌파단체의 대표들도 김구를 예방했고, 12월 1일에는 눈이 쏟아지는 가운데서도 서울운동장에서 대한민국 임시정부 환국봉영회가 열렸다. 12월 2일에 임정요인 2진 19명이 군산에 도착하자,[91] 대대적인 환영회가 다시 서울에서 열려 국민들의 지지와 희망을 확인할 수 있었다. 12월 19일에 열린 대한민국 임시정부 개선환영회가 이를 증명하고도 남으며, 그 자리에서 미군정

---

91) 홍진, 조성환, 황학수, 장건상, 김붕준, 성주식, 류림, 김성숙, 조경한, 조완구, 조소앙, 김원봉, 최동오, 신익희, 안우생, 이계현, 노능서, 서상열, 윤재현.

장관 러치A. L. Lerche가 축사를 맡은 점이나, 환영연회에 하지가 참석한 사실도 마찬가지다.

이처럼 대한민국 임시정부에 대한 국민들의 지지는 절대적이었다. 따라서 대한민국 임시정부의 법통을 인정하고 이를 중심으로 과도정권을 마련한 뒤, 대한민국 정부를 세우는 길이 가장 뚜렷한 방안으로 떠올랐다. 즉, 대한민국 임시정부에 대한 국민들의 절대적인 지지 물결은 김구로 하여금 대한민국 임시정부를 국내에 접목시키는 데 대한 자신감을 안겨 주기에 충분하였다.

김구가 귀국한 시기를 전후하여 논의되던 정부 수립 방법은 크게 두 가지로 구별된다. 일정기간 신탁통치를 시행하느냐 마느냐와 관계없이 일단 과도정부를 세워 이로 하여금 대한민국 정부를 세우는 것과, 대한민국 임시정부가 바로 집정하면서 대한민국 정부로 가는 방안이다. 어느 경우이든지 대한민국 임시정부의 역할이나 위상은 중요한 것이었다. 비록 대한민국 임시정부를 미국이 인정하지 않더라도, 대한민국 임시정부 자체에 대한 전국적인 환영 분위기는 대한민국 임시정부의 기능과 역할을 주시하기에 충분했기 때문이다.

그렇다고 해서 국내 상황이 김구에게 안심할 만하지 않았다. 그의 자주국가와 정부 수립 구상을 가로막은 장애도 많았기 때문이다. 안으로는 표면적인 태도와는 달리 철저하게 대한민국 임시정부를 견제하고 나선 이승만계열이나 좌파계열이 있었다. 또 밖으로는 남북에 나뉘어 점거한 점령군의 정책과 분단 구도가 넘어야 할 산으로 자리 잡았다. 김구가 대한민국 임시정부 개선환영회에서 민족단결의 정부를 내걸면서, 남북 단결 · 좌우 단결 그리고 친일세력을 제외한 전민족의 단결을 외치고 나선 것도 그 때문이다.[92]

---

92) 12월 17일에 이승만은 방송을 통해 '공산당에 대한 나의 입장'을 밝히면서 공산당을 극력 비난하였다. 이것은 좌우단결을 내걸고 나선 김구와 확연한 구별점이 표면화된 일이다.

2) '건국 3단계론' 추진

김구는 대한민국 임시정부를 중심으로 독자적인 정부수립안을 세웠다. 그 방안이 한마디로 '대한민국 임시정부 법통론'에 바탕을 둔 것이었다. 그는 이미 해방 직후인 1945년 9월 3일에 중국 충칭에서 발표했던 〈당면과제〉를 통하여 건국을 향해 나갈 세 단계를 제시하였다. 첫째, 대한민국 임시정부가 정권을 접수하며, 다음으로 민족영수회의를 열어 과도정부를 수립한 뒤, 끝으로 전국에 걸쳐 보통선거로서 정식정부를 수립한다는 것이 그 핵심이다.

김구의 대한민국 정부 수립 작업은 계획과 달리 출발점부터 장애물에 부딪쳤다. 대한민국 임시정부가 바로 정권을 접수한다는 첫 단계 계획을 미군정이 인정하지 않는 바람에 현실화되기 어려웠기 때문이다. 그래서 그는 돌파구를 찾느라 고심했다. 그 결과가 바로 두 번째 단계로 나아가는 방법이었다. 그것이 바로 분열된 민족세력을 총집결시키는 기구, 즉 과도정권을 위한 대의체를 구성하는 방법이었다. 대한민국 임시정부가 '특별정치회의'를 소집하여 정계를 통일하려 나섰던 것이 바로 두 번째 단계의 작업이었다. 김구의 구상대로 '특별정치회의'가 소집되고, 참가 단체도 늘어났다. 대한민국 임시정부에서는 중앙위원으로 조소앙·김붕준·김성숙·최동오·장건상·류림·김원봉 등이 활동하고, 1946년 1월 4일 인민공화국과 교섭에 나섰으며, 김원봉·김성숙에 이어 조소앙·조완구·장건상 등이 추가로 투입되어 활동하였다.

하지만 이를 가로막은 세력도 많았다. 대한민국 임시정부에 대한 국민의 절대적인 지지를 확인한 미군정이 잠시 김구와 대한민국 임시정부의 주도로 정계 개편과 정무위원회 구성에 기대하기도 했지만, 사실상 잠정적인 유대일 뿐이었다.[93] 더구나 맞은편에 거대한 경쟁 세력으

---

93) 도진순, 《한국민족주의와 남북관계》, 서울대출판부, 1997, 54쪽.

로 이승만이 자리 잡고 있었다. 대한민국 임시정부가 이승만이 주도한 독립촉성중앙협의회를 '임정의 별동대' 정도로 여기고 있었지만,[94] 정작 이승만은 대한민국 임시정부의 법통을 승인한다고 밝히면서도, 대한민국 임시정부 내부로 들어서기보다는 자신이 결성한 '독립촉성중앙협의회'를 고수하면서 대한민국 임시정부를 옹호한다고 자처하고 있었다. 이승만은 결국 대한민국 임시정부의 법통을 인정하고 옹호한다면서, 사실은 대한민국 임시정부와의 통합을 거부한 셈이다. 다시 말하자면, 국민의 지지를 받는 대한민국 임시정부를 자신을 중심으로 끌어들이려는 것이 이승만의 속셈이었던 것이다.

김구와 대한민국 임시정부는 제2단계 계획에 따라 '특별정치위원회'를 결성하여 정계 통일을 밀고 나갔다. 하지만 당면 과제로 떠오른 것이 독립촉성중앙협의회와의 관계였다. 이 문제가 해결되지 않으면 결코 정부 수립 계획을 추진할 수 없었다. 이 밖에 좌익과의 관계도 김구가 풀어야 할 중요한 과제 가운데 하나였다. 김구는 이승만과 달리 좌익을 정당 대표의 하나로 받아들일 생각을 하고 있었으나, 좌익은 그것을 만족할 만한 수준의 것이라 인정하지 않았다. 그러다 보니 김구가 구상한 두 번째 단계마저도 볼 만한 성과를 올리지 못하는 형편이었다.

2. 신탁통치 반대와 과도정권 건설 시도

1) 신탁통치 반대와 대한민국 임시정부 주권선언

환국한 뒤 국내정세를 제대로 파악하지도 못한 상태에서 김구만이 아니라 남북한 전체가 외부로부터 엄청난 충격을 받았다. 12월 28일

---

94) 도진순, 앞의 책, 51쪽.

정오에 신탁통치에 대한 소식이 국내에 전해진 것이다. 이미 12월 16일에 모스크바 3상회의에서 결의되고, 27일에 '한국 문제에 관한 4개항 결정서'로 채택된 내용이 28일에 국내에 전달된 것이다. 그 시각 이후로 좌우 세력을 가리지 않고 신탁통치에 대한 반대운동이 거세게 일어났다.

신탁통치에 대한 소식을 듣자마자, 김구는 대한민국 정부 수립의 두 번째 단계로 조직한 특별정치위원회를 신탁통치 반대 국민총동원위원회로 변경하였다. 여기에 좌우 세력 모두가 참가하기로 결정하였으니, 외부로부터 주어진 위기감이 민족의 역량을 통일시키는 계기가 된 셈이었다. 12월 30일에는 신탁통치 반대 국민총동원위원회 중앙위원 76인(위원장 : 권동진權東辰, 부위원장 : 안재홍安在鴻)이 선임되었다. 다음 날인 31일 오후 3시 서울운동장에서 열린 반탁시민대회에는 영하 20도라는 혹한임에도 아랑곳 않고 엄청난 규모의 시위대가 몰려들어 반탁에 대한 국민의 의지를 보여 주었다. 위기가 기회로 작용한 것이다. 하지만 그러한 기회는 순간에 지나지 않았다. 좌익 세력이 신탁통치에 대해 찬성하는 쪽으로 돌아섰기 때문이다. 신탁통치 소식이 전해지던 28일 오후 4시 박헌영이 반탁의 뜻을 천명했고, 또 신탁통치 반대 국민총동원위원회에 참가한다고 밝혔음에도 불구하고, 닷새만인 1946년 1월 2일에 신탁통치 찬성으로 돌아섰던 것이다.

1946년에 들면서 서울에서 미소공동위원회가 열렸다. 1월 16일부터 예비회의가 열리고, 3월 20일에 덕수궁 석조전에서 본회의가 개최되었다. 미소공동위원회를 지켜보던 김구는 소련 대표 스티코프T. E. Shtikov가 민족진영의 반탁운동을 비난하는 성명을 듣고서, 더 이상 주저한다면 신탁통치를 막기 어렵다고 판단했다. 그래서 일단 반탁운동의 확산으로 가닥을 잡았다. 남한에서는 각 도별로 대표를 파견하였고,[95] 북한

---

95) 경기도 신익희, 충청도 조완구, 경상도 조소앙, 전라도 조경한, 강원도 엄항섭.

에도 운동원을 파견하여 조만식과 연결을 도모하였다.[96] 따라서 1946년 전반기 반탁운동은 김구와 한국독립당이 남북한을 아울러 주도하고 있었던 셈이다.[97]

김구는 반탁운동을 남북한 전체로 확산시키려 했다. 그것은 임정법통론과 반탁운동을 묶어 정국의 주도권을 장악하는 지름길이라는 판단에서 나왔을 것이다. 자주독립국가 수립이라는 명제를 해결하기 위해 외세를 배격해야 한다는 것은 당연한 일이고, 설득력 있는 주장이었다. 더구나 소련군이 점령한 북한에서도 반탁운동을 이끌어 낸다면 우려하고 있던 남북한 각각의 정부 수립, 즉 남북한 단독정부 수립을 막을 수 있기 때문이었다. 그것은 물론 남북 양측에서 단독정부 수립을 추진하는 세력과 대결해야 하는 일이기도 했다. 따라서 협조 세력보다는 오히려 장애 세력이 훨씬 더 많은 것이 현실이었다.

신탁통치 반대운동을 이끌어 가면서 김구는 극단의 방법을 선택하였다. 대한민국 임시정부가 주권을 장악한다고 선언한 것이다. 김구는 대한민국 임시정부 내무부장 신익희로 하여금 〈국자〉 1, 2호를 선언하게 하였다.

〈국자 1호〉

①현재 전국 행정청 소속의 경찰기구 한인직원을 전부 본정부 지휘하에 예속케 함.

②탁치반대의 시위운동은 계통적·질서적으로 할 것.

③돌격 행위와 파괴 행위는 절대 금함.

④국민의 최저생활에 필요한 식량·연료·수도·전기·교통·금융·의료기관 등의 확보 운영에 대한 방해를 금지함.

⑤불량 상인의 폭리·매점 등은 엄중 취체함.

---

96) 유치송, 《해공 신익희 일대기》, 1984, 460쪽; 한국반탁반공학생운동기념사업회, 148~153쪽; 이철승,《전국학련》,《중앙일보》·동양방송, 160~167쪽 참조.

97) 도진순, 앞의 책, 76~77쪽.

〈국자 2호〉

이 운동은 반드시 우리의 최후 승리를 취득하기까지 계속함이 요하며 일반 국민은 우리 정부 지도하에 제반사업을 부흥하기를 요망한다.[98]

〈국자〉 1, 2호 선언은 대한민국 임시정부의 주권선언이었다. 김구는 절대 인정할 수 없는 열강의 신탁통치 국면을 맞아 이를 결단코 격파해야 한다고 작정하고 나섰다. 미군정청이라는 통치기구가 존재하지만, 이를 무시하고 대한민국 임시정부가 직접 주권을 행사하겠다는 결연한 태도를 밝힌 것이고, 더 나아가 행정청 산하의 한인 직원들과 경찰지휘권을 직접 장악한다는 명령을 내린 것이다. 이것이 수용될 수 없는 상태였다면 김구의 선택은 우습기 짝이 없는 일이었다. 하지만 김구의 계산으로는 전혀 그렇지 않았다. 신탁통치결의안의 소식은 국민들을 대한민국 임시정부 아래로 집결시키기에 충분한 충격이었고, 반탁의 열기를 확인하면서 그 에너지를 대한민국 임시정부의 주권선언, 즉 집권으로 연결시켰던 것이다. 그렇다면 건국(대한민국 정부 수립) 구상 세 가지 단계 가운데 첫 단계로 다시 돌아가, 정식으로 그것을 추진하게 된 것이다. 미소공동위원회 기간 동안 이승만이 미군정의 지원 아래 주로 남한 단독정부 수립을 위해 지방에서 자신의 조직적 기반을 확대하고 있던 것과 달리, 김구와 대한민국 임시정부는 반탁운동을 북한 지역으로 확대시키고 지금까지 방기하였던 정당운동을 강화하기 시작하였다.[99]

2) 과도정권 수립을 위한 비상국민회의

김구는 신탁통치정국의 혼란을 수습하기 위해 선언을 발표하였다. 귀국 후 대한민국 임시정부의 발자취를 회고하면서 과제를 시원스레

---

98) 申昌鉉, 《申翼熙》, 태극출판사, 1972, 245쪽.
99) 도진순, 앞의 책, 82쪽.

해결하지 못한 점에 대해서 해명하고, 민족통일전선에 대한 포부를 밝혔다. 이 선언은 비상정치회의 소집, 대한민국 임시정부의 확대·강화, 국민대표회의 소집 등 세 가지로 요약된다. 첫째, 비상정치회의는 〈당면정책〉에서 제시된 것인데, 민주적인 의사로써 전 민족의 운명을 결정하는 동시에 전 민족에 따른 과도정권을 수립하자는 것이고, 과도정권을 수립하기 이전까지 대한민국 임시정부가 그 임무를 맡자는 내용이다.[100] 둘째는 임정법통론을 바탕으로 건국과정을 주도하기 위한 것이고, 셋째 주장은 국민대표회의에서 독립국가·민주정부·균등사회를 원칙으로 삼은 신헌장을 제정하고, 정식 정권을 수립하자는 것이다.[101] 이 말은 새로운 국가의 방향으로 독립국가와 민주정부 및 균등사회를 제시한 것이다. 결국 김구의 성명은 민주주의적 질서에 바탕을 둔 독립국가를 건설하되, 대한민국 임시정부가 주도한다는 의지를 밝힌 것이다.

특별정치위원회를 신탁통치 반대 국민총동원위원회로 변경해 나가던 김구는 이를 비상국민회의로 연결시키려고 작정하였다. 1946년 1월 7일에 경교장에서 5대 정당 대표 회합을 가졌는데, 신한민족당을 제외한 인민당·공산당·한국민주당·국민당 등의 대표가 참석한 가운데 합작문제를 논의하다가, 공산당과 신탁통치문제에서 이견을 보이자, 김구와 대한민국 임시정부는 비상국민회의 구성으로 가닥을 잡아나갔던 것이다. 1월 14일에 한국민주당 이승만과 김성수가 좌익과의 합작 포기를 선언함에 따라 좌익과의 협상이 지지부진한 데 대한 우익의 압력에다가, 미소공동위원회가 진행됨에 따른 부담이 김구로 하여금 비상국민회의 소집으로 방향을 잡게 만든 것이다.[102]

---

100) 백범김구선생기념사업협회 백범전기편찬위원회,《백범 김구 생애와 사상》, 교문사, 1982, 400쪽.
101) 임시정부주석 김구의 통일정권 수립문제에 관한 성명,《광복30년중요자료집》, 39쪽.
102) 백범김구선생기념사업협회 백범전기편찬위원회,《백범 김구 -생애와 사상》, 교문사, 1982, 404쪽.

좌우 세력 전체를 총괄하여 비상국민회의를 결성하는 것도 결국 과도정권을 수립하는 단계였다. 반탁으로 형성된 민족적 에너지를 과도정권 수립으로 연결시키려는 것이 김구의 구상이었다. 그래서 남북한의 정치단체들이 대거 참가하는 비상국민회의를 구성하려 나선 것이다. 이 회의에 김구와 이승만이 영수로 추대되고, 합작의 수순을 밟아 나갔다.

2월 1일 비상국민회의 결성 모임이 명동성당에서 열렸다. 167명이 참석한 자리에서 안재홍이 사회를 맡고, 임시의장에 김병로가 선출되었다. 최고정무위원 선임은 김구와 이승만에게 위임됨으로써, 두 지도자의 합의에 따라 비상국민회의가 구성되기에 이르렀다. 비상국민회의 조직대강의 제3조는 "본회의는 대한민국 임시정부 당면정책 제6항에 따른 과도정권 수립에 관한 일체 권한을 유有하고 대한민국 임시의정원의 직능을 계승함"이라고 규정하였다.[103] 따라서 비상국민회의는 '임정법통론'에 바탕을 둔 과도정부를 수립하려는 대의체代議體라는 점을 확인할 수 있다. 김구가 상정한 건국 구상의 두 번째 단계가 현실로 나타나기 시작한 것이다. 대한민국 임시정부가 건국의 과정을 주도하고 나선 현장을 보여 주는 대목이 아닐 수 없다. 비록 좌익 5당이 불참한 것이 흠이기는 했지만, 일단 비상국민회의에서 최고정무위원회가 구성됨에 따라 과도정부 수립을 위한 준비체제가 완비된 셈이다. 이제 한 걸음 더 나아간 방안이 제시되었다. 비상국민회의 대변인 엄항섭의 담화로 발표된 "최고정무위원회가 군정의 자문기관 역할을 맡을 수도 있다"는 주장이 바로 그것이다.[104]

건국을 향해 나아가는 발걸음이 이 정도 진척을 보이자, 하지가 제동을 걸고 나섰다. 하지는 당초 비상국민회의를 반대했으나, 이 회의가 민족진영의 대동단결체 성격을 갖고 성립하자 일단 인정하지 않을

103) 중앙선거관리위원회, 《대한민국정당사》 1, 163쪽(백범기념사업협회 백범전기편찬위원회, 《백범 김구 −생애와 사상》, 교문사, 1982, 407쪽에서 재인용).
104) 《동아일보》 1946년 2월 14일자

수 없게 되었다. 그렇지만 만약 김구의 의지대로 진행된다면, 곧 대한
민국 임시정부가 주도권을 가진 채 건국단계로 진입될 것이기 때문에
하지가 저지에 들어갔다.

하지가 내건 전술은 곧 비상국민의회 최고정무위원회를 변질시키는
것, 곧 최고정무위원회를 미군정의 자문기구로 변신시키는 것이었다.
그 결과가 바로 '민주의원'으로 등장하였다.[105] 선뜻 내키지는 않았지
만, 김구는 끝내 이를 수용하였다. 자주정부를 수립하기 이전까지 비
상국민회의가 의회기능을 가지며, 민주의원이 정부기능을 각각 수행하
는 것으로 이해하였고, 더구나 미소공동위원회 개회를 앞두고 미군정
과 서로 협조할 조직이 필요하다고 생각했기 때문이다.[106]

3) 미군정 자문기구에 대한 소극적 참여

2월 14일에 민주의원이 결성되었다. 덕수궁에 자리 잡은 군정청의
제1회의실에서 열린 개원식에는 하지 중장·아놀드 소장·러치 군정
장관·굿펠로우 대령, 내빈 내외기자 등 200여 명이 참석하였다. 이승
만 의장의 인사에 이어 김규식의 선언서 낭독, 하지의 성명서 등에 이
어 부의장에 선임된 김구가 치사致辭를 하였다. 김구는 최고정무위원
회를 강조하고, 남북한을 아우른 통일정권 수립과 38도선 철폐 및 주
업경제主業經濟와 사회질서 재건설 등으로 정식정부를 완성시켜 나가자
고 주장하면서도, '민주의원'이란 용어는 애써 회피하였다. 비록 참가
하기는 하지만, 민주의원에 대한 불편한 심기를 드러낸 장면이다.[107]
이승만이 민주의원에 대해 만족감을 표현한 것과 달리,[108] 김구는 불

105) 백범기념사업협회 백범전기편찬위원회, 《백범 김구—생애와 사상》, 교문사, 1982,
　　407쪽.
106) 백범기념사업협회 백범전기편찬위원회, 위의 책, 408쪽.
107) 《조선일보》 1946년 2월 15일자
108) 이승만이 독립촉성중앙협의회를 자문행정기관으로 만들다 실패하고서, 대한민국
　　임시정부가 주도하는 비상국민회의에 들어와 대표가 된 뒤, 임정법통론이 아닌 자문

만을 표현한 것이다. 김구로서는 자신의 제안과 주도로 밀고 가던 비
상국민회의가 한갓 군정의 자문기구가 된다거나 이승만의 손에 넘어갈
가능성이 큰 사실은 결코 바람직해 보이지는 않았을 것이다. 민주의원
개원식에서 치사를 맡은 김구가 최고정무위원회만 강조하고, 애써 민
주의원이란 용어를 사용하지 않은 점이 그를 말해준다.

미군정청은 비상국민회의 최고정무위원 28명을 그대로 '남조선 대
한국민대표 민주의원'으로 임명하였다. 임정법통론의 한 고리로 형성
된 비상국민회의가 끝내 국회와 같은 국민조직이면서도 군정청의 고문
부가 된 것이다. 그렇지만 일단 회의가 진행되기 시작하자, 의원들의
자세는 미군정의 계산과 다르게 정권인수를 향해 나아가기 시작했다.
제1차 의원회의에서 당초에 단순한 자문기구로 작정한 군정의 의사와
달리, 점차 민주의원은 정권인수를 노린 독자적인 국민대표기관으로서
체제 정비를 목표로 삼고 나선 것이다.[109]

3. 좌우합작과 군정자문입법기구 지지

제1차 미소공동위원회가 파국으로 치닫는 가운데, 1946년 4월 6일
에 유엔이 남한에 단독정부를 추진하고 이승만을 수반으로 선임하리라
는 소식은 김구만이 아니라 좌우익진영 모두를 경악시켰다.[110] 김구는
통일정부가 아닌 어떠한 단독정부 수립도 반대한다는 성명서를 바로

행정기구인 민주의원으로 변환하여 목적을 달성하였다(도진순, 《한국민족주의와 남북
관계》, 서울대출판부, 1997, 67~68쪽). 이승만으로서는 1945년 10월 귀국길에 도
쿄에 들러 맥아더와 하지와 더불어 3자회동을 가질 때 구상한 과도정권의 모체로서
민주의원을 구성하게 되고, 더구나 의장을 맡아 주도권을 장악한 것이니(도진순, 위의
책, 72쪽 참조), 그의 의도대로 성사된 셈이다.

109) 백범기념사업협회 백범전기편찬위원회, 《백범 김구-생애와 사상》, 교문사, 1982,
408쪽.

110) 《동아일보》 1946년 4월 7일자.

발표하였다.[111] 그러면서 그는 단독정부 수립을 반대하는 정치 세력을 하나로 묶는 방안을 찾았다. 자신의 바탕인 한국독립당을 확대·강화하는 작업이 무엇보다 시급한 일이었다. 민주의원 이후로 더 이상 대한민국 임시정부를 내세워 다른 정당 세력을 그 아래에 귀속시키는 것은 어려운 일이었고, 따라서 같은 정당 차원의 결합을 도모하는 것이 바람직했다. 다른 정당 세력을 결집시키려면 김구 자신의 바탕세력인 한국독립당을 강화할 필요가 있었다.

한편으로 김구는 민족진영의 정당들을 하나로 묶는 합당운동을 추진하였다. 3월 27일 한국독립당·한국민주당·국민당·신한민족당이 합당회의를 열었고, 마침내 한국민주당을 제외한 나머지 4당이 합당하였다.[112] 이어서 4월 18일에 급진자유당·대한독립회·자유동지회·애국동지회 등도 여기에 참여한다고 합당을 선언하였다. 또 한편으로 김구는 전국 순회에 나섰다. 각 지역을 방문하면서 외연을 확대·강화하는 작업이었다.

김구와 대한민국 임시정부의 반탁운동을 통한 권력접수 시도나 비상국민회의에 따른 수립이 모두 미군정 때문에 좌절되었고, 현실적으로 남은 것은 한국독립당이었다. 따라서 한국독립당의 확대·강화는 임정법통론의 좌절을 일정하게 반영한 것이며, 대한민국 임시정부가 사실상 우익의 한 분파로 내려앉는 것을 의미한다.[113]

1946년 5월 8일에 미소공동위원회가 결렬되자, 정국은 급변하였다. 김구는 비상국민회의의 확대와 강화를 통한 '자율적 통일정부' 수립을 모색하고 있었다.[114] 한편 이승만은 단독정부 수립론을 수면 위로 띄워 올렸으니, 6월 3일의 〈정읍발언〉이 그것이다.[115] 그러나 미군정

---

111) 《서울신문》 1946년 4월 8일자
112) 《조선일보》 1946년 4월 11일자
113) 도진순, 앞의 책, 1997, 82쪽.
114) 《동아일보》, 《서울신문》 1946년 4월 14일자; 《조선일보》 1946년 6월 6일자.
115) 무기휴회된 미소공동위원회로 통일정부 수립이 여의치 않으므로 남방만이라도 임

은 김구와 이승만이 아닌 중간 세력을 키우고 지원한다는 방침을 굳혔다. 그것이 좌우합작 추진과 그 세력에 따라 주도되는 입법기구 결성으로 나타났다.

미군정은 좌우합작을 추진하여 중간 세력을 규합하려고 노력하였다. 그 결과 6월 11일에 김규식과 여운형이 담화문을 발표하고, 좌우합작운동이 활기를 가지고 진행되었다.[116] 그러나 미군정이 주도하는 좌우합작은 한계가 있었다. 극좌 세력은 여운형을 납치하거나 살해하려고 위협하는 형편이고, 이승만과 같은 극우 세력도 헤게모니를 잃을 위기감을 느껴 견제하고 나섰기 때문이다.

여기에 김구와 한국독립당은 약간 주춤하다가 지지를 표명하였다. 좌우합작의 물밑 작업이 활발하게 진행되고 있던 6월 하순에 "반탁 일로一路로 좌우가 협력치 않으면 서광을 볼 수 없다"며 좌우합작의 중요성을 내세웠다. 그러다가 6월 30일 하지의 '좌우합작 지지성명' 이후, 한국독립당은 의견 차이가 조금 있었지만 좌우합작운동에 대한 지지를 표명하였다.[117] 그러면서도 한편으로는 이승만과의 협력체제를 갖추었다. 이승만이 주장하는 단독정부수립론을 찬성하지 않지만, 일단 미군정의 의도가 김구와 이승만의 영향력을 줄이려는 것으로 이해되기 때문이었을 것이다. 이승만이 제안한 민족통일총본부의 부총재를 맡은 사실은 이러한 바탕에서 나왔다고 생각된다. 그러나 실제로 이것은 민족통일이란 이름으로 좌우합작을 통제하려는 이승만의 조직에 지나지 않았다.[118]

대구에서 10·1사건이 터진 직후인 4일 김규식·여운형이 '합작 7

시정부 혹은 위원회 같은 것을 조직하여 38선 이북에서 소련이 철퇴하도록 세계공론에 호소하여야 할 것이니(《광복30년 중요자료집》, 56쪽)

116) 주석 김규식·여운형, 우익 대표 : 원세훈(한민당)·김붕준(임정)·안재홍(국민당)·최동오(비상국민회의), 좌익 대표 : 허헌(민주주의민족전선)·정노식(신민당)·이강국(공산당)·성주식(민족혁명당)

117) 도진순, 앞의 책, 104쪽.

118) 도진순, 위의 책, 103쪽.

원칙'을 발표하였다.[119] 그러자 이승만이 이를 반대하고 나선 것과는 달리, 김구는 좌우합작의 한계성을 인식하면서도 이를 지지하였다. 좌우합작의 목적이 민족통일이요, 민족통일의 목적이 독립자주 정권 수립이므로 좌우합작을 지지한다는 것이 김구의 생각이었다.[120] 그는 이 선언이 8·15 이후 최대의 수확이라 평가하고, 김규식·여운형의 좌우합작 노력에 대해 전면적인 지지를 표명하면서, "좌우합작을 전제로 한 민족 통일정부의 수립"은 변하지 않는 소신임을 밝혔다.[121]

남조선과도입법의원은 12월 12일 개원되었다. 민선과 관선으로 구성된 의원 가운데 이승만과 한국민주당 계열이 민선의원의 다수를 차지했다. 여기에 미군정이 김규식계 인물들을 관선의원으로 선임하여 힘을 실어 주었다. 따라서 좌우합작위원회는 사실상 중간 우익의 정치 단체로 축소되었다.[122]

좌우합작운동이 추진되던 시기에 김구는 마치 정치 일선에서 물러난 느낌을 줄 정도로 소극적인 자세를 보였다. 좌우합작 자체가 미군정이 주도한 일인데다가, 미군정이 의도적으로 자신을 배제시키고 있다는 사실을 알고 있었다. 그렇지만 그는 이를 지지하는 성명서를 여러 차례 발표하여 지원하였다. 이에 반해 이승만은 단독정부 수립의 필요성을 역설하면서 부정적인 태도를 보였다. 김구가 이승만이 주도한 민족통일총본부의 부총재를 맡은 이유도 민족진영의 분열을 막으려는 노력의 하나였을 뿐, 이승만의 단독정부 수립 주장에 대해 결코 찬성한 것은 아니었다.

---

119) 3상회담 결정에 따라 남북을 통한 좌우합작으로 민주주의 임시정부 수립할 것, 미소공위 속개 요구, 토지몰수와 분배, 친일파 처리 조례 마련과 입법기구화, 남북한 정치운동자 석방과 테러 제지 노력, 입법기구화, 자유 보장 등이 골자였다(백범김구선생기념사업협회 백범전기편찬위원회, 《백범 김구 -생애와 사상》, 교문사, 1982, 428쪽).

120) 백범김구선생기념사업협회 백범전기편찬위원회, 위의 책, 430~431쪽.

121)《서울신문》1946년 10월 9일자;《조선일보》,《서울신문》1946년 10월 16일자;《서울신문》1946년 11월 19일자.

122)《독립신보》1947년 2월 23일자

입법의원 선거 결과 김구의 처지는 더욱 어렵게 되었다. 한국독립당은 김규식의 입법의원 재선거 요구를 '엄정 지지'하였다. 하지가 서울·강원도의 재선거를 수락하자, 한국독립당은 김규식과 같이 관선에 기대하면서 입법의원을 현실적으로 인정하였다. 관선의원은 김규식계의 중간파가 대다수였고, 이를 거쳐 정치적으로 중간파가 형성되었다.

4. 단독정부 수립 반대와 독자적 입법기구 추진

단독정부 수립론이 처음 등장한 것은 이승만이 귀국하던 길에 도쿄를 들린 1945년 10월이었다. 그는 도쿄에서 맥아더·하지와 더불어 3자회동을 가지고 단독정부수립론의 원형에 해당하는 논의를 가졌다.[123] 그는 이후 변함없이 남한단독정부 수립론, 즉 '남한단정론'을 밀고 나갔다. 특히 미소공동위원회가 난관에 빠질 때마다 이승만은 그것을 더욱 부각시켰고, 1946년 6월 3일의 〈정읍발언〉은 이를 공식화한 것이었다. 이는 단정 구상의 효시가 아니라 미소공위 이전부터 준비된 과정의 일단을 결산하는 발언이었다.[124] 그러나 미군정이 좌우합작을 통해 남조선과도입법의원을 구성하자, 이승만은 국내에서 승산이 없다고 판단하고, 1946년 말 미국으로 돌아갔다. 그곳에서 이승만은 단독정부수립론을 관철시키기 위해 미국 정계에 로비를 하고 다녔다.

김구는 1947년 새해를 맞아 자주적 통일정부를 수립하는 일에 매진하자고 다짐했다. 즉 그는 "국제공약에서 해결해 줄 것만을 고대치 말고 우리의 힘으로 해야 되겠다는 자각을 다시 새롭게 해야 될 것"과, "거족적인 자각이 있은 뒤에라야 우리에게 서광이 비쳐올 것"이라는

---

123) 도진순, 앞의 책, 46쪽.
124) 도진순, 위의 책, 353쪽

사실을 깨달아야 한다고 밝혔다.[125] 그런데 그를 크게 자극하는 일이
벌어졌다. 1월 11일 신탁통치반대자를 협의 대상에서 제외시키자는
'12월 24일 하지가 북한에 보낸 서한'이 공개된 것이다. 그러자 김구는
격분하여 미군정 불신과 신탁통치 반대 투쟁의 제1선에 나서기로 작정
하였다. 일단 미군정의 강력한 저지로 주춤하긴 했지만, 그는 정국을
풀어 갈 방향으로 신탁통치 반대 투쟁의 재확산과 비상국민회의 중심
의 기구 단일화를 계획하였다.

  김구는 먼저 비상국민회의 · 독촉국민회 · 민족통일총본부 등의 통합
을 위한 연석회의를 개최하여, 자신을 위원장으로 하는 '반탁투쟁위원
회'를 결성하였다.[126] 그러면서 명분 없는 정치세력의 분열을 통탄하며
단결을 절규하면서, 김구는 구체적인 방법으로서 수십 년 독립운동의
법통을 계승한 '비상국민회의'를 중심으로 모든 민족세력이 집결하기
를 희망하였다. 즉 "신설하기보다 현존 민족통일총본부 · 독립촉성국
민회 · 비상국민회의 가운데 하나를 선택하면 족할 것이다. 그런데 그
중에서도 비상국민대회가 수십 년래의 독립운동의 법통을 계승하였으
니, 나는 민족통일총본부와 독립촉성국민회를 여기에 합류시켜 먼저 3
기구를 단일화한 후에 그것을 적당히 확대 강화하여서 독립운동의 최
고기구의 임무를 감당할 수 있도록 개조하기를 주장한다"면서, 새로운
기구가 창설되면 김구가 주도하던 '반탁독립투쟁위원회'를 해체할 수
있다고 밝혔다.[127]

  2월 8일 김구는 민족통일총본부 · 비상국민회의 · 독립촉성국민회의
통합을 촉구하는 비격飛檄을 발표하였다. 그는 우선 자신의 민주의원
참가, '미소공위 5호 성명' 서명, 좌우합작 지지 등을 오류로 자책하고,
정파간의 군웅할거를 해결하는 방편으로 비상국민회의의 확대 · 강화

125) 《조선일보》 1947년 1월 1일자.
126) 《동아일보》 1947년 1월 21일자.
127) 《조선일보》 1947년 2월 9일자.

를 통한 '독립운동의 최고기관' 설치를 주장하였다.[128]

이 성명에 호응이 나타났다. 비상국민회의가 열리고, 민족통일전선 · 독립촉성국민회 · 비상국민회의 통합이 결의되었다. 그 결실이 새로운 통합기구인 '국민의회'였으니, 의장과 부의장에 조소앙과 류림이 선출되고, 한국독립당 이하 63개 단체 대표와 13도 대표 50명으로 구성되었다. 김구는 국민의회를 임시적인 협의기구가 아니라 '상설적 대의조직'이며 '독립운동의 피 묻은 최고기관'으로서 '대한민국의 유일한 역사적 입법기관'이라 규정하였다.[129] 국민의회는 비상국민회의와 마찬가지로 임정법통론의 2단계, 즉 과도정권 수립을 위한 대의기관이었다.[130]

3월 1일에 독립촉성국민회 대표 2천여 명이 모여, "대한민국 임시정부만이 30여 년 계속된 법통정부이므로 우리는 이를 봉대하고 천하에 공표한다"고 결의하였다. 김구는 이로써 과도정부가 성립되었음을 선포하고, 우익진영의 헤게모니를 장악하려 시도하였다. 3월 3일 김구는 대한민국 임시정부 주화대표로 하여금 미 · 중 · 소 · 불 · 영 5개국에 자주정부 수립을 승인할 것, 미소군이 즉각 철병할 것, 신탁통치안 폐지, 전후 건설공약 촉진 등을 요구하는 요구서를 제출하도록 명하였다.[131] 이것은 국민의회로 하여금 정부수립으로 직행한다는 표시였다. 김구는 이와 함께 '대한민국 임시정부 특별행동대 총사령부' 명의의 〈포고령〉을 배포하고자 하였다. 비록 미군정 치하에서 군대는 조직할 수 없더라도, 사실상 이에 준하는 통치행위를 내세우고 나선 것이다. 김구는 브라운 소장을 방문하여 통치권을 대한민국 임시정부에 이양해 줄 것을 요구하였다. 그리고 3월 20일에는 건국실천원양성소를 설립했으니, 건국에 필요한 인력을 길러 내려는 의도에서 나온 것이다.

---

128) 도진순, 앞의 책, 148쪽.
129) 조선통신사편, 《조선연감》, 1948, 438~439쪽.
130) 각주 43)과 같음.
131) 《동아일보》 1947년 3월 7일자.

미군정은 김구의 계획과 주장에 강경하게 반대하였다. 그뿐만 아니라 잠시 미국으로 가서 로비를 벌이던 이승만도 황급하게 김구의 활동을 제지하고 나섰다. 이승만을 국민의회 주석으로 선출했음에도 불구하고, 이승만과 한국민주당은 여기에 협조하지 않았다.[132] 이승만은 신탁통치반대운동이 정권수립으로 진전되면서 김구가 주도권을 잡는 것을 원하지 않았기 때문이다. 이로써 이승만이 도미 중이던 1947년 초, "반탁운동을 주도함으로써 우익진영의 주도권을 회복하고 나아가 국민의회를 통해 정부를 수립하려던 김구·임시정부계의 시도는 미군정·경찰의 저지와 이승만·한국민주당 진영의 견제로 '체면만 손상한 채' 또 다시 실패하였다."[133]

이승만이 급거 귀국하면서 다시 남한 단독정부수립론이 급부상하였다. 4월 28일 이승만 귀국환영대회가 열렸다. 이승만은 그 자리에서 남한과도정부 수립을 주장하면서, 단정밀약설을 유포하며 자신의 입지를 강화시켜 나갔다. 비록 미소공동위원회가 재개됨에 따라 단정밀약설이 후퇴하기는 했어도, 일시적인 현상일 뿐이었다. 미소공동위원회가 열리자 김구는 이승만과 함께 담화를 발표하여 신탁통치를 반대하였지만,[134] 별로 기대를 걸지 않았다.

6월 23일에 있은 신탁통치 반대 데모는 김구와 이승만의 마지막 합작품이었다. 이 시기부터 시위 규모가 줄고 성격이 격렬해졌다. 이승만의 미국 체류 활동 기간에 김구가 주도권을 장악했지만, 이승만의 귀국 이후 6월을 지나면서 이승만이 그것을 장악했다.[135] 이 말은 정국의 방향이 단독정부 수립으로 결정되었다는 뜻과 같다. 6월 27일 남한만의 총선거에 대비하여 보통선거 법안이 통과되고, 이승만은 정국

---

132) 도진순, 앞의 책, 149~150쪽.
133) "G-2 Weekly Summary", no.78(1947. 3. 13), 79(1947. 3. 20, 도진순, 위의 책, 151쪽에서 재인용)
134) 《동아일보》1947년 5월 23일자.
135) 6·23 반탁시위, 여운형 암살, 미소공위 지연 등으로 이승만에게 주도권이 이동했다.

을 남한총선거로 연결시키고자 노력하였다. 이에 대해 김구는 다시 한 번 단독정부수립을 반대하고 나섰다.[136] 즉 단독정부 수립을 반대한다는 신조를 재천명하고, 남조선 단독정부 수립운동을 중지하라고 요구한 것이다. 그러면서 그는 대한민국 임시정부의 법통을 계승한 국민의회를 입법기관으로 삼아야 한다고 주장하였다.[137]

반면에 이승만은 단독정부수립을 주장하고 독자적인 총선거 실시를 주장하였다. 이승만은 대한민국 임시정부의 법통성을 주장하는 것이 불필요하다고 역설하면서 국민의회와의 합류를 포기하고 총선거를 실시하기 위해 총선거대책위원회를 구성하였다. 이어서 그는 대한민국 임시정부에서 이탈한 신익희를 위원장으로 선출하였다.[138]

한편 미군정은 미소공동위원회에서 한국 문제를 해결하는 것이 불가능하다고 판단하여 유엔총회에 이 문제를 상정하였다. 그 결과 유엔총회는 1947년 11월 13일에 토의를 가지고, '총선거 실시 및 통일정부 수립 이후 미소 양군 철수를 감시할 유엔한국임시위원단 파견'을 결정하였다. 이에 김구는 신중한 반응을 보였다. 일단 '총선거를 통한 통일정부 수립'이라는 결의 내용이 남한단독정부 수립이 아니었으므로 반대하지는 않았다. 김구는 유엔한국임시위원단의 임무가 남북총선거 감시라고 규정하였다.[139] 그렇지만 미군정은 남한만의 총선거를 대비하여 준비 절차를 진행하였다.

---

136) 《서울신문》 1947년 9월 2일자.
137) 백범김구선생기념사업협회 백범전기편찬위원회, 앞의 책, 455쪽.
138) 백범김구선생기념사업협회 백범전기편찬위원회, 앞의 책, 455쪽.
139) 《서울신문》 1947년 12일 23일자.

5. 남북협상과 미완의 통일정부 수립 운동

1) 유엔한국임시위원단에 의견서 제출

김구는 1948년 1월 8일에 유엔한국임시위원단이 김포에 도착하자 이를 마중하였다. 그는 이들에게 〈유엔한국임시위원단에 보내는 의견서〉를 제출하였다.

1. 전국 총선거에 의한 한국의 통일된 완전 자주정부만의 수립을 요구한다.
2. 총선거는 인민의 절대자유의사에 의하여 실시되어야 한다.
3. 소련이 북한 입경을 거부한다고 해서 유엔이 그 임무를 태만히 해서는 안 된다.
4. 남북한 정치범 석방을 요구한다.
5. 미소 양군 즉시 철퇴하되, 그로 인한 치안 공백을 유엔이 일시 부담하라.
6. 남북 요인 지도자 회의 소집을 요구한다.[140]

김구가 제출한 의견서의 요점은 세 가지로 축약된다. 먼저 미소 양군이 철수한 뒤, 다음으로 유엔 감시 아래 남북 지도자들의 합의에 따라 전국총선을 실시하고, 마지막으로 완전한 자주정부를 수립한다는 것이었다. 그러나 1월 16일에 이승만이 독자적으로 우익진영 각계 대표 70여 명을 초청하여 '정당·사회단체 대표자회의'를 개최하고, 총선거 시행을 추진하자,[141] 마침내 김구는 이승만과 완전히 결별하였다. 즉 이승만이 단정을 추진하는 새로운 기구로 '정당·사회단체 대표자

---

140) 백범김구선생기념사업협회 백범전기편찬위원회, 위의 책, 465~467쪽.
141)《조선일보》1948년 1월 17일자.

회의'를 조직하자, 김구는 이승만과 완전히 관계를 끊은 것이다. 그리
고 국민의회가 아닌 한국독립당으로 다시 중간파와의 합작운동에 나섰
는데, 그 대상이 이제 김규식과 민족자주연맹이었다.[142]

　　김구는 2월 6일에 메논K. P. S. Menon 의장에게 남북요인회담 개최
에 적극적인 협조를 요청하는 서한을 발송하였다.[143] 그러나 유엔대표
기구의 도움으로 남북요인의 회담을 추진하려던 김구의 의견에 대해
한국국민당과 《동아일보》가 공격하자, 김구는 〈삼천만 동포에게 읍고
泣告함〉이란 성명을 발표하여 반박하였다.[144]

　　　　"현시에 있어서 나의 유일한 염원은 3천만 동포와 손을 잡고 통일된 조
　　　국, 독립된 조국의 건설을 위하여 공동 분투하는 것뿐이다. 이 육신을 조국
　　　이 需要한다면 당장에라도 제단에 바치겠다. …… 나는 통일된 조국을 건
　　　설하려다가 38선을 베고 쓰러질지언정 일신의 구차한 安逸을 취하여 단독
　　　정부를 세우는 데는 협력하지 아니하겠다."[145]

　　　　이것은 미소간의 대립이란 국제적인 제약으로 단정 수립이 불가피하다
　　　하더라도 통일정부 수립은 민족의 지상목표로서 이를 끝까지 추구해 나가
　　　겠다는 자신의 소망과 심경을 남김없이 밝힌 것이다.[146]

2) 남북협상

　　통일된 정부 논의로 방향을 잡던 김구의 구상은 더 이상 길이 없게

---

142) 도진순, 앞의 책, 166쪽.
143) 《동아일보》 1948년 2월 11일자.
144) 《독립신문》 1948년 2월 13일자. 백범사상연구소편, 《삼팔선을 베고 죽을지언정》,
　　햇살, 1992, 148~154쪽.
145) 백범김구선생기념사업협회 백범전기편찬위원회, 앞의 책, 473쪽.
146) 위의 책, 474쪽.

되었다. 정국은 오로지 단독정부수립으로 치닫고 있었다. 입법의원에서는 가능한 지역에서 총선거를 실시한다는 긴급동의안이 제출되었다. 그리고 이를 막지 못하자 김규식을 비롯한 20여 명이 입법의원을 사직하기에 이르렀다. 특히 2월 26일에 열린 유엔 소총회는 유엔한국임시위원단의 임무수행이 가능한 지역 안에서 총회 결의를 실행하자는 제의를 가결시켰다. 여기에는 이승만이 유엔한국임시위원단장 메논을 설득한 것이 주효하였다

김구는 사태가 오직 자신의 직접적인 행동에 달려 있다고 판단했다. 그는 직접 북한요인과 담판을 지을 필요를 절감하고 이를 타진하였다. 1948년 2월 16일에 김구는 김규식과 함께 김일성과 김두봉에 각각 비밀서한을 보내 남북정치지도자협상으로 통일정부 수립 방안을 찾아보자는 뜻을 전했다. 거기에는 같은 민족이라는 동질성에 호소하여 남북통일의 활로를 열어보려는 김구의 비통한 마음이 구구절절 담겨 있었다. 한 신문의 여론 조사에서 남북회담에 대한 지지도가 높았던 사실은 김구의 노선에 대한 국민들의 여망을 보여 주기에 충분하다.[147]

3월 25일 평양방송이 남북회담을 제의하고 나섰다. '남조선 단독정부 수립을 반대하는 남조선 정당·사회단체에게 고함'이란 주제로 17개 단체의 대표를 초청하여 4월 평양에서 회의를 개최한다는 내용이었다. 그리고 김구에게는 다음 날인 3월 26일에 '3월 15일자로 작성된 김일성과 김두봉의 서한'이 전달되었다. 김구가 서신을 보낸 지 한 달 만에 도착한 답신이었다.

남북회담을 준비하기 위해 4월 3일 호국역경원에서 12개 정당을 비롯한 129개 단체 대표가 모여 통일독립운동자협의회를 결성하였다. 김구는 그 결성식에서 "우리의 힘으로 우리의 독립을 전취하지 않으면 안 된다"고 힘주어 말하여, 협의회가 가지는 의의가 한국 문제

---

147) 단선·단정 11.5%, 단선 5.0%, 남북회담 71.0%, 위원단 철수 12.5%(우리신문 1948. 2. 23)

의 자주적 해결을 주창한 우익과 중간파의 연합조직이라는 점을 강조
했다. 이 협의회는 좌익과 중간좌파가 불참함으로써, 연합체라기보다
는 협의체라는 성근 조직이었고, 따라서 행동을 통일함에 있어 한계
가 분명하였다.[148]

　김구는 남한의 단체들을 결속하면서, 북한으로 미리 대표를 파견하
여 상황을 점검해 보았다. 즉 4월 7일에 안경근과 권태양을 평양으로
보내어 현지 사정을 확인한 것이다. 북으로 가더라도 회담에 한계가
있다는 사실을 짐작하게 되었다. 김구가 요인회담을 통해 돌파구를 열
어보겠다고 작정하였는데, 북한의 계획은 여러 정당·사회단체 대표들
이 한 자리에서 벌이는 연석회의였다. 따라서 김구가 속내를 시원하게
털어놓아 큰 틀의 협상을 펼 수 있는 자리가 될 수 없다는 한계가 뚜렷
하게 드러난 것이다. 그러나 김구는 북한에서 기획된 회의가 비록 한
계를 보이기는 하지만, 일단 방문하는 과정에서 그러한 기회가 주어질
수도 있다는 기대를 가졌을 것이다.

　4월 15일 한국독립당 대표의 환송연에서 가진 기자회견에서 김구는
자신의 결의를 다시 다짐했다. 그는 "나는 남조선에 가만히 있으면 안
락하게 지낼 수 있다는 것도 잘 안다. 그러나 일생을 바쳐서 오로지 자
기 동족을 구하고 국가를 사랑한다는 내가, 몇 해가 안 남은 여생餘生
을 안락하게 보내려고, 사랑하고 소중하던 동포의 지옥행을 좌시할 수
있겠는가…… 나는 민족의 정기와 민족의 단결과 민족의 정의를 위해
서 이번 북행을 결행하게 된 것이다. 여러분도 만일 김구가 북조선에
서 죽었다는 소식을 듣거든 이 점을 충분히 양찰해주길 바란다"[149]고
밝혔다. 비장한 회견이 아닐 수 없다. 여기에 4월 18일에는 108명 문
인들이 성명서를 발표하여 김구의 결의에 찬사를 보내면서, 김구의 선
택이 성공하느냐 실패하느냐보다는 민족적 당위성에 기준이 있음을 주

---

148) 도진순, 앞의 책, 220쪽.
149) 《자유신문》 1948년 4월 17일자.

장하였다.[150]

김구는 4월 19일에 경교장을 출발하여 북상하였다. 그는 출발하기 전에 이미 남북한 동포들에게 보내는 성명서, 〈단결로 독립완수〉라는 글을 준비하였다. 요점을 정리하자면 다음과 같다. 첫째, 38선이 존속하는 한, 한민족에게는 진정한 독립도 자주도 민주도 없다는 것을 천명하고, 어느 국가이든지 한민족의 자주정신을 이해하고 협조하여 준다면 우리는 흔연히 그 국가와 악수할 것이라는 의사를 언명하였다. 둘째, 우리 겨레의 양해와 정성과 단결은 통일독립을 완성할 것이요, 통일독립의 완성은 미소간의 위기를 완화할 수 있으며 미소완화는 세계평화의 초석이 될 수 있다는 것이다. 셋째, 이 방법으로써 우리는 현 단계 세계평화사의 첫 장을 우리 손으로 창조할 수 있는 것이니, 그것은 곧 우리 민족의 영광이요 세계 인류의 행복이라고 주장했다.[151] 이 성명은 우리 민족의 문제가 세계평화 문제와 직결된다는 점을 강조하고, 한민족 문제를 세계사적 차원에서 이해하고 의미를 부여한 것이다.

4월 19일 오전에 많은 사람들의 제지로 출발이 늦어지다가, 김구는 오후 2시에 비서 선우진·김우전과 아들 김신을 대동하고 출발하였다. 황해도 남천에서 1박한 뒤 다음 날 저녁에 평양에 도착하여 김두봉에 이어 김일성을 만났다. 4월 22일에는 김규식·조소앙·조완구·엄항섭·조일문·신창균, 민족자주연맹의 원세훈·최동오·송남헌 등이 속속 도착하였다. 그런데 모란봉극장에서 열린 연석회의에서 축사한 뒤, 김구는 이후 연석회의가 가진 한계를 느껴 참석하지 않았다. 오직 요인회담을 기다린 것이다. 그런데 4월 30일 기다리던 모임이 김

---

150) "우리의 지표와 우리의 진로는 가능·불가능의 문제가 아니라 可爲·不可爲의 당위론인 것이니, 올바른 길이건대 사력을 다하여 진군할 뿐이다… 이 길은 오직 남북협상에 있다. 남북통일을 지상적 과제로 한 정치적 합작에 있다. 남북상호의 수정과 양보로써 건설되는 통일체의 재발족에 있다."(새한민보, 1948. 4월 중순호, 14~15쪽)

151) 백범김구선생전집편찬위원회,《백범김구전집》8, 대한매일신보사, 1999, 598~599쪽.

구 · 김규식 · 김일성 · 김두봉이라는 4김회담四金會談으로 나타났지만,
이것마저도 김구의 의도를 반영할 만한 기회가 아니었다. 다만 그 자
리에서 서로가 합의할 수 있는 부분을 확인하여 발표한 것이 성과라고
할 만했다. 그 골자는 '외국 군대 즉시 동시 철거', '전조선 정치회담 소
집', '민주주의 임시정부 수립', '투표를 거쳐 통일조선입법기관 설립',
'조선헌법 제정하여 통일적 민주정부 수립', '남조선단독선거 인정 않
음' 등으로 정리된다.[152]

김구는 5월 4일 평양을 출발하여, 이튿날 서울로 돌아왔다. 성과
가 미미하여 마음이 편하지 않았다. 그는 김규식과 함께 주의와 당파
를 넘어선 단결의 중요성을 강조하고, 〈공동성명〉에서 미비점을 솔직
하게 시인하였다. 그러면서 "남북 제 정당 · 사회단체 연석회의는 조국
의 위기를 극복하며 민족의 생존을 위하여서는 우리 민족도 세계의 어
느 우수한 민족과 같이 주의와 당파를 초월하여 단결할 수 있다는 것
을 또 한 번 행동으로써 증명한 것이라"고 밝혔다.[153] 하지만 김구의
북행이 가진 의미를 줄여 말할 필요는 없다. "통일에 필요한 기초력을
제시하였을 뿐만 아니라 각자의 자성 자숙에 필요한 대수련을 받은 것
이니, 즉 금후에 필요한 기초공사를 축성한 것"이기 때문이다.[154] 간혹
'김구가 단선에서 패배가 예상되므로 남북연석회의에 참여하였다'는
주장이 남아 있기도 하다. 하지만 "김구가 정권에 참여하지 않은 이유
에 대해서는 이상의 정치적 분석도 가능하지만, 근본적인 이유는 남북
양 정권에 초연한 태도로 통일운동에 매진한 것으로 파악해야 할 것이
다"[155]라는 평가가 적절해 보인다. 북으로 출발하기 전에 김구가 "앞
으로 얼마 남지 않은 생을 깨끗이 조국통일독립에 바치려는 것이 금차
북행을 결정한 목적"이라고 밝힌 점에서 보듯이, 그의 북행이 집권욕

152)《동아일보》1948년 5월 3일자.

153)《서울신문》1948년 5월 7일자.

154) 배성룡, 〈평양회담의 경과와 의의〉,《민성》1948년 6월호, 8쪽.

155) 도진순,《한국민족주의와 남북관계》, 서울대출판부, 1997, 317~318쪽.

에 말미암은 선택이 아니라 오직 마지막 생애를 민족의 제단에 던지자
는 다짐에서 나온 것임을 헤아릴 수 있다. 그리고 김구가 1930년대 이
후 좌파와의 합작을 추구하였고, 끝내 1942년에는 좌우합작정부를 일
궈낸 사실을 되새겨야 보아야 한다. 특히 해방 직전에는 조선독립동맹
과 합작하려고 옌안으로 장건상을 파견한 일이나, 김일성과 연계를 모
색하고자 이충모를 만주로 보낸 역사적 행적의 연장선에서 북행을 단
행하였음을 이해할 필요가 있다.

3) 5 · 10선거 불참

북으로 보낸 비밀 서한에 대한 회답을 받기도 전에 총선 날짜가 잡
혔다. 그러자 김구는 선거에 참여하지 않는다고 선언했다. 그는 "지금
38선을 그대로 두고는 우리 민족과 국토를 통일할 수 없을 뿐만 아니
라 또한 민생 문제는 도저히 해결할 수 없으므로, 이승만의 단정노선
에 행동을 같이 할 수 없는 것이며, 따라서 남조선의 선거에도 응할 수
없는 것"이라고 거듭 밝혔다.[156]

3월 12일 김구 · 김규식 · 조소앙 · 조완구 · 조성환 · 김창숙 · 홍진
등 7거두의 공동성명서가 발표되었다. 한민족의 생존과 직결되는 중대
한 문제가 한민족 자체의 이해와는 아무 관계없는 외세에 따라 좌우되
는 데 대해 무조건 추수할 수만은 없다는 민족자결주의 원칙을 강조하
고, 강대국에 따라 설정된 38선이 장차 민족상쟁의 참상을 초래할 가
능성이 있음을 예견하였다. 여기에서 김구의 정치세력 인식이 좌우의
계급적 사고에서, 민족문제 중심으로 혁명세력과 반혁명세력으로 전환
하였음을 확인할 수 있다.[157]

5월 10일 총선이 치러지고, 5월 30일 국회가 개원하였다. 그리고 7

---

156) 《서울신문》 1948년 3월 9일자.
157) 도진순, 앞의 책, 222쪽.

월 17일 헌법이 제정되었으며, 7월 20일 정·부통령 선거가 치러졌다. 그렇지만 끝내 남한 단독정부 수립에 반대한 그는 대한민국 수립에서 한 발 비켜 서 있었다. 그렇다고 해서 정계를 아예 은퇴한 것은 아니었다. 그에게는 완성되지 못한 민족적 과제가 남아 있었기 때문이다. 정계은퇴설이 분분한 가운데서도 김구가 오직 통일운동을 촉진시킬 조직을 결성하는 데 힘을 쏟았던 이유가 거기에 있었다. 5월 말부터 통일운동을 촉진하고자 새로운 기관을 모색하였고, 6월 7일 김구·김규식은 통일독립운동기구의 강화에 관해 "통일이 없이는 독립이 없고 독립이 없이는 우리는 살 수 없다"로 시작하는 강령적인 성명서를 발표하였다. 민족단결의 입장에서 정당·사회단체 대표자회의를 소집하고, 그 과정에서 6월과 7월에는 제2차 남북회담을 추진하기도 했다.

6. 이루지 못한 통일 자주국가의 꿈

을미의병에 참가한 이후로 50년 동안 독립운동의 현장을 누빈 김구가 대한민국 임시정부를 이끌고 환국하였다. 김구는 환국하기 이전이나 그 직후에는 건국을 위한 3단계 전략을 세웠고, 그 중심축에는 '임정법통론'이 자리 잡고 있었다. 그러나 민중들의 절대적인 지지와는 달리 정치현실은 적대 세력이 더 많아 보였다. 미군정의 대한민국 임시정부 불승인, 열강의 신탁통치안 선택, 이승만과 친일 세력 집단의 철저한 견제, 남북 분단 등이 그의 활동을 가로막는 장애물이었다. 1945년 말에서 1946년 초 사이에 김구는 신탁통치 반대투쟁을 명제로 내걸고 주권을 선언한다든가 비상국민회의를 소집하여 과도정권을 수립하려 했다. 1946년 6월에 미군정이 김구와 이승만의 영향력을 줄이려고 좌우합작을 추진하고, 12월에 김규식·여운형을 중심축으로 삼아 군정자문입법기구인 과도입법의원을 열어 가자, 김구는 이승만과 달리 이를 지지하였다. 1946년 여름 이후 이승만이 단독정부 수립을 표면화시키고 밀고 나가자, 김구는 이를 저지하면서 1947년 2월 독자적인 입법기구인 국민의회를 추진하였다. 그러나 이마저도 민군정의 제지와 이승만과 한국민주당의 방해로 뜻을 이루지 못했다. 유엔의 결의를 바탕으로 사실상 남북에 분단정부 수립이 기정사실로 굳어져 가자, 1948년 들어 김구는 마지막 수단으로 남북협상을 선택하였다. 그러나 이것마저 성과를 올리지 못한 채 단독정부 수립을 위한 총선이 있게 되자, 그는 불참을 선언하고 끝내 합류하지 않았다.

환국 이후 김구가 걸은 길은 오직 통일된 자주국가를 수립하는 데 목적을 두었다. 김구는 많은 변수와 외압 및 이합집산이 있었지만, 오로지 한결같은 목적을 갖고 나아갔다. 그것이 바로 자주독립국가를 건설하는 것이었다. 더구나 남북으로 나뉘어 열강이 점령한 상태이므로 여기에 '통일'이란 과제가 추가되어 '통일된 자주독립국가 수립'이 목표가 된 것이다.

이승만이 추진한 단독정부 수립의 결과는 오늘까지 극복 대상으로 남아 있는데, 김구가 추구한 통일국가 수립운동은 미완의 민족사적 과제로 존립하고 있다.

제4장 대한민국 임시정부를 세우고 가꾼 인물

Ⅰ. 안창호와 이동녕 : 대한민국 임시정부를 지켜 간 동반자

1. 안창호와 이동녕의 만남

안창호와 이동녕의 관계는 대체로 깊은 신의를 바탕으로 우호적이고 보완적인 성향을 보였다. 그렇기 때문에 이들 두 사람의 관계를 검토한다는 논의나 연구는 없었던 것으로 알고 있다. 인물을 겹쳐서 연구할 경우는 대개 성향을 달리하는 인물을 선택하기 마련이어서 비교하는 자체가 흥미롭다. 김구와 이승만을 비교하거나 그 관계를 연구하는 것이 대표적이다. 그런데 안창호와 이동녕의 경우는 극히 짧은 순간을 제외하고는 대체로 민족문제를 풀어 나가는 길에서 협조적인 관계를 유지했으므로, 이들의 노선이나 사상을 비교한다는 것 자체가 무미건조한 일이라 지레 짐작되기도 한다. 이들을 비교한다거나 연관시켜 연구한 성과가 별로 없던 이유도 거기에 있을 것이다.

안창호와 이동녕이 언제 처음 만났는지 정확한 날짜나 시기를 알지 못한다. 그렇지만 일단 이들이 1907년에 결성된 신민회의 주역이라는 점에서, 늦어도 1907년 4월에는 만난 것으로 정리된다. 안창호가 미국에서 2월에 귀국하고, 이동녕이 블라디보스토크에서 4월 초에 돌아왔으며, 바로 이어서 신민회가 결성되었으므로, 일단 그들이 여기서 만났다는 점은 확인된다. 그런데 이들의 만남이 이보다 앞설 수도 있다는 추정도 가능하다. 두 사람 모두 만민공동회 활동을 벌였는데, 그렇다면 두 사람의 만남은 가능했을 수도 있다. 다만 안창호가 평안도에서, 이동녕이 서울에서 활동함으로써 만남의 가능성이 그리 높지 않지만, 서로의 이름과 활동상 정도는 알고 있었을 듯하다.

두 사람의 만남과 활동을 이야기하려면 당연히 신민회 시절부터 다루어야 하는데, 여기서 대한민국 임시정부 시절에 초점을 두고자 한다. 이들은 1919년부터 1932년까지 13년이나 되는 기간을 가까이에서 보냈기 때문에, 두 사람의 관계를 분석하는 일은 곧 대한민국 임시정부의 속살을 헤집어 보는 것과 마찬가지다. 대한민국 임시정부 수립 시기부터 주요한 문제에 부딪치거나 정국의 변화가 급박한 매듭마다 이들 두 주역의 처지와 대응 및 맡은 구실은 가깝고도 믿음직한 관계를 보였다. 이 연구는 그 과정을 추적하면서 대한민국 임시정부와 두 사람의 관계가 가진 특징을 정리하려 한다.

안창호는 1919년 대한민국 임시정부 수립 직후에 상하이에 도착하여 이를 유지하고, 1921년부터 1923년 사이에 국민대표회의를 추진하고 또 주도하였으며, 1926년부터는 유일당운동을 이끌었다. 그리고 이것이 중단되자 그는 우파만으로 한국독립당 결성을 주도한 뒤, 다시 좌우합작과 중국인과의 통일운동에 나서다가 일제 경찰에 붙잡혔다. 이와 관련된 상하이시절 안창호의 통일운동에 대한 연구는 근래에 들어 단편적으로 이루어져 왔다.[1] 이 글은 이러한 기존의 연구를 바탕으로 안창호가 시기별로 대한민국 임시정부를 운영하거나 국면을 돌파하면서 이동녕과 가진 관계를 정리하면서 두 사람의 관계와 역할 및 성향을 규명하려 한다.

두 사람은 출신 지역과 성분 및 사상적인 면에서 차이를 보였다. 이동녕이 1869년생이고, 안창호는 1878년생이니, 이동녕이 아홉 살 위

---

1) 대한민국 임시정부 시절 안창호의 활동과 위상을 다룬 대표적인 연구에는 이명화의 《도산 안창호의 독립운동과 통일노선》(경인문화사, 2002)가 있다. 이외에 도산의 성향과 통일운동을 다룬 것으로는 조동걸의 〈중국에서 도산의 독립운동〉《도산 안창호의 사상과 민족운동》, 학문사, 1955), 김희곤·한상도·한시준·유병용, 《대한민국 임시정부의 좌우합작운동》(한울, 1995), 김영범, 《한국 근대민족운동과 의열단》(창작과비평사, 1997), 김희곤, 《대한민국 임시정부 연구》(지식산업사, 2004) 등이 있다. 그리고 이동녕의 경우는 김석영, 《이동녕선생일대기》(을유문화사, 1978)와 이현희, 《임정과 이동녕연구》(일조각, 1989)가 있다.

였다. 또 안창호가 서북 사람이라면 이동녕은 충남 천안시 목천 출신 이니 기호 지역 사람이다. 안창호가 평민 출신 기독교도라면, 이동녕 은 전통 양반의 후예이면서, 독립운동 과정에서 대종교도로 전환하였 다. 안창호가 교육구국운동과 독립군 기지 건설을 추진했다면, 이동 녕은 인재를 양성하면서도 만주에서 직접 독립군을 길러 내는 데 힘 을 기울였다. 안창호가 미주 지역에서 동포사회를 경작했다면, 이동녕 은 만주와 연해주에서 활동하면서 인재를 양성하였다. 안창호가 화려 한 연사라면 이동녕은 그리 알려질 만큼 언변言辯에 대한 면모를 드러 내 보이지는 않았다. 또 안창호가 조직과 운영의 귀재라면, 이동녕은 조직에는 그다지 능력을 드러내지 않았다. 이러한 차별성은 대한민국 임시정부라는 공간에서는 부정적인 요소로 작용할 가능성이 높을 수도 있는 요소였다. 하지만 두 사람이 이러한 차이를 넘어서서 손을 모아 대한민국 임시정부를 유지해 나간 사실은 대단히 흥미롭다.

2. 대한민국 임시정부 수립기의 결속

상하이에 두 사람이 도착한 시기는 대한민국 임시정부 수립 전후였 다. 이동녕은 만주에서 1919년 2월에 이동했고, 따라서 대한민국 임 시정부 수립 과정에 처음부터 참여하였다. 이와 달리 안창호는 미국에 있다가 3·1운동과 대한민국 임시정부 수립 소식을 듣자마자 여행 채 비를 갖추고, 4월 1일에 뉴욕에서 출발하여, 5월 25일에 상하이에 도 착하였다. 두 사람의 재회는 신민회 사업을 벌이다 망명한 지 10년 만 에 이루어졌다.

대한민국 건국과 임시정부를 수립하는 첫 회의에서 이동녕은 임시 의정원 초대의장을 맡았으니, 제헌의회 의장이 된 셈이다. 이어서 이 동녕은 4월 25일 제3회 회의에서 국무총리대리로 선출되고, 안창호는

내무총장에 선임되었다. 만민공동회 이후 그의 활동 업적이 대한민국
임시정부 수립에서 그대로 적용된 결과였다.

　정부 조직체가 수립되면 각지에서 활약하던 핵심인물들이 집결하게
되고, 그러면 앞서부터 활동하던 공간이나 성향의 차이는 당연히 새로
운 정부 조직체 운영에 갈등 요소로 나타날 수 있었다. 대한민국 임시
정부 수립 과정이나 수립 직후에 갑자기 상하이로 모여든 많은 독립운
동가나 정치지도자들이 하나의 뿌리에서 자란 나무가 아닌 것이어서,
주장과 성향이 다를 수밖에 없었다. 따라서 이들 사이에 화합과 통일
이라는 하나의 축과 차별성을 바탕으로 삼은 분리와 경쟁은 당연한 현
상으로 나타났다. 비록 화합과 통일을 지향한다손 치더라도 서로 다른
부분을 받아들이거나 헤아려 주지 않고서는 진정한 통합은 불가능한
일이었다. 대한민국 임시정부 수립 초기에 나타난 갈등과 경쟁이 남다
른 특성만은 결코 아니었다.

　안창호가 상하이에 도착한 뒤 맡은 과제는 갓 수립한 대한민국 임
시정부를 번듯한 모습을 갖추게 만드는 것이었다. 이를 위해 곳곳에서
선언된 정부 조직체를 하나로 통합하는 것과, 이승만의 위임통치 발언
논란을 슬기롭게 넘어서서 정국을 안정시키는 일을 해결해야 했다. 열
정적인 연설을 거듭하면서, 안창호는 정부청사 확보, 한성정부 및 노
령 대한국민의회 통합작업, 이승만 대통령 칭호 문제 논란 등을 해결
해 냈다. 또 이동휘와 막후접촉으로 통합정부를 달성하고, 제1차 개헌
을 단행한 점이나,[2] 1919년 11월 3일에 항저우에서 신규식(법무), 베
이징에서 이동녕(내무), 이시영(재무) 등 3총장을 급히 초청하여 합동취
임식을 거행한 사실도,[3] 역시 정부의 안정화에 크게 기여한 점이었다.
안창호는 《독립신문》을 발간하고, 국제연맹에 제출할 《한일관계사료

---

2) 1919년 9월 11일에 새로 성립된 내각은 다음과 같다. 임시대통령 이승만, 국무총리
　이동휘, 내무총장 이동녕, 외무총장 박용만, 군무총장 노백린, 재무총장 이시영, 법
　무총장 신규식, 학무총장 김규식, 교통총장 문창범, 노동국총판 안창호(《독립신문》,
　1919. 9. 16)

3) 金正明, 《朝鮮獨立運動》 3, 116쪽 ; 《獨立新聞》 1919. 11. 4(1)

집》을 출판하는 데도 크게 기여하였다. 번듯한 정부 모습을 드러낸 데에는 안창호의 역할이 결정적이었다고 표현할 만하다. 그러면서도 그는 국무총리대리 겸 내무총장이라는 직책에 매달리지 않고 노동총판으로 선뜻 물러섰다. 자리에 연연하기 보다는 다른 인물을 내세우면서 실질적인 사업 추진에만 힘을 쏟는 부드러운 자세를 보였다. 다만 남들의 비판을 피하고자 맡은 노동총판으로는 자신의 의지를 살려 활발하게 활동을 펼치기에는 부족하였고, 그렇다고 해서 돌파구를 찾다 보면 남의 영역을 침범한다는 질시를 피하기 어려웠다. 그런 과정에서 안창호와 이동녕의 만남이 선명하게 나타났다.

1919년 후반에서 이듬해까지 안창호는 내무총장 이동녕, 재무총장 이시영과 긴밀한 관계를 유지했다. 1920년 2월 8일에 폭탄을 제조하다가 폭발하는 사건이 발생하자, 앞서 이동녕이 내무총장으로서 프랑스 관헌에게 조계 안에서 한인 가운데는 결코 위험물을 제조하는 일이 없다고 증언하였기 때문에, 그 책임을 지고 2월 9일 그 직을 사임하려 했다.[4] 당시 프랑스 조계 경찰이 다리가 절단되는 중상을 당한 사건이기 때문에 안창호도 상당히 위태로운 지경이었다. 그런데 이동녕이 책임을 지고 물러나겠다고 밝혔지만, 안창호가 사직을 힘써 말릴 뿐만 아니라, 오히려 그를 방문하고 동행하여 국무회의에 참석하였다.[5] 한편 내무부에 선전위원부를 설치하고 안창호가 위원장으로 선출되자, 그가 권력을 탐하고 야심이 있다는 세론이 일어났다. 이에 안창호가 선전위원장직을 사임하려 하자, 이번에는 이동녕과 이시영이 그를 가로막고 나섰다.[6] 이 장면은 수립기의 결속관계를 보여 주는 사례 가운데 하나다.

1920년에 들어 지역성 문제는 심각한 과제로 떠올랐다. 여기에서

---

4) 梶村秀樹·姜德相,《現代史資料》26, 東京;みすず書房, 1968, 299쪽.
5) 주요한,〈안창호일기〉(1920. 2. 9),《증보판 安島山全書》, 1999, 807쪽.
6) 주요한,〈안창호일기〉(1920. 2. 21), 위의 책, 821~822쪽.

안창호도 결코 자유로울 수 없었다. 자신을 공격하는 주된 무기가 바로 지역성과 관련된 것이었기 때문이다. 사실 대한민국 임시정부 수립 초기에 사상적인 갈등은 그리 심하지 않았다. 대한민국 임시정부를 수립하는 과정에서 이미 복벽주의 부분은 극복한 셈이었고, 사회주의와 사상적 갈등은 아직 심각하게 나타나지 않았으며, 더구나 이동휘가 이끄는 대한국민의회와 통합정부를 이끌어 냈다는 점에서 성공적인 국면을 맞았다. 그런데 여기에 가장 심각하게 들이닥친 갈등 요소가 지역성 문제였다. 앞서도 언급했듯이 활동의 배경이 동일하지 않고, 정보가 하나의 체계로 굳어지지 않은 정부 수립 초기에 정보를 공유하는 집단들이 형성되기 마련이다. 그런데 정치적 성향이 주된 차별성으로 등장하기 이전에는 출신 지역에 따른 유대성이 중요한 요소가 될 만하다. 그런 점에서 본다면, 상하이에는 서북 지역과 기호 지역 출신이라는 지역적 그룹은 필연적인 등장이라고 표현할 수도 있다. 대한민국 임시정부에 집결한 인물 가운데 두 지역 출신이 절대 다수를 차지했고, 영남인들은 대개 서간도 지역에 집중되었다.

1920년 초에 들어 〈안창호일기〉에는 지역성에 따른 문제가 심각한 주제로 기록되어 있다. 이 문제는 안창호의 책임과 활동이 커지는 것에 비례하였다. 즉 안창호의 활동 역량이 발휘될수록 반대 세력의 압력도 강했고, 그러한 공격 가운데 하나가 지방색에 대한 것이었다. 즉 안창호가 월권하여 타부서 일까지 손에 쥐려 한다는 비난과 '지방열의 화신'이니, '야심가'니 하는 공격은 그의 활동을 위축시키고 정무에서 손을 떼게 만들었다. 노동국총판의 직임으로서 대한민국 임시정부의 중요 업무인 내정ㆍ외교ㆍ군사ㆍ재정 등의 분야에서 각 부분을 서로 연계해 통일적으로 관장하고 시급히 해결해야 할 업무를 해결하지 못하는 안타까움이 매우 컸으리라 본다.[7]

대한민국 임시정부 구성원들이 자신을 공격하고 있다는 사실에 안

---

7) 이명화, 앞의 책, 86쪽.

창호도 괴로웠다. 그런 정황은 이동녕의 이야기를 통해 기록되어 있다. 안창호는 1920년 4월 21일 일기에서 이동녕이 그에게 솔직하게 직언한 이야기를 담았다. 과거에 도산이 서도西道 지방을 돌면서 강연할 때 "너희 서도西道 사람들 기백년간幾百年間 기호畿湖 사람에게 천대賤待를 수受한 것을 분忿히 여기지 아니 하느냐. 치시此時에 기起하야 기호畿湖 사람을 번복翻覆치 못하면 무혈無血한 동물動物이라"고 말했다고 전해지는 사실이 정말 그러한 지 물었던 것이다. 이는 곧 주변 사람들이 안창호에 대해 갖고 있던 생각이나 소문들을 이동녕이 솔직하게 모두 말한 대목이며, 이동녕 자신도 어느 정도 그럴 수 있으리라 여긴 듯한 느낌을 준다. 이에 대하여 안창호는 소년 시절부터 지방열에 대해서는 전혀 생각을 갖고 있지 않았음을 확실하게 밝혔다.

여기에서 지역성에 대한 안창호의 의견만이 아니라 두 사람의 관계도 선명하게 드러난다. 대한민국 임시정부와 그 주변을 덮고 있던, 자신에 대한 부정적인 소문을 안창호는 이미 알고 있었다. 그렇지만 누구도 직접 그런 소문을 안창호에게 직접 확인하려 들지 않고, 오히려 소문이 돌고 도는 것을 즐기는 경우가 허다했으리라 짐작된다. 그런데 부정적인 소문을 정면에서 솔직하게 털어놓으면서 안창호에게 직접 답을 구한 이동녕의 태도를 거듭 음미해 볼 만하다. 같은 국무위원으로서, 떠도는 소문을 정면에서 제기하고 사실을 확인하려 든다는 일이 그리 쉽지 않기도 하려니와, 단순히 사실 확인 차원이 아니라는 느낌도 들기 때문이다. 그런 추론은 바로 이어서 증명된다. 즉 안창호에 대한 소문이 근거 없다는 사실을 확인하는 순간, 이동녕이 바로 꺼낸 말이 "차후의 일을 우리가 어찌함이 가하냐?"는 것이었다.[8] 즉 안창호에 대해 집중적으로 쏟아진 악의적인 소문을 확인하고, 전혀 근거가 없는 낭설이자 오해임을 확인한 뒤, 그것을 극복해 나갈 방안을 제기한 것이다. 조금이라도 의심하는 마음이 남아 있다면, 대책을 논의하자는

---

8) 주요한, 〈안창호일기〉(1920. 4. 21), 《증보판 安島山全書》, 1999, 861쪽.

의견을 내놓기도 쉽지 않기 때문이다. 안창호의 말을 수용한 이동녕이
대책을 묻는 그 자체는 바로 대한민국 임시정부를 살리고 유지해 나가
는 문제와 직결된 일이었다.

안창호에 대한 악의적 소문은 결국 그의 활동 역량이나 반경이 컸
다는 점을 말해 주기도 한다.[9] 무대 위에서 화려하게 모아지는 스포트
라이트가 곧 경쟁 세력이 퍼부을 화살의 과녁이 되기 때문이다. 그것
을 극복해 가는 과정에서 이동녕의 자세는 인간적인 신망을 바탕에 둔
것이었고, 그때 두 사람의 인간관계를 말해주는 결정적인 장면으로 이
해할 만하다. 그렇다고 해서 동반자적인 관계로 곧바로 이어지는 것은
아니었다. 각자 마음에 두고 있는 방략에서 차이를 보였기 때문이다.
안창호는 정부 수립 초기에 활동무대를 주로 상하이를 주된 근거지로
여겼지만, 이동녕은 독립운동의 중심지를 지린으로 잡는다든지,[10] 아
니면 서간도 지역이나 블라디보스토크, 혹은 하얼빈 같은 지역에서 군
사생도를 육성하는 방안에 마음을 두고 있었다.[11] 즉 방략의 차이가 활
동무대의 차이를 의미하는 것이었고, 이러한 노선 차이는 두 사람을
금방 동반자적인 관계로 만드는 데 제한적인 요소로 작용하기 마련이
었다.

이동녕이 지방열에 대해 정식으로 발언한 뒤, 안창호·이동녕·이
시영에 신규식을 포함한 국무원 진용은 이동휘를 제외하고서 결속을
이루어갔다. 지방색을 극복하고 단합해 나가자는 안창호의 제안이 받
아들여진 것이다. 하지만 그 실천은 그리 쉬운 일이 아니었다. 5월 10
일에 이동녕이 안창호에게 단합책이 실효를 거두지 못한다면서 사의를

---

9) 이승만도 안창호의 힘이 절대적인 것으로 보고받고 있었다. 1920년 7월 23일자로
장붕이 이승만에게 보낸 편지에는 "상해 정부의 형편을 말하오면 이동휘군이 거한 후
에 국무회의의 회장은 이동녕씨가 했으나 실권인 즉 다 안군이 있고, 안군도 취할 점
은 多하고 상해에 在한 人中에는 안군을 대항할 인물이 無하오이다"라고 기록할 정도
였다.(〈張鵬이 李承晚에게 보낸 편지(1920. 7. 23)〉, 雩南李承晚文書編纂委員會,《雩
南李承晚文書》東文篇 18, 24쪽)
10) 梶村秀樹·姜德相,《現代史資料》26, 東京;みすず書房, 1968, 213쪽.
11) 위의 책, 169쪽.

표명한 것은 그 증거이다. 여기에서도 느낄 수 있는 점은 두 사람이 서로 신의를 가지고 있었다는 사실이다. 더구나 이시영과 이동녕이 안창호에게 "서도 지방 인사들과 경쟁하기 위해 기호 인사들이 '일편당一偏黨'을 만들어야 한다는 주장이 나온다"[12]면서 개탄하는 장면은 이들 사이에 깊은 신의관계가 맺어지고 있음을 확인시켜주는 대목이다.

이어서 5월에 들어 이동녕과 이시영은 이동휘를 배척하게 되고, 안창호에게 총리직을 권유하였다. 마침 6월에 이동휘가 여행길에 나서자, 안창호는 이동녕에게 총리를 맡으라고 권했고,[13] 안창호를 비롯한 내각 구성원이 같은 뜻을 밝혔다.[14]

1920년 12월 이승만 임시대통령이 상하이를 방문하여 여섯 달 동안 머물렀다. 1921년 3월에 이승만이 안창호에게 총리 적격자를 물었을 때, 안창호는 '이동녕'이라고 답했다.[15] 반면에 이동녕은 안창호를 총리직에 권했다.[16] 정부수립 초기에 두 사람은 지방색에 대한 오해를 풀어가면서 대한민국 임시정부의 핵심인물로 결속하고 있었음을 알 수 있다.

3. 국민대표회의 주도와 정부 지키기

대한민국 임시정부가 출범한 지 1년을 넘으면서 위기가 닥쳤다. 다양한 원인이 있겠지만, 일제가 연통제와 교통국의 존재와 연결망을 낱낱이 찾아 단절시켜 나가자, 국내로부터 지원이 끊어지다시피 했고, 이승만 임시대통령의 독선과 원격통치도 여기에 한 몫을 더했다. 이

---

12) 주요한, 〈안창호일기〉(1920. 5. 14), 앞의 책, 892쪽.
13) 주요한, 〈안창호일기〉(1920. 6. 29), 위의 책, 944~945쪽.
14) 《독립신문》 1920년 7월 1일자 ; 1920년 7월 25일자.
15) 주요한, 〈안창호일기〉(1921. 2. 9), 위의 책, 993쪽.
16) 주요한, 〈안창호일기〉(1921. 2. 17), 위의 책, 998쪽.

사태를 극복하려는 방안이 국민대표회의 개최로 나타났고, 그 핵심에 안창호가 서 있었다.

상하이 체류 시기에 이승만은 국무총리 이동휘와 심각한 갈등을 보였다. 마침내 1921년 1월 24일 이동휘가 국무총리직을 사임하기에 이르렀다. 안창호는 5월 17일 정부라는 틀을 벗어나서 독립운동을 펼친다는 생각으로 내각에서 물러났고, 이후 독립운동자 대표들의 전체 모임에 관심을 가지기 시작하였다. 당시 이승만에게 사태를 해결하든지 아니면 물러나든지 결정하라는 강력한 요구가 국민대표회의 개최 촉구를 통해 표현되었고, 곳곳에서 이와 같은 목소리가 터져 나왔다.

이승만의 상하이 체류기(1920. 12~1921. 5) 안창호와 이동녕은 약간 다른 노선을 걸었다. 안창호는 이승만과 이동휘의 갈등을 해결하려 노력하다가, 그것이 어렵게 되자 대한민국 임시정부를 벗어났다. 노동국 총판이란 이름을 버리고 정부 외곽에서 자유롭게 활동하였다. 그것이 곧 독립운동가들의 대표모임 추진으로 나아갔다. 한편 이동녕은 곳곳에서 터져 나오는 국민대표회의 소집 요구를 막아 내려는 협성회協誠會에 참가하였다. 그것이 꼭 이승만을 지지하려는 것만은 아니었다. 왜냐하면 대한민국 임시정부 내각이 국민대표회의라는 것이 정부 조직 자체를 흔드는 것이라고 짐작하였기 때문이다. 그래서 정부를 옹호하고 유지하려는 노력이 곧 협성회 결성으로 나타났고, 거기에 이동녕이나 신규식 등 국무위원들이 참가하였던 것이다. 안창호와 여운형이 국민대표회의를 밀고 나갔다면, 대한민국 임시정부는 이를 저지하는 협성회를 결성하여 대항하였고,[17] 거기에 이동녕이 참가하고 있었다. 따라서 이승만의 상하이 체류기에 안창호와 이동녕이 약간은 엇갈린 길을 걸었다고 판단된다. 하지만 그러면서도 정작 총리 적격자로 서로가 서로를 추천하였던 것이다.

이승만이 끝내 대한민국 임시정부의 혼란을 해결하지 못한 채 5월

---

17) 김희곤, 《中國關內 韓國獨立運動團體硏究》, 지식산업사, 1995, 151쪽.

17일 떠난다는 교서를 남기고,[18] 5월 29일 상하이를 출발하여 6월 4
일 하와이에 도착하였다. 이승만은 6개월도 안 되는 짧은 체류기간에
독립운동계를 정리하기는커녕 폭풍우만 남겨놓은 채 떠나버린 것이다.
상하이를 떠나야 하는 그의 명분은 워싱턴에서 열릴 태평양회의에 대
한 외교활동을 준비한다는 것이었다.[19] 태평양회의 외교후원회를 구
성하고 잠시 숨고르기에 들어간 안창호의 행보는 별 소득 없이 회의가
끝나자 다시 시작되었다. 1922년 7월에 시사책진회時事策進會를 결성
하여 국민대표회의로 가는 길을 촉진시켜 나갔다. 여기에 이동녕과 안
창호가 대한민국 임시정부 안팎에서 공조하였다.[20] 그렇지만 약간 늦
어지다가 결국 1923년 1월 3일, 드디어 국민대표회의가 열렸고, 그
뒤 5월 15일까지 63회에 걸쳐 회의가 진행되었다.

　회의 첫날부터 안창호가 임시의장이 되어 회의를 이끌어 갔다. 그러
나 시작 직후인 1월 10일과 11일 자신의 대표 자격에 관한 논란이 일
어나자, 그는 며칠 동안 회의에 참석하지 않았다. 각 지역대표들이 '안
창호가 미국 정부에 위임통치를 요구했던 미주대한인국민회 대표이기
때문에 국민대표회의에 참가할 자격이 없다'고 문제를 들고 나왔기 때
문이다.[21] 이에 안창호는 임시의장 사면서와 퇴석 통고서를 제출하고
회의에 참석하지 않았다. 이 자격 시비는 회의 9일째인 1월 18일에 해
결되었고, 안창호는 회장 김동삼에 이어 윤해와 더불어 부의장에 뽑혔
다.[22] 이 회의에서 가장 중요한 문제는 대한민국 임시정부를 개조할 것
인가(개조파), 아니면 이를 없애고 새로운 정부를 만드는가(창조파) 하

---

18)《독립신문》1921년 5월 31일자.

19) 일제 정보 기록에 "이승만이 미국으로 돌아가 안창호가 공산주의자라고 퍼뜨렸기
　　때문에, 안창호는 미국의 신용이 떨어져 상해 미국영사관에서 해마다 여권의 갱신을
　　받을 때에도 적지 않은 지장을 받았다"는 기록이 있다. (국회도서관,《島山安昌浩資料
　　集(1)》, 1997, 7쪽)

20) 국사편찬위원회,《한국독립운동사 자료》3, 1972, 73~74쪽.

21) 국회도서관,《島山安昌浩資料集(1)》, 1997, 9쪽.

22) 위의 책, 23쪽.

는 것이었다. 안창호가 본래 이 회의를 열려던 이유는 각 정파와 단체를 통일하는 데 있었다. 그러나 목적이 다른 집단들이 서로 통합된다는 것은 어려운 일이었다. 윤해와 원세훈 등 창조파는 이승만 배척, 대한민국 임시정부 해체, 새로운 정부 수립을 목표로 삼고 있었던 것이다.[23] 결국 63회 회의가 열린 5월 15일을 끝으로 양대 세력의 합동모임은 중지되었다.

국민대표회의 기간에 안창호는 여기에 온 힘을 쏟아 부었다. 그러나 기획 의도와는 달리 국민대표회의가 무산되어 버렸지만, 그는 또다시 통일운동에 나섰다. 대한민국 임시정부를 유지할 수 있는 바탕을 마련하기 위해서였다. '대한민국 임시정부가 몰락하면 장래 독립사업에 악영향을 초래할 것'이라 우려하고, 대한민국 임시정부의 기초를 다지고자 상하이에서 각지의 대표자회의를 여는 것을 기획하였다. 베이징에서 동지들과 회합한 그는 1924년 1월 초에는 만주로 향하여 북만주와 서·북간도 일대의 독립단 대표와 숙의한 뒤 2월 중순경 상하이로 돌아왔다. 그 지역 대표들과 베이징 및 톈진의 대표 30여 명을 상하이로 소집하여 이들과 함께 통일회의를 다시 추진하려 했던 것이다.[24] 안창호는 상하이로 귀환하고 나서 〈대동통일취의서大同統一趣意書〉를 발표하고 통일운동을 다시 시작하였다. 1924년에 북중국의 여러 지역을 답사한 것도 이 때문이다.

한편 이동녕은 대한민국 임시정부를 굳건히 지키는 자리에 서 있었다. 1924년에 이동녕이 국무총리를 맡았으며, 김구(내무)·조소앙(외무)·이시영(재무)·노백린(군무)·김갑(법무) 등과 정부를 유지해 나갔다. 1924년 8월 21일에는 〈임시대통령 유고안〉이 결의되고, 이동녕은 국무총리로서 임시대통령의 직권을 위임받았다.[25]그렇다면 길고 길게

---

23) 앞의 책, 13쪽.
24) 국회도서관,《韓國民族運動史料(中國篇)》, 1976, 322쪽.
25) 국회도서관,《한국민족운동사료(중국편)》, 518~519쪽.

논의되던 이승만 정리 문제가 바로 이동녕 집권기에 이루어진 것이라 말할 수도 있다. 정부 바깥에서 안창호가 이상촌운동을 내걸고 멀찌감치 서서 지켜보고 있는 가운데, 이동녕은 가장 어려운 문제인 이승만 임시대통령의 면직을 이끌어 낸 것이다.

이처럼 안창호와 이동녕은 이 시기에 서로 반대되는 위치에 서 있는 것처럼 보이기도 했다. 하지만 실제로는 한쪽은 독립운동계의 새 질서를 만들어 내려고 거대한 회의체를 엮어 냈다면, 다른 한편은 대한민국 임시정부를 굳건하게 지켜 나갔다. 안창호도 기본적으로 대한민국 임시정부를 강화시켜야 한다는 점에서는 같은 뜻을 갖고 있었다. 다만 그를 위해서 안창호가 정부 외곽에서 이를 뒷받침하는 일에 몰두했다는 점이 이동녕과 달랐다.

안창호의 미국행이 이러한 대한민국 임시정부의 변화와 무관한 것 같지는 않다. 그 이유는 그가 미국에 있으면서도 자신의 측근들에게 서신을 보내어 대한민국 임시정부에 영향력을 행사했던 데 있다. 안창호는 대한민국 임시정부에 재정을 지원하였다. 12월 16일에 샌프란시스코에 도착한 뒤로 그는 현지에서 인구세와 애국금을 거두며 대한민국 임시정부 유지비를 지원했던 것이다. 그리고 안창호는 이승만이 임시대통령직에서 탄핵된 뒤 후임에 박은식이 선출되는 데도 영향을 주었다. 안창호는 대통령 탄핵안이 의결되기 전인 1925년 1월에 이유필과 조상섭에게 편지를 보내어 이승만의 후임으로 박은식과 이상룡을 추천한 바 있는데,[26] 결과적으로 대한민국 임시정부는 2대 임시대통령에 박은식을 선출했고, 그 뒤를 이어 초대 국무령으로 이상룡을 뽑았다. 그렇다면 안창호는 비록 어디에서도 이승만을 부정하지는 않았지만, 자신이 꿈꾸던 통일운동에 이승만이 적합하지는 않다고 결론지었으리라 여겨

---

26) "임시정부 명의를 존속하기 위해서는 白帆선생이나 기타 누구든지 백암선생과 같지 않더라도 仁愛하는 德이 있는 이면 만족하고 (중략) 박은식선생이나 이상룡선생 같은 이를 두령으로 추대하는 것이 좋을까 합니다." (독립기념관 한국독립운동사연구소, 《島山安昌浩資料集(3)》, 1992, 207~208쪽)

진다. 미국 체류시절에 그 문제를 해결한 뒤에 다시 통일운동에 매진하려 했던 것이 안창호의 계획이 아닐까 짐작되기도 한다.

4. 유일당운동 추진과 정부 안팎의 공조

1924년에 접어들면서 안창호는 이상촌理想村, 곧 새로운 독립운동 기지 건설을 추진하다가 12월에 미국으로 떠났다. 안창호가 미국에 머물던 1925년 3월 23일 임시의정원은 임시대통령 이승만을 면직시키고, 대통령직무대리를 맡은 이동녕은 병중에 있던 박은식을 후임 대통령에 선출한 뒤, 개헌 작업에 박차를 가하였다. 3월 30일 통과되고 4월 7일 공포된 개정 헌법의 핵심은 정부 체제를 내각책임제로 바꾸고 내각의 대표를 국무령國務領이라 정한 것이다. 초대 국무령에 천거된 석주石洲 이상룡李相龍은 1925년 9월 상하이에 도착하여 6개월 정도 직무를 보다가 조각에 끝내 실패하고 만주로 돌아갔다.

안창호가 다시 상하이로 돌아온 것은 이상룡이 떠난 뒤인 1926년 5월이었다.[27] 안창호가 돌아온다는 소식을 듣자마자, 임시의정원은 그를 국무령으로 선임한다고 만장일치로 결의하였다.[28] 당시 임시의정원 의장이 이동녕이었다. 하지만 안창호는 이를 받아들이지 않았다. 자신에 대한 반대자가 조금이라도 있는 한, 정부 안에 들어가기 보다는 더 큰 틀에서 독립운동을 펼치고 대한민국 임시정부를 지켜 나가려 했던 것이다. 정부 조직 바깥에서 정부를 유지하면서 독립운동을 이끌어 가겠다는 것이 그의 생각이었던 것 같다. 그러한 점은 7월 8일 삼일당三一堂에서 열린 회의에서, 그가 '대혁명당의 조직'과 '대한민국 임시정부 유지'라는 두 가지 목표를 들고 나온 데서 확인된다. 여기에서 언급

---

27) 국회도서관,《島山安昌浩資料集(1)》, 1997, 131쪽.
28) 국회도서관,《한국민족운동사료(중국편)》, 597쪽.

된 '대혁명당'이 바로 유일당운동의 출발이고, '대한민국 임시정부 유지'는 곧 임시정부 경제후원회 결성으로 나타났다.

우선 유일당운동에 대해 그는 "우리들이 성취하려는 것은 민족적 혁명이다"라고 전제한 뒤, 우리들이 취할 태도는 장래 건설될 정체政體를 위해 싸우지 말고, 주의를 위해 다투지 말고, 이천만 동포가 공동 일치하여 이민족과 싸워야 한다"고 설파했다.[29] 이는 곧 주의 여하를 따지지 말고 단합된 통일조직을 결성해야 한다는 것이다. 이어서 좌우를 통합한 일대혁명당一大革命黨을 조직하여 이를 중심으로 독립운동을 전개해야 하며, 조직방법으로 중국과 같은 '이당치국以黨治國' 형태를 취해야 한다고 갈파하였다.[30] 바로 유일독립당촉성회 결성을 선도하고 촉구한 것이다.

유일당운동의 첫 걸음이 안창호의 베이징 방문으로 시작되었다. 8·9월 베이징에서 원세훈과 대동단결에 관한 문제를 논의한 것이 그것이다. 그 결과 10월 16일 대독립당조직베이징촉성회大獨立黨組織北京促成會가 성립되었다.[31]

대독립당조직북경촉성회가 결성되자 이 바람은 바로 상하이로 밀어닥쳤고, 곧 중국 관내 지역 전체로 확산되어 갔다. 상하이에서는 1927년 3월 21일 삼일당三一堂에서 홍진·이동녕, 홍남표·조봉암 등 좌우 세력 대표 40여 명이 모여 한국유일독립당상하이촉성회韓國唯一獨立黨上海促成會를 결성하였다. 이 자리에서 이들은 〈전민족적 독립당 결성의 선언문〉을 발표하였다.[32] 이동녕은 한국유일독립당상하이촉성회의 집행위원 13명 가운데 한 사람이었다.[33]

29) 국회도서관, 앞의 책, 1976, 599쪽.
30) 국회도서관, 앞의 책, 1976, 599~600쪽.
31) 朝鮮總督府 慶北警察部, 《高等警察要史》, 1934, 109~110쪽.
32) 朝鮮總督府 慶北警察部, 《高等警察要史》, 1934, 105쪽; 김영범, 〈1920년대 후반기의 민족유일당운동에 대한 재검토〉, 《한국근현대사연구》1, 1994, 111쪽.
33) 이동녕·홍진·조완구·김두봉·최석순·황훈·홍남표·곽헌·조소앙·정태희·이유필·한봉근·김붕준(국회도서관, 《韓國民族運動史料(中國篇)》, 1976, 631쪽)

베이징과 상하이에 이어 광둥촉성회(5월 8일), 우한촉성회(7월), 난징촉성회(9월 27일)가 연이어 결성되었다. 이들을 하나로 묶는 작업이 곧 추진되고, 그 결실이 1927년 11월 9일에 상하이에서 개최된 '한국독립당관내촉성회연합회'였다.

그러나 유일당운동은 촉성회 단계를 지나 주비회籌備會 결성 단계에 접어들기 시작하면서 상당한 난관에 부딪혔다. 1928년 들면서 유일당운동이 제자리걸음을 보이기 시작하자, 안창호는 돌파구 마련에 부심하였다. 중국 전역과 만주를 오르내리는 동안, 안창호는 객관적인 정세를 볼 때 한민족의 통일만으로는 독립을 달성하기가 어려운 상황이라고 판단했던 것 같다. 때문에 그는 중국과의 연대투쟁을 머리에 그리면서 활동하기 시작하였다. 안창호는 1928년 5월 20일자 중국《세계신문》과《중앙일보》에 양국의 합작을 강력하게 요구하는〈고중국혁명동지告中國革命同志〉를 게재하고 나섰다. 그는 이 글에서 "저 왜제국주의의 과거 죄악과 미친 저 횡포는 이미 중한 양국의 세대 원수가 될 뿐더러 또한 세계의 공적이 되었습니다. 왜적의 흥망성쇠는 우리 중한 두 민족의 생존 발전에 반비례 관계가 있습니다"라고 두 민족과 일본의 관계를 정리하였다. 이어서 그는 '중한中韓 양족兩族의 협동協同 전선戰線'을 이루는 일이 중국과 한국 두 민족의 다행이자 전 세계 피압박 민족의 행복이라고 주장했다.[34]

한편 유일당운동은 한 걸음도 더 나아가지 못하고 있었다. 갈등으로 빚어진 좌우 분립구도와 1928년 12월에 발표된 코민테른의 '12월 테제'가 그 요인이었다. 결국 1929년 10월 26일에 상하이촉성회가 해체되면서 안창호가 추진해 온 유일당운동은 일단 끝이 났다. 상하이촉성회가 해체된 바로 그 자리에서 좌익 진영은 유호한국독립운동자동맹留滬韓國獨立運動者同盟을 결성하였다. 이어서 1930년 2월 난징촉성회가 해체되는 등 중국 관내 유일당운동은 사실상 중단되었다.

---

34)《新韓民報》1928년 7월 12일자.(맞춤법에 맞게 일부 수정했음)

한편 안창호가 유일당운동을 들고 나오자, 이동녕도 여기에 동참하였다. 그는 앞서와 마찬가지로 대한민국 임시정부의 한복판에 서서 이 문제를 지켜보았다. 비록 지난번 안창호가 추진하던 국민대표회의가 대한민국 임시정부에 많은 부담을 준 것이 사실이지만, 일단 안창호가 대한민국 임시정부를 옹호하고, 또 그것을 중심으로 독립운동계를 통일하려는 의도를 가지고 있다는 사실을 이해하고 있었을 것이다. 국무령제를 채택한 이후 이동녕은 법무장을 맡았고, 7월 8일에 취임한 홍진이 곧 만주로 이동한 뒤에는 사실 대한민국 임시정부를 운영하는 최고 핵심인물로 등장하였다.

이동녕은 안창호를 국무령으로 취임시키는 데 실패하자, 무정부 상태에 빠진 정국을 헤쳐 가기 위해 대안을 모색하였다. 그 결과가 김구를 국무령으로 취임하게 만드는 것이었다.[35] 임시의정원 의장인 이동녕의 거듭된 요청을 받아들인 김구는 1926년 12월에 국무령에 취임하자마자 먼저 개헌을 계획하였다. 어른이자 큰 형님처럼 대접하던 이동녕의 권유로 국무령을 맡았으나, 김구는 이 제도에 한계가 있다고 판단하고서 개헌을 추진하고 나선 것이다. 1927년 3월 단행되고 4월 공포된 3차 개헌의 골자는 국무령제를 국무위원제로 개정하고, 안창호가 추진하던 유일당운동에 대한민국 임시정부 체제를 맞추는 내용이었다. 국무회의가 최고의결기관이 되는데, 다만 주석을 국무위원들이 순서대로 돌아가면서 맡는 윤번제였다. 그리하여 대한민국 임시정부는 신헌법에 따라 정부 구성을 추진할 수 있게 되었으나, 새 내각은 신헌법이 공포된 지 넉 달이나 지난 8월에 이르러서야 구성할 수 있었다. 그 결과 이동녕이 주석 겸 법무장을, 김구가 내무장을 각각 맡았다. 그리고 김구가 국무령에 재임할 당시 내각의 일원이었던 오영선(외무장)·김철(군무장)·김갑(재무장) 등이 국무위원이 되었다.[36] 사실상 정부 주석자

---

35) 김구,《白凡逸志》(원본), 백범학술원 총서 1, 나남출판, 2002, 242쪽.
36) 朝鮮總督府 慶北警察部,《高等警察要史》, 1934, 91쪽.

리를 이동녕에게 넘겨주고 김구는 다시 내무부를 맡은 셈이다.

3차 개헌의 또 다른 골자는 당시 민족협동전선운동, 좌우합작운동 또는 민족단일당운동으로 불리며 국내외에 걸쳐 진행되던 유일당운동의 추이에 맞추기 위해 정부 체제를 바꾸려는 것이었다. 그것은 이른바 '이당치국以黨治國' 체제, 곧 중국국민당이나 소련공산당처럼 하나의 정당으로 국정을 통치하는 체제로 정부체제를 바꾸는 일이었다.[37] 그래서 '신약헌新略憲' 제2조에 "대한민국의 최고 권력은 임시의정원에 있다. 단 광복운동자가 대단결한 정당이 완성될 때는 최고 권력은 그 당에 있는 것으로 한다"고 규정하고, 또 보칙에서도 "광복운동의 대단결한 정당이 완성된 경우에는 그 당에서 개정하는 것으로 한다"고 명시하였다.[38]

유일당운동이 전개되던 시기에 두 사람은 역시 대한민국 임시정부의 안과 밖으로 나뉘어 활동하였다. 개헌을 단행하면서 대한민국 임시정부를 지켜 나간 역할을 이동녕이, 정부 밖에서 좌우합작을 일구어 이를 중심으로 독립운동을 펼쳐 나가려는 역할을 안창호가 맡았던 것이다.

5. 한국독립당을 이끈 두 사람

유일당운동이 중단되자, 몰아닥친 과제는 대한민국 임시정부를 유지해 나갈 수 있는 근간 세력을 묶어세우는 것이었다. 이당치국이 논의되어 왔지만, 좌파 세력의 이탈로 중단되자, 우파만의 정당 결성으로 가닥을 잡아 나갔다. 그 핵심에 안창호와 이동녕이 서 있었다.

1926년 이래 안창호가 펼친 유일당운동이 좌파의 이탈로 중단되자,

---

37) 김희곤,《中國關內 韓國獨立運動團體研究》, 지식산업사, 1995, 234쪽.
38) 독립운동사편찬위원회,《獨立運動史》4, 1972, 556, 559쪽.

거기에 맞춰 개헌까지 단행했던 대한민국 임시정부로서는 새로운 대안을 찾아야 했다. 특히 좌파 세력이 1929년 10월에 유호한국독립운동자동맹을 결성하자, 대한민국 임시정부를 강화시켜 나갈 방안을 모색하는 일이 가장 시급한 과제였다. 이때 안창호는 대한민국 임시정부를 해체하고 새로운 민족운동의 최고기관을 수립하는 것을 의도했던 모양이다. 그렇지만 대한민국 임시정부 고수론이 우세한 정황을 고려하여 한국독립당을 조직하는 방향으로 선회했다.[39] 대한민국 임시정부를 고수하려던 인물 가운데 핵심에 바로 이동녕이 서 있었다. 그래서 대한민국 임시정부를 유지하는 중요한 근간으로 우파만의 정당을 결성했으니, 그것이 곧 1930년 1월 25일 비밀리에 결성된 한국독립당이다. 이는 비록 유일당운동의 목표 가운데 좌우합작은 일단 중단되었지만, 또 다른 한 가지 목표인 '이당치국以黨治國'만은 달성한 것이라 평가할 수 있다.

한국독립당에서 안창호계열이 절대다수였다. 28명의 발기인 가운데 흥사단 출신이 12명이었으니, 그의 영향력이 가장 컸다는 사실은 의심할 여지가 없다. 안창호는 이동녕·이유필·김두봉·안공근·조완구·조소앙 등과 함께 당의黨義와 당강黨綱을 작성하는 기초위원이 되었다.[40] 거기에는 안창호가 제시한 대공주의가 반영된 것으로 알려진다.

안창호가 한국독립당을 창당하였지만, 앞서의 경우와 마찬가지로 대한민국 임시정부 안으로 들지는 않았다. 그는 유일당운동을 거쳐 민족운동세력을 하나로 아우르고, 그것으로 독립운동을 추진하려 작정하였다. 그러나 그것이 중단되자, 한국독립당을 창당하여 대한민국 임시정부를 유지하게 하면서도, 정작 자신은 여전히 그 외곽에서 움직였다.

---

39) 국회도서관, 앞의 책, 1976, 667쪽.
40) 金正柱, 《朝鮮統治史料》 10, 東京 : 韓國史料研究所, 1975, 697쪽.

대한민국 임시정부 바깥에서 안창호는 1926년 이미 추진한 적이 있는 이상촌 건설에 다시 나섰다. 그런데 1931년 일제가 만주를 침공하자, 그는 만주 지역에 이상촌을 건설하려던 계획을 단념하고 중국국민당 정부의 수도인 난징 근처의 토지를 매수하려고 방향을 바꾸었다. 그리고 안창호가 힘을 쏟은 또 하나의 사업은 중단된 독립운동계의 통일운동이었다. 한국독립당을 창당한 뒤 바로 톈진으로 간 안창호는 그곳의 유력자이자 대한대독립당 주비회를 추진하고 있던 박용태朴龍泰를 만났다. 이들은 '독립운동전선의 통일' 방침에 관해 협의하고, 세계 각처의 독립운동단체 대표회의를 추진하려는 뜻을 담은 선언서를 보냈다.[41] 7월 초 안창호는 다시 톈진으로 가서, 통일운동에 진력하고 있던 배천택裵天澤·송호宋虎·박관해朴觀海 등 유력한 청년들과 접촉하였다.[42] 그러면서 또 7월 10일에 재상하이각단체연합회를 결성하고 선언서를 발표하기도 했다.[43]

안창호가 한국독립당을 결성하고 대한민국 임시정부 외곽에서 활동하던 시기에 이동녕은 역시 정부를 이끌고 있었다. 당초 유일당운동이 중단되자, 다시 통일운동에 나서서 대한민국 임시정부를 전면 개편하려는 의사를 가진 안창호에게 이동녕이 체제 유지와 이에 바탕이 되는 우파만의 정당 결성을 주문한 것으로 알려진다. 사실 한국독립당 창당의 의미는 우익 진영의 통합이라는 것 외에도 장차 통일운동의 전개를 위한 기반 구축에 있었다고 할 수 있다.[44] 따라서 대한민국 임시정부 기반 강화와 통일운동의 바탕 구축이라는 두 가지 목적이 하나로 결합한 것이고, 대한민국 임시정부 안팎의 대표자가 이에 합의한 것으로 정리할 수 있다.

한국독립당 결성 당시 국무위원은 이동녕(법무장·위원장)·김구(재무

41) 국사편찬위원회,《韓國獨立運動史資料》3, 1973, 442, 445쪽 참조.
42) 위의 책, 444쪽.
43) 위의 책, 469쪽.
44) 구익균,《具益均 회고록 : 새 역사의 여명에 서서》, 일월서각, 1994, 1090~110쪽.

장) · 오영선(외무장) · 김철(군무장) · 김갑(내무장)이었다. 그러므로 안창호와 이동녕을 비롯한 국무위원의 합일된 의견이 한국독립당 결성으로 나타났고, 이후 대한민국 임시정부를 비롯한 독립운동계가 정당을 중심으로 운영되는 형태를 띠게 된 것이다. 또 1930년 11월 개각이 이루어졌을 때에도 이동녕(법무장 · 위원장) · 김구(재무장) · 조완구(내무장) · 김철(군무장) · 조소앙(외무장) 등이 내각을 구성하였으니,[45] 이동녕이 대한민국 임시정부의 최고지도자였음을 확인할 수 있다. 대한민국 임시정부의 맏형인 이동녕과 그 안에서 한인애국단의 항일투쟁을 끌고 간 김구, 그리고 바깥에서 절대적인 지주인 안창호로 이루어지는 체제가 형성된 것이 바로 1930년에서 1932년 사이의 형세라고 정리된다.

안창호가 일제 경찰에 체포되기 직전까지 두 사람의 공조는 지속되었다. 그것도 한국독립당과 대한민국 임시정부라는 틀을 넘어서서 중국의 혁명가들과 통일노선을 모색하고 추진하는 과정에서도 그러했다. 1932년 4월 23일, 즉 윤봉길 의거 6일 앞서 안창호와 이동녕은 피압박 민족의 해방을 위해 중국과 타이완의 영수들과 연대를 도모한 '1차 원동대회'를 가졌다. 그 장면을 보여 주는 사진이 남아 있는데, 거기에는 이름을 모르는 중국과 타이완의 대표자들과 함께 안창호 · 이동녕 · 차리석 · 최동오 · 김두봉 등의 한국 측 요인들이 들어 있다.[46] 이들은 모두 한국독립당의 이사들이기도 하다.

45) 국회도서관, 《韓國民族運動史料(中國篇)》, 1976, 667쪽.
46) 이명화, 앞의 책, 302쪽.

6. 상하이시대를 버텨낸 동반자

대한민국 임시정부에서 두 사람이 함께 활동하던 시기(1919~1932)에 그 관계는 대체로 하나의 틀로 이해된다. 즉 일단 두 사람 모두 대한민국 임시정부를 유지시키고 강화시키는 데 힘을 쏟아 부었다는 사실과 그 과정에서 신의를 바탕으로 굳은 결속관계를 유지했다는 점이다. 그러면서도 한 가지 차이점은 안창호가 대개 정부 밖에서, 이동녕은 정부 안에서 그 일을 나누어 맡았다는 점이다.

대한민국 임시정부 수립기에는 지방색에 대한 오해도 있었지만, 이를 극복하고 신의를 바탕으로 대한민국 임시정부를 끌어가는 데 합심하였다. 특히 서북 지역과 기호 지역 출신 사이에 지방색을 내세워 갈등이 심각한 경우도 있었지만, 이들 두 사람은 두 지역 출신이라는 차이를 넘어서서 탄탄하게 결속을 이끌어낸 점은 높이 평가할 만하다. 대한민국 임시정부가 수립기를 지나 고난의 시기에 들면서 안창호는 독립운동계의 대표들로 구성된 국민대표회의를 개최하여 대한민국 임시정부를 개조하고 강화시키고자 노력하였다. 그럴 때 이동녕은 정부를 지켜 나갔다. 또 안창호가 1926년부터 유일당운동을 일으켜 중국 관내 지역만이 아니라 남북 만주 전체 지역에서 독립운동계의 통일운동으로 파급시켰는데, 이럴 때 이동녕은 대한민국 임시정부에서 개헌을 추진하여 안창호의 운동추진에 적합한 체제를 갖추어 갔다. 유일당운동이 중단되자 안창호는 다시 대한민국 임시정부를 넘어서는 큰 틀에서 독립운동계의 통일을 이끌어 내려 했고, 이동녕은 대한민국 임시정부를 유지해 나갈 우파만의 정당 결성을 주장했다. 이들의 주장이 합일점을 찾아 결성된 것이 한국독립당이었다. 안창호는 이번에도 역시 정부 밖에서 활동하였고, 이동녕은 내각의 주역으로 대한민국 임시정부를 이끌어 갔다.

정리하자면, 안창호가 큰 틀에서 독립운동계의 통합으로 독립운동

추진하려던 인물이라면, 이동녕은 대한민국 임시정부를 세우고 강화
시켜 이를 중심으로 독립운동을 밀고 가던 인물이다. 또 안창호가 흥
사단을 비롯한 조직의 귀재로서 끊임없이 통일운동에 힘을 쏟은 사람
이라면, 이동녕은 정부 안에서 외부의 변화에 적응하고 내부의 문제를
해결하려 개헌 작업의 중심부에 서 있던 인물이다. 그리고 안창호가
사상의 분화를 극복하고자 좌우를 넘나들던 인물이라면, 이동녕은 줄
곧 우파민족주의의 틀을 고수한 인물이다.

　이렇게 두 사람이 차이점을 보였지만, 결코 다르지 않은 사실이 세
가지 있다. 첫째, 두 사람 모두 민족문제를 가장 상위개념으로 보았다
는 점이다. 둘째, 두 사람 모두 최고의 자리에 집착하지 않고 알맞은
인물을 내세웠다는 점이다. 안창호가 조직과 경영에서 뛰어나면서도 1
인자 자리에 연연하지 않은 점과 이동녕이 자신보다 어린 김구를 국무
령으로 내세우면서 뒤를 받쳐 주던 사실은 대표적인 사례이다. 셋째,
두 사람 모두 극단적인 반대 세력을 만들지 않고, 민족문제 해결을 위
해 독립운동계 전체를 포용하는 자세를 보였다. 안창호가 끊임없이 독
립운동 역량을 통일하려 노력한 점이나, 이동녕이 대한민국 임시정부
안에 머물면서도 한국유일독립당상하이촉성회가 해산되던 자리에까지
나가서 통합을 모색한 일이 그러한 사례이다.

　그래서 두 사람 모두 서로가 맡은 일과 위상을 존중하는 면모를 보
였고, 안창호는 이동녕을 항상 큰 형님으로 예우하였다. 험난한 과정
을 거치면서도 대한민국 임시정부가 유지될 수 있었던 가장 주된 요인
이 바로 이러한 신뢰와 결속관계 때문이었다.

Ⅱ. 신규식申圭植의 대한민국 임시정부 외교활동

1. 상하이 지역 개척자 신규식

상하이上海에 한국 독립운동의 터전을 마련한 가장 대표적인 사람은 예관睨觀 신규식申圭植(1880~1922)이다. 그 가운데서도 1919년 4월 상하이에서 대한민국 임시정부가 수립될 수 있던 터전을 만들어낸 공은 거의 신규식의 몫이었다. 1911년 상하이로 망명하여, 이듬해 동제사同濟社를 결성한 것이 그 첫 걸음이다. 이어서 신아동제사新亞同濟社(1915)와 신한혁명당新韓革命黨을 만들어 중국 혁명인사들과 힘을 합치고, 제1차 세계대전의 추세를 지켜보면서 독립의 기회를 찾았다. 이러한 신규식의 작업 모두가 중국 지역에 한국 독립운동의 교두보를 확보하고 이를 다지기 위한 일련의 과정이었다. 더구나 1917년 발표한 〈대동단결선언大同團結宣言〉은 근대국가를 건설한다는 방향을 제시하였다. 나라를 잃을 때는 비록 황제가 주인인 대한제국이었지만, 독립운동가들이 되살려 세울 국가와 정부는 민주공화정체를 갖춘 국가요, 정부라는 사실을 분명히 밝혔다.

상하이에서 1910년대에 벌인 신규식의 활동에는 외교활동도 돋보인다. 이미 신아동제사를 통해 중국 혁명 인사들과 어울려 움직이고, 또 1917년 스톡홀름에서 제2인터내셔널회의가 열린다는 소식에 조선사회당 명의로 참가 희망 전문을 보내기도 했다. 이는 신규식이 한국의 독립 문제가 국제사회의 여론과 밀접한 관련을 갖는다는 정확한 인식을 보여 주는 대목이다.[47] 제1차 세계대전을 지켜보면서, 이를

---

47) 김희곤, 《中國關內 韓國獨立運動團體研究》, 지식산업사, 1995, 53쪽. 이 글은 새

기회로 삼아 독립국가이자 근대국가를 세운다는 방향도 확립하였다. 그러한 과정에서 신규식의 역할은 결정적이었다. 마침 3·1운동이 일어나고, 선언된 '조선의 독립국임과 조선인의 자주민임'을 실행에 옮기는 과정에서 '대한민국'이 건국되고 이를 운영할 조직으로 '임시정부'와 '임시의정원'이 만들어졌다. 신규식의 공헌도를 의심하는 사람은 아무도 없다.

　대한민국 임시정부 초기에 신규식이 펼친 활동으로 광둥 호법정부에 대한 외교활동이 단연 눈에 띈다. 이에 주목한 연구도 나왔다. 아직은 혼돈스러운 점이 없지 않지만, 전반적으로 광둥 호법정부에 대한 신규식의 외교활동은 점차 그 윤곽과 성격이 뚜렷하게 드러나고 있다. 그럼에도 불구하고 해결되지 못한 문제도 남아 있다. 심지어 호법정부에 대한 외교활동 자체를 불신하는 주장도 나온 형편이므로,[48] 일단 그 행적을 차분하게 접근할 필요가 있다. 이러한 형편에 최근에 나온 세밀한 추적은 그러한 불신을 잠재우는 데 큰 도움을 주고 있다.[49]

　이 글에서는 신규식이 대한민국 임시정부의 국무총리대리 겸 외교총장으로서 중국 호법정부에 펼친 외교활동을 정리하는 데 목표를 둔다. 이를 위해 먼저 그와 이승만의 만남과 그 의미를 추적하고, 이어서 광둥 방문 일정에 대한 자료상의 혼선을 검토하여 정리한다. 그리고 쑨원 정부와의 교섭과 그 성과를 검토하는 데 초점을 둔다.

　로운 자료와 연구가 나옴에 따라 이미 발표되었던 글(〈대한민국임시정부와 신규식〉, 《대한민국임시정부 연구》, 지식산업사, 2004)을 바탕으로 삼아 대폭 보완하여 고쳐 쓴 것이다.

48) 狹間直樹, 〈孫文と韓國獨立運動〉, 《季刊靑丘》 4, 1990. 5, 17~19쪽. 森悦子, 〈中國護法政府の大韓民國臨時政府承認問題について〉, 《史林》 76~74, 1993, 69~86쪽.

49) 배경한, 〈쑨원과 한국임시정부〉, 《쑨원과 한국》, 한울아카데미, 2007, 68~103쪽.

2. 이승만과의 만남

신규식과 대한민국 임시정부의 관계는 건국 시기인 1919년 4월부터 그가 순국한 1922년 9월까지 3년 6개월에 걸쳐 지속되었다. 이를 간단히 네 개 시기로 정리할 수 있다. 첫 시기는 건국과 정부수립을 논의하고 실제로 현실화하던 단계이다. 그 직전까지 상하이 지역에서 독립운동을 주도했던 인물이 바로 신규식이다. 하지만 정작 첫 회의나 초기 각료 명단에는 그의 이름이 빠졌다. 둘째 시기는 1919년 4월 30일부터 1920년 3월까지이다. 이 시기에 신규식은 의정원 의원, 부의장, 법무총장 등을 역임하였다. 그러나 그의 첫 등장은 건강이 좋지 않아 짧게 끝났다. 7월 14일에 열린 제5회 임시의정원 회의에서 그는 부의장직과 의원직을 모두 사퇴한 것이다. 9월 법무총장이 되고, 10월부터 정부에 다시 모습을 드러냈다. 셋째 시기는 1920년 10월부터 1921년 5월까지이다. 반년의 공백을 거치고, 1920년 12월 임시대통령 이승만이 상하이에 도착하자, 그의 모습이 분명하게 드러났다. 이승만이 상하이에 체류하던 기간에 신규식은 내각의 가장 중요한 인물로 떠올랐다. 이승만이 공격을 받아 위태로워질 때 그를 지지하고 나섰고, 1921년 5월 이승만이 상하이를 떠나 하와이로 향할 때, 그는 국무총리대리로 임명되었다. 넷째 시기는 이승만이 상하이를 떠난 뒤 신규식이 국무총리대리 겸 외무총장으로서 정국을 정리하고 광둥으로 남행하여 호법정부와 외교활동을 펴던 1921년 5월부터 그해 연말, 그리고 모든 직임을 사직하던 1922년 3월까지이다. 마지막 승부수를 던진 시기가 이때였다.

중국에 대한 신규식의 외교활동은 네 번째 단계에 집중되었다. 그가 이처럼 나설 수 있게 된 배경에는 안팎의 요인이 함께 작용했다. 맨 먼저 이야기해야 할 부분은 그가 중국에 대한 외교활동의 경력과 능력을 가진 사실이다. 하지만 이 부분은 이미 여러 연구에서 정리되었으니, 굳이 새삼 거론할 필요가 없다. 간단하게 말하자면 한어漢語 학교를 다녀 중국어에 능통했던 신규식이 나라를 잃자마자 중국으로 망명하고, 신해혁명에 발 디딘 다음 쑨원을 비롯한 중국 혁명지사와 교류를 통해 넓은 인맥을 쌓았으며, 또 그의 존재와 활약이 상하이에 한국 독립운동의 교두보가 만들어지는 데 결정적으로 작용했다는 사실 등이다.

신규식이 건국과 정부 수립 직후부터 임시정부의 선두를 치고 나간 것은 아니다. 건국과 정부 수립에 기초를 놓았던 그였지만, 막상 수립 단계나 초기에는 한발 비켜나 있었다. 건강 문제가 주된 이유였다. 그러다가 그가 적극적으로 임무를 맡고 나서거나, 특히 외교의 맨 앞으로 나서게 된 때는 1921년에 들어서였다. 그 계기가 이승만의 상하이 체류와 관련을 가진다.

초대 임시대통령 이승만이 상하이에 머문 시기는 1920년 12월부터 이듬해 5월까지, 꼭 반년이었다. 미국에서 원격제어로 정부를 지휘하던 이승만이 상하이로 오게 된 이유는 임시대통령과 정부 사이에 처음부터 나타난 갈등 관계, 특히 1920년에 들어 나타난 갈등관계를 정리하여 원만한 정국 운영을 도모한다는 데 있었다. 대한민국 임시정부는 상하이에 있었지만 대통령이 미국에서 활동하고 있었던 탓으로 여러 가지 문제들이 발생하였다. 특히 1920년에 접어들면서 이에 따른 문제들이 더욱 심각해지면서, 상하이에서는 임시대통령인 이승만에게 상하이로 와 줄 것을 거듭 요구하고 나섰다. 그러나 이승만은 상하이로 갈 것인지 확신하지 못하였다. 그는 평소에 상하이에 있던 자신의 통신원을 통해 대한민국 임시정부에 대한 동향을 파악하고, 이를 바탕으로 임시정부를 '원격조정'하고 있었다.[50] 그런데 임시의정원에서 이승만의 상하이 부임을 독촉하던 가운데, 1920년 5월에 김립金立을 비롯한 차장들이 이승만에 대한 불신임안을 임시의정원에 제출하는 사태가 벌어졌고, 통신원들은 이승만에게 이를 정면 돌파하기 위해 상하이로

50) 한시준, 〈이승만과 대한민국임시정부〉, 《이승만 연구: 독립운동과 대한민국 건국》, 유영익 엮음, 연세대출판부, 2000, 176~179쪽.

갈 것을 건의하였다.[51] 이에 이승만은 워싱턴을 출발하여 하와이를 거쳐 1920년 12월 5일에 상하이에 도착하게 되었다.[52]

하지만 이승만이 상하이에 도착하던 1920년 12월, 그것은 오히려 갈등이 폭발적으로 터져 나온 시점이기도 했다. 또한 이것은 신규식의 활약이 두드러지는 계기로 작용하기도 했다. 당시 법무총장이던 신규식은 임시대통령을 맞이하여 그가 정부를 안정시키고 독립운동의 구심점 역할을 수행할 수 있도록 도와야 했다. 그러나 이승만에 대한 기대와 비난은 심하게 엇갈리고 있었다. 한쪽에서는 민단을 비롯한 정부 주변의 단체와 인물들이 이승만을 환영하는 모임을 여러 차례 열었고, 다른 쪽에서는 이승만 반대 세력이 베이징에 모여 군사통일촉성회(1920. 9)와 군사통일주비회(1921. 4)를 열어 이승만을 비난하고 나섰다.[53] 게다가 이승만이 대한민국 임시정부의 산적한 문제들을 풀어나가지 못하자 비판 세력의 목소리는 점점 더 커져갔고, 1920년부터 논의되던 국민대표회 소집 요구가 갈수록 힘을 얻고 있는 상황이었다.[54] 이런 상황은 이승만 대통령에게 심각한 부담을 주었고, 그러한 부담은 내각을 구성하고 있던 신규식에게도 영향을 주지 않을 수 없었다. 특히 박은식을 비롯한 원로들과 의정원 의원들, 그리고 정부 외곽에서 활동하던 인물들이 1921년 2월 초에 발표한 〈아동포我同胞에게 고告함〉이란 선언은 이승만과 내각에게 충격을 주기에 충분하였다.[55]

주변의 반대 여론이 들끓자, 임시대통령 이승만을 지탱하던 내각은 대응 세력 결집에 나섰다. 당시 내각을 구성하던 인물들이 대한민

51) 앞의 책, 185~186쪽.

52) 유영익, 《이승만의 삶과 꿈》, 중앙일보사, 1996, 154. 《獨立新聞》은 1921년 1월 1일자로 〈대통령 來東〉이란 기사를 통해 이승만이 12월 8일에 상하이에 도착한 것으로 보도하였지만, 이 날짜는 이승만이 임시정부에 자신의 도착을 통보한 시기로 보인다.

53) 김희곤, 앞의 책, 145쪽.

54) 이 시기에는 '국민대표회'라는 이름이 사용되었지만, 1923년 1월 개회 이후에는 '국민대표회의'라는 명칭이 주로 사용되었다.

55) 국회도서관, 《韓國民族運動史料》(中國篇), 1976, 276~278쪽.

국 임시정부의 존재가치를 내세우면서 이를 중심으로 대동단결할 것을
요구하고 나섰는데, 이 과정에서 조직된 단체가 협성회였다. 대한민국
임시정부를 비판하는 선언들이 쏟아져 나온 직후인 3월 5일에는 조완
구趙琬九·윤기섭尹琦燮 등 이승만 지지자 45명이 '임시정부 절대 유지'
를 주장하면서, 이승만 임시대통령을 비롯한 임시정부에 절대적인 지
지를 부탁하는 선언서를 발표하였다.[56] 여기에 법무총장과 국무총리대
리를 각각 맡고 있던 신규식과 이동녕이 적극 나선 것은 당연한 일이
었다. 그 결과 3월 중순, 협성회가 조직되고 정부의 절대적 지지와 유
지를 천명하고 나섰다.[57]

5월이 되면서 신규식은 거의 혼자서 대한민국 임시정부를 책임지는
상황을 맞았다. 이승만이 상하이를 떠나 하와이로 출발하기에 앞서, 5
월 16일 신규식을 국무총리대리로 임명하였기 때문이다. 이승만은 17
일자로 발표한 교서에서 상하이를 떠나는 이유를 다음과 같이 밝혔다.

> 지난 12월에 간신히 상해 도착, 국무원의 내부 결속 기도, 의외로 각원
> 의 사퇴 문제로 시일을 多費한지라, 지금에 다행히 각원 제공의 질서가 정
> 돈되었으매 적체된 서무를 점차 집행되기를 바라는 바 본 대통령은 외교상
> 긴급(밑줄―필자)과 재정상 절박으로 인하여 다시 ○○(渡美일 듯―필자)하기
> 를 각원 제공과 협의 내정한지라…… (후략)[58]

이승만이 상하이를 훌쩍 떠난 뒤, 대한민국 임시정부는 신규식이 혼
자서 메고 가는 형국이었다. '각원의 사퇴 문제로 시일을 다비多費'했다
는 말은 정부의 심각한 혼돈현상을 말해 준다. 국무총리 이동휘가 등
돌려 떠났고, 그를 지지하고 나섰던 안창호마저 끝내 물러선 형편이었

---

56) 국사편찬위원회, 《韓國獨立運動史》 3, 1967, 67~70쪽 참조.
57) 金正明, 《朝鮮獨立運動》 2(東京 : 原書房, 1967), 463~464쪽.
58) 《獨立新聞》 1921년 5월 31일자.

다. 그럼에도 그는 '각원 제공의 질서가 정돈'되었다는 말로 상하이를 떠난다고 밝혔다. '질서'라는 것이 다름 아니라, 신규식에게 모든 것을 맡기고 떠난다는 뜻이었다.

그렇다면 왜 신규식은 이승만이 떠난 뒤, 혼돈 정국을 떠맡고 나섰을까. 이승만이 신규식을 2인자로 임명하게 된 이유가 있을 것이다. 뚜렷한 자료는 보이지 않지만, 상황만으로 본다면, 이승만에게는 별다른 선택의 여지가 없었던 것 같다. 그가 상하이에 도착한 뒤, 국무총리 이동휘가 의견과 노선대립으로 말미암아 가장 먼저 대한민국 임시정부와 결별하였고, 뒤를 이어 안창호가 정부에서 이탈하여 국민대표회 소집운동을 밀고 나갔다. 즉, 연해주와 미주 지역을 각각 배경으로 삼았던 대표적 인물 두 사람이 이승만에게서 등을 돌린 것이다. 여기에다 이동휘의 후임으로 국무총리를 맡은 이동녕마저 체제 개혁을 들고 나와 이승만과 부딪치다가 퇴진하고 말았다. 이승만으로서는 이제 내각 구성마저 힘들게 되었다. 이승만은 상하이 정국을 안정시킨 뒤 미국으로 돌아가려 했지만, 어느 것 하나 시원하게 해결하지 못한 채 돌아가야 했다. 가시적인 성과가 없더라도 정국만은 수습해야 했으나, 이승만은 이마저도 실패했던 것이다.

이승만에게는 연해주나 미주가 아닌 중국 현지의 지원을 받을 수 있는 인물이 필요했을 것이다. 특히 상하이의 정서에 맞는 인물이 바람직했는데, 이에 적합한 인물이 바로 신규식이었다. 그는 이미 1910년대의 활동을 통해 중국 혁명인사들과 긴밀한 관계를 형성하고 있었고, 곳곳의 학교에 청년들을 파견하여 인재로 양성하고 있었으며, 더구나 이승만이 상하이에 머무는 동안 줄곧 정부 옹호와 유지라는 태도를 고수해왔기 때문이다. 여기에 이승만 자신이 태평양회의에 참가한다는 계획을 세우고 있었던 만큼, 태평양회의를 통해 중국과 공동전선을 이끌어 내기 위해서는 단연 신규식이 가장 활용할 만한 인재였다.

한편 신규식도 이승만의 임명을 받아들일 만한 나름의 이유가 있었을 것이다. 뒤를 받쳐줄 중국 인사들과 동제사同濟社를 통해 길러 낸 청년들의 지원, 1921년 4월에 광둥에서 호법정부가 수립되고 쑨원이 5월에 비상총통에 취임한 중국의 상황을 외교적 배경으로 삼을 수 있다는 자신감, 여기에 이승만이 기대하고 있는 태평양회의에 쑨원과 공동전선을 형성할 수 있으리라는 고려에 이르기까지, 신규식은 자신의 가능성들을 복합적으로 계산했을 것이다.

두 사람은 모두 태평양회의에 대해 정부의 외교 노력을 집중한다는 데 같은 인식을 가졌다. 신규식이 눈앞에 다가선 태평양회의를 큰 변수로 인식한 것만은 분명했다. 건국과 정부 수립 자체가 제1차 세계대전을 마무리 짓는 파리강화회의와 얽혀 이루어졌고, 아직 외교로 문제를 풀어 나가려는 의지도 강했다. 독립전쟁을 이끌어 갈만한 준비와 능력이 없는 상태에서 거기에 기대는 것도 잘못은 아니었다. 이승만이 상하이를 벗어날 명분으로 태평양회의 참석을 내건 일은 마땅했다. 이승만이 태평양회의에 참석하려고 시도하거나, 여기에 한국 문제를 상정시키기 위해 노력을 펼치는 일은 무의미하지 않다고 판단할 만했다. 그렇다면 이승만이 신규식을 선택하고, 또 신규식이 이승만의 요청을 받아들일 만한 이유가 있었을 것이다.

나누어 맡을 역할이 논의되었을 것은 분명하다. 하나는 워싱턴회의에 대표로 참석하여 한국 문제를 상정할 수 있도록 노력하는 역할이고, 다른 하나는 정부를 맡아 주변 국가와 교섭하여 한국 문제에 대한 지지를 이끌어 내도록 만드는 것이었다. 앞의 것은 당연히 이승만의 몫이다. 그렇다면 뒤의 것은 신규식의 몫이 아닐 수 없다. 더구나 정부가 터를 잡고 활동근거지로 삼고 있던 중국에서, 그 협조를 끌어내는 일은 신규식이 가장 적임자였던 것이다.

두 사람의 선택, 태평양회의를 내다보며 손을 맞잡은 정황은 다음 두 자료에서도 확인된다.

中華南北政府에 위원을 派送하여 外交事宜를 管掌케하며 各省에도 系統的으로 聯絡交涉을 施할지며…… (후략)[59]

각하의 渡美하시기 前에 已爲 內命하신(밑줄－필자) 바에 의하야 9월 22일 국무회의에서 本職을 廣東(中華民國)에 派遣하는 특사로 임명하기로 결정되어야…… (후략)[60]

앞의 자료는 이승만이 상하이를 떠나면서 발표한 〈유고諭告〉를 통하여 담아낸 여러 정책 가운데 한 부분이다. 여기에서 이승만은 광둥·베이징 정부와 외교관계를 펼쳐나가야 함을 밝혔다. 뒤 자료는 이승만이 미국으로 떠나기 앞서 두 사람 사이에 태평양회의를 대비한 논의가 있었음을 말해 준다. 더구나 신규식 자신이 광둥으로 간다는 결정은 이승만이 도미하기 이전에 '내명內命'한 데서 비롯된 것임을 말해 주기도 한다. 두 사람의 '만남'은 국제회의를 앞두고 현실인식과 대응방식에 상호 협력이 가능하다는 판단에서 이루어진 것이다.

3. 광둥 호법정부에 대한 외교 준비

그에게 주어진 임무는 정부 운영과 태평양회의 지원외교라는 두 가지가 골자였다. 국무총리대리 겸 법무총장에다가, 이어서 외무총장까지 겸직하여 정부를 장악하면서, 미국에서 활약하는 임시대통령을 돕는 것이 그 하나였다. 다른 하나는 태평양회의에 참가하려고 시도하는 임시대통령을 도와 정부 차원에서 돕기도 하지만, 다른 한편으로는

---

59) 우남이승만문서편찬위원회, 〈諭告〉, 《雩南李承晚文書》 東文篇 6, 중앙일보사·연세대 현대한국학연구소, 1998, 65쪽.
60) 우남이승만문서편찬위원회, 〈국무총리대리법무총장 신규식이 임시대통령 이승만에게 보낸 보고〉(國務院呈文28號, 대한민국 3년 9월 30일), 《雩南李承晚文書》 東文篇 6, 중앙일보사·연세대 현대한국학연구소, 1998, 409쪽.

직접 광둥 호법정부의 지원을 교섭하고 이끌어 내는 역할을 그가 맡는 것이었다.

신규식이 정부를 대표하는 모습은 5월 20일 열린 임시의정원 폐원식에서 드러났다. 이 날 그는 국무총리대리 겸 법무총장 자격으로 참석하여, 입법기관과 행정기관의 맥락이 잘 통하고 유지되는 것에 대해 치하하는 '고사告辭'를 발표하였다.[61] 얼마 뒤인 5월 26일, 그는 외무총장까지도 함께 맡았다.[62] 사실상 정부 운영을 한 손에 쥐게 된 것이요, 이승만이 그에게 전권을 위임한 셈이다.

이승만이 상하이를 떠난 뒤, 신규식은 계속 이승만과 소식을 주고받으며 정국을 장악해 가는 한편, 외교활동을 준비해 나갔다. 마침 7월 10일 미국 하딩W. G. Harding 대통령이 태평양회의를 공식적으로 발표했다. 이미 소문으로 떠돌고 있었지만, 참가 일정과 참가 국가에 대한 정확한 결정사항이 발표된 것은 7월이었던 것이다.[63] 정부와 그 주변에서 활기가 일어났다. 정부는 정부대로 여기에 대처하는 움직임을 보였고, 정부 주변에서도 마찬가지였다.

우선 태평양회의에 대한 정부 차원의 선전활동을 시작했다. 신규식은 이시영·이동녕 등과 더불어 대책을 협의하는 한편, 중국과 일본의 각계 인사들에 대한 선전활동을 펴기 시작했다. 그러자 신규식이 이끄는 내각을 지원하는 분위기가 만들어지기 시작했다. 이승만이 상하이를 떠난 사실에 대해 비난이 집중되었지만, 태평양회의에 대한 논의가 일어나자 대한민국 임시정부를 둘러싼 불협화음은 일단 잦아들어 갔다. 정부뿐만 아니라 정부에 거리를 두던 인물조차 '태평양회의 외교후원회'(이하 후원회로 줄임) 결성에 참여하였다.

---

61) 《獨立新聞》 1921년 5월 25일자.
62) 〈대한민국임시정부공보〉 호외 및 25호, 《雩南李承晩文書》 東文篇 7, 중앙일보사·연세대 현대한국학연구소, 1998, 230~231쪽.
63) 참가국은 미국·영국·프랑스·이탈리아·일본·중국·벨기에·네덜란드·포르투갈 등 9개 국가이다.

이 후원회는 8월 13일 상하이 프랑스 조계 바이얼로白爾路 439호
에 있던 교민단 회관에서 100명 넘는 한인이 참석한 가운데 발의되
고 결성되었다. 26일 열린 3회 총회는 임시의정원 의장이던 홍진洪鎭
을 간사장으로 뽑고, 그 아래 서무와 재무를 맡을 전임 간사와 일반 간
사를 뽑아 조직을 갖추었다. 이를 활성화시키기 위해 특별연설회를 열
기도 했다. 9월 초, 임시의정원 의장이자 후원회 간사장을 맡은 홍진
이 주최하고 안창호가 강연을 맡은 연설회가 교민단 회관에서 열린 것
이다.[64] 그 자리에서 〈선언서〉가 채택되었다. 태평양회의에 참가한 열
국이 동양 평화의 근본 문제인 대한의 독립을 완전히 승인할 것을 요
구하고, 각지의 동포와 단체가 연결하여 일치단결 선전활동에 나서며,
이를 재정적으로 후원한다는 내용이 핵심이었다.[65] 만약 이것이 이승
만과 신규식의 계산된 의도였다면, 일단 정국 안정이라는 면에서는 성
공적인 것이었다고 평가할 만하다.

이처럼 후원회가 정부를 돕고 나서자, 대한민국 임시정부는 후원회
와 외교활동을 나누어 맡는 방안을 찾았다. 그 결과 신규식은 신익희
와 함께 중국 남방, 곧 광동정부를 담당하는 책임자가 되었다.[66] 신규
식은 이승만을 태평양회의에 참가할 대표장으로, 서재필을 출석대표로
각각 결정했다는 공문을 내고, 이 회의에 제출할 〈요구서〉를 요령·
서언·조건·이유·결론 등으로 작성하였으니 이를 영문으로 번역하
여 제출해달라고 이승만에게 주문하였다.[67] 이승만도 미국에서 9월 9

64) 우남이승만문서편찬위원회, 〈연설회 개최 통지문〉·〈태평양회의에 외교후원회
   간사회 조직〉·〈태평양회의에 대한 외교후원회 규칙〉, 〈특별 대연설회 개최 통지
   문〉, 《雩南李承晚文書》 東文篇 8, 중앙일보사·연세대 현대한국학연구소, 1998,
   373~377, 386쪽.
65) 우남이승만문서편찬위원회, 〈宣言書〉, 《雩南李承晚文書》 東文篇 8, 중앙일보사·연
   세대 현대한국학연구소, 1998, 387~389쪽.
66) 〈朝鮮治安狀況〉, 독립운동사편찬위원회, 《獨立運動史資料集》 7, 1973,
   486~487쪽.
67) 우남이승만문서편찬위원회, 〈국무총리대리법무총장 신규식이 임시대통령 이승만에
   게 보내는 보고〉(國務院呈文27號, 1921. 9. 8), 앞의 책, 362~364쪽 ; 대한민국국
   무총리대리외무총장 신규식 명의, 〈此書類를 接覽하는 衆位에게 宣함〉(대한민국 3년

일자로 국무원과 신규식에게 보낸 공함에서 "태평양대회는 오족吾族의 막대莫大한 기회라. 마땅히 극력 이용해야"한다고 주장하면서, 자신이 워싱턴대회에 참가권을 요구할 것이며 조선이 독립국이라는 사실을 확실하게 보여주겠다는 굳은 의지를 나타냈다.[68]

이제 나설 길은 본격적인 외교 무대였다. 광둥에서 성립한 호법정부가 그 대상이었다. 쑨원 총통에게 대한민국 임시정부에 대한 승인과 지원을 요청하고, 태평양회의에 공동 보조를 취하자고 요구하러 나선 길이었다. 신규식은 광둥행에 나서기에 앞서 이승만에게 보낸 글에서, 이승만의 도미 이전에 논의한 것처럼 태평양회의에 광둥정부 대표가 파견될 경우 그 대표와의 협조를 이끌어 내겠다는 전략을 밝혔다.

> 廣東政府를 內容으로 承認하야 我國政府와 因緣을 結하며 各界要人으로 接治聯絡하고 今番 太平洋會議에 廣東政府의 代表派遣이 尙今未定이오나 萬一 派遣케 되면 그 代表에게 豫先 約束하야 我國問題를 회의에 제출케 하고 盡力幫助케 하도록 하기 爲함.[69]

신규식은 본격적인 외교활동을 하고자 광둥으로 떠나기 전, 중국과 일본의 각계 인사들에게 보내는 글을 발표하여 선전 작업에 들어갔다. 우선 태평양회의에 즈음하여 중국과 일본이 한국 독립 문제를 제기하고 지원해야 하는 이유를 내건 선언서를 발표하고 발송했다. 중국 인사들에게는 한국의 독립을 지원해야 하는 역사적인 이유를 설명하고,[70] 일본의 법률단체 인사들에게는 한국 문제가 유럽의 발칸 사정과

9월 29일), 같은 책, 431~432쪽.

68) 〈國務院僉位鈞照, 睍觀仁兄鈞鑑, 尊函第一號를 接하야〉, 우남이승만문서편찬위원회, 《雩南李承晚文書》東文篇 6, 중앙일보사 · 연세대 현대한국학연구소, 1998, 86~88쪽.

69) 우남이승만문서편찬위원회, 〈국무총리대리법무총장 신규식이 임시대통령 이승만에게 보낸 보고〉(國務院呈文28號, 대한민국 3년 9월 30일), 《雩南李承晚文書》東文篇 6, 중앙일보사 · 연세대 현대한국학연구소, 1998, 410쪽.

70) 우남이승만문서편찬위원회, 〈大韓民國臨時政府敬告中華民國各界諸君子書〉, 《雩南

마찬가지이므로 이 문제가 해결되지 않으면 동아전쟁東亞戰爭 발발이
필연적이라는 점을 강조하면서, 일본정부에 해결을 재촉하라고 요구하
였다.[71] 이러한 활동은 사전 정지 작업에 해당하는 것이었다.

중국 인사들에 대해서는 '대한민국 임시정부 국무총리대리 외무총
장 신규식'의 이름으로〈대한민국임시정부경고중화민국각계제군자서大
韓民國臨時政府敬告中華民國各界諸君書〉를 발표하고 발송하였다. 그는 이
글에서 중국의 여러 인사들이 한국의 독립을 적극 도와야 하는 네 가
지 근거를 제시하였다. 즉, 중국의 역사적 인도주의, 세계대전의 재발
을 막아 낼 세계평화, 청일전쟁 이래 약속된 국제신의, 순치관계脣齒關
係를 가진 양국의 정세 등이 그것인데, 결론적으로 태평양회의에 중국
대표를 파견하고 한국의 독립 문제를 제기하여 세계의 공판公判을 이
끌어 내줄 것을 당부하였다.[72]

이어서 신규식은 일본의 각 법률단체에 다음과 같은 요지의 통고서
를 보냈다.

> 우리나라를 욕심낸 나라는 귀국이다. 지금 태평양회의를 앞두고 본국에
> 서는 대회에 대표를 파견하려 한다. 귀국은 국제조약에 따라 대회에서 한
> 국의 독립 문제를 제출하여 주기를 바란다. 이 문제는 귀국의 자구책 가운
> 데 상책이다. 발칸 문제 때문에 유럽전쟁이 일어났듯이 지금 귀국의 지위
> 가 바로 서방의 발칸 사정과 똑같다. 때문에 동아전쟁이 일단 발동되면 귀
> 국은 그 어느 나라보다 먼저 참여할 것이 조금도 의심되지 않는다. 본국
> 문제가 토의될 것을 희망하며 귀 정부를 재촉하기를 바란다. 이것은 귀국
> 을 위한 자구책이며 양국을 위한 일이다.[73]

李承晩文書》東文篇 6, 중앙일보사·연세대 현대한국학연구소, 1998, 420~424쪽.

71)《申報》1921년 10월 5일자.

72) 우남이승만문서편찬위원회,〈大韓民國臨時政府敬告中華民國各界諸君書〉, 앞의
     책, 420~424쪽.

73) 각주 25)와 동일.

주장의 요지는 한국의 독립 없이 동아시아의 평화를 일구어낼 수 없으니, 이를 해결하기 위해 일본 법률단체가 나서서 일본 정부로 하여금 이 문제를 태평양회의에 제출하고 해결하도록 압력을 넣어야 한다는 것이다. 이 사실이 보도된 시기가 1921년 10월 5일이므로, 통고서는 대개 9월 말이나 10월 초에 일본으로 발송되었을 것이라 짐작된다. 그리고 바로 이 무렵, 신규식은 광둥으로 출발한 것으로 보인다.

4. 광둥행 그리고 쑨원과의 협상

대한민국 임시정부의 국무총리대리 겸 외무총장으로서, 또 특사로서 신규식은 광둥행에 올랐다. 그 일정과 행적에 대한 자료는 신규식을 수행하였던 민필호閔弼鎬가 뒷날 충칭에서 기록한 《한중외교사화韓中外交史話》가 거의 유일한 편이다. 이 글은 신규식의 광둥외교를 가장 정밀하게 알려주는 자료임에 틀림없다. 하지만 광둥에서 발간된 신문 자료를 비롯한 몇 가지 기록과 일정이 맞지 않는다. 이 때문에 일정만이 아니라 사실 자체에 대한 의심을 가지는 경우까지 나타났다.[74] 그렇다면 우선 광둥행의 전반적인 일정부터 검토한 뒤에 활동 내용을 보는 것이 순서일 것 같다.

표를 보면 《한중외교사화》 기록이 다른 자료들과 비교할 때 차이가 있다. 면밀하게 검토한 새로운 연구에 따르면,[75] 대개 민필호의 회고는 실제 있었던 일과 대개 한 달 정도의 시차를 보이고 있음을 알 수 있다. 이것은 민필호가 20년이나 지난 뒤 충칭에서 회고록을 작성할 때, 일정에 대해 약간 착각한 때문일 것이다.

---

74) 狹間直樹, 〈孫文と韓國獨立運動〉, 《季刊靑丘》 4(1990. 5), 17~19쪽 ; 森悅子, 〈中國護法政府の大韓民國臨時政府正式承認問題について〉, 《史林》 76~4(1993), 69~86쪽.

75) 배경한, 《쑨원과 한국》, 한울아카데미, 2007, 84~87쪽.

민필호의 기억은 다른 부분에서도 조금씩 차이를 보였다. 대표적인 예가 신규식이 쑨원을 만난 날짜와 국서를 봉정한 장소이다. 민필호는 신규식이 쑨원을 만난 날짜를 11월 3일로 기록했지만, 쑨원은 당시 광저우에 없었다. 실제 중국신문의 보도에 따르면 신규식·쑨원의 면담은 10월 초에 이루어졌다. 또 국서를 봉정한 장소와 계기에 대해, 민필호는 11월 18일 신규식이 동교장東較場에서 열린 북벌서사식北伐誓詞式에 참석하여 국빈의 예우를 받았고, 거기에서 국서를 봉정했다고 적었다. 하지만 중국 기록에는 그 어디에도 북벌서사 전례가 나타나지 않고, 다만 10월 10일 신해혁명 10주년 기념식과 열병식이 동교장이 아닌 북교장에서 열렸다고 기록되어 있다.[76] 전반적으로 보아, 신규식이 광저우로 가서 활동한 내용은 인정할 만하다. 도착하자마자 호법정부의 주요 인사들을 두루 만나고, 이어서 쑨원을 면담하여 한국 문제를 논의한 것은 분명하다. 일본 총영사관 보고서도 최소한 신규식의 광둥 도착과 요인 면담 내용 정도는 담고 있다. 신규식이 국서를 봉정하고, 광저우에 있던 열강들의 외교관을 초대하여 한국 문제를 환기시킨 정도는 충분히 인정할 수 있다.

일단 일정 차이를 감안하면서 신규식의 행보와 활동 내용을 본다. 신규식은 9월 말 민필호閔弼鎬를 데리고 상하이 애산부두涯山埠頭에서 1만 톤급의 프랑스 우편선(S. Sniel)을 타고 출발하고, 이틀 뒤 홍콩에 도착하였다. 그는 다음 날 윈남雲南의 주요인물인 탕지야오唐繼堯를 만나, 그가 윈남에 돌아가면 한국을 위해 최소한 2개 사단의 군관 인재들을 양성하여 한국의 혁명을 원조하고 또 중불은행中佛銀行의 예금 문제가 해결될 경우 10만 원을 찬조한다는 약속을 받아 냈다.[77] 그날

---

76) 〈雙十節之廣東〉, 《四民報》 1921년 10월 15일자 1~4면(배경한, 《쑨원과 한국》, 한울아카데미, 2007, 87쪽에서 재인용).

77) 민필호, 〈韓中外交史話〉, 《石麟 閔弼鎬傳》, 김준엽 엮음, 나남출판, 1995, 224쪽. 탕지야오는 윈남강무당(군관학교)에 한인 학생 50여 명을 졸업시킴으로써 군관 인재들을 양성하겠다는 약속을 지켰지만, 상하이 중불은행이 파산함에 따라 예금을 찾지 못하면서 경제적으로 지원한다는 약속까지는 이행하지 못했다.

오후에 광둥에 도착한 신규식은 다음 날 호법정부 청사와 각 부회 및 친지를 방문하고, 총통부 비서장 후한민胡漢民, 대리원장 쉬첸徐謙, 내무부장 뤼지이呂志伊(뤤민天民) 등을 만나 광둥에 온 목적을 밝혔다. 당시 광둥의 각 신문은 "한국특사 신규식 씨가 내광來廣하여 우리 당국과의 협상이 매우 융화하였으며 전광둥全廣東은 기뻐 경축한다"라고 보도하였다.[78]

〈표〉 신규식의 광둥 방문에 대한 일정 검토

	《한중외교사화》 기록	신문보도·일제정보보고	배경한의 견해
광둥 방문 일정	1921년 10월 26일 상하이 출발 28일 홍콩 도착 29일 탕지야오唐繼堯 만남 30일 광저우 도착 31일 후한민胡漢民·쉬첸徐謙 요인 방문 11월 3일 쑨원 방문 회담 11월 5일 도미의원韜美醫院 입원 11월 10일 광저우 중한호조사 성립대회 참석 11월 18일 동교장東較場 북벌서사식 참석, 쑨원에게 국서國書 봉정 의식 11월 31일 탕자완唐家灣, 탕지야오唐繼堯 방문 12월 22일 신신찬청新新餐廳 연회 12월 25일 광저우 출발, 상하이행	9월 27일 중한호조사 성립대회 10월 초 쑨 총통 면담 보도(상하이《민국일보》10. 4) 10월 상순 광저우 도착 보도(《독립신문》11. 11) 신규식·쑨원 영접 보도(《사민보四民報》10. 16) 신규식 광둥정부 방문(황둥군보廣東群報 10. 18) 10월 10일 광둥정부 신해혁명기념식(북교장北較場) 10월 11일 신규식 광둥 도착(일본총영사관 보고서) 10월 15일 북벌 독려 위해 광시 지방 출장(쑨원 광저우 부재) 12월 14일 신규식 상하이에서 확인됨(大東旅社에서 중국 인사 초청 연회 주최)	9월 말 광저우 도착 10월 초 쑨원 면담 10월 10일 국서 봉정(신해혁명 십주년 기념식) 11월 말 광저우 출발 상하이행

10월 초, 신규식은 쑨원孫文을 만났다. 이에 앞서 그는 관인산觀音山 아래에 있던 비상총통부를 방문하여 후한민(대통총 비서장)을 만난 다음, 외교부에 들러 우팅팡伍廷芳(호법정부 외교부장)을 만나 국제관례에 따라 대총통 접견 절차를 밟았다. 그런 뒤에 다시 관인산 중턱에 터를 잡은

---

78) 민필호, 앞의 책, 1995, 230쪽.

대총통 관저를 방문하여 쑨원을 만난 것이다.[79] 그 자리에서 신규식은
다음과 같은〈호혜조약互惠條約 오관五款〉을 제시하고 설명하였다.

> 1) 대한민국 임시정부는 호법정부護法政府를 중국 정통의 정부로 승인함.
>   아울러 그 원수元首와 국권을 존중함.
> 2) 대중화민국大中華民國 호법정부가 대한민국 임시정부를 승인할 것을 요
>   청함.
> 3) 한국 학생의 중화민국中華民國 군관학교軍官學校 수용 허가를 요청함.
> 4) 차관 5백 만 원을 요청함.
> 5) 조차지대租借地帶를 허락하여 한국독립군 양성에 도움이 되게 하기를
>   요청함.[80]

제1·2항은 상호 승인을 요구한 것이고, 제3항은 한국학생의 군사
간부 육성을 도와달라는 것이며, 제4·5항은 경제적 지원과 근거지 제
공을 부탁한 것이었다. 이에 대해 쑨원은 신규식의 요구가 당연한 일
이지만 이를 실현하기에는 시일이 필요하다고 답하였다. 왜냐하면 쑨
원이 이끄는 호법정부 자체가 아직 광둥廣東이라는 하나의 소省만 장악
하고 있어 자신들도 다른 나라의 승인을 얻지 못하는 형편이었고, 그
만큼 활동영역이나 재정 면에서 전혀 여유가 없었기 때문이다. 그래서
쑨원은 이와 같은 사정을 하나씩 설명한 뒤, 대신 한인 청년에 대한 군
사교육에 관해서는 "군관학교에 귀국 자제를 전부 수용하여야 한다고
명령을 전달하겠다. 조차지租借地를 가지고 군사를 훈련시켜 혁명의 근
거지로 삼는다는 데 대하여 나는 북방이 가장 적합하다고 인정하지만,
호법정부의 역량으로는 아직 도달치 못하고 있으니 (중략) 일제의 실력
원조는 북벌계획이 완성됨을 기다린 뒤 시기가 오면 전력全力으로 한

---

79) 관인산은 현재 粵秀公園으로 가꾸어져 있고, 중턱에 있던 쑨원의 관저 자리에 '孫先
   生讀書治事處'라는 기념비가 세워져 있다.
80) 민필호, 앞의 책, 232쪽.

국 광복운동을 원조하겠다"고 답함으로써, 가능한 부분부터 실천에 옮
긴다는 의지를 표명하였다.[81]

　신규식의 노력이 있었음에도 상호승인 문제는 형식과 실제라는 측
면에서 약간의 문제를 드러냈다. 형식적으로 완전히 상호승인이 이루
어지려면 양국의 의회 승인 절차를 거쳐야 하는데, 쌍방이 이를 마치
지 못했기 때문이다. 그렇지만 실제로는 상호승인을 달성했다고 해도
지나친 말은 아니다. 그 첫째 이유는 비록 '정부승인'은 아닐지라도 이
를 찬성하는 쑨원의 의지가 광둥국회에서 '한국독립승인안'을 상정하
고 통과시켰다는 점이다.[82] 둘째 이유는 신규식이 쑨원에게서 공식적
인 외교관계 성립을 상징하는 공식접견의 기회를 받아냈다는 점이다.
마침 10월 10일 광저우廣州 북교장北較場에서 열린 신해혁명 10주년
기념식에서 신규식이 대한민국 임시정부의 대표 자격으로 참석하여 정
식 외교절차에 따라 대총통을 접견하는 의식을 가졌던 것이다.[83] 그리
고 셋째 이유는 대한민국 임시정부가 1922년 2월 외무부 외사국장 박
찬익朴贊翊을 광둥주재 대한민국 임시정부 대표로 파견하여 외교업무
를 관장하게 하였는데,[84] 호법정부에 주차駐箚하는 동안 호법정부로부
터 매월 광둥 화폐인 호양毫洋 5백 원元씩, 6개월에 걸쳐 원조를 받았
다는 점이다.[85]

　이처럼 광둥 호법정부에서 대한민국 임시정부에 대한 승인문제 처
리는 쑨원의 개인적인 견해 표명이나 호법정부의 비공식적인 승인이
라는 형식으로 이루어졌을 가능성이 크다. 특히 대한민국 임시정부의
외교관을 광둥에 머물도록 허용하고, 이에 대해 재정을 지원한 조치는
실제로 외교관계를 인정한 것으로 볼 수 있다. 또 이 합의에 따라 대한

---

81) 민필호, 앞의 책, 238쪽.
82)《獨立新聞》1921년 12월 6일자.
83) 배경한, 앞의 책, 87쪽.
84) 강영심,〈申圭植의 생애와 독립운동〉,《한국독립운동사연구》1, 247쪽.
85) 민필호,〈韓國獨立運動에 協助한 中國人士〉, 앞의 책, 146쪽.

민국 임시정부가 파견한 대표가 광저우에 머물면서 활동했다는 사실도
호법정부가 대한민국 임시정부를 실제로 승인했음을 말해 준다.[86]

　이와 같은 외교적 성과는 대한민국 임시정부가 소련에 이어 두 번째
로 성립시킨 공식적인 외교관계라는 점에서 중요한 의의를 가진다. 그
리고 이러한 성과를 거둘 수 있었던 배경은 신규식이 대한민국 임시정
부 수립 이전부터 쑨원을 비롯한 중국 혁명지사들과 교류하며 협력관
계를 마련해 놓은 데 있었다.[87] 따라서 상호승인 문제에 대해 양측은
정확한 의미에서 볼 때 모두 합법성을 결여하고 있지만, '사실상의 승
인'을 일구어낸 것으로 평가할 수 있다.[88]

5. 워싱턴회의에 대한 협력 논의

　신규식이 쑨원에게 요청한 것은 두 가지였다. 하나는 대한민국 임시
정부를 승인해 달라는 것이고, 다른 하나는 태평양회의에 공동 대처하
자는 주문이었다. 먼저 신규식은 쑨원에게 태평양회의에 대해 공동으
로 대처하자고 제안하였다. 즉 이미 대한민국 임시정부가 파리와 워싱
턴에 구미위원부歐美委員部를 만들고 범태평양회의에도 대표를 파견하
여 선전에 노력하고 있으니, 호법정부도 그들의 대표에게 한국 대표와
호응하도록 훈령을 내려 달라고 요구한 것이다. 이에 대해 쑨원은 태
평양회의가 가지는 한계를 지적하면서도 호법정부 대표에게 훈령을 내
려 양국 대표의 협조를 이끌어 내자는 데 신규식과 합의하였다.[89]

---

86) 배경한, 앞의 책, 91~92쪽.
87) 강영심, 〈申圭植의 생애와 독립운동〉, 《한국독립운동사연구》 1, 247쪽.
88) 배경한, 〈孫文과 上海韓國臨時政府―申圭植의 廣州訪問(1921년 9~10월)과 廣東護
　　法政府의 韓國臨時政府 承認問題를 中心으로〉, 《東洋史學研究》 56, 1996, 109쪽.
89) 민필호,〈韓中外交史話〉, 앞의 책, 237・239쪽. 호법정부는 당시 중국북방정부가
　　태평양회의에 대표를 파견하자 이를 부정하고 북방 대표 승인을 중국의 내정간섭으로
　　규정하면서, 열강의 이권과 일본의 21개조에 대한 불인정을 선언하였다. (《獨立新聞》
　　1921년 12월 6일자)

태평양회의에 대한 양 정부 사이의 협조 약속은 당장 광둥 지역에서 실천으로 나타나기 시작하였다. 광저우의 중한협회中韓協會가 "화성돈華盛頓에서 열리는 태평양회의에 대하여 한중에 대한 요구조건을 전보로 제출하기로 결정"한 것이다.[90] 이어서 이 협회는 한국과 중국에 대한 일체의 비밀조약과 강박조약, 예를 들면 한국에 대한 '을사조약'과 합병조약, 중국에 대한 21개조 산동문제 등이 무효임을 주장하고, 한국 독립과 중국 영토의 완전 담보를 약속한 마관조약馬關條約의 완전 이행을 촉구하는 선언을 발표하였다.[91]

신규식이 호법정부를 방문하는 동안, 광둥의 신문도 그에 대해 호감을 갖고 보도하였다. 대표적으로 《광둥군보廣東群報》가 〈정부대부한사지태도政府對付韓使之態度〉라는 제목 아래 신규식의 방문을 자세하게 보도한 것을 들 수 있다. 머리글만 보아도 호법정부 요인들이 신규식에 대해 극진하게 대하고 있음을 알 수 있다.

우리 신정부가 그를 접대하는 데 정부 각 요인이 비록 국제관례에 따라 아직 정식으로 접견할 수 없지만 신군申君이 다년간 함께 고생한 사람이라 만약 형세에 구애된다면 매우 편치 않을 것이라. 특별히 사사로이 정을 나누고 여러 차례 만나기를 청하니 대리원장大理院長 서계룡徐季龍 등의 요인들이 연일 노우老友로서의 정을 나누고 연회를 열어 환영하고 있다.[92]

이 글은 신규식이 쑨원을 만나는 장면 또한 보도하면서, 특히 신규

---

90) 《獨立新聞》1921년 11월 11일자. 1921년 9월 安徽省 의원인 丁象謙, 베이징에서 남하한 국회의원 謝英伯·朱念祖·高振宵·張啓榮·葉夏聲, 호법정부 사법부장 서겸 등은 한인 金檀庭·金熙譚·朴化祐·孫士敏 등과 함께 광저우에서 중한협회를 결성하였다.(국회도서관,《韓國民族運動史料》三·一運動篇 其二, 1976, 634쪽) 9월 27일에 중한협회는 선언을 발표하고 중국과 한국의 제휴와 互助 등을 주장하였다.(〈在上海共産黨首領呂運亨取調狀況に關する件〉,《日本外務省特殊調査文書》26, 1989, 454쪽

91) 《獨立新聞》1921년 11월 19일자.

92) 《廣東群報》1921년 10월 18일자. (재광둥일본총영사가 외무대신에게 보낸 보고에 스크랩된 기사)

식의 발언을 다음과 같이 자세하게 표현하였다.

> 신군申君이 수좌首座(쑨원—필자)를 알현하매 송사頌詞를 아뢰니 그 정의
> 가 진지하다. 대개 그 내용은 "한국이 회복독립을 선포하고 공화정부를 개
> 건改建하였으니 국체가 귀국과 같습니다. 이후 일체의 귀국이 찬조해 줄
> 것으로 믿고 그것이 이루어질 것을 낙관합니다. 규식이 총통의 내리사랑을
> 입은 지 10년에 각하께서 하늘을 슬퍼하고 국민을 애틋하게 여기며 길이
> 대동大同에 있음을 깊이 알게 되었고, 이제 중화를 안정되게 지키며 대국大
> 局을 주지하며 새로운 국면을 이끄시니 더 이상 기쁠 수가 없습니다. 삼가
> 각하께서 이웃이 스스로 구할 수 있도록 더욱 새겨 주시길 바랍니다. 동아
> 화평이 이에 영원히 보존되기를 실로 본국 정부와 2천만 인민이 기도하는
> 바입니다."

호법정부의 극진한 대우는 신규식의 병환에 대한 태도에서도 드러
났다. 신규식이 과로로 말미암아 불면증에 걸려 광저우 도미의원韜美醫
院에 입원하였을 때, 쑨원 총통은 호양 천 원을 치료비로 보내 주었고,
또 호법정부 대리원大理院 원장 쉬첸과 총통부 비서장 후한민으로 하여
금 문병하도록 하였다.[93]

6. 좌절과 순국

신규식은 광둥에 주재하고 있던 각국의 외교관들에게 한국 문제를
알리는 데 힘을 쏟았다. 그는 의사인 이성요李聖耀에게 프랑스어 통역
을 맡기고 광둥 시내 사몐沙面 지역에 주재하는 각국 영사관을 방문하
여 한국의 독립 문제를 선전하였다. 또 1921년 12월 22일에는 신신新

---

93) 민필호,〈韓國獨立運動에 協助한 中國人士〉, 앞의 책, 146쪽.

新호텔에 각국의 영사들을 초청하였는데, 이 자리에는 미국 · 프랑스 영사 및 총통부 내빈 등 60여 명이 참석하였다. 이때 신규식은 중국어로 연설하였으니, 3 · 1운동 경과와 각지 운동의 근황, 중국 호법정부가 대한민국 임시정부를 정식으로 승인한 경과를 설명한 다음, 이에 열국이 한국 독립운동에 대해 한층 더 원조하고 지도해 주기를 희망한다고 부탁하였다.[94] 프랑스 영사와 미국 영사가 각각 축사를 하였다. 이 행사를 끝으로 신규식은 광둥에서의 활동을 마무리하고, 1921년 12월 25일 아침에 광둥을 출발하여 상하이 직행 기선으로 돌아왔다.[95]

신규식의 외교활동은 호법정부에게서 '사실상 승인'을 획득하였고, 호법정부가 북벌北伐을 이루어 가는 과정에서 대한민국 임시정부에 대한 지원을 늘려 가겠다는 확약을 받아 내었다. 또 태평양회의에 대해 공동으로 대처한다는 입장에도 호법정부와 합의하였다. 그러한 점에서 신규식의 광둥행은 상당한 성과를 거둔 것이라 평가할 만하다. 결국 이승만과 사전 조율을 거친 이러한 외교활동을 통해 태평양회의에 대한 외교활동에서 정부가 본부로서 기능할 수 있게 되었다. 한편으로는 이승만 대통령을 회의 장소로 전진 배치하고자 신규식이 호법정부와 공동전선을 형성하였던 것으로 이해하는 것이 옳을 것 같다.

신규식은 상하이로 돌아오자마자 외교의 성과를 널리 알렸다. 우선 박찬익을 호법정부에 파견하였다. 이어서 12월 14일, 그는 상하이 대동여사大東旅社에서 중국 인사들을 초청하여 연회를 베풀고, 광둥에서 거둔 성과를 설명했다. 승인 문제를 알리는 것만이 아니라, 태평양회의에 대한 공동대응에 대해서도 설명했을 것이다.

하지만 이러한 노력에도 불구하고 태평양회의는 끝내 한국 문제를 외면했다. 한국 문제는커녕 대표 참석조차 허락하지 않았다. 더구나 광둥 호법정부마저도 태평양회의와 등을 돌렸다. 베이징정부가 대표성

---

94) 민필호, 〈韓中外交史話〉, 앞의 책, 255쪽.
95) 민필호, 앞의 책, 256쪽.

을 인정받고, 여기에 호법정부 대표를 끼워 넣는 선에서 타협안을 끌어내려던 미국의 자세에 쑨원이 반발하면서, 대표 파견 자체를 거부하고 나선 것이다. 그러므로 신규식의 광둥 방문과 활동이 목표로 삼은 두 가지 사안 가운데 태평양회의에 대한 공동대응은 사실상 물 건너가고 말았던 것이다.

기대가 큰 활동일수록 그 결과에 따른 영향 또한 클 수밖에 없다. 정부 차원에서 가능한 외교수단을 총동원하여 활동을 폈지만, 태평양회의가 기대한 것과 전혀 동떨어진 방향으로 끝나버리자, 대한민국 임시정부는 다시 안팎으로 큰 시련에 부딪히게 되었다. 태평양회의 전후로 잠시 소강상태를 보이던 국민대표회 추진운동은 다시 불꽃을 튀기기 시작했다. 이를 견디다 못한 신규식 내각은 물러서기로 작정했다. 내무총장 이동녕이 1922년 2월 말에 사면서를 제출하자, 신규식은 마지막으로 혼신의 노력을 기울이다가, 3월 20일 끝내 이시영과 함께 사직하고 말았다.[96] 노백린盧伯麟 군무총장을 제외한 국무원 전원이 총사퇴를 결의하고 만 셈이다.[97] 이로써 대한민국 임시정부는 사실상 무정부 상태에 빠져들었다.

신규식이 겪어야 하는 고통은 너무나 큰 것이었다. 그가 마지막으로 던진 일생일대의 승부수가 무너지는 순간이었기 때문이다. 제10회 임시의정원 회의에서 국민대표회의에 대한 인민청원안이 통과되고, 대통령 이승만에 대한 불신임 결의가 터져 나왔다. 신규식은 대한민국 임시정부의 이러한 분열 상태를 비관하여 5~6월경부터 심장병과 신경쇠약으로 병석에 누워야 했고, 오래 지나지 않아 중태에 빠졌다.[98] 그

---

96) 《獨立新聞》 1922년 3월 31일자. 盧伯麟 군무총장을 제외한 국무원 전원이 사직하는 사태가 발생하자, 임시의정원은 4월 7일 임시대통령에게 책임을 묻기로 결의하게 되었다. (《獨立新聞》 1922년 4월 15일자) 여기에다가 임시의정원은 당시 추진되고 있었던 국민대표회의 소집을 위한 인민청원안(千世憲 등 102인 청원)이 결국 14일에 통과되는 어려움을 겪고 있었다.(《獨立新聞》 1922년 6월 24일자)

97) 국회도서관, 《大韓民國臨時議政院文書》, 1974, 137~138쪽 ; 강영심, 〈申圭植의 생애와 독립운동〉, 《한국독립운동사연구》 1, 247쪽.

98) 《獨立新聞》 1922년 7월 8일자.

러다가 9월 25일 밤 9시 반, 신규식은 상하이 푸자오로福照路 아이런리愛仁里 31호에서 순국하였다.[99] 그는 이미 자신의 병을 되돌리기 어렵다고 판단하여 음식과 약을 끊었고, 대한민국 임시정부의 처지를 비관하여 입을 닫았다. 그는 마지막으로 대한민국 임시정부를 중심으로 독립을 이루어야한다는 부탁을 남겼다.

> "나는 아무 죄도 없습니다. 나는 아무 죄도 없습니다. 그럼 잘 있으시오! 친구분들 나는 가겠소. 여러분들. 임시정부를 잘 간직하시고 삼천만 동포를 위해 진력해 주시오. 나는 가겠소. 나는 아무 죄도 없습니다." 그 후부터 줄곧 절식하고 다시는 말을 하지 않았다.[100]

《신보申報》는 신규식의 죽음에 대하여 다음과 같이 보도하였다.

> 대한민국 임시정부 신규식 총리가 지난 4월부터 몸이 불편하여 신경쇠약증에 걸렸는데도, 국사에 대해 너무 마음을 아파한 나머지 병세가 호전되지 않고 있었는데, 건강으로 인해 더 이상 나라를 위하여 일을 할 수 없음을 알게 되자 더 이상 살 의미가 없다면서 의사가 권하는 약도 쓰지 않았고, 이달 1일부터는 아예 모든 음식까지 전폐하였다. 그는 음식도 전폐하고 약도 전폐하며 말도 전폐하겠다고 선포하였다. 이렇게 20여 일을 지속하다가 어제 밤 9시에 거처하던 집에서 작고하였다.[101]

이 기사는 신규식의 병환이 대한민국 임시정부의 형세에 따라 더욱 깊어졌고, 또 그것 때문에 생명을 유지해 나갈 의미를 상실했다는 점, 그리고 9월 1일부터 스스로 식음을 끊고 말도 하지 않겠다고 선언했다

---

99)《獨立新聞》1922년 9월 30일자.
100) 민필호, 〈申圭植先生傳記〉, 김준엽 엮음, 《石麟 閔弼鎬傳》, 1995, 319쪽.
101)《申報》1922년 9월 27일자.

는 사실을 전해주고 있다. 이 기사는 신규식의 죽음이 표면적으로 병사病死이지만, 사실상 '자결순국自決殉國'이라고 평가한 것이다. 혼절한 상태에서 그가 마지막 숨을 거두면서 내뱉은 말이 "정부, 정부"였다고 전해지는 것도 같은 맥락에서 이해된다.

7. 신규식의 외교활동과 의미

신규식은 상하이에 한국 독립운동의 교두보를 마련한 인물이다. 더구나 1910년대에 중국만이 아니라 세계 정세를 지켜보면서 제2인터내셔널회의에 조선사회당 이름으로 참가를 희망하는 전문을 보낸 인물이기도 하다. 그만큼 신규식은 외교에 깊은 관심을 가졌다. 특히 그는 중국어에 능통하고, 신해혁명에 발 디딘 뒤로 중국 혁명인사들과 교유하는 폭이 넓고 깊었다. 그의 이러한 능력과 활동 위에 대한민국 임시정부가 상하이에 세워질 수 있는 기초가 마련된 것이다.

대한민국이 건국되고 임시정부가 수립된 뒤, 신병으로 한발 물러나 있던 신규식이 다시 정부에 적극적으로 나선 계기는 임시대통령 이승만이 상하이를 방문한 데서 찾을 수 있다. 마침 1921년 4월 광둥에서 호법정부가 세워지고, 5월에 이승만이 상하이를 떠나면서 정국 운영권을 신규식 손에 쥐어 주었다. 여기에서 두 사람 사이에 협력관계가 성립되었다. 이승만이 상하이의 혼란 정국을 수습하지 못한 채 떠나면서, 두 가지 업무를 수행해 낼 인물이 필요했다. 정국 안정은 당연하고, 곧 발표된 태평양회의에 대한 안팎의 협조를 끌어낼 인물이 필요했던 것이다. 호법정부의 협조를 끌어낼 적격자로 신규식을 지목했다.

이와 반대로 외교에 깊은 관심을 가진 신규식 역시 태평양회의를 전망하면서 자신이 펼 외교활동을 가늠해 보았다. 호법정부의 힘을 동원하여 태평양회의에 공동대응책을 만들어 낸다면 이승만을 정점으로 삼은 외교활동에 큰 성과를 거둘 수 있다고 판단한 것이다. 신규식은 이러한 계산 위에 국무총리와 법무·외무총장을 겸직하면서, 호법정부에 대한 외교활동에 들어갔다. 이승만에게 필요한 서류와 자료를 만들어 보내고, 자신은 직접 광둥으로 가서 쑨원을 만났다. 그 자리에서 두 가지를 요구했다. 하나는 대한민국 임시정부를 승인해 달라는 것이고, 다른 하나는 태평양회의에 공동대응하자는 것이다. 쑨원은 여기에 찬성하고, 대한민국 임시정부의 외교관이 광둥에 머물게 허락하면서 체류비도 보조해 주기 시작했다. 대한민국 임시정부 승인 문제도 형식적으로는 약간의 한계가 있지만, 실질적으로는 승인하는 결단을 내렸다. 이것은 모두 신규식의 외교가 거둔 성과였다.

하지만 태평양회의는 끝내 한국 문제를 외면하였다. 그러자 잠시 주춤했던 대한민국 임시정부 주변의 혼선과 갈등은 다시 재연되었고, 이는 단순한 되풀이가 아니라 앞서보다 더 강한 혼돈을 가져왔다. 이에 평소 신병에 시달리던 신규식은 급격하게 쇠약해져 순국하고 말았다.

그가 펼친 호법정부와의 외교활동은 마지막으로 던진 승부수였다. 그가 비록 이승만과 손잡고 외교로 최후 승부를 걸었지만, 그렇다고 이승만과 같은 범주에 속한 인물이라고 평가해서는 안 된다. 이승만은 이후 대한민국 임시정부를 외면하였고, 1925년 끝내 임시의정원의 결의를 거쳐 임시대통령직에서 탄핵되었다. 하지만 신규식은 마지막 숨을 거두는 순간까지도 대한민국 임시정부를 살려야한다고 부르짖었다. 대한민국 임시정부와 독립운동계의 혼돈을 잠재우기 위해 자신의 생명을 던진 것이다. 중국 신문이 그의 죽음을 '자결순국'으로 평가한 이유도 거기에 있었다. 이러한 그의 자세는 이승만의 그것과는 완전히 다른 차원에 속했다.

Ⅲ. 이시영李始榮과 대한민국 임시정부

1. 명성에 모자라는 연구

이시영이 명가 출신이자, 어린 나이에 관직 생활을 시작하여 한말에 요직을 지낸 인물이라는 사실은 이미 널리 알려져 있다. 또 그의 형제들이 한국독립운동사에서 자랑스러운 역사를 만들어낸 것도 기존 연구를 거쳐 어느 정도 정리되었다. 1869년에 태어나 1953년 사망할 때까지 그의 행적은 해방 이후 그를 가까이에서 보필한 인물의 손으로 정리되어 있기도 하다.[102] 이를 바탕으로 삼아 그의 독립운동을 소개한 연구가 두세 편 발표되었고,[103] 또 이시영이 1934년에 쓴 《감시만어感時漫語》를 주제로 삼아 민족의식을 분석한 박사 학위논문이 발표된 일도 있다.[104] 또 근래에 대한민국 정부 수립 과정에 그의 행적과 기능을 다룬 논문이 발표되기도 했다.[105]

그럼에도 이시영에 대한 구체적 연구는 드물다. 1910년 만주 망명부터 잡더라도 1945년까지 무려 35년 동안 독립운동을 펼쳤고, 더구나 최고 지도 그룹에 속했던 인물이기에 전문적인 연구 논문이나 평전은 벌써 발간되었어야 마땅하다. 하지만 그가 펼친 35년의 기나긴 독립운동을 종합적으로 정리하고 평가한 연구는 없는 셈이다.

---

102) 朴昌和, 《省齋 小傳》, 태양인쇄사, 1951 ; 朴昌和, 《省齋 李始榮 小傳》, 을유문화사, 1984.
103) 李股羽, 〈大韓民國臨時政府와 李始榮의 獨立運動〉, 《竹堂李炫熙敎授華甲紀念韓國史學論叢》, 1997 ; 이태진, 〈이시영, 대한민국 초대 부통령〉, 《한국사시민강좌》 43, 2008.
104) 李股羽, 〈省齋 李始榮의 民族意識 연구〉, 성신여대 박사학위논문, 1997.
105) 김희곤, 〈이시영과 대한민국 정부수립〉, 한국동양정치사상사학회, 《대한민국 정부수립과 그 지도자들》 발표문, 2008, 108~120쪽.

따라서 이 글에서는 기존 연구로 정리된 그의 출신에 덧붙여, 대한민국 임시정부에 참가하여 활동한 내용을 정리하고 평가하는 데 목표를 둔다. 다만 한 가지 지적할 사실은 임시정부에 참가한 인물 가운데 관직 경력자가 소수 있지만 신규식 · 조성환 · 이동휘처럼 무관 출신이 있었을 뿐, 그처럼 문관 고위직 출신은 찾아보기 힘들다는 점이다.

2. 명가 출신, 빠른 관직 생활

이시영은 경주 이씨로, 서울 저동苧洞에서 태어났다. 그의 자가 성옹聖翁이요, 호는 성재省齋 혹은 시림산인始林山人이었다. 그가 명재상名宰相으로 이름 높았던 백사 이항복의 10대손이니, 서울에서도 대표적인 명가 출신임을 쉽게 알 수 있다. 게다가 부친은 우찬성右贊成 · 행이조판서行吏曹判書 유승裕承이며, 어머니는 동래 정씨로 이조판서 정순조鄭順朝의 딸이었으니 당대에도 명성을 고스란히 간직하고 있던 집안에서 태어난 것이다. 건영健榮 · 석영石榮 · 철영哲榮 · 회영會榮 · 시영始榮 · 호영護榮 등 6형제 가운데 다섯째로 태어난 그는 첫 부인으로 영의정領議政 김홍집金弘集의 딸을 맞았으나 사별하고, 반남 박씨를 둘째 부인으로 맞았다.

이시영은 참으로 일찍부터 관직 생활을 시작하였고, 소용돌이치는 한말 정국 속에서 중요한 직책을 맡았다. 그는 만 16세 되던 1885년에 진사가 되고 동몽교관童蒙敎官에 임명된 뒤, 18세에 형조좌랑을 역임하였다. 만 22세 되던 1891년에 증광문과增廣文科에 급제한 뒤로는 홍문관 교리 · 승정원 부승지 · 궁내부 수석참의 등을 차례로 거쳤다. 이런 사실은 그가 10대 후반부터 20대 초반 사이에 주로 궁궐 안의 중요한 직책을 맡았던 점을 알려 준다. 그러다가 1895년 관직을 물러나 10년 동안 자신을 가꾸었다. 바로 위의 형인 회영을 비롯하여 이상설

李相卨과 같은 인사들과 교유하면서 근대학문 탐구에 몰두한 것이다.

　그가 다시 관직에 나선 시기는 1905년, 즉 관직을 물러난 지 10년 지난 때였다. 이번에는 외부外部 교섭국장에 임명되었다. 그런데 그가 자리를 맡자마자 엄청난 일이 벌어졌다. 러일전쟁이 끝나면서, 일제가 외교권을 빼앗아 가는 과정이 눈앞에 펼쳐진 것이다. 그 결과가 '박제순-하야시 억지합의(을사조약)'였다. 그 과정에서 이시영은 도저히 있을 수 없는 일이라고 판단했다. 그는 외부대신 박제순朴濟純에게 일제의 요구를 받아들이지 말라고 강변하였다. 하지만 박제순은 일제 요구를 받아들였고, 그러자 이시영은 교섭국장을 떠났다. 그뿐만 아니라 이시영 집안은 박제순에게 절교를 선언하였다. 당시 이시영의 조카와 박제순의 딸이 약혼한 상황이었는데, 을사조약 체결에 박제순이 동의하자 이시영은 즉각 혼약을 파기하고 절교해 버린 것이다. 그는 외부 교섭국장이라는 중요한 직책을 맡고 있음에도 조약 강제 체결을 막지 못해 충격이 매우 컸을 것이다.

　이시영은 그 다음 해에 다시 관직에 발탁되었다. 만 37세이던 1906년에 평안남도 관찰사에 등용된 것이다. 당시 평안남도가 얼마나 중시되던 지역이었는지를 고려한다면 이시영에 대한 고종황제의 신망이 대단했음을 알 수 있다. 현지에 부임한 그는 근대학교 설립 및 구국계몽운동 확산에 힘을 쏟았다. 그러다가 다음 해인 1907년에 중추원中樞院 칙임의관勅任議官이 되어 상경하고, 1908년에는 한성재판소장·법부 민사국장·고등법원 판사 등 법부의 주요 직책을 두루 맡았다. 이 모두가 만 40세가 되기 이전에 그가 맡았던 관직들이었으니, 그의 능력을 보여 주는 대목이 아닐 수 없다.

3. 만주 망명과 독립군 기지 건설

이시영이 관직 생활만 하고 있었던 것은 아니다. 1907년 그의 형인 이회영을 비롯하여 안창호·전덕기·이동녕 등이 신민회를 비밀리에 조직하고 국권회복운동에 나섰을 때, 그는 관직 생활을 하면서도 여기에 참가하였다. 이 사실은 나라를 잃자마자 해외에 독립군 기지를 건설하려는 계획에 동참한 것이 급작스럽게 이루어진 것이 아님을 말해준다.

1900년대에 의병항쟁을 시대에 적합하지 않은 방략이라고 부정적으로 바라보던 계몽운동가들 가운데, 신민회 그룹은 무장항쟁의 방략을 긍정적으로 받아들이기 시작하였다. 신민회 지도자들은 계몽운동만으로 나라를 찾을 수 없다는 현실을 인식하면서, 계몽운동에 의병항쟁의 방략을 도입하였다. 그렇지만 그것이 의병처럼 준비되지 않은 전투가 아니라, 본격적인 독립전쟁을 밀고 나가기 위한 군사력 양성을 도모하는 방향으로 틀을 잡아 나간 것이다. 이를 위해서는 독립군 기지를 건설하는 것이 가장 적합한 전략이라고 판단한 신민회는 일제 강점에 들기 전부터 만주 지역을 조사하고 있었다. 그렇기 때문에 나라를 잃자마자 만주로 망명길에 오를 수 있었던 것이다.

이시영은 형제들과 더불어 집안 재산을 처분하여 재원을 마련하고, 1910년 말 서간도로 출발하였다. 그들이 정착한 곳은 류허현柳河縣 산위엔포三源浦 추자가鄒家街였다. 이시영 일행이 도착한 직후인 1911년 4월에 그곳 다구산大孤山에서 군중대회를 개최하여 교육진흥 및 독립군 양성을 표방한 경학사耕學社와 신흥강습소新興講習所를 설립하였다. 전자는 동포사회의 자치기관이요, 후자는 인력양성기관이었다.

독립전쟁을 일으키자면 군대가 필요하고, 또 그것을 조직하고 운영하자면 인력과 재력이 필요했다. 우선 동포사회를 구성하여 인적 자원을 확보하고, 근거지를 마련하여 정착지를 갖춰야 했다. 경학사는 동포사회의 형성과 운영을 이끌어 가는 데, 또 신흥강습소는 인력, 특히 군사력을 양성하는 데 목표를 둔 기관이었다. 경학사의 기능은 부민단 扶民團과 한족회韓族會로 계승·발전되어 갔고, 신흥강습소는 신흥중학교와 신흥무관학교로 발전되어 가면서 독립군 기지를 형성하는 데 중요한 디딤돌이 되었다. 경학사 초대 사장에는 이상룡이, 신흥강습소 초대 교장에는 이동녕이 추대되었지만, 이시영 형제들도 모두 여기에 참가하면서 국내에서 마련해 간 재원을 쏟아부었다. 이들의 활동에는 머지않은 장래에 러일전쟁이나 중일전쟁이 일어나리라는 예상이 바탕에 깔려 있었다.

이시영도 참가한 독립군 기지 건설은 결코 허망한 사업이 아니었다. 1920년의 청산리대첩이 그 사실을 확인시켜 준다. 그날의 승리가 결코 우연한 것이 아니라, 피땀을 쏟아부은 결실로 나타난 것이었기 때문이다. 이는 바로 국내에서 누리던 온갖 특권을 버리고 죽음을 무릅쓰고 망명길에 올랐던 이유이기도 했다.

이시영은 망명 후 얼마 지나지 않아 위안스카이袁世凱에 주목하기도 했다. 그가 1913년 9월 베이징으로 간 이유도 거기에 있었다. 하지만 그와 한국 문제를 논의해 보려던 시도는 위안스카이가 사망하는 바람에 중단되고 말았다.

3·1운동이 일어나던 무렵, 지린에서 〈대한독립선언서大韓獨立宣言書〉가 발표되었다. 1919년 2월로 적힌 이 선언서는 대개 3월 11일에 나온 것으로 짐작된다. 국내에서 나온 '선언서'가 종교지도자들이 앞장서서 발표했다고 알려진 것과는 다르게, 이 선언은 실제로 나라 밖에서 독립운동에 전념하고 있던 독립운동가들의 이름으로 발표되었다. 따라서 망명 지도자들 39명의 이름은 누구나 보아도 최고 지도자임을 알 수 있다. 맨 앞에 대종교 지도자 김교헌을 비롯하여 만주와 중국관내, 미주 지역 등에서 활약하고 있던 독립운동가들 이름이 담겼다. 거기에는 이시영도 이상룡·이동녕·김동삼 등과 더불어 포함되었다.

4. 대한민국大韓民國 건국과 임시정부 상하이시기의 법무·재무총장

제1차 세계대전이 끝나면서 독립운동에도 변화가 예상되고 있었다. 새로운 시대가 닥치고 이와 함께 독립의 기회가 가까워졌다는 기대감에, 독립운동가들도 정세 변화에 온 시선을 집중하고 있었다. 이시영은 바로 그 시기에 베이징에 가 있었고, 따라서 3·1운동 소식도 여기에서 들었다. 그가 당시 베이징에 머물렀던 이유는 고종高宗 광무황제光武皇帝를 망명시키려는 계획을 추진하고 있었기 때문이다. 그것도 정세 변화에 맞는 돌파구를 마련하려던 활동의 하나였다. 그러다가 그는 고종 광무황제의 사망과 독립선언 소식을 듣게 되었다.

독립국 선언과 거족적인 항쟁 소식은 그를 상하이로 가게 만들었다. 이시영은 당시 베이징에서 활약하고 있던 이회영·이동녕·이광 등과 함께 상하이로 갔다. 3월 하순 "노령으로부터 이동녕·이시영·조완구·조성환·김동삼·조영진·조소앙 등 30여 명이 상해에 도착"으로 적힌 기록으로 보아,[106] 그가 상하이에 도착한 시기가 대개 3월 하순이라 짐작된다.

상하이에는 독립임시사무소가 마련되고 곳곳에서 몰려든 독립운동가들로 북적이게 되었다. 그곳에서 독립운동 최고 지도기관에 대한 그림을 그리기 시작했다. 첫 걸음이 '8인 위원회'인데, 이시영을 비롯하여 이동녕·조소앙·이광·조성환·신석우·이광수·현순 등이 그들이다. 그러다가 4월 초에 들어 '임시의회'가 논의되고, 마침내 4월 10일 밤, 국가·정부·의회·연호 등을 논의하는 회의가 열렸다. 이시영이 거기에 참석한 것은 두말할 나위가 없다. 참석자 29명은 모두 나라 안팎 곳곳에서 파견된 독립운동계의 대표급 인물들이었다. 회의는 밤을 지새우고 이튿날 아침까지 이어졌다. 그 자리에서 몇 가지 중요한 문제를 결정했다. 그 무엇보다 중요한 사실은 '대한민국大韓民國'을 건

---

106) 국사편찬위원회, 〈朝鮮民族運動年鑑〉,《대한민국임시정부자료집》별책 2, 2009, 18쪽.

국한다는 점이다. 1910년 나라를 잃을 때는 황제가 주권을 가지는 '대
한제국大韓帝國'이었지만, 독립운동가들이 다시 세우는 나라는 국민이
주권을 가지는 대한민국인 것이다. 이는 독립운동을 거쳐 근대 시민국
가를 세우는 자리였던 것이다. 또 하나는 이 국가를 운영할 조직체를
결정하는 것이었다. 정부와 의회가 그것인데, 국토를 회복할 때까지
우선 '임시'정부와 '임시'의회를 구성하기로 정하고, 의회 이름은 임시
의정원이라 지었다. 그러다가 국토를 회복하면 '임시'를 떼고 '정부'와
'국회'를 만들기로 결의하였다. 이러한 내용은 이 회의에서 결의한 제
헌헌법인 '대한민국임시헌장大韓民國臨時憲章'에 그대로 담겼다.

> 제1조 대한민국은 민주공화제로 함
> 제2조 대한민국은 임시정부가 임시의정원의 결의에 의하야 이를 통치함
> 제10조 임시정부는 국토회복 후 만 1개년 내에 국회를 소집함[107]

이시영이 참석한 이 회의는 제헌국회에 해당한다. 국가 이름, 정부
와 의회 이름을 정했다. 더구나 주체성의 상징인 연호도 정했다. 대한
민국을 연호로 사용하여 1919년은 대한민국 원년이 된다. 대한민국
건국, 임시정부 수립, 임시의정원 구성, 연호 결정 등, 이 모든 것이
독립국가요 민주국가이며, 시민국가요 근대국가를 건설하려는 독립운
동가들의 꿈이 담긴 결정체였다.

이시영은 이 회의에서 법무총장에 뽑혔다.[108] 또 조소앙 · 신익희와 더
불어 임시헌장 기초위원을 맡았다고 전해진다.[109] 건국과 정부 수립 과
정이 차분한 준비 없이 빠르게 진행되다보니, 체제도 며칠 사이에 뒤바
뀌는 것을 피할 수 없었다. 차장제나 위원제 등이 며칠 사이에 뒤바뀐 것

---

107) 국사편찬위원회, 〈대한민국임시헌장〉(1919. 4. 11), 《대한민국임시정부자료집》1,
    2005, 3쪽.
108) 위의 글, 4쪽.
109) 申昌鉉, 《海公 申翼熙》, 해공신익희선생기념회, 1992, 65쪽.

도 그 때문이다. 그 뒤에도 그는 2회(4월 22일과 23일)와 3회(4월 25일) 임시의정원 회의에 참석했는데, 형 이회영이 자리를 함께 하기도 했다.

건국과 정부 수립 직후에 임시의정원 회의가 거듭 열리면서 시행착오를 이겨 나갔다. 이시영은 바로 그런 과정에서 중심축을 이루고 있었다. 실제로 총장으로 선임된 인물 가운데 상하이에서 활약하고 있던 사람은 이시영과 이동녕 정도이고, 신규식은 건강이 좋지 않아 상하이를 떠나 있는 경우가 많았다. 나머지 인물들은 상하이에 도착하지도 않은 상태였다. 따라서 건국과 정부 수립 무렵에 이시영의 역할은 결코 적은 것이 아니었다. 한편 그 무렵 서울에서 열린 국민대회에서는 이시영을 재무부 총장으로 발표했다.

이시영은 법무총장을 맡다가 5월 10일 사직하였다.[110] 5월 5일 안창호가 상하이에 도착하면서 대한민국 임시정부는 정부 통합 문제와 이승만의 직책 이름 문제가 최고 과제로 떠올랐다. 블라디보스토크에 대표를 파견하여 대한국민의회와 통합을 논의하였다. 걸림돌이던 문제가 해결되고, 통합정부를 달성하게 되어 새로운 내각이 구성되었다.

임시대통령	이승만
국무총리	이동휘
내무총장	이동녕
외무총장	박용만
군무총장	노백린
재무총장	이시영
법무총장	신규식
학무총장	김규식
교통총장	문창범
노동국총판	안창호[111]

110) 국사편찬위원회, 〈조선민족운동연감〉, 《대한민국임시정부자료집》 별책2, 2009, 25쪽.
111) 국사편찬위원회, 〈대한민국임시정부공보〉 호외(대한민국 원년 9월 11일), 《대한민

그는 9월 11일 통합정부의 재무총장에 선임되었다. 앞서 출범 초기에 법무총장을 맡았던 사실에 이어서 다시 재무총장에 뽑힌 것은 그가 뒷날 환국할 때까지 대부분의 기간을 법무와 재무, 혹은 감사와 감찰 업무를 책임지게 되는 출발점이었다. 임시정부의 살림살이를 도맡고, 행정을 감사하는 그의 행적은 대한민국 임시정부와 그 주변에서 그가 걸었던 행적과 성격을 말해준다. 더구나 여러 총장이 상하이에 부임하지도 않은 형편이므로, 그의 직무와 위상은 더욱 중요했다.

이 시기에 상하이에서 직접 활약한 국무위원으로는 이시영과 이동녕, 그리고 안창호가 핵심이다. 그는 재무총장으로서 정부 운영에 필요한 자금 확보에 매달렸다. 인구세가 주된 세목이었다. 임시공채관리국의 관제를 만들고, 공채 발매 및 상환에 관한 사무를 담당하도록 만들었다.[112] 그는 〈재무부포고 제1호〉(대한민국 2년 2월 24일)를 발표하여 '애국금 수합위원' 제도를 폐지하고 독립공채 모집으로 사업 방향을 돌렸다. 현지에서 나타나는 여러 가지 문제들을 계산한 결과였다.[113] 또 그는 교민의 자녀들을 위한 인성학교仁成學校를 유지하기 위해 지원 활동에 동참하기도 했다.[114]

1920년 중반을 넘어서면서 임시정부는 서서히 활력을 잃어 갔다. 베르사유 체제가 형성되면서 독립의 기회가 멀어져 갔고, 국내와 임시정부를 연결하던 연통제聯通制와 교통국交通局이 일제에 의해 파괴되었기 때문이다. 이런 위기에 이시영은 임시정부를 지켜내는 데 매달렸다. 두 가지 사례가 대표적이다. 하나는 이승만 임시대통령의 상하이上海 방문 직후의 공황기를 버텨내는 데 기여한 것이고, 다른 하나는 시사책진회時事策進會와 한국노병회韓國勞兵會에 참가하면서 새로운 돌파

국임시정부자료집》1, 2005, 47쪽.

112) 국사편찬위원회, 〈대한민국임시정부공보〉 10(대한민국 2년, 1월 20일), 《대한민국임시정부자료집》1, 2005, 69쪽.

113) 국사편찬위원회, 〈대한민국임시정부공보〉 13(대한민국 2년 3월 24일), 위의 책, 83쪽.

114) 국회도서관, 《한국민족운동사료》(중국편), 1976, 274~275쪽.

구를 찾는 데 기여한 것이다.

임시정부는 1920년대 후반에 들면서 침체기에 접어들기 시작했다. 이를 만회하기 위해 12월에 이승만 임시대통령이 상하이에 도착하였다. 이시영은 임시대통령을 중심으로 정부를 지켜나가는 파수꾼의 일을 맡았다. 그런데 이승만이 상하이에 머무는 동안 임시정부를 둘러싼 문제는 해결되기보다는 오히려 더욱 불거져만 갔다. 그러다가 1921년 5월에 이승만이 상하이를 떠나 버렸다. 그 뒤 책임을 도맡고 나선 인물이 신규식이고, 이동녕과 이시영이 그 일을 함께 맡았다.[115] 이승만이 워싱턴회의를 내세우고 상하이를 떠난 뒤, 그 막막한 상황을 도맡은 사람이 신규식이고, 그를 중심으로 새로운 판을 지켜나가던 인물이 이동녕과 이시영이었던 셈이다. 안창호가 정부수립기에 상하이에 도착하여 임시정부를 지탱하면서 가졌던 자리 이름이 노동국총판이었다. 그런데 이승만이 떠난 뒤, 5월 11일자로 안창호가 더 이상 버틸 수 없어 자리를 던지고 물러섰다. 그러자 그 자리까지 겸직해야 했던 인물이 다름아닌 이시영이었다. 5월 26일자로 재무총장 이시영이 노동국총판을 겸직하게 된 것이다.[116] 그렇게 성립된 각원 구성을 보면 다음과 같다.

국무총리 대리 · 법무총장 · 외무총장 겸섭兼攝	신규식
내무총장	이동녕
군무총장	노백린
학무총장대리 차장	김인전
재무총장 · 노동총판 겸섭	이시영
교통총장	손정도[117]

---

115) 김희곤, 《대한민국임시정부 연구》, 지식산업사, 2005, 300쪽.

116) 〈대한민국임시정부공보〉 21(대한민국 3년 5월 31일), 국사편찬위원회, 《대한민국임시정부자료집》 1, 2005, 106쪽.

117) 〈대한민국임시정부공보〉 호외(대한민국 3년 9월 20일), 국사편찬위원회, 《대한민국임시정부자료집》 1, 2005, 130쪽.

이승만은 상하이를 떠나기 앞서 신규식과 손잡고 논의를 마쳤다. 자신이 태평양평화회의에 노력을 집중할 것이며, 신규식이 정부 일을 전담하면서 이를 적극 지원하라고 주문한 것이다. 이런 정국에서 이시영은 이동녕과 더불어 이승만-신규식 체제를 유지할 수 있는 주요 구성인물이 되었다. 마침 이시영은 7월 14일 구미위원부 임시위원장 서재필이 보낸 편지를 받고 고무되었다. 이 회의가 한국 문제를 다루게 될 가능성이 크고, 한국인에게 매우 중요한 결과를 안겨줄 것이라고 판단하는 내용이 거기에 담겼기 때문이다.[118] 그 뒤로 정부와 이승만 사이에 공함과 서신이 오고가고, 안창호가 나서서 대태평양평화회의외교후원회對太平洋平和會議外交後援會를 열어 지원했지만, 끝내 한국 문제는 언급조차 없이 끝나 버렸다. 그러자 국무위원들은 더 이상 정부를 지탱할 수 없게 되고, 1922년 3월 노백린을 제외한 모든 국무위원들이 사직하였다. 이시영도 그 대열에 섰다.

1922년 여름에 들면서 이시영은 다시 독립운동계를 부흥시키려는 움직임에 동참하고 나섰다. 7월에 열린 시사책진회時事策進會가 그것이다. 안창호와 여운형이 앞장서고 이시영과 이동녕을 비롯한 임시정부 요인들이 모두 참가한 이 모임은 국민대표회의를 열어 돌파구를 열어가자는 논의를 시작하였다.[119] 그러한 논의는 결국 1923년 1월 3일부터 5월까지 열린 국민대표회의로 나타났다. 또 그는 이 무렵 김구가 앞장서서 조직한 한국노병회韓國勞兵會에도 힘을 보탰다. 이것은 제1차 세계대전 이후 새로운 전쟁이 일어날 때까지, 즉 독립의 기회가 올 때까지 확실하게 전쟁을 준비하자는 뜻에서 군인을 양성하고 전쟁비용을 마련하는 데 목적을 둔 단체였다. 그는 여기에서 통상회원通常會員으로 활동하였다.[120]

---

118) 〈신한민보〉 1921년 7월 28일자.
119) 〈조선민족운동연감〉, 국사편찬위원회, 《대한민국임시정부자료집》 별책 2, 2009, 132쪽.
120) 김희곤, 《상해지역 한국독립운동단체연구》, 지식산업사, 1995, 207쪽.

국민대표회의가 열리던 동안 이시영은 정부를 지키는 일에 몰두했다. 이 회의가 어느 쪽으로 나아갈지 짐작조차 힘들었고, 개조파와 창조파 사이에 공방이 치열할수록 방향을 가늠하기 어려웠다. 그러는 동안 대한민국 임시정부는 실제로 숨을 죽이고 이를 지켜볼 수밖에 없었다. 그러다가 1923년 6월 창조파가 회의를 깨고 나가면서 새로운 정부를 수립하는 방안을 내걸게 되자, 임시정부는 국민대표회의 해산을 명했다. 이를 선언하는 과정에서도 이시영은 정부 내각 구성원으로서 굳건히 자리를 지켰다.

국민대표회의라는 태풍이 지난 뒤, 대한민국 임시정부는 혼란을 마무리 짓고 후속 조치를 취해야 했다. 그 가운데 가장 힘든 작업이 임시대통령 이승만을 처리하는 문제였다. 결국 1924년 9월 1일, 임시의정원은 이승만이 '직소職所에 귀환歸還하기까지는 유고有故'로 결의하고 국무총리 이동녕으로 하여금 그 직권을 대리하도록 결의하였다. 이를 공포할 때, 국무원 구성은 아래와 같다.

국무총리 · 군무총장 겸섭	이동녕
내무총장 · 노동국총판 겸섭	김 구
외무총장	조소앙
법무총장대리 차장	김 갑
학무총장대리 차장	김승학金承學
재무총장	이시영
교통총장대리 차장	김규면金圭冕[121]

1924년 12월 11일 국무총리로서 임시대통령대리를 맡은 이동녕

---

121) 국사편찬위원회, 〈대한민국임시정부공보〉 1(대한민국 6년 9월 1일), 앞의 책, 2005, 139쪽. 이 공보는 그 호수가 '제1호'라고 적혀 있지만, 인쇄가 잘못된 것 같다. 36호(대한민국 3년 10월 2일자) 다음에 호외(대한민국 5년 1월 5일자)가 하나 남아 있고, 다시 1호(대한민국 6년 9월 1일자)가 나왔으며, 그 다음의 것으로 남아 있는 것은 40호(6년 12월 27일자)이다. 따라서 이 자료는 37~39호 가운데 하나일 것이다.

이 사직했다. 같은 날 박은식이 임시대통령대리로 선출되었다. 그러고서 이승만을 탄핵하는 일이 본격화되었다. 이를 위해 12월 17일자로 이시영과 김구, 그리고 조소앙이 물러났다. 새로운 진용을 갖추면서 본격적으로 이승만 탄핵 작업이 진행된 것이다.[122] 1925년 3월 23일, 끝내 임시대통령 이승만에 대한 탄핵결의안이 임시의정원을 통과하였다. 그런데 심판 과정에서 제시된 증거 가운데 1924년 12월 22일부로 이승만이 이시영에게 보낸 대통령공첩이 중요하게 다루어지기도 했다.[123] 대한민국 임시정부는 1925년 3월 23일 탄핵안을 통과시킨 다음, 바로 박은식을 임시대통령으로 선출하였다.[124] 그 뒤 바로 헌법을 개정하여 국무령제를 택했지만, 내각 구성에 실패하고, 1926년 김구가 국무령을 맡을 때까지 대한민국 임시정부는 요동쳤다. 게다가 1926년 말부터 1929년 말까지 유일당운동이 펼쳐졌지만, 이 시기에 이시영의 움직임은 두드러지지 않았다.

이시영의 행보가 다시 두드러지게 나타난 계기는 한국독립당 결성이었다. 이는 1930년 1월 25일 상하이에서 대한민국 임시정부를 지탱하던 우파 인사들이 결성하고 나선 독립운동 정당이다. 1926년부터 전개된 유일당운동은 1929년 말에 좌파의 이탈로 일단 중단되었다. 게다가 좌파가 유호한국독립운동자동맹留滬韓國獨立運動者同盟을 결성하자, 임시정부를 유지하던 우파 인사들이 우파 정당을 만든 것이다. 결당식은 프랑스 조계 바이라이니멍白來尼蒙 마랑로馬浪路 푸징리普慶里

---

122) 새로 구성된 각원은 다음과 같다. 국무총리 박은식, 내무총장 이유필, 법무총장 오영선, 학무총장 조상섭, 재무총장ㆍ외무총장 겸섭 이규홍, 교통총장ㆍ군무총장 겸섭 노백린, 노동국총판 김갑, 국무원 비서장 김붕준(국사편찬위원회, 〈대한민국임시정부공보〉 40(대한민국 6년 12월 27일), 앞의 책, 2005, 141쪽)

123) 증거 가운데 하나로 다음의 것이 중요하게 다루어졌다. 민국 6년 12월 22일부로 전 재무총장 이시영에게 발송한 대통령공첩에 따르면 "하와이교민이 인구세 중지한 것은 다 본 통령의 지휘를 의하야 행한 바이니…", "본 통령이 하와이민단장과 부인회장에게 상해 송금을 정지하고 다시 훈령을 기다리라" 명한 것,(국사편찬위원회, 〈대한민국임시정부공보〉 42(대한민국 7년 4월 30일), 위의 책, 156쪽)

124) 국사편찬위원회, 〈대한민국임시정부공보〉 42(대한민국 7년 4월 30일), 위의 책, 148쪽.

제4호에 있던 임시정부 판공처에서 열렸다.[125] 이시영은 28명의 발기자 가운데 한 사람으로 참여하였다. 하지만 결성 직후에 한국독립당은 임시정부의 형편과 마찬가지로 든든하지는 못했다. 간부진을 구성하기도 쉽지 않았던 상황이 이를 말해 준다. 1932년 1월 6일부터 9일까지 민단사무소에서 열린 한국독립당 회의에서 신임간부를 선출했지만 사임자가 속출하는 바람에 간부진 구성이 쉽지 않았다고 기록된 글이 그러한 정황을 말해 준다. 이때 구성된 간부진은 다음과 같다.

　　　　정무위원　　이유필 · 김구 · 김철
　　　　심 판 원　　이시영 · 안창호 · 김사집金思漢[126]

5. 이동시기, 국무위원과 한국독립당 · 한국국민당 참가

1932년 4월 29일에 윤봉길 의거가 있은 직후에 대한민국 임시정부는 일제의 추격을 피해 항저우杭州로 급하게 옮겨 갔다. 대한민국 임시정부 역사에서 가장 힘든 시련기를 보내던 항저우에서, 그는 임시정부와 한국독립당을 지켜 내는 일을 맡았다. 1932년 6월, 그는 한국독립당 이사 14명 가운데 한 사람으로 활동하였다.[127] 또 같은 해 12월에도 그는 이사를 맡았다.[128] 일제 정보기록은 이시영이 항저우 피난 시절에 창칭가長慶街 9호에 거주하고 있던 사실을 알려 준다.[129]

---

125) 朝鮮總督府 高等法院 檢事局 思想部, 《思想彙報》 7(1936. 6). 22–23쪽.
126) 《上海韓聞》(한국독립당 기관지) 제2호(1932. 1. 11)
127) 1932년 6월 당시 이사는 이유필 · 안공근 · 김두봉 · 이시영 · 최석순 · 엄항섭 · 송병조 · 박찬익 · 김구 · 김철 · 이동녕 · 조완구 · 조소앙 · 김석 등 14인이다.(독립운동사편찬위원회, 《독립운동사》 4, 1972, 618~619쪽)
128) 이사장 송병조, 이사 이동녕를 비롯한 국무위원, 그리고 이시영 · 차리석 · 조상섭 · 장덕노 · 이유필 · 김두봉(국사편찬위원회, 《한국독립운동사》 자료 3(임정편 3), 1968, 559쪽)
129) 〈재상해 일본총영사가 일본 외무대신에게 보고〉, (국사편찬위원회, 한국독립운동

임시정부와 한국독립당은 1935년에 들어 격렬하게 흔들렸다. 좌우
합작운동이 다시 일어나고, 김원봉이 나서서 좌우합작체로 조선민족혁
명당을 결성하게 되면서, 임시정부는 사실상 해체 위기에 빠졌다. 임
시정부의 유일여당인 한국독립당이 해체를 선언하면서 조선민족혁명
당에 참가한 때문이다. 조소앙이 좌우합작 정신을 앞세우며 그 길에
앞장섰다. 대한민국 임시정부 존재 자체가 붕괴 직전이었다. 그 위기
를 지켜 내기 위한 정당이 급하게 만들어졌다. 11월 김구가 앞장서서
난징에서 결성한 정당이 바로 한국국민당韓國國民黨이다. 여기에는 한
인애국단과 송병조·조완구·차리석 등 임시정부 사수파, 그리고 양명
진(양우조)·김붕준 등 한국독립당 광둥지부원 등이 합류하였다. 이시
영은 이 정당에 참가하여 조성환·양우조와 함께 감사를 맡았다.[130]

11월 2일 임시의정원은 국무위원 보결선거를 가졌고, 그는 이동
녕·김구·조완구·조성환과 더불어 국무위원에 뽑혔다. 이튿날 국무
회의에서 '책임주무원'을 호선한 결과는 다음과 같다.

주 석 이동녕
내무장 조완구
외무장 김 구
재무장 송병조
법무장 이시영
군무장 조성환
비서장 차리석[131]

사 자료 3(임정편 3), 1968, 571쪽) 같은 시기 한국독립당은 항저우 學士路思鑫坊
41호에 머문 것으로 적혀 있다.

130) 김정명,《조선독립운동》2, 547쪽.

131) 국사편찬위원회,〈대한민국임시정부공보〉60(대한민국 17년 11월 25일), 앞의
책, 2005, 190쪽.

1936년 11월 10일, 임시의정원은 정기회의를 열어 국무위원을 새로 선출하였다. 국무위원의 임기가 끝났기 때문이다. 한 해 앞서 보결선거로 구성된 국무위원이 그대로 뽑혔다. 이시영도 마찬가지였다. 11월 19일 부서를 조직하였다. 그 결과는 1년 전과 같았다.[132] 따라서 이시영은 대한민국 임시정부의 법무장이요, 그 여당인 한국국민당의 감사로 활동했다는 말이 된다. 이후 대한민국 임시정부가 전장에서 창사·광저우·류저우·치장을 거쳐 충칭에 도착할 때까지, 그는 대한민국 임시정부의 법무장으로서, 임시의정원에서 경기도 출신 의원으로서 활약하면서, 정부를 전시체제로 바꾸어 나가는 데 힘을 쏟았다.

1939년 10월 23일 치장에서 열린 임시의정원은 국무위원 수를 11명으로 늘렸다. 우파를 구성하던 3개 정당, 한국국민당(김구)·재건 한국독립당(조소앙)·조선혁명당(이청천) 대표들을 정부 안으로 포진시키기 위한 조치였다. 선거 결과 이동녕·이시영·조성환·김구·송병조·홍진·류동열·조완구·차리석·조소앙·이청천이 선출되었다.[133] 이틀 뒤인 10월 25일, 국무회의에서 주석의 임기를 3개월씩으로 정했다. 내무·외무·군무·참모·법무·재무 등 6부를 설치하기로 결정하고 주석에 이동녕, 내무장 홍진, 외무장 조소앙, 군무장 이청천, 참모장 류동열, 법무장 이시영, 재무장 김구, 비서장 차리석 등이 직임을 맡았다.[134] 정부를 이처럼 구성한 뒤, 계속되던 통합회의는 끝내 1940년 5월 9일 치장 현성에서 3당통합대표회의를 열어 통합을 결의하였다. 이 자리에서 이시영은 송병조 등 4인과 함께 중앙감찰위원에 뽑혔다.[135]

---

132) 국사편찬위원회, 〈대한민국임시정부공보〉61(대한민국 18년 11월 27일), 위의 책, 193쪽.
133) 국사편찬위원회, 〈대한민국임시정부공보〉65(대한민국 22년 2월 1일), 위의 책, 211~212쪽.
134) 국사편찬위원회, 〈대한민국임시정부공보〉65(대한민국 22년 2월 1일), 위의 책, 210쪽. 이동녕은 1940년 3월 13일 치장에서 서거하였다.
135) 국사편찬위원회, 〈光復陣線遠東3黨統一代表會議經過大略〉(1939. 10~1940. 12), 《대한민국임시정부자료집》35(한국국민당 1), 2009, 111쪽.

대한민국 임시정부가 치장에 머물던 시기는 1년을 조금 넘는다. 당시 그가 머물던 집은 대한민국 임시정부 가족들과 모여 살던 곳이다. 1939년 5월 그의 거주지는 치장현綦江縣 린장가臨江街 라오미시老米市 첸푸쉰陳伯勛의 집이었고, 조성환 · 이동녕 · 조완구 · 차리석, 그리고 김의한 부부 등과 함께 거주한 것으로 중국 기록은 전한다.[136] 이어서 8월에서 12월 사이에도 역시 이동녕을 비롯한 핵심인사들과 김의한 부부 등과 함께 린장가臨江街 43호에 거주한 사실이 확인된다.[137]

이보다 앞서 항저우 시절에 그가 남긴 중요한 행적 한 가지를 다루고 넘어가야 한다. 사론史論을 편찬하여, 중국인이 잘못 쓴 저술을 통렬하게 비판한 사실이다. 1934년에 그가 편찬한 《감시만어感時漫語》라는 사론서가 그것이다. 한국사의 주체성과 독자성을 강조한 이 책은 임시정부가 상하이에서 항저우로 피신한 시절인 1934년 3월 1일에 그곳에서 발간되었다. '저장성浙江省 어귀'에서 썼다고 밝혔으니 그가 활동하던 항저우에서 쓴 것으로 보인다.

이 책을 쓴 동기는 그가 1933년 여름에 우연히 중국인 황옌페이黃炎培가 쓴 《조선朝鮮》이란 책을 읽게 된 데서 비롯했다. 이시영은 서언에서 "황옌페이의 글이 문체나 거친 말투나 허황된 표현이 많고, 마치 그가 일본인을 대신하여 일본을 선양한 듯한 느낌을 주었다"고 지적하면서, "군자의 의리로써 그의 실책을 힐책하고 나서 나의 관견管見을 덧붙일까 한다"고 저술 동기를 밝혔다.

《감시만어》는 모두 23개 장으로 구성되었다. 서언에서 황옌페이의 사관史觀을 비판한 뒤 본론으로 21개의 장을 두고, 마지막 장을 결론으로 삼았다. 주요 구성 내용은 단군檀君과 요堯가 병립한 사실과 배달민족의 기원을 통해 한국 역사의 시원이 중국의 그것과 마찬가지임을 밝혀 민족 주체성을 강조하였다. 그리고 11가지의 잘못된 역사 인식을

---

136) 국사편찬위원회, 〈1939년 5월분 綦江縣 第1區 城鎭聯保辦公處 外僑調査表〉, 위의 책, 91쪽.

137) 국사편찬위원회, 앞의 책, 2009, 98 · 104 · 120 · 130쪽.

하나씩 짚어 나갔다. 또 한·중 두 나라가 일본에게서 당한 수모를 기록한 뒤, 양국의 관혼상제와 근대정치를 비교하고 한말 일본공사의 만행을 규탄하였다. 마지막 부분에서 한·중 양국인의 결함과 세계에서 나라 잃은 국민의 결함을 썼다. 끝으로 결론에서 철저한 민족주의적 역사 인식을 표명한 뒤, 양국의 인사들이 실패한 과거를 징계하고 장래에 그런 일이 되풀이되지 않도록 생사일선生死一線에 선 같은 처지에서 서로 협조해야 한다고 매듭지었다.

이시영은 량치차오梁啓超를 비롯한 중국 근대 유명 학자들이 곧잘 범했던 역사 인식의 오류를 냉혹하게 지적하면서, 황옌페이가 일본인이 저지른 왜곡된 면모를 헤아리지 못한 채 진실을 제대로 바라보지 못하고 있다고 힐난하였다. 특히 고대 민족사의 영역만이 아니라 일제에 의해 주장된 신공황후神功皇后에 대한 이야기 등을 비판하고, 더욱이 일제가 조작한 만보산사건萬寶山事件까지 짚어 나갔다.

망명 시기 가운데서도 항저우 거류 시기는 정착 시기가 아니었으므로 더욱 어렵던 무렵이었다. 때문에 그 시기에 작성된 이 책은 더욱 값진 것으로 평가될 수 있다. 비록 자금 사정으로 말미암아 많은 부수를 발간하지는 못해 아쉽지만, 중국인 지도자들에게 한국사를 제대로 살펴보라고 엄중히 꾸짖는 그 자체로서도 의미가 큰 책이 아닐 수 없다.

6. 충칭시기重慶時期, 재무부장과 한국독립당 감찰

충칭에 도착한 대한민국 임시정부는 비로소 안정을 되찾았다. 이시영은 이곳에서 임시정부 국무위원과 임시의정원 의원, 그리고 한국독립당 감찰위원으로 활약하였다. 대한민국 22년(1940) 10월 9일, 대한민국 임시약헌 개정안이 공포되고 국무회의는 국무위원회로 바뀌고, 한국광복군 총사령부 조직조례가 공포되었다. 이때 주석 외에 국무위원은 6인으로 축소되었다. 국무위원회 주석에 김구가 뽑히고, 이시영을 비롯한 조완구·조성환·박찬익·조소앙·차리석 등이 국무위원으로 선출되었다.[138] 이어서 1941년 2월 임시정부의 직임을 보면 이렇다.

주　　석　　김　구
내무부장　　조완구
외무부장　　조소앙
군무부장　　조성환
법무부장　　박찬익
재무부장　　이시영
비 서 장　　차리석[139]

　　이동시기에 법무부를 맡았던 그가 충칭에 도착한 뒤에는 재무부를 담당하게 되었다. 재정은 주로 중국국민당 정부로부터 지원되는 자금으로 운영되는 처지였지만, 갈수록 그 규모가 증가하는 상황에서 전시체제에 맞는 재원조달과 지출업무는 어려운 일이었다. 그 상황에서 임시정부의 재무부장을 맡은 것이다. 한편 그는 임시의정원에서도 주로 재정분야를 담당하였다. 1942년 10월부터 임시의정원의 제3과(재정財政 예결산豫決算) 분과 위원을 맡아 역시 재정분야를 담당하였던 것이다.[140]

　　1943년에는 대한민국 임시정부에 큰 변화가 나타났다. 정부 주변을 맴돌면서 끊임없이 통합을 논의하면서도 합류하지 않던 조선민족혁명당이 임시정부에 합류한 것이다. 이제야 비로소 통합정부가 구성되

138) 국사편찬위원회, 〈대한민국임시정부공보〉 67(대한민국 22년 10월 15일), 앞의 책, 2005, 230쪽.
139) 국사편찬위원회, 〈대한민국임시정부공보〉 69(대한민국 23년 2월 1일), 위의 책, 234쪽.
140) 국사편찬위원회,〈대한민국임시정부공보〉76(대한민국 24년 11월 30일), 위의 책, 268~269쪽.

기에 이르렀다. 통합정부의 구성은 주석에 김구, 국무위원으로는 김규
식·류동열·이시영·박찬익·장건상·조성환·조완구·조소앙·차
리석·황학수 등이 뽑혔다. 1944년 4월 21일 약헌約憲이 통과되어 주
석·부주석제가 채택되었다. 김구가 주석, 김규식이 부주석에 뽑혔다.
그리고서 약헌에 맞추어 4월 24일 국무위원을 새로 뽑았다. 이시영도
국무위원 13명 가운데 한 사람으로 선출되었다.[141] 그러나 5월에 그는
국무위원에서 물러났다. 각부에 민족혁명당 인사들이 입각하고, 신한
민주당이 중도세력을 자처하면서 내각 구성원으로 들어선 때문이다.

　이시영이 참가한 정당 활동 노선은 김구와 거의 같은 것으로 정리된
다. 1930년 상하이에서 한국독립당을 발기하고 이사로 활동한 이후,
난징시기 한국국민당(1935)으로 연결되고, 다시 충칭에 도착하면서 한
국독립당(충칭)으로 이어졌다. 충칭시기의 한국독립당은 1940년 5월에
열린 우파 3당(한국국민당·조선혁명당·재건 한국독립당)의 통합체였다. 이
정당에서 그는 주로 감찰監察 기능을 담당하였다. 충칭에서 통합 한국
독립당이 결성되자마자 그가 감찰위원으로 선임되고, 다시 1942년에
한국독립당이 중앙집행위원제로 변경되자, 김구가 중앙집행위원장을,
이시영은 감찰위원장을 각각 맡았던 것이다.[142]

　한편 그는 중국국민당 정부와의 외교문화 활동에도 참가하였다. 충
칭에서 조직된 최고의 양국 우호단체가 한중문화협회韓中文化協會인데,
1942년 10월 11일에 충칭방송빌딩에서 창립되었다. 여기에 김구를
비롯한 임시정부 요인들이 참가하였는데, 이시영·김규식·조완구·
조소앙·박찬익·최동오 등과 중국의 쑨커孫科·위유런于右任·우티에
청吳鐵城·궈모뤄郭沫若 등이 발기인으로 참가하였다.

---

141) 선출된 국무위원은 이시영·조성환·황학수·조완구·차리석·장건상·박찬익·
　　조소앙·성주식·김붕준·류림·김원봉·김성숙·안훈 등이다(국사편찬위원회,〈대
　　한민국임시정부공보〉81(대한민국 26년 6월 6일), 앞의 책, 2005, 312쪽).
142) 秋憲樹,《자료 한국독립운동》2, 연세대학교출판부, 1972, 70쪽; 국사편찬위원
　　회,《한민》22(1940. 7. 15),《대한민국임시정부자료집》35(한국국민당 1), 2009,
　　432쪽

충칭시기에 남긴 그의 글은 찾기 힘들다. 《독립신문》(충칭판)에 기고한 글이 겨우 보일 정도다. 1944년 8월 29일자 《독립신문》(제3호)에 '시림산인始林山人'이란 필명으로 〈담망국노얼談亡國奴孼〉이라는 글을 실었다. 망국 당시 나라를 팔아먹은 이완용李完用·송병준宋秉畯·이용구李容九 등 망국 원흉들의 매국 행적을 기록한 글이다. 이어서 그는 후손들에게 참고가 될 것 같다면서 1910년 8월 22일에 기초되고 8월 29일에 선포된 이른바 〈한일합병조약韓日合拼條約〉을 이 글을 통해 제시하기도 했다.

광복이 되자, 이시영은 1945년 11월 23일 임시정부 요인 제1진 가운데 한 사람으로 환국하였다. 1910년 망명길에 나선 뒤 35년이 지나 고국으로 돌아온 것이다. 만 41세에 떠나 76세에 돌아온 길이니, 그의 일생을 나라에 바쳤다 할 만하다.

7. 대한민국 임시정부의 법무·재무통

그는 한국 최고 명가 출신이자, 어린 나이에 과거에 합격하여 일찍 관직 생활을 시작하고, 30대 나이에 이미 평남 관찰사를 역임하는 등 중요 직책을 거친 엘리트였다. 어느 하나 남부러울 것이 없던 그가 모든 기득권을 포기하고 생사를 알 수 없는 만주로 망명한 것이 1910년이니, 그의 나이 40대였다. 그곳에서 그는 만주에서 독립전쟁을 위한 기지를 건설하고 인력을 양성하였다.

그는 50대에 들던 1919년부터 베이징을 거쳐 상하이에 도착하여 대한민국을 건국하고 임시정부를 수립하는 데 참여하였다. 상하이에 부임한 총장들이 거의 없는 상태에서 그는 몇 안 되는 총장 가운데 한 사람으로서 대한민국 임시정부를 굳건히 지키는 역할을 맡았다. 재무총장을 맡은 기간이 길다. 대한민국 임시정부가 상하이를 떠나 이동기에 오를 때, 그는 60대 고령에 접어들었다. 그 시기에 국무위원을 맡은 그는 주로 법무장을 맡았다. 한국독립당이 여당 역할을 버리고 뛰쳐나갈 때, 그는 한국국민당 창당에 참가하여 임시정부를 흔들리지 않게 지켜 나가는 버팀목이 되었다. 충칭에 도착한 뒤, 70대 고령으로서 그는 재무부장을 맡아 전시체제의 재정을 맡았다. 그러면서 여당인 한국독립당의 감찰을 맡기도 했다.

대한민국 임시정부에서 그가 맡은 직무는 대부분 법무와 재무였다. 이것은 그의 성향을 보여 주는 것이기도 하다. 더구나 한국독립당 감찰위원장이란 직책도 마찬가지다. 그는 독자적인 조직을 만든 일도 없고, 활동에 치우침도 없었다. 항상 목소리를 낮추고 자신을 내세우지 않으면서, 자신의 자리를 지킨 인물이 바로 이시영이다. 또한 그는 격렬한 투쟁의 현장에 나서거나 좌우 분화와 갈등의 길목에서 부딪치지 않고 조용히 민족주의 노선을 끈질기게 지킨 인물이기도 하였다.

그는 1953년에 서거하였고, 장례는 9일간의 국민장으로 거행되었다. 처음에 서울 정릉묘소貞陵墓所에 안장되었다가, 1964년 수유리水踰里에 있는 현재의 묘소로 이장移葬되었다.

Ⅳ. 이봉창 의거와 상하이사변

1. 한인애국단 조직

국가를 잃은 민족이 다시 나라를 되찾고 세우고자 선택한 투쟁방법은 다양했다. 독립전쟁과 외교활동, 그리고 의열투쟁 등은 우리 독립운동사에 등장한 대표적인 방략이었다. 국가를 상실해 가는 과정에서는 의병들의 항쟁이 앞장서고 계몽운동이 뒤를 이으며 함께 추진되었다. 나라를 잃게 되자 독립군 양성으로 힘을 기른 뒤에 독립전쟁을 펼쳐 나갔고, 3·1운동 직후에는 독립전쟁과 함께 파리강화회의를 목표로 삼은 외교활동도 병행되었다. 또 이 무렵에 의열투쟁이 주요 방략 가운데 하나로 성과를 드높였다.

중국 상하이에서 수립된 대한민국 임시정부는 초기에 독립전쟁과 외교활동을 병행하였다. 육군무관학교를 세워 초급장교를 양성하고 만주지역 독립군을 파악하면서 국내진공작전을 준비해 나갔다. 하지만 국제정세가 독립전쟁을 전개하기에 적절하지 않자, 대한민국 임시정부는 독립전쟁을 장기적으로 대비하는 전략을 구사하면서, 1920년대 후반에 들어 의열투쟁을 하나의 전략으로 채용하였다. 1919년 이후 의열단으로 대표되던 의열투쟁 방략을 정부 차원에서 선택한 것이다. 그 사업을 수행한 기관이 바로 김구가 앞장서서 조직한 한인애국단이다.

한인애국단의 투쟁은 곧 이봉창과 윤봉길이란 두 인물의 의거라고 이야기되는 경우가 많다. 하지만 한인애국단 투쟁은 결코 거기에 머물지 않았다. 더구나 그 투쟁은 우리 독립운동에 영향을 크게 미쳤고, 더 나아가 국제적으로 큰 파장을 일으켰다. 다시 말하자면 한인애국단의

반일 투쟁이 한국독립운동사만이 아니라 세계 식민지해방운동사에서
차지하는 비중도 크다는 말이다.

이 글은 이봉창 의거가 상하이사변 발발에 끼친 영향을 추적하는 데
목표를 둔다. 이는 결국 한인애국단의 투쟁이 국제 사회에 끼친 영향
을 추적하고 정리하는 과업 가운데 한 부분이 될 것이다. 특히 이 글
은 이봉창 의거에 대한 중국 측 신문보도 내용,[143] 이에 대한 일본 측
대응과 갈등, 그리고 그것이 일본군의 상해 침공으로 이어지는 과정을
규명하려 한다. 물론 이에 대해서는 이미 《백범일지》가 정황을 전해
주고 있어서 윤곽은 널리 알려져 있다. 또 이 글은 그러한 정황을 뒤
집거나 다르게 해석하려는 시도도 아니다. 다만 이봉창 의거가 일본의
상하이 침공으로 연결되는 사실 자체를 면밀하게 추적하고 평가하는
데 목표를 두려한다.

2. 한인애국단의 '반침략전反侵略戰'과 이봉창 의거

1932년 1월 8일 오후 5시, 일본 왕궁 입구에서 폭탄이 터졌다. 매
년 연초에 일왕이 군대 사열 의식을 가지는 관병식이 거행되는데, 바
로 그날 귀로에 왕궁 바로 입구에 있는 경시청 정문 앞을 지날 때 일왕
을 겨냥한 폭발이 일어났다. 근엄하고도 장엄한 행차가 한 순간에 무
너지는 장면이 일본 민중들의 눈앞에서 벌어졌다. 이 거사를 일구어
낸 주인공이 바로 이봉창이다.

이봉창이 던진 폭탄은 일왕이 탄 마차가 아니라, 바로 그 뒤를 따르

---

143) 중국 측 보도에 대해서는 다음의 연구가 큰 도움이 된다.
최서면, 〈이봉창 의거 연구 서설〉, 《이봉창 의사와 한국독립운동》, 단국대학교출판부,
　　2002.
김용달, 〈이봉창의 일왕 저격 의거와 반향〉, 《한국독립운동의 인물과 노선》, 한울아카데
　　미, 2004.
한시준, 〈이봉창 의거에 대한 중국신문의 보도〉, 《한국근현대사연구》 36(2006. 3)
한시준 교수(단국대)가 상하이에서 수집해 온 신문 자료가 이번 연구에 큰 도움을 주었다.

던 마차 밑에서 터졌다. 경시청 현관 앞쪽, 잔디밭 전방의 아스팔트 인
도에 늘어선 일인들이 겹겹이 줄을 서 있었는데, 5~6열쯤 뒤에 서 있
던 이봉창이 18미터 거리 앞을 지나던 마차를 향해 폭탄을 정확하게
던졌다. 그가 일왕이 탄 마차라고 판단한 것은 두 번째 마차였다. 만약
그의 계산이 맞았다면 분명히 일왕이 공격을 직접 받았을 터였다. 하
지만 이봉창의 판단과는 다르게 일왕은 두 번째가 아니라 선두 마차에
타고 있었다. 이봉창은 심문 과정에서 그러한 착오가 당시 '자신이 흥
분한 탓'이라고 밝히면서, 공격 목표로 삼은 인물이 분명 일왕이었음을
천명했다.[144]

이봉창 의거는 단순히 한 건의 단일 투쟁이 아니라 대한민국 임시
정부가 선택한 여러 방략 가운데 하나였다. 1931년 여름에 일제가 만
보산사건을 왜곡시켜 한·중 양국인 사이에 이간질을 일으키는 바람
에 중국에서 한국독립운동의 근거지가 근본적으로 와해될 지경에 빠졌
다. 그 난국을 극복하는 방법을 찾던 대한민국 임시정부는 1931년 말
에 의열투쟁을 당면 방략으로 설정하고 그 실행 기구로서 한인애국단
을 조직하였다. 그러고서 하나의 거사가 아니라 일본군의 침략전쟁을
곳곳에서 맞받아치는 전략을 구사하기 시작했다.

한인애국단의 의열투쟁은 1932년 전반기에 일제 침략의 판도를 따
라가며 이에 맞서는 파상적인 공격이었다. 1932년에 접어들면서 5개
월 사이에만 6건의 거사가 준비되거나 실천에 옮겨졌다.

① 이봉창의 도쿄 의거(1932. 1. 8)
② 상하이주둔 일본군 사령부(일본 전함 이즈모호) 폭파 계획(중국인 용병-실
   패, 1932. 2. 12)
③ 윤봉길 등의 상하이 일본 비행장 폭파 계획(좌절, 1932. 3. 3)

---

144) 〈제2회 심문조서〉, 단국대학교 동양학연구소, 《이봉창의사 재판관련 자료집》, 단
    국대학교출판부, 2004, 389~390쪽.

④ 이덕주 · 유진식의 조선총독 공략(좌절, 1932. 3)
⑤ 윤봉길의 상하이 홍커우공원 의거(1932. 4. 29)
⑥ 최흥식 · 유상근의 만주 관동청 공략(좌절, 1932. 5)[145]

　한인애국단의 계획과 작전은 철저하게 일본의 침략을 정면에서 공격하는 것이었다. 침략의 본거지 도쿄東京, 식민지통치기구 총독부, 상하이주둔 일본군사령부, 만주 침공과 통치의 근거지 관동청, 일본군 수뇌부가 홍커우공원 안에서 펼친 '천장절 및 승전기념식장' 공격 등이 그것을 말해준다. 따라서 한인애국단의 투쟁은 의열투쟁이란 범주를 넘어서서 일제의 침략전쟁을 분쇄하려는 '반침략전쟁'이라고 평가할 수 있다. 그리고 바로 그 선두에 이봉창 의거가 있었다.

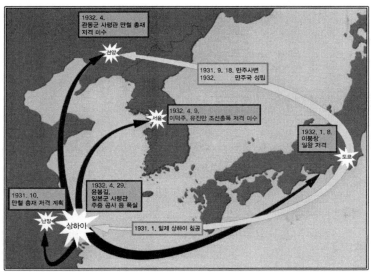

〈그림〉일제 침략을 맞받아친 한인애국단의 '반침략전反侵略戰'

145) 조동걸, 〈이봉창 의거의 역사성과 현재성〉, 이봉창의사장학회, 《이봉창의사와 한국독립운동》, 단국대학교출판부, 2002, 69쪽.

한인애국단이 펼친 의열투쟁이 테러가 아니라 반침략전이라면, 그 것이 테러와 성격이 다르다는 사실을 밝히고 넘어가야 하겠다. 흔히 의열투쟁을 테러라고 잘못 알고 있는 경우가 많다. 의열투쟁은 결코 테러가 아니다. 왜냐하면 테러는 불특정한 인물들을 차별 없이 무조건 공격하고 파괴하고 사살하는 것이지만, 의열투쟁은 이것과 전혀 달리 침략의 원흉이나 침략 및 통치기관을 처단하는 것이기 때문이다.[146] 한 국 독립운동사에서 주요 투쟁 방략 가운데 하나로 선택된 의열투쟁은 결코 무고한 민중을 목표로 삼은 파렴치한 행위가 아니다. 그것은 어 디까지나 제국주의 침략국의 수뇌부와 그 명령을 따르는 기관, 그리고 침략에 앞장 선 인물을 공략하는 전쟁이었다.

제국주의 침략에 맞서 의병이 항쟁에 앞장섰고, 독립군이 독립전쟁 으로 발전시켜 나갔다. 빛나는 승리를 거두기도 하였지만, 부대 단위 로 펼칠 전쟁 수행 능력을 잃었을 때 새로운 투쟁 방략이 필요했다. 소 수 인력을 투입하여 민족의 항쟁 의지를 드높일 전략이 그것인데, 여 기에서 선택된 방략이 바로 의열투쟁이었다. 앞서 말했듯이 그것은 세 계적으로 널리 말해지는 테러와는 다른 유형의 싸움이고, 공략 대상이 침략의 책임자와 그 하수인, 그리고 침략의 본거지였다.

3. 이봉창 의거에 대한 중국 신문의 보도

이봉창 의거가 터진 시각이 1932년 1월 8일 오후 5시였다. 바로 그 날 저녁에 도쿄에서 발신된 통신이 전 세계로 퍼져 나갔다. 중국 각 도 시의 신문에서도 바로 다음 날 그 소식을 크게 보도하였다. 베이핑北 平·톈진天津·칭다오靑島·난징南京·창사長沙·푸저우福州·샤먼廈

---

146) 의열투쟁이 테러와 다른 점에 대해서는 조동걸, 〈이봉창 의거의 역사성과 현재 성〉, 이봉창의사장학회, 《이봉창의사와 한국독립운동》, 단국대학교출판부, 2002, 71~72 참조.

門·산터우汕頭·한커우漢口·광둥廣東 등 대도시 신문들은 한결같이 이봉창 의거를 호의적으로 보도하였다. 이는 일본군이 만주를 침략한 직후여서 특히 고조된 항일의식이 그대로 반영된 정황을 보여 준다.

　대표적인 사례를 보면 다음과 같다. 우선 중국국민당 정부의 기관지 성격을 가진 상하이판《민국일보民國日報》는 표제어와 내용이 조금 다른 기사를 내보냈다. 즉 기사 본문은 도쿄발東京發 통신을 그대로 전재하면서도, 굵직한 표제어는 확실하게 의거에 찬사를 담아냈다.

> 韓人刺日皇 未中
> 日皇閱兵畢 返京 突遭狙擊 不幸僅炸副車(밑줄-필자) 兇手卽被逮
> 犬養毅內閣 全體 引咎辭職
> 한인이 일황을 저격했으나 적중하지 않았다.
> 일황이 열병 후 돌아가던 중 갑자기 저격 받았으나 불행히 겨우 부차, 즉 수행마차에 터졌고 범인은 곧 잡혔다.
> 견양의 내각 전체는 인책 사직하였다.

　본문에서는 '8일 동경전보東京電報'를 인용하여 "수행마차에 명중하여 강렬한 폭음이 나 군중의 놀람이 컸는데, 다행히(밑줄-필자) 한 사람의 부상자도 없이 다만 마필 한 마리에 가벼운 상처를 입혔을 뿐"이라고 적었다.[147] 하지만 인용문에서 보듯이 굵은 활자의 표제어는 불행하게도 일왕이 탄 마차가 아니라 수행하던 마차에 터졌고, 보기에 따라서는 일왕이 해를 입지 않아 무척 아쉽다는 느낌을 풍겼다. 더구나 그러한 표현이 상하이 지역에만 국한되지는 않았다. 1월 9일에 상하이 민국일보 외에《신보申報》에도 그러한 느낌을 주는 기사가 게재되었다. '韓國志士狙擊日皇未成 手榴彈誤中隨車'가 그것인데,[148] 여기에서는 '한국지

---

147)《民國日報》1932년 1월 9일자.
148)《申報》1932년 1월 9일자.

사韓國志士'·'미성未成'·'오중誤中'이란 표현이 모두 일본을 자극할 만
한 문구였다. 뿐만 아니라 베이핑·톈진·칭다오·난징·창사·푸저
우·샤먼·산터우·한커우·광둥 등 주로 중국 해안 도시를 거점으로
삼고 내륙까지 여러 도시의 신문들이 이와 비슷하거나 더 강한 표현을
쏟아 냈다.[149]

　이봉창 의거에 대한 중국 신문 보도는 1월 9일부터 12일 사이에 집
중되었다. 기사 대부분은 의거 사실 자체를 국제통신을 인용하여 보
도한 것이지만, 그 내용에는 일정한 논조가 있었다. 가장 공통적인 점
은 일왕이 처단되지 못한 결과를 아쉬워했다는 점이다. 거기에다가 이
봉창을 일컬어 '지사志士'라거나 '의사義士'라는 표현을 사용한 경우도
많았다. 《신보申報》나 《시사신보時事新報》에 이어 《중앙일보中央日報》도
11일자에 '한지사저격일황韓志士狙擊日皇'이라고 표현했다.[150]

　톈진 《익세보益世報》가 이봉창을 '의사'로 지칭하면서 용감한 행위를
격찬할 뿐만 아니라 일왕을 정치적 우상이라 평가했고, 지방공산당원
비밀출판물인 《화선火線》은 1월 15일자 7호에 '장하도다 대한독립당인
韓國獨立黨人의 일단一團' 제목 아래 황실 존엄을 비하하는 기사를 게재
했다. 또 칭다오의 《민국일보》는 '한국 망하지 않아, 의사義士 李모 운

149) 이봉창 의거 이후 1932년 11월까지 의거를 격찬하거나 일본을 부정적으로 평가한
　　신문은 31개나 되었다. 지역별로 정리하면 다음과 같다.
　　베이핑 : 《北平晨報》, 《리더》, 《法文報》
　　톈진 : 《益世報》, 《火線》, 《北寧黨務週報》, 《大公報》
　　칭다오 : 《民國日報》, 《青島民報》, 《正報》, 《青島日報》, 《新青島報》
　　상하이 : 《民國日報》, 《上海報》
　　난징 : 《中央日報》, 《民生報》, 《新京日報》
　　한커우 : 《武漢日報》, 《莊報》
　　창사 : 《湘珂畵報》
　　푸저우 : 《晨潮日報》, 《東方日報》
　　샤먼 : 《廈門商報》, 《廈門時報》
　　산터우 : 《汕報》
　　광둥 : 《Canton Gazette》, 《共和報》, 《新聞報》, 《華强日報》, 《民國日報》, 《晨光》
　　(극비 아세아국 2과, 〈소화 7년 11월 30일, 중국 각지 신문 잡지의 불경기사 사건〉,
　　단국대학교 동양학연구소, 앞의 자료집, 637~638쪽)
150) 한시준, 앞의 글, 157~158쪽.

운'이라는 표제어를 붙였으며, 창사에서 나온 《상가화보湘珂畫報》는 '일본궁의비사日本宮の秘史'라는 이름 아래 일본 왕실을 비하하는 사진을 게재하였다. 특히 푸저우福州의 《신조일보晨潮日報》는 1월 9일에 로이터통신 보도를 옮겨 실으면서 '왕성한 한인 폭탄 던져 일본 천황을 공격, 안중근을 배워 드디어 장자방張子房 되었음에 축배를 들자. 애석하게 공격은 실패했다'는 표제어를 게재하였다. 역시 푸저우의 《동방일보東方日報》는 일본을 '왜적'으로 표현하였다.[151]

더욱이 광둥성 개항장이던 산터우汕頭에서 발간된 《산보汕報》는 '조선혁당朝鮮革黨 탄척彈擲 왜황지장거倭皇之壯擧'라는 제목 아래 '애석하다 이를 쐈으나 맞지 않아'라고 표현하였다. 1월 12일 '조선의 민족정신 소멸해 버려 영구히 부활하는 날이 없을 것이라고 한탄하고 있을 때 이봉창이 왜황에게 척탄했다는 쾌문이 있어 이를 읽고 축배를 든다'고 말하고, '李의 행동으로 국가와 민족이 얻는 것이 적지 않으며 李가 죽더라도 무수한 李가 출현할 것으로, 이는 어느 날 조선 광복의 선성先聲이 될 것임에 의심할 바 없다. 망국의 유족들조차 당비를 휘둘러 원수에게 피를 쏟아붓고 앉아 있는데, 용감한 병사와 넓은 땅을 갖고 있으면서도 손을 묶고 도살되기를 기다리며 저항도 감히 못하는 자는 부끄러움을 알고 죽어야 마땅하다'고 결론을 내렸다.[152]

여기에 다시 여러 신문들이 한국독립당이 발표한 선언을 게재하여 또 한 차례 항일의 열기를 드높였다. 의거가 일어난 뒤, 한국독립당은 이봉창 의거에 대해 다음과 같은 내용을 담은 선언을 발표하였다.

　　한국 혁명용사 이봉창이 일본 황제를 저격하는 벽력일성으로써 멀리 전 세계 피압박 민족의 새해 행운을 축복하고 이와 환호하며 즉각 제국주의자

---

151) 극비 아세아국 2과, 〈소화 7년 중국 각지 신문 잡지의 불경 기사 사건〉, 단국대학교 동양학연구소, 앞의 자료집, 단국대학교출판부, 2004, 639~652쪽.
152) 극비 아세아국 2과, 〈소화 7년 중국 각지 신문 잡지의 불경 기사 사건〉, 단국대학교 동양학연구소, 위의 자료집, 653~654쪽.

의 아성을 향해 돌격하여 모든 폭군과 악한 정치의 수법을 쓰러뜨리고 제 거하여 민족적 자유와 독립의 실현을 도모할 것을 바란다.[153]

이 선언은 이봉창 의거가 우리 민족의 항쟁만이 아니라 세계 피압박 민족 해방운동의 한 고리임을 천명한 셈이다. 벽력같은 소리가 제국주 의 아성을 격파해 나가는 해방운동이요, 1932년 새해 축하 인사임을 또한 밝힌 글이다.

이러한 선언이 《중앙일보》에 보도된 19일은 일제가 상하이에서 일 본 승려 피습이라는 사건을 조작하던 1월 18일 직후였다. 이어서 대개 20일을 전후하여 여러 신문들이 한국독립당선언을 게재하고 나섰다. 《민국일보》·《신징일보新京日報》·《우한일보武漢日報》·《샤먼상보厦門商 報》 등이 한국독립당선언을 게재하면서 이봉창 의거가 2천 만 조선인 의 의사를 드러낸 것이라고 평가했다.

4. 중국 보도에 대한 일본의 항의와 중국의 대응

이봉창 의거 소식을 보도한 중국 신문이 나오자마자, 일본은 격렬 하게 항의하고 나섰다. 침략의 빌미만 찾고 있던 일본군에게는 이러한 표현이 매우 자극적이고 도발적으로 받아들여졌다. 1월 9일자로 상하 이 《민국일보》가 '불행하게도 겨우 부차에 터졌다'는 표제어를 내걸고 보도한 다음 날, 상하이 주재 일본 총영사 무라이村井는 상하이시장 우 티에청吳鐵城에게 항의서를 보냈다.[154] 그 내용은 다음과 같이 사과와 정정보도, 그리고 책임자 처벌이 핵심이다.

---

153)《중앙일보》1932년 1월 19일자.
154) 吳鐵城은 중국국민당 정부의 주역 가운데 한 사람으로, 뒷날 임시정부가 충칭에 체류하던 시절에는 중국국민당 조직부장으로서 임시정부를 적극 지원하였다.

상해 《민국일보》가 '한인자일황미중韓人刺日皇未中'이라는 표제 아래 '불행근작부차不幸僅炸副車 흉수즉피체兇手卽被逮'라는 제목을 달았는데, 이 자구는 우리 원수元首에 대한 불경스러운 것으로 《민국일보》가 고의로 우리 측의 감정을 자극하려는 것이라고 판단됨에 따라, 이 일보는 조속히 이것을 정정하고 진사를 표명함과 함께 이 일보의 책임자를 처벌하여 앞으로 《민국일보》뿐만 아니라 다른 각 신문에서도 또 다시 이런 불손한 행위 언동이 없도록 지급으로 조치하여 그 결과를 회시해 주기 바랍니다.[155]

일본 총영사의 요구를 받은 상하이시는 다음 날인 1월 11일에 답신을 보냈다. 이봉창 의거가 일어나기 바로 전 날인 1월 7일 상하이시장으로 부임한 우티에청은 결코 사과할 마음이 없었다.[156] 그래서 그는 "《민국일보》의 자구가 불근신했음은 매우 경솔한 것이기는 하지만 귀국 원수를 모욕할 뜻은 없었고, 또 그러한 사실을 이미 《민국일보》에 지적했다"고 답하였다. 상하이시는 《민국일보》가 표제어를 붙이면서 신중하지 못했음을 인정하면서도, 그것이 결코 일왕을 모욕할 뜻에서 나온 행위가 아니라고 해명하고, 《민국일보》에 대해 주의를 촉구했다는 정도의 답변으로 넘어가고자 했다. 그런데 사태는 쉽게 수그러들지 않았다. 상하이시의 태도와는 달리 민국일보가 오히려 일본 총영사의 주장을 반박하는 글을 게재하고 나섰기 때문이다. 즉 12일자로 《민국일보》는 '일본 영사 표제를 곡해'라는 글을 게재하였는데, 자신들의 보도가 '결코 일본 원수를 모욕할 뜻이 없었음에도 불구하고, 영사관 측이 도리어 이를 곡해했다'며, 영사의 요구를 받아들일 여지가 없음을 천명하였다. 그러니 일본은 《민국일보》 측이 자신들을 야유한 것이라고 받아들였다. 13일에 일본 총영사가 상하이시 정부에 대하여 강경하

---

155) 〈村井倉松 총영사가 상하이시장 吳鐵城에게 보낸 1월 10일자 글〉, 단국대학교 동양학연구소, 앞의 자료집, 611쪽.
156) 한시준, 〈이봉창 의거에 대한 중국신문의 보도〉, 《한국근현대사연구》 36(2006. 3), 163쪽.

게 항의하고 나선 이유가 거기에 있었다.

난징에 출장 갔던 우티에청 상하이시장이 돌아온 뒤, 시장과 총영사 사이에 회견이 열렸다. 그 자리에서 무라이 총영사는 다음과 같은 세 가지 사항을 요구하였다.

1. 시장은《민국일보》사장에게 주의를 주어 다시 이러한 잘못을 되풀이하지 않을 것을 보장하고 그 내용을 총영사에게 통보함과 동시에 시장으로서도 총영사에게 공문으로 유감을 표할 것
2. 민국일보사 사장은 직접 책임자를 엄벌하고 그 내용을 시장을 거쳐 총영사에게 통보할 것
3. 본 기사 표제의 취소 및 진사陳謝 기사를 실을 것

우티에청 시장으로서는 난처하게 되었다. 만주 침공 이후 상하이에서도 무력도발이 예상되는 상황에서 더 이상 강경하게 밀어붙이는 전략은 무리수라고 여겼다. 그렇다고 해서 일본의 공격에 그대로 무릎꿇을 수도 없었다. 그래서《민국일보》에 요구하여 적당한 방안을 찾았다. 그것도 중국인의 자존심을 살리면서 일제의 강공을 피해가는 방안이었다. 그러한 고민 끝에 내린 방안이 바로 16일자로《민국일보》가 발표한 다음과 같은 성명이었다.

9일자 본보에 일본 황제가 자객에게 습격 받은 사건에 관한 기사 표제 가운데 '불행근작부차흥수즉피체不幸僅炸副車兇手卽被逮'라는 문자가 있은 데 대해 일본영사관측은 이것이 자기 나라 원수를 모욕하는 의미를 함유하고 있다고 판단하고 시정부에 대해 이미 항의했는바, 본보 기자가 이 표제를 달았을 때의 의미는 틀림없이 <u>일본 황제의 조난 사건에 대해 불행하다는 뜻을 표시한 것</u>(밑줄-필자)으로서 일본 원수를 모욕하려는 뜻은 조금도 없었다. 단지 용어가 그 뜻을 정확하게 표현하지 못하여 끝내 일본 영사관

측에게 오해를 불러일으킨 데 대해서는 심히 유감스러우며 이에 따라 시 정부에 대해 서면으로 회답하여 그 뜻을 일본 영사관에 전달해 주도록 요 청함과 함께 이를 특히 성명하는 바이다.[157]

일본이 문제의 구절을 일왕에 대한 모욕으로 받아들이는 부분에 대 해, 그 글을 쓴 기자는 일왕이 조난당한 일 자체가 불행한 사건이라고 표현했다고 밝혔다. '불행'이라는 말이 일왕을 명중시키지 못해 불행한 것이 아니라, 일왕이 그렇게 공격을 받은 사건 자체가 불행한 의미라 고 둘러댄 것이다. 또 이 성명은 일왕을 모욕하려는 의도가 결코 아니 라면서, 오해를 불러일으킨 데 대해 유감을 표명하였다. 그러면서 상 하이시 당국에 서면으로 회답하여 일본 영사관에 전달해 달라고 부탁 했다. 결국 중국 측 대응은 일본이 요구한 그대로 상하이시 정부가 《민 국일보》의 사과를 보증하는 해명이었다.

이러한 성명을 일본 총영사는 일단 진사성명으로 받아들였다. 무라 이 총영사는 그런 정황을 외무대신에게 보고하면서 '불행한 일이 부차 가 파괴된 것을 의미'한다는 중국 측 해명과 이에 따른 결과에 대한 사 과를 받아들이고 사태를 매듭짓기를 바란다는 자신의 의견을 밝히고, 우티에청 시장과 합의한 세 가지 조건으로 정리하는 데 대해 상부의 지침을 주문하였다.

중국 측이 '다행히 성상聖上에게 맞지 않고 범인도 현장에서 체포되어, 불행한 일은 약간 부차가 파괴된 것뿐임'이라는 의미라고 주장하고 있어, 굳이 선의로 취하면 그와 같이 풀이 못할 것도 없음. 더구나 칭다오, 푸저 우의 예에 비하면 정상은 약간 가볍기도 해 이곳 특유의 사정 등도 고려해 우 시장과 회견하고 다음 조건으로 해결하기로 대체로 매듭지었으나, 칭다

---

157) 극비 아세아국 제2과, 〈소화 7년 11월 30일, 중국 각지 신문 잡지의 불경기사 사 건〉, 단국대학교 동양학연구소, 앞의 자료집, 616쪽.

오, 푸저우와의 관계도 있으므로 이것으로 말미암은 지장이 있을지 회훈回
訓을 대지급으로 청함.

1. 시장은 《민국일보》 사장을 해직하고 앞으로 이와 같은 잘못을 다시금
   되풀이하지 않을 것을 보장하여 그 뜻을 총영사에게 통보함과 동시에
   공문으로써 총영사에게 유감의 뜻을 표할 것
2. 민국일보 사장은 직접 책임자를 엄벌하고 그 내용을 사장을 통해 총영
   사에게 보고할 것
3. 본 기사 표제의 취소 및 진사의 기사를 실을 것[158]

　일본 외무대신 하나자와芳澤는 무라이 총영사의 주문에 일단 수용하
라는 지침을 주었다. 다만 거기에는 '일단 받아들이되, 칭다오 거류민
폭행사건 같은 일이 상하이에서 발생하지 않도록 유념할 것'이라는 단
서가 붙었다. 이로써 상하이를 뒤덮은 긴장감이 약간 완화되어 갔다.
　한편 이러한 갈등이 상하이에서만 나타난 것은 아니었다. 앞서 보았
듯이 중국 여러 도시에서 언론사들이 '한국지사韓國志士'라거나 '한국의
사韓國義士'라는 호칭을 사용하면서 거사를 격찬하고 실패를 아쉬워하
는 보도를 내보냈고, 이에 맞서 일본 영사들의 항의도 거세게 일어났
다. 난징의 경우는 지역적 차원이 아니라 중국국민당 정부를 향해 일
본 영사가 항의하고 나섰다.[159] 또 중국 대도시 신문 보도에 대해 지역
마다 일본 영사관이 격렬하게 항의하였다. 일본은 중국인들이 이봉창
을 찬양하면서 거사의 실패를 안타까워하고, 일본 왕실을 모독하고 있
다고 규정하였다.

　　"때가 왔다는 듯이 이봉창을 지사志士라거나 의사義士라고 칭하며 그 범

---

158) 극비 아세아국 제2과, 〈소화 7년 11월 30일, 중국 각지 신문 잡지의 불경기사 사
　건〉, 단국대학교 동양학연구소, 앞의 자료집, 615~616쪽.
159) 극비 아세아국 제2과, 〈소화 7년 11월 30일, 중국 각지 신문 잡지의 불경기사 사
　건〉, 단국대학교 동양학연구소, 위의 자료집, 613쪽.

행을 찬양하고, 그 쾌거의 실패를 애석해 하거나 우리 황실의 존엄을 모독하고 우리 국체의 위신을 상하게 해, 한 사람의 李는 죽더라도 만인의 李가 출현하여 조종의 원수를 갚을 것 운운하며 큰소리 쳐대고, 불경스럽기 그지없는 한국독립선언이라는 것을 실어 또 다시 지나침에 이르렀으며, 혹은 '일본궁위비사日本宮闈秘史'라거나 '대정천황大正天皇의 비밀병秘密病과 육감적肉感的 추극醜劇'이라 제하고 우리 황실에 관해 황당무계한 기사를 날조하여 이를 욕되게 했고, 원래 충군애국으로 세계 으뜸인 우리 국민의 격분을 살만큼 언어도단의 언사를 농하여 우리 국민으로서 결단코 용서할 수 없는 불경을 저지르기에 이르렀음"[160]

일본은 항의와 함께 해당 지방 장관의 진사, 신문사장의 진사, 책임자 처벌, 신문사 정간 또는 폐간, 재발 방지 보장 등을 구두 또는 공문으로 요구하였고, 국민정부에 엄중하게 항의하였다.[161] 예를 들자면, 푸저우에서는 일본 총영사가 집요하게 성省 정부에 항의하여 두 신문의 발행 금지와 재발행을 허락하지 말 것을 요구하였던 것이다.[162] 이에 대해 중국 정부는 신문사에 주의를 주고, 사건을 신중하게 취급하도록 계고戒告할 예정이라거나, 한편으로 일본 언론이 중국 명예를 훼손시키는 일이 적지 않으니 일본 언론기관에 대한 단속도 함께 요구하였다. 또 중국 정부는 산터우와 한커우에서 일본 해군이 무력으로 위협하고 나선 사건에 대해 항의하였다. 일본의 공격에 마냥 밀리는 중국 정부가 아니었다. 한편 지방 정부는 유감을 표명하기도 하고 일본의 요구 조항에 대응을 늦추면서 해결책을 찾았다. 하지만 결국에는 일본측 요구대로 폐간하는 일도 벌어졌으니, 칭다오의 《민국일보》와

---

160) 극비 아세아국 제2과, 〈소화 7년 11월 30일, 중국 각지 신문 잡지의 불경기사 사건〉, 단국대학교 동양학연구소, 위의 자료집, 636쪽.
161) 극비 아세아국 제2과, 〈소화 7년 11월 30일, 중국 각지 신문 잡지의 불경기사 사건〉, 단국대학교 동양학연구소, 위의 자료집, 637쪽.
162) 일본외무성 기록, 〈馬要사령관이 차관·차장에게 보고한 복주정보(1932. 1. 9)〉, 국가보훈처 소장 《昭和七年觀兵式ヨリ還幸ノ際ニ於ケル朝鮮人不敬事件》

복주의 《동방일보》·《신조일보》가 대표적인 사례이다.[163]

가장 심각한 경우는 칭다오에서 벌어졌다. 그곳에 거류하던 일본인 1천여 명이 1월 12일에 민국일보사를 공격하여 파괴하고, 다시 중국 국민당 시당부에 난입하였다. 이 부분은 김구가 충칭에서 작성한 《백범일지》 하권에서도 확인된다. 백범은 이 부분을 "중국의 국민당 기관보 칭다오 《민국일보》는 대호 활자로 한인 이봉창이 저격 일황 불행부중이라 하였더니 당지 일본 군경이 민국일보사를 파쇄"하였다고 기록하였다.[164]

5. 일본의 자작극과 중일 갈등의 심화

의거 직후 열흘 정도 지나면서 사태는 진정국면에 접어들었다. 우티에청 시장과 무라이 총영사 사이에 타협이 이루어지고 일본 외무성도 그러한 방향으로 사태를 마무리 지으려는 의도를 드러냈다. 1월 21일에 무라이 총영사는 일본 외무대신에게 우티에청 상하이시장이 민국일보사를 조사한 결과 모욕 의사가 없다는 점, 사장을 불러 경고한 일, 편집 기자를 감봉 3개월에 처하고 정정 및 진사 기사를 16일자로 게재한 점을 알리면서, 시장 자신도 깊은 유감을 표명해왔다고 보고하였다.[165] 그런데 바로 그 직전에, 사태가 결코 진정될 수 없는 사건이 일어났다. 우연한 사건이 아니라 철저하게 조작되고 기획된 일이 준비되고 있었다.

1월 18일에 일본인 니치렌슈日蓮宗 승려僧侶가 중국인으로부터 공

---

163) 극비 아세아국 제2과, 〈소화 7년 11월 30일, 중국 각지 신문 잡지의 불경기사 사건〉, 단국대학교 동양학연구소, 앞의 자료집, 603쪽.

164) 백범김구선생전집편찬위원회, 《백범김구전집》 제1권, 대한매일신보사, 1999, 512~513쪽.

165) 극비 아세아국 제2과, 〈소화 7년 11월 30일, 중국 각지 신문 잡지의 불경기사 사건〉, 단국대학교 동양학연구소, 위의 자료집, 619쪽.

격을 받아 사상자가 발생한 사건이 일어났다. 사건을 조작하여 침공할 빌미를 찾는 방법은 일본의 침략 정책에서 상투적인 일이었다. 경신참변도 그랬고, 만주 침공이나 베이징 침략도 마찬가지였다. 그 모두가 일본, 특히 일본 군벌이 꾸며 낸 자작극에서 비롯되었다. 일본 외무성이 진정국면으로 일을 끌고 간 반면에, 군부는 앞장서서 충돌을 만들어 냈다.

1932년 1월 18일 상하이에서 일본인 승려 2명을 포함한 일본인 5명이 중국인으로부터 습격을 받아 1명이 사망하고 3명이 중상을 입는 사건이 일어났다. "이 사건은 관동군 고급 참모 이타가키 세이시로板垣征四郎 대좌가 만주로부터 각국의 관심을 돌려놓으려고 국제도시 상하이에서 일을 일으키도록 공사관 소속 무관인 다나카 류키치田中隆吉 소좌에게 의뢰한 결과, 다나카가 중국인 무뢰배들을 고용하여 습격한 것이다."[166] 일제로서는 만주 침공 이후 국제적 시선을 다른 곳으로 돌릴 필요가 있었고, 마침 상하이가 정치·경제 중심지이자 중국 수도 난징의 입구에 있어서 국민정부를 압박하기에 알맞은 곳으로 여겨졌다.

이타가키가 다나카에게 거금의 공작금을 지급하고, 중국 출신 여자 정보원으로 하여금 상하이에서 항일 분위기가 비교적 강한 산요우쓰위에사三友實業社에서 사건을 꾸미도록 만들었다.[167] 그렇다면 일본인 승려는 의도적으로 중국인의 공격을 이끌어 낸 것이다. 사실 내용을 좀 더 자세하게 들여다보자. 1월 18일 니치렌슈 승려僧侶 아마사키 게쇼天崎啓升와 미즈카미 히데오水上秀雄가 신도 3명과 마위산로馬玉山路에 있던 산요우쓰위에사에 나타나 기웃거리기 시작했다. 산요우쓰위에사는 의용군을 조직하여 군사 훈련을 벌이고 있던 차였고, 그 훈련 장면을 마치 간첩인 양 염탐하는 모습을 연출하였다. 그러다가 '일본 군부에 고용된 중국인 무뢰배'들이 일본 승려 일행을 공격하여 사상자가 발

---

166) 小島晉治·丸山松幸 著, 朴元熇 譯, 《中國近現代史》, 지식산업사, 1997, 126쪽.
167) 신승하, 《중화민국과 공산혁명》, 대명출판사, 2001, 395쪽.

생한 것이다. 그러자 양수푸楊樹浦 경서警署에서 순포가 파견되어 현장을 정리하고 부상자를 복민의원福民醫院으로 옮겼다.[168]

다음 날 오후 4시, 일본인들이 거류민대회를 열고서 3개항을 결의하였다. 일본 승려를 구타한 범인을 체포하여 처벌할 것, 손해를 배상할 것, 그리고 일본에게 사과할 것 등이 그것이다. 이들이 결의안을 만든 뒤에 대표를 일본 총영사관으로 보내 자신들의 요구사항을 전달하자, 무라이 총영사는 상하이시 정부에 그것을 전달하였다. 이에 상하이시 정부의 위훙진俞鴻鈞 비서장은 사실을 상세하게 조사한 뒤, 만약 중국 측에 잘못이 있다면 그것을 충분히 밝힌 다음 공평하게 처리할 것임을 밝혔다. 하지만 일본은 정식 교섭을 기다리지 않고 예정된 순서를 밟아 나갔다.[169]

20일 새벽 2시에 일본인 50~60명 정도가 일본 무장 군경의 엄호를 받으면서 산요우쓰위에서사 공격에 나섰다. 일본인 거류 지역인 훙커우虹口를 출발한 일본인 무리는 인샹항引翔港으로 향했고, 마위산로 산요우쓰위에서사 총창總廠에 도착하였다. 그 시각은 출발한 지 30분 지난 새벽 2시 30분 무렵이었다.[170] 이들은 공장 서북쪽에서 칼로 대나무 울타리를 부수고 잠입하고, 준비해 간 유황탄硫黃彈과 기름 먹인 발착탄發着彈을 사용하여 산요우 공사 공장 건물에 불을 질렀다. 지붕과 기둥에 유황탄을 접착시키고, 기름방망이를 건물 위로 던진 뒤에 화창火槍을 발사하는 방법이 구사되었다.[171] 또 직건부織巾部 건물 일부가 무너지고 직기 20여 대가 파괴되었다.[172]

---

168) 〈日人焚燒三友實業社之經過〉(1932. 11), 上海市檔案館編, 《日本帝國主義侵略上海罪行史料滙編》上編, 上海人民出版社, 1997, 9쪽. 신도들은 藤村國吉·後藤芳平·黑巖淺次郎 등이다.

169) 〈日人焚燒三友實業社之經過〉(1932. 11), 上海市檔案館編, 위의 책, 9쪽.

170) 〈三友實業社被焚事件之始末〉(1932. 3), 上海市檔案館編 앞의 책, 7쪽; 〈日人焚燒三友實業社之經過〉(1932. 11), 같은 책, 10쪽.

171) 〈日人焚燒三友實業社之經過〉(1932.11), 上海市檔案館編, 위의 책, 10쪽.

172) 〈三友實業社被焚事件之始末〉(1932.3), 上海市檔案館編 위의 책, 7쪽.

2시 53분 잠든 직공들이 폭발음을 듣고 황망히 일어나 소방기구로 진화작업에 나섰다. 다행히 함석지붕 건물이라서 불이 쉽게 붙지 않았고, 구화회救火會가 물을 갖고 도착하고 안팎이 도우는 덕분에 불길을 잡을 수 있었다. 그렇지만 다시 서북쪽 집들과 직기織機 30여 대가 불탔다. 사건 직후 피해 상황을 조사한 결과 산요우창三友廠 1백 6, 70칸, 직포기織布機 800대, 공인 천여 명 가운데, 피해는 그리 많지 않았다. 중국 측으로서는 불행한 가운데서도 다행한 편이었다. 그때 도로를 통과하는 일본 무장 세력 행렬을 지켜본 중국인 순포가 의혹을 가지고 전화로 연락한 덕이 컸다. 그 사실을 눈치 챈 일본인이 중국인 순포를 공격하여 1명을 살해하고, 전화선을 절단시켰다.[173]

일본인들의 만행은 이것으로 그치지 않았다. 새벽에 방화 공격을 벌인 데 이어, 그날 오후에는 다시 무장한 일본 경찰 4명이 현장에 나타나 세 시간 동안 돌아다녔다. 한편 상하이에 거류하던 일본인들은 당일 오후 2시에 웬지엔스로文監師路 일인구락부에서 천여 명이 참석한 가운데 거류민회를 열었다. 6시에 산회하면서, 6백여 명이 무기를 들고 우중로吳淞路·라오바즈로老靶子路·베이쓰촨로北四川路를 따라 가면서 '중국인을 모두 죽이자'는 구호를 크게 외쳤다. 상점이 파괴되고 사람들이 구타당하니, 상점은 철시撤市하고 극심한 혼란이 일어났다. 파괴된 상점이 다섯 채요, 전차가 강제로 정지되고, 영국 순포가 두들겨 맞아 중상을 입었으며, 연도의 항일표어는 찢겨 나갔다. 순포들이 소식을 듣고 출동했을 때는 이미 일본인 시위대가 흩어졌고, 70여 인은 일본 병영으로 피했다.[174]

이처럼 일본 낭인들이 산요우쓰위에사 총창總廠을 습격하여 방화했다는 소식을 들은 상하이시 정부는 진상조사단을 파견하여 상세하게 조사한 결과, 손실이 크고 방화범이 일본인이라는 사실을 밝혀냈다.

---

173) 〈日人焚燒三友實業社之經過〉(1932. 11), 上海市檔案館編, 위의 책, 10쪽.
174) 〈日人焚燒三友實業社之經過〉(1932. 11), 上海市檔案館 編, 위의 책, 10~11쪽.

현장에 버려진 술병과 일본어 신문, 폭발물 조각 등이 일본인 관련성
을 증명하고 있었다.[175] 우티에청 시장은 우선 비서장 위훙진兪鴻鈞을
일본 총영사관에 보내 구두로 엄중하게 항의하였다. 이에 일본 총영사
는 유감을 표시했다.[176] 그러나 일이 그 정도에서 끝날 수는 없었다.

증거를 확보한 우티에청 시장은 사건 다음날인 1월 21일에 상하이
시 정부를 찾은 일본 총영사에게 항의하고 공식적으로 항의서를 교부
했다. 항의서는 두 차례나 거듭 보내졌다. 조사된 일본인들의 만행을
정리하고, 그 행위가 모두 계획된 것이며, 게다가 손실도 엄청나게 크
다는 점이 그 핵심이었다. 항의서에 담긴 일본 만행 진상은 다음과 같
다. 1월 20일 새벽 2시 20분에 일본 청년 수십 명이 산요우미엔즈창三
友棉織廠을 방화하자, 근처 보경정報警亭에 있던 중국인 순포 3인이 도
착하고, 전화를 받은 구화회救火會가 진화에 나섰다. 일본인들이 보경
정報警亭을 포위하고 칼로 중국인 순포 두 사람을 공격하여 다치게 만
들고, 전화기를 끊어 부근 수로에 던져버렸으며, 또 나머지 순포 한 사
람을 쫓아가 살해하였다.

이와 같이 사태 전개 상황을 정리한 상하이시 정부는 항의서 끝에
다음과 같은 네 가지 사항을 일본측에 요구하였다.

> 첫째, 일본 총영사는 본 시장을 향해 사과할 것.
> 둘째, 방화 살인범을 신속하게 체포하고 엄하게 징계할 것.
> 셋째, 피해자에게 충분하게 배상하고, 배상금액은 별도로 협의하여 정할 것.
> 넷째, 향후 이러한 사고가 다시 발생하지 않도록 보증할 것[177]

1차 항의서에 이어 상하이시장은 두 번째 항의서를 보냈다. 그 내용

---

175) 〈上海市商會呈上上海市政府文〉(1932. 1. 21), 上海市檔案館編, 위의 책, 5쪽.
176) 〈三友實業社被焚事件之始末〉(1932. 3), 上海市檔案館編, 위의 책, 8쪽
177) 〈上海市政府抗議書 一〉(1932. 1. 21), 上海市檔案館編, 위의 책, 5쪽.

은 1차 항의서에서 빠진 일본인들의 만행을 지적하고 일본 총영사에게 주의를 촉구하면서 배상을 요구할 예정이라는 내용이었다. 2차 항의서에 기록된 사건 개요는 1월 20일 오후 1시에 일본인들이 거류민대회를 열고 난 뒤, 일본 영사관과 일본해군육전대에 청원하러 갔는데, 베이쓰촨로를 지날 무렵 연도의 점포들을 부수고 전차와 조계 공공자동차 유리창을 파괴하였으며, 홍창로 입구에서 중국인 상점 유리창을 파괴한 뒤 오후 6시를 지나 디스웨이로狄思威路에서 흩어졌다는 것이다. 또 2차 항의서는 "당시 중국 민중이 분개하여 대항하려 들었으나 관할 관구 소장과 경찰대가 적극 만류하여 불행한 일이 발생하지 않았지만 중국 상점의 손실은 무척 크다"고 밝히고, "특별히 귀 총영사에게 주의를 요구하며 법에 따라 징계하여 다스리고 제지하여 이후 다시 그런 일이 발생하지 않게 하라"고 요구했다. 여기에 상점의 피해 상황을 조사한 뒤 배상을 요구할 예정이라는 말도 덧붙여졌다.[178]

하지만 일본 총영사의 답은 달랐다. 하루 전에 위홍진 비서장에게 유감을 표명했던 것과는 달리, 오히려 1월 18일에 승려를 비롯한 일본인이 중국인으로부터 구타당했다면서 역공을 펴고 나왔다. 일본 총영사가 우티에청에게 들고 나온 네 가지 요구조건이 그것이다. 그 핵심은 시장이 정식 사과할 것, 범인을 즉각 체포할 것, 피해자에게 의약비 및 구휼금을 지급할 것, 항일 불법행동을 단속하고 항일단체를 해산할 것 등 네 가지였다. 그러면서 일본 총영사는 마치 최후 통첩인양 1월 28일 오후 6시까지 답장을 보내라고 요구하고 나섰다.[179]

하루 사이에 바뀐 일본 총영사의 태도를 지켜볼 무렵, 상하이시 정부는 일본의 전략을 깨달았던 것 같다. 상하이시 정부가 바로 그 다음날 중국국민당 중앙당부에 보고한 비밀전문이 그를 말해 준다. 즉 상하이시 정부는 1월 22일에 중국국민당 중앙당부집행위원회에 보낸

---

178) 〈上海市政府抗議書 二〉(1932. 1. 21), 上海市檔案館編, 앞의 책, 6쪽.
179) 〈三友實業社被焚事件之始末(1932. 3)〉, 上海市檔案館編, 위의 책, 8쪽.

비밀전문에서 일본의 의도가 난징과 상하이를 점거하는 데 있으리라
고 판단하였다.

> "비밀 보고에 따르면, 장차 일본 낭인들이 실의에 찬 중국 군인과 지방 도
> 적들을 결속하여 난징과 상해에서 폭동을 일으키고, 그 다음에 일본군이 교
> 민을 보호한다는 명분을 내걸고 점거계획을 실행에 옮길 것이라 한다."[180]

여기에 일본인들이 한술 더 뜨고 나섰다. 1월 24일 상하이에서 영업
하던 일본 상공인들의 모임인 상해일상사창연합회上海日商紗廠聯合會가
낮 12시에 일교구락부日僑俱樂部에서 열리고, 그 자리에서 우티에청 시
장에게 보낼 통고문을 결의하였다. 거기에는 항일구국회를 단속하라는
요구가 담겼다. 앞서 산요우쓰위에사에 대해 일제가 방화하고 일인들
이 길거리를 시위하면서 중국인 상점을 파괴하는 일이 발생하자, 중국
인들도 격렬하게 항일구호를 외치고 벽보를 붙여 투쟁의식을 고취시켜
나갔다. 특히 일본상품 불매운동은 상당한 효과를 올리고 있었다. 그
러한 항일투쟁 단체 가운데 항일구국회가 대표적이었다.

1월 24일 오후 4시 반에 전해진 상해일상사창연합회上海日商紗廠聯合
會의 통고는 숫제 협박이었다. 일본 상공업 경영자들이 상하이시 정부
에게 항일구국회를 주저앉히라고 요구하고 나섰다. 그들은 평소 항일
구국회 활동으로 말미암아 상품판매가 어려웠지만, 자신들이 거느리는
중국인 직공 6만 명과 그 가솔 30만 명의 생계를 생각하여 인도적인
차원에서 공장을 운영해 왔다고 말하면서, 만약 항일구국회를 단속하
지 않는다면 공장 문을 닫을 것이요, 그렇다면 직공들이 자포자기 행
위로 나올 것인데, 책임은 당연히 상하이시 정부에 있다고 억지를 부
렸다.[181] 더구나 일본은 사건을 확대시키고자 특무기관에서 일본 낭인

---

180) 〈上海市政府致中央黨部執行委員會等密電(1월 22일)〉, 上海市檔案館編, 위의 책,
    11쪽.
181) 〈上海日商紗廠聯合會通告〉, 上海市檔案館編, 위의 책, 17쪽.

을 모아 같은 날 1월 24일 시게미츠 마모루重光揆 일본 공사 공관에 불을 지르고서는, 이를 중국인이 벌인 일이라고 몰아갔다.[182]

이렇게 일본이 강공책을 밀어붙이고, 일본 경영인들이 박자를 맞추자, 중국 측은 고민에 빠졌다. 대중들의 항일의식이 높아가고 투쟁도 강도를 높여 가지만, 중국 정부는 아직 전면전을 고려하지 않고 있던 터였다. 그렇다면 일본 요구를 수용하지 않을 수 없던 처지였으니, 우티에칭 시장은 하는 수 없이 위홍진 비서장을 일본 총영사관으로 보내 답장을 전달했다. 때는 최후통첩으로 정해진 날인 28일, 통첩 마감 시간을 네 시간 정도 앞둔 오후 1시 45분이었다. 우티에칭 시장은 일본인 승려와 신도 등 5명이 죽거나 다친 데 대해 유감을 표명하고, 법에 준거하여 엄하게 다스릴 것이며, 피해자에게 의약과 위무금을 시장이 직접 지급할 것, 항일단체에 대한 단속문제는 항일구국회의 불법행위를 조사하여, 죄가 있으면 징계하고 다른 반일단체도 해체시킬 것임을 분명히 밝혔다. 그러자 그날 일본 영사는 만족한 뜻을 표했다.[183]

6. 일제의 상하이 침공

1월 28일 상하이시 정부가 일본 총영사 요구를 수용하고 타협하여 사태를 일단락 짓는 단계에 들었다고 판단하는 그 순간, 사실은 일본군의 침략전이 시작되었다. 우티에칭 시장이 타협안을 제출하고 일본 총영사가 이에 만족하는 그 순간이 곧 침략의 시점이었다. 1시 45분에 우티에칭의 타협안이 전해진 뒤 얼마 지나지 않아, 대일본해군상해육전대사령부大日本海軍上海陸戰隊司令部 이름으로 "편의대와 공산당원 및 불령 무리를 단속하기 위해 오늘 하오 5시 반부터 날이 밝을 때까지

---

182) 신승하,《중화민국과 공산혁명》, 대명출판사, 2001, 395쪽.
183) 〈三友實業社被焚事件之始末(1932.3)〉, 上海市檔案館編, 위의 책, 8쪽.

중국인의 시내 통행을 금지함"이라는 내용을 담은 포고문이 발표되었
다.[184] 바로 이어서 그 날 밤 11시 25분, '대일본해군大日本海軍 제일견
외함대사령관第一遣外艦隊司令官 해군소장海軍少將 시오자와 코이치鹽澤
幸一'는 침략의 신호탄을 쏘아 올렸다. 그가 발표한 성명이 그것이다.

  현재 상해는 조계 내외를 막론하고 인심이 동요하고 형세가 불온하며,
  더욱이 점차 악화현상을 보이고 있다. 그래서 공부국은 이미 계엄령을 선
  포했고, 각국 군대 역시 엄하게 대비하고 있다. 제국(일본) 해군은 자베이閘
  北 일대에 소재한 다수 교민의 치안유지에 불안을 느끼고, 특별히 병력을
  배치하여 임무를 다하려 하니, 자베이에 배치된 중국군과 적대 시설은 속
  히 철거하기 요망한다.[185]

  이 성명은 상하이를 지키는 전략 거점이자 강력한 포대를 자랑하던
자베이閘北에서 중국군과 항일세력이 물러가라고 요구한 것이다. 이
어서 시오자와鹽澤 사령관이 자베이閘北에 주둔하던 중국군 제19로군
에 글을 보내 상하이에서 뒤로 20킬로미터 물러서라고 강요하였다. 그
리고는 중국측 답변을 기다리지도 않고 15분 뒤, 밤 11시 40분에 일
본 해군육전대와 편의대가 자베이로 침입하여 중국군 방어선을 공격하
기 시작했다. 이것이 이후 34일 동안 펼쳐진 '1·28사변', '송호전쟁淞
滬戰爭'의 서막이었다.[186] 바로 다음 날 '대일본해군大日本海軍 제일견외
함대사령관第一遣外艦隊司令官' 이름으로 포고문이 발표되었다. 일본 해
군은 "경비구역 내의 치안유지를 직접 담임하며 치안 유지에 저촉되는
집회를 정지하는 외에 계엄령 시행을 위해 필요한 경우 처형을 집행한
다"고 밝혔다.[187]

184)〈日海軍上海陸戰隊布告〉, 上海市檔案館編, 앞의 책, 17~18쪽.
185)〈日海軍第一遣外艦隊司令官鹽澤聲明〉, 上海市檔案館編, 위의 책, 11쪽.
186)〈三友實業社被焚事件之始末(1932. 3)〉, 上海市檔案館編, 위의 책, 8쪽.
187)〈日海軍第一遣外艦隊司令官布告〉, 上海市檔案館編, 위의 책, 18쪽.

일본 육전대는 장갑차를 앞세우고 자베이 지역을 맹공격하였다. 1월 28일 밤 11시 40분, 장갑차 20여 량을 앞세운 침략이 시작되었다. 상하이 주둔 일본군은 군함 30여 척, 비행기 40대, 육전대 6천 명이었다. 그래서 일본함대 사령관 시오자와鹽澤는 '상하이에서 전쟁이 일어나면 4시간 이내에 끝낼 수 있다고 호언장담하였다.[188] 일본은 동원 가능한 군사력을 상하이로 파견하여 전력을 증강시켜 나갔다. 해군과 공군을 동원하여 상하이를 군사시위 현장으로 만들었다. 본토에 있던 공군을 급파하여 상하이 상공을 뒤덮는 무력시위가 가장 대표적인 것이었다. 여러 지역 주둔 부대들이 출동 준비를 마치고 상하이 방면으로 급행하여 제1견외함대와 협력하라는 명령이 1월 29일 오후에 내려졌다. 이에 따라 항공모함 호쇼鳳翔와 구축함 오키카제沖風 · 미네카제峰風 · 야카제 矢風는 요코스카橫須賀에서, 항공모함 카가加賀와 구축함 사와카제澤風는 사세보佐世保에서 상하이로 급파되었고, 1월 31일 카가加賀에서 이륙한 비행기 십여 대가 상하이 상공을 위협하는 정찰비행을 벌였다.[189] 상하이침공 이후 일본군 규모는 기존 상하이주둔 일본사령부로 쓰이던 이즈모함出雲艦을 비롯한 여러 전함들과 해군 육전대만이 아니라, 본토에서 긴급 투입된 항공모함 등을 포함하는 엄청난 규모였다.

한편 중국은 일본군이 기습하자마자 방어전을 시작하였다. 보고를 받은 장제스蔣介石는 제19로군에게 응전을 지시하고, 29일에 중앙정치회의에서 일본의 침략을 저지하기로 결정하였다. 그리고 30일에는 전국 장병에게 대기 명령을 내리고, 국민정부는 전쟁 지역에서 가까운 난징을 떠나 뤄양으로 이동하였다. 2월 1일 장제스가 쉬저우徐州에서 군사 회의를 소집하여 4개 방어구로 나눈 작전 계획을 수립하고, 2월

---

188) 신승하, 《중화민국과 공산혁명》, 대명출판사, 2001, 396쪽.

189) 酒井慶三, 〈上海事變と我が空軍の活動〉, 《朝鮮社會事業》 10, 1932, 148쪽. 加賀는 1921년 가와사키에서 진수하고, 1922년 12월 완공되었다가, 1923년 11월 요코스카에서 카가급 항공모함으로 전환되고, 1925년 4월에 재진수하였다. 항공모함 아카기赤城와 더불어 1941년 진주만 기습에 참여하고, 1942년 6월 5일 미드웨이해전에서 격침되었다.

8일 정예부대인 87 · 88사단으로 제5군(군장 장즈중張治中)을 증원시켜 투입하였다.[190]

　　2월에 들어 일본 항공기들이 집중적으로 홍차오虹橋 비행장을 습격하여 상하이에 주둔하거나 난징에서 이동해 오는 중국 항공기들을 공략하였다. 하지만 전쟁은 일본군의 계산대로 진행되지 않았다. 당초 제1견외함대사령관이자 상하이주둔 일본 해군 사령관인 시오자와鹽澤가 '4시간 만에 끝낸다'고 떠들던 호언장담은 간 곳이 없고, 중국군의 저항을 쉽게 뚫지도 못했다. 그러자 일본은 시오자와를 본국으로 소환했고, 해군 3함대사령관 노무라 키치사부로野村吉三郎 중장을 후임 사령관으로 교체하였다.[191] 또 이미 육군대신을 지내고 퇴역해 지내던 시라카와 요시노리白川義則 대장이 상하이방면군 사령관으로 긴급 투입되고, 우에다 겐키치植田謙吉 제9사단장도 가세하였다.[192]

---

190) 신승하, 《중국현대사》, 법학도서, 1976, 172쪽. 중국 정부는 정전협정이 맺어지고서도 7개월이나 지난 1932년 12월 1일에 뤄양에서 난징으로 귀환하였다.
191) 신승하, 《중화민국과 공산혁명》, 대명출판사, 2001, 396쪽.
192) 2월에 일본군이 정리한 주요 전투 내용은 다음과 같다.
　5일 부분적 소전투, 중국 비행기 정찰비행
　6일 중국 군용기 7대 난징에서 홍차오 비행장 도착, 일본기가 기습
　7일 일본 육군 상하이 상륙 완료, 새벽 자베이 일대 우쑹 총공격, 베이쓰촨로 부근 중국군과 접전, 중국군 비행기 26대 홍차오 비행장 배치, 상하이시장이 공부국참사회 의장에게 중국 측도 비행기 사용을 통고
　8일 우쑹 총공격, 해군 · 육군 상응하여 포대 공격, 포대 고립, 영국 동양함대사령관과 총영사가 시게미츠 공사를 방문하여 정전대안 제시했으나 일본이 거부
　9일 일본 공군과 육군 합세, 헝빈로 · 바오산로 · 허베이난로 등 격파, 우쑹에 육군이 교대로 공격
　10일 자베이 서교외 장완전江灣鎮 부근 비행대 공격
　11일 상하이의용군 참모 제의에 따라 자베이 방면 양진지에 거주하는 부녀자 피난 위해 전투 중지
　12일 저녁 중국군 총 반격, 일본 기관총대와 접전
　13일 우쑹진 부근에서 소전투
　14일 일본군 증파, 久留米부대 · 金澤부대 상륙 완료
　15일 자베이 일대 접전
　18일 최후통첩 蔡廷楷에게 보냄. 20일까지 조계 경계선에서 20킬로미터 물러날 것 요구
　19일 중국군 공격
　20일 일본군 야포 · 중포로 공격, 江灣 점거, 야포 진지 궤멸, 차이팅카이가 일본군 통첩 거부
　22일 일본군이 大場鎮 점거
　23일 일본 공군 홍차오 비행장 공습

일본군은 3주 동안 세 차례나 대규모 시가전을 벌였지만, 중국군 방어선을 돌파하지 못했다. 광둥계 제19로군(총지휘 장광나이蔣光鼐, 군장 차이팅카이蔡廷鍇)이 중국 민중들의 절대적인 지지를 받으면서 맞서 싸우자, 막강한 일본군으로서도 이를 짓밟기에는 힘에 부쳤다. 비행기 폭격과 전차부대 공격을 포함한 시가전이나, 2월 20일부터 1개 사단과 혼성여단을 동원한 일본 육전대의 총공격도 모두 실패하였다. 초조해진 일본은 별도로 2개 사단을 증파하여 19로군 배후를 찔러, 3월 1일 겨우 중국군을 상하이 조계 경계선에서 20킬로미터 바깥으로 밀어내고서는 전투를 중단했다. 이 거리는 일본 육전대 사령관이 당초에 요구한 20킬로미터였다. 일본은 만일 당일까지 전투가 계속되면, 이날 제네바에서 열린 국제연맹 임시총회에서 일본에 대한 경제 제재를 결의할 것 같아 침공을 중단한 것이다.[193]

비록 중국군은 완강하게 저항하였지만, 근본적으로 한계를 가지고 있었다. 중국국민당 정부가 기본적으로 전면전을 원하지 않고 있었기 때문이다. 그러니 항전의욕도 낮고 군수보급도 모자랐다. 다만 그들이 오래도록 버틸 수 있던 데에는 민중의 전폭적인 지원과 동참이 있었기 때문이다. 일단 일본군이 거류민 보호 목적을 달성했다는 데 명분을 찾고 침공을 중단하자, 정전협상이 시작되었다. 미·영·불 3국 공사가 조정에 들어갔고, 3월 중순 국제연맹조사단이 도착하여 권고하자, 3월 19일 상하이 영국 영사관에서 중국과 일본의 회담이 시작되었다.[194] 4월 29일 '천장절'에 맞추어 전승기념식을 거행하던 홍커우공원에서 상하이주둔 일본 최고인물들이 윤봉길 의사 손에 무너진 직후, 5월 5일에 정전협정이 체결되었다. 윤봉길 의거가 일본의 기를 꺾고 타

25일 일본군 제2차 총공세

26일 영·미·불·이탈리아 대사가 하나자와 외상에게 문서로 군사행동 항의, 일본 외상이 일축, 미국 대일 분위기 경화, 항저우 상공에서 일본 공군이 중국 공군기 3대 격추(〈上海事變의 經過〉, 《朝鮮及滿洲》, 朝鮮及滿洲社, 1932, 89쪽)

193) 小島晉治·丸山松幸 著, 朴元熇 譯, 앞의 책, 127쪽.

194) 姫田光義·阿部治平 外, 《中國近現代史》, 일월서각, 1984, 285쪽.

협의 길로 나가게 하는 데 작용한 것은 의심할 필요도 없다.

정전협정 내용은 세 가지였다. 첫째, 중국군은 현재 지역에서 방어한다. 둘째, 일본군은 공공조계와 훙커우 방면으로 물러나 사변 전의 상태로 돌아간다. 셋째, 쌍방의 철수를 확인하기 위해 공동위원회를 설치하고 우방 대표를 가입시켜 쌍방의 교환을 협조한다.[195] 중국군이 방어하던 지역은 상하이에서 20킬로미터 물러난 곳이었다. 이것은 일본이 침략을 시작할 때 제시한 선이었다. 그런데 여기에 제19로군을 경질하라는 일본 요구도 받아들여졌다. 다음으로 일본군은 훙커우 지역으로 물러나지만, 푸둥浦東과 쑤저우허蘇州河 남안南岸을 비무장화시키라고 요구하기도 했는데, 이마저 받아들여졌다.[196] 비록 정전이 되었지만, 중국의 심장부에까지 이르렀던 일본의 무력침공이 중국 민중에게 주었던 충격과 굴욕감은 씻을 수 없는 것이었다. 상하이 침공은 사실 일본으로서도 크게 덕이 되지 않은 전쟁이었고, 중국 민중의 항전 의지를 더욱 고양시켰으며, 특히 한국독립운동에 대한 평가를 최고조로 끌어 올리는 계기가 되었다.

7. 이봉창 의거의 역사적 의미

이봉창 의거가 가지는 역사적 의미는 크다. 첫째, 이봉창 의거는 대한민국 임시정부가 한인애국단을 내세워 일으킨 '반침략전'의 서막이란 점에서 그렇다. 일본이 1931년 7월에 만보산사건을 왜곡시키는 바람에 중국 지역에서 한국 독립운동이 어려워지게 만들었고, 9월에는 만주를 침공하여 중국 전역을 위협하기에 이르렀다. 바로 그때 터진 이봉창 의거는 일본제국주의 원수부를 공략하는 것이었고, 이와 더불

---

195) 신승하, 《중국현대사》, 범학도서, 1976, 172쪽.
196) 각주 52)와 같음.

428 제4장 대한민국 임시정부를 세우고 가꾼 인물

어 조선총독부와 남만철도주식회사, 상하이주둔군사령부 등 침략 기관을 파괴하고 요인을 처단하려는 계획이 실행으로 옮겨지고 있었다. 동시다발로 추진되던 첫 결실이 바로 이봉창 의거였다.

둘째, 이봉창 의거는 만보산사건으로 형성된 난국을 일거에 극복시키고 한국독립운동에 활기를 불어 넣었다. 만보산사건 이후로 팽배해져 있던 불신감을 한 판에 해결하면서 중국 정부와 시민단체 및 민중들과 동지적 결속을 다져갈 수 있게 된 것이다. 반대로 일본 침략 세력에게는 정계에 파란을 불러 일으켰고, 중의원 해산과 수상 피살이라는 파고가 지속되었다.

셋째, 이봉창 의거는 중국 언론을 통하여 반일·항일 정서를 강하게 표출시키는 계기가 되었다. 중국 언론의 논조는 하나같았다. 거사를 일으킨 이봉창과 그를 기획하고 추진한 한국 독립운동 세력에 대해 찬사를 보내고, 일왕이 직접 해를 입지 않음에 아쉬움을 표하며, 일왕과 왕족을 비하시키고, 중국 민중의 항전의식을 고취시키는 것이었다. 그 선두에 상하이 《민국일보》가 있었다. 중국 연안 도시를 중심으로 많은 신문사들이 이봉창 의거를 보도하면서 거의 같은 목소리를 드러내자, 일본 외교관과 군부가 이를 문제 삼고 직접 신문사를 공격하여 파괴하기도 했고, 중국 거류 일본인들이 떼를 지어 시가지를 누비며 중국인 상점을 부수고 불을 질렀다.

넷째, 이봉창 의거는 상하이사변이 일어나는 직접적인 계기가 되었다. 이봉창 의거에 대해 우호적으로 보도하던 중국 언론과 시민들의 항일시위를 일본군부가 침략의 빌미로 삼았다. 군부가 자금을 투입하여 일본 승려 피살사건을 유도하고, 그 앙갚음이라면서 산요우쓰위에사를 불 질러 충돌을 빚어낸 행위가 바로 그것이다. 상하이 길거리에는 연일 항일투쟁을 부르짖는 중국 민중들의 격문과 집회, 그리고 결사항전을 주장하는 일본 거류민들의 시위와 방화가 겹쳐졌다. 당시 일본 공군 고급장교가 "연초에 상해上海《민국일보民國日報》가 우리 황실에 대한 불경사건不敬事件에 실마리를 만들고 소위 항일회 활동은 날로 험악해졌고, 1월 18에는 우리 니치렌슈日蓮宗 승려僧侶의 조난사건이 생겼다"[197]고 표현했듯이, 이봉창 의거가 중국인들로 하여금 항전의식을 고취시켰고, 침략 전쟁의 구실을 찾던 일본 군부가 이를 빌미 삼아 상하이를 침공한 것이다. 그 침략에 맞서 대한민국 임시정부는 윤봉길 의거로 되받아쳤다. 힘겹게 전쟁을 중단하고 숨 고르기에 들어간 일본이, 전쟁에 승리했다고 일왕 생일날에 맞춰 벌인 잔치 마당을 완전히 쑥밭으로 만들어 버린 것이다. 그리고서 6일 만에 정전협정이 체결되었으니, 확전을 외치던 일본 군부를 일거에 위축시킨 거사가 아닐 수 없다.

이봉창 의거와 이를 마무리 지은 윤봉길 의거는 중국 민중의 가슴속에 한국인의 독립의지와 투지를 깊게 각인시켜 주었다. 이로 말미암아 중국 정부와 항일단체들이 한국 독립운동을 적극적으로 지원하고 나섰고, 특히 중국 정부 차원의 첫 지원이 여기에서 비롯되었다. 이 말은 중국인들이 한국인을 비로소 동반자로 인식하게 되고, 양국인 사이에 연대의식이 확고하게 형성되었음을 말해 주기도 한다. 이후 항일전선에서 한중연대투쟁이 펼쳐지는 바탕에 바로 한인애국단의 의열투쟁이 있었던 것이다.

---

197) 酒井慶三, 〈上海事變と我が空軍の活動〉, 《朝鮮社會事業》 10, 1932, 147쪽.

V. 박찬익朴贊翊 : 대한민국 임시정부 외교의
제일선에 서다

1. 성장하면서 민족문제에 눈 뜨다

박찬익은 1884년 1월 3일 경기도 파주에서 태어났다. 반남潘南 박씨 봉서鳳緒의 장남이며, 호는 남파南坡였다. 그는 어려서 한문을 익혔고, 18세 되던 때까지 서당에서 사서삼경을 비롯한 유학 경전을 공부했다. 가학을 마칠 무렵 1902년 그는 심생원의 딸 탄실과 결혼했다.

1904년 그는 서울로 옮겨 농상공학교에 입학하였다. 그런데 일본인 교사에게 대들다가 학교를 그만두는 일이 일어났다. 구체적으로 어떤 문제로 항거하고 나섰는지 알 수 없다. 다만 이 무렵 그가 동기생 박원호의 추천으로 보안회에 가입하고 황무지개척요구안에 반대투쟁을 벌이는 데 참여한 사실이 알려진다. 그렇다면 이런 과정에서 민족문제에 눈을 뜨기 시작하고, 또 일본인 교사의 언동에 대항하거나 의견충돌이 일어난 것이 아닌가 짐작된다.

농상공학교를 뛰쳐나온 뒤, 그는 민영환이 세운 흥화학교에 들어갔다. 이듬해에는 고향 파주로 가서 사립보통학교 통역교사를 지내다가, 신민회에 발을 들여 놓고, 황해도를 비롯한 서북 지역을 돌며 계몽교육운동에 나섰다고 전해진다.

그러다가 1908년 다시 상경하여 안창호의 후원으로 관립공업전습소 염직과에 입학하였다. 4년 전에 입학했던 농상공학교가 1906년 공업전습소 · 수원농림학교 · 선린상업학교로 나뉘었는데, 그가 입학한 곳은 혜화동(서울대 자리)에 있던 공업전습소였다. 여기에서 그는 공업

연구회를 조직하고 제1대 회장이 되었다. 공학을 연구하여 국부민강國富民强을 이루며 독립적 과학기술을 회복하는 데 목적이 있었다. 일찍부터 조직력과 지도력이 나타났던 셈이다. 1910년 3월 공업전습소를 졸업하면서, 그는 청년학우회 한성연회 의사원으로 뽑혀 점차 사회 활동으로 발을 내디뎠고, 특히 대종교에 들어가서 장차 그가 갈 길을 정하게 되었다.

2. 대종교에 입문하고 만주로 망명하다

박찬익은 대종교 참교參敎를 거쳐 1911년 1월 지교知敎가 되었다. 그가 대종교를 택한 이유는 잃은 나라를 되찾는 데 적절하다고 판단했기 때문이다. 잃은 국가를 되살리자면 민족을 하나로 묶어세울 구심점이 필요했고, 국가의 시조야말로 가장 알맞은 존재라고 판단했던 것이다. 나라가 무너질 때 대종교가 만들어진 이유도 거기에 있고, 이를 종교민족주의라고 부르기도 한다. 박은식 · 신채호 · 신규식 · 이상룡 · 류인식 등 유림들이 대거 대종교로 전환한 이유도 거기에 있다.

바로 뒤 2월에 그는 만주로 망명했다. 신민회가 앞장서고 안동문화권 인사들이 대거 만주로 향하던 무렵이었다. 4월에 류허현 산위엔포에서 남만주 지역 최초의 독립운동 조직인 경학사와 신흥강습소 설립에 그도 참가했다. 독립군 기지를 건설하는 일에 그도 앞장선 것이다. 그 뒤로 박찬익의 활동은 대종교권을 중심으로 독립군 기지를 건설하고 독립군을 길러내는 데 목표를 두었다.

만주에서 그가 앞장선 독립운동 단체로는 간민교육회 · 중광단이 대표적이다. 그는 간민교육회의 부회장을 맡았고, 서일이 앞장서서 대종교 중심의 무장단체인 중광단을 만들자 여기에도 적극 뛰어들어 망명자들을 규합해 나갔다. 더욱이 1913년 그가 중광단에서 필요한 무기를 구입하려고 장작상과 벌인 교섭은 대단한 성과를 가져왔다. 보병총 300정, 권총 10정, 수류탄 150발, 탄환 5,000발 등을 조달할 수 있었던 것이다. 이 밖에도 그는 화룽현에 청일학교青─學校에 이어, 펑린동과 바이차오구에도 학교를 세워 인재를 길러 냈다. 또 신흥무관학교에서 중국어와 한국 역사를 가르치기도 했다.

1915년 5월 그는 대종교 중간급 지도자인 상교尙敎로 진급했다. 그러면서 그는 간도를 떠나 지린과 베이징, 그리고 연해주를 오가며 활동무대를 넓혀갔다. 활동 내용은 역시 두 가지였다. 대종교 포교와 독립운동이 그것이다. 대종교 총본사 지회를 설립하면서, 이를 독립운동의 거점으로 삼았다. 일제가 '미신타파운동'을 내걸고 나선 근본 이유가 바로 여기에 있었다. 겉으로는 '미신'을 타파하는 것이지만, 실제로는 단군 신앙을 짓밟아 독립운동 조직과 연결망을 부수려는 정책이었다. 그래서 일제는 장쩌린에게 대종교를 금지시키라고 주문했다. 조선총독부가 '단군 짓밟기, 단군 죽이기'에 나선 이유가 바로 독립운동 조직 탄압에 있었던 것이다. 뒤집어 말하자면, 대종교 조직과 활동 그 자체가 독립운동이라는 사실을 말해 준다. 그는 이동녕과 함께 장쩌린을 만나 한국독립운동을 핍박하지 말라고 주문하고 설득하기도 했다. 여기에는 대종교 포교 금지령을 풀어달라는 교섭도 들어 있었다.

3. 대한독립의군부와 대한독립선언서

중국 본토를 드나들다가 1917년 신규식을 다시 만났다. 신규식은 1912년 동제사를 만들어 상하이에 독립운동의 교두보를 확보하고, 대종교의 중심축을 형성하고 있었다. 이어서 그는 자금을 마련하고자 국내로 잠입했다가 다시 지린으로 갔다.

지린에서 그는 두 가지 큰일을 맞이했다. 하나는 대한독립의군부 창설에 참가한 것이고, 다른 하나는 대한독립선언서 발표에 참가한 것이다. 두 가지 모두 3·1운동 소식을 접하기 바로 전에 추진되었다. 그러므로 3·1운동의 영향을 받았다기보다는, 사실상 같은 시기에 이루어진 거사라고 판단된다. 다만 3·1운동 소식을 들으면서, 조직과 선언이 빠르게 진행되고 강도를 높여간 것만은 분명해 보인다.

대한독립의군부는 3·1운동을 이틀 앞둔 1919년 2월 27일 지린에서 결성되었다. 독립운동과 대종교에서 대표적인 지도자인 여준呂準의 집이 그 장소였다. 이 단체는 '군정부' 성격을 지녔다. 독판 여준 아래, 류동열柳東說이 참모총장을 맡았다. 박찬익은 총무 겸 외무를, 황상규黃尙圭가 재무, 김좌진金佐鎭이 군무, 정원택鄭元澤이 서무, 정운해鄭雲海가 선전·연락을 맡았다. 특히 박찬익이 보여 준 두드러진 성과는 대련으로 가서 무기를 구입한 것이었다. 대한독립의군부는 점차 북간도를 넘어 세력 판도를 넓혀갔다. 대한민국 임시정부와 연계하고, 북로군정서로 발전하여 갔다.

한편 그는 대한독립선언서의 서명자 가운데 들었다. 이 선언서는 1919년 3월 11일에 지린에서 발표된 것으로 보인다. 선언서 말미에 그냥 2월이라고만 적혀 있는데, 2월 1일을 음력으로 잡아도 양력으로는 1919년 1월 1일이다. 그러니 일설에 '무오독립선언'이란 말은 잘못이다. 정원택이 남긴 《지산외유일지》 기록을 따져보면, 조소앙이 글을 짓고 다듬어 발표한 날은 3월 11일이다. 류허현 산위엔포의 3월 12일, 북간도 룽징의 3월 13일 만세운동을 바로 앞둔 날이다.

대한독립선언서는 한국이 자주독립국가요 민주자립국가임을 선언하고, '섬은 섬으로' 돌아가라고 요구했다. 그러면서 동포들에게 결사적으로 항전하여 독립을 되찾자고 외쳤다. 그 선언서 끝에 민족대표 39명 명단이 제시되었는데, 거기에 박찬익의 이름도 들어 있다. 이 명단은 국내에서 발표된 '선언서'의 33인과는 크게 다르다. 국내 33인은 독립운동가가 아니라, 종교지도자였다. 하지만 나라 밖에서 선언된 '대한

독립선언서'의 서명자 39명은 모두 독립운동을 업으로 삼던 인물이면서, 최고 지도자들이었다. 가나다 순으로 이름을 제시하면서도, 원칙과 다른 순서도 보인다. 맨 앞에 대종교 교주 김교헌金教獻을 비롯하여 김동삼 · 김좌진 · 박은식 · 신규식 · 안창호 · 여준 · 이동녕李東寧 · 이상룡 · 조소앙 · 홍범도 등, 독립운동계를 대표할 만한 인물 39인의 이름으로 이루어졌다. 박찬익도 당당하게 그 대표 서열에 들었다. 망명 활동을 통해 그의 위상이 뚜렷하게 자리를 잡은 사실을 알 수 있다.

3 · 1운동 과정에서 한국이 독립국가라는 사실이 천명되었다. 국내 선언서나 지린 선언서 모두 그러했다. 그렇다면 다음 순서가 국가 이름을 정하고, 이를 운영할 정부 조직체를 만드는 일이었다. 나라 안팎에서 동시에 그런 일이 진행되었다. 4월 10일부터 이튿날까지 상하이에서 열린 회의는 대한민국을 건국하고, 이를 운영할 임시정부와 임시의정원을 세웠다. 바로 뒤 4월 23일, 서울 국민대회에서 한성임시정부가 선언될 때, 박찬익은 박은식 · 신채호 · 손정도 · 조성환 등과 함께 18명 평정관評政官 대열에 들었다. 한성정부는 얼마 뒤 상하이 대한민국 임시정부로 통합되었다. 그 뒤로도 그는 지린에 머물면서 대한민국 임시정부 지린통신부에 근무하였다.

4. 신규식을 따라 대한민국 임시정부 외교에 나서다

1921년 박찬익은 상하이로 다시 이동하여 대한민국 임시정부에 정식으로 발을 디뎠다. 대한민국 임시정부 후원회 위원으로 활동하기 시작한 그는 1921년 4월 경기도 대표로서 임시의정원의 의원이 되었다. 7월에는 외무부 외사국장 겸 외무차장 대리로 뽑혀 정부의 외교임무를 전담하였다. 이 시기는 이승만이 상하이를 다녀간 바로 뒤였다. 임시대통령 이승만이 1920년 12월에 상하이에 왔다가 1921년 5월에 조용히 하와이로 가버렸다. 이승만이 상하이를 떠날 때, 워싱턴에서 열리게 될 태평양평화회의 참석을 당면 사유로 내걸었다. 그러면서 신규식을 국무총리 겸 외무총장으로 선임하고서, 그에게 쑨원孫文이 세운 호법정부와 협력하여 태평양평화회의에 공동보조를 이끌어 내라고 주문했다. 신규식으로서는 자신을 도와줄 중국 외교통 인물이 필요했다. 여기에 적임자로 손꼽힌 사람이 바로 박찬익이었다. 그에게 외무부 외사국장을 맡긴 이유가 거기에 있었다.

신규식은 1921년 10월부터 광둥으로 쑨원을 대한민국 임시정부를 대표하여 공식적으로 방문하였다. 신규식이 쑨원에게 대한민국 임시정부 승인을 요구하고, 원조를 부탁하였다. 그 자리에서 두 사람이 대한민국 임시정부 대표를 광둥에 상주시키는 데 합의하였다. 이에 대표로 선정된 사람이 박찬익이었다. 그는 태평양평화회의가 열리던 1922년 2월부터 광둥 주재 대표가 되어 호법정부와의 외교활동을 전담하였다. 그러다가 1922년 5월 첸정밍陳炯明이 반란을 일으켜 호법정부를 무너뜨리는 바람에, 박찬익은 상하이로 돌아오고 말았다.

5. 만주 군벌에 대한 외교와 대종교 중흥 노력

1922년 9월 신규식이 사망했다. 호법정부의 힘을 얻어 태평양평화회의에서 한국 문제를 다루게 하려던 신규식의 노력은 물거품이 되었다. 이승만이 그 회의에 참석하지도 못한 사실이나, 쑨원이 이끌던 호법정부가 무너진 것이 병을 악화시킨 것으로 보인다. 신규식의 죽음은 박찬익으로 하여금 더 이상 상하이에 머물 이유가 없게 만들었다. 1923년 4월 박찬익은 외사국장으로서 펑톈(선양)에 파견되는 형식으로 만주로 향했다. 중국 군벌과 외교를 벌여 한국독립운동에 대한 탄압을 중단하도록 요구하였다. 자유시참변 이후 독립군을 재건하는 데는 펑

톈군벌의 자세가 중요했기 때문이다.

1924년 뒤로도 그가 맡은 활동은 외교와 대종교 중흥이 핵심을 이루었다. 우선 그는 중국과 외교교섭을 담당하는 역할을 맡았다. 11월 부여족통일회의에서 신민부가 탄생하자, 중국 당국에 대한 교섭 임무가 그의 몫이었다. 또 1925년 10월 미쓰야협약 때문에 이강훈·신갑수 등이 붙들리자, 석방시키려고 교섭에 나선 사람도 그였다. 1926년 초에는 임시집정관 단기서段祺瑞를 만나 한국독립운동의 자유를 보장하라고 요구했다. 1927년 북만주에서 유일독립당이 추진되자, 외교위원장을 맡았다.

다음으로 그의 활동은 대종교 포교에 대한 자유를 확보하는 것이었다. 일제는 대종교가 철저한 항일조직이라고 판단했다. 따라서 일제는 만주 군벌에게 한국독립운동과 함께 대종교 포교활동을 금지하라고 요구하였고, 이러한 조건은 미쓰야협정에도 담겼다. 그래서 만주에서 대종교 포교만이 아니라, 이를 축으로 이루어지던 독립운동마저도 활기를 찾기 힘들었다. 그래서 박찬익은 조성환과 함께 중국 당국에 포교를 금지하는 것을 풀어 달라고 '해금 청원서'를 제출하였다. 그러한 노력이 결실을 거둔 때는 1929년이었다.

6. 다시 대한민국 임시정부의 외교를 맡다

박찬익은 다시 중국 관내로 활동무대를 옮겼다. 1929년 만주에서 한국독립당이 창당되고, 그 지부가 난징에 들어섰다. 그 대표직을 맡은 박찬익은 이때부터 난징에 수도를 정한 중국국민당 정부와 본격적인 관계를 맺기 시작했다.

1930년 그는 중국국민당에 들어갔다. 중국국민당의 핵심인물이자 장쑤성 주석이던 첸궈푸陳果夫의 소개를 받아, 그는 중국국민당 국제부

선전과에 근무하게 되었다. 그의 존재는 단순한 직원이 아니라 대한민
국 임시정부와 연결고리였다. 마침 1930년 1월 25일 상하이에서 대한
민국 임시정부를 이끌어 갈 유일 여당인 한국독립당이 결성되자, 그는
김구·이동녕·안창호·조소앙을 비롯한 29명 발기인에 포함되었다.
1930년 10월 난징에서 중국국민당 제4차 중앙집행위원회가 열리자,
조소앙은 대한민국 임시정부 대표로, 그는 한국독립당 대표로 참석하
였다. 그는 바야흐로 중국에 대한 외교 전문가로 떠올랐다.

　박찬익은 조소앙과 함께 난징정부에 당면 외교문제를 논의하였다.
무엇보다 지린 둔화에서 벌어진 '길돈사건'에 관계된 한인들을 관대하
게 처리할 것과 한인을 풀어 주고 배척행위를 막아 달라는 것, 한인들
을 일제 경찰에 넘기지 말 것 등을 《동삼성 한교 문제》라는 책자에 담
아 주문하였다. 만주 지역에서 펼쳐지던 한인들의 활동을 보호해 달
라는 주문이 외교 활동의 핵심이었다. 마침 장쉐량이 난징에 도착하여
이 회의에 참석하자, 박찬익은 조소앙과 함께 이 문서를 가지고 장제
스·장쉐량 측과 접촉을 가졌고, 끝내 '적당한 조처를 찾겠다'는 회답
을 받아 냈다.

　1931년 5월에도 그는 중국국민당 전당대회에 참석하였다. 안창호
와 함께 여기에 참석한 그는 《동삼성 한교 문제》라는 책을 각 의원에게
나누어 주고 한국 동포에 대한 처우 개선을 교섭하는 한편, 조소앙이
기초한 대한민국 임시정부의 선언문을 전달하면서 한국독립운동에 대
한 중국국민당과 정부의 지원을 교섭하였다. 이러한 노력은 만주 지역
동포들의 문제를 바람직한 방향으로 해결할 가능성을 가져왔다. 하지
만 일제가 만주를 침공하는 바람에 사정은 다시 급박하게 전개되었다.

7. 김구·장제스 회담을 성사시키다

1932년 이봉창·윤봉길 의거 이후 대한민국 임시정부가 급하게 이동하면서, 박찬익의 활동 내용도 달라졌다. 대한민국 임시정부를 안전하게 이동시키는 것이나, 요인들을 정착시킬 수 있는 것도 결국은 중국 정부와의 교섭에 달려 있었다. 당시 중국국민당과 교섭을 맡은 인물은 박찬익을 비롯하여 안공근安恭根·엄항섭嚴恒燮 등 세 사람이었다. 그 가운데 박찬익의 노력도 컸다. 김구 일행이 일제의 추적을 따돌리면서 장쑤성江蘇省 자싱嘉興에 잠적해 있을 수 있던 것이나 정부가 항저우에 터를 잡은 데에도 박찬익의 외교에 힘입은 것이 크다. 그때 중국의 많은 지사들이 대한민국 임시정부를 지지하고 나서기 시작했다. 그들과 정부를 이어 주는 연결고리로서 박찬익의 임무는 중요했다. 예를 들자면 인주푸殷鑄夫·주칭란朱慶瀾 등 중국의 명사들이 김구에게 특별 면회를 청하고, 중국국민당 정부는 김구의 신변을 염려하여 비행기로 난징까지 이동시키려고 제안할 정도였다. 그럴 때 논의 창구는 바로 박찬익이었다.

1933년 박찬익은 첸궈푸와 논의하여 김구·장제스蔣介石 두 거두의 회담을 성사시키고 그 자리에도 동석하였다. 두 거두의 만남은 한인 청년들을 중국군관학교에서 육성한다는 데 합의하고, 이듬해에는 허난성河南省 뤄양洛陽에 있는 중국군관학교에 특설반을 마련하여 한인 청년들을 초급장교로 양성하기 시작했다.

1934년 가을부터 박찬익은 견해 차이가 생겨 김구계열을 잠시 벗어났다. 이후 박찬익은 본래 만주에서 가깝게 움직였던 이청천과 발걸음을 맞추었고, 이청천이 조직한 신한독립당의 외교대표이자 한국독립군 외교부장으로 움직이기 시작했다. 그러다가 다시 김구계열로 복귀한 때는 중일전쟁이 터진 뒤, 창사로 이동한 때였다. 1937년 중일전쟁이 터지자, 박찬익은 난창을 거쳐 창사로 이동하였는데, 그곳에서 이동

녕 · 이시영이 나서서 중재한 결과 그는 다시 김구계열로 복귀했다. 박
찬익은 김구와 중국 정부 요인을 연결하는 고리 임무를 다시 맡았다.
더구나 전선이 내륙으로 깊숙하게 들어가고, 이에 따라 대한민국 임시
정부의 정황이 바람 앞의 등불 같은 어려운 시기였으므로, 그에게 주
어진 일은 중요하기 그지없었다.

8. 충칭시절 중국에 대한 외교의 최전선에 서다

　1939년 4월 대한민국 임시정부는 충칭 남쪽 치장綦江에 도착했다.
그 무렵 김구는 이미 충칭 시내에 머물렀고, 박찬익도 충칭에 자리를
잡고 중국 정부에 대한 교섭 임무를 맡았다. 그러면서 1939년 10월부
터 연말까지 제31회 임시의정원 회의가 열릴 때는 그도 의원으로서 참
석했다. 의원 활동은 1941년 10월 제33회 임시의정원 활동에도 이어
졌고, 철저하게 김구계열에 속했다.

　1940년 봄, 그에게 주어진 가장 큰 임무는 중국 정부에 한국광복군
창설을 교섭하는 것이었다. 마침내 1940년 9월 17일 대한민국 임시정
부가 국군으로서 한국광복군을 창설하기에 이르렀다. 한국광복군 총사
령부 성립전례식을 이 날 거행한 것이다. 바로 다음 달인 10월에 그는
국무위원이자 법무부장에 뽑혔다. 이제 대한민국 임시정부의 국무위원
이 된 것이다. 그는 중국국민당의 핵심인물이 주자화朱家驊에게 교섭하
여, 한인 청년들을 모집할 징모처 조직 활동비 10만 원을 지원받는 데
결정적으로 기여하였다. 또 1942년 7월 외교위원회가 설치될 때, 그
는 최동오 · 김성숙 · 류림 등과 함께 위원이 되어 활동했다.

　그의 외교 활동은 민간 문화 분야에서도 드러났다. 1942년 10월 중
한문화협회가 결성되는 과정에서도 그의 몫과 노력은 컸다. 이 협회는
3백 명 가까운 인사들의 발기로 결성되었다. 중국에서는 쑨커孫科 · 위

유런于右任·우티에청吳鐵城·장지張繼·궈모뤄郭沫若, 한국에서는 이시영·조완구·박찬익·조소앙·최동오 등이 대표적인 인물이었다. 이들은 두 가지 목적을 내걸었다. 하나는 중한문화를 바탕으로 두 민족이 합작을 강화한다는 것이고, 다른 하나는 상호 협조하여 동아시아의 평화를 확립한다는 것이다. 이 조직은 강연회와 언론활동 등에서 두 민족의 역사·문화적으로 밀접한 관계를 구명·해설하며 항일 투쟁에 함께 나아갈 것을 강조하였다. 여기에 박찬익은 김규식·신익희·김성숙·김원봉·엄항섭 등과 함께 한국 측 이사를 맡아 활약하였다.

1942년 박찬익에게 주어진 큰 임무 가운데 하나가 좌파 세력을 대한민국 임시정부에 합류시키는 것이었다. 그러자면 중국 정부의 지원금 창구를 하나로 통일시키는 것이 가장 결정적인 방법이었다. 따라서 김구는 지원금 창구를 대한민국 임시정부로 단일화시킨다는 목표를 세웠고, 이를 밀고 나간 인물이 바로 박찬익이었다. 김원봉계열이 박찬익을 가장 공격해야 할 표적으로 삼은 이유가 거기에 있었다. 그의 노력으로 끝내 좌파 세력은 대한민국 임시정부로 합류하였다. 그의 기여가 결정적이었다고 평가해도 지나치지 않는다.

박찬익에게 주어진 또 하나의 큰 과제는 중국 정부가 한국광복군의 발목을 묶어 놓은 '9개 준승'을 풀어 내는 것이었다. 1943년 2월 박찬익은 조소앙·김규식과 함께 교섭 대표를 맡았고, 중국 정부 인사들을 만나 논의를 벌이기 시작했다. 그들은 이런 노력 끝에 1944년 6월 5일, 김구와 장제스의 비밀회담을 성사시켰다. 그도 통역을 맡아 그 자리에 배석하였다. 김구는 장제스에게 대한민국 임시정부 승인과 한국광복군에 대한 새로운 협정 체결, 그리고 활동비와 정무비 지원을 요구하였다. 그 결과, 중국국민당 비서장 우티에청과 회담이 이어져 5백만 원 차관과 매월 활동비 1백 만 원 지원이 결정되었고, 이어서 '9개준승'이라는 족쇄도 풀렸다.

충칭시절 그는 당과 정부에서 활발한 활동력을 보였다. 한국독립당에서는 중앙집행위원이 되고, 정부에서는 법무부장을 맡기도 했다, 또 1944년에는 무임소 국무위원이 되기도 했다. 마침 1943년 9월에는 셋째 아들 박영준이 재무부 이재과장을 맡으면서 부자가 함께 정부 일을 맡아 활약하였다.

9. 광복되자 주화대표단장을 맡다

일제의 항복 소식을 들으면서, 박찬익은 새로운 일을 맡았다. 대한민국 임시정부가 국내로 돌아가는 일과, 그 뒤에 남을 일에 대해 중국 정부와 논의해야 하는 것이다. 1945년 8월 16일, 그는 우티에청을 만나 전후 처리 문제를 논의하기 시작했다. 어느 정도 방향이 잡히자, 9월 26일 김구 주석을 수행하여 장제스를 방문하였다. 그 자리에서 수습책을 결정하였다. 환국의 방법과 절차에 대한 내용, 그리고 뒤처리를 맡을 기구 설치 문제가 거기에 들어 있었다.

박찬익 앞에 주어진 과제는 정부가 환국한 뒤 외교 업무를 맡는 것과 동포사회를 꾸려나가는 것이었다. 혼란스러운 동포사회를 안정시키고 이들의 귀국을 돕기 위해 1945년 10월 15일 주화한교선무단駐華韓僑宣撫團을 구성한 뒤, 화베이·화중·화난에 선무단을 설치하였다. 이는 중국에 머물던 4백 만 동포를 보호하고, 환국한 뒤 대한민국 임시정부와 중국 정부 사이의 연락을 담당할 기구였다. 그 단장으로 임명된 인물이 바로 박찬익이었다. 단원으로는 민필호閔弼鎬·이광李光·이상만李象萬·김은충金恩忠 등이 활동하였다.

1946년에 들어 주화한교선무단을 주화대표단駐華代表團으로 바꾸었다. 이들은 요인들이 환국한 뒤, 중국 정부와의 연락 업무와 함께 교포 송환 등 다양한 업무도 맡았다. 정부 요인들의 가족들을 귀국시키는 것도 중요한 과제였다. 박찬익에게는 한국독립당 중국총지부 집행위원장이라는 직함도 주어졌다. 정부를 대표하여 외교업무를 지휘하면서, 한국독립당 중국 지역 책임자가 된 것이다.

1946년 5월 중국 정부가 충칭을 떠나 난징으로 이동하자, 박찬익도 주화대표단을 이끌고 난징으로 옮겼다. 6월에는 여러 곳에 만들어져 있던 한교선무단을 주화대표단 각지 판사처로 개편하고, 교민 보호와 본국 송환을 추진하였다. 그해 가을, 그는 만주 선양을 방문하고, 차남을 만났다. 그러고서 창춘에 살던 가족들을 그곳으로 데려왔다.

1947년에 중국에서 국공내전이 벌어지자, 그도 다시 긴장하였다. 그는 먼저 한인 군대의 필요성을 강조하고, 이를 편성할 계획서를 제출하였다. 더욱이 만주 지역에 많이 있는 한인들을 묶어 동북행영 장연지구 보병독립총대를 설치하고 나섰다. 여기에 부총대장을 맡은 이가 셋째 아들 영준이었다.

박찬익은 만 64세가 되던 1948년 초에 들어 건강이 악화되었다. 대한민국 임시정부가 승인받지 못한 채 환국한 것도 부담스러운 일이었고, 환국 이후 돌아가는 정세도 그에게는 큰 걱정거리였다. 중국 본토만이 아니라 만주까지 다녀오면서 동포사회를 안정시키고, 귀국을 주선하는 등 동분서주하는 사이에, 그의 건강은 심하게 악화되어 갔다. 그러다가 1948년에 들면서 그 정도가 심해졌다. 병을 다스리기 위해 그는 급히 귀국했다. 경교장을 찾아 김구를 만난 그는 마침 김구가 남북연석회의에 참석한다는 것을 만류했다고 전해진다. 이듬해 2월 20일 그는 세상을 떠났다.

10. 대종교와 외교활동으로 보낸 구국의 일생

남파 박찬익은 만주와 중국 관내를 걸쳐 폭넓은 활약을 보였다. 그의 활동의 중심은 외교였다. 특히 중국에 대한 외교활동은 그의 생애

에 중심을 이루었고, 만주에서는 대종교 활동이 중요한 부분을 차지했
다. 나라를 다시 되찾기 위해서는 겨레를 하나로 묶어 줄 구심점이 필
요하다고 판단하고, 단군이야말로 가장 적절한 존재라고 판단했다. 그
러한 공감대가 만주 지역의 독립운동 조직을 대종교로 엮는 데 성공했
고, 박찬익도 그 선두에 서 있었다.

　중국에서 벌이던 독립운동은 중국 정부의 정책에 민감하게 작용할
수밖에 없었다. 따라서 중국에 대한 외교는 절대적인 분야였다. 여기
에 선두를 치고 나간 인물 가운데 박찬익이 가장 대표적인 인물이다.
만주에서도 그랬고, 중국 본토에서도 그랬다. 특히 대한민국 임시정부
의 외교를 맡으면서, 그는 김구계열에 속해 최전선에 나섰다. 한국광
복군 창설이나 좌우합작, 그리고 정부 요인과 가족의 생계문제까지 중
국국민당 정부의 지원을 끌어내는 데 그의 노력이 빠진 곳이 없었다.
해방 이후 동포사회를 꾸려 나가는 일이나 외교대표부로서의 역할에서
도 그랬다. 중국에 대한 외교전선에서 그는 늘 선두에 서 있었던 것이
다. 대한민국 정부는 1963년 건국훈장 독립장을 추서하여 그의 공을
기렸다.

Ⅵ. 한성수韓聖洙 : 학병 탈출 1호 한국광복군의 불꽃같은 삶

- 순국 60주기와 '이 달(2005년 5월)의 독립운동가' 선정 기념 -

1. 한국광복군 한성수

한국광복군은 대한민국 임시정부의 국군이다. 이 말은 대한제국 군대와 대한민국 국군을 잇는 존재가 바로 한국광복군이라는 뜻이기도 하다. 이처럼 역사적으로 높은 위상을 갖는 한국광복군을 간혹 낮추어 평가하는 사람도 있다. 그럴 경우 으레 하는 말이 전투도 치르지 않은 부대라고 비아냥거린다. 하지만 그러한 논리는 세상에 하나뿐인 목숨을 던져 일궈낸 투쟁사를 전혀 모르고 내뱉는 이야기일 뿐이다. 젊디젊은 청춘을 조국 광복이라는 절체절명의 목표에 걸고 산화해 간 젊은 영웅들의 활약상을 제대로 안다면 결코 그런 이야기를 하지 못할 것이다.

한성수韓聖洙라는 한 젊은이의 삶은 한국광복군사의 단면을 보여 주는 징표이다. 일제 강점 아래 본인의 의사와 반대로 강제로 전쟁터로 내몰린 한 젊은이가 조국의 광복과 자유를 꿈꾸며 벌인 피의 역사를 말해 주는 산 증거가 바로 광복군 한성수가 걸은 길이다. 2005년 5월 13일은 그의 순국 60주기를 맞는 기념일이다. '이 달의 독립운동가'로 선정된 이유도 거기에 있다.

지금까지 그를 기리는 기고문이나 추도문, 간단한 논문이 발표되었다. 정신적 의미를 강조하고, 한국광복군사 속에서 그의 위상을 점검하는 글들이었다. 이 글은 생존 동지들이 발표한 추도문을 검토하고,[198] 새로 정리되어 나온 3지대 출신의 회고록을 살피며,[199] 지금까지 나온 연구를 참고하되,[200] 새로운 자료와 증언을 곁들여 내용을 확충해 보았다. 지금까지 한 번도 소개되지 않았던 마쓰다 세이지松田征士의 〈殉國の英雄韓聖洙〉[201]라는 글과 그의 미망인인 정숙저鄭淑姐를 만나 직접 들은 증언을 중요한 자료로 삼은 것은 지금까지의 연구와 다른 점이다.[202]

2. 조부와 오산학교가 가르쳐 준 민족정신

한성수는 1921년 8월 18일 평안북도 신의주 고진면古津面 낙청동樂淸洞 102번지에서 한일현韓一賢의 4남 2녀 가운데, 두 누나에 이어 네 아들(성추聖洙 · 성준聖俊 · 성휘聖暉 · 성보聖寶) 가운데 맏아들로 태어났다. 시기로 보아 일제의 식민지 통치정책을 고스란히 거치면서 성장했고, 따라서 황민화정책에 길들여졌을 법한 성장기였다. 그럼에도 그는 강한 민족성을 가지고 성장했다. 가문의 전통이 그에게 민족 문제에 대한 바른 인식을 갖게 해 준 것이다. 거기에는 누구보다 조부의 시대 인식과 가르침이 주효했다.[203]

198) 金永鎭, 〈故韓聖洙同志 殉國追念記〉,《한국광복군동지회》21(1974년 5월 15일자); 석근영, 〈한성수 의사 순국 추모기〉,《獨立》1991년 7월 15일호.; 윤경빈, 〈추모사〉, 2001.; 金祐銓, 〈殉國先烈 韓聖洙 同志 義擧를 追慕하는 글〉, 2001; 金祐銓, 〈殉國先烈 韓聖洙 同志를 追慕하며〉,《光復會報》2004년 5월 20일.

199) 김문택,《광복군 김문택 수기; 광복군》, 독립기념관 한국독립운동사연구소, 2005.

200) 신용하, 〈한성수 열사의 민족정기와 독립정신〉, 광복군동지회 주최 기념강연회, 2001. 5. 13

201) 김우전 광복회장 제공(이 글이 게재된 잡지 이름을 알 수 없어 아쉽다. 발표 시기는 1991년 6월 이후 1990년대 중반쯤일 것 같다.)

202) 부인은 본명이 정숙저鄭淑姐인데, 남들이 '정숙조'로 부르는 일이 많다고 웃으며 말했다(한성수 부인 鄭淑姐 증언, 2005년 4월 28일, 수원시 보훈복지타운).

203) 부친 한일현은 조부 나이 40세에 낳은 아들이고, 한성수와는 20세 차이였다. (한성

조부 한정규韓正奎는 신의주에서 가산이 넉넉한 대지주였고, 민족문제 인식이 반듯한 인물이었다. 그가 민족교육의 전당인 오산학교에 남강 이승훈과 함께 재단이사를 맡았다는 사실이 그런 면을 엿보게 만든다. 그러면서 1920년에서 1923년까지 오산학교 재단에 세 차례에 걸쳐 464원, 100원, 500원이라는 거금을 희사하였다.[204] 뿐만 아니라 그는 민중 구호에도 남다른 활동을 보인 인사였다. 대표적인 사례가 1919년 가뭄 피해[旱災] 때 오산학교 소재지인 정주군 갈산면葛山面 이재민에게 차량 3대 분량의 구호양곡을 희사한 일이다. 이로 말미암아 주민들이 송덕비까지 세웠다. 오산학교 남쪽 3킬로미터 지점 고읍古邑 영덕천 돌다리 옆에 주민들이 세운 송덕비가 그것이다.[205] 자본을 가지고 민족 문제까지 바른 인식을 가진다는 것이 참으로 어려운 시절에, 한성수의 집안은 귀감이 될 만했다.

한성수는 고향에서 초등학교를 졸업하고, 정주 오산학교에 진학하였다. 고향 신의주가 아닌 정주를 택한 이유가 바로 오산학교에 진학하기 위한 것임을 알 수 있다. 거기에는 손자에게 민족교육을 시키겠다는 조부의 의지가 결정적이었다고 알려진다.

만 18세가 되던 1939년 그는 오산고등보통학교를 졸업하고 일본으로 갔다. 상급학교 진학을 위한 길이었다. 고등보통학교 출신이 바로 대학에 진출할 수 없었으므로 일단 예과 과정을 마쳐야 했다. '내선일체內鮮一體'라는 말이 얼마나 허울 좋은 것인가를 보여 주는 시스템이다. 결국 그는 만 20세가 되던 1941년에 일본전수대학日本專修大學 경제학부에 입학하였다.[206] 기록에는 그의 이름이 '조궁성수朝宮聖洙(아사

───────────────

수 부인 鄭淑姐 증언, 2005년 4월 28일, 수원시 보훈복지타운) 한성수의 성장과정에는 부친보다 조부의 영향력이 절대적이었다.

204) 金祐銓, 〈殉國先烈 韓聖洙 同志 義擧를 追慕하는 글〉, 2001;《五山學校八十年史》(五山中·高等學校), 145·194·210쪽 참조.

205) 金祐銓, 〈殉國先烈 韓聖洙 同志를 追慕하며〉,《光復會報》2004년 5월 20일. 古邑驛은 신의주역 남쪽 12킬로미터 지점에 있다.(金祐銓, 〈洪令杓 면담 기록〉, 1998년 12월 24일, 홍령표는 신의주 출신으로 면담 당시 95세)

206) 스키를 타고 있는 그의 사진은 바로 이 시기의 것이다.(부인 정숙저 증언)

미야 세이슈)'이다. 창씨개명하지 않으면 진학조차 허용되지 않던 그 시기에 피할 수 없는 일이었지만, 성씨가 가진 의미 자체가 '조선朝鮮'의 '궁궐宮闕'이니, 조선왕조를 의미하고, 그것이 '한韓'이라는 본래의 성과 맥락이 이어져, 절묘하다는 생각까지 들게 한다.

그는 대학에 진학한 다음 해인 1942년 3월 25일 결혼하였다. 신부는 1922년 8월 17일에 평북 철산에서 태어나 평양서문고등여학교를 졸업한 정숙저鄭淑姐였다. 그가 1941년 일본으로 갈 때 친지의 안내를 받아 평양서문고등여학교를 방문한 적이 있다. 졸업반이던 정숙저가 학교 운동장 응원석에 있을 때, 친지가 되는 사람이 잠시 응원석 뒤로 불러냈고, 영문을 모르는 여학생을 한성수는 뒷발치에서 지켜보았다. 그 만남이 곧 선을 본 셈이었다. 한성수는 다음 해 봄방학을 맞아 잠시 귀국했다가 결혼했다. 신부가 졸업한 지 10일 만인 3월 25일이었다. 처가에서 한 달 살다가 4월 25일에 본댁으로 돌아왔다. 신부로서는 시집살이가 시작된 것이고, 신랑은 학업 때문에 바로 일본으로 갔다. 홀로 남은 새댁을 안타깝게 여긴 친구들이 나서서 도쿄 양재학원 합격증을 마련하였고, 새댁은 그것을 핑계 삼아 도쿄로 가서 3개월 동안 신혼시절을 보냈다. 그런데 아내가 도쿄에 도착했을 때 한성수는 정학 처분을 받고 있었다. 그것도 1년이란 긴 정학이었다. 그래서 부부가 함께 귀향했고, 그 틈에 금강산 구경도 다녀

왔다.[207] 그리고서는 학업을 계속하라는 부친의 종용을 받고 한성수는 다시 일본으로 갔다. 그 다음 만남이 1943년 겨울, 즉 징병검사를 받을 때였다.[208] 부부가 함께 보낸 기간은 결국 모두 합쳐도 반년이 되지 않는다.

부인의 회고를 정리하자면, 한성수가 조용히 학업에만 열중한 게 아니었다. 1942년에 1년이나 정학 처분을 받은 것은 너무나 큰 중징계였기 때문이다. 학교기록에는 정학처분 사실만 기재되어 있고, 그 이유나 기간에 대해서는 기록이 없다.[209] 부인은 "수업시간에 신문을 보다가 정학당했다고 들었다"고 전한다. 하지만 그냥 일반 신문이었다면 1년이나 정학될 수가 없었을 것이다. 그렇게 긴 기간 정학 처분을 받은 이유야 분명 일제 통치를 부정하거나 대항하는 움직임 때문이리라 짐작된다. 그동안 풀리지 않던 문제 가운데 하나가 1943년 겨울에 그가 3학년이 아니라 2학년이었다는 사실인데, 그 이유가 바로 그 정학 처분 때문이었던 것이다.

---

207) 부부가 함께 찍은 사진이 유일하게 한 장 남아 있는데, 이 무렵에 고향에서 촬영한 것이다.

208) 부인 정숙저 증언.(2005년 4월 28일, 수원 보훈복지타운)

209) 松田征士, 〈殉國英雄 韓聖洙〉, 專修人列傳8, 21쪽.

3. 학병 탈출 1호

일제는 1943년 9월에 법학부와 문학부를 비롯한 인문계열 대학생
과 고등전문학교 학생들에게 징병유예 혜택을 폐지하고 전쟁터로 내몰
았다.[210] 당시 한성수가 다니던 일본전수대학에서도 다음과 같이 고시
했다.

> 1. 징병검사[受檢] 학생에 대해 강의는 오는 10월 10일로 맺는다.
> 2. 수검 후는 본적지에 머물고, 12월 1일 입영기일까지 기다릴 것[211]

일본전수대학 학생 가운데 입영한 학생은 재학생의 반수 정도인
1,502명이었다. 게다가 12월에는 징병연령을 20세에서 18세로 내렸
고, 이때부터는 학교를 떠난 학생이 워낙 많아 일본전수대학 자료실에
서도 실제 몇 명이 출정했는지 파악하기 어렵다고 전해진다. 당시 일
본의 학도병은 일본 전국에서 12만~13만 명을 헤아렸다고 전한다.[212]

일제는 다급해지자 한인 유학생을 동원하기 시작했다. 약 5,000명
으로 추산되던 유학생들이 그 대상이었다. 실제 징병검사를 받고 강제
동원된 학도병은 4,200명으로 헤아리고 있다. 전수대학에서는 학병에
동원된 학생들에 대한 강의를 10월 10일에 끝맺었으므로, 한성수도
그 당시에 귀국길에 올랐고, 1943년 말에서 1944년 1월 초 사이에 귀
국했다. 아들 융隆의 얼굴을 첫 돌이 지나서 처음 보았다는 부인의 이
야기에서 그 시기를 확인할 수 있다. 아들 융隆은 한성수가 일본에 체
류하던 1942년 12월 25일에 태어났던 것이다.[213]

그는 부모와 아내에게 "죽어도 일제 앞잡이가 되어 침략에 가담하고

---

210) 松田征士, 앞의 책, 19쪽.
211) 위의 책, 18~19쪽.
212) 위의 책, 19쪽.
213) 부인 정숙저 증언.

싶지 않다"고 밝혔다. 그리고 전쟁터에 나가면 바로 탈출하겠다고 여
러 번 다짐했다. 그는 학교에서 영어 웅변대회에서 상을 받을 만큼 영
어 실력이 뛰어났는데, 그래서 난양 지역으로 파견될지도 모른다고 생
각했다. 누나들에게 "난양으로 가면 탈출하여 세계를 일주하고 돌아오
겠다"고 기염을 토하기도 했다.

한성수를 보내는 장행회壯行會가 출신학교인 오산고등보통학교에
서 열렸다. 명망 있는 집안에다가 서글서글한 그의 성격으로 여러 사
람으로부터 신망을 받던 터였으므로, 장행회장은 빈틈이 없을 만큼 가
득 메워졌다. 그 자리에서 한성수는 자신을 떠나보내고자 모인 사람들
에게 '답사'라는 순서로 인사했다. 그는 먼저 오래도록 주변에 폐를 끼
쳐 미안하다는 말로 이야기를 시작하고, 가족의 뒷일을 부탁한다고 말
했다. 이어서 "여러분에게 하고 싶은 말이 가슴 속에 산처럼 가득 들어
차 있지만, 아무 말 없이 전장戰場으로 가렵니다"라고 조용히 말한 그
는 끝으로 "아무 말하지 않고 가는 제 가슴 속을 헤아려 주시기 바랍니
다"라며 절규하며 말을 맺었다.[214]

그는 소집일인 1944년 1월 20일 평양 주둔 제50부대에 들어갔다.
이 날이 일제가 '반도인육군특별지원병半島人陸軍特別志願兵'이라는 이름
아래 강제로 전쟁터로 몰고 간 날이다. 부인은 "남편이 (일본에서) 돌아
올 때 아이(아들 융隆)가 태어나 있었습니다. 입대할 때 아이와 헤어지
는 것이 너무 힘들어, 안고 놓아주지 않았습니다. 남편이 너무 불쌍했
습니다"라고 헤어지던 그 날을 눈물로 전했다.[215]

그를 비롯한 한인 학병 50여 명이 속한 부대는 2월 13일 평양을 출
발하였다. 학병을 실은 기차가 가까운 석하역을 지난다기에 한성수 부
모는 떡을 지어 역으로 나갔다. 하지만 새댁은 아이를 데리고 집에 있
어야 했다. 역으로 아들을 보러 나간 시부모도 객차가 어두운 커튼을

---

214) 松田征士, 앞의 책, 19쪽.
215) 각주 17)과 같음.

내려두고 있어서 얼굴을 보지도 못했고, 떡이 제대로 전달되었는지도
알 수 없었다고 부인은 전했다.

중국 내륙에 투입되기 위해 평양을 출발한 부대는 수송열차에 실려
산하이관을 지나 톈진을 거쳐 2월 16일에 쉬저우徐州에 도착했다. 그
곳에서 한성수는 65사단 치중부대輜重部隊에 배속되었다.[216] 그리고 그
곳에서 그는 한국광복군을 찾으러 일본군 부대를 탈출하였다. 이것이
한인 학병 가운데 첫 탈출이요, 다시 말해 '학병 탈출 1호'이었다.[217]

그는 전장에 도착한 지 한 달 만에 오건吳建 · 이종무李鐘鵡와 함께
탈출하였다. 1개월 만에 탈출했다는 사실은 그가 이미 징집될 때부터
탈출하겠다고 다짐했음을 의미하는 것이고, 출발하기 이전에 가족들에
게 던진 말을 바로 실천에 옮긴 것이기도 하다. 그의 탈출은 평양 50
부대에 함께 끌려들어갔다가 탈출하게 되는 학병 20명의 선봉이 된 것
이다.

한편 고향집에서도 그가 탈출했다는 사실을 직감할 수 있었다. 한
성수가 떠난 지 한 달 정도 지났을 때, 즉 탈출 직후에 일본군 부대장
이 "한군韓君이 돌아오면 부대로 돌려보내라"는 내용을 담은 편지를 보
내왔기 때문이다. 바로 이어서 헌병들이 들이닥쳐 집안을 샅샅이 수색
하였으므로, 가족들은 한성수가 탈출했음을 사실로 확인할 수 있었다.
서슬이 퍼런 수색이 계속되자, 한성수의 부친은 집에 있던 사진과 서
류들을 모두 불태워 버렸다. 그래서 자료가 남아 있지 않다고 부인이
말한다.[218]

---

216) 국내에서는 이 부대 이름이 北支派遣軍 第7995部隊라 전해지고 있다.
217) 김문택, 《광복군 김문택 수기 ; 광복군》, 독립기념관 한국독립운동사연구소, 2005,
    164쪽.
218) 정숙저 증언.

4. 한국광복군이 되다

험난한 탈출이었다. 광복군 수기를 보면 한결같이 탈출의 어려움을
전해 주고 있다. 김준엽 · 장준하의 경우도, 김문택의 경우도 마찬가지
다. 그렇기 때문에 성공확률도 적었고, 한성수와 함께 탈출한 오건과
이종무가 행방불명된 것도 그런 이유였다. 세 사람이 탈출하여 한 사
람만 성공한 셈이다.

그는 안후이성安徽省 푸양阜陽에 도착했다. 그곳에는 한국광복군 징
모제6분처徵募第六分處가 자리 잡고서 한인 병사들을 모으고 있던 곳이
다. 제6징모분처는 1942년에 설치되었다. 여기에서 제6징모분처가 설
치된 과정을 간단하게 정리하고 넘어간다. 한국광복군은 1940년 9월
17일 대한민국 임시정부 소재지인 충칭에서 국군으로서 3개 사단 조
직을 목표로 삼고 출범하였다. 초기에는 총사령부와 1지대(이준식), 2
지대(고운기), 3지대(김학규)로 편제되었다가, 시안에서 5지대(나월환)가
추가되었다. 그런데 초기 활동의 초점은 초모공작이었다. 그 무엇보
다 인력 확충이 생명이었다. 그래서 총사령부를 시안西安으로 전진배
치 시켰고, 지대 결성보다는 징모처 설치가 긴요했다. 그래서 본부에
징모처를 두고, 지대별로 징모분처를 설치했다. 1, 2, 5지대에 1, 2,
5징모분처를 두고, 상요에 3징모분처(김문호)를, 그리고 김학규가 파견
된 지역에 제6징모분처를 설치하였다. 한성수가 탈출하여 도착한 곳이
바로 6징모분처가 자리 잡은 안후이성 푸양이었다. 이들 징모분처의
활동과 조선의용대의 합류로 한국광복군은 1942년 이후에 제1지대(조
선의용대, 김원봉), 제2지대(초기 1, 2, 5지대, 이범석), 그리고 6징모분처가
3지대(김학규)로 내정되었다가, 1945년 6월에 정식으로 조직되기에 이
른다.

당초 6징모분처가 설치될 목표지점은 산둥성이었다. 총사령부가 시
안으로 이동했을 때 참모장 대리로 근무하던 김학규가 6징모분처 주임

을 맡았다. 김학규는 김광산金光山 · 서파徐波 · 박찬열朴燦烈 · 오광심吳
光心 · 지복영池復榮 · 오희영吳嬉英 · 신송식申松植 · 신규섭申奎燮 등 일행
과 함께,[219] 산둥성을 목표로 삼고 1942년 4월 하순에 시안에서 출발
했다.[220] 그곳이 한인청년들을 초모할 수 있는 적격지요, 국내와 연결
할 수 있는 요지이며, 김학규가 친분이 있던 중국군 유쉐중于學忠 장군
이 중국군 51군 군단장으로 그곳에 주둔하고 있던 사실들이 선택 이유
였다. 6징모분처 창설팀은 1942년 4월 하순에 시안을 출발하였다. 그
런데 이들이 정착한 곳은 산둥성이 아니라 안후이성安徽省 푸양阜陽이
었다. 유쉐중 장군이 이끄는 중국 51군이 일본군의 공격과 팔로군의
견제를 받아 산둥반도를 철수하여, 부양으로 사령부를 이동시켰기 때
문이다.

　푸양은 안후이성에서 맨 서쪽편으로 치우친 내륙 도시이다. 성도인
허페이가 안후이성에서 동쪽에 치우쳐서 난징과 장강을 경계로 삼은
도시라면, 부양은 서쪽에 치우쳐 남서쪽으로 무한에 가까운 도시이다.
그곳은 안후이성 · 장쑤성 · 산둥성 · 허난성 등의 성정부省政府가 피난
한 곳이었다. 일본군의 포위망 속에 있으면서도 일본군 후방이 가까워
후방공작에 편리한 곳인데다가, 또 서쪽 60킬로미터 지점 린취안臨泉
에 중국군 제10전구 전방사령부 및 중국중앙육군군관학교 제10분교,
제28집단군이 자리 잡은 곳으로 항전의 거점이었다. 그곳에 터를 잡은
징모6분처는 푸양 시내 후징위안항胡井院巷에 한국광복군초모위원회
간판을 내걸고 본부를 설치하였다. 그리고서 일본군 점령 지역으로 공
작원을 파견하여 초모공작에 들어갔다. 벙부蚌埠 · 쉬저우徐州 · 난징南
京 · 구이더歸德 · 안칭安慶 · 카이펑開封 · 지난濟南 · 칭다오青島 · 톈진天
津 등이 주요 대상 지역이었다.

　한성수가 푸양에 도착한 시기는 1944년 4월이었다. 2월 16일에 쉬

219) 한시준,《한국광복군연구》, 일조각, 1993, 206~207쪽.
220) 한시준,《한국광복군연구》, 일조각, 1993, 206~207쪽.

저우에 도착하고, 한 달 뒤에 탈출하여, 사선을 넘어 도착한 시기가 바로 그때였다. 그런데 그가 어떤 경로를 걸어 푸양에 도착했는지 알려지지 않고 있다. 다만 앞에서 살핀 것처럼, 동지 2명과 탈출했다가 중도에 나뉘어, 두 명은 행방불명된 채, 한성수 혼자만 푸양에 도착한 것이다. 그가 도착한 사실은 대단한 반향을 불러 일으켰다. 일제 교육을 받은 최고학부 인물이 일본군의 앞잡이가 아니라, 강제 동원되자마자 탈출해서 한국광복군을 찾아온 것이다. 게다가 그를 이어서 학병 출신들이 연달아 찾아오고, 또 초모공작의 성과도 높아졌다. 그러자 김학규는 이들에게 군사교육을 시킬 계획을 마련하였다. 그 결과 설치된 것이 5월에 문을 연 한국광복군군사훈련반(한광반)이었고, 한성수도 여기에 1기생으로 입교하였던 것이다.

김학규가 중국군 제10전구 사령관 탕언포湯恩伯 장군과 교섭하여, 린취안 중국중앙육군군관학교 제10분교에 한광반을 설치하게 되었다. 공작을 펼쳐 모은 청년과 탈출해 온 학병 출신들을 입교시켜 군사간부로 훈련시켜 나갔다. 이들에 대한 훈련기간은 1944년 5월부터 10월 말까지 만 5개월 남짓했다. 교육내용은 군사훈련과 정신교육 및 학과교육이었다. 군사과목은 중국교관이 담당했고, 정신과 학과교육은 김학규를 비롯하여 신송식 · 조편주趙扁舟 · 이평산李平山 등 6징모처 간부들이 맡았다.

한성수는 한광반 48명 졸업생 가운데 한 사람이었다. 자랑스러운 대한민국임시정부의 국군인 한국광복군의 초급장교로 태어난 것이다. 그리고서 이제 그는 6징모분처의 주요 요원이 되어 공작에 나서게 되었다. 당시 린취안에서 함께 교육받고 푸양에서 같이 공작하던 동료(김우전 · 석근영 · 윤경빈)들의 증언에 따라 푸양 시절 한성수의 면모를 살펴보자.

180센티미터에 가까운 늘씬하고 건장한 키, 항상 동지들에게 다정했던 과묵하고 부드럽고 온유했던 마음, 앞장서서 솔선수범하여 동지들에게 존경받던 성품, 아름답고 풍성한 목소리로 이태리 명곡을 불러줄 때의 열정적인 모습, 무엇인가 사색할 때의 고고한 인품과 철학자다운 인상, 문제의 토론에는 철두철미 강인한 자세, 그러면서도 멋과 낭만에 가득 찬 동지애……[221]

린취안에서 처음 만난 그의 인상은 품위 있고 과묵하고, 얼굴은 윤곽이 뚜렷한 데다 구레나룻 수염이 얼굴을 덮었고, 그 큰 눈으로 사물을 주시할 때에는 이글이글 불타는 듯한 정열을 가지고 빛나고 있었으며, 그의 이태리 풍의 높고 알찬 테너 목소리로 한국민요와 이태리민요, 또는 독일의 가곡 등을 노래 부를 때에는 사막 같은 우리 독립군의 내무반의 밤을 낭만과 향수의 도가니 속으로 몰아넣곤 하였다. 멋과 낭만을 갖춘 사나이기도 하였다. 나는 지금도 그의 곱고 알찬 목소리의 노래 소리가 들리는 것 같다.[222]

키가 장대하고 기골이 우람하면서도 후덕한 인품을 나타내고 있었으며, 또한 동지는 음악도 잘하고 운동도 잘하고 참으로 훌륭한 지도력을 몸에 지닌 나무랄 데 없는 독립투사의 풍모를 갖추고 있었습니다. 우리 동지들이 조석朝夕으로 애국가 합창 시에는 반드시 동지께서 선창 지휘하는 그 늠름한 모습이 지금도 우리들 눈앞에 선하게 나타나서 동지에 대한 흠모의 정을 억누르기 힘듭니다.[223]

내 나라가 없는 망명군이 가는 길은 정녕 쓸쓸하고 고달프기 마련이다. 이런 때에 성품이 유들유들하고 멋들어진 노래솜씨와 유창한 영어회화를 구사하며 고구마로 파이프를 만들 듯이 유머가 섞인 말과 태도로 동지들을

---

221) 김우전, 〈순국선열 한성수 동지 의거를 추모하는 글〉
222) 석근영, 〈한성수 의사 순국 추모기〉, 《獨立》, 1991년 7월 15일호.
223) 윤경빈, 〈추모사〉, 2001.

웃기며 사기를 돋우어 동지들에도 인기가 높았던······[224]

지금도 그의 동지들은 하나 같이 멋진 청년 한성수를 그리워하고 있다. 모두가 그에 대하여 부러워할 만한 체격과 음악적 재능, 열정적이면서도 후덕한 인품, 강인한 지도력을 말하고 있다. 한광반 시절 그의 활동이 어떠했는지 짐작이 가고 남는다.

한광반 졸업생 48명은 학병 출신 33명과 일반 출신 15명으로 구성되었다. 이들은 졸업 후 진로 문제를 두고 논의하였고, 그 결과 푸양에 잔류하여 6징모분처에서 활약하고 장차 3지대를 결성하는 데 참가하려는 그룹과 충칭으로 대한민국 임시정부를 찾아가려는 그룹으로 나뉘었다. 긴 논의 끝에 결국 12명이 푸양에 남고, 36명이 충칭으로 출발하였다. 한성수는 푸양에 남는 길을 선택하였다.

5. 상하이로 침투하여 지하공작 벌이다

한성수는 공작에 나섰다. 이 무렵 그는 이상일李想一(또는 李相一)이란 가명을 사용하였다. 그가 구체적으로 몇 차례나 공작에 나섰는지 확실하지 않다. 그때 6징모분처가 펼친 공작의 성과는 대단히 컸다. 1945년 3월 말까지 광복군 5개 징모분처에서 모집한 병력이 모두 339명이었는데, 그 가운데 절반인 약 160명이 6징모분처에서 올린 성과였던 것이다. 그래서 제3지대 편성이 가능했고, 그 결과 편제로만 존재하던 3지대가 1945년 6월 30일에 마침내 창설되기에 이르렀다.

한성수는 화난공작책을 맡았다. 화베이와 화중, 그리고 화난공작구역 가운데, 화난 지역의 공작을 책임지게 된 것이다. 가장 위험부담이

---

224) 김문택, 《광복군 김문택 수기; 광복군》, 독립기념관 한국독립운동사연구소, 2005, 164쪽.

큰 활동이 바로 적후방으로 침투하여 한인 청년들을 모집해 오는 초모
공작招募工作이었다.

〈초모공작 요점〉
1. 중국 전방지에 와 있는 한국동포들과 접촉하여 이들을 설득시켜 그들을
   대동하고 후방 광복군 초모처까지 인도하는 일
2. 일본군 동태와 기밀을 탐지하여 공작거점을 구축하는 일
3. 자진해서 일군 지역을 벗어나서 후방으로 오는 동포를 중국군이 보호해
   주고 후방으로 보내 주도록 중국군 각 기관에 선무공작하는 일

한성수가 맡은 마지막 임무가 바로 상하이 지역에 침투하여 동포 청
년들을 포섭하고 부대로 인도하는 것과 자금을 수집하는 일이었다. 그
는 김학규 분처장에게 상하이로 보내 줄 것을 간청하였다. 그러나 그
가 일본군을 탈출하여 수배를 받는 형편이기 때문에 김학규는 쉽게 허
락할 수 없었다. 하지만 한성수는 지극한 간청으로 결국 상하이공작이
란 특명을 받았다. 1944년 11월,[225] 혹은 1945년 1월에 그는 홍순명
洪淳明(개성 출신)과 김영진金永鎭(봉화 출신, 17세)을 인솔하여 떠났다. 눈
보라가 몹시 치던 날 일행이 떠났고, 동지들이 몇 킬로미터나 되는 거
리를 따라가며 송별하였다.[226] “적진에 뛰어 들어야만 해답을 찾아낼
수 있는 이 길! 우리는 기필코 본부에 개선하여 본부를 재건할 것입니
다.”[227] 그들이 남긴 마지막 말이었다.

한성수 일행은 상하이에 도착했다. 그는 세심하고도 대담하게 공작
을 추진해 나갔다. 그리하여 상하이에서 지하공작을 벌이고 있던 박윤
석朴允錫과 탈출 학도병 허암許岩 등 10여 명을 규합하는 데 성공하였

---

225) 김문택,《광복군 김문택 수기; 광복군》, 독립기념관 한국독립운동사연구소, 2005,
   74쪽.
226) 金祐銓,〈殉國先烈 韓聖洙 同志를 追慕하며〉,《光復會報》2004년 5월 20일.
227) 김문택, 위의 책, 165쪽.

다. 한국광복군이 상하이에 처음으로 지하거점을 확보한 것이다.

이제 푸양에 자리 잡은 지대본부로 보낼 계획을 수립하였다. 이어서 군자금 수집에 나섰다. 당시 상하이에서 유명했던 한국인 부호 손창식 孫昌植이란 인물이 있었다. 그는 대담하게 그를 만나 자금을 확보하러 나섰다.[228] 한성수는 이상일李想(相)一이라는 가명으로 손창식을 어렵게 면담하였다. 그러나 결과는 실패였다. 밀정을 심어 놓은 손창식에게 당한 것이다.[229] 초모된 인물 가운데 섞여 들어온 김사해金四海(일본명 다마가와玉川)가 바로 밀정이었고, 그가 밀고하는 바람에 모두가 붙잡힌 것이다. 그래서 1945년 3월 13일 새벽 4시경, 일본 특무기관원 10여명의 습격을 받아 체포되고 말았다. 당시 붙잡힌 사람은 한성수·홍순명·김영진·박윤석·허암을 합쳐 모두 7명이었다.

6. 기개 높은 재판 과정과 장렬한 순국

이들은 난징에 있던 일본군형무소로 옮겨졌다. 1개월 이상을 악독한 고문을 받으면서 지낸 한성수는 등에 업혀 재판받을 정도였다. 난징주둔 일본군 제13군 사령부 군법회의에서 재판을 받았다.[230] 재판부는 재판장(일본군 대좌)요, 재판관(중좌와 소좌), 검찰관(대위), 서기(하사관 2명) 등으로 구성되었다. 재판은 군사재판으로서 비공개로 진행되었다.

재판 과정에서 한성수의 기개는 하늘을 찌를 듯했다. 검찰관이 일본어로 인정심문을 벌였으나, 그는 일본어 사용을 거부하였다. 재판부는

---

228) 金永鎭,〈故韓聖洙同志 殉國追念記〉,《한국광복군동지회》21(1974년 5월 15일자); 金祐銓,〈殉國先烈 韓聖洙 同志를 追慕하며〉,《光復會報》2004년 5월 20일 자 참조.

229) 李容相,〈學兵出身烈士 韓聖洙〉,《光復》1971년 7월 15일 자호.

230) 日本 厚生勞働省社會·援護局, 社援業發第0326001號 민원회신공문(2004년 3월 26일자)

하는 수 없이 끝내 통역을 동원하였다. 그 대화를 간단하게 재구성해
본다.[231]

　　재판장 : 왜 일본어를 사용하지 않는가, 그대 나라에서도 이미 일본어가
　　　　　　국어가 된 것을 알 텐데, 더욱이 그대는 일본에서 대학을 다녔으니,
　　　　　　일본어를 모른다 말할 수 없다. 그토록 잊었단 말인가?(힐문)
　　한성수 : 너희들은 일본어를 한국의 국어라고 말하지만, 한국의 국어는 결
　　　　　　단코 한국어이다. 나는 한국인이다. 그래서 나는 한국어를 쓴다. 이
　　　　　　것을 이해할 수 없다는 말인가?

　　재판장 : 군이 마음을 바꾸어 일본군에 협력한다면 형을 가볍게 해 줄 수
　　　　　　도 있다
　　한성수 : 그대들이 조국에 충성을 맹세하는 것과 마찬가지로 나는 내 조국
　　　　　　에 충성을 맹세한다. 일본에 협력·가담하지 않는 것이 조국에 대
　　　　　　한 충성이다.

　　재판장 : 대동아성전을 어떻게 생각하는가? 너도 대일본제국의 승리를 믿
　　　　　　고 있겠지?
　　한성수(분노한 음성) : 연합국의 합동작전으로 태평양 방면을 비롯하여 인면
　　　　　　전선印緬戰線과 중국전선에서 참패하고 있지 않는가? 무엇을 보고
　　　　　　있나? 일본은 곧 전면 항복할 것이다. 그때 일본인이 한국인을 고통
　　　　　　스럽게 만든 것과 같이 고통받게 될 것이다. 침략자의 말로가 그런
　　　　　　것이다.(3개월 뒤 일본 패망)

　　재판장 : 너를 관대히 봐줄테니 다시 마음을 고쳐먹을 수 없겠는가?

---

231) 金永鎭, 〈故韓聖洙同志 殉國追念記〉, 《한국광복군동지회》21, 1974년 5월 15일
　　자.

한성수 : 너희들이 너희 나라에 충성하려고 애쓰는 만큼 나도 우리 조국을
위하여 충성을 다하고 싶다.

말 한 마디, 한 마디에 민족적 자존심과 긍지가 가득 배어 있다. 조
국에 대한 사랑과 일제 패망에 대한 정확한 예견이 돋보인다. 이 재판
에서 한성수 사형, 홍순명 징역 5년, 김영진 징역 3년, 나머지 4명은
단기형을 각각 선고받았다. 그가 극형을 선고받은 이유는 탈출 학도병
출신이자, 한국광복군 공작책임자요, 재판 과정에서 일본어 사용을 거
부하고, 한국 독립과 일본 패망을 주장하였기 때문이다. 특히 그는 사
형판결이 내려졌지만 침착한 모습을 보였다.[232] 민족적 자긍심이 당당
하게 드러나는 장면이다.

그는 5월 10일 난징주재 일본군 제13군 군법회의에서 '분적이적군
기밀누설奔敵利敵軍機密漏泄 치안유지법治安維持法 위반違反'이라는 죄목
으로 사형을 선고받았다.[233] 그리고 사흘 뒤인 5월 13일 사형이 집행
되었다. 그것도 총살형이 아니라 참형이었으니, 장렬한 순국이 아닐
수 없다. 마지막 모습은 동지인 김영진이 전한다. 김영진은 난징형무
소에서 매일 아침 6시에 기상하여 세수 장소에서 한성수를 만났는데,
5월 14일 아침에 그가 보이지 않아 헌병 간수에게 물었더니, 손짓으로
참형 흉내를 냈다는 것이다. 그래서 하루 전 날인 5월 13일에 사형이
집행되었음을 알았다. 실제로 일본 정부 자료에는 5월 13일에 사형을
집행했다고 기록되어 있다. 체포당한 지 꼭 2개월이 되던 날이요, 한
국광복군이 된 지 1년 1개월만이었다.

고향 가족들은 그가 순국한 사실을 금방 알지 못했다. 공식적으로
아무런 통보를 해 주지 않았기 때문이다. 그러다가 어느 날 친척으로

---

232) 김영진,〈고 한성수 동지 순국추념기〉,《광복군동지회보》21, 1974. 5. 1 5.

233) 日本 厚生勞働省社會 · 援護局, 社援業發第0326001號 민원회신공문(2004년 3월
26일 자)해방후 供託 내용, 공탁장소 도쿄법무국, 공탁년월일 昭和 29(1954) 3월 26
일, 공탁번호 소화28년도특금 제61호, 공탁금액 580엔, 공탁종류 미지급급여금.

부터 한성수가 호적에서 제적되었다는 소식을 들었다. 그래서 가족들은 그가 순국한 줄을 짐작할 수 있었고, 하늘이 무너지는 일이 아닐 수 없었다. 자세한 소식은 함께 공작에 나섰다가 옥고를 치른 김영진으로부터 해방 이후에 들을 수 있었다.

7. 민족 위해 자신을 불같이 태운 거룩한 삶

해방 뒤 가족들이 나섰지만, 그의 시신을 찾을 엄두도 내지 못했다. 대지주 집안이었으므로, 1945년 겨울에 당장 토지를 몰수당하고 탄압을 받기 시작했다. 그래서 가족은 그 겨울에 바로 월남하였다.

그를 기리는 동지들이 그의 남겨진 머리카락[遺髮]이나마 모셔 오고자 애를 썼다. 학도병은 도쿄 메구로구目黑區 유텐지祐天寺에 머리카락을 모아 놓고 출정했다. 한국학도병동지회인 1·20동지회 정기영鄭琪永(당시 부회장)은 유텐지로부터 245명의 한인 머리카락을 국내로 가져왔고, 한성수의 머리카락도 거기에 포함되어 있었다. 그래서 1971년 5월 13일 순국 26주기에 부산 동래구 청룡동산 공원묘지에 묘비를 세우고 모셨다. 그러고서 다시 20년 뒤인 1991년 6월 국립대전현충원에 모셨다. 사실 순국 45주기가 되던 1990년에 이장하기로 작정했는데, 외아들 한융韓隆이 미국에서 갑자기 신장암으로 세상을 떠나는 바람에 한 해가 늦추어졌다. 정부는 1977년에 건국훈장을 추서하였고, 법령 개정에 따라 독립장으로 조정되었다.

한성수는 민족의 독립을 위해 젊음을 바친 애국열사이다. 그는 더욱이 광복군의 지하공작 활동을 보여 주는 표상적인 존재이다. 우리 민족을 살리기 위해 젊음을 불같이 태우고 간 그의 삶을 되새기고 뜻을 기리는 일이야말로 나라와 겨레의 앞길을 제대로 열어 나가는 일임에 틀림없다.

제5장 자료로 보는 대한민국 임시정부

大韓民國二年元月元旦

大國臨時政府新年祝賀會紀念

Ⅰ. 대한민국 임시정부 공식문서 〈공보公報〉

1. 〈공보公報〉 발행

〈대한민국임시정부공보〉(이하 〈공보〉)는 대한민국 임시정부가 공식적으로 발행한 일종의 관보官報이며, 정부가 존재하고 활동하는 기간동안 줄곧 발행되었다. 관보는 정부의 소식을 국민에게 알리는 공식 기관지로서 법령의 공포와 예산, 조약, 사령, 기타 공무에 관한 사항을 게재하여 널리 알리는 기록물이다. 따라서 관보의 생명은 정부의 그것과 동일하다. 더구나 관보는 정부의 공식 활동에서부터 언론·홍보 정책까지 담아낸다. 그렇기 때문에 관보는 제1차 자료로서 정보 가치가 크고 내용도 방대하다. 이 〈공보〉는 대한민국 임시정부의 1차 자료이자 기본 자료이므로, 그 중요성은 더 말할 나위가 없다.

한말 이래 대한민국 정부 수립 전까지 역대 정부는 모두 관보를 발행하였다. 또 그 내용이 모두 정리되고 간행되었다. 1894년 갑오경장 이후 1910년까지 발행된 관보가 《구한국관보舊韓國官報》(22책, 아세아문화사, 1973)라는 이름으로 간행되었고, 일제의 통치기구였던 통감부와 조선총독부에서 발행한 관보도 《통감부관보統監府官報》(2책, 아세아문화사, 1974)·《조선총독부관보朝鮮總督府官報》(142책, 아세아문화사, 1984)로 정리 간행되었다. 그리고 해방 후 미군정에서 발행한 관보 역시 《미군정청관보美軍政廳官報》(4책, 원주문화사, 1991)로 편찬되었다. 이처럼 국권상실기나 해방 후 미군정 시기의 관보가 정리되고 발간되었지만, 정작 대한민국 임시정부의 〈공보〉는 발간되기는커녕 제대로 수집조차 되지 않았다. 특히 대한민국 정부가 대한민국 임시정부의 법통을 계승한 것임을 헌법에 천명하면서도 지금까지 〈공보〉를 수집하고 정리하는 작업이 이루어지지 못한 것은 부끄러운 일이기도 하다.

〈공보〉는 1919년 9월 3일부터 1945년 해방 때까지 지속적으로 발간되었다. 공보가 발행되기 시작한 시기는 3·1운동 직후 서울과 상하이, 노령 등 세 곳에서 성립된 정부가 하나로 통합을 실현하고, 제대로 틀을 갖춘 헌법을 제정하며 조직과 체계를 갖춘 때였다. 첫 호를 발행한 일주일 뒤에 통합정부를 이룩했고, 바로 그날인 1919년 9월 11일에는 2종의 호외를 발행하기도 하였다.

〈공보〉 발행은 대한민국 임시정부가 처한 정황에 따라 발간 횟수에서 큰 차이를 보였다. 정부에서 정상적인 활동이 이루어질 경우 활동과 변화 내용을 자주 담아냈고, 더러 중요한 변화가 일어날 경우 호외를 발행하였다. 현재까지 확인되는 마지막 〈공보〉는 1944년 12월 20일 자로 나온 83호이다. 그런데 무슨 영문인지는 몰라도 1924년에 다시 '제1호'가 발행된 일이 있어서, 실제로는 〈공보〉가 84회 발행되었다. 또 1941년에는 전혀 다른 〈공보〉가 같은 호수로 발간된 일이 있었다. 즉 72호가 두 번 발간된 것인데, 하나는 10월 17일자이고 다른 하나는 12월 8일 자이다. 아직 73호가 발견되지 않아서, 잠정적으로는 두 번째 72호가 73호의 잘못이 아닌가 짐작된다. 그리고 1945년에 〈공보〉가 발행된 일이 있는지 알려지지 않고 있어서, 추가될 가능성이 없지 않다. 만약 발간되었더라도 대개 한두 번 정도였을 터이므로, 임시정부가 발행한 〈공보〉(호외를 제외한)는 85회 전후였을 것이다.

여기에 '호외' 형태로 발간된 〈공보〉가 17회분이 전해지고 있다. 헌법개정안이 통과되었거나 임시관제를 임시의정원에서 통과시킨 경우, 또는 개각을 단행한 경우 등 특별한 사안이 발생하였을 때 '호외'가 발간되었다. '호외'의 경우는 호수가 매겨지지 않았기 때문에 실제로 몇 차례나 발행되었는지 정확하게 알 수 없다. 따라서 실제로는 '호외'가 20회 이상 발행되었으리라 짐작하는 것이 전혀 무리가 아닌 듯하다.

지금까지 확인되는 〈공보〉의 전체 규모는 일단 호수를 매긴 〈공보〉 84회와 '호외' 17회이다. 그 가운데 원문이나 신문기사를 통해 그 내용이 확인되는 경우는 〈공보〉 50회분과 '호외' 17회분이다. 다시 말하자면 〈공보〉의 경우 84회 발간되었지만, 우리가 확인할 수 있는 것은 오직 50회분뿐이고, '호외'는 얼마나 발행되었는지 알 수 없으나 일단 17회분이 전해지고 있다는 말이다.

연도별로 발행 횟수를 보면 정부수립기에 집중되어 있음을 알 수 있다. 1919년부터 1945년까지 연평균 발행횟수는 3회 정도였다. 그 가운데서도 수립 초기에 발행이 집중되었다. 1919년부터 1921년까지 36회분이 발간되어, 42.9%가 3년 사이에 발간된 것이다. 또 호외도 알려지는 17회 가운데 6회가 이 시기에 집중되었다. 수립 초기에 왕성한 활동을 보여준 정황을 알려 주는 모습이기도 하다.

1922년부터 1923년 사이에 〈공보〉 발행이 주춤해졌다. 국민대표회의를 겪으면서 경황이 없던 터였다. 그러다가 난국을 수습하고 이승만을 면직시킨 뒤에 박은식을 새로운 대통령으로 선출하는 과정에서 〈공보〉가 간혹 발간되었다. 그러다가 〈공보〉 발행은 다시 중단되었고, 한인애국단의 투쟁 이후 자싱·항저우·전장을 오가는 시기에 1년에 1~3회씩 발행하였다. 그러다가 다시 안정적으로 〈공보〉가 발행된 시기는 1940년 이후, 곧 대한민국 임시정부가 충칭에 정착한 뒤였다. 이 시기에는 〈공보〉가 해마다 3~4회 정도 발간되었다.

〈공보〉 자료는 곳곳에 산재하고 있다. 원본의 모습을 그대로 갖고 있기도 하고, 신문기사나 정보자료로 번안이 된 경우도 있다. 그 가운데 원본 형태로 전해지는 〈공보〉가 35회분이고, 연세대학교 현대한국학연구소에서 펴낸 《우남이승만문서》에 18호가 있고, 개인(한시준 단국대 교수)이 소장하고 있는 것도 7호나 있다. 또 백범김구선생전집편찬위원회가 발행한 《백범김구전집》과 한국정신문화연구원에서 발행한 《조소앙문서》, 그리고 독립기념관 자료실에도 일부 소장되어 있다. 나머지는 대개 《독립신문》과 《신한민보》에 게재된 것이고, 최근에 일본의 외무성 문서에서 확인되기도 한다.

〈표1〉 연도별 공보 발간횟수

연도	발간횟수		호외	연도	발간횟수		호외
	확인	미확인			확인	미확인	
1919	7	2(19~20년)	3	1933	1		
1920	10	1(20~21년)	1	1934	3		
1921	16		3	1935	2		
1922		3(21~24년)		1936	1		
1923			1	1937	1		
1924	2			1938		2(38~40년)	1
1925	1	3(24~26년)	3	1939			
1926	3		1	1940	3	1(40~41년)	1
1927				1941	2	1(41~42년)	
1928		2(27~30년)		1942	2	1(42~43년)	1
1929				1943	2	2(43~44년)	
1930				1944	3		
1931	1	6(31~33년)		1945			

2. 〈공보〉 발행기관과 체제

〈공보〉 발행처는 시기에 따라 달랐다. 총무국(1919), 국무원(1919), 서무국(1920~1921), 국무원(1921~1923), 서무국(1924), 국무원(1925), 임시정부(1926), 비서국(1931), 임시정부(1932), 비서국(1934~1939), 비서처(1940~1944) 등이 그것이다. 이것은 시기에 따라 정부 편제가 달라진 때문이다.

〈공보〉 제1호부터 제7호까지는 국무원이나 총무국 명의로 발행하였다. 그 뒤 1919년 11월 5일자 법률 제2호는 〈대한민국임시관제〉를 공포하였는데(〈공보〉 호외 1919년 11월 5일자) 제2장 국무원國務院과 기其 소관所管, 제2절 서무국庶務局 제6조 사무분장 사항 ②에 공보 발행 업무를 규정하였다. 임시정부 수립 초기에 공보 발행은 국무원이 주관하였고, 서무국장의 지휘 아래 기획되고 추진되었다. 때에 따라 비서국 명의로 발행된 경우도 다수 있다. 임시정부가 어려운 상황임에도 불구하고 법률에 발행기관을 명시하고 업무에 정확성을 도모했던 것으로 이해된다. 발행처 표시에 관한 규정은 임시정부가 충칭에 정착한 뒤에도 지켜졌다. 1940년 10월 9일 임시의정원은 '대한민국 임시약헌 개정안'을 통과시켰으며, 임시정부에서는 국무회의를 국무위원회로 개조하였다. 이때 국무위원회 산하에 비서처를 두고 여기에서 〈공보〉를 발행하기 시작하였다(1940년 10월 9일자 '호외'부터 비서처에서 발행). 이에 대한 자세한 규정은 임시정부가 정부라는 이름에 걸맞게 면모를 일신하고 제정한 1943년 3월 30일 〈대한민국임시정부잠행관제〉제1장 국무위원회 제8조(〈공보〉제77호, 1943. 4. 15일자)에 잘 나타나 있다.

〈공보〉의 분량은 큰 편차를 보였다. 면수가 확인되는 35회 가운데 10면 이상이 5회, 5~9면이 8회, 4면 이하가 17회였다. 그리고 호외의 경우는 면수가 확인되는 13회 가운데, 24면과 14면이 각각 1회씩이고, 6면(1회), 4면(1회), 2면(2회), 1면(7회) 순으로 발행되었다.

인쇄 방법은 대개 필사筆寫와 등사謄寫 및 활자인쇄活字印刷로 대별된다. 처음에는 직접 필기구로 글을 쓰는 필사본이거나 등사판으로 제작되었고, 여기에 사용된 용지의 질도 매우 조악하였다. 그러다가 1920년 1월 26일에 발행한 제11호부터는 활자 인쇄의 형식을 갖추어 발행하기 시작하였다. 그렇지만 이마저도 지속되지는 않았고, 도중에 여러 차례 등사판 인쇄로 바꿔 제작해야 할 정도로 부침이 심했다. 특히 '호외'의 경우는 속보速報를 내보내는 탓에 어려움도 있었겠지만, 프린트판이 주종을 이루었고, 형식도 빈약하였다. 등사판이 아니라 심지어 손으로 직접 베껴 적은 필사본도 여러 차례 발간되었다.

3. 〈공보〉 내용과 중요성

〈공보〉에 담긴 내용은 공식적인 활동내용이다. 대개 구성을 보면, 서임敍任과 사령辭令, 중요사항, 중요통신, 특별사항, 공포, 포고, 훈령, 공고, 부령部令과 교령敎令, 직원임면과 부서변경, 인사 등이 그 내용이다. 후반기로 가면 '의정원議政院 기사紀事'가 맨 앞에 등장했다.

서임과 사령은 국무원이나 총장을 비롯하여 차장과 부장 등 인사발령 사항이 여기에 제시되었다. 다음으로 중요사항에는 국무회의 의결사항과 국무원의 선전 및 포고 내용이 담기고, 중요통신에는 〈북간도통신〉을 비롯한 각 지역에서 보내온 공식적 통신이 담겼다. 특별사항에는 임시의정원의 회기 공고와 변경 내용이 다루어졌다. 또 공포와 포고, 훈령 및 공고에는 법률의 공포와 규칙 및 세칙, 각종 명령이 게재되었다. 재무부령이나 내무부령처럼 부서별 부령이 게재되고, 장정章程 개정은 교령을 통해 제시되었다. 인사人事는 구성원의 출장과 복명을 담아냈다. 그리고 의정원 기사에는 임시의정원의 결의사항이나 공지사항 등을 담았다.

'호외'는 특별하고도 시급하게 알려야 하는 사항을 담아냈다. '대한민국임시헌법'과 '국무원 임명'을 알린 1919년 9월 11일자 '호외'가 대표적이다. 다른 사례를 보면, 대통령 유고와 교서(1921년 6월 22일 자), 의정원 소집(1925년 5월 18일 자), 국무령 선거(1926년 3월 5일 자), 안창호 서거(1938년 3월 20일 자), 약헌約憲 개정안(1940년 10월 9일 자) 등을 찾을 수 있다.

호외를 포함한 〈공보〉는 자료적인 가치가 대단히 높다. 앞에서 본 것처럼, 여기에 게재된 내용 자체가 임시정부의 공식적인 기록물이다. 더구나 《독립신문》이 발행되지 않던 1920년대 후반부터 1930년대 말까지는 임시정부의 공식적인 기록을 찾기가 힘들기 때문에, 이 기록이 가지는 의미는 더욱 크다. 이 시기에 대한 판단을 주로 일본 측 정보문

서에 의존하다 보니, 왜곡된 해석으로 말미암아 잘못된 판단이 있기도
했다. 이러한 오류를 막고 극복한다는 의미에서 〈공보〉가 가지는 자료
적 가치는 대단히 큰 것이다.

〈공보〉는 자료적 가치만이 아니라 이를 제대로 갈무리하고 정리하
는 작업 자체에서 큰 의미를 준다. 국가마다 공식적인 기록으로 〈관
보〉를 남긴다. 심지어 국권상실기에는 일제에 의해 〈관보〉가 발간되었
고, 이것이 현재 한국사의 정통성을 가지는 듯이 자리 잡고 있다. 하지
만 대한민국이 대한제국에서 일제의 조선총독부를 정통으로 삼아 맥락
을 이어온 국가가 아니라, 대한제국에서 임시정부 시기의 대한민국을
거쳐 오늘의 대한민국으로 발전해 온 나라이다. 그렇다면 대한민국 임
시정부의 〈관보〉인 〈임시정부공보〉를 정리해 내는 일이야말로 당연한
작업이 아닐 수 없다. 그럼에도 지금까지 이 과업을 제대로 수행하지
못한 일은 잘못 가운데서도 큰 잘못이다.

호외를 제외하고, 정식 호수를 붙인 84회 〈공보〉 가운데 그 내용 확
인이 가능한 것은 50호 분량이다. 그렇다면 아직도 내용조차 모르는
〈공보〉가 34회분이나 된다는 말이다. 정부의 공식기록 가운데 40%를
찾지 못하고 있다는 말이 된다. 이러한 사실은 대한민국 임시정부 자
료 수집과 정리 작업에 쏟은 노력이 적지 않았지만, 아직도 많은 과제
를 남기고 있다는 상징처럼 여겨진다. 따라서 이번 〈공보〉를 정리하고
발간하는 작업은 연구에 도움을 주는 것만이 아니라, 지금까지 찾지
못한 자료를 추적하는 데에도 기여할 것이라 믿는다.

〈표2〉 〈대한민국임시정부공보〉 발행 현황

번호	호수	발행일	면수(쪽수)	자료소재	발행기관	인쇄방법
1	제1호	1919. 9. 3	2면	우남	총무국	필사
2	제2호	1919. 9. 5	2면	우남	총무국	필사
3	제3호	1919. 9. 10	2면	우남	총무국	필사
4	호외	1919. 9. 11	14면	우남	총무국	필사
5	호외	1919. 9. 1 1	1면	우남	총무국	필사

6	호외	1919. 11. 5	24면	우남, 독립	국무원	필사
7	제6호	1919. 11. 21	10면	우남, 미주, 독립	국무원	필사
8	제7호	1919. 11. 17	4면	우남	국무원	필사
9	제10호	1920. 1. 20	9면	우남	서무국	필사
10	제11호	1920. 1. 26	4면	우남	서무국	활자
11	제12호	1920. 2. 12	2면	우남	서무국	활자
12	제13호	1920. 3. 24	6면	우남, 외무	서무국	활자
13	호외	1920. 3. 24	1면	우남, 외무, 독기	서무국	활자
14	제14호	1920. 4. 1	2면	우남, 외무	서무국	활자
15	제15호	1920. 4. 7	2면	우남, 외무	서무국	활자
16	제17호	1920. 5. 28 (10. 19?)		신한	서무국	신한민보 수록, 원본무
17	제19호	1920.11. 25		신한	서무국	신한민보 수록, 원본무
18	호외	1921. 1.13	1면	우남	서무국	등사
19	호외	1921. 2. 7		신한	서무국	신한민보 수록, 원본무
20	제21호	1921. 5. 31		신한	서무국	신한민보 수록, 원본무
21	제23호	일자불명		신한		필사
22	제24호	1921. 6. 22		신한	서무국	신한민보 수록, 원본무
23	제28호	1921. 7. 20	14면	우남	국무원	필사
24	제29호	일자불명		신한		신한민보 수록, 원본무
25	제30호	일자불명		신한 (1921.11.3)		신한민보 수록, 원본무
26	제31호	발행일자불명		신한		신한민보 수록, 원본무
27	제34호	1921. 9. 14	3면	우남	국무원	필사
28	호외	1921. 9. 20	1면	우남, 독기	국무원	필사
29	제35호	1921. 9. 23	3면	우남	국무원	필사
30	제36호	1921. 10. 2	8면	우남	국무원	필사
31	호외	1923. 1. 5	4면	우남	국무원	필사
32	**제1호**	1924. 9. 1		우남	서무국	활자
33	제40호	1924. 12. 27	2면	외무	서무국	활자
34	호외	1925. 4. 7		외무, 국회	국무원	원본무
35	제42호	1925. 4. 30	8면	韓	국무원	활자
36	호외	1925. 5. 18	1면	국회, 韓	국무원	필사
37	호외	1925. 7. 7		국회	국무원	원본무
38	호외	1926. 3. 5		韓	임시정부	활자

39	제44호	1926.12.16	3면	우남, 韓	임시정부	활자
40	제45호	1926.12.17	1면	우남	임시정부	활자
41	제46호	1926.12.30	2면	도산기념관	임시정부	필사
42	제49호	1931. 3. 1	1면	독기, 백범	비서국	필사
43	호외	1932. 5.22	1면	우남	임시정부	필사
44	제55호	1933. 6.30		국회	임시정부	원본무
45	제56호	1934. 1.20		국회	비서국	원본무
46	제57호	1934. 4.15	4면	국회, 국편2, 韓	비서국	활자
47	제58호	1934. 9.15		국회, 국편2	비서국	원본무
48	제59호	1935. 4. 8	2면	우남	비서국	활자
49	제60호	1935.11.25	2면	백범, 韓	비서국	활자
50	제61호	1936.11.27	3면	백범, 국편2, 韓	비서국	활자
51	제62호	1937. 7.16		백범	비서국	원본무
52	호외	1938. 3.20		독기	비서국	활자
53	제65호	1940. 2. 1	7면	소앙, 독운7	비서국	활자
54	호외	1940.10. 9	6면	소앙, 독운7	비서처	필사
55	제67호	1940.10.15		국편3	비서처	원본무
56	제69호	1941. 2. 1		국편3	비서처	원본무
57	제72호	1941.10.17	8면	소앙, 독운7	비서처	필사
58	**제72호**	1941.12. 8	7면	소앙, 독운7, 독기	비서처	활자
59	제74호	1942. 2.10	2면	소앙, 독운7	비서처	필사
60	호외	1942. 2.25	2면	소앙, 독운7	비서처	필사
61	제75호	1942. 8.20	6면	소앙, 독운7	비서처	활자
62	제77호	1943. 4.15	12면	소앙, 독운7	비서처	필사
63	제78호	1943. 일자미상		국편3, 신한 (10. 21)		원본무
64	호외	1943.12. 2	2면	소앙, 독운7	비서처	필사
65	제81호	1944. 6. 6		국편3	비서처	원본무
66	제82호	1944. 9.10	12면	소앙, 독운7	비서처	필사
67	제83호	1944.12.20	8면	소앙, 독운7, 독기	비서처	필사

▶ 자료소재에서 '국편2'는《한국독립운동사》자료 2(임정편Ⅱ), 국사편찬위원회, 1971 ; '국편3'은《한국독립운동사》자료 3(임정편Ⅲ), 국사편찬위원회, 1973 ; '독운7'은《독립운동사자료집7》-임시정부사자료집, 독립운동사편찬위원회, 1973(원본이 아닌 조판본임) ; '국회'는《한국민족운동사료 (중국편)》, 국회도서관, 1976 ; '소앙'은《한국독립운동사자료집-조소앙편(3)-》, 한국정신문화연구원, 1997 ; '우남'은《우남이승만문서- 동문편》제팔권 대한민국임시정부 관련문서 3, 중앙일보사·연세대학교 현대한국학연구소, 1998 ; '미주'는《해외의 한국민족운동사료(ⅩⅩⅡ) 미주편④》, 국가보훈처, 1998 ; '백범'은《백범김구전집》(제사권 대한민국임시정부Ⅰ), 대한매일신보사, 1999 ; '외무'는 일본 외무성외교사료관 소장 마이크로필름 복사분 ; '신한'은《신한민보》 ; '독기'는 독립기념관 소장분, 韓(한)은 한시준(단국대학교 역사학과 교수) 개인소장의 약칭임.

Ⅱ. 사진으로 보는 백범 김구의 삶

1. 사진으로 찾아가는 김구의 삶

백범 김구의 사진 자료는 한국 근현대사를 고스란히 담고 있다. 1876년 병자년에 태어나 1949년 6월 26일 서거하여 국민장이 치러질 때까지 그의 모습이 담긴 사진은 모두가 한국의 근대사와 현대사를 말해 주는 1차 사료다. 그의 사진 자료는 한국 근현대사의 결정적인 장면과 정보를 담고 있다.

2013년 2월 백범김구기념관은 사진 자료를 모으고 정리하여 《백범김구사진자료집》을 발간하였다. 이때 발표자는 〈해제〉를 썼다. 이번 발표는 그 해제를 기본으로 삼고 백범 김구의 일생을 되새겨 보는 데 초점을 맞춘다. 《백범김구사진자료집》을 넘기다 보면 자연스럽게 백범의 삶을 읽게 된다. 그러면서 또한 한국 근현대사의 굵직한 장면들과 마주치게 된다. 따라서 사진 읽기는 곧 역사 탐구요, 한국 근현대사 복원과 이해로 바로 이어진다.

사진 자료는 그의 삶을 고스란히 보여 주지만, 그렇다고 하여 일생을 균형지게 알려 주지는 않는다. 사진 자료가 인생 후반으로 갈수록 집중되기 때문이다. 73년 일생을 돌이켜 볼 때, 사진 촬영 기회가 없던 어린 시절이나 청년기의 자료는 사실상 없다고 말하는 편이 옳다. 중국 망명시기에도 상하이를 벗어나 충칭으로 가면 사진이 조금씩 증가하고, 귀국할 무렵에 집중된다. 그러다가 환국 이후 국내에서 지낸 3년 반 동안 사진촬영이 집중되었다. 마지막으로 서거와 장례를 담은 사진이 많은 편이다. 따라서 사진으로 돌아보는 그의 일생은 망명시절 27년보다는 환국 이후 3년 반에 쏠려 있는 셈이다.

사진은 그의 생김새만이 아니라 표정의 변화까지 읽게 만든다. 시골 농부의 얼굴에서 점차 굳은 의지가 드러나면서도 넉넉한 포용력을 보이는 지도자로 변해 가는 과정을 볼 수 있다. 열일곱 살 나이에 그는 '상 좋은 사람보다 마음 좋은 사람'이 되겠다고 다짐했었다. 그 다짐대로 심상을 닦은 결실은 뒷날 넉넉한 지도자의 얼굴로 변해가게 만든 것 같다. 망명 시절 고통 속에서도 여유롭던 표정도 환국 이후 분단이 가속화될 때는 점차 굳어져갔다. 그러다가 이승만 정부가 들어선 뒤에는 다시 인자한 지도자요 넉넉한 할아버지로 변하는 것을 알 수 있다.

중국으로 망명하기 이전의 사진 자료는 한 장뿐이다. 그래서 여기에서는 상하이 망명 시기부터 내용을 다루기로 하고, 한 장뿐인 1906년 사진을 소개하고 본론을 시작한다.

○ 광진학교 사진

의병에서 계몽운동으로 전환한 뒤, 교사로 활동하던 시절이던 1906년 황해도 장련 광진학교 교사 시절의 사진이 그것이다. '예배당'이라는 간

판이 걸린 초가집 문 곁에 열을 지어 선 학생들과, 그 뒤에 나란히 서 있는 교사와 방문자들 대열의 끝에 백범의 모습이 사진으로는 처음 드러난다. 세련된 곳이라는 찾기 힘든 순박한 얼굴이다. 이런 표정과 모습은 상하이로 망명한 초반에도 이어지다가 점차 변해 갔다.

2. 대한민국 임시정부 시절

1) 상하이시기(1919~1932)

○ 대한민국 임시정부 경무국장 시절

　　김구가 상하이에 도착한 때는 대한민국 임시정부가 막 출범하던 무렵이었다. 그는 일찍이 감옥에서 고문을 당하다가 공중에 매달린 채 기절하고서 새벽 여명이 새어들던 때 가슴에 새기고 새겨 둔 다짐이 있었다. 내 나라가 서면 자랑스럽게 그 앞을 지키는 문지기가 되겠다는 것이었다. 다짐한 그대로 그는 경무국장이 되어 일제가 침투시키는 밀정을 찾아내 처단하고 임시정부 청사 보호와 요인들의 신변을 지키는 데 힘썼다. 초기의 임시정부와 임시의정원 사진에 등장하는 백범은 바로 그 무렵의 정황을 보여 준다.

○ 1919년 9월 대한민국 임시의정원 사진

　　대한민국 원년(1919) 9월 제6회 임시의정원 의원들의 사진에 백범이 등장한다. 여기에는 상하이로 모여든 청년지사의 자신감 넘치는 모습들이 담겨 있다. 모두 양복 차림새이지만 9월이라 상하이는 후텁지근한 날씨여서 무척 더웠을 것이다. 수염을 기른 백범의 모습은 이 시절에 찍은 것으로 보이는 독사진에도 등장한다. 뒤로 보이는 붉은 벽돌로 지어진 2층 청사는 샤피로 321호에 마련된 것으로 대한민국을 운영해 나갈 정부(임시정부)와 의회(임시의정원)가 들어서기에는 좁은 편이지만, 그래도 망명정부라는 형편을 생각한다면 나름대로 모양새를 갖춘 때였다. 그런데 일제가 프랑스 조계 당국에게 강하게 압력을 넣는 바람에 10월 말에는 이 건물을 떠날 수밖에 없었다. 아래에 적힌 '大韓民國 元年'이라는 연호 표기는 대한민국을 건국한 사실과 국호를 연호로 사용한 것을 알려 주는 좋은 자료이기도 하다. 임시정부와 임시의정원을 담은 사진은 줄곧 '대한민국'을 연호로 사용하게 된다. 이것은 신해혁명으로 선포된 중화민국이 국호를 연호로 사용하던 것과 마찬가지다. 1919년과 그 이듬해 임시정부와 임시의정원의 사진은 비슷한 틀로 이어졌다. 다만 1919년 10월 사진에서 여성 직원이 처음 등장한다는 점이 다르다. 백범의 모습에서 카이저 수염이나 폭 넓은 넥타이가 이 시절의 흐름을 읽게 만든다.

○ 1920년 1월 1일 사진

   대한민국 2년(1920) 원단元旦, 국가를 세우고 첫 번째로 맞는 새해다. 임시정부와 임시의정원 간부 58명이 기념사진을 찍었다. 뒤로 매우 큰 태극기 두 장이 비껴 세워져 있다. 둘째 줄 맨 왼쪽에 김구, 중앙 부분에 신규식·이동녕·이동휘·이시영·안창호 등이 보인다. 백범은 아직 사진의 모퉁이에 자리를 잡을 무렵이다. 뒤로 보이는 굴뚝들을 헤아려 보면 정부 청사 옥상임을 짐작할 수 있다. 희미한 장면은 안

개가 흔한 겨울 날씨를 말해 준다. 그래도 표정들은 한결같이 희망에
차 있어서 건국 초기의 자신감을 보여 준다.

ㅇ 1921년 신년 축하식

　　대한민국 3년(1921) 임시정부와 임시의정원의 신년축하식 사진은 어
느 건물 앞에서 촬영되었다. 역시 대형 태극기를 뒤에 교차시켜두고
그 앞에 62명이 4줄로 앉고 섰다. 특징은 초대 임시대통령 이승만이 6
개월 정도 상하이에 머물던 시절이라 중간에 앉고, 그 곁에 국무총리
이동휘가 있다는 점이다. 이승만이 상하이에 도착한 때는 이 사진을
찍기 한 달쯤 전이고, 아무런 성과도 없이 6개월 지난 5월에 하와이로
떠나갔다.

○ 안태국 장례 사진

   1920년을 보여 주는 자료로 안태국의 장례식(1920. 4. 14) 사진은 특별하다. 건국과 정부 수립 이후, 처음으로 치러진 장례식이어서 그런지 규모가 엄청나다. 동지를 보내는 자리에 모여 선 참석자들의 표정이 무겁고 비장하다. 임시정부나 백범의 사진 자료에서 이처럼 길게 늘어서서 파노라마 형태로 찍은 사진은 드물다. 만장 아래 카이저 수염을 기른 이동휘 국무총리를 비롯하여 150명이 넘는 수립기 정부 요인들과 가족들이 참석하였다. 오른쪽으로 회색 양복을 입고 팔에 상장을 두른 백범의 모습도 확연하다. 150명이 넘는 한인 가족이 등장한 사진이어서 수립기 정부의 규모와 위세를 짐작하게 만든다.

○ 가족사진

　백범의 역사를 보여주는 자료로 두 장의 가족사진이 단연 눈길을 끈다. 먼저 아내 최준례崔遵禮의 모습이 담긴 사진은 이것뿐이다. 아내는 채 만 두 살도 되지 않은 맏아들 김인金仁을 데리고 1920년 8월에 상하이에 도착하였다. 1904년에 부부가 된 두 사람이지만, 함께 살았던 시간은 그리 길지 않았다. 더구나 계몽운동을 펼치다가 '안악사건'으로 옥고를 겪느라 흔히 부부라는 인연으로 살았던 시간은 짧았다. 그러다가 백범이 상하이로 망명한 이듬해 여름에 최준례가 상하이에 도착함에 따라 비로소 조금은 편안한 가정생활을 이루게 되었다. 이 사진은 바로 그때를 보여 준다. 아들을 데리고 사진관 세트에서 부부가 함께 사진을 찍은 것이다.

○ 최준례 묘비 사진

안정된 부부생활도 잠시 뿐이었다. 1922년 9월 둘째 아들 김신金信이 태어난 뒤 산후조리 기간에 2층에서 가파른 계단을 내려가다가 발을 헛디뎌 크게 다쳤고, 이것이 기어코 폐질환으로 악화되어 끝내 1924년 1월 1일 숨을 거두고 만 것이다. 프랑스 조계 충산로崇山路 공동묘지에 묻히고, 그 자리에 동지들이 힘을 모아 비를 세웠다. 사진을 보면 비석에 기대어 겨우 버티고 선 둘째 아들과 백범의 모친 곽낙원 여사, 그리고 큰 아들이 함께 섰다. 비문을 보면 연도를 표기한 방법에서 특이한 점을 발견할 수 있다. 연도를 표기할 때 숫자가 아닌 한글 자음을 사용한 사실은 눈길을 끌기에 충분하다. ㄱ은 1, ㄴ은 2, ㄷ은 3을 뜻하는 방식이다. 먼저 아내가 태어난 연도는 단기로 표기하고 'ㄹㄴㄴㄴ해 ㄷ달 ㅊㅈ날 남'이라 적었으니 4222년 3월 19일 생이라는 것이다. 사망일은 대한민국이 건국된 뒤라서 연호를 '대한민국'이라 적고, 'ㅂ해 ㄱ달 ㄱ날 죽음'이라 했으니 1924년 1월 1일에 사망했다는 사실을 보여 준다. 한글학자 김두봉金枓奉의 작품으로 알려지는 표기 방식은 우리 역사에 유례가 없는 귀한 자료라고 판단된다. 다음에 나오는 백범 모친과 아들의 귀국 소식을 담은《동아일보》의 사진은 아내를 잃은 뒤 백범의 생활이 얼마나 고단한 것이었는지를 보여 준다.

○ 엄항섭 혼인

　1927년 일파—波 엄항섭嚴恒燮과 미당薇堂 연충효延忠孝의 결혼사진은 어려운 환경에서도 백범을 비롯한 독립운동가들에게 기쁨을 안겨준 장면을 담았다. 엄항섭은 첫 부인 임씨를 일찍 사별하고, 1927년 연미당과 결혼했다. 대형 태극기를 배경으로 삼고, 머리 위로 만국기가 걸렸다. 신혼부부 뒤에 백범이 서 있고, 이동녕·안창호·조완구·이시영 등 요인들이 밝은 얼굴로 즐거워하고 있다. 엄항섭은 뒷날 백범이 생을 마감하는 날까지 곁에서 그를 지켰고, 연미당도 상하이한인여자청년동맹을 시작으로 독립운동에 참가하였다.

○ 한인애국단 사진

　한인애국단 관련 사진 자료는 출발 직전의 비장한 모습, 그리고 거
사 직후의 상황을 보여주는 것들이다. 태극기 앞에서 단원이 되었다는
사실과 임무를 완성하겠다는 다짐을 담은 이봉창·윤봉길의 모습은 널
리 알려진 것이다. 더구나 사진관에서 따로 찍은 이봉창의 표정은 천
진스럽기 짝이 없을 만큼 밝다. 반면에 임무를 띠고 떠나기 직전 윤봉
길·최흥식·유상근의 얼굴에는 비장미가 흐른다. 윤봉길의 사진은 선
서문과 유품 시계에 이어 홍커우공원 거사 직후 모습을 보여 준다. 사
형 장면은 눈여겨 볼 점이 있다. 사형수를 무릎 꿇려 집행하는 일은 흔
하지 않다. 일본군의 의도가 무엇인지 짐작이 가고도 남는다. 더구나
집행 시각은 1932년 12월 19일 이른 아침 7시 27분이었다. 이 시각
은 5월 26일 시라카와 요시노리 대장이 상하이에서 죽은 6시 30분경
에 맞춘 것이다. 일본과 중국의 한 시간 시차까지 헤아려 형을 집행한
사실은 일본군이 치밀하게 계산한 선택임을 알 수 있다. 이렇게 사형

집행 시각을 정한 것은 안중근의 사형 집행을 이토 히로부미의 사망
시각에 맞춘 것과도 같다. 더구나 유해를 전몰장병묘역 아래 통행로에
묻은 것은 희생물로 삼은 것이다.

2) 이동기(1932~1939)

임시정부 이동경로

○ 자싱 수륜사창

홍커우공원 의거 직후 상하이를 떠난 백범과 임시정부는 기나긴 장
정에 들어갔다. 엄청난 현상금을 걸고 추적에 나선 일제의 정보망을
따돌리면서 백범은 상하이와 항저우 사이의 자싱에 주로 머물면서 독
립운동을 지휘하였다. 그 현장을 보여 주는 자료로 수륜사창秀綸紗廠
이라 직접 써놓은 사진이 전해진다. 이곳은 백범과 임시정부의 피신을
도와준 추푸청褚輔成의 아들 추펑장褚鳳章이 경영하던 면사공장이다.
백범은 사진에 '수륜사창 4·29 이후 첫 피난소'라고 적었다. 그는 이
곳 건너편 메이완가梅灣街에 집을 정했다. 뒤편으로 호수를 끼고 있는
2층집인데, 2층방 구석 바닥에 1층으로 빠져나갈 비밀통로를 두고, 그

아래 호수에 젓는 배를 두고 지냈다. 낮에는 배 타고 호수를 떠다니고 밤이면 들어와 잠자는 피신 생활이 이어졌다. 추평장의 집 안마당이나 거실에서 포즈를 취한 요인들의 모습에서 점차 연로해지는 모습이 뚜렷하다.

○ 모친 망명과 가족

　이 무렵 백범의 모친이 다시 중국으로 망명하였다. 1934년 4월 일제의 감시를 따돌리고 난징에 도착한 것이다. 일제 정보담당자들은 이를 전혀 눈치채지 못하다가 뒤늦게 알게 되어 당황하여 뒷북치는 문건들을 어지럽게 주고받았다. 모친과 두 아들이 함께 찍은 가족사진은 난징과 자싱에서 촬영된 것을 한 장씩 남겼다. 어느 사이에 아이들이 부쩍 성장하여 맏이는 청년이 되고 둘째는 소년이 되었다.

○ 항저우 · 자싱시절 국무위원

1935년 국무위원들이 두 줄로 선 사진이 눈길을 끈다. 앞줄에 조완구 · 이동녕 · 이시영이, 뒷줄에 송병조 · 김구 · 조성환 · 차리석이 섰다. 《백범일지》에서 밝힌 것처럼 호수에 배를 띄우고 선상회의를 펼치던 그 시절의 사진이다. 국무위원 모두가 중국옷을 입은 모습은 상하이시절과 사뭇 다른 정황을 알려준다.

그해 7월 조선민족혁명당이 만들어지면서 대한민국 임시정부가 최악의 상태에 빠졌을 때, 정부와 의회 조직을 안고 견디어 나가던 그 주인공들의 모습이다.

○ 광저우에서 채원개와

요인과 가족들은 1937년 11월 말에 황급하게 난징을 탈출하였다. 기습 공격으로 중일전쟁을 일으킨 일본군은 난징을 점령하기 위해 공세를 퍼부었다. 중국국민당 정부는 충칭重慶을 전시수도로 삼아 옮겨 갔다. 이에 따라 우리 요인과 가족들은 급하게 난징을 탈출하여 창사長沙로 갔다가 백범은 그곳에서 총격을 당해 대수술을 받는 비극을 겪었다. 그런 뒤에 남쪽으로 방향을 돌려 광저우廣州로 갔다. 1938년 한 여름, 열차 한 칸을 얻어 대가족이 광저우로 갔다. 광둥성장 우티에청吳鐵城은 이봉창·윤봉길 의거 당시 상하이시장을 맡았던 인물로 백범과는 친밀했다. 임시정부가 광저우로 갈 때 중국군 장교로 활약하던 이준식李俊植과 채원개蔡元凱가 도왔다. 백범과 나란히 등장하는 중국군 장교 복장의 인물이 바로 채원개인데, 채군선이라고도 불린 그는 제19집단군 작전참모로서 난징방위전에 이어, 이 무렵 제4로군에 속해 광둥방위전에 참가하고 있었다. 영국식인 광둥군 철모를 쓰고 권총을 찬 모습 뒤로 오토바이가 보인다. 배경으로 보아 백범과 임시정부 가족들이 머물던 둥산바이위엔東山柏園일 것 같다.

3) 충칭시기(1940~1945)

(1) 당·정·군

한국청년전지공작대 환송식 사진이 있다. 나월환을 비롯한 아나키스트계열 청년들이 주류를 이루는 이 단체를 시안으로 떠나보내면서 찍은 것이다. 적전, 적후공작을 통해 한인청년들을 초모하여 군대를 조직하려는 데 목적이 있었다. 사진에 맏아들 김인도 앉아 있는데, 그도 아나키스트로 알려진다.

○ 한국청년전지공작대 환송식

○ 한국독립당 중앙집감위원

1940년 4월 충칭에서 우파 3당이 하나로 통합하였다. 충칭시절의
한국독립당이 그것이다. 여기에 보이는 1940년 5월 16일자 대한민국
22년 한국독립당 제1계 중앙집감위원中央執監委員 전체 사진은 우파 3
당이 통합한 결과를 보여 주는 것이다. 이런 바탕 위에 9월 들어 한국
광복군을 창설하게 되었다.

○ 광복군총사령부 성립 전례

한국광복군총사령부의 성립 전례는 9월 17일 충칭 시내 북쪽에 있
는 자링삔관嘉陵賓館에서 열렸다. 충칭 북쪽을 감아 도는 자링강의 가
파른 절벽 위에 자리 잡은 호텔이다. 일본군의 공습을 피하기 위해 새
벽에 모였다. 여기에 담긴 사진들은 식장 입구와 내부 장식, 단상과 전
례식 장면 등을 보여 주는 다양한 것들이다. 태극기와 중국 청천백일
기가 교차하여 서 있고, 단상 위에는 중국어와 한글, 그리고 영어로 행

사 이름이 걸려 있다. 김구 주석과 이청천 총사령관의 인사에 이어 중
국 요인들의 축사가 이어졌다. 전례를 마치고 난 뒤 문 밖으로 나와 찍
은 사진은 널리 알려진 것이다. 그리고 내빈들의 서명이 담긴 축하 서
명포에는 중국국민당과 정부, 그리고 중국공산당 대표들의 서명이 들
어있다. 저우언라이周恩來도 참석했다고 알려졌지만 대리인이 서명하
였다.

ㅇ 34회 임시의정원

1942년에 임시정부는 좌우 통합정부를 달성했다. 제34회 임시의정
원 사진에 김원봉을 비롯한 민족혁명당 간부들이 등장했다. 사진에 등
장한 46명 가운데 방순희가 홍일점으로 나타났다.

○ 도노반 장군과 함께

1945년 8월 7일 백범이 미국 전략첩보국(OSS) 국장 도노반W. J. Donovan 장군과 함께 걷는 사진은 한미 공동작전의 중요한 장면이다. 이청천과 이범석, 엄항섭이 뒤따랐다.

(2) 통과의례

○ 화상산 모친 묘지

　백범은 중국국민당 정부의 요청에 따라 광저우에서 급히 충칭으로 갔다. 이와 달리 임시정부는 일본군이 광저우로 상륙하자 1938년 10월 급히 류저우柳州로 옮겼다가 1939년 4월 다시 북상하여 중경 남쪽 치장綦江으로 이동하였다. 이 무렵 모친은 충칭에서 창사長江 건너편인 난안南岸에서 4월 작고하였다. 그 정황을 보여 주는 사진이 여러 점이다. 처음으로 공개되는 것도 여러 장이다. 꽃으로 장식된 간단한 상여가 보이고, 백범과 두 아들이 곁을 지키고 섰다. 충칭 남쪽의 허상산和尚山 비탈에 거대한 규모의 공동묘지가 지금도 있다. 그곳에 한국 독립운동가들이 여럿 묻혔다.

　○ 이동녕 장례

　충칭에 도착할 무렵 독립운동가들이 한 사람씩 세상을 떠났다. 치장에서 1940년 3월에 이동녕李東寧이 별세하였다. 대형 태극기가 덮인 관이 등장했다. 어느 사이에 원로들은 나이가 지긋해지고, 피난길에도 새로 아이들이 태어나고 자라서 사진에 등장했다. 충칭에 들어서자마자 송병조宋秉祚가 작고했고, 난안 허상산和尚山 공동묘지에 묻혔다. 서쪽에서 비치는 햇살을 받으며 북향으로 비탈진 곳에서 사진을 찍었다. 이동녕 장례와 마찬가지로 대형 태극기를 관 위에 덮었다.

○ 차리석 조완구 화갑 기념

1941년 차리석車利錫과 조완구趙琬九의 화갑 기념 사진이 두 장 전해 진다. 원로들은 지긋한 나이가 되었지만, 청년들과 함께 어린 아이들 이 있어 삼일유치원三一幼稚園도 운영되니, 독립운동계에도 겨울이 지 나고 봄이 오는 듯하다.

○ 1942. 2. 25 송병조 장례

○ 차리석 장례

 광복을 맞은 직후인 9월 12일 차리석의 발인이 있었다. 장소는 충칭에서 마지막으로 정부가 머물렀던 연화지蓮花池 청사였다. 광복 소식을 듣고서도 환국하지 못하고 숨을 거두었으니 안타깝다.

4) 환국

○ 출발 전

 11월 3일 정부 청사 앞에서 기념 사진을 찍었는데, 어느 사이에 옷이 양복으로 바뀌었다. 지팡이를 짚은 사람이 많아졌고, 대형 태극기를 겹쳐 걸었다. 또 한 장의 사진은 손 태극기를 들고 찍었다. 모두들 시름이 잦아든 모습이다.

○ 중국국민당 송별연

 11월 5일 중국국민당 정부가 송별연을 열었다. 연회는 중국국민당 중앙당부 대례당大禮堂에서 장제스 주석과 쑹메이링 여사가 선두로 '장래 중·한의 영구 행복을 도모하자'고 연설하였고, 우리 측 답사가 있

은 후 끝마쳤다"고 그 날의 일을 기록하였다. 입구에서 백범은 독사진
을 찍었고, 이 무렵 장제스가 정장 사진에 서명하여 기념으로 백범에
게 주었다.

○ 상하이 도착

충칭을 출발한 백범 일행은 수송기를 타고 그날로 상하이에 도착했
다. 동포들의 열렬한 환영을 받으면서 걸어 나오는 모습은 무겁게 내
려앉아 있다. 수송기를 내려서자 마중 나온 환영객이 목에 화환을 걸
어 주었는데, 거기에 중한문화사中韓文化社라고 적힌 리본이 달려 있다.
김규식 · 안미생 · 이시영의 모습이 보인다.

3. 자주독립과 민족통일

1) 자주독립과 통일운동

○ 하지 방문

　　1945년 11월 귀국하자마자 주한미군사령관 하지John R. Hodge를
방문하였다. 그 자리에 이승만이 동행하였고, 반가운 웃음 속에 서로
의 계산은 복잡하게 얽혔다. 오랜 시간을 끌면서 끝내는 개인자격으로
돌아오게 만든 미국과 그를 대표한 점령군 사령관을 만나는 자리였다.
내 나라에 와서도 남의 통치를 인정해야 하는 자리였다. 이미 충칭重
慶에서 재중자유한인대회를 열어 국제공동관리(신탁통치)를 반대한다는
성명도 발표하고 완전한 자주독립만이 나아갈 길임을 천명했던 그였으
니, 만감이 엇갈릴 수밖에 없던 자리였다. 밝게 웃어도 웃음으로 읽히

지 않는 이유가 거기에 있다.

○ 경교장

　환국 2진은 12월 1일 궂은 날씨 탓에 군산비행장을 거쳐 귀국하여 그 이튿날 서울로 와서 비로소 경교장京橋莊에서 합류하였다. 임시정부 요인들은 경교장 입구 계단에 서서 기념사진을 찍었다. 한복을 입은 이시영을 제외하고는 대부분 양복을 차려 입었다. 좌우합작을 이루어 통합정부로서 귀국한 것이어서 뒷줄 오른쪽에 민족혁명당을 이끌던 김원봉이나 아나키스트 류림도 보인다. 이곳 경교장에서 국무회의가 거듭 열렸다. 그러므로 이곳은 백범 개인의 사무공간이 아니라 임시정부의 국내 청사요 마지막 청사인 것이다.

○ 개선환영회

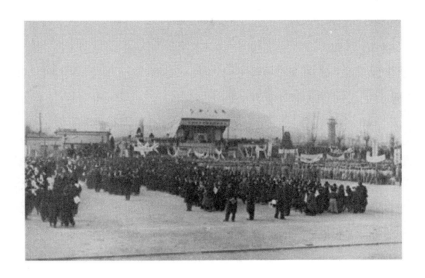

　12월 19일 서울운동장에서 대한민국 임시정부 환국봉영회가 열렸다. 이날 본부석 상단에 '대한민국임시정부개선大韓民國臨時政府凱旋',

그 좌우로 '환영'이라는 글이 붙어 있고, 중앙 무대에는 초대형 태극기를 붙였다. 임시정부가 그냥 돌아온 게 아니라, '개선'이라 붙여 독립전쟁에서 이기고 돌아왔다는 점을 강조했다. 큰 길을 가로지르며 세워진 입간판에도 대한민국 임시정부 '개선凱旋'을 환영한다고 적혔다. 미군정이 임시정부를 개인차원의 환국으로 규정했지만, 정작 국민들은 임시정부가 독립전쟁에서 승리하고 돌아왔다고 인정한 것이다. 이날 진행 식순을 보면, 임시정부 요인의 입장, 태극기 게양, 애국가 제창, 이화여전 합창단의 환영가 제창, 홍명희의 환영사, 러치A. L. Lerch 미군정장관의 축사, 송진우의 환영사, 김구 주석의 답사, 이승만 박사의 답사, 만세삼창 등으로 진행되었다. 서울운동장에서 출발하여 동대문 앞을 지나 종로로 향하는 환영 물결은 대형 태극기를 앞세우고 펼침막을 들었다.

○ 민주의원 개원식

대한민국 28년(1946) 2월 14일 남조선민주의원 개원식이 미군정청 제1회의실에서 열렸다. 백범은 1946년 1월 초 비상정치회의를 소집하여 과도정권 수립을 도모하였다. 이에 이승만이 합류하여 비상국민회의가 출범하였는데, 미군정의 공작으로 비상국민회의 최고정무위원이 갑자기 민주의원으로 개칭되고 미군정 자문기관이 되고 말았다. 이날 개원식은 의장 이승만의 연설, 하지에게 주는 부의장 김규식의 선언문 낭독, 하지의 성명서 낭독에 이어, 백범의 연설로 진행되었다. 네 사람의 이야기는 조금씩 달랐다. 이승만은 자문역으로서 미군정에 대해 적극 지지를 밝혔고, 김규식은 민주의원의 자문기관 역할을 다짐했으며, 하지는 애국적 지지와 협력 요구했다. 하지만 백범은 민주의원의 성격을 자신이 발의하여 열린 비상국민회의가 성립시킨 최고정무위원회라고 규정하고, 전민족의 총역량을 결집하여 민족자주 독립국가 체제를 완성하자고 목소리를 높였다. 이승만이 연설하는 동안, 좌우에 앉은 김규식과 백범 두 부의장의 표정 변화가 고스란히 사진에 드러나는 것 같다.

○ 3·1절 기념식

　3월 1일, 광복 이후 처음 맞는 3·1절, 감격어린 기념행사는 두 개로 나뉘어 빛이 바랬다. 반탁을 부르짖은 우익은 보신각 앞에서, 찬탁을 들고 나온 좌익은 남산공원에서 각각 다른 목소리를 냈다. 보신각 앞에서 열린 기념식, 행사는 개회사(이승만), 독립선언문 낭독(오세창), 축사(김구, 하지 등), 타종(정당대표 7회), 만세삼창(김규식) 등으로 진행되었다. 33인 가운데 한 사람인 오세창이 27년 전 그날을 되새기며 선언문을 낭독했다. 이날 이승만이 개회사에서 연합국과 미국의 기여를 강조한 반면, 백범은 축사를 통해 3·1운동이 지역·계급·종교·사상을 넘는 통일성, 겨레의 독립과 자유 쟁취라는 일념에서 위대한 성격을 가진 것으로 평가했다. 두 사람의 지향점이 벌써 확연하게 달랐다.

○ 대한민국 임시입헌기념식

第二十七週年大韓民國臨時立憲記念式
大韓民國二十八年四月十一日

　4월 11일에 제27주년 대한민국임시입헌기념식大韓民國臨時立憲記念式
이 창덕궁 인정전에서 열렸다. 1919년 4월 10일 상하이에 모인 독립
운동계 대표자들이 밤을 지새우며 논의한 끝에 이튿날 제헌헌법인 '대
한민국 임시헌장'을 통과시킨 뒤, 이를 바탕으로 대한민국을 세우고 임
시정부(정부)와 임시의정원(의회)을 구성하였다. 대한제국 마지막 황제
가 머물다 숨을 거둔 그곳에서 새로 대한민국의 역사를 이루어 가겠다
는 뜻이 담긴 것 같다.

○ UN한국임시위원단 회의 참석

　1948년 1월 26일 유엔한국임시위원단 회의가 덕수궁에서 열리자,
백범도 그 자리에 참석하였다. 두 달 전인 1947년 11월 14일 제2차
유엔 총회가 한국 문제를 해결하기 위해 이 위원단을 설치하고, 소련
의 반대를 뿌리치고 유엔 감시 아래 남북총선거를 치른다고 결의하였

다. 이에 오스트레일리아 · 캐나다 · 중국 · 엘살바도르 · 프랑스 · 인
도 · 필리핀 · 시리아의 8개국으로 구성된 위원단이 입국하였고, 이날
덕수궁에서 회의를 가진 것이다. 어차피 소련이 북쪽 진입을 막을 것
이므로 남한 단독선거는 자명한 것이었다. 통일정부 수립에 온 힘을
쏟은 백범으로서는 맥이 빠지는 날이 아닐 수 없다. 마지막까지 실낱
같은 희망의 끈이라도 놓치지 말아야 한다는 심정이었을까? 백범 옆으
로 이승만 부부와 백관수 · 김병로가 보인다.

○ 메논 초청

3월 13일 백범은 유엔한국임시위원단을 대표하여 메논Menon 의장
(인도 대표)과 후스쩌胡世澤 사무국장(중국 대표)을 초청하였다. 경교장 1
층 귀빈 응접실에서 찍은 사진에는 지청천 · 엄항섭 · 서영해 등이 배
석하였다. 유엔한국임시위원단이 맡은 임무가 가능한 범위 안에서 총
선거를 치러 정부를 출범시키는 것이고, 대세가 그렇게 가고 있는 마

당이었다. 바로 한 달 앞서 2월 10일 〈삼천만 동포에게 읍고泣告함〉을 발표하면서 "나는 통일된 조국을 건설하려다가 38선을 베고 쓰러질지 언정 일신에 구차한 안일을 취하여 단독정부를 세우는 데 협력하지 않 겠다"고 눈물로 포효했던 백범이었다. 기울어 가는 사태를 얼굴에 그 대로 담은 듯, 손님을 초대해 놓고도 표정은 무겁기만 하다.

○ 38도선을 넘다

38도선에 서서 역사적인 기록을
남겼다. 조선통신사 이지수李志水 특
파기자는 '역사적 찰나 삼팔선상 김
구선생 일행'이라 썼다. 비서 선우진
과 아들 김신이 동행하였다.

歷 史 的 刹 那

○ 남북대표연석회의 축사

4월 22일 평양 모란봉극장에서 남북대표연석회의에 참석하여 축사
를 읽고 있다. 뒤에 걸린 두 장의 대형 태극기가 눈길을 끈다. 비록 남
북이 나뉘었지만 이때까지 북에서도 태극기가 쓰였음을 보여 준다.

○ 한국독립당 제7계 전국대표대회

　1949년 6월 14일에 한국독립당 제7계 전국대표대회가 열렸다. 전
국 대표자들이 모인 자리인 만큼 규모도 크다. 삼의사 묘소를 참배하
고 그 앞에서 사진을 찍었다. 여기에는 모처럼 '단기' 연호를 적었다.
한국독립당 사진에는 대개 연호를 '대한민국'으로 썼는데, 여기에서 처
음으로 단기 연호가 나타났다. 정치적 변화라는 느낌이 든다.

　2) 동지들을 기리는 일

　국내로 돌아온 백범은 동지들을 기리는 사업을 펼쳤다. 무엇보다 먼
저 3의사의 유해를 찾아 모셔 오는 일이 급했다. 전덕기ㆍ안중근ㆍ나
석주 등의 추모식과 아울러 중국에 묻혀 있던 이동녕ㆍ차리석 등의 유
해를 찾아 모시는 일에 나섰다.

○ 안중근 36주기 추도회

1946년 3월 26일 서울운동장에서 안중근 의사 추모식이 열렸다. 김창숙 · 김규식 등이 참석하고, 미군정 공보국장 글렌 뉴먼Glenn Newman도 참석했다.

○ 윤봉길 생가 방문

1946년 4월 27일, 홍커우공원 의거 기념일을 이틀 앞두고 윤봉길 의사 생가를 방문하고 윤 의사의 부모와 부인, 아들을 만났다. 아들 윤종은 줄곧 가슴에 아버지 사진을 들고 있었다. 가셨어도 함께한 자리인 셈이다. 며느리 안미생이 동행하였고, 읍내 길가에 학생들이 줄 지어 일행을 맞았다. 생가 앞에서 의거 14주년 기념식이 열렸다. 임시무대에서 백범의 추모사가 있고, 승려들의 독경 의식이 진행되었다. 군중 속에는 해미청년회를 비롯해 다양한 단체의 깃발이 나부낀다. 이에 앞서 3월 6일 일본에서 윤 의사의 유해가 발굴되었으니, 그 소식을 서로 알리면서 새로운 마음으로 기리는 자리를 가졌을 것이다.

○ 3의사 유골 봉환

3월부터 이봉창·윤봉길·백정기 3의사의 유골 발굴이 진행되었다.
백범이 '지하에서 만나자'고 했던 동지들과의 약속은 항일투쟁의 원천

이 되었고, 그래서 백범은 환국한 뒤 일본에 있던 박열을 비롯한 여러 동지들에게 부탁하여 유해를 찾아냈다. 이봉창 의사를 비롯하여 차례차례 발굴을 마친 뒤 국내로 모셔 오는 봉영 준비에 나섰다.

백범은 6월 15일 기차를 타고 부산으로 가서, 바로 부두로 나가 3의사를 맞아 모셨다. 부두 가까운 대창정大倉町(현 중앙동) 부립유치원에 '대한순국열사유골봉환회장'이 차려졌다. 봉안회장 안에는 3의사를 추모하는 만장이 가득하고, 윤봉길 의사가 사형당할 때 쓰인 십자가 틀이 함께 세워져 있다. 추모식 행렬에서 학생이 이것을 메고 행진하였다. 좌우에 죽 늘어선 인파 속에 고등여학교, 학생 대열, 태극기에 이어 만장 대열이 이어지고 기마경찰이 호위하였다. 부산공설운동장에서 빗속에 치러진 추모식에 깊이 고개 숙인 백범의 모습은 무겁다.

　이튿날 백정기·윤봉길·이봉창 3의사의 유골을 나누어 모시고 부산역을 들어섰다. 백범도 함께 특별열차 해방자호 편으로 서울에 도착한 뒤, 유골을 태고사(현 조계사)에 모셨다. 그리고 7월 6일 국민장으로 장례를 치르고 백범이 마련해 둔 효창원에 3의사를 모셨다. 백범은 이곳에 안중근 의사의 빈 무덤을 만들고 뒷날 유해를 찾아 모시려 했지만, 아직 그 뜻을 이루지 못하고 있다.

　○ 나석주 추도회

　　1946년 12월 28일에는 나석주 의사 20주기 추도회에 참석했다. 장소는 천도교당으로 짐작된다.

○ 이동녕 · 차리석 유해 봉환식

   1948년 8월 20일, 백범에게는 커다란 숙원 과제 하나를 해결한 날
이다. 환국한 지 2년 반 만에, 모친 곽낙원과 아내 최준례, 아들 김인,
그리고 이동녕 · 차리석 두 동지의 유해를 모셔 온 것이다. 서울중학교
에서 유골 봉환식을 가졌다. '석오 · 동암 양선생 유해봉환위원회'는 문
상 기간을 거쳐, 한 달 뒤인 9월 22일 두 동지의 장례를 사회장으로 치
렀다. 행사는 원서동 휘문중학교에서 오후 1시에 열렸다. 백범은 그
자리에서 이동녕을 한국민족의 수난을 대표하는 행적이요, 불멸의 공
적을 세운 분으로 평가하고, 차리석에 대해서는 해외혁명운동자 가운
데서도 특히 강력한 정신력을 소유하고 책임감이 강한 분이라며 추모
했다.

○ 윤봉길 열사비 제막식

1949년 4월 29일 예산에서 윤봉길 열사비 제막식이 열렸다. 예산군 예산읍 예산리(옛날 호서은행 앞)에 기념비를 세우고 의거 17주년을 맞아 백범이 직접 참석하여 제막식을 가진 것이다. 윤봉길의 부친 윤황과 아내 배용순, 아들 윤종 등이 사진에 확인된다.

3) 인재를 기르자

○ 건국실천원양성소

대한민국 29년(1947) 3월 들어 백범은 충칭시절부터 꿈꾸던 인재 양성을 시작하였다. 건국실천원양성소가 그것이다. 처음 국가를 건설한다기보다는 제대로 완성된 국가를 만들기 위한 과정이었다. 효창원에서 가까운 용산구 원효로에 있던 원효사를 본부로 문을 열었다. 이 양성소는 온 나라의 우수한 애국청년들을 뽑아 나라의 중견 일꾼으로 길러냈다. 기별로 100명 안팎의 인원을 교육하였다. 교육기간은 제1기가 두 달이었고, 제2기부터 마지막인 제9기까지는 한 달씩이었다. 교육 내용은 독립운동사와 정치·경제·사회 등 다양했고, 강사는 조소앙·조완구 등 독립운동가와 양주동·정인보를 비롯한 당대 최고의 학자들을 모셨다. 백범이 서거한 뒤, 1949년 9월에 본부이던 원효사가 홍익대학교로 넘어감에 따라 해체되었다.

○ 삼균주의학생동맹 학술연구회, 단국대 학생과

　1948년 6월 20일 백범은 삼균주의학생동맹 제1회 학술연구회에, 그리고 닷새 뒤인 25일에는 단국대학 졸업식에 참석하였다. 단국대학은 만주에서 독립운동을 펼쳤던 장형張炯이 설립한 대학이다. 제5기 졸업식 사진에는 소장 백범과 이사장 장형이 나란히 앉아 있다.

○ 성균관대학전문부 졸업식

1949년 6월 22일 성균관대학 전문부 제2회 졸업식에 참석하였다. 1946년 9월 성균관대학이 창설되었는데, 학장이 바로 김창숙이다. 백범은 이날 그의 초청을 받아 축하차 참석하였을 것이다. 두 사람은 단독정부 반대론을 펼치면서 같은 길을 걸었던 사이였다. 김창숙은 두고두고

이승만의 독재를 반대하다가 심하게 역풍을 맞기도 하였다. 같은 날 성
균관대학 학생들이 경교장을 방문하였다. 졸업생 대표들의 답방이 아닌
가 짐작된다. 문밖을 나서는 사진은 경교장의 정문이 솟을대문 형태였음
을 보여 준다. 경교장의 대문을 보여 주는 사진으로는 이것이 가장 완벽
하다.

4. 서거와 국민장

1949년 6월 26일 일요일 낮 12시 50분경, 백범은 경교장 2층 집
무실에서, 안두희가 쏜 흉탄 4발에 무너졌다. 안두희는 권력자가 보낸
자객이었다. 며칠 전만 하더라도 맑은 햇살 속에 글을 읽으며 밝은 모
습을 보이던 백범이었다.

○ 창으로 보이는 경교장 앞뜰

서거 직후 경교장 앞뜰을 보
여주는 사진은 사건 직후 《라이
프Life》지 사진기자 칼 마이댄스
Carl Mydans가 찍은 것이다. 이는
1949년 7월호에 '혼란 속의 한
국, 호랑이를 잃다'라는 제목으로
실렸다. 총알 지난 창문으로 보이
는 경교장 앞뜰은 참으로 기막힌
장면을 보여 준다. 2층 서재에서
1층으로 빈소가 옮겨지고, 장례
가 치러지는 열흘 동안 조문객을

받았다. 경교장 앞뜰에 엎드려 울거나 절하는 사람들, 자기의 조문 순
서를 차분하게 기다리며 줄지어 선 국민들의 비통한 모습을 담은 사진
들이다. 움직임은 있어도 소리가 없는, 적막 그 자체다. 또는 세상 모
든 것이 한 순간에 정지된 느낌마저 준다.

ㅇ 상여

상여는 경교장에서 밤을 새워 준비되었다. 새벽에 15미터나 되는
장강틀에 영구를 얹어 모셨다. 좌우로 연추 10개를 매단 사이로 꿴 줄
(박다위)을 상여꾼이 멨다. 백범의 가르침을 받은 건국실천원양성소 출
신 '건실'대원 백여 명이 상여를 멨다. 앞뒤 좌우로는 한국독립당 청년
당원 수백 명이 에워쌌다.

○ 광화문 네거리

　광화문 네거리를 지나는 사진은 웅장한 모습을 보여 준다. 권력이 없는 한 지도자를 보내는 의식이 이토록 장대할 수 있는 이유는 오로지 겨레만을 위해 살았던 위대한 생애와 진정성 때문일 것이다. 행렬은 종로를 거쳐 영결식장인 서울운동장(동대문운동장)에 도착했다.

○ 영결식장

　서울운동장에 들어서서 유해를 모신 관을 영결식 단상으로 모셨다. 3년 6개월 전인 1945년 12월 19일, 대한민국 임시정부 개선환영식을 열었던 바로 그 자리에서 겨레의 큰 지도자를 영결하는 의식을 거행한 것이다. 본부석 중간에 영정과 초상화, 명정銘旌이 모셔졌다. 좌우로 그를 평가하는 글이 드리워졌는데, 그의 74년 업적이 마치 큰 산과 같아 나라를 받치는 기둥이 되었다고 적혔다.

　영결식을 마친 뒤 행렬은 을지로 6가, 을지로 입구, 한국은행, 남대

문, 서울역, 용산경찰서 앞을 지나는 12킬로미터 거리를 걸어 유택이
마련된 효창원에 도착했다. 추모행렬이 밀물처럼 밀려드는 바람에 도
착 시각은 예정보다 1시간 반이나 늦었다. 많은 추모객이 효창원 안팎
을 가득 메웠다.

5. 백범 사진 자료의 가치

백범의 일생을 담은 사진 자료는 한국 근현대사의 중요한 장면을 고
스란히 담고 있다. 그의 생애 자체가 이미 독립운동사요 통일운동사이
다. 민족문제 해결을 위한 그의 걸음은 동학에서 비롯하여, 의병항쟁,
국모 시해의 원수를 갚으려 나선 의거, 구국계몽운동, 중국 망명과 대
한민국 임시정부 활동으로 이어졌다. 그의 50년 넘는 투쟁의 역사는
그 자체가 한국독립운동사를 의미한다.

그의 사진 자료가 본격적으로 생산되기 시작한 때는 대한민국 임시정부 활동기였다. 사진은 대한민국 임시정부에서 그가 점차 중심부로 옮겨가는 추이를 보여 준다. 무엇보다 가슴 저리게 만든 것은 아내 최준례와 찍은 가족사진이고, 더구나 아내의 무덤사진은 진한 여운을 남긴다. 한인애국단 관련 사진은 의열투쟁이 무엇인지를 보여 준다. 그것은 백범과 한인애국단원들의 투쟁과 희생만이 아니라 한국 독립운동사에 큰 획을 그은 거사였고, 이를 담은 사진들은 어떠한 문헌 자료보다 정확한 현장성을 갖고 있다. 중국 내륙으로 옮겨 가면서 독립운동을 지속해 나가는 정황은 임시정부 요인들의 사진으로 헤아릴 수 있다.

충칭시절 모습은 그래도 끝이 보이는 투쟁이라 희망적이다. 한국광복군을 창설하고, 좌우 통합정부를 달성했다. 그런 과정에서 중국국민당 정부와의 관계를 보여 주는 사진들이 여럿이고, 한국광복군 총사령부 성립전례식, 공작요원들을 전방으로 보내며 기념으로 남긴 사진, 미국 OSS 사령관과 함께 찍은 사진들은 귀중한 자료임에 틀림없다. 임시정부의 요인들만이 아니라 가족들의 모습을 담은 자료도 귀중하다.

환국 길에 나서면서 찍은 사진은 희망과 걱정이 엇갈리는 모습이다. 중국국민당 정부에서 열었던 송별연은 불투명한 환국 사정을 보여 주는 것 같다. 상하이를 거쳐 환국하는 과정에서 백범의 표정은 줄곧 무겁고 어두웠다.

미군정은 개인자격이라지만, 국민들은 이들을 독립전쟁의 '개선' 영웅으로 환영하였다. 경교장에서 대한민국 임시정부 국무회의가 여러 차례 열렸다. 이곳이 바로 임시정부의 마지막 청사라는 사실을 보여 준다. 반탁투쟁에다가 임시정부 중심의 정국 돌파를 시도하기도 하지만, 뜻대로 되지 않아 안타까워하는 표정이 그대로 드러난다. 또 자신이 항일투쟁 전선으로 보냈던 동지들의 유해를 찾아 모셔와 효창원에 영원한 안식처를 마련하는 과정은 큰 지도자로서의 믿음을 준다.

남북연석회의에 참석하기 위한 북행 관련 사진도 다양하다. 널리 알려진 것 말고도 오가는 길에 찍은 사진들은 사연을 담고 있다. 총선거 출마를 포기한 뒤에 찍힌 사진들은 점차 차분해지는 느낌을 주면서도 점차 초월해 가는 큰 지도자의 모습을 보여 준다.

서거와 국민장 사진은 한 편의 기록영화 같다. 서거한 사실 자체, 급하게 처치하는 의료진, 충격에 빠진 주변 인물들, 상주들과 동지들의 비통함 등은 정지화면이지만, 머릿속으로 들어오면서 활동사진처럼 돌아간다.

백범의 사진은 그 자체로 역사 서술이다. 연구자들은 현장성이 강한 사료로 이용할 것이고, 문화콘텐츠 전문가들은 스토리텔링이나 문화산업의 자원으로 활용할 수 있다. 작가와 문화 · 예술인들게는 역사를 바탕으로 삼은 새로운 창작물의 원천이 될 것이다. 또한 일반 대중들은 위대한 한 인물의 평전을 쉽게 읽어 가는 기회가 될 것이다. 그러한 성과물과 만남이 겨레에게 새로운 날을 열어 가는 지혜로 승화되기를 바란다.

Ⅲ. 상하이시기와 이동시기의 김구 자료

1. 자료 분류

《백범김구전집》제4권에 수록된 자료는 김구가 대한민국 임시정부를 중심으로 활동하던 시기 가운데 1919년부터 1938년까지의 것이다. 모두 325건으로 구성된 이 자료는 모두 광복 이전에 발간된 것이다. 이들을 크게 상하이시기(1919. 4~1932. 4) 13년과 이동시기(1932. 5~1938) 6년 8개월로 나누었다. 그런데 김구가 상하이를 떠난 시기가 1932년 5월 10일 직후이지만, 편의상 5월 1일부터 이동기로 정리하고자 한다.

자료의 분량은 상하이시기가 96건이고, 이동시기의 것이 229건이다. 이동시기의 자료는 다시 대한민국 임시정부·일반(76건), 한인애국단(66건), 정당(41건), 군관학교(46건) 등 네 부분으로 나누었다. 그런데 네 가지로 나눌 수 없는 자료도 있다. 즉 1933년 이후부터 일본 정보 자료 가운데 1년 단위로 묶어서 종합적으로 보고한 것이 나온다. 이런 자료는 세분화시키지 않고 모두 대한민국 임시정부·일반에 편제하였다.

2. 상하이시기 김구의 활동

3·1운동 직후 망명길에 오른 김구는 대한민국 임시정부 수립 무렵인 4월 11일 또는 12일쯤에 상하이에 도착했다. 이후 그의 역사는 대한민국 임시정부의 역사요, 대한민국 임시정부의 역사는 그의 역사가

되었다. 그는 상하이 도착 직후 신민회 동지였던 이동녕과 만나 대한
민국 임시정부에 참가하고, 내무위원으로 임명되었다. 그렇지만 그의
면모가 부각되기 시작한 시기는 안창호의 주선으로 경무국장을 맡은
그해 8월이었다. 만 4년 동안 경무국장을 역임하면서 그는 일본 정보
기관과 치열한 첩보전을 펼치고, 밀정을 색출하여 처단하는 등 대한민
국 임시정부와 동포사회의 안녕과 질서를 유지해 나갔다. 때문에 일본
영사관 경찰은 종종 김구를 암살하고자 요원을 파견해 왔다.

　초기의 자료는 김구가 내무위원이나 경무국장 등의 인사발령 사항
과 대한적십자회와 의용단義勇團 등의 대한민국 임시정부 외곽단체 구
성원으로 등장하는 것이 주류를 이룬다. 이 가운데 의용단 자료에는
포고문과 장정章程이 들어 있는데, 대한민국 임시정부 지지와 조선총
독부에 대한 저항을 중심 내용으로 담고 있다. 대한민국 임시정부 수
립 직후 국내에서 의용단과 관련한 국내의 활동이 나타나는데, 이것
은 대한민국 임시정부에 대한 국민의 인식을 보여 주는 것이다. 특히
이 조직은 대한민국 임시정부 측에서 직접 조직하고 국내에 영향력을
미친 것이므로, 이에 주목할 필요가 있다. 그리고 협성회協成會 자료는
초대 대통령 이승만李承晩의 상하이 체류 시기에 벌어진 지지파와 반대
파의 대립 양상을 보여 주는 자료이다. 이승만이 1920년 12월부터 이
듬해 6월 초까지 상하이에 체류하자, 대한민국 임시정부 주변에서 정
부 현안 문제에 대한 해결 요구가 강력하게 튀어 나왔다.

　1923년에 들면서 김구의 이름은 한국노병회韓國勞兵會와 국민대표회
의를 통해 강력하고도 투쟁적 인물로 떠오른다. 그가 창립을 주도하고
초대 이사장을 맡은 한국노병회의 회헌會憲과 이와 관련한 자료는 장
기적으로 독립전쟁을 준비해 나가는 전략을 보여 준다. 즉 베르사유체
제가 제1차 세계대전의 결과로 나타났지만, 장차 10년 정도 지나면 새
로운 국제적 갈등이 일어나 전쟁으로 치달을 것이니, 그 기회를 이용
하여 독립전쟁을 일으켜야 하고, 또 이에 준비해야 한다는 것이 그 골

자이다.

한편 1923년 초에 내무총장을 맡은 그는 국민대표회의 진행 과정을 지켜보면서 대응책을 마련했다. 국민대표회의는 표결권을 인정받은 130명 정도의 지역과 단체의 대표들로 구성되었다. 그런데 논의 과정에서 개조파와 창조파로 나누어지고, 창조파가 대한민국 임시정부를 부정하면서 새로운 정부 수립을 선언하자, 내무총장 김구는 해산령을 내림으로써 국민대표회의 분열로 혼란에 빠진 정국을 수습해 나갔다.

점점 그의 투쟁 경력과 그를 중심으로 한 암살단 소식이 국내 신문에 실렸다. 또 그의 결정에 따른 국민대표회의 해산 명령도 전해졌다. 확고해져 가는 김구의 위상을 보면서 일본의 첩보망은 그를 제거하는데 총력을 기울이게 되고, 이를 바탕으로 《대한민국 임시정부大韓民國臨時政府 요시찰인명부要視察人名簿》(1925)에 그에 대한 상세한 정보도 수록되었다. 때문에 김구는 사랑하는 아내 최준례崔遵禮의 죽음조차 지켜보지 못하는 슬픔을 겪었다.

그의 아내는 1922년에 둘째 아들 신信을 낳은 뒤 계단에서 굴러 떨어져 뼈가 부러지면서 허파를 다쳤고, 이로 말미암은 폐렴으로 고생하였다. 산후 조리 기간에 계단을 오르내리다가 굴러떨어져 변을 당한 것이다. 그의 아내는 프랑스 조계 구역의 보륭병원에 입원했다가 병이 깊어져 홍커우 지역 폐병원으로 옮겨졌다. 그러나 김구가 그곳에 갈 수는 없었다. 일본의 감시망 때문에 프랑스 조계 구역을 한 발자국도 벗어날 수 없었던 처지였기 때문이다. 아내는 1924년 1월 1일에 싸늘한 주검으로 돌아왔다. 김구는 프랑스 조계 충산로 공동묘지에 아내를 묻었는데, 묘비에 출생이나 사망시기를 한글 자음으로 새겼다. 아내의 생애를 'ㄹㄴㄴㄴ해ㄷ달ㅊㅈ날 남(단기 4222년 3월 19일─필자), 대한민국ㅂ해ㄱ달ㄱ날 죽음(대한민국 6년, 즉 1924년 1월 1일─필자)'으로 새겼다. 우리 역사에 이런 비가 또 어디 있으랴.

1924년과 1925년에는 나석주羅錫疇 의사의 서신 일곱 통이 등장한

다. 이 자료는 김구 서거 직후 어느 인사에 의해 유출되었다가 시중에
돌고 있던 것을 1970년대에 국립중앙박물관에서 구입한 것이다. 그런
데 모두 1932년으로 정리해 놓은 바람에 혼선을 빚어 왔다. 나석주는
1926년 12월 28일 서울에서 식산은행에 폭탄을 던지고 동양척식회사
를 공격하였다. 이 과정에서 그는 일본 경찰과 총격전을 벌이다가 7명
을 사살하고 자결하였다.

　서신 자료 가운데 6통은 이보다 한 해 앞선 1925년의 것이다. 모
든 자료의 소인을 세밀하게 검토해 보면, 영문으로 된 소인은 왼쪽부
터 일, 월, 년, 시각의 순서로 네 가지 숫자가 찍혀 있고, 한문으로 된
것은 오른쪽으로부터 민국년도民國年度, 월, 일, 시각 순서로 되어 있
다.(일본 소인은 왼쪽부터 소화년도昭和年度, 월, 일 순서) 나석주가 김구에게
보낸 첫 서한은 1924년의 것이고, 이때 그는 나리羅李라는 이름을 사
용하였다. 1925년에 국내 잠입 계획에 이승춘李承春을 동참시키려고
하는 과정에서 그는 나석주羅錫柱 · 김영일金永一 · 석주石柱 등의 이름
을 사용하였다. 나석주나 이승춘은 모두 김구가 믿는 제자였다. 이 편
지를 살펴보면, 나석주가 1925년에 중국인의 배를 구입하여 여러 명
이 함께 국내로 잠입하여 의열투쟁을 벌이고자 계획했음을 알 수 있
다. 그러나 자금 사정 때문에 이것이 연기되다가 결국은 계획을 변경
하여 1926년 12월에 단신 귀국하여 의거를 결행한 것이다. 그리고 이
승춘도 톈진에서 일경日警에 체포되어 사형 당했다고 김구는 백범일지
에 기록하였다.

　나석주와 이승춘은 모두 김구의 제자였다. 그런데도 나석주 의거
는 의열단의 활동으로 나타나 있고, 실행 자금은 김창숙金昌淑 중심으
로 펼쳐진 2차 유림단 의거의 결과로 만들어진 것이었다. 이는 김구
가 키워 놓은 인물과 의열투쟁을 벌여온 의열단의 기존 조직과 유림
단 의거로 만들어진 김창숙의 자금이 하나로 통합된 거사로 이해하는
것이 옳다.

김구는 이승만 대통령이 면직되고 박은식이 잠시 대통령을 맡는 동안 개헌을 단행하여 내각책임제인 국무령제國務領制로 체제를 바꾸어 나갔다. 국무령 이상룡李相龍이 개각을 못해 도중하차한 뒤, 김구는 1926년 12월에 국무령에 올랐고, 내각을 구성함으로써 정부의 안정을 도모하였다.

다음으로 대한민국 임시정부를 중심으로 일어난 좌우합작운동이요 정당조직운동이었던 유일당운동唯一黨運動에 관한 기록들이 나온다. 유일唯一 대당大黨이 만들어지면 이를 중심으로 정부를 운영하는 이당치국以黨治國 체제를 추구하려고 대한민국 임시정부가 개헌을 단행한 사실들이 등장한다. 국무령이란 자리에 묶이지 않고 대한민국 임시정부의 안정적인 구도를 조성하고자 그는 또 다시 개헌 작업에 나섰다. 그 결과 국무령제를 국무위원제로 개편하였고, 그는 1927년 8월 내무장을 맡게 되었다. 한편 그는 한국유일독립당상하이촉성회 집행위원이 되어 유일당운동의 과정에 참가하면서도 정부를 수호하는 데 노력을 집중하였다.

김구가 1928년에 이승만에게 보낸 서신은 박용만朴容萬 암살사건에 대한 사실을 밝혀 두려는 것으로서 주목된다. 일찍이 미주 지역 독립운동계에서 안창호, 이승만과 함께 3거두 가운데 한 사람이었던 박용만이 베이징에 와서 일본 관리와의 비밀 왕래가 있었다는 사실을 기록하였다.

1929년 10월 좌우합작 추진이 중단되고 좌파 세력이 유호한국독립운동자동맹留滬韓國獨立運動者同盟을 결성하자, 우파 세력은 1930년 1월 25일 대한민국 임시정부 여당인 한국독립당을 창당하였다. 김구도 그 창당 과정에서 주역 가운데 한 사람으로 참여하였다. 한국독립당은 유일당운동의 목표 가운데 하나였던 정당수립이란 과제를 달성한 것이었고, 이로써 이당치국 체제를 갖추었으며, 대한민국 임시정부 주변의 독립운동 조직들이 정당으로 변화하는 데 영향을 끼쳤다. 그렇지만 유일당운동의 또 다른 목표였던 좌우합작을 이루지 못하고 우파만의 조직이라는 한계를 보였다. 이에 김구는 상임 이사가 되었고, 상하이시대를 마감할 때까지 이사로서 활약하였으며, 그의 계열이 상하이시대를 마감할 때까지 실제 운영을 주도하였다. 한편 그는 내무부 산하 자치기관인 상하이 교민단의 단장이 되어 프랑스 조계 공무국으로부터 자금 보조를 받아 내는 등 대한민국 임시정부의 기초 조직을 강화시켰고, 나아가 그것을 독립운동 조직으로 발전시켰다.

1930년 11월에 재무장이 된 김구는 국면 전환에 필요한 자금 마련에 전력을 기울였다. 그 방법으로 미주 지역 동포들에게 지속적으로 편지를 보내 지원을 부탁하였다. 그런 지 1년 정도 지나면서 그 성과는 나타났고, 그러한 바탕 위에 의열투쟁 방략을 선택하였다. 그는 확보된 자금으로 특단의 투쟁, 의열투쟁을 추진하였다. 이미 1920년대에 한국노병회를 조직하여 독립전쟁을 준비했지만 인력과 재정의 한계에 부딪친 그로서는 의열투쟁 방략 선택이 소수의 인력과 자금에 따른 최선이었다. 그 의도가 한인애국단 조직과 활동으로 나타났다.

김구가 주도한 한인애국단의 의열투쟁은 1932년 전반기에 일제에 대하여 이봉창·윤봉길 의거 등 네 차례에 걸쳐 펼친 파상적인 공격이었다. 그것은 독립운동계에 격정을 불러일으켰고, 특히 한인 독립운동에 대한 중국인들의 시각을 근본적으로 바꾸면서 중국국민당정부와 민간인 단체로부터 상당한 지원을 끌어내기에 이르렀다. 비록 한인애국단의 거사 활동으로 1910년대이래 독립운동의 교두보였던 상하이 지역을 상실하게 되었지만, 이것이 바탕이 되어 뒷날 중국국민당 정부의 재정적 지원만이 아니라 중국군관학교 뤄양분교에 한인 청년들을 입교시켜 군사간부로 육성할 수 있는 토대를 마련할 수 있었다는 점에서도 역사적 의의를 찾을 수 있다.

이봉창李奉昌과 관련한 자료는 한인애국단원으로서의 선서문, 이봉창이 도쿄에 도착하여 백정선白貞善(김구)에게 보낸 서한 봉투, 백정선이 키노시타 쇼죠木下昌藏(이봉창의 일본 이름)에게 100엔을 송금한 요코하마정금은행横浜正金銀行(Yokohama Specie Bank)의 송금영수증 등이 있는데, 거사의 구체적인 진행 과정을 보여 주어 무척 흥미롭다. 이봉창은 체포된 뒤 일본 검찰에게 자기는 김구라는 인물을 모르고 오직 백정선에게서 지령을 받았다고 말했는데,《백범일지》에서 이봉창과 김구의 서신 왕복과 송금 사실을 살펴보면 백정선이 바로 김구라는 사실을 알 수 있다.

그 밖에도 일본의 정보 보고서, 만주 관동군 사령관 처단을 위해 파견된 류상근柳相根과 조선총독 처단을 위해 파견된 유진식俞鎭軾(자료 표지에는 식植이라 되어 있으나, 본문에는 식軾으로 쓴 것으로 보아 후자가 옳은 것 같다)의 이력서, 윤봉길의 선서문, 이력서, 유언 및 김구에게 보내는 서신 등이 있다. 이어서 거사 당일의 상하이 신문들과 장제스蔣介石의 소감에 관한 자료들이 집중적으로 보인다.(윤봉길의 거사에 대해서는 김구가 상하이를 떠나 자싱嘉興·항저우杭州로 피신한 5월에 집중적으로 나타나는데, 이는 이동기의 한인애국단 편에서 상술한다) 그리고 대한민국 임시정부를 중심으로 한 독립운동계가 정당 중심으로 운영되는 첫 걸음이 바로 한국독립당의 결성인데, 이사로서 활약한 김구의 자료가 다수 나타난다.

3. 이동시기 김구의 활동

1) 대한민국 임시정부·일반

윤봉길尹奉吉 의거 직후에 상하이를 탈출한 김구는 자싱嘉興·항저우杭州 일대에서 중국국민당의 지원 아래 일본 밀정들의 추격을 따돌리며 잠복하였다. 그럼에도 일본 경찰은 상하이를 샅샅이 뒤지고 있었다. 대한민국 임시정부와 한국독립당의 구성원 및 가족들은 일제의 이

러한 수색을 피해 항저우를 거쳐 난징南京으로 이동하였다. 그러나 대
한민국 임시정부만은 중국의 수도인 난징에 입성하지 못하고 항저우와
난징 중간 지점인 전장鎭江에 머물렀다. 일본의 견제 때문이었다. 이
무렵 김구는 안공근安恭根·박찬익朴贊翊 등을 통해 대한민국 임시정부
와 한국독립당을 운영하고, 중국국민당과의 연계도 유지하였다. 그렇
지만 제한된 활동이 주는 한계 때문에 대한민국 임시정부는 자연스럽
게 위축되고 한국독립당도 약세를 보였다.

이 시기에 대한 자료는 주로 양대 의거 직후 김구에 대한 행적 보도
에 집중되었다. 그가 상하이를 떠나 난징으로 이동했다거나, 만주의
이청천李靑天과 연락한다거나, 또는 김구가 직접 국내로 잠입하거나 결
사대원을 지휘한다는 등의 근거가 모호한 기사까지 연일 보도되었다.
한인애국단이 일본에 준 충격의 크기가 엄청난 것이었음을 확인시켜
주는 자료들이다. 한편 중국국민당의 김구 보호 조치에 대한 자료도
보인다.

1934년 김구의 노모와 두 아들의 중국행에 관한 일본 경찰의 보고
서는 무려 일곱 편에 걸쳐 매우 세밀하게 기록하였다. 특히 일본 경찰
의 추적을 피해 중국으로 탈출한 김구 모친의 기지가 돋보이는 자료들
이어서 관심을 끈다. 또 1934년에는 김구와 만주 독립군과의 관계에
대한 보도가 부쩍 많다. 이것은 이청천의 한국독립당 중심인물들을 난
징으로 이동시켜 중국군관학교에 한인 청년을 위한 특별반을 조직해
가는 과정에서 만들어진 정보로 보인다. 이 과정에 김구가 중국국민당
의 창구 역할을 맡은 샤오정蕭錚과 궁페이청貢沛誠에게 보낸 서신이 보
인다.

대한민국 임시정부는 김구의 적극적인 활동이 어려워지면서 약화되
었고, 한국독립당도 마찬가지였다. 이 무렵 대일전선통일동맹으로 다
시 시작된 좌우합작운동이 마침내 대한민국 임시정부의 유일 여당이던
한국독립당의 해체를 가져오고, 반대파들이 1935년에 조선민족혁명당

(이하 민족혁명당)을 결성하면서 대한민국 임시정부 해체를 요구하고 나섰다. 난징에서 전개된 이 움직임으로 대한민국 임시정부는 최악의 위기에 봉착하였다. 1935년 7월 5일에 김구 세력을 제외한 대다수 인물들이 민족혁명당 결성에 참여하면서 대한민국 임시정부 해체를 요구하고 나섰다. 정부 존립 자체가 절대적 위기에 부닥친 것이다.

김구는 대한민국 임시정부의 위기 수습에 나섰다. 그 노력의 한 부분이 민족혁명당 창당 사흘 뒤인 7월 8일 김구가 《신한민보新韓民報》에 발표한 〈임시정부에 대하야〉라는 글이다. 주된 내용은 대한민국 임시정부를 고수하겠다는 그의 의지를 미주 동포에게 알리고, 또 그들의 협조를 당부하는 것이었다. 한국국민당의 창당도 그러한 차원에서 이루어졌다.

김구는 1934~1936년에도 꾸준히 국내로 요원을 파견하였다. 그 가운데 체포된 요원들의 보도가 나타나지만, 실제로 잠입에 성공한 경우도 상당했으리라 여겨진다. 또 김구의 비밀 요원으로서 상하이에서 체포되어 국내로 송치된 인물에 대한 보도가 여러 군데 보인다. 이로써 김구의 비밀 요원 양성과 국내 침투에 대한 한 면을 엿볼 수 있겠다.

1937년에 일어난 중일전쟁은 대한민국 임시정부를 중심한 독립운동계에 긴장과 흥분을 가져다 주었다. 이 전쟁을 독립 달성의 호기로 인식하고 나라 안팎의 동포들에게 분기할 것을 요구하는 대한민국 임시정부의 포고문이 김구를 포함한 국무위원 명의로 8월 20일에 발표되었다. 상당히 흥분한 내용임을 쉽게 알 수 있다. 김구는 10월에 우파연합체인 한국광복운동단체연합회(광복진선光復陣線)를 조직하였고, 뒤이어 조직된 좌파연합체인 조선민족전선연맹(민족전선民族戰線)과 경쟁하면서 양대 연합전선 시대를 열어 갔다. 김구는 1937년 11월 11월에도 대한민국 임시정부 국무위원 명의로 동포와 동지에게 보내는 포고문을 발표하였다. 이어서 난징 함락 직전에 대한민국 임시정부를 이끌고 무한으로 이동하였고, 다시 1년 뒤에는 창사長沙로 이동하였다.

이곳에서 우파 3당의 합당을 추진하던 중, 조선혁명당 계열이었던 이 운환李雲煥으로부터 총격을 받아 중상을 입은 '남목청楠木廳 사건'을 당하기도 하였다.

김구는 1938년 6월에 〈여러분 션생께〉라는 글을 발표하였다. 이것은 피난길 창사에서 벌어진 피격 사건 이후, 중상에서 호전된 김구가 그의 건재함을 나라 안팎에 알리는 글이다. 조선혁명당 당사인 '남목청 사건'으로 중상을 입었다가 퇴원한 뒤 발표한 글이다. 김구가 중상을 입고 입원치료를 받게되자, 후난성湖南省 성장省長 장즈중張治中이 방문하여 치료비를 성정부省政府에서 부담하겠다고 약속했으며, 장제스蔣介石는 나샤텐羅霞天을 통해 치료비 3,000원을 보내왔다. 김구에 대한 중국국민당 정부의 관심을 보여 주는 장면이다. 그리고 이운환은 중국과 대한민국 임시정부의 공동작전으로 신속하게 체포되었다. 당시 김구가 입원했던 상아의원湘雅醫院은 현재 중난대학교中南大學校의 의과대학 부속병원으로 쓰이고 있다.

2) 한인애국단

1932년 5월에 들면서, 윤봉길 의거와 한인애국단에 대한 보도가 집중적으로 나타났다. 5월 초에는 국내와 중국의 각 신문에 의거 소식이 크게 보도되었고, 사상자에 대한 보도가 잇따랐다. 일본은 상황의 파악과 분석에 힘을 다했다. 당시 사용된 폭탄의 모양을 자세하게 그려 두고 제조처를 정확하게 짐작하며 그 성능을 짚어 나간 일본 정보 자료가 눈길을 끈다.

윤봉길 의거가 터지자, 바로 안창호가 체포되었다. 이어서 프랑스 조계 거주 한인 동포사회가 일본 프랑스 경찰들에게 집중적으로 수색되고 있었다. 사건의 충격이 워낙 커서 그동안 대한민국 임시정부를 보호해 주던 프랑스 조계 공무국도 일본의 수색 요구를 막을 수 없었던 것이다. 동포들이 수난을 당하자, 김구는 상하이에서 체포될 위험을 감수하면서도 사건 진상을 스스로 밝혔다. 더 이상 동포사회의 피해를 보고 있을 수만 없었기 때문이다. 그는 엄항섭으로 하여금 선언문을 기초하게 하고, 그가 숨어 지내던 집의 주인인 미국인 피치[비오생費吾生]의 부인에게 영문으로 번역시켜 로이터 통신사(Reuter's News Agency)에 투고하였다. 그것이 5월 9일자로 발표된 〈The Truth of the Hongkew Park〉인데, 이날과 다음 날에 상하이의 외국 신문과 중국 신문에도 크게 보도되었다. 또한 일본 정보기관도 이를 번역하여 재빨리 상부로 보고하였다. 그 내용은 '계획과 실행', '윤尹은 누구인가?', '한인애국단이란 무엇인가?', '나는 누구인가?' 등 네 부분으로 구성되었고, 여기에 윤봉길의 선서문과 의거 직전에 기념으로 촬영한 윤봉길의 사진도 첨부되었다.

국내에 윤봉길 의거가 처음 보도된 것은 5월 8일이었다. 그 뒤 날마다 보도되면서 국내를 들끓게 만들었다. 일본 정보기관이나 경찰은 허둥대고 과민반응을 보였다. 김구가 상하이에 숨어 있다가 항저우 방면으로 빠져나갔지만, 그가 국내로 들어온다거나, 만주로 향했다는 설이 국내 신문에 보도되었다. 그리고 김구의 부하들이 국내로 잠입했다면서 연일 비상경계를 펼친 사실도 보도되었다. 또 상하이주재 일본 영사관은 김구를 붙잡으려 전력을 기울였고, 이에 관련된 정보 자료가 쏟아져 나왔다.

이어서 한인애국단 거사 자료로 관동군 사령관과 남만철로 총재를 처단하려 했던 최흥식崔興植이 곽윤郭潤(김구로 추정됨)에게 보낸 서신이 보인다. 그 내용은 자금 200원을 받아 유상근兪相根과 나누고 공작을 진행중이며 요원을 파견해 달라는 것이다. 이어서 유상근·최흥식·이성원李盛元·이성발李盛發 등이 국제연맹 조사단이 다롄大連을 방문했을 때, 거사하려다가 아쉽게도 실패하고 말았다는 소식이 중국 신문에 보도되었다. 또 김구의 여자 밀사 김긍호金兢鎬의 체포 소식도 보인

다. 한인애국단 관련 소식으로 1932년 9월 말일과 10월에는 이봉창
의 사형 선고 소식이, 이어서 11월에는 윤봉길의 사형 선고 소식이 보
도되었다. 이에 대해 추모의 정이 담긴 중국인의 글이 보인다. 이어서
1933년에는 친일분자 류인발柳寅發 저격 사건도 보도되었다.

1933년 일제 경찰은 집요하게 김구의 동정을 파악하려 노력하였다.
이에 관한 자료가 상당수 나타나고 있다. 당시 일본은 막대한 금액의
현상금을 내걸고 김구를 추적하고 있었다. 중국국민당의 도움으로 잠
행하던 김구도 그러한 위협을 여러 번 느끼게 되었다. 그 추적 과정이
담긴 일본 정보 문서가 집중적으로 보인다.

자료에는 한인애국단의 존재가 1936년까지 나타난다. 8월 29일 국
치기념일에 발표한 애국 동지에게 보내는 격문이 눈에 띈다. 그렇지만
사실 명의로 존재할 뿐이었다. 한인애국단이 이미 1934년 무렵에는
김구의 학생훈련소 계획으로 흡입되었고, 이후 군관학교 교육을 거쳐
군사간부를 육성하는 것으로 방향 전환되었기 때문이다.

3) 정당

1930년 한국독립당이 창당된 뒤, 대한민국 임시정부는 헌법에 따
라 당으로 정부를 운영하였다. 한국독립당의 영향으로 대한민국 임시
정부 주변에는 여러 정당조직들이 나타났다. 그러나 양대 의거 여파로
안창호가 체포되고 김구가 잠적한 상태에서 한국독립당은 상당히 약화
되고 심지어 분열되는 모습을 보였다. 1933년 자료는 그러한 문제들
을 짚어 냈다. 이 틈에 좌우합작을 도모하던 대일전선통일동맹은 단일
대당 조직으로 방향을 잡은 뒤, 대한민국 임시정부 해체를 요구하면서
1935년 7월 민족혁명당 결성으로 나아갔다. 1935년 전반기의 자료들
은 바로 이러한 상황을 보도하거나 분석한 것이다. 김구계열을 제외한
나머지 세력들이 여기에 집결하고, 이로써 대한민국 임시정부는 절대

적 위기에 놓였다.

김구는 1935년 11월 한국국민당을 결성하여 자기 세력을 결속시키
고, 이를 바탕으로 대한민국 임시정부를 운영해 나갔다. 중국 관내에
서 대한민국 임시정부를 지탱하고 있었던 세력이 오로지 김구계열뿐이
었다는 말이다. 때문에 1936년 자료들은 이에 대한 신문보도가 많다.
이어서 김구와 김원봉金元鳳이라는 양당 대표들의 접근 가능성과 한국
국민당의 내부 사정에 대한 분석 자료도 거듭 나타난다. 그리고 한국
국민당과 한국국민당 청년단 및 한인애국단 명의로 발표된 3·1절,
6·10만세운동, 8·29국치일 등 기념 선언문들이 상당수 나타난다.
특히 1936년 8월 27일에는 김구의 회갑을 축하하는 청년단의 글이 발
표되었는데, 여기에 그의 약력도 소개되고 있어서 흥미롭다.

1937년 7월 7일 중일전쟁이 터지자, 김구는 한편으로 당을 전시체
제에 맞추어 가고, 다른 한편으로 우파 연합체를 결성하는 것으로 활
동 방향을 잡아 갔다. 우선 그는 한국국민당의 '전시후방교란' 책략을
수립하였다. 소쟁蕭錚의 문서에 남아 있는 것으로 보아 중국국민당에
제출한 것 같은 이 자료는 전쟁 발발 직후인 7월 30일에 작성된 것인
데, 아쉽게도 뒷부분이 없어졌다. 김구가 직접 작성한 이 책략 초고는
중일전쟁의 발발이 우리 민족의 독립에 좋은 기회라고 정리하면서, 후
방교란공작으로 의용군을 통한 전투와 개인단위의 특무공작을 내걸었
다. 그리고서 둥베이 지방의 의용군 현황에 대한 설명을 시작하다가
자료가 끊어졌다.

한편 김구는 우파 연합체를 결성하고자 노력하였다. 그는 이승만에
게 서신을 보내 한국광복운동단체연합회로의 동참을 요구했다. 그런데
회답이 오기도 전에 갑자기 중일전쟁이 발발하자, 이승만에게 선언을
먼저 발표한다는 양해의 글을 보내기도 하였다. 그리고는 바로 한국광
복운동단체연합회 선언과 대중일전국對中日戰局 선언이 발표되었다. 그
리고 이승만에게 왜적을 물리칠 특단의 계획을 갖고 있다면서 광복진

선에 대한 지원을 부탁한 서한도 남아 있다.

대한민국 임시정부가 광저우廣州에서 류저우柳州를 거쳐 치장綦江으로 가는 동안, 김구는 광저우에서 다시 창사로 돌아왔다가 구이양貴陽을 거쳐 충칭으로 갔다. 이 과정에서 김구의 활동 방향은 우파정당의 통합, 좌우정당의 합작, 전시체제의 확립 등으로 활동 방향을 잡아 나갔다. 그 결과가 곧 충칭시대에 이르러 우파 정당의 통합체인 한국독립당(당) 결성, 임시정부(정) 안정, 한국광복군(군) 창설 등의 결실로 나타나게 되었다. 또 한 걸음 더 나아가 대일선전포고와 건국강령 발표에 이어, 그 바탕 위에 민족혁명당을 비롯한 좌파 세력을 대한민국 임시정부에 합류시킬 수 있었다.

4) 군관학교

김구는 1932년에 기병학교를 세우고자 작정하고 장제스에게 원조를 요청하였으나 받아들여지지 않은 것 같다. 이후 그는 장제스와 회담하여 중국군관학교에 한인 청년을 위한 특별과정을 만들기로 합의하였다. 그를 중심으로 집결한 청년들과 만주에 있던 이청천李靑天 휘하의 청년 및 김원봉이 이끌던 청년들을 한데 묶어 중국군관학교中國軍官學校 뤄양분교洛陽分校에 파견하였다. 그러나 이들 사이에 생긴 알력 때문에 과정을 모두 마치지 못한 채, 자기 지휘 아래의 청년들을 각각 퇴교시켰다. 이와 관련한 자료가 김구의 동정이라는 주제 아래 여러 차례 나온다. 그 가운데 흥미로운 것은 난징주재 소련대사관원과 김구가 접촉하였다는 부분인데, 논의 내용이 확실하지 않고, 관련되는 다른 자료가 없어 아쉬움을 갖게 한다.

김구는 뤄양분교에서 퇴교시킨 청년들을 난징 중국중앙육군군관학교 10·11기에 입교시켰고, 12월 하순에는 그들을 모체로 한국특무대독립군을 조직하였다. 난징 성내 무장잉木匠營 가오안리高安里 1호에 자리잡은 이 조직은 '김구구락부金九俱樂部'라고도 불렸다. 이 조직은 무력 수단을 통해 일제 침략 세력을 응징하고자 했던 기구였으므로, 사실상 한인애국단의 활동을 좀더 큰 규모로 계승 발전시킨 것으로 평가된다.

김구는 또 1935년 2월부터 한국특무대독립군과 별도로 학생훈련소를 운영하였다. 이 조직은 중국중앙육군관학교에 입교시킬 한인 청년을 모집, 사전 예비 교육을 실시하는 데 목적을 두었다. 난징성 남문(중화문中華門) 안쪽 네이친화이허內秦淮河 천변의 둥관터우東關頭에 청년들이 집단 거주하고 있었다. 김구는 여기에서 기본교육을 이수한 청년들을 중앙육군군관학교에 입교시키고, 또 입교생 모집을 위해 국내와 만주 및 일본 유학생 사회에까지 활동 대상 지역을 넓혀갔다. 이러한 그의 노력은 장차 충칭에서 조직된 한국광복군의 근간을 마련하였다는 데에서 그 의미를 찾을 수 있다.

일본은 김구의 동향 가운데 특히 군관학교, 훈련소, 특무대에 관해 초긴장 상태로 정보를 수집하였다. 일본 자료 가운데 재간도在間島 일본 총영사가 재만주국在滿洲國 특명전권대사에게 보고한 피의자 취조 사항은 매우 상세하다. 생도모집, 검거자와 미검거자, 군관학교 내용, 생도 모집과 수속 및 입학 경로, 피의자 심경, 수감중인 11명 피의자 경력 및 범죄 사실, 미검거자 등에 대한 보고가 그러하다. 또한 평남·충남의 도지사와 경찰부장의 보고도 마찬가지였다.

끝으로 1935년에는 공군 건립을 추진하려는 김구의 의향이 담긴 자료가 눈에 띈다. 그것을 알게된 첸궈푸陳果夫가 원칙적으로 찬성하면서도, 먼저 비행사 양성이 필요하니 경비 마련을 위한 규정 제정이 필요하다고 밝혔다. 대한민국 임시정부에서 공군 창설 계획은 이미 1920년대부터 가지고 있었다. 그러나 김구와 연관된 자료는 이것뿐인 것 같다.

4. 자료를 통해 본 김구

상하이시기와 이동시기에 자료로 본 김구의 모습은 대한민국 임시정부 역사 그 자체라 해도 지나치지 않다. 대한민국 임시정부 초기 자료에는 비교적 출현 횟수가 적지만, 경무국장으로서 첩보전을 치르고, 내무총장으로서 국민대표회의를 전후한 시기에 대한민국 임시정부의 안녕과 질서를 확보하려 노력했던 모습을 쉽게 파악할 수 있다. 또 한국노병회를 이끌면서 독립전쟁을 준비하기도 했다. 국무령이 되면서 대한민국 임시정부의 최고 지도자로 올라섰고, 이당치국以黨治國에 대비한 개헌을 단행하였다. 특히 국무령이란 최고의 자리에 얽매이지 않고 원활한 정국 운영을 하고자 국무위원제로 개헌한 그의 의지가 돋보인다.

재무장을 맡은 그는 미주 동포들의 지원을 얻어 한인애국단의 투쟁을 창출하였다. 1931년 일제의 만주 침공 이후 의열투쟁으로 방략을 전환시킨 것이다. 이로써 양대 의거만이 아니라 나라 안팎으로 요원들을 파견하여 투쟁을 지속적으로 펼쳤다. 그러한 활약은 위축된 독립운동계에 '기氣'를 불어넣었다. 특히 한인애국단 의거 이후로 그는 국내외 동포사회, 독립운동계, 일제 정보기관, 중국 정계 및 언론의 초점으로 부각되었다.

이동기에 들어 그는 중국정부의 엄호 아래 일제의 추적을 따돌리며 대한민국 임시정부와 한국독립당을 원격 조정하였다. 이 과정에서 대한민국 임시정부와 한국독립당이 약화되고 김구 계열을 제외한 세력들이 민족혁명당을 조직하고 대한민국 임시정부 해체를 요구하였다. 김구는 한국국민당을 조직하고 사상 최악의 위기에 빠진 대한민국 임시정부를 안고 버텼다. 그러면서도 한인애국단원들을 나라 안팎으로 파견하여 지속적인 투쟁을 펼쳤다. 또 그는 독립운동계를 대한민국 임시정부 중심으로 통일하려는 집념을 지켜 나갔다. 우선 중일전쟁이 발발한 직후 우파 세력들을 하나로 묶어 연합체를 만들었고, 우한 · 창사 · 광저우를 거쳐 충칭으로 이동하는 과정에도 통일운동을 펼쳤다. 그리고 그는 한인애국단 의거를 바탕 삼아 중국의 지원을 획득하여 청년들을 군사 간부로 양성하였다. 이것이 장차 대한민국 임시정부 국군인 광복군 창설의 기초가 되었다.

상하이시기나 이동시기의 김구 자료를 살펴보노라면, 대한민국 임시정부가 비교적 안정된 시기이거나 '바람 앞의 등불' 같던 때에도 한결같이 버티고 지켜낸 대표적인 인물이 바로 김구였다는 생각이 든다.

Ⅳ. 〈윤봉길 판결서〉와 〈'김구 체포'를 위한 한인애국단원 심문조서〉

1. 자료가 알려지기까지

이 자료는 2004년 이후 몇 차례에 걸쳐 수집된 것을 편집한 것이다. 이 자료를 처음 소개한 사람은 영상제작 전문가인 김광만 PD이다. 다음 해에 독립기념관 한국독립운동사연구소가 일본 방위청연구소에서 자료 조사를 벌이면서 이를 보완해서 들여왔고, 그 뒤에 해제자가 좀 더 깔끔한 자료를 구했다. 그 가운데 가장 깨끗한 것을 골라 영인하여 소개한다.

이번에 소개하는 자료는 한인애국단의 투쟁 가운데 윤봉길 의거와 최흥식·유상근의 활동과 관련된 내용을 담고 있다. 이를 소개하기에 앞서 한인애국단의 활동 전반을 간략하게 살펴보자.

한인애국단은 김구가 핵심이 되어 1931년 말 조직되었다. 이는 대한민국 임시정부가 방략으로 강력한 의열투쟁을 선택함에 따라 그 실천조직으로 결성된 것이다. 한인애국단의 의열투쟁은 1932년 전반기에 일제 침략의 판도를 따라가며 이에 맞서는 파상적인 공격이었다. 1932년에 접어들면서 5개월 사이에만 6건의 거사가 준비되거나 실천에 옮겨졌다.

① 이봉창의 도쿄 의거(1932. 1. 8)
② 상하이주둔 일본군사령부(일본전함 이즈모호) 폭파 계획(중국인 용병-실패; 1932. 2. 12)

③ 윤봉길 등의 상하이 일본 비행장 폭파 계획(좌절: 1932. 3. 3)

④ 이덕주 · 유진식의 조선총독 공략(좌절: 1932. 3)

⑤ 윤봉길의 상하이 홍커우공원 의거(1932. 4. 29)

⑥ 최흥식 · 유상근의 만주 관동청 공략(좌절: 1932. 5)

한인애국단의 계획과 작전은 철저하게 일본의 침략 핵심부를 정면에서 공격하는 것이었다. 침략의 본거지 도쿄, 식민지통치기구 총독부, 상하이주둔 일본군사령부, 만주침공과 통치의 근거지 관동청, 일본군의 수뇌부가 모인 홍커우공원 '천장절 및 승전기념식장' 공격 등이 그것을 말해준다. 따라서 한인애국단의 투쟁은 의열투쟁이란 범주를 넘어서서 일제의 침략전쟁을 분쇄하려는 '반침략전'이라고 평가할 수도 있다.

여기서 소개하는 자료는 위에 정리된 한인애국단의 활동 가운데 다섯 번째와 여섯 번째에 관련된 것이다. 즉 〈윤봉길 판결문〉과 한인애국단원에 대한 심문조서, 그리고 윤봉길 의거에 대한 보도통제 통보문 등이 그것이다. 앞부분은 〈윤봉길 판결문〉을 담은 1건 14장, 다음에는 한인애국단원 유상근 · 최흥식을 심문한 '청취서' 3회분과 일본의 분석을 담은 1건 75장이다. 그리고 끝에는 윤봉길 의거에 대한 보도를 통제하는 통보문 2건 4장을 덧붙였다.

원본 자료는 16절지 크기의 용지에 작성되었다. 맨 뒤의 보도통제문을 제외하면 모두 얇은 종이에 타이핑되어 있어서 글씨가 뒷면에 비칠 정도이다. 외무성 기밀문서는 모두 '외무성外務省' 공용지에 작성되었다. 자료는 윗부분에 문서를 편철하는 과정에서 일련번호가 거꾸로 찍혀 있다.

2. 자료의 구성과 내용

1) 〈윤봉길 판결서〉

이 자료는 1932년 7월 8일자로 외무차관이 해군차관에게 보낸 윤봉길의 판결문이다. 윤봉길이 상하이파견군군법회의에서 판결을 받은 날짜는 1932년 5월 25일이다. 그 판결서를 6월 20일자로 상하이 총영사가 외무대신에게 보냈는데, 그것을 다시 7월 8일자로 외무차관이 해군차관에게 보냈다. 어지럽게 찍힌 많은 도장들이 결재자와 돌려 본 사람들의 직책과 이름을 보여 준다. 해군성 군무국이 7월 12일, 법무국이 7월 14일에 각각 접수했다는 사실도 확인된다.

〈판결서〉는 윤봉길의 본적과 상하이 주소, 즉 프랑스 조계 베이러로 貝勒路 둥팡공위東方公寓 30호를 먼저 기재하고 이름과 출생 시기를 밝힌 뒤, 죄목과 판결 결론(主文), 그리고 이유로 이어졌다. 그에게 적용된 죄목은 살인과 살인미수, 그리고 폭발물취체벌칙위반이다. 주문은 사형 선고와 함께 윤봉길이 자살용으로 가지고 있던 도시락형 수류탄을 압수한다고 기록되어 있다.

판결문은 다음과 같은 내용을 담았다. 첫째, 윤봉길은 평소에도 일본의 통치가 불합리하다고 생각했다. 둘째, 그가 1931년 5월 상하이에 도착하여 대한교민단장 김구를 만나 활동을 주문했고 애국단원으로 가입했다. 셋째, 1932년 4월에 들어 김구와 투쟁 방법에 대해 논의를 거듭했다. 다섯째, 공격시기와 장소를 4월 29일 천장절 행사장으로 잡았다. 여섯째, 김구와 기념사진을 찍고 폭탄 사용법을 배웠다. 일곱째, 주된 공격목표는 육군대신 시라카와 요시노리白川義則, 육군중장 우에다 겐키치植田謙吉였다. 여덟째, 4월 28일 김구에게 물통형과 도시락형 수류탄 2개에 대한 사용법을 배웠다. 아홉째, 4월 29일 이른 아침에 김구로부터 수류탄 2개를 건네받고 8시에 기념식장 단상 뒤쪽 비켜선

곳에 자리 잡았다. 열째, 관병식 이후 관민합동축하회가 개최되고 일
본 국가가 끝난 직후에 한 걸음 나아가 단상으로 물통형 수류탄을 던
졌다.

이로 말미암아 단상에 있던 시라카와 대장과 우에다 중장만이 아니
라 해군중장 노무라 키치사부로野村吉三郎, 주중국일본전권공사 시게미
츠 마모루重光葵, 상하이 총영사 무라이 쿠라마츠村井倉松, 상하이거류
민단행정위원장 가와바타 테이지河端貞次, 민단서기장 도모노 시게루友
野盛 등에게 중상을 입혔고, 다음날 가와바타가 사망하게 만들었다는
것이 판결문의 마무리 부분이다.

2) 김구 일파의 동정과 그 체포계획에 관한 건

이 자료(亞二機密合第2055號)는 윤봉길 의거 이후 김구의 동정을 파악
하여 체포에 나서려던 일본의 움직임을 보여 주는 정보 문건이다. 이
것은 1932년 6월 24일자로 상하이 총영사 무라이 쿠라마츠村井倉松가
외무대신 사이토 마코토齋藤實에게 보낸 '김구 일파의 동정과 그 체포
계획에 관한 건'이라는 문건을, 외무차관이 해군차관에게 7월 8일자로
다시 보낸 공문이다. 이 제목이 말하는 것처럼, 일제의 기본 목표가 김
구 검거에 있었던 것이다. 이 문건은 김구가 다롄의 최흥식과 안동의
김긍호金兢鎬에게 보낸 편지를 분석한 10쪽, 유상근柳相根 심문청취서
1회분(〈제2회 청취서〉18쪽), 최흥식崔興植에 대한 심문 청취서 2회분(〈제2
회 청취서〉15쪽,〈제3회 청취서〉29쪽), 그리고 최흥식 제3회 청취서 가운데
중간에 탈락된 2쪽을 추가하는 내용으로 구성되어 있으며, 표지를 포
함해 모두 75쪽에 달한다.

우선 김구가 5월 30일자로 다롄에 있던 최흥식에게 보낸 편지를 일
본이 분석한 내용은 다음과 같다. 편지의 요지는 "다롄大連 출입이 어
렵고 교통이 끊기고 상업이 부진하다. 일화日貨 2백 원을 보냈는데 전

달 여부 확인 못해 염려된다. 이번에 대성공하기를 기원한다"는 내용
이다. 그리고 끄트머리에 '곽생郭生'이라 썼는데, 당시 김구는 한인애국
단원에게 보낸 편지에서 '곽윤郭潤'이란 이름을 사용했다. 일본 정보기
관은 이 서신에 대해 "상업서신으로 위장한 것이지만, 실제로는 김구
가 최흥식을 시켜 대규모 계획을 추진하고 있음을 보여 준다. 따라서
엄중경계가 필요하다"고 결론을 내렸다.

또 김구가 김긍호金兢鎬에게도 같은 날짜에 보낸 서신도 일제가 확
보했다. 그 요지는 "4월 8일 김긍호가 보낸 서신을 어제 받았다. 돈 1
백 원을 준비했으나 발송하지 못했다. 상하이는 훙커우에서 사건이 크
게 일어나 십여 명이 체포되었다. 그대가 무사하기 바란다. 편지에 곽
윤郭潤이라고 봉투에 써라"는 내용이다. 일본 정보기관은 이 편지를 보
고 김구가 김긍호에게 매월 생활비를 보내고, 상하이 베이러로貝勒路에
있던 안공근을 통해 김긍호와 연락이 되고 있다고 파악했다. 그러면서
이러한 정보를 종합하여 김구의 행방과 활동 계획에 대해 다음과 같은
결론을 내렸다.

> 지금 김구는 상하이 또는 상하이 부근에 있다(난징, 전장 등의 설은 믿기 어렵다).
> 일정한 거소居所가 없이 수시로 옮기고 있다.
> 계속 흉포凶暴 행위를 계획하고 있다.
> 상하이를 떠나지 않고 있다.
> 경찰 취체가 완화되기를 기다리고 있다.
> 가능하다면 상하이에 거소를 정하려 한다.
> 흉포凶暴 행위를 다시 확대 결행하고자 한다.

또 일본 정보기관은 김구가 새로운 방책을 모색할 것이라고 짐작했
다. 즉 다롄에 파견된 최흥식 · 유상근과 국내로 파견된 유진만俞鎭萬 ·
이덕주李德柱가 검거되었다는 사실을 김구가 알게 된다면 분명히 새로

운 방책을 마련할 것이므로, 이에 대한 대책이 필요하다는 점이 그들
이 내린 결론이었다.

다음 자료는 이러한 정보 결론을 뒷받침하는 유상근과 최흥식의 심
문청취서를 첨부해 두었다.〈제2회 청취서〉라고 쓰인 유상근 청취서는
1932년 6월 1일 다롄경찰서에서 작성되었다. 핵심 내용은 다음과 같다.

> 상하이에 도착하여 민단장 김구를 방문하고, 1932년 2월초 의경대에 가입
> 했으며, 김구의 권유로 (한인애국단)에 가입함.
>
> 1932년 2월 24, 5일 무렵 프랑스 조계 베이러로貝勒路 신톈샹리新天詳里
> 20호 2층 안공근 집에서 사진을 찍음.
>
> 사진 3장(김구와 함께, 본인 독사진, 본인이 오른 손에 권총, 왼손에 탄총彈銃을 들
> 고 뒷면에 태극기 펼쳐 두고 가슴에 선서문을 붙인 것)을 찍음.
>
> 최흥식도 동석했음.
>
> 선서문 내용은 일본 군사 수뇌를 폭살한다는 것.
>
> 4월 25일경 푸징리 4호(임시정부 청사: 해제자 주) 입구에서 김구로부터 물
> 통형 폭탄 2개와 권총, 탄환 25발을 받고, 27일 상하이를 출발함.
>
> 공격 목표는 릿튼을 비롯한 국제연맹원과 우치다內田 총재와 장관 등 일본
> 요인.
>
> 하얼빈 도착후 역에 나가서 경계 상황을 돌아보고, 다롄이 좋은 장소라고
> 판단하여 변경.
>
> 4월 17, 18일경 프랑스 조계 샤피로에서 박성근의 결혼식 있을 때, 김구 ·
> 김동우 · 안공근 등이 일본 경찰의 급습을 간신히 피했음.

다음은 1932년 6월 2일자로 작성된 최흥식의〈제2회 청취서〉이다.
최흥식은 윤봉길도 취업해 있던 종품공사鬃品公司(鬃品, 말총으로 모자
와 일용품 만드는 공장)에서 1931년 12월부터 석달 정도 근무했다. 그는
프랑스조계 사포사이로薩坡賽路 188호 2층에 거주했고, 유진만 · 이덕

주·김동우 등이 2, 3층에 살았다.

최흥식은 2월 10일경(유상근은 2월 24, 25일경이라 말함) 베이러로贝勒路 신톈샹리新天祥里 20호 안공근 집에서 김구와 사진 3장을 찍었다. 김구와 최흥식, 최흥식 독사진, 태극기 앞에서 오른손에 권총, 왼손에 원통형 폭탄을 들고. 선서문을 붙였다. 그리고 조선총독을 암살하겠다고 서약하고 서명했다.

또 3월 24, 25일 무렵에 유상근이 사진을 찍을 때, 그도 동시에 촬영했다. 사진 한 장은 김구와 함께, 다른 한 장은 독사진이고, 또 하나는 선서문을 가슴에 붙이고 찍었다. 2회 촬영에는 무기를 들지 않았다. 선서문은 김구가 작성해 왔고, 무기도 김구가 가져왔다. 첫 번째 촬영은 유상근과 함께, 두 번째는 최흥식 혼자 촬영했다.

최흥식에 대한〈제3회 청취서〉는 6월 8일 다롄경찰서에서 작성되었다. 먼저 최흥식은 5월 30일자로 작성되고 6월 6일자로 배달된 김구의 서신에 대해, 봉투에 적힌 '우호곽기寓滬郭寄'라는 글자와 내용이 모두 김구의 친필임을 확인했다. 김구의 필적을 확실하게 안다고 밝힌 최흥식의 말을 믿은 일본 정보기관은 이를 바탕으로 삼아 김구가 상하이에 머물고 있다고 추정하였다. 편지 한 부분을 인용해 보자.

> "상해는 일대 수라장이다. 교통이 불편하고 전기 공급이 중단되었으며, 상업이 부진하다. 200원 보내니 두 사람이 나누어 소매상이라도 경영하라 했는데, 돈을 받은 여부에 대해 답이 없어 염려하고 있다. 상품은 그대가 팔 계획을 세워 통지하든지 상해에 와서 가져가든지 형편대로 하라. 상해에서는 투기영업이 대성공하였다. 그대들도 개시하여 신용을 중시하라."

일본 경찰은 편지 내용이 모두 암살 문제와 관련된 것이라 판단했다. 이는 김구가 최흥식과 유상근에게 혼조 시게루本庄繁 관동군사령관, 야마오카 만노스케山岡萬之助 관동청장관, 우치다 고사이內田康哉

만철총재 등 세 사람을 비롯한 적 요인을 암살하라고 주문하고 있는
정황을 정확하게 파악한 것이다.

다음으로 최흥식은 두 번째 사진촬영을 묻는 말에 답했다. 1회 때와
마찬가지로 타원형 수류탄을 왼손에, 권총을 오른손에 들고 찍었다는
사실, 복장은 중국 복장이고, 권총은 브라우닝 2호형이며 유상근이 다
롄에 가져온 것과 같은 것이라는 점을 말했다. 최흥식은 자신이 김구로
부터 받은 돈이 모두 암살활동을 위한 체재비와 준비금이었으며, 김구
가 앞으로 더 큰 규모의 암살계획을 세우고 암살단을 파견할 것 같다고
추정했다. 그러면서 그는 김구가 지령한 암살 방법이 "정거장에서 혼
조 · 우치다 · 야마오카 등이 기차로 여행할 때 열차에 오르내리는 기회
에 폭탄을 투척하든지 혹은 권총을 발사하라"는 것이었음을 밝혔다.

유상근, 중국옷을 입고 태극기 앞에서 찍
었다는 그 사진이다.

태극기 앞에 선 최흥식

거사를 앞두고 안공근 집에서 촬영한 한인애국단, 앞쪽이 김구, 뒤편 왼쪽부터 최흥식, 유상근, 안공근(?)

3) 상하이폭탄사건에 관한 건

2건 4장으로 구성된 이 자료는 윤봉길 의거 다음 날 상하이파견군 각 참모장과 각지 부대에 보내진 보도통제문이다. 첫 번째 자료는 홍커우공원 거사에 대한 '범인신분', '범죄동기', '배후공범' 등에 대해 보도를 금지한다는 것이고, 두 번째 것은 상하이파견부대의 병력이동과 이동 후의 움직임을 보도하지 말라는 내용을 담았다. 문서 표제는 '신문반新聞班'에서 육군대신과 차관의 위임을 받은 고급부관의 결재로 명령이 발령된 것임을 보여 준다.

3. 자료의 성격과 가치

윤봉길은 상하이에서 판결을 받았다. 사실 이 판결이 내려지던 다음 날 5월 26일 시라카와는 사망했다. 시라카와는 1927년 육군대신이 되고 1929년 예편하여 군사참의관軍事參議官이 되었지만, 상하이 침공의 긴박한 상황이 길어지자 2월 25일 급히 상하이파견군사령관으로 투입되었던 인물이다. 그는 윤봉길의 공격을 받아 중상을 입고 거의 한 달 동안 치료를 받다가 죽었고, 남작으로 추증되었다. 따라서 이 판결문에는 시라카와가 사망한 사실이 들어 있지 않다. 그리고 판결문은 윤봉길이 어느 하루 갑자기 거사를 일으킨 것이 아니라, 평소 일본의 지배를 부정하는 인식을 가진 바탕 위에 김구와의 만남에서 진행된 것임을 담아 놓았다.

다음 자료는 김구가 이끄는 한인애국단의 활동이 한 두 번의 투쟁이 아니라 종합적인 구도 위에 진행되었음을 보여 준다. 즉 일본 침략세력의 최고 책임자와 기관을 공격한다는 목표가 뚜렷하고, 이를 통하여 침략의 죄를 묻고 일제의 침략을 맞받아친다는 전략을 보여 준다. 일본왕을 공격한 이봉창의 활동, 일본군의 전승기념식과 일본왕 생일 축하연을 부수어 버린 윤봉길의 거사만이 아니라, 국내로 파견된 조선총독 처단조(이덕주 · 유진식), 만주 요인 처단조(최흥식 · 유상근 · 김긍호) 등의 존재가 그를 말해 준다.

이 자료는 또한 일본이 군과 경찰의 모든 정보기관을 동원하여 김구를 찾는 데 혈안이 되었음을 보여 준다. 일본은 최흥식과 유상근을 심문하면서 김구의 행방을 추적해 나갔다. 그래서 문서의 제목도 '김구 일파의 동정과 체포계획'이라고 붙였지만, 실제로는 김구의 위치를 제대로 파악하지 못하고 있음을 보여 준다. 윤봉길 의거 직후 상하이에 머물던 김구가 5월 10일 로이터통신을 통해 이봉창 · 윤봉길 의거가 모두 자신이 벌인 거사임을 세계에 알렸고, 바로 그 무렵 상하이를 빠져나갔다. 그리고서는 상하이에 연락거점을 설정해 두었는데, 일본 정보기관은 그가 상하이에 체류하고 있다고 판단하였던 것이다. 철저하게 일본 정보기관을 따돌린 김구의 계산과 움직임을 알 수 있다.

다음으로 이 자료는 이봉창·윤봉길과 마찬가지로 한인애국단원을 파견할 때 김구가 사진을 촬영하고 목표 달성을 서약하며 선서하게 만든 일련의 과정을 확인할 수 있게 만든다. 유상근과 최흥식이 모두 안공근의 집에서 김구와 더불어 사진을 찍은 내용을 알 수 있다. 유상근이 한 차례 촬영할 때 최흥식도 함께 있었던 점이나, 최흥식이 두 번이나 촬영하는 기회를 가진 사실도 확인할 수 있다. 사진 촬영에 대한 두 사람의 진술 내용은 현재 남아 있는 사진 자료를 비교해 보면 정확하다는 사실을 알 수 있다. 당시 안공근의 위치와 역할이 중요했다는 점과, 단원들이 한 집에 살거나 가까운 곳에 밀집해 거주했다는 사실도 전해 준다.

이외에도 김구가 일제 경찰의 기습을 간발의 순간으로 따돌리며 피해가던 긴박한 상황을 보여 준다. 유상근이 진술한 이 대목은 《백범일지》에서 보던 장면을 더욱 생생하게 이해할 수 있게 만든다.

이 자료는 윤봉길 의거 직후 한인애국단의 작전 전개 방향, 김구를 찾는 데 모든 힘을 쏟으면서도 헛다리 짚고 있던 일본 정보기관의 동정을 잘 보여 주고 있다.

V. 윤봉길 현양 자료로 본 상하이 의거의 역사적 의미

-광복 이전의 자료를 중심으로-

1. 윤봉길 현양 자료 발간

2012년 6월 《매헌윤봉길전집》이 8권으로 발간되었다. 앞서 《백범 김구전집》 12권(1999), 《도산안창호전집》 14권(2000)에다, 2011년 12 월까지 《대한민국임시정부자료집》 51권(2005~2011)이 편찬되면서 윤봉길과 홍커우공원 의거를 밝혀 주는 자료는 상당히 폭넓게 축적되어 왔다. 이런 바탕 위에 올해 들어 8권으로 구성된 《매헌윤봉길전집》(이 하 《전집》)이 나온 것이다.

윤봉길의 삶과 투쟁에 대한 연구나 저술은 그 목록을 일일이 거론하기 힘들만큼 많이 나왔다. 10년마다 이를 기념하는 연구 발표도 있었고, 매헌윤봉길기념사업회에서 꾸준하게 자료를 수집하고 기념하는 학술회의와 저술을 거듭해 왔기 때문이다. 그래서 이 글에서는 이를 하나하나 거론하기 보다는 이번에 새로 정리되어 발간된 《전집》 가운데 논찬과 전기로 이루어진 '현양 자료'를 살펴서 그 의미를 정리하는 데 목표를 둔다. 거사를 완수했기 때문에 현양하는 것도 없지는 않지만, 되돌아보면 독립운동이 침체하고 어려울수록 윤봉길을 역사의 무대로 모셔와 그를 통해 새로운 활력소를 받아들이려는 의식이 강했다. 미주 동포들도 윤 의사의 의거를 현양하는 데 열정을 가졌다. 또 중국인들의 현양도 마찬가지였다. 따라서 그러한 현양 자료로 윤봉길이 펼친 상하이 의거의 의미를 되짚어 보려 한다.

현양 자료는 시기와 장소에 따라 상당히 폭넓게 생산되었다. 시기로 보면 광복 이전과 이후로, 지역으로 보면 나라 안팎으로 나눌 수 있다. 이번에 발간된 《전집》 가운데 6권은 주로 광복 이전 중국 관내와 미주 지역에서 발간된 논찬과 전기를 모은 것이다. 여기서는 주로 이 책을 중심으로 자료를 분석하여 논지를 전개한다.

2. 김구의 〈홍구작안虹口炸案의 진상眞相〉 발표와 현양顯揚의 시작

거사가 터진 뒤 열흘 남짓 지나서 김구는 성명서를 발표하였다. 이는 거사의 내용과 윤봉길이란 인물, 그리고 거사의 전말을 처음 제대로 세상에 선언하는 것이었고, 그 뒤로 한국인이나 중국인이 발행한 많은 논찬과 전기류들이 이를 기본으로 삼아 작성되었다.

당초에 김구는 자신이 상하이를 빠져나간 뒤에 이 사실을 발표할 작정이었다. 하지만 안창호가 일제 경찰에 잡혀간 것을 비롯하여, 날마다 동포들이 들볶이고 마구잡이로 잡혀가는 형편이라 시일을 더 끌기가 힘들다고 판단하였다. 그래서 엄항섭과 안공근이 곁에서 말리는 형편이었지만, 동포들이 겪는 수난을 더 이상 바라볼 수가 없다는 생각에 김구는 "인도人道와 공리公理에 따라 진상을 밝힌다"고 선언한 것이다.

성명서는 한인애국단의 이름으로 발표되었다. 이를 작성한 곳은 거사 직후 몸을 피하고 있던 미국인 피치George. A. Fitch 목사 집이며, 분량은 5장 정도였다. 김구가 엄항섭에게 문안을 작성시키고, 이를 다시 피치 부인에게 부탁하여 영문으로 번역한 뒤, 윤봉길의 의거 기념 사진을 첨부하여 현지 중국 신문사와 로이터통신사에 우송하였다. 성명서는 5월 9일과 10일 이틀에 걸쳐 상하이 현지 영자 신문이나 중국 신문에 게재되었다.[1] 말할 것도 없이 일본 총영사관도 이를 확인하고

---

1) 김구는 성명서에서 자신이 이미 상하이를 벗어난 것처럼 표현하였다. "나는 이미 상

본국에 보고하였으니,[2] 이것이 바로 〈홍구공원폭탄사건의 진상虹口公園爆彈事件ノ眞相(The Truth of the Hongkew Park)〉이다.[3]

이 성명서는 '계획과 수행', '윤은 어떤 사람인가?', '한인애국단이란 무엇인가?', '나는 누구인가?'라는 작은 제목을 붙여 거사 전반에 대해 자세하게 설명하였다. 앞부분에서 의거를 일으킨 이유와 명분을 분명히 밝혔다.

> 일본은 강력한 힘으로 한국을 병합하고 이어서 만주를 정복하고 나아가 이유 없이 상해에 침입함으로써 동양 및 세계의 위협이 되었다. 그러므로 나는 세계 평화의 적, 인도와 정의의 파괴자에 대해 복수할 결심을 한 것이다.
>
> 맨 처음 나는 이봉창을 동경에 파견하였고, 그는 1월 8일에 일황을 습격했다. 이어서 나는 일본 군대 장관 등을 살해하기 위해 윤봉길을 4월 29일 홍구공원에 보냈다.[4]

이 글은 일제가 침략행위를 벌여 세계 평화를 위협하는 적이요, 인도와 정의를 파괴하는 세력이며, 그 때문에 이를 징벌하고자 이봉창과 윤봉길을 내보냈다는 주장을 폈다. 침략전쟁에 맞선 반침략전反侵略戰

해에 있지 않은 자이기 때문에 이 일을 할 수가 있다"고 적어, 이 성명서가 신문에 게재되기 전에 자신이 상하이를 탈출했던 것으로 위장하였다. 하지만 일제는 얼마 지나지 않아 김구가 상하이를 탈출해 杭州로 간 때가 성명서 발표 이후 사흘이 지난 5월 14일이라고 판단하였다.

2) 매헌윤봉길전집편찬위원회, 《매헌윤봉길전집》(이하 《전집》으로 줄임) 2, 매헌윤봉길의사기념사업회, 2012, 660~668쪽.

3) 이 〈홍구공원폭탄사건의 진상〉은 국내 신문에도 실릴 뻔했다. 《朝鮮出版警察月報》 제45호(국편 소장)의 〈不許可 差押 出版物 要旨 – 東亞日報(1932년 5월 20일)〉에 따르면, 東亞日報는 사건진상의 요약을 게재하려고 했으나 신문이 압류되고 말았다. 〈홍구공원폭탄사건의 진상〉은 그해 12월 1일에 간행된 《屠倭實記》 가운데 세 번째 〈虹口炸案의 眞相〉의 저본이 되었다. 김구도 《屠倭實記》 말미에서 〈홍구작안의 진상〉이 그해 5월 신문에 발표한 〈홍구공원폭탄사건의 진상〉의 내용과 거의 동일하며, 다만 약간 보충하였다고 밝혔다.

4) 《전집》 2, 97쪽.

을 펼친다는 김구의 의지가 여기에서 분명하게 드러난다. 이어서 윤봉
길의 출생으로부터 순국까지의 생애를 기술하고, 거사를 결행한 한인
애국단의 존재와 목적을 분명히 밝혔다.

> 우리는 적의 중요 인물을 암살하는 동시에 적의 집정기관을 파괴함으로
> 써 우리나라의 독립을 회복시키고자 하는 것이다. 우리는 상해 출정군 사
> 령관 백천白川과 싸울 수 있는 돈도 군대도 가지지 못했지만, 일본인의 불
> 가침 경비선을 돌파하여 맨손으로 그를 죽일 수 있도록 준비하고 또 훈련
> 된 '인간'을 가지고 있다.[5]

다음으로 이 글은 공격 대상을 선명하게 드러냈다. 침략 행위를 벌
이는 책임자와 침략 기관을 처단하고 파괴하겠다는 것이다. 비록 일본
군에 맞서 전쟁을 치러낼 군대는 없으나, 책임자와 기관을 쳐부술 '인
간' 무기가 있다고 천명한 것이다. 끝으로 김구는 '나는 누구인가?'라
는 글에서 1896년부터 '모험적 생애'를 살았다면서 쓰치다를 처단한
거사를 소개하고, '데라우치 총독 암살계획'이라는 사건에 엮여 옥고를
치르던 이야기를 적었다. 끝으로 그는 "내 무기는 겨우 피스톨 몇 자루
와 또한 적은 수의 폭탄이 있을 뿐이다. 나는 우리나라가 회복될 때까
지 계속 싸워 멈추지 않을 것이다"라고 선언하였다.[6]

이 성명서보다 상세하게 국한문으로 작성된〈홍구공원폭탄안虹口公
園爆彈案의 진상眞狀〉이란 글이 같은 해인 1932년에 나왔다. 앞머리에
"이것은 영문으로 발표된 것보다 상세한 것이오"라는 말과 함께 작성
자로 'K.P.P'라는 약어가 덧붙어 있다.[7] 영문으로 성명을 발표한 뒤
에 이것을 좀 더 자세하게 써서 동포들에게 발표한 것이고, K.P.P는

---

5)《전집》2, 98쪽.
6)《전집》2, 99쪽.
7) 독립기념관 소장(《전집》2, 741~746쪽).

Korea Patriotic Party, 곧 한인애국단의 영문 표기일 것이다. 이 글은 '기이奇異한 두 사람', '홍구공원虹口公園은 수라장修羅場', '문제問題의 청년靑年', '빈한貧寒한 윤의사尹義士', '애국단愛國團에 일원一員', '애국단愛國團은 어떠한 것인가', '애국단愛國團의 수령首領은 누구냐' 등의 제목을 붙여 서술되었다. 이는 5월 9일에 신문사와 통신사로 보내서 발표되었던 성명서보다는 내용이 많고 문학적 서술도 덧붙여진 글이다. 윤봉길이란 인물을 소개하면서 그가 이미 15세에 한시를 지어 주위를 놀라게 할 만큼 뛰어난 재주를 가진 사람임을 강조하고 23세에 "자기의 철권鐵拳으로써 통쾌하게 적을 박살하고 사랑하는 동포의 생로生路를 열고자 단연히 고국을 떠났다"고 강조하였다.[8] 또 그가 가족이 삼천만 동포보다 극히 작다고 깨닫고 부모와 처자에 대한 열렬한 애정을 칼로 베듯 끊고 한마디 고별인사도 없이 압록강을 건넜다고 표현하였다. 이어서 윤 의사가 상하이에 와서 노동일에 채소 장사를 해 가며 때를 기다리던 과정도 담아냈다.[9]

한인애국단의 목적을 소개한 부분에서는 한국이 독립하기까지 앞으로도 허다한 이봉창·윤봉길이 있을 것이라는 자신감을 드러냈다. 그러면서 폭탄과 단포로 적의 진영 속으로 깊이 들어가 수괴를 암살하며 기관을 파괴하는 것이 한인이 최후 승리를 얻는 유일한 길이라는 것이 한인애국단의 정신임을 강조하였다.[10]

1932년 12월 1일, 곧 윤봉길 순국 18일을 앞둔 날 출판된 《도왜실기屠倭實記》에는 〈홍구작안지진상虹口炸案之眞相〉이란 제목으로 글이 실렸다.[11] 이 글은 '발표본안경과發表本案經過', '양개기이지인물兩個奇異之

---

8) 《전집》 2, 64쪽.
9) 《전집》 2, 64~65쪽.
10) 《전집》 2, 66쪽.
11) 김구는 일제의 만주 침략과 만보산사건을 바라보면서, 한중 양국민 사이에 형성된 난국을 헤쳐 나갈 특공작전을 구상하였고, 이를 수행하기 위해 한인애국단을 조직하였다. 이봉창 의거에 이어 '신천사건'과 '다롄사건'으로 불리는 조선총독과 만철총재 처단 시도와 함께, 홍커우공원 의거도 종합적으로 추진하였다. 이러한 내용을 1932년 한 해 동안 정리하여 그해 12월에 들어 책으로 묶어 낸 것이다. 따라서 거기에는

人物', '극적일장劇的一場', '돌파경비선突破警備線', '쾌재흉수망의快哉凶手亡矣', '청년위수靑年爲誰', '장재의사지지壯哉義士之志', '누별조국淚別祖國', '용비대해龍飛大海', '최후소식最後消息' 등으로 나뉘어 서술되었는데, 이미 발표된 성명을 다시 손질하고 덧붙인 것이다.[12] 두 기이한 인물의 극적인 만남을 그리면서, 김구가 윤봉길에게 당부하는 내용이 덧붙여졌다. "최후로 군에게 한마디 하고 싶은 것은 우리의 적은 왜놈뿐이니 오늘 이 일을 실행함에 있어서는 어디까지나 신중히 해야 할 것이고 결코 왜놈 이외의 각국 인사에게 해를 가하지 않도록 해달라는 것이다"라는 글이 그것이다.[13] 불특정 다수에 대한 공격이 아니라, 침략 책임자만을 족집게처럼 집어 공격하고 처단하라는 주문이다. 한국 독립운동사에 나타난 의열투쟁이 이런 점에서 흔히 말하는 테러와 다른 점이다.

홍커우공원 의거의 극적인 장면은 이렇게 묘사되었다.

　　　이는 실로 일본제국주의의 몰락을 선고하는 조포弔砲였고 살인방화殺人放火의 흉범凶犯을 징벌懲罰하는 벽력霹靂이었다. 이 우렁찬 벽력 소리를 듣고 소래 높혀 통쾌痛快를 부르짖은 사람이 어찌 삼천만三千萬 한인韓人뿐이였으랴? 사억四億의 중국인中國人도 당연히 똑같은 감격感激을 늣겼을 것이다.

　　　호전滬戰(상하이사변上海事變)에 목숨을 바친 수만數萬의 생령生靈들이 구원九原의 원혼寃魂 속에서 이제야 비로소 눈을 감을 수 있었을 것이다. 아! 필부匹夫라도 뜻이 있으면 삼군지수三軍之帥를 탈취奪取할 수 있는 것이니 진심眞心으로 나라를 걱정하는 애국자愛國者라면 어찌 이 위급존망지추危急存亡之秋에 있어서 속수대사束手待死하며 이러나서 분투奮鬪하지 않을까

〈東京炸案의 眞相〉과 〈大連炸案의 眞相〉도 함께 실렸다.

12)《전집》2, 737~740쪽.

13)《전집》2, 68~69쪽.

보냐?[14]

    윤봉길이 던진 한 발의 폭탄이 '일본제국주의의 몰락을 선고하는 조포弔砲'요, '흉범凶犯을 징벌懲罰하는 벽력霹靂'이라 평가한 것이다. 여기에서 느끼는 감격은 한국인만이 아니라 중국인 모두가 함께 갖는 것이라고 의미를 새겼다. 그러면서 뜻만 세운다면 누구도 이러한 투쟁과 업적을 이룩할 수 있다는 글은 제2, 제3의 이봉창·윤봉길을 기다리고, 또 배출하겠다는 다짐으로 연결되었다.

3. 중국 지역 독립운동가들의 찬사

1) 상하이에서 활약하던 한인 공산주의자의 평가

    1932년 7월 상하이에서 발간된 《콤무니스트》 6호에 〈상해폭탄사건은 무엇을 말하느냐?〉라는 글이 실렸다.[15] '이우爾友'라는 필명으로 게재되었는데, 이는 이 무렵 상하이에서 맹렬하게 활동을 펴던 김단야金丹冶로 알려진다.[16] 김단야라면 경북 김천 출신 김태연의 다른 이름이다.[17]

---

14) 《전집》 2, 71쪽.

15) 임경석, 〈잡지 《콤무니스트》와 국제선 공산주의그룹〉, 《한국사연구》 126, 한국사연구회, 2004, 194쪽.

16) 이 글은 2004년에 발간된 《이정 박헌영 전집》 1권(역사비평사)에 박헌영의 글로 게재되었다. 박헌영이 필명을 爾丁으로 쓰다가 해방 뒤 而丁으로 고쳐 쓴 사실을 고려하여 爾友를 박헌영이라 이해한 때문이다. 그런데 爾友는 박헌영이 아니라 김단야라는 주장이 제기되었는데(임경석, 앞의 글, 194~195쪽), 이론이 없어 보인다. 윤봉길 전집을 펴내면서 해제에서 필자를 박헌영으로 적은 것은 지금까지의 연구를 확인하지 못하고 단지 《이정 박헌영 전집》을 인용한 탓이다.

17) 단야 김태연(1899~1938)은 1919년 3월 24일 고향 김천 개령면 동부동에서 만세시위를 이끌다가 태형을 당하고, 같은 해에 군자금 모집 활동을 펼치다가 상하이로 망명하였다. 1922년 1월에는 모스크바에서 열린 극동민족대표회의에 참석하였고, 국내로 잠입했다가 일경에 붙잡혀 1년 6개월 옥고를 치렀다. 1925년 조선공산당과

글쓴이는 윤봉길 의거가 일본 통치에 대한 조선 근로대중의 증오를 반영한 것이므로 살인 행위가 아니라고 주장하면서 '참으로 통쾌한 일'이라고 평가하였다. 또 김구가 발표한 "우리가 적의 중요인물을 암살하고 또 적의 행정기관을 파괴함으로써 조국의 독립을 회복"하기 위한 투쟁이라는 내용을 인용하면서, 개인적인 테러와는 비슷한 의미를 터럭만큼도 가지지 않는다고 잘라 말했다.

그러면서도 글쓴이는 공산주의자가 바라보는 투쟁은 이것과 차이가 있다고 밝혔다. 공산주의자의 눈으로 이러한 투쟁을 볼 때, 전제 조건이 있어야 한다고 주장한 것이다. 곧 레닌의 글을 인용하면서, 이러한 '부분테러'는 일련의 정세가 대중적 투쟁의 전개를 바탕으로 하여 무장폭동기로 성숙되어 있음을 전제로 한다면서, '개인적인 테러' 행위가 군중의 조직적 투쟁을 가로막는 것이 될 수 있다고 지적하였다.

> "우리는 오늘날 이 기회에 개인적 테로 행동이 결코 혁명적 투쟁방법이 아닐 뿐 아니라 도로혀 군중의 조직적 투쟁을 장해하는 것이며 타일방他一方으로 저 불주아지들이 무엇 때문에 개인 테로를 환영하는가를 광범한 노동자 농민 군중에게 폭로하는 동시에 우리의 투쟁방법을 널리 선전하여 대중화 식여햐 한다."[18]

이에 덧붙여 그의 논리는 철저한 공산주의자로서 프롤레타리아 헤게모니 아래 일본제국주의 부르주아지에 맞서는 공동투쟁을 벌이기 위해 노동자와 농민을 비롯한 모든 프롤레타리아 동맹군이 뭉쳐 투쟁해야 한다는 것이었다.[19] 이 논리는 한편으로 윤 의사의 의거를 높이 평

고려공산청년회 결성에 참가하고, 1차당이 검거될 때 상하이로 망명한 그는 1926년에 권오설과 논의하여 6·10만세운동을 기획하고 상하이에서 자금과 인쇄물을 국내로 들여보내는 데 결정적으로 기여하였다. 소련으로 갔다가 1938년 볼세비키 정권에게 목숨을 잃었다.

18) 《전집》 6, 29쪽.

19) 〈상해폭탄사건은 무엇을 말하느냐?〉, 《전집》 6, 26~30쪽(《이정 박헌영 전집》1권

가하면서도, 다른 한편으로는 공산주의자들이 헤게모니를 갖는 노동자와 농민의 대중투쟁으로 나아가야 한다는 주장을 담아낸 것이다.

2) 조소앙의 기록

조소앙趙素昻이 쓴 〈윤봉길전尹奉吉傳〉은 조소앙의 글을 모은 《유방집遺芳集》에 실린 자료다. 이 글에는 윤봉길의 출생과 성장, 국내 활동과 망명, 대한민국 임시정부의 명을 받은 김구가 윤봉길에게 의거를 지휘하고 진행하던 장면을 담았다. 홍커우공원에서 벌어진 행사에 참가하던 일본군의 부대 종류와 규모가 자세하게 묘사되어 있다.

> "이 날은 원수 천왕 히로히토裕仁의 생일이었다. 상해의 일본 교포와 육해군 합하여 1만 4천여 명이 홍구공원에 모여 전승축하와 경축대회를 거행하려 하였다. 아침 9시 백천白川 사령에게 검열 받을 제9사단, 해군 육전대 합계 1만 2천여 명이 있었다. 그중 기관총부대·기병대·보병대·야전포대·탱크부대·장갑차부대·수송부대·중포대·고사포대·치중대 등이 6천여 명이 있었다. 그리고 해군장갑차 1대隊 8량輛, 오토바이부대, 구호대 등 3천여 명이 있었다. 아울러 헌병대 1천여 명이 연이어 입장하였다."[20]

이어서 식장에 입장하던 시라카와白川 대장을 비롯한 일본 수뇌부의 모습도 자세하게 그려져 있다. 이처럼 거창한 경축식장을 한순간에 폐허로 만들어 버린 거사 장면이 감격스럽게 서술되었을 터인데, 아쉽게도 그 뒤 자료는 없어져 전해지지 않는다. 자료에는 선서장면과 호외, 중국 《국민보》의 보도, 절명사 등을 보여 주는 사진 자료 4점이 들어 있다.

에서 재수록).
20) 《전집》6, 53쪽.

3) 김광金光이 펴낸 윤 의사의 첫 평전《윤봉길전尹奉吉傳》

이 책은 김광金光이 중국어로 써서 출판한 윤봉길 전기다.[21] 상하이 프랑스 조계에 있던 한광사韓光社가 발행하였다. 그런데 출판년도는 엇갈린다. 대개 출판 기일은 1933년일 가능성이 크지만, 1934년일 수도 있을 것 같다.[22] 이 책은 표지까지 포함하여 144쪽이나 된다. 맨 앞에 사진 자료를 19쪽이나 실었는데, 윤봉길과 김구·안창호, 선서장면 등을 담고, 의거 당일 일본군의 관병식과 거사 당시의 정황, 그리고 중상을 입은 주요 인물의 사진을 넣었다. 다음에 목차(6쪽)에 이어, 서문(2쪽)과 필자의 서문인 자서自序(4쪽), 그리고 본문(110쪽)으로 이어진다.

표지 글씨는 중국인 마쥔우馬君武가 썼다. 그는 뒷날 1935년에 이두산李斗山이 펴낸《최근한국의사열전最近韓國義士列傳》의 표지 글씨를 쓰기도 했던 인물이다. 본문은 일본의 한국 침략 개요와 일제의 무단통치 아래서의 한국을 소개한 뒤, 윤봉길의 탄생과 성장과정, 농민조합부터 시작한 그의 농촌계몽운동, 그리고 망명과 대한민국 임시정부 찾기, 김구와의 만남과 홍커우공원 의거 결행, 그의 최후, 그리고 마지막에 외국 신문의 사설과 평론을 소개하였다.

지은이 김광은 서문에서 '과거에 매우 잘 아는 벗'이었다고 적었다. 윤봉길과는 의거를 결행하기 이전 1년 넘는 동안 침식을 함께 했고,

---

21) 金光은 成都師範學校 출신으로, 자료에는 高永喜란 이름으로 알려진다. 그는 1930년을 전후하여 상하이에서 興士團 단원으로 활약하고, 韓國獨立黨에 이어 1940년대에는 한국광복군에 참가하여 總司令部政訓處의 선전과장을 맡아 기관지《光復》을 발간하는 데 앞장섰다(韓詩俊,〈해제 : 金光著《윤봉길전》, 매헌기념관,《겨레사랑》1988년 가을호, 34~36쪽).

22) 판권지에 '대한민국 16년'과 '중화민국 22년'이라 적혔는데, 앞의 것은 1934년이고 뒤의 것은 1933년이다. 또 책 앞에 金起元이 쓴 서문 끝에는 한국기원 4266년 6월이라 적었으니, 1933년이 옳을 것 같다. 더구나 본인이 쓴 서문 끝에는 1932년 4월이라 적었다. 4월이라면 거사가 일어나던 때이니, 이것은 옳지 않을 것이다. 그렇다면 이것을 어떻게 이해하는 것이 좋을까. 담긴 자료에는 1932년 6월의 신문도 있으니 일단 의거가 일어난 뒤 자료를 정리하고 글을 써서, 이듬해인 1933년 6월에 글을 마칠 무렵 김기원이라 표현된 金朋濬에게 서문을 받고 7월 20일 자로 발간한 것이라 짐작할 수는 있겠다. 판권지의 '대한민국 十六년'은 '十五'년의 오기로 보인다.

그 사이에 서로 사소한 일로부터 가슴 속 깊은 뜻까지도 흉금을 터놓고 이야기한 사이였으므로, 상세한 정황을 모두 잘 알고 있다고 밝혔다. 그래서 의거 이후 일기와 잡록 몇 권을 얻어 1년 넘게 정성을 다해 썼다는 사실도 적었다.[23]

김광은 먼저 일제가 한국을 삼키고 중국에 발을 뻗어 만주와 몽골을 삼키기 시작했다고 전제하고, "한국을 병탄할 때 가장 큰 공을 세운 이토 히로부미가 만주와 몽골을 병탄하려 들 때, 안중근 의사가 저격하여 일단락을 지었다"고 썼다. 이어서 일제가 다시 만주를 침탈하고서 나아가 상하이를 침공함에 따라, 19로군이 저항했지만 어쩔 수 없이 피살된 양민과 병사는 헤아릴 수 없을 정도라고 적었다. 한국과 중국은 동병상련, 순망치한의 처지에 있어서 죽어도 같이 죽고 살아도 같이 산다는 관계인데, 윤봉길 의거로 일제 군 수뇌들을 폭살하였으니, 이는 한중 양국에 절실했던 항일행동의 표현이라면서 의거의 의미를 다음과 같이 평가하였다.

> "윤 의사는 우리 중한 양국 공동의 항일을 위해 선봉적 역할을 한 용사 勇士이며, 그는 또한 우리 양국의 혁명지사를 대신하여 일본제국주의의 잔혹한 무단통치 아래서 한 줄기의 밝은 길을 개척한 선구자이다. 우리는 한편으로는 윤 의사의 이와 같은 열렬한 희생정신을 저버리지 않고, 또 한편으로는 우리는 위대한 사적을 반드시 천추만세까지도 찬양해야 할 것이다. 그리고 우리는 또한 윤 의사처럼 항일을 유일한 목표로 삼아야 할 것이다."[24]

구성은 장절의 구분 없이 41개 항목으로 이루어져 있다. 크게 다섯 부분으로 나누어 볼 수 있는데, 첫째, 서론으로 일본의 한국에 대한 침

---

23) 《전집》 6, 59쪽.
24) 《전집》 6, 59쪽.

략사와 식민지 지배 아래 한국이 처한 정치·경제·교육의 실상, 그리
고 홍커우공원 의거 이전까지 펼쳐진 한국 독립운동사를 세 꼭지로 서
술하였다. 둘째로 출생에서 순국까지 윤봉길의 생애를 서술하였는데,
이 부분이 가장 많은 분량을 차지한다.[25] 셋째 부분은 망명에서 거사
과정과 순국에 이르는 과정이고, 끝으로 외국 언론에 보도된 내용을
담았다. 고향을 떠나 중국으로 향하는 모습에서 시작하여 상하이에 도
착한 뒤 1년 넘는 동안을 어렵게 보낸 이야기, 특히 말총으로 모자 만
드는 공장에서 노동운동을 펼치던 내용은 다른 자료에서 보기 힘들만
큼 자세하다. 더구나 그가 미국 유학을 생각했다는 이야기는 이 자료
에만 담겨 있는 내용이다. 그러고서 김구와의 만남과 의거 결행 과정,
더 나아가 유언으로 이어졌다. 다음으로는 의거 직후에 김구가 의거
경과를 밝힌 내용이다. 안창호가 붙잡히는 등 검거 선풍이 일어나자,
이 거사가 김구 자신이 주도한 사실임을 세계에 발표하여 다른 피해가
더 생기지 않도록 막으려 노력하였다. 마지막으로 홍커우공원 의거에
대한 외국의 여론을 조사 수록하였다. 《대륙보大陸報》를 비롯한 중국의
신문만이 아니라, 미국과 영국의 신문에 실린 평론들을 담아냈다.

　김광이 쓴 《윤봉길전尹奉吉傳》은 의거 직후에, 전기를 펴낸다는 목
적을 세우고 1년을 공들인 작품이다. 더구나 지은이는 그를 가까이에
서 보고 만났던 인물이자, 직접 나눈 이야기를 고스란히 담아낸 평전
을 서술했다는 데 의미가 크다. 따라서 윤봉길의 생애와 의거의 전말
을 다룬 본격적인 평전의 출발점이라 평가할 수 있다. 국내에서 성장
하고 계몽운동을 펼친 사실을 이처럼 자세하게 서술한 글은 일찍이 없

---

25) 국내활동을 다룬 두 번째 부분의 내용은 지금까지 알려진 내용과 비슷하지만, 간혹
새로운 것도 들어 있다. 자신이 성장하면서 영향을 받은 선생으로 李光雲을 들고 있지
만, 실제로 알려지기는 烏峙書塾에서 成周錄선생에게 배우고 영향을 받은 것으로 알
려져 있다. 하지만 成周錄에 대한 언급은 없다. 반대로 글에 자세하게 묘사된 이광운
이란 인물에 대해서는 지금까지 알려진 것이 전혀 없다. 고향에서는 익히 알려진 성주
록이 글에는 없고, 글에서 나오는 이광운은 고향 동네에서 전해지는 것이 전혀 없다.
그렇다면 이광운이 바로 성주록은 아닐까. 국내에 살고 있는 스승을 보호하기 위해 그
렇게 위장 표현한 것은 아닐까 짐작하지만 구체적인 증거는 없다.

었다. 주목을 끌 만큼 투쟁이나 활동이 없었으니 이는 당연한 일이다. 그런데 거사를 터트리자마자 곳곳에서 윤봉길이란 인물이 어떤 사람인가를 다루는 단편적인 글들이 나오기는 했지만, 이처럼 종합적으로 평생을 다룬 글은 이것이 처음이었다. 따라서 이 글은 윤봉길이란 용사를 나라 안팎으로 알리는 데 크게 기여한 것으로 짐작된다. 더구나 이 책은 중국어로 서술되었으므로 중국인들 사이에 널리 알려지게 되었다는 점에서도 의미가 크다.

이 책은 중국인들에게 윤봉길의 성장 과정과 망명, 거사의 과정과 의미를 자세하게 알려 주었다. 한인애국단의 결성 목적, 선서문, 그리고 거사 직전에 남긴 유언은 모든 사람들의 가슴을 뭉클하게 만들 만했다. 어린 두 아들에게 보내는 유언이나 김구에게 올린 유언, 청년들에게 남긴 유언이 모두 그러하다. 그러면서 지은이 김광은 "압박 아래 신음하며 사선에서 방황하는 2천 만 동포와 일본제국주의가 자행한 만주 침공과 상하이 침공으로 슬픔에 젖어 있는 4억 중국인을 대신하여 분노하고 세계와 동아시아의 평화를 파괴하는 일본제국주의 군벌을 박멸하기 위해 목숨을 버리기로 결심하였다"고 거사의 동기를 정리하였다.[26] 그러면서 홍커우공원 거사야말로 '일본제국주의 몰락을 선고하는 조포 소리요, 살인방화와 강도짓을 징벌하는 벽력'이라고 평가하면서, "이 폭음을 듣고 크게 통쾌하게 느끼는 이들이 어찌 2천만 한민족일 뿐이랴, 4억 중국인도 모두 동감이었다. 상해사변으로 죽은 수만의 생령들도 이제 지하에서 편안히 눈을 감을 수 있게 되었다"고 감흥을 적었다.[27] 이 문장은 이미 앞에서 살펴본 《도왜실기》에 실린 〈홍구작안의 진상〉에 들어 있는 것이다.

이 책은 몇 가지 한계도 갖고 있다. 듣고 쓴 내용이 많다보니 기억의 잘못도 있고, 잘못 전해 들은 것도 있다. 일진회가 독립운동 단체로 표

---

26) 《전집》 6, 118쪽.
27) 《전집》 6, 119쪽.

기된 것이나, 월진회月進會를 자진회自進會로 표기하는 등 오류가 여러
곳에서 확인되기 때문이다. 하지만 일제의 추적 손길이 곳곳으로 미치
고 있던 긴박한 상황에서 윤봉길의 일생과 투쟁, 그리고 역사적 가치
를 평가하여 저술하고 펴낸 노력은 높이 평가하지 않을 수 없다. 더구
나 이것이 한국 독립운동가만이 아니라 중국인들에게도 널리 한인애국
단과 윤봉길의 업적을 알리는 데 기여했을 것이라는 점은 분명하므로
그 의의가 크다.

4) 이두산李斗山의 《최근한국의사열전最近韓國義士列傳》에 담긴 평가

1935년 간행된 《최근한국의사열전最近韓國義士列傳》에 〈윤봉길〉이
란 글이 9쪽 분량으로 담겨 있다. 이 책은 이두산이 1935년 2월 광둥
성廣東省 광저우廣州에서 신조선사新朝鮮社에서 펴낸 것이다.[28] 이 책에
는 '합병전지제의사급순절사合倂前之諸義士及殉節士'로 민영환閔泳煥 · 장
인환張仁煥 · 안중근安重根 · 이재명李在明 · 김정익金貞益을, '합병후지제
의사급순절사合倂後之諸義士及殉節士'로는 안명근安明根 · 박상진朴尙鎭 등
을, '삼 · 일운동후지제의사三一運動後之諸義士'는 강우규姜宇奎 · 김익상金
益相 · 김상옥金相玉 · 박재혁朴在赫 등을, '중일사변후지제의사中日事變後
之諸義士'로 이봉창李奉昌 · 윤봉길尹奉吉 · 최흥식崔興植 · 남자현南慈賢 ·

---

28) 이두산은 본명이 李賢壽인데, 1896년 대구에서 태어나 대남학교와 대구 계성학교
를 거쳐 숭실전문학교를 다녔다. 1917년 무렵 상하이를 잠시 들렀다가 대한민국 임
시정부가 수립되자 다시 망명하여 여기에 참여하였다. 1920년 그는 임시정부의 공채
모집위원과 경북교통사무특파원에 임명되어 활동하다가 옥고를 치르고, 1925년 다시
중국으로 망명했고, 1930년대 초 한국독립당 광둥 지구에서 기관지 《韓聲》을 발간하
고, 1935년 이후에는 조선민족혁명당에 참가하였다. 1938년 10월 조직된 조선의용
대에도 참여하여 편집주임을 맡았으며, 1939년부터 桂林에서 중국항전과 동방 약소
민족의 해방을 내세우고 《東方戰友》를 발간하였다. 1940년에는 重慶으로 옮겨 조선
민족혁명당 계열로 임시정부 법무차장 · 내무차장과 한국광복군 정훈처장 등으로 재
직하였다. 1946년 귀국한 이후 '조선대중당'이라는 정당을 조직하여 단독정부 수립반
대운동에 참여하였다. 그리고 6 · 25가 발발한 이후 납북되거나 월북한 것으로 짐작
된다(최기영, 〈李斗山의 在中獨立運動〉, 《한국근현대사연구》 42, 한국근현대사학회,
2007).

백정기白貞基 · 이강훈李康勳 등의 애국활동을 소개하였다. 중국어로 발간한 의도는 중국인들에게 한국인의 항일 의열투쟁을 부각시키면서 중국어를 해득한 한국인들도 독자로 삼고자 한 것이었다.

필자 이두산은 윤봉길의 천성을 "말한 것은 반드시 행동으로 옮기고, 행동으로 옮길 때는 결코 헛됨이 없었다"고 표현하였다. 일본제국주의자들이 동포를 억누르고 우리 민족의 고혈을 착취하는 모습을 볼 때마다 윤봉길은 울분을 참을 수 없었다면서, 거사 과정을 자세하게 묘사하였다. 그런 뒤에 군법회의와 순국 과정을 서술하면서 "의사의 장거와 장렬한 희생은 지금을 살고 있는 우리의 가슴 속에는 물론이고 천고에 길이 기억될 것"이라고 평가하였다. 끝으로 필자는 '이름이 썩지 않으려면 선비의 기개가 밝아야 한다'는 윤봉길의 시 구절을 인용하면서 다음과 같이 결론을 내렸다.

> "의사의 정신이 죽지 않고, 의사의 이름이 썩지 않을 것이니, 한국의 기백도 결코 죽지 않을 것이다. 윤 의사의 장거에 담긴 깊고 밝은 뜻은 해와 달에 견줄 만하며, 그 정신이 천하에 널리 떨치게 될 것이다."[29]

5) 민족혁명당 기관지의 평가

민족혁명당은 한인애국단과 이를 이끌던 세력과는 껄끄러운 경쟁 상대였다. 이 당은 1935년 7월 대한민국 임시정부 밖에서 독립운동 세력을 통합하고 임시정부의 해체를 겨냥했던 정당이자, 한국독립당을 이어 탄생한 한국국민당과 쌍벽을 이루며 활동했던 존재였기 때문이다. 그런데 그런 민족혁명당이 윤봉길과 그 의거에 대해 높이 찬양하는 글을 기관지에 게재한 사실은 눈길을 끌기에 충분하다.

이 당이 발간한 여러 기관지 가운데 《앞길》은 1937년 3월 1일에 창

---

29) 《전집》 6, 149쪽.

간되어 광복을 맞을 때까지 꾸준하게 발행된 대표적인 기관지였다. 처음에는 주간지로 발간되었고, 1945년 6월 1일에 제42호가 나왔다. 1937년 5월 3일에 나온 《앞길》 10호에는 상하이 의거를 찬양하고 기리는 글이 실렸다. 〈기억記憶도 새로워라 육년전六年前 사월이십구일四月二十九日〉이란 특집제목에 이어 '열혈청년고윤봉길의사熱血靑年故尹奉吉同志의 홍커우폭탄虹口爆彈'이란 표제어를 내걸고, '조선청년朝鮮靑年의 비분悲憤을 세계世界에 호소呼訴'라는 작은 주제를 붙였다. 한 면을 가득 메운 기사에는 사진 3장도 함께 실렸다. 태극기 앞에서 수류탄과 권총을 든 윤봉길 사진, 부상당한 우에다 사단장, 그리고 관에 실려 귀국하는 시라카와 사령관의 운구행렬 사진이 그것이다.[30]

글은 대개 상하이 의거가 일어난 배경과 과정을 쓰고, 평가로 이어졌다. 이 글은 의거 소식에 흥분하고 기뻐하는 것이 조선인만이 아니라 중국 국민 모두에게도 마찬가지라고 서술하였다. 일본 침략군이 '천장절'과 '승전'을 경축한다고 하늘에는 비행기, 지상에는 탱크와 대포, 해상에는 군함을 띄워 놓고 철통같은 계엄령을 내린 뒤, 장엄한 의식을 진행하던 상황과 그런 화려한 모습을 한 방에 날려 버린 거사를 상세하게 표현하였다. 이 거사가 한중 양 민족의 결합을 한층 더 긴밀하게 만들었다는 사실을 잊지 말아야 한다는 것이 이 글의 주장이었다. "조선민족은 윤봉길 동지를 민족적 영웅으로 찬양하지 아니하여서는 아니된다. 그는 확실히 용감한 조선청년이었다. 의분義憤에 불타는 젊은이였다"고 평가하였다.

안중근 의거와 윤봉길 의거를 비교한 대목이 눈길을 끈다. 하얼빈 의거와 상하이 의거가 모두 빛나는 투쟁임은 분명한데, 굳이 이를 비교한다면 상하이 의거가 더 통쾌하다고 평가하였다. "굳이 두 가지를 비교한다면 정치적 관계의 '데리게트'한 점과 그 사건 발생의 시간적

---

30) 국사편찬위원회, 《대한민국임시정부자료집》 37(조선민족혁명당 및 기타 정당), 2009, 386~387쪽(원문 233쪽) 실제로는 의거 5주년인데, 글쓴이가 착각하여 6년 전의 거사로 표현하였다. 본문에서도 그런 착오는 이어졌다.

교묘한 효과에 있어서 또는 전세계적 '쎈세이슌'을 야기한 점에서 훙커우 폭탄성은 하얼빈 권총성 이상으로 통쾌미痛快味 100%다"라고 적은 것이다. "윤봉길 동지는 갔다. 그 육체는 갔다. 그러나 그 희생적犧牲的 정신精神과 초월超越한 용감勇敢과 반석盤石같은 침착沈着의 교훈은 이 때에 두고 갔다"고 마무리된 이 글은 결국 민족혁명당이 윤봉길의 투쟁성을 현실에 되살려 나아가자는 다짐을 담은 것이다.[31]

4. 대한민국 임시정부의 의거 현양과 활력소 찾기

대한민국 임시정부는 상하이를 탈출한 뒤로 충칭에 이르는 8년 동안 힘겨운 삶과 투쟁을 이어 갔다. 밖으로는 일제 정보기관의 추적을 따돌려야 하고, 안으로는 붕괴 직전까지 갔던 임시정부를 되살려 세우는 일에 매달려야 했다. 그러면서도 또한 제2, 제3의 투사를 길러내기도 하고 군대를 육성하여 전쟁을 준비해야 했다. 그러는 가운데 숱한 난관에 부딪쳤고, 그럴 때마다 상하이 의거를 비롯한 한인애국단의 거사를 거듭 떠올리면서 자세를 가다듬고 용기를 북돋웠다.

먼저 한인애국단 이름으로 여러 차례 윤봉길의 의거를 기리는 글이 발표되었다. 대한민국 17년(1935) 12월 19일은 윤봉길의 순국 3주기가 되는 날이었다. 한인애국단은 열사의 뜻을 이어 국토를 회복하고 주권을 탈환하러 일어서는 것이야말로 '순난기념일'의 위대한 의의가 있다고 밝혔다.[32] 또 한인애국단은 이듬해 1월 14일자로 중국 전체에서 난징으로 모인 중국 학생 대표에게 보내는 글을 발표하였다. 중국 학생들의 구국운동도 멸망하려는 국가를 구하려는 운동이라는 전제를 내걸고, 이미 망해버린 국가를 떠나 외국을 떠돌면서 국토 회복과 민

---

31) 국사편찬위원회, 《대한민국임시정부자료집》 37(조선민족혁명당 및 기타 정당), 2009, 388쪽.
32) 《전집》 6, 162쪽.

족 부흥을 꾀하는 길이 얼마나 고난과 고통이 심한 것인지 생각해보라고 요구하였다. 그러면서 민족의 정기 회복을 위해 희생한 선각자 안중근·이봉창·윤봉길 열사의 유지를 계승 발전시키고 투쟁을 계속 펼쳐 왜구를 몰아내고 국토 회복을 이루고자 노력하고 있다면서, 중국 지방 곳곳에서 한국 독립운동을 지원해 달라고 주문하였다.[33) 1936년 8월 29일, 국치일을 맞아 한인애국단은 〈국치기념일에 애국동지에게 격함〉이란 격문을 발표하였다. 이 글은 이봉창과 윤봉길 의사를 되새기며 김구 선생의 가르침과 깃발 아래 청년들이 앞장서 나가자고 외쳤다.[34)

　대한민국 임시정부 외곽의 조직들도 윤봉길 의거를 떠올리며 다짐을 거듭하였다. 한국국민당의 기관지《한민韓民》을 비롯한 여러 기관지에 윤봉길 의거 관련 문장이 많이 실렸다. 1930년 1월 25일 상하이에서 조직된 한국독립당이 1935년 7월에 조선민족혁명당으로 통합해 들어가자, 김구가 대한민국 임시정부를 지켜 내기 위해 11월에 새로 만든 정당이 바로 한국국민당이다. 이 당의 선전부에서 발행한《한민》은 두 가지가 있다. 하나는 1936년 3월 15일자 창간호로부터 1940년 10월 15일자 제23호까지 발간된 것이고, 다른 하나는 1940년 3월 1일자 제1기 제1호로부터 제1기 제5호까지 발간된 것이다. 뒤의 것은 한국국민당·한국독립당(재건)·조선혁명당 등 우파 3당의 통합을 위해 한민월간사韓民月刊社에서 선전지로 발간한 것이다.

　윤봉길 의거 4주년을 맞은 1936년 4월 29일 한국국민당은《한민》 2호를 발간하면서 4·29의거를 특집으로 다루었다. 〈4·29기념의 의의〉는 4월을 경월慶月이라 이름 붙였다. 11일에 대한민국 임시정부가 성립되고, 29일에 홍구작안이 일어났기 때문이라는 설명을 덧붙였다. 그러면서 홍구작안이야말로 '미증유未曾有의 개선凱旋'이라 불렀다. 개

---

33)《전집》6, 163~164쪽.
34)《전집》6, 181~182쪽.

선이란 전쟁에서 승리했다는 말이다. "개선장군 윤봉길 의사는 그 위대한 전공의 전부를 한인애국단에 돌릴 것이며, 한인애국단은 그 전공을 임시정부에 받칠 것이며, 임시정부는 그를 지지하는 투쟁적 혁명민중에게 그 전공을 드릴 것이다"라고 썼다.[35] 그리고 이 글은 윤 의사의 의거가 안중근의 하얼빈 의거 이후 세계적으로 가장 큰 충동(충격)을 준 것이라 평가하면서 네 가지 의의를 들었다. 첫째, 세계로 하여금 한인의 정당한 의사를 재인식하게 만들었다. 둘째, 한중 양국 사이에 있던 커다란 골(일제가 조작한 만보산사건으로 나타난 한중 양국인의 갈등)이 해결되었다. 셋째, 왜적에게 치명상을 입혔다. 넷째, 신음하는 우리 용사에게 신생명을 불어 넣었다.[36]

같은 《한민》 2호에 실린 〈4·29 당시의 정형情形〉이란 글은 직전의 정세와 당일의 광경, 거사의 영향을 기술하였다. 또 〈4·29와 한인애국단〉은 윤봉길을 개선장군이라 칭하면서 한국어본과 중국어본의 전단을 살포한다는 내용을 담았다. 〈윤봉길 의사의 약전略傳〉, 〈한인애국단이 중국 혁명동지에게 삼가 고하는 글〉은 일본군이 상하이를 침공하게 되는 과정과 의거의 공적을 말하면서 한국국민당을 중심으로 공동 분투하자고 제안했다.[37]

1936년 5월 25일자 《한민》 3호에 게재된 〈대련작탄사건大連炸彈事件의 추억追憶〉은 최흥식과 유상근에 대한 공적을 말하면서, 이봉창의 동경작안東京炸案·윤봉길의 홍구작안虹口炸案과 더불어 한인애국단의 '3대 작안'으로 평가하고 자세하게 소개하였다.[38] 《한민》은 줄곧 발간되어 1938년 4월에 나온 17호가 전해진다. 그러다가 1940년에는 임시정부가 충칭重慶에 도착한 뒤 우파 3당 통합을 위해 노력하던 과정에서 《한민》이 새로 발간되었다.

---

35) 《전집》 6, 167쪽.
36) 《전집》 6, 168쪽.
37) 《전집》 6, 168~173쪽.
38) 《전집》 6, 179~181쪽.

한국국민당청년단의 기관지《한청韓靑》도 윤봉길을 기리는 글을 실었다. '윤 의사 순국 4주년'을 나흘 앞둔 1936년 12월 15일자로 윤 의사의 이를 되새기고 추모하는 글을 실었다. 〈윤의사의 순국일을 당하야〉, 〈윤봉길 의사를 추모하며〉가 그 글이다.[39]

1937년 4월 30일 자로 발간된《한민》 13호에 〈4ㆍ29를 축하하자〉라는 글이 실렸다. 의거 5주년을 기념하여 거사를 기리는 글이었다. 여기에서 "윤 의사를 가진 한국 민족은 영광이다. 명예다. 비록 우리가 오늘까지 망국노는 면하지 못하였을망정 누가 감히 우리를 업신여기랴"고 강조하였다. 또 "제2의 윤 의사가 됨으로써 그의 고귀한 피로 쌓아놓은 탑을 더욱 높이 쌓아올리자"고 투쟁심을 고취시켰다. 윤봉길의 전공을 축하하기보다 그의 사업을 계승해 나가야 축하하는 진의를 제대로 발휘할 수 있다면서, 현재 안팎의 형세는 '새로운 윤 의사'가 나오기를 기다리고 있으므로 의거 다섯 돌을 맞아 모두가 윤 의사가 되기를 맹세하는 것으로 이 날을 축하하자고 제의하였다.[40]

1938년 3월에《한민》 16호는 순국 5주기 기념행사와 1938년 4월 17호에 의거 6주년을 기념하는 소식을 실었다. 이어서 1940년 4월에 발간된《한민》 제2기 1호에는 의거 8주년을 기념하여 일파一波(엄항섭)가 쓴 〈윤봉길 의사의 백천작탄안白川炸彈案 진상〉이 게재되었다. 왜적들이 정전협정 체결을 승전의 결과라고 여기며 의기양양하여 위세를 뽐내려고 수만 군민이 모인 곳에서 폭탄을 던져 한 번에 적 수괴들을 해치운 위대한 업적을 거두었다고 평가하면서, 《도왜실기屠倭實記》에 실린 글을 제시하였다.[41]

1940년 충칭에서 우파 3당이 합쳐 한국독립당을 결성하였는데, 이 당의 선전부는 기관지《독립평론獨立評論》을 발간하였다.[42] 1944

---

39)《전집》 6, 182~184쪽.
40)《전집》 6, 188~190쪽.
41)《전집》 6, 212~213쪽.
42)《獨立評論》은 제1기 제1호(1944. 3. 1)와 2ㆍ3합간호(1944. 5. 1), 제4기(1944.

년 5월 1일자로 발간된 제1기 2 · 3합간호는 윤봉길 의거를 기념하는
〈4 · 29 윤봉길 열사의 의거 12주년을 기념하자〉는 글을 게재하였다.
이 글은 1944년 윤봉길 의거 12주년을 맞아 중한 두 나라 민중의 항
일의식을 고취하고 전투역량을 높여 최후 승리를 앞당기자는 뜻을 강
조하고자 《도왜실기屠倭實記》에 담긴 성명서를 옮겨 놓았다.

5. 미주 동포사회의 격정적 현양

미주 지역 동포들은 거사 소식을 듣자마자 대대적인 내용을 상세하
게 보도하면서, 아울러 찬양하는 기사를 담아냈다. 대한인국민회가 발
간한 《신한민보》는 거사가 터지자마자 5월 5일자로 〈장하고 쾌하다 윤
봉천 의사!〉라는 제목으로 소식을 실어 그 의기를 높이 찬양하였다.[43]

> 쟝하다 쾌하다! 그의 폭발탄 한 소래에는 대한의 금수이별이라도 깃버
> 뛰며 춤출 것이며 대한의 산천초목이라도 반기여 반향하고 광채날 것이며,
> 대한의 일월日月 성신이라도 더욱 빗날 것인바 하물며 가슴에 붉은 피가
> 펄펄 끌은 우리들이냐! 우리 대한사람이냐! 쾌하고 쟝하다 윤 의사여![44]

제목에 그의 이름을 '윤봉천'이라 붙였다. 거사 바로 뒤에는 미주 지
역에 그의 이름이 그렇게 알려졌던 모양이다. 그러다가 8월과 12월에
윤 의사가 쓴 이력서와 유촉을 보도하고 '사생취의捨生取義' 정신에 찬
사를 보냈다.

---

8. 12)가 남아 있다. 제1기 제2 · 3호는 신문판형 4면으로 가로쓰기 3단으로 구성되
  어 있다. 전체 4면 가운데 2면은 한글, 1면은 중문, 나머지 1면은 영문으로 적혔으니,
  충칭에서 활약하던 동포와 중국인, 그리고 충칭주재 외국공관의 인사들을 모두 독자
  로 삼았음을 알 수 있다.
43) 〈쟝하고 쾌하다 윤봉천의사!〉, 《신한민보》 1932년 5월 5일.
44) 《전집》 6, 21쪽.

1932년 12월 22일자 《신한민보》는 〈만사〉를 실었다. 12월 19일 오전 7시 40분에 순국하였다면서, "아! 대한에는 안중근, 김익상, 리봉창 등의 의사 렬사들이 계계승승하여 대한의 국혼을 쉬일새 업시 불너내고 잇다"고 찬양하였다. 또 19로군과 우쑹포대를 함락한 일본제국의 시라카와 대장을 작탄 하나로 없애버렸으니, 19로군이 하지 못한 일을 해냈다고 평가하고, "만약 19로군 희생자를 위한 위령제를 올린다면 윤의사가 영령의 맨 윗자리에 놓여야 한다"고 주장했다.[45] 또한 이 글은 '만국공법이란 것도 대포 하나만 못하다'는 격언을 다시금 느끼게 만든다고 밝히고, 끝으로 윤 의사의 부모에게 '산천초목은 변해도 윤공의 꽃다운 의로움은 천추만대에 대한민국과 공존공영할 것'이라며, 결코 서러워하지 말라고 당부하고 위로했다.[46]

일주일 뒤에 《신한민보》는 다시 〈윤봉길 의사의 사생취의〉라는 제목의 글을 실었다. 글쓴이는 '동해수부'인데, 동해수부東海水夫는 홍언洪焉의 필명이다.[47]

　　　　삼한에 끈지 안는
　　　　영웅의 긔운
　　　　만고에 길이 잇다
　　　　렬사의 바람!
　　　　갈때에 끼친 노래

---

45) 《전집》 6, 32쪽.
46) 《전집》 6, 33쪽.
47) 東海水夫 洪焉(1880~1951)은 본래 경북 영덕이 고향으로 알려지는데, 필명도 여기에 말미암은 듯하다. 서울에서 자란 그는 유학을 공부하고 만주 간도를 거쳐 1904년 하와이에 노동이민으로 건너갔다. 대한자강회 기관지 편집을 맡기 시작한 뒤로 《신한국보》·《신한민보》 편집에 참가하고, 1909년 《대동위인 안중근뎐》을 펴냈다. 그는 1910년대부터 40년 동안 《신한민보》 주필이거나 이 신문사와 긴밀한 관계를 가졌고, 소설과 희곡, 시가와 수필 등 다양한 장르의 글을 많이 남겼다. 대한인국민회와 흥사단에 가입하여 활동하고 중국 화교들을 위해 봉사활동도 펼쳐 지원금을 받아내기도 하였다. 또 윤봉길 의거 직전에 터진 만보산사건과 일제의 만주 침공 당시에는 한중합작을 주장하는 논설을 화교 신문에 발표하여 중국인들 사이에 이름을 알렸다. 그는 또 1940년대에 김구의 활약상을 중국 신문에 실어 널리 알리기도 하였다.

〈다시 오리라〉
춘풍의 고려 강산
도라 오려나![48)]

 필자는 윤봉길이 거사 이틀 전에 홍커우공원 현장을 사전에 답사하고서 지은 〈신공원新公園에서 답청踏靑하며〉라는 시 구절을 되살려 이 글을 썼다. 3연으로 된 글에서 "청청靑靑한 방초芳草여/ 명년明年에 춘색春色이 일으거든/ 고려高麗 강산江山에도 단녀가오"라는 제2연의 글을 떠올린 것이다.

 동해수부 홍언은 이 거사를 이충무공의 명량대첩과 같다고 평가했다. "일본군이 동원한 군대가 10만 명에 군함이 40여 척이고 비행기가 100대를 넘었으며, 악을 쓰며 쏟아 부은 대작탄大作彈이 수백 개요, 소작탄이 10여만 개나 되어 중량이 수백 톤인데, 윤 의사가 들었던 작탄은 겨우 8촌 길이에 너비 3촌이며 무게는 겨우 두어 파운드이니, 왜적이 던진 작탄의 총중량에 비해 10만분의 1에도 미치지 않은 것이다"라고 평했다.[49)] 그러면서 "왜노는 전국 병력의 절반을 기울여 상하이 시가지는 유린하였지만, 한 작은 홍구공원의 경축회를 보호하지 못하여 마침내 윤봉길 의사로 하여금 순간의 성공을 얻게 하였으니 왜로도 양심이 있다면 응당 부그러워 죽으리라"면서 비꼬았다.[50)]

 홍커우 의거를 찬양한 문학작품으로는 동해수부 홍언의 작품집《동해시초東海詩抄》에 실린 〈윤봉길의사尹奉吉義士 홍구작격虹口炸擊 십수十首〉가 단연 돋보인다.[51)] 이것은 윤봉길의 짧은 생애와 의거 과정을 노래한 서사시다. 모두 10연으로 구성된 작품인데, 비 내리는 홍커우공원에 폭탄이 작렬하던 장면에서부터 단상에 있던 일본 '칠적七賊'이 한

---

48) 《전집》 6, 33쪽.
49) 《전집》 6, 34쪽.
50) 《전집》 6, 35쪽.
51) 《전집》 6, 786~788쪽.

사람도 피하지 못하고 처단 당하는 장면을 자세하게 묘사하였다. 작렬하던 모습을 담은 1연과 시게미츠와 시라카와가 처단되는 3연과 4연을 보자.

〈1연〉
암연黯然한 홍구虹口공원 궂은 비 내리는데
억센 도적들의 열병기세 교만하고나.
홀연히 수류탄 날아가 터진 곳에
벽력의 한 소리 하늘을 진동한다.

〈3연〉
중광규重光葵 쓰러지매 일장기 빛을 잃어
이른바 천장절天長節이 불장설不長節이 되었더라.
붉은 피 깃발에 뿌리고 시체는 땅에 널려
왜놈의 경축장은 장례식이 되었도다.

〈4연〉
교만한 백천白川 대장 서천逝川에 곡하고
향빈주香檳酒 도착하니 처연터라.
왜왕의 봉작封爵 영화 무엇에 쓰랴
한숨과 공명이 구천九泉에 가버렸네.[52]

이어서 제9연은 황푸강 북쪽 중국인 거주지를 잿더미로 만든 일본군의 만행을 한 선비의 힘으로 물리친 이야기를 다음과 같이 노래하였다.

---

52) 《전집》 6, 41쪽.

〈9연〉

황포강 북쪽이 잿더미로 변하매

십만의 침략군은 피를 물고 돌아가더라.

철통같은 진지도 한 선비를 막지 못해

조용히 괴수들을 섬멸했도다.[53]

《신한민보》는 1935년 6월 20일자에 시사논단時事論壇으로 〈모일侮
日문제〉라는 글을 실었다. 이것도 논조나 글 솜씨로 보아 홍언의 글
이라 짐작된다. 글쓴이는 한국인이 왜 일본을 업신여기게 되었는가라
는 문제를 던지고, 그 원인을 신라 남해 차차웅 때부터 가지게 된 원한
때문이라고 풀어 나갔다. 이어서 메이지유신 이후 서양문명의 껍데기
만 배워 기계를 날카롭게 만들고, 칼로 해적질하던 자들이 대포와 군
함을 갖고 도적질하게 되면서 한중 양국을 업신여기며 마음대로 죽이
고 빼앗고 동화하라고 강박하고 있다고 현실을 짚었다. 그래서 안중근
의 단총은 이토 히로부미의 대음모를 깨트려 중국 침략을 20년 늦추었
고, 이봉창의 수류탄은 이른바 신성불가침이라는 일본 '텬황'을 저격하
였으며, 윤봉길의 폭발탄은 10만 군중 속에서 시라카와 등 7개 적괴를
쥐 잡듯 하였나니, 이것은 한국 배일당의 맨주먹의 비장한 행동이었다
고 찬양하였다. '쥐 잡듯'하였다는 표현이 업신여기는 가운데서도 단연
두드러진 표현이다.[54] 윤봉길 의거가 "왜로의 전투함 · 잠행정 · 대포 ·
기관총 · 비행기 · 탱크를 아이들 장난감 같이 보아 한 번 손을 번듯 쳐
공리를 펴고 더운 피를 시원히 뿌린 데에는 바로 모일侮日에서 나온
것"이라 평가하였다.[55]

일주일 뒤에 다시 같은 신문, 같은 시사논단에 홍언이 〈우리 민족혁

---

53) 《전집》 6, 42쪽.

54) 《전집》 6, 154~156쪽.

55) 《전집》 6, 157쪽.

명의 과명과 견도〉라는 글을 써서 한중연합전선이 가능해진 원인으로 이봉창·윤봉길 두 의사의 의거를 들었다. 김규식이 나서서 중한동맹을 결성한 것도, 이승만이 제네바에 갔을 때 중국 대표 궈타이치 등이 소개하여 진정서를 국제연맹에 들이게 된 것도, 난징군관학교 일도 모두 양 의사의 투쟁이 밑받침이 되었다고 평가하였다.[56] 같은 해 7월 18일자《신한민보》에는 〈원동의 혁명동지를 위하야〉라는 기사가 게재되었다. 이 글에는 "윤 의사의 홍구공원에 던진 폭탄은 남중국의 관민으로 하여금 우리 혁명당의 위력을 깊이 인식하게 하였다. 그러므로 난징정부 당국도 우리 혁명당을 친근하기를 원하였으며 민간 유지들의 우리 혁명당과 당원에 대한 원조와 보호는 실로 친절하고 극진하였다"는 내용이 담겼다.[57] 홍커우공원 의거의 결실이 중국인에게 한국 독립운동의 역량과 투지를 알려 주기도 했고, 난징정부가 한국 독립운동을 직접 지원하고 나서기 시작한 사실을 간접적으로 알려 준 글인 셈이다.

동해수부는 의거 5주년을 맞아《신한민보》1937년 4월 29일 자에 〈뎐디를 놀낸 홍구쟉격의 성공〉을 기고하였다. "백천 등 7개 적괴가 사령대에 올라서니 죄악이 광영하여 천벌을 기다리는 적괴는 하나도 빠지지 않고 한 곳에 모두 모아 놓았다"고 쓰고, "꽝! 하늘이 무너지는 듯/ 와지끈! 땅이 꺼지는 듯" 왜로의 천장절 경축회장은 일시 수라장이 되었다고 표현하였다. 이어서 윤봉길을 '진실로 천고의 1인'이라 평하고, 그 성공을 이충무공의 명량포 대전첩에 견줄 수 있다고 평가하였다.[58]

《신한민보》는 의거 5주년을 맞아 1937년 5월부터 6월 사이에 〈윤봉길 의사의 사략을 닐고〉라는 제목으로 5회나 연재하였다. 이것 또한 '동해슈부'라는 필명으로 홍언이 쓴 것이다. 그는 글머리에서 연재 글

56)《전집》6, 159쪽.
57)《전집》6, 160쪽.
58)《전집》6, 185쪽.

을 써 나가는 자신의 뜻을 먼저 밝혔다. 윤봉길의 작품인 '방초가' 한 곡이 천고의 절창인데, 이는 글을 잘하여 그런 곡을 썼다기보다는 진정을 토해내는 소리여서 절로 의미 있고 운치 있는 노래가 된 것이라고 말했다. 이어서 홍언은 윤봉길의 '이력'을 읽고서 깨닫고 느끼는 것을 문인으로서 글 자랑보다는 사상을 일깨워야 하는 책임을 지고 있기 때문에 붓을 들어 진정을 갖고 느낌을 적는다고 전제하였다. 〈선서〉·〈가세〉·〈수양〉으로부터 망명 과정을 거쳐 거사를 이루어 내는 과정에 제목을 붙여 나가면서, 그 내용을 음미하면서, 기리고 찬양하는 시를 덧붙여 나갔다.

〈선서〉의 끝 부분인 "중국을 침략하난 덕 쟝교를 도륙하기로 맹세함"이라는 한 마디에서 장사의 호기를 볼 수 있다면서, "그 호기는 중원의 산악이 흔들리고 현해탄의 엿흔 물이 목매쳐 우난도다"라고 찬양하면서 시 한 수를 덧붙였다.[59] 또 〈유촉〉 끝 부분에서는 윤봉길이 두 아들에게 남긴 〈강보에 싸인 두 병사에게〉라는 유촉의 앞부분을 소개하였다.[60]

　　　너의도 피잇다면
　　　너의도 뼈잇다면

---

59) 《전집》 6, 193쪽.
60) 〈襁褓에 싸인 두 兵丁에게〉
　　　너이도 萬一 피가 잇고 뼈가 잇다면 반다시
　　　朝鮮을 爲하야 勇敢한 鬪士 되여라
　　　太極에 旗발을 놉피 드날니고 나의
　　　빈 무덤 압헤 차져와 한 잔
　　　술을 부어 노으라
　　　그리고 너의들은 아비 업슴을 슬퍼하지 말어라
　　　사랑하는 어머니가 잇스니 어머니의 敎養으로 成功者를
　　　東西洋 歷史上 보건대
　　　東洋으로 文學家 孟軻가 잇고
　　　西洋으로 佛蘭西 革命家 나푸레옹이 잇고
　　　米國에 發明家 에디슨이 잇다
　　　바라건대 너희 어머니는 그의 어머니가 되고
　　　너의들은 그 사람이 되어라(《전집》 1, 784쪽)

> 죠선의 피와뼈니
> 용감한 투사니라
> 싸오면 광영접견
> 개선가 곡죠속에
> 태극기 날니면서
> 한잔술 나의무덤[61]

　홍언은 윤봉길의 작품 가운데 '방초가'를 가장 으뜸으로 쳤다. 3연 가운데서도 중간 "쳐쳐한 방초여/ 명년 춘색이 닐으거든/ 고려강산에도 단녀가오"라는 구절을 거듭 찬양하였다. 그는 문득 필리핀의 애국자 리살이 죽음을 앞에 두고 "이 몸이 죽은 후 썩어서 거름이 되어 빌립빈 곡식에 보탬이 되리라"고 말한 것을 제시하면서 말은 달라도 정은 같다고 표현하였다. 그러면서 윤봉길의 원작을 소개하면서 자신의 시를 덧붙이던 동해수부 홍언은 "쟉쟈난 이 방초가 아래 감히 시를 쓰지 못하고 붓을 던지노라"면서 글을 줄였다.[62]

　홍언은 〈홍구의 셩공〉이라는 글에서 거사 장면을 시로 연재하던 글을 마무리하였다.

> 좀체로 안흘리난
> 영웅의 귀한눈물
> 그대가 가는길에
> 슮허셔 뿌럿세라
> 그눈물 홍구공원
> 아츰비 쏟아져서
> 태양기 적시우고

---

61)《전집》6, 205쪽.
62)《전집》6, 207쪽.

벽력이 떠러젓다

(윤봉길 의사 쟉격 당시 홍구공원 비가 쏟아젓음)[63]

동해수부는 의거 8주년을 맞아 1940년 4월 25일자 《신한민보》에 〈세 의사의 각기 가진 특뎜〉을 기고하였다. 머리글에서 안중근·윤봉길·이봉창 세 의사는 우리나라 광복운동 역사의 첫 장을 빛냈고 다른 나라 역사에서도 이처럼 장렬한 인물이 흔치 않으니, 세 의사의 특점을 삼한영웅록에 실어 후세에 모범으로 삼는다고 밝혔다. 안중근은 넉넉한 장략을 가진 장수 재목이고, 윤봉길 의사는 지극한 정을 가져 강철심장에 측은한 마음을 갖춘 인물이며, 이봉창은 담량과 용기가 뛰어난 인물이라 비교하였다. 지은이 홍언은 "나의 자애하신 부모 나의 사랑하난 안해와 두 아들에게 무궁한 고통을 주난구나. 그러나 나 죽은 후에 알니라. 내가 죄악의 고통을 주난 것이 안이오. 다만 동포의 부모 쳐쟈의 고통을 벡겨주기 위하야 내 부모쳐쟈에게 이 고통을 주난 것이라"면서, 남의 고통을 벗겨 주기 위해 자기 스스로 고통을 받을 용감성이 있은 뒤에야 비로소 혁명운동으로 나갈 수 있으니, 윤봉길에 대해 지극한 정을 가진 인물이라 평가한 것이다.[64]

6. 중국인의 윤봉길 의거 찬미

중국인들도 윤봉길 의거와 함께 그의 인물 됨됨이를 높게 평가하였다. 먼저 장제스는 일기에서 간단하게 그날의 느낌을 적었다. "비록 병력을 동원하며 전쟁을 탐하는 자라도 깨달은 바가 있을 것"이라면서,

---

63) 《전집》 6, 208쪽.
64) 《전집》 6, 219~220쪽.

기고만장하던 일제지만 느낌이 없을 수 없으리라는 글을 남겼다.[65] 중국 정부가 한국 독립운동을 공식적으로 지원하지 않다가 정책을 바꾼 계기를 바로 이 자료에서 읽어 낼 수 있다.

라오메이老梅라는 중국인이 상하이 의거를 찬미한 헌시獻詩〈의사행義士行〉이《광복光復》에 실렸다. 이 잡지는 한국광복군총사령부가 펴낸 것으로 1941년 6월에 발간된 제1권 제4기에 이 시가 실려 있다. 라오메이는 본 이름이 징메이주景梅九(1882~1961)로, 중국에서 당대에 제일가는 문필가였다.[66] 그가 한국 의열투쟁에 빛나는 인물들을 칭송하는 글을 한국광복군의 기관지에 기고한 것이다.

〈의사행〉은 모두 3편으로 이루어졌는데, 첫 수가 이봉창, 둘째가 윤봉길, 그리고 마지막 셋째가 대련에서 관동군 사령관과 남만철도총재를 처단하려던 최흥식崔興植 · 류상근柳相根 · 이성원李盛元 · 이성발李盛發을 기리는 시다. 윤봉길의 생애와 의거를 칭송한 노래 가운데 후반부를 옮겨 보면 다음과 같다.

　　〈의사행〉2 영윤봉길의사홍구작안 咏尹奉吉義士虹口炸案

　　　　백천白川이 잔 잡아 마시려 들 때,　　　　白川執杯方啓唇,

　　　　의사는 손을 들어 폭탄을 던졌네.　　　　義士揮手投孤注.

　　　　벽력과 같은 소리에 천지가 무너지고,　　霹靂一聲天地崩,

---

65) 《전집》6, 21쪽.

66) 老梅 景梅九는 본래 定成이라 불렸고, 字가 梅九였다. 山西省 運城市 출신인 그는 1902년 東京帝大 예과에 유학하면서, 중국동맹회에 가입하였고, 1908년 제국대학 예과를 졸업한 뒤 귀국하여 1911년 베이징에서 《國風日報》의 편집출판을 맡았다. 1913년 제1기 국회 중의원 의원이 되었다가, 1916년 위안스카이가 칭제함에 그는 〈討袁世凱檄文〉을 발표했다. 1923년 광저우에서 중국국민당 개조회의에 참가한 그는 뒷날 1934년 시안에서 잡지 《出路》를 출판하면서 항일구국 활동을 폈고, 1937년 중일전쟁 이후에는 중국공산당 지원을 받아 다시 시안에서 《國風日報》를 발간하였으며, 중국공산당에 많은 도서를 기부하자 마오쩌둥이 그를 '장안 8대가'로 칭송하였고, 중화인민공화국 西安 인민대표를 지냈다. 그는 당대 저명학자요, 시인이자 훈고학에 조예가 깊은 인물인데, 1924년 신해혁명 회고록인 《罪案》을 출판하고, 단테의 《神曲》을 비롯한 번역서 발간에도 업적을 남겼다.

피와 살이 흩어지고 사지도 흩어졌네.	血肉橫飛肢骸舞,
스무 발의 예포를 울리지도 못하고,	廿發禮砲寂不鳴,
삼군 깃발 쓰러지고 북도 모두 잠잠했네.	三軍偃旗盡息鼓.
남은 무리 어지러이 금수처럼 달아나고,	餘衆紛作鳥獸奔,
적의 괴수 몸 부서져 시체도 성치 않았네.	渠魁碎尸無完膚.
중국 남아 의사만 못해 부끄러워하고,	中華男兒愧弗如,
일세의 호걸도 머리를 숙였네.	一世豪俠首爲俯.
원컨대 천만년 정의의 화신되어,	但願化身千萬億,
중한의 공적인 왜적 방어 도우소서.	陰相中韓同御侮,
왜노들을 다 죽이고 전쟁을 그만두어,	殺盡倭奴方罷休,
강토를 흠 없이 우리에게 돌려주소서.	金甌無缺還吾土.
온 천하 사람들이 다함께 초혼하며,	人道同仇與招魂,
광복의 으뜸 공을 이 의거에 돌리네.	光復元功歸一擧.[67]

중국인으로 그의 업적을 소개한 인물로 거치펑葛赤峰도 있다. 그는 1945년에 《조선혁명기朝鮮革命記》에 〈윤봉길〉이란 항목을 두어 서술하였다. 그는 역사와 소수민족의 민속에 관한 저술을 많이 남겼는데, 1945년 상무인서관商務印書館에서 간행된 이 책에 윤봉길을 비롯한 한국 독립운동가들의 열전을 실었던 것이다.

7. 현양 자료에 나타난 윤봉길 의거

의거 직후부터 광복을 맞을 때까지 중국에서 발행된 현양 자료를 검토하면서 그 내용을 추적해 보았다. 김구가 한인애국단 이름으로 내놓은 성명이 중국에서 나온 현양 자료의 출발이었다. 성명서가 다시 그

---

67) 《전집》6, 542쪽(번역은 안동대 한문학과 김남기 교수의 도움을 받았음).

해 연말로 가면서 차츰 글이 다듬어져 한국어본이 나오고, 중국어본은 《도왜실기》에 실렸다. 이를 통해 윤 의사의 행적과 거사 과정, 그리고 역사적 의의 등이 정리되었다.

이어서 대한민국 임시정부를 중심으로 중국에서 활동하던 독립운동가들이 그의 삶과 거사를 찬양하는 글을 펴냈다. 조소앙이 그렇고, 김광과 이두산이 그랬다. 조소앙의 글은 거사 장면이 상세한데, 일부분만 전하고 있어서 아쉽기 짝이 없다. 김광이 쓴 《윤봉길전》은 가장 많은 분량이다. 김광은 윤봉길과 1년 정도 가까이 지낸 인물이어서 서술 내용이 풍부하고, 남들이 모르는 이야기도 많다. 그는 의거가 터진 뒤 1년 동안 자료를 모으면서 거사 전에 윤봉길로부터 들은 이야기를 회고하면서 사실의 전개 순서에 따라 비교적 이야기를 진행하였다. 또 〈홍구작안의 진상〉을 비롯한 기존 발표된 자료를 모두 섭렵하고 있어서 당시까지 전해진 현양 자료를 수합한 '종합판'이라 부를만하다. 하지만 불확실하거나 틀린 사실도 더러 눈에 띈다.

다음으로는 대한민국 임시정부가 상하이를 빠져나가 멀고 험한 이동, 장정을 펼치는 동안, 홍커우공원의 거사를 되새기는 자료들이 있다. 대한민국 임시정부는 존립 자체가 흔들릴 만큼 난관에 부딪치고 어려울수록, 역사 속에서 힘을 되찾으려고 상하이 의거를 거듭 강조하였다. 한국국민당의 기관지 《한민韓民》이 윤 의사의 투쟁을 해마다 거듭하여 담아내면서 찬양한 이유는 대한민국 임시정부의 옹호와 투쟁성 홍보를 하여 자신력의 회복에 목적을 둔 때문이다. 이러한 흐름은 한국광복군의 기관지 《광복》으로 이어졌고, 《독립평론》에서도 그러했다.

미주 지역의 현양 자료는 동해수부 홍언이 《신한민보》에 게재한 글이 대부분이다. 특히 생애와 의거를 열 장면으로 나누어 서사시로 엮어낸 글은 문장력이 뛰어나고 감동을 주기에 충분하다.

중국인이 쓴 논찬도 눈길을 끈다. 라오메이라는 필명을 쓴 징메이주와 거치펑葛赤峰의 글이 대표적이다. 그 가운데서도 당대 명필로 이름을 널리 알린 라오메이 징메이주의 헌시獻詩가 돋보인다. 윤봉길의 생애와 함께 거사 과정을 서사시로 노래한 그의 글은 "중국 남아 의사만 못해 부끄러워하고, 일세의 호걸도 머리를 숙였네"라고 노래하였다.

의거 이후 광복에 이르기까지 나온 논찬과 전기류는 다섯 가지로 정리된다. 첫째, 윤봉길이란 인물의 역사를 정리하면서 일찍부터 나라를 위한 삶을 지향한 됨됨이를 그려 냈다. 둘째, 상하이로 망명한 뒤 김구와 만남, 그리고 거사를 준비하고 목표를 달성하기까지 과정을 세밀하게 묘사하였다. 셋째, 상하이를 떠난 대한민국 임시정부가 충칭시기에 이르기까지 거듭 홍커우공원 의거를 되새기며 독립운동의 활력소를 찾았다. 넷째, 특히 미주 지역 동포들이 이에 고무되어 대한민국 임시정부를 지원하는 데 적극 나섰다. 다섯째, 중국인들의 찬사가 드높아져 만보산사건으로 말미암아 독립운동 선상에 나타났던 혼란과 위기가 해결되었다. "광복의 으뜸 공을 이 의거에 돌리네"라고 매듭지은 라오메이의 글이 이를 말해 준다.

Ⅵ. 아나키스트의 백과사전 출판의 꿈 : 《조선학전朝鮮學典》

1.《조선학전》 발간 시도

'《조선학전朝鮮學典》 전간專刊 제일호第一號'는 1947년 3월 상하이에서 한국 아나키스트들이 세계백과사전 '조선판'을 발간하기 위해 '세계학원조선학전관世界學院朝鮮學典館'을 설립하고,[68] 사전 편찬을 준비하는 과정을 보여 주는 인쇄물이다. 4 · 6배판 크기로, 표지 2쪽과 정오표인 감오표勘誤表 1쪽 및 본문 30쪽 분량으로 구성된 이 자료는 필자가 1996년 미국 하버드대학의 하버드 · 옌칭 도서관Harvard-Yenching Library에서 찾아낸 것이다. 후버 도서관Hoover Library의 자료를 복제했다는 스탬프가 찍혀 있는 것으로 보아, 이것이 한국전쟁 때 미군이 노획하여 미국으로 가져갔던 것을 복제하여 하버드 · 옌칭 연구소 Harvard-Yenching Institute에 들어온 것으로 보인다. 이 자료가 하버드 · 옌칭 연구소에 들어와 등록된 시기는 1952년 9월 22일이었다. 이는 상하이에서 출판된 지 5년 6개월 만에 이곳에 도착한 셈이다.

이 자료를 보는 순간, 필자는 해방 직후 상하이 지역에서 활약하던 한인 아나키스트들이 백과사전을 편찬하려 했다는 사실과 함께 혹시 결과물이 나왔을지도 모른다는 기대도 해보았다. 그래서 미국만이 아니라 중국으로도, 특히 상하이도서관으로 연락하여 '조선판 백과사전'을 찾으려 애를 썼다. 그러나 중국 상하이도서관에서도 이것과 꼭 같은 자료만 소장하고 있을 뿐, 편찬된 백과사전이 없음을 확인하였다.

---

68) 이 자료는 學館의 주소를 上海愚園路749弄51號로, 전화번호를 20010이라고 기록하였다.

백과사전 편찬의 주역이던 정화암鄭華巖의 회고록을 읽다가,[69] 중국내전(중국국민당정부와 중국공산당정부 사이의 전쟁)으로 편찬 작업이 이루어지지 못했음을 알게 되었다.

이 사전 편찬의 궁극적인 의도는 어디에 있었던가? 그것은 해방 직후 상하이에서 활동하던 한국 아나키스트들이 세계 평화를 달성하려면 서로가 이해하는 것이 선결 사항이라고 판단하고서, 한국을 세계에 알리기 위하여 한국백과사전을 기획한 데 있었다. 이 사업은 한국 아나키스트만 추진한 것이 아니었다. 중국 아나키스트의 거장인 리스청李石曾의 《세계학전世界學典》(The World Encyclopedia) 편찬에 맞춰, 한국 아나키스트들이 '조선판朝鮮版(Korean Edition)'을 출판하려 했던 것이다.

이를 편찬하고자 정화암을 비롯한 아나키스트들은 장제스에게 부탁하여 상하이에 건물을 무상으로 빌렸다. 그리고 사전편찬을 위해 자료 수집에 나섰다. 3천 권이라는 도서를 마련하면서 이 일이 본격화되었지만, 상하이가 중국공산당 정부에 점령되면서 이를 모두 잃고 말았다. 중국국민당 정부가 패배하고 타이완으로 철수함에 따라 세계백과사전 조선판 출판은 중단되고 만 것이다.[70]

《조선학전》 편찬을 위해 조직한 기관은 '세계학원조선학전관世界學院朝鮮學典館'이고, 이사장은 중국인 리스청李石曾, 총편집에 양자루오楊家駱와 정화암, 편집에 강천탁姜天鐸 · 이하유李何有 · 장계니張契尼 · 김파金波 등 4명이다. 이 가운데 정화암은 한국 아나키스트의 대표적 인물이요, 이하유는 아나키스트로서 광복진선 청년공작대光復陣線青年工作隊를 거쳐 광복군 제2지대 제2구대원으로 활동한 인물이다.

---

69) 鄭華巖, 《어느 아나키스트의 몸으로 쓴 근세사》, 자유문고, 1992.
70) 앞의 책, 280쪽.

2. 《조선학전》 구성 계획

이 자료는 크게 두 부분으로 구성되어 있다. 하나는 〈아문대어조선 문제적관찰여건의我們對於朝鮮問題的觀察與建議〉라는 것과 다른 하나는 〈'조선학전朝鮮學典' 설명급목록說明及目錄〉이라는 글인데, 두 글은 모두 15쪽으로 같은 분량의 것이다.

첫 번째 글, 〈아문대어조선문제적관찰여건의我們對於朝鮮問題的觀察與 建議〉는 다시 두 부분으로 구성되었다. 먼저 이 글은 조선 자주독립의 필요성을 밝히고 조선에 대한 탁관제도託管制度(신탁통치제도) 적용이 옳 지 않다는 점을 주장하였다. 조선 역사의 유구성을 서술하면서 그 가 운데 정치 문화의 독자적 발전을 증명하고, 이러한 바탕 위에 자주독 립이 가능하다고 주장하였다. 그리고 조선이 다른 연합국과 마찬가지 로 공동으로 반침략 노력을 기울이고 있으니 정신적으로는 이미 연합 국의 일원이라고 강조하였다. 그런데도 1945년 12월 모스크바 3상회 의에서 조선에 대한 탁관제도가 채택되었다는 사실에 분노를 드러내면 서 그 내용을 하나하나 짚어 나갔다. 그리고서 탁관제도는 분관제도分 管制度요, 이것은 사실상 분할제도分割制度이며, 연합국 헌장을 파기하 는 것이요, 또 한 번의 전쟁을 만들어 내는 일이라고 강력하게 비판하 였다. 그리고 연합국 헌장 제12장 제77조에 열거된 신탁통치 적용의 유형을 제시하면서, 그 가운데 조선에 적용한 '제2차 세계대전의 결과 적국에서 분리되어 나온 영토'라는 구절은 조선의 경우에 합당하지 않 다고 주장하였다. 이는 곧 조선이 옛 영토의 광복이지 결코 일본 영토 에서 떨어져 나온 것이 아니라는 논리이다.

그들은 당시에 오직 중국만이 조선 문제 처리에 합당한 견해를 갖고 있다고 주장하였다. 이 글은 조선 문제의 골자가 마땅히 카이로회의 결의를 근거로 하여 미국과 소련 군부가 적을 축출하고 치안을 유지하 면서 조선인민의 자유의지로서 민주주의 방식으로 자주독립정부를 성립시키는 것이라고 설명하였다. 그리고 이 문제에 대해서는 반드시 중국이 참여해야 하고, 그럴 경우에 탁관제도의 추진을 막을 수 있으리라 생각하였다. 그렇지 않을 경우, 조선 문제는 미소의 분쟁을 야기할 것이고, 결국에는 제3차 세계대전의 도화선이 될 것이라고 엄중하게 경고하였다.

이 글의 둘째 부분은 독일의 '지리정치학파'의 주장을 바탕으로 깔면서 러시아의 동진과 이에 따른 근대 조선의 정세 변화를 앞머리에 정리하였다. 다음으로 러시아가 소련으로 바뀌면서 자본주의와 사회주의가 대립하고, 끝내 한반도에 미국과 소련이라는 두 세력이 각각의 제도를 강요하고 있다고 설명하였다. 그러면서 이들이 각각 남북에 서로의 체제를 강요할 것이 아니라, 조선인들에게 스스로 선택할 수 있게 해야 한다고 주장하였다.

끝으로 이 글은 미국과 소련으로부터 조선에 대한 정책 수정을 희망하면서 9개 항의 방향을 내보였다. 대체로 그 내용은 조선의 자주독립을 인정하고 탁관제도를 폐기해야 한다는 것이다. 그리고 미소 주둔군이 조선의 자주독립 정부가 완성되기 전에 정치 행사권을 조선인에게 주는 것이 마땅하고, 만약에 남북 정부를 분립하고 각 군대로 하여금 장차 조선에 영향을 준다면 조선은 결코 통일되지 않는 자주독립국이 될 가능성이 있고, 국내는 물론 국제적인 분규 장소가 될 것임이 확실하다고 주장하였다. 또 그들은 소련이 북한에 조직한 50만 군대로 주둔군을 대신하면서 조선과 중국 둥베이 지역을 관할하는 전초 부대로 만들려 하고 있다고 인식하였다. 때문에 남한도 군대 조직을 바라고 있다고 보았다. 그래서 이 글은 남북 군대의 조직과 이에 따른 내전이나 국제전의 위험성을 지적하면서 방향 수정을 요구하였다. 이 글은 소련군이 조선 북부 지역의 군대를 해산시키기를 희망하고, 아울러 중립국으로서의 길을 걷게 해야 한다고 주장하였다.

두 번째 〈설명급목록說明及目錄〉은 편제 부분과 목록으로 나뉜다. 전자는 사전의 내용 구성에 대해서 설명한 것이고, 후자는 게재할 사전 내용의 단어 목록이다. 설명은 먼저 《세계학전》의 체제를 간략히 설명하고, 중국의 세계학원을 설명하였다. 이어서 이 글은 조선학전관 제1기 공작 과정을 다음과 같이 서술하였다. 그들은 먼저 공작을 쉽게 만들기 위해 약 3백 만 자로 구성되는 중문판 《조선학전》 1책을 마련하고자 했다. 다음으로 그들은 조선 역사와 지리 지식 위주로 정리하고, 조선문화와 국제 관계를 개발하며, 조선 독립자주운동을 촉성한다는 단계를 마련하였다. 이것이 완성되면, 다음으로 한글판을, 또 다음에 영문판을 출판한다는 계획을 세웠다. 그들은 다음 순서로 조선문물관 건립과 전시, 《조선총서》·《조선월간》·《조선일보》 간행, 조선통신사 설립, 조선학전복무사 설립 등을 잡았다.

그들은 출판될 백과사전의 모델을 역사 속에서 찾았다. 즉 《지봉유설》·《성호사설》·《증보문헌비고》 등 18종을 그러한 모델로 인정하고, 이를 본보기로 삼고자 하였던 것이다. 그러면서 그들은 큰 요목으로 세계 속의 조선 · 조선통사 · 조선문화사 · 자연지리 · 인문지리(총설, 정치, 경제, 교육, 사회) 등을 제시하였다.

이러한 논의의 바탕 위에서 그들은 목록을 작성하였다. 우선 3천여 개의 카드를 작성하였는데, 그 내용은 한국사에 등장하는 주요 인물과 사건 및 지역이고, 특히 한국독립당을 비롯한 독립운동단체와 대한민국 임시정부 요인을 비롯한 주요 인물을 담은 항목이 많았다.

3. 《조선학전》 발간의 좌절

이 자료는 정화암을 비롯한 한국 아나키스트들이 해방 직후 중국 상하이에서 시도한 사업 내용을 알려 주는 좋은 문건이다. 그들은 제2차 세계대전 후 열강들이 다시 제3차 세계대전을 유발시킬 수 있는 조건들을 일일이 제기하면서, 이를 막는 하나의 방법으로 서로를 이해하는 것이 중요하며, 이를 위해 백과사전 편찬이 필요하다고 주장하였다. 중국인 아나키스트 리스청李石曾의 의도에 찬성하고 그에 동참하면서 우리의 역사 문화를 정리하고자 의도했던 것이 바로 조선판 백과사전 편찬 시도였다.

이 자료는 탁관제도를 반대함으로써, 국내에서 일어났던 반탁·찬탁의 논쟁에 대한 또 다른 세력의 주장을 보여 준다. 더구나 이 글은 탁관제도가 궁극적으로 분할제도이며, 결국에는 이것이 남북 분단을 초래하고 한반도를 국제적 분규의 현장으로 만들 것이라고 짚어냈다. 참으로 놀라우리만큼 정확한 예견이었다.

비록 정국 변화로 말미암아 실패하고 말았지만, 이 문건은 그들이 활동할 방향과 순서를 알려 주고 있으며, 특히 항목을 가·나·다 순서로 배열해 놓아 그들의 관심이 어디에 있었던가에 대해서도 많은 정보를 주고 있다. 그들이 출판하지 못한 백과사전에 대해 아쉬움을 느끼면서, 아울러 이에 대한 연구가 이 자료로 말미암아 시작될 수 있기를 바란다. 그렇게 되기 위해서는 이들이 상하이에서 출판에 대비하여 수집해 두었던 3천 권 이상의 책을 비롯한 관련 자료들을 찾아내는 작업이 펼쳐지고, 또 그 결실이 있기를 기대해 본다.

Ⅶ. 북미北美 유학생留學生 잡지雜誌《우라키》연구

1. 미국 유학생의 기관지《우라키》

유학留學은 문화의 전파와 교류관계를 알려 주는 중요한 척도이다. 한국사에서 유학의 대상은 전통적으로 중국이었고, 이는 대륙문화 수입을 뜻했다. 그런데 1880년대에 들면서 이 구도에 변화가 일어났다. 이는 일본이 무대의 중앙으로 등장한 사실과 중국과의 힘겨루기를 벌이면서 생겨난 것이다.

1876년 병자수호조약 이후 한반도를 에워싼 국제구도의 근본적인 대개편이 이루어지기 시작했다. 청과 러시아로 대변되는 대륙 세력과 일본과 미국으로 대표되는 해양 세력이 한반도에서 대립각을 세웠고, 점차 무게 중심이 후자 쪽으로 옮겨졌다. 유학생 파견의 방향도 자연 그러했다. 일본에 유학생이 파견된 때가 1880년이었다. 그것도 정부가 내보낸 공식적인 것이었다. 미국에는 이와 달리 비공식적으로 시작되었다.

한국이 미국과 정식 관계를 맺은 것은 1882년 조미수호통상조약朝美修好通商條約이다. 그 뒤 서울에 미국 공사관이 설치되고, 미국에도 조선의 외교사절이 파견되었다. 외교사절의 파견은 곧 유학생을 배출하는 출발점이기도 했다. 보빙사報聘使 민영익閔泳翊을 수행했던 윤치호尹致昊가 돌아오지 않고 그곳에 남아 서양 학문을 접하기 시작한 것이다.

1880~1890년대 유학생은 외교사절로 갔다가 잔류한 자와 망명하여 터를 닦은 인물로 나뉜다. 윤치호가 앞의 경우이고, 갑신정변 이후

미국으로 망명했던 서재필徐載弼 · 서광범徐光範이 뒤에 속한다. 하지만 이들의 수는 그렇게 많지 않았고, 노동 이민이 출발한 뒤로 조금씩 늘어나기 시작하여 1910년 무렵에는 30명을 넘었다. 그러다가 미국 유학생의 폭발적인 증가를 보인 때는 3 · 1운동 직후였다.

미국 유학생들이 증가하면서 점차 소규모의 집회가 틀을 잡기 시작하였다. 그것을 하나로 묶는 작업이 나타났고, 그 열매가 북미조선학생총회北美朝鮮學生總會(The Korean Student Federation of North America)였다. 1919년 1월 1일 결성된 이 조직의 명칭은 북미학생회, 북미조선유학생회, 북미대한인유학생총회, 유미조선학생총회留美朝鮮學生總會 등으로 불렸는데, 여기에서는 북미조선유학생회(이하 유학생회)로 통일했다.

이 연구는 1925년부터 1936년 사이에 7호까지 발간된 유학생회 기관지인 《우라키(The Rocky)》를 분석하려는 것이다.[71] 이 연구는 먼저 유학생회의 역사를 개관하고, 이어서 《우라키》의 발간 목적과 중심인물, 내용 구성과 성향 등을 살핀다. 이를 통해 유학생들이 식민지인으로 살아가던 국내 대중들에게 무엇을 전하려 했으며, 그들의 성향이 어떠했는지를 규명하려 한다. 물론 이 잡지가 일제의 간섭과 제약 때문에 그들의 목소리를 제대로 담아내지 못하는 뚜렷한 한계를 보이고 있지만, 곳곳에서 속뜻을 드러내는 의미 있는 단어들을 담고 있기도 하다.

그동안 미국유학생 사회에 대한 연구는 거의 없었다. 이 글은 우선 《우라키》를 분석하는 데 머물지만, 장차 유학생 사회, 미주 동포사회 및 독립운동과의 관계에 대한 연구를 이끌어내는 데 목표를 둔다.

---

71) 필자는 1999년 한림대학교 아시아문화연구소 자료총서 27로 《우라키》 1~7호를 2권으로 묶어 발간하면서 〈해제〉를 썼다. 1996년 하버드대학 Harvard-Yenching Library에서 일곱 권 가운데 여섯 권을 보고, 국내 도서관에서 한 권의 결본을 찾아 완질을 만들어 묶어 펴낸 것이다. '우라키'라는 말은 Rocky 산맥의 한글 발음에서 나왔다. 초기 이민자들이 'R' 발음을 제대로 내려고 '우' 또는 '으'라는 말을 앞에 붙여 발음하였는데, 이것도 마찬가지다.

2. 북미조선유학생총회

1) 유학생회 결성과 조직

1900년대에 들어 이강李剛·이승만李承晚·하란사河蘭士·朴에스터·신흥우申興雨[72] 등이 유학길에 오르면서 서서히 유학생 수가 늘어나기 시작했다. 1910년에 30여 명 선에 머물던 유학생 수는 3·1운동이 일어난 1919년 대학 및 전문학교생 77인으로 빠르게 늘어났다.[73] 일본 근대화의 근원지를 찾는 유학생의 발길은 미국으로 향했다. 이제 신문화의 수입선이 현해탄을 건넜다가 다시 태평양을 넘어간 것이다.

1910년대 미국에 한인 유학생들이 증가하면서 소규모의 유학생 모임이 등장했다. 이것이 여러 지방에서 각각 학생회 조직으로 나타났다. 그러다가 1918년 전체 미주美洲 학생기관의 통일을 추진하는 움직임이 나타났다. 오하이오주 몇 지역 대학생들이 모여 논의하고, 미주에 한인유학생회를 조직하기로 결의하였다. 그 결과 1919년 1월 1일에 오하이오주립대학에서 재학생들이 중심을 이루어 이 유학생회를 조직한 것이다.

1차 회장에 이춘호李春昊가 선출되고, 본부를 워싱턴 시에 두었다. 그들은 《영문월보英文月報》 간행을 결의하고, 3호까지 출간하였다. 이는 국내 소식을 국제사회에 알리는 것을 목적으로 삼았는데, 3·1운동에 고무된 것이라는 추측은 어렵지 않다. 그러나 하계방학으로 이 회보 출간이 어렵게 되자, 유학생회는 서재필과 논의하여 그에게 발간을 맡기자고 결정하였다.[74] 이밖에도 양주삼梁柱三의 《대도보大道報》, 박용만朴容萬의 《영문학생보英文學生報》도 발행되었으나, 모두 곧 정지되고

---

72) 李柄斗, 〈美州留學生及留學生會略史〉, 《우라키》 창간호, 1925, 165쪽.
73) 李柄斗, 〈北米留學生會十年間成功과 將來希望〉, 《우라키》 4호, 1930, 9쪽.
74) 李柄斗, 〈美州留學生及留學生會略史〉, 《우라키》 창간호, 1925, 165쪽.

말았다.[75)]

유학생회가 출범하던 1919년에는 연락의 어려움과 여러 가지 사정으로 미국 동부 지역의 유학생들만이 여기에 참가하였다. 워싱턴 시에둔 본부는 2년 뒤 1923년 중부 지역 시카고로 옮겼다. 시카고 시대에들면서 유학생회는 크게 발전하였다. 1923년 6월 시카고에서 제1차미주유학생대회가 소집되어 성황을 이루었고,《학생보》출간을 결정한일이 그러한 증거이다.[76)] 이어서 다음해 6월 11~14일에 제2차 미주유학생대회가 에벤스톤에서 열리면서 이러한 회의가 정례적으로 열리게 되었다.[77)]

5, 6년 동안 노력한 결과 서부 지역 및 하와이 지역 학생까지 본회에 참가하여 미국내 유일한 학생조직으로 발전하였다.[78)] 그 결과1920년대 중반(1925)에 300여 명의 대학생과 150여 명의 소학 및 중학생이 산재하였다.[79)] 그리고 유학생회 출범 이후 10년이 지난 1929년에는 미국과 하와이, 캐나다에 있는 유학생은 중학과정을 포함하여472명이나 확인되는데, 그렇지 못한 학생까지 합치면 500명이 넘을것이다.[80)]

유학생회의 조직은 중앙과 지방의 것으로 나뉘었다. 중앙 조직은 미국 정부의 형태를 모방하여 의회와 행정부 기능에 해당하는 이사부理事部와 행정부行政部를 두었다.[81)] 처음부터 이렇게 조직을 갖춘 것은 아니다. 1919년 출범 직후의 조직에 대해서는 자료를 확인할 수 없는데,1924년 들어서도 과도기적 상황을 보인 점으로 보아 그 뒤에야 조직이 제대로 갖추어진 것 같다. 시카고로 옮긴 1923년 이후 2~3년 동안

---

75) 앞과 같음.
76) 앞과 같음.
77) 앞과 같음.
78) 張世雲,〈留米學生總會의 過去十年을 回顧하면서〉,《우라키》4호, 1930, 5쪽.
79) 李柄斗,〈美州留學生及留學生會略史〉,《우라키》창간호, 1925, 165쪽.
80)〈留米學生統計〉,《우라키》4호, 1930, 153쪽.
81) 張世雲,〈留米學生總會의 過去十年을 回顧하면서〉,《우라키》4호, 1930, 6쪽.

조직의 확대 개편이 이루어졌다.

1925년부터 조직은 확실하게 행정부와 이사부로 이원화되었다. 행정부에는 회장을 비롯하여 총무, 서기가 있고, 재정ㆍ사교ㆍ체육ㆍ편집ㆍ영업부 등 5개 부서가 소속되었다. 그리고 이사부에는 이사장, 부이사장과 15명의 부원이 소속되었다.[82]

다시 1927년에는 행정부가 강화되었고, 이사부 부원들이 지방별로 배정되는 변화를 보였다. 행정부에 사교부장을 없앤 대신에 사회부장과 종교부장을 보태 모두 6개 부서로 키웠다. 그리고 이사부에는 이사장과 부이사장 아래에 서기를 두고, 12명의 부원을 두었는데, 그 가운데 8명은 뉴욕ㆍ프린스턴ㆍ보스턴ㆍ오하이오ㆍ시카고ㆍ아이오와ㆍ휴런ㆍ캘리포니아의 지역별 대표로 구성되었다.[83] 이에 이르러 조직 체계가 정형화된 것이다.

1930~1931년도 유학생총회 임원 개선에서 보인 조직상의 특성은 '대여기본금 임원부'가 생겼다는 점과 부장ㆍ재무ㆍ전무ㆍ부원 2명의 편제가 나타난 점이다.[84] 대여기본금이란 학비 조달이 급한 유학생에게 빌려주기 위해 자금을 모집한 것으로, 그 운용을 담당하는 부서를 만든 것이다. 그 뒤 조직이 자세하게 드러나지는 않지만, 대체로 이와 같았을 것이다.

유학생회의 지방조직은 지방회 명칭을 사용하였다. 각 지방 유학생들이 늘어나면서 자연스럽게 지방별로 지방회가 조직된 것이다. 자료에 보이는 지방회는 오벌린ㆍ보스턴ㆍ뉴욕ㆍ더뷰크ㆍ필라델피아ㆍ프린스턴 지방 학생회 등이지만,[85] 실제로 미국 전역에 걸쳐 많은 수의 지방회가 조직된 것으로 보인다. 1920년대 후반에 총회(年會)를 뉴욕(동부)과 시카고(중부)에서 열다가, 1930년에 들어서는 뉴욕(동부)ㆍ시카

---

82) 〈留美學生總會消息〉,《우라키》2호, 1926, 156~157쪽.

83) 위의 책, 134~135쪽.

84) 〈留學生會及留學生動靜〉,《우라키》4호, 1930, 160쪽.

85) 《우라키》2호, 1926, 회고 사진.

고(중부) · 샌프란시스코 · 로스앤젤레스 · 호놀룰루 등 4, 5개 지역에서 개최하였는데,[86] 이것이 바로 몇 개의 지방회가 모인 즉 지방 권역별 모임인 셈이다.

2) 유학생회의 중심인물

유학생회는 주로 대학생들로 구성되었다. 비록 통계치 속에 중등과정의 인원들이 등장하지만, 조직의 성원은 대학생이었고, 이에 준하는 신학교와 예술학교 학생도 소속되었다.

1925년의 임원진은 대리회장 겸 부회장 전경무田慶武(미시간주대학 졸업) · 총무 이명우李明雨(일리노이웨슬리안 졸업) · 조선문 서기 오한영吳漢泳(에모리대학) · 영문 서기 허진업許眞業(미시간대학) · 재정부장 송복신宋福信(미시간대학) · 편집부장 오천석吳天錫(코넬대학) · 부원 김도연金度演(콜럼비아대학)등 5명, 이사부장 장세운張世雲 · 이사 권태용權泰用(캘리포니아 로스앤젤레스 실업대학) 등 11명이었다.[87]

1926년도 임원진은 행정부에 회장 조희염曺喜炎(시카고대학 박사원) · 총무 노준탁盧俊鐸(서북대학 학사원) · 서기 박정화朴晸華(서북대학 학사원) · 재정부장 김훈金壎(크레인대학 상과) · 사교부장 김창준金昌俊(깨렛신학교) · 체육부장 이용설李容卨(병원실습) · 편집부장 오천석吳天錫 · 영업부장 황창하黃昌夏(시카고대학 상과) 등이었고, 이사부에 이사장 장세운(시카고대학 박사원) · 부이사장 장덕수張德秀(콜럼비아대학 박사원) · 부원 장리욱張利郁 등 15명이었다.[88]

1928년 임원진은 행정부에 회장 장세운(시카고대학) · 부회장 장덕수(컬럼비아대학) · 총무 오천석(서북대학) · 서기 최경식崔慶植(서북대학) · 박

---

86) 張世雲, 〈留米學生總會의 過去十年을 回顧하면서〉, 《우라키》 4호, 1930, 6쪽.

87) 〈留美朝鮮學生總會任員(1924-1925)〉, 《우라키》 창간호, 1925, 164쪽.

88) 〈留美學生總會消息〉, 《우라키》 2호, 1926, 156~157쪽.

원규朴元圭(서북대학) · 재무부장 김학수金學洙(시카고대학) · 영업부장 김
훈(되풀대학) · 편집부장 오천석 · 사회부장 황창하(컬럼비아대학) · 체육
부장 윤치영尹致暎(컬럼비아대학) · 종교부장 장세운(시카고대학) 등이었
고, 이사부에 이사장 김양수金良洙(컬럼비아대학) · 부이사장 노준탁(서북
대학) · 서기 이정근李正根 · 부원 한경직韓景職(프린스턴 지방) 등 12명이
었다.[89]

　1930∼1931년도 임원은 행정부에 회장 이훈구李勳求(미국농무성) ·
부회장 장세중張世重(시카고대학) · 총무 최경식(시카고대학) · 기록서기
한정인韓鼎寅(시카고대학) · 통신서기 허규許奎(서북대학) · 재정부장 김세
선金世璇(서북대학) · 사교부장 오천석(콜럼비아대학) · 종교부장 박인덕朴
仁德(콜럼비아대학) · 운동부장 신형철申瑩徹(남가주대학) · 편집부장 이훈
구李勳求 · 영업부장 김훈金壎(서북대학) 등이고, 이사부에 회장 金마리
아(뉴욕대학) · 부회장 김인준金仁俊(시카고장로교신학교) · 서기 노재명盧
在明(콜럼비아대학) · 이사 주원섭朱元燮(남가주대학) 등 12명이었다. 그리
고 대여기본금 임원부에 부장 이훈구 · 재무 김세선 · 전무 오천석 등
이 포진하였다.[90]

　1935∼1937년 회장 김용택金容澤(혹은 제濟, 서북대학) · 부회장 장덕
수(콜럼비아대학) · 총무 허진업(콜럼비아대학박사원) · 기록서기 길진주吉眞
珠(시카고대학, 여) · 통신부서기 곽정순郭鼎淳 · 재무부장 한순교韓舜敎 ·
편집부장 김태선金太線 · 영업부장 김창수金昌洙 · 종교부장 김치선金致
善 · 운동부장 안수산安水山 · 이사원장 조승학曹承學 등이었다.[91]

---

89) 〈留米學生總會消息〉,《우라키》3호, 1928, 134∼135쪽.

90) 〈留學生會及留學生動靜〉,《우라키》4호, 1930, 160쪽.

91) 〈留學生界消息〉,《우라키》7호, 1936, 99쪽. 이후에도 유학생회가 존재했지만, 이
　잡지가 더 이상 발간되지 않아 임원진의 내용을 확인하지 못하고 있다. 새로운 자료의
　발굴을 기대하고 있다.

3) 활동

유학생회는 1년에 한번씩 정기적으로 매년 6월 하기방학을 이용하여 연회年會를 열었다.[92] 처음에 2, 3년 동안 연회를 시카고 시에서만 열다가 뉴욕(동부)과 시카고(중부)에서 나누어 개최하였고, 1930년에는 뉴욕(동부), 시카고(중부), 샌프란시스코, 로스앤젤레스, 호놀룰루 등 4, 5개 지역에서 권역별로 개최하였다.[93]

연회는 중요문제를 토의하고, 강연회를 가졌다. 예를 들어 1925년 제3회 연회는 6월 18부터 4일 동안 시카고 하이드파크 교당에서 열렸는데, 50여 명이 참석하여 회의를 가졌다. 첫날에는 스미스박사(시카고 대학 교수), 의사였던 에비슨와 서재필의 연설이 있었고, 둘째 날에 각부 전년도 사업성적 보고·사무처리·소풍·안창호 연설(주제 : 조선학생)이 있었으며, 셋째 날에 정구회와 강연회(유한신론有限神論에 대하여-김혜련金惠蓮, 교육敎育의 제일의의第一意義-김여제金輿濟, 우리의 목적과 계획-안창호)가, 넷째 날에 또 다시 안창호의 세 번째 연설이 있었다.[94]

1927년 제5회 연회는 동부(뉴욕), 중부(시카고), 서부(로스앤젤레스) 세 지역으로 나뉘어 열렸다. 당시 국가 안팎에 걸쳐 유일당운동, 신간회 등의 좌우합작이 추진되고 있었는데, 유학생회도 이 문제를 깊이 논의하였다. 그리고 그들이 선언과 결의문을 작성하여 배포하였는데, 민족운동 촉성을 위해 민족주의와 사회주의의 대단합을 촉구하는 내용이었던 것 같다. 또 이 회의는 상하이 대한민국 임시정부와 '구미위원부歐米委員部' 문제도 논의하였고, 경제 문제로는 한미무역증진책, 종교로는 선교회 문제 등도 다루었다.[95]

유학생회는 재정적으로 어려움을 겪는 유학생을 위해 모금과 지원

---

92) 張世雲, 〈留米學生總會의 過去十年을 回顧하면서〉,《우라키》4호, 6쪽.
93) 위와 같음.
94) 〈留美學生總會消息〉,《우라키》2호, 1926, 155~156쪽.
95) 〈留米學生總會消息〉,《우라키》3호, 1928, 134쪽.

활동을 펼치기도 하였다. 처음에 그들은 '학생응급구제금'을 모금하였
다. 3회 연회는 재학생 가운데 재정 곤란으로 중도에 학업을 정지하
게 되는 경우나 불의의 사정으로 경제상 불안정하게 된 자에게 자금을
빌려주기 위하여 학생응급구제금을 모았다. 그 자리에서 기부금액이
220불에 이르고 그 뒤로도 활동을 이어 나갔다.[96]

 그러다가 이 제도를 '대여기본금'으로 바꾸었다. 이것은 기본금을 만
들어놓고 우리 고학생 중 응급한 경우를 당할 때 빌려 주기 위한 것이
다. 제3회 기본금 모집의 성적은 동부대회에서 129불, 중부대회에서
60불, 서부대회에서 20불, 총합 209불이었다.[97] 1929년에는 대여기
본금이 약 6, 7백 달러(약 1천 3, 4백원圓)로 늘어났다.[98]

 유학생회는《우라키》외에도 다른 잡지를 발간하였다. 그들은《영문
월보英文月報》를 매년 1회씩 발간하여, 과학적으로 '우리반도'를 세계에
소개하고자 노력하였다.[99]《우라키》가 국내 동포를 주된 대상으로 삼
았다면,《영문월보英文月報》는 유학생 자신과 외국인을 위한 홍보용으
로 제작된 것 같다. 이외에도《코리안학생소식보》(영문)와《코리안학생
일람표》(영문) 등이 발행되기도 하였다.[100]

 유학생회는 국제사회 활동에도 활발하게 참여하였다. 1922년부터
만국기독청년회 학생부에서 미국에 유학하는 우리 학생을 위하여 총무
1인을 두기로 하였는데, 제1차 총무에 박준섭朴俊燮이 뽑혀 1년 동안
근무하고, 후임에 염광섭·이병두李柄斗 등이 이를 이어 나갔다.[101] 또
미국학생대회에 대표를 파견하였다. 1925년 1월 인디애나주 인디애나
폴리스에서 열린 미국학생대회에 한국 학생 26명과 선교사 16명이 참

---

96) 〈留美學生總會消息〉,《우라키》2호, 1926, 156쪽.
97) 〈留米學生總會消息〉,《우라키》3호, 1928, 134쪽.
98) 張世雲, 앞의 글,《우라키》4호, 6-7쪽.
99) 張世雲, 위의 글, 7쪽.
100) 위와 같음.
101) 李柄斗, 〈美州留學生及留學生會略史〉,《우라키》창간호, 1925, 166쪽.

가하였다.[102] 1932년에는 버팔로에서 개최된 학생지원대회에 한국 대표를 보내고,[103] 1935년 무렵에는 시카고동양학생대회에 고황경高凰京이 참석하여 한국 문제를 발표하기도 했다.[104]

그리고 외국학생회와 친선 연락 관계를 맺기도 했다. 특히 연회에는 중요 임원을 내빈으로 초빙하였다. 그리고 학생조직 외에도 필요한 기관과는 친선 관계를 유지하였는데, 특히 북미기독청년회외국학생친우회와 친선 관계를 맺고, 이를 통해 새로 도착한 유학생의 입학증서 주선과 대학 소개 및 장학금 알선 등에 노력하였다.[105]

3. 《우라키》 발간과 중심인물

앞에서 언급했던 것처럼 《우라키》라는 제호題號는 로키Rocky 산맥을 가리키는 것인데, 편집자는 그 이유를 다음과 같이 밝혔다.

1. 우라키는 북미 대륙의 척골脊骨이다. 따라서 북미에 있는 우리 유학생총회를 우라키 3字가 잘 표상表象할 수 있다는 것이다.
2. 영어 본의本意대로 암석이 많다함이니, 북미에 유학하는 우리 학생들의 험악한 노정을 우라키란 말이 잘 묘사한다는 것이다.
3. 본지의 특징을 말함이니, 본지는 우라키 산과 같은 순결純潔·장엄莊嚴·인내忍耐 등의 기상氣象을 흠모한다는 말이다. 그래서 우리 기자들은 유미학생잡지留美學生雜誌의 이름을 우라키라고 불렀다.[106]

---

102) 〈雜記消息〉, 《우라키》 창간호, 1925, 170쪽.
103) 《우라키》 6호, 1933, 회고사진
104) 〈留學生界 消息〉, 《우라키》 7호, 1936, 96쪽.
105) 張世雲, 〈留米學生總會의 過去十年을 回顧하면서〉, 《우라키》 4호, 1930, 7쪽.
106) 《우라키》 2호, 편집후기(현재의 맞춤법에 맞게 고친 문장이다).

이 책은 물론 유학생들의 잡지요 기관지였다. 그러나 발간 목적은 그들의 기관지 성격보다는 국내 동포들에 대한 계몽적 성향을 더 강하게 갖고 있었다. 그 이유는 미국에서 편집된 원고를 국내에 보내 인쇄하여 국민들에게 배포하도록 했고, 창간호의 권두언에서 "고향에 대한 정을 기록한 편지요", "부모 형제에게 드리는 예물"이라고 밝혔기 때문이다.[107] 특히 다수의 계몽적 논단, 유학 예비자에게 필요한 정보 제공 및 유학생계의 동향 소개 등이 내용의 주류를 이룬 것도 그러한 점을 말해준다.

편집자는 창간호 편집후기에서 이 책의 편집 방향에 대해 '사실의 중시, 진리의 추구, 순박하고 온건한 학생'이라고 밝혔다.[108] 물론 이러한 약속이 이 책의 출판 허가를 얻어 내기 위해 필요한 것이기도 했지만, 사실상 국내 인쇄와 반포를 통해 대중을 계몽하려면 그 길밖에 없었을 것이다. 때문에 논지가 온건하고 소극적이었다는 비판을 면할 수는 없다. 이러한 비판에 대해 그들은 "본지本誌는 본래 진리를 탐구하는 학생회의 기관지로 내용이 건조할 것을 기약하였던 것이다. 순간적 자극과 흥분을 주는 포도주보다 질박한, 그러나 실實있는 밥을 만들려는 것이다"라고 그들의 자세를 미리 분명히 해두었다.[109]

《우라키》편집은 당연히 편집부원의 몫이었는데, 그 진용은 시기에 따라 변하였다. 편집부장(혹은 총편집, 주필)은 4호까지 오천석吳天錫이었고, 전영택田榮澤·정일형鄭一亨·김태선金太線 등이 5호에서 7호까지 담당하였다. 편집진은 편집부장을 포함하여 5명에서 7명 사이였고, 대체로 5개 분야로 나누어 편집을 맡았는데, 종교철학·교육·사회과학·자연과학·문예·기사 등으로 구성되었다. 편집부원으로 가장 오랫동안 활약한 인물은 장세운張世雲인데, 유학생회 본부가 있던 시카고

<hr>

107) 〈권두언〉,《우라키》창간호, 1925.
108) 〈編輯餘言〉,《우라키》창간호.
109) 〈인쇄소로 보내면서〉,《우라키》2호.

대학에 재학하고 있어서 그랬던 것 같다. 그는 확인되지 않는 2호에서도 활동한 것으로 추측되는데, 그렇다면 처음부터 끝까지 활약한 셈이다. 편집부의 구성원 내용은 다음의 〈표〉와 같다.

〈표〉《우라키》편집부 구성원

	주필, 편집부장	편 집 부 원
1호	오천석吳天錫	김도연金度演, 김활란金活蘭, 류형기柳澄基, 장세운張世雲, 황창하黃昌夏
2호	오천석	황창하(1명만 확인됨)
3호	오천석	조희염曹喜炎, 장리욱張利郁, 김양수金良洙, 장세운, 최경식崔敬植
4호	오천석	김영희金永羲, 이훈구李勳求, 장세운, 최경식
5호	전영택田榮澤	염광섭廉光燮, 최경식, 장세운, 한승인韓昇寅, 임영빈任英彬, 한세광韓世光
6호	정일형鄭一亨	한승인, 장세운, 번영노卞榮魯, 김세선金世璇
7호	김태선金太線	장덕수張德秀, 강용흘姜鏞訖, 장세운, 문장욱文章郁, 고황경高凰京

필진은 미국유학생이 주류를 이루었다. 이밖에 유학생 출신으로 미국이나 한국에서 활동하고 있던 인물, 그리고 재미 한인사회의 지도층도 있었다. 또한 한국을 이해하고 있던 미국 교수들의 글이 게재되는 경우도 더러 있었다.

미국에서 편집된 글을 받은 국내의 발간 진용은 이를 조선총독부에 제출하여 사전 검열을 얻은 뒤 인쇄하였다. 창간호의 경우는 1925년 2월 상순에 원고가 도착하자 조선총독부에 허가원을 제출하였고, 5개월이나 지난 7월에 가서야 허가를 받아 9월에 출판할 수 있었다. 국내의 편집 겸 발행인은 1, 2호에 South Dakota Western University와 Northwestern University 출신인 안동원安東源(이화여자전문학교 교수)이었고, 3호 도이명都伊明(미국인), 4호 피시어皮時魚(연희전문학교), 5호 방인근方仁根(월간《신생新生》편집장), 6호 오천석吳天錫, 7호 김명선金鳴善(세브란스의학전문학교) 등이 뒤를 이었다. 인쇄소는 조선기독교창문사인쇄부朝鮮基督敎彰文社印刷部(1~3호), 대동인쇄주식회사大東印刷株式會社(4호), 한성도서주식회사漢城圖書株式會社(5~7호)였다. 오천석은 1~4호까지 편집부장이나 주필로 활동하다가, 6호에는 발행인이 되었다.

발간 시기는 당초 정해지지 않았다. 편집인들이 처음부터 시기를 정해두고 억지로 거기에 맞추려 하지는 않겠노라고 미리 밝혀두었다. 그렇지만 그들은 암묵적으로는 연간年刊을 계획했던 것 같다. 1925년 이후 1926, 1928, 1930, 1931, 1933, 1936년에 7호까지를 발간했으므로 그렇게 생각된다. 글도 글이지만 경제적인 부담이 정기간행물로 발간하는 데 큰 장애 요소가 되었을 것이다. 특히 7호는 3년 만에 발간된 것으로 경제난, 원고난과 함께 간부의 교체, 세계 경제공황 때문에 크게 늦어진 것이었다.

이 책의 발간 경비를 마련한 방안은 구체적으로 드러나지 않는다. 이 책이 판매용이었던 만큼, 판매 대금·광고비·유학생회비·기부금 등이 재정의 주요 재원이었으리라 짐작된다. 판매 대금은 창간호가 50전이고, 그 뒤 55전에서 40전 사이를 오르내렸다. 그리고 책 판매를 위해 국내와 미국에 총판매처를 두었는데, 국내에는 서울 한성도서주식회사(1, 5, 6, 7호)·종교교육협의회 도서판매소(3호)·박문서관博文書館(4호)·평양의 광명서관光明書館(1호) 등이, 미국에서는 시카고대학에 있던 북미조선학생총회본부가 그것이었다.

4. 《우라키》의 내용 구성과 성향

1) 내용 구성

책의 크기는 4·6배판인 6호를 제외하고는 모두 국판이다. 분량은 151쪽에서 219쪽 사이인데, 대체로 180쪽 안팎이었다. 6호는 크기가 달라서 89쪽이었으나, 실제 내용 분량은 비슷하였다.

광고는 대개 발간 때마다 20여 편에서 30여 편 정도를 확보하였다. 한 면 전부를 차지하는 큰 광고도 있고, 여러 인물들이 협찬했을 경우에 하나의 테두리 속에 잘게 칸을 만들어 이름을 적어 넣기도 했다. 미국의 광고는 재미동포 실업인이나 홍사단·국민회 등 단체와 교회 등이, 국내의 그것은 신문사·잡지·교회서적·학교·제약회사 등이 각각 주류를 이루었다.

책의 표지는 다양한 도안으로 구성되었다. 그 다음에 목차와 광고를 앞쪽에 두고, 사진과 권두언(머리말)이 뒤를 이었다. 다음으로 5개 정도의 분야로 주제를 나누어 편집했으며, 그 뒤에는 유학생회와 동포사회의 소식, 편집후기를 배열하고 마지막으로 다시 광고를 실었다. 주제 분야는 사회과학·자연과학·종교철학·교육·문예·기사 등이었는데, 경제공황이 몰아닥친 1930년대 이후로 경제면이 사회과학에서 독립하여 한 분야를 이루었다. 그리고 각 호마다 특집을 마련함으로써 기획 발간의 성격을 보였다.

유학생회 소식은 총회 경과내용을 비롯하여 유학생 수 증감·유학생 소속 학교·졸업과 논문·귀국자 소식 등이 다양하게 소개되고, 동포사회에 대해서는 교포들의 지역별·직업별 통계 등을 제시하였다. 그리고 매호마다 유학을 예비하는 이들에게 필요한 정보를 제공함으로써 훌륭한 길잡이 구실을 하였다.

1925년 9월에 발간된 창간호는 미국에서 박사학위를 처음 받은 이승만李承晩을 비롯한 박사학위 소지자 세 사람의 글을 앞세웠고, 유학생사회 문제·조선 문화 보존·조선의 공업·과학과 종교·사회와 교육·산업의 과학적 경영·화공학·미국 학생들의 생활과 예절 등에 관한 학설이나 논설·문예 작품 등을 게재하였다. 그리고 뒤에 재학생과 졸업생의 통계, 유학생과 유학생회의 약사를 정리하였다. 또 중간에 미국에 처음 도착하여 겪은 웃음거리들을 소개하고 있는데, 이 주제가 계속 연재되었다.

2호는 1926년 9월에 발간되었는데, 권두언과 유학생 일반(3편), 종교 · 철학 · 과학(6편), 의학 · 교육 · 사회 · 산업(8편), 문예 · 산화散話, 영문부(2편, 1편은 삭제) 등 5분야로 나누었다. 유학생의 전공별 통계 · 불교 · 사회주의자의 반기독교운동 · 진화론 · 과학과 종교 · 연금술 · 결핵 · 의학과 민중 · 미국 중등교육 · 미국준비은행제도 · 세계면화와 조선 · 고무공업과 인조고무 · 행복한 가정 등이 논제로 다루어졌다. 이어서 문예와 재미동포의 실업 상황이 자세하게 파악되어 있다.

3호는 1928년 4월 간행되었다. 이 책은 앞의 것과는 달리 논설 · 학설 · 취미 · 기사 등 네 분야로 구분하였다. 논설에서 앙케트 설문조사 방법을 사용하여 미국 문명에 대한 유학생의 감상을 조사하였고, 서양 문명과 조선의 장래 · 유학생의 신앙생활 · 조선 여자와 직업 문제 등이 게재되었다. 학설은 수리학 · 인류사회 · 생산과 보수 · 미국 농촌의 인구 감소 · 아동의 영양 · 미국 가정 등이 주제로 등장했다. 그리고 3호부터 미국 각지의 유명한 대학을 소개하기 시작했는데, 첫 순서로 하버드대학을 다루었다.

4호는 3호를 발간한 뒤 2년 만인 1930년 6월에 나왔다. 이 4호는 '류미학생총회십주년기념호'로서 219쪽이나 되는 특별호였다. 〈북미유학생총회십주년에 제際하여〉, 〈외국인이 관찰한 금일 조선의 요구〉, 〈연구〉, 〈소개〉, 〈언론〉, 〈문예, 취미〉, 〈잡기〉, 〈부록〉 등으로 구성되었다. 〈북미유학생총회십주년에 제際하여〉에서는 먼저 유학생에 보내는 이승만과 서재필의 글을 싣고, 〈외국인이 관찰한 금일 조선의 요구〉에서는 한국을 알고 있는 미국인 교수 3명이 한국인에게 바라는 것을 서술하였다. 그리고 〈연구〉는 무선전無線電 · 인종 차이와 성장 등 5편을 게재하였다. 〈소개〉란은 4호의 특집으로 미국의 철학계 · 정치계 · 종교계 · 실업계(소매상업) · 사회계(도시생활) · 교육계 · 음악계 등을 다루었다. 이와 함께 동포사회에서 각광 받던 디트로이트의 정안주식

회사鄭安株式會社를 성공사례로 소개하였다. 다음으로 〈언론〉은 교육학
상 조선의 장래 · 조선 산업화 등을 담고 있고, 〈문예 취미〉란은 시와
단편소설 · 수필 등을 게재하였다. 이어서 〈잡기〉는 유학생회의 동정과
최근졸업생, 유학생 통계 등을, 끝으로 〈부록〉에서는 미국유학안내요
람과 조선대미국무역십년사朝鮮對美國貿易十年史, 미국유학생 박사논문
제博士論文題 일람 등을 담았다.

5호는 1931년 7월 발간되었는데, 경제와 문화에 중점을 두어 편집
되었고, 공황에 대한 분위기를 잘 나타내 주었다. 먼저 최근에 박사 학
위를 취득한 조응천曺應天 · 최윤호崔允鎬 · 오천석吳天錫을 사진과 함께
소개하고, 논단과 특집 및 창작문예를 다루었다. 이 5호의 특집은 〈고
국사회故國社會에 대한 비판과 충언〉이었다. 그 내용은 조선교육계 ·
종교계(기독교계) · 실업계 · 의학계(의료계) · 청년계 · 문단에 보내는 비
판과 충고로서, 조선사회가 극복해야 할 당면한 문제에 대한 해결책을
제시하였다.

논단은 24편이 게재되었다. 주된 것을 보면 달러 정책의 전개 · 자
본주의資本主義 실업완화책 · 미국의 직업교육 · 농촌사회조직 · 미국 사
회주의운동 · 미국의 빈부 · 미국 부호의 본질 · 미국의 신문왕新聞王 ·
미국의 여류 사회사업가 · 현대 미국 대중시인大衆詩人 연구 · 미국 소
설계 등이었는데, 주로 경제 사회문제에 집중되었다. 한편 문단에 많
은 글이 실렸는데, 특히 미주 한인문단에 1929년 이후에 등장한 프로
문예와 기성문예 사이의 설전과 이에 대한 비평을 담은 글이 발표되어
주목할 만하다.

6호는 5호 발간 이후 1년 반이 지난 1933년 1월에 나왔다. 논단은
상당히 심도 깊은 글로 구성되었는데, 국제연맹과 장래 · 미국의 이민
사 · COSMIC RAYS의 신학설 · 실업정책론實業政策論 · 수학數學의 유
래와 임무 · 미국 인구 통계 · 전시電視(TELEVISION) · 북미토인北米土
人 인디안 연구 · 미술과 조선 여자의 의상 및 화장 · 미국 의학교醫學校

제도 · 올림픽대회 소식 · 영문학 형식론 · 시대의식과 농민문예 등으로 구성되었다. 〈후진학우後進學友에게 보내는 메시지〉와 〈북미고학생 활백경집北米苦學生活百鏡集〉이 6호의 특집이었다. 특히 눈에 띄는 글은 앞서 말한 〈金마리아전論〉 외에 〈'김활란씨박사논문촌살金活蘭氏博士論文寸殺'과 '박인덕여사이혼朴仁德女史離婚에 대한 사회비평社會批評'을 읽고〉라는 글과 〈시대의식時代意識과 농민문예農民文藝〉라는 글이다. 전자는 조선에서의 전통적인 여성 비하의 문제와 카프문학에서 보이는 계급문제를 논박했으며, 후자는 조선의 대중문예가 '농민문예'라야 한다는 당위성을 제시하였다.

7호의 특색은 북미 유학에 대한 저명인사의 바람과 유학시절 회고를 주제로 한 설문 2제와 영미문예 특집이다. 국제경제 관계의 글들이 다수를 차지하였고, 세계 정세를 풍자하는 만화가 대거 게재된 점도 특이한 것이었다.

학설로는 국제경제 위기와 전망 · 토지경제와 조선 · 소비경제의 중대성 · 과학철학의 반동성 · 교육제도 비판 · 미국 신문 판매 정책 · 박테리오파지Bacteriophage의 성상性狀 · 미국의학계 · 서양음악 등의 글들이 게재되었다. 소비경제의 중요성을 강조한 글과 서양음악 예비자들에게 주는 안익태安益泰의 교훈이 눈에 띈다. 문예란은 〈영미문예특집〉을 마련하여 영미문호화보英米文豪畫報(버나드 쇼 등 8명의 사진) · 영미문단의 좌익문학과 그 성장 · 구라파문단현세歐羅巴文壇現勢 · 현대영국문단의 추세 · 영미문단만필英米文壇漫筆 · 영미시대표작선집英米詩代表作選集(10명의 11작품) · 영미창작선역英米創作選譯(소설 4편) 등을 담았다. 이와 함께 부록에 영미문단문예가인명사전英米文壇文藝家人名辭典(一)을 덧붙이기도 하였다. 한편 한인 여류 작가의 수필 3편이 〈해외여류수필〉란으로 마련된 것도 특색 가운데 하나였다.

2) 글의 성향과 한계

글의 주제는 매우 다양하였다. 편집 자체가 종교철학·교육·사회
과학·자연과학·문예·기사 등의 분야로 나뉘어 이루어졌기 때문에
다양한 내용이 소개되었다. 그 가운데 장차 우리가 수입해야 할 제도
가 많이 소개되었다. 대체로 필자들이 전공 분야에 관해 글을 집필했
기 때문에 첨단의 세계를 소개하였다. 물론 오늘의 시각에서 보면 그
렇지 않지만 당시 국내에 있던 한국인으로서는 도저히 상상할 수 없는
세계가 소개된 것이다. 특히 텔레비전(전시電視),[110] 무선전無線電,[111] 화
공학,[112] 박테리오파지Bacteriophage[113] 등을 소개한 과학 분야는 더욱
그러했다.

다음으로 국제 정세와 민족문제를 다룬 것도 흥미롭다. 일본이 만
주를 침공하고, 이에 대해 국제연맹의 조사단이 파견되는 상황이었는
데, 이 글은 국제연맹이 가진 한계를 잘 짚어 냈다.[114] 그리하여 이 글
은 간접적으로 국제 정세가 일제의 침략 정책을 제어하지 못한다는 사
실을 국내 동포들에게 전달하였던 것이다.

다음으로 당시의 경제 문제와 정책에 대한 글이 많이 게재되었다.
주된 글에는 산업경영,[115] 한국 공업,[116] 은행제도,[117] 면화공업,[118] 고

---

110) 曹應天, 〈電視(TELEVISION)〉, 《우라키》 6호, 1933, 26~29쪽.
111) 曹應天, 〈無線電의 原論〉, 《우라키》 4호, 1930, 15~19쪽.
112) 金正殷, 〈化學旅行談〉, 《우라키》 창간호, 1925, 103~109쪽.
113) 李桂元, 〈빡테리오페-지의 性狀(Nature of Bacteriophage)〉, 《우라키》 7호, 1936, 54-63쪽.
114) 리묘묵, 〈國際聯盟의 過去現在及將來〉, 《우라키》 6호, 1933, 4~7쪽.
115) 金度演, 〈산업의 과학적 경영에 대한 고찰〉, 《우라키》 창간호, 1925, 97~102쪽.
116) 白一圭, 〈朝鮮工業의 歷史的 硏究〉, 위의 책, 45~53쪽.
117) 黃昌夏, 〈美國聯合準備銀行制度略述〉, 《우라키》 2호, 1926, 96~102쪽.
118) 李敬華, 〈世界의 棉花種類와 産出及朝鮮〉, 위의 책, 103~111쪽.

무공업,[119] 미국 달러 정책政策,[120] 실업失業문제,[121] 생산과 분배 정책,[122] 국제경제 현상,[123] 한국의 토지경제[124] 등이 있었다. 경제에 대한 분석이나 제국주의 아래에 신음하는 국가와 민족으로서 받아들일만한 소비경제학,[125] 미국의 갖가지 경제운용 방안 및 여성 직업 문제[126] 등 다양한 분야의 글이 발표되었다.

사회문제로 사회와 교육,[127] 도시화와 농촌현상,[128] 농촌사회,[129] 미국 이민의 역사,[130] 한국의 여성편견 문제[131] 등에 관한 글들이 게재되었다. 교육에 대해서는 미국의 중등교육으로부터 의학교육 제도까지 다양하였고,[132] 기독교와 신앙에 관해서도 많은 글들이 실려 있다.

《우라키》에 나타난 유학생들의 사상적 면모는 미국의 절대적인 영향으로 말미암아 대체로 기독교적인 종교철학과 자유민주주의가 주류를 이루었다. 따라서 기독교와 민주주의에 대한 글이 많았고, 그러면서도 더러 사회주의에 대한 애착을 갖고 이를 소개하기도 했다. 특히 미국 사회주의자들의 시위 장면 사진을 보여 주기도 했고,[133] 빈부 문제도

119) 金瀅楠, 〈고무工業과 人造고무의 발달〉, 위의 책, 112~115쪽.
120) 文章郁, 〈딸라 政策의 展開〉, 《우라키》 5호, 1931, 16~19쪽.
121) 韓昇寅, 〈資本主의 失業緩和策〉, 위의 책, 20~25쪽.
122) 韓昇寅, 〈實業政策論〉, 《우라키》 6호, 1933, 15~19쪽.
123) 文章郁, 〈國際經濟的 危機와 展望〉, 《우라키》 7호, 1936, 1~5쪽.
124) 金壎, 〈土地經濟와 朝鮮現象略論〉, 위의 책, 6~18쪽.
125) 高凰京, 〈消費經濟의 重大性〉, 위의 책, 1936, 19~26쪽.
126) 朴仁德, 〈朝鮮女子와 職業問題〉, 《우라키》 3호, 1928, 46~49쪽.
127) 金惠蓮, 〈社會와 敎育〉, 《우라키》 창간호, 1925, 78~81쪽.
128) 崔敬植, 〈衰退되는 米國의 농촌〉, 《우라키》 3호, 1928, 85~90쪽.
129) 友壤生, 〈農村社會組織에 對한 要素와 方法〉, 《우라키》 5호, 1931, 40~42쪽.
130) 高凰京, 〈米國의 移民歷史와 將來의 政策〉, 《우라키》 6호, 1933, 8~11쪽.
131) 極星, 〈'金活蘭氏博士論文寸殺'과 '朴仁德女史離婚에 對한 社會批評'을 읽고〉, 《우라키》 6호, 1933, 58~59쪽.
132) 黃仁植, 〈美國中等敎育〉, 《우라키》 2호, 1926, 89~95쪽. 崔允鎬, 〈敎育學上 立場에서 朝鮮人의 將來性을 論함〉, 《우라키》 4호, 1930, 90~95쪽. 崔濟昌, 〈美國醫學校制度와 그 內容〉, 《우라키》 6호, 1933, 60~62쪽. 曺承學, 〈敎育制度批判論〉, 《우라키》 7호, 1936, 33~39쪽.
133) 金浩哲, 〈最近米國社會主義運動〉, 《우라키》 5호, 1931, 74~77쪽.

다루었다.[134] 더욱이 재미사회문제연구회在美社會問題硏究會, 재미국흑
풍회在美國黑風會 등의 아나키즘을 표방하는 유학생의 면모도 나타나고
있다. 아나키즘에 대해서는 본문의 글이 아니라 광고에서 단체 이름과
이정대李廷大를 비롯한 중심인물이 소개되어 있다.[135]

《우라키》는 3호를 뺀 나머지 모든 호 마다 시와 수필, 소설, 비평들
을 게재하였다. 시 16편, 비평 2편, 소설 5편, 수필 6편, 기행문 1편,
일기 2편 등이고, 번역 소설과 희곡이 각각 1편씩 게재되었다. 이밖에
7호에는 〈영미문예특집〉을 마련하여 영미문학계의 추세를 정리하고,
몇 작품을 소개하였다. 그런데 국내 문단에 대한 요구와 그들의 경향
성에 대한 분석까지도 더러 시도하기도 했고, 후반기로 갈수록 프로문
학 냄새가 짙어지면서 국내 문학계에 대해 농민문예의 활성화를 요구
하고 나서는 경우도 생겼다.[136]

《우라키》의 내용은 전반적으로 1차 산업사회에서 2차 산업사회로
옮겨가고 있던 한국에 대해 2, 3차 산업사회를 향한 길을 제시한 것이
주류를 이루었다. 그러면서 이행 과정에서 나타나는 도시화 과정의 문
제, 실업 문제, 직업교육, 여성 문제 등에 관하여 많은 문제들을 보여
주면서, 이에 대한 극복책도 더러 제시하였다.

이러한 특성과 장점에도 불구하고 《우라키》가 안고 있던 한계점도
뚜렷하다. 무엇보다도 당시 우리 사회가 안고 있던 민족문제에 대해
정면으로 다룰 수 없었다는 점이다. 비록 그들이 내용에 주의하면서
글을 보냈지만 서재필의 글, 〈Opportunities for Korean Students〉
가 "당국當局의 기휘忌諱에 촉촉觸하여 삭제削除"되었다.[137] 또 3호에도 김
양수金良洙(컬럼비아대학 김약영金若嬰)의 글 〈여시아관如是我觀〉은 "당국

---

134) 가을, 〈美國의 富와 貧〉, 《우라키》5호, 1931, 78쪽. 張基永, 〈美國의 富豪의 本
     質〉, 위의 책, 79~80쪽.
135) 《우라키》4호, 1930, 뒤편 광고.
136) 李廷大, 〈文藝의 批評心에 對한 問題〉, 《우라키》5호, 1931, 159~161쪽. 李廷
     大, 〈時代意識과 農民文藝〉, 《우라키》6호, 1933, 80~83쪽.
137) 《우라키》2호, 1926, 111쪽.

의 기휘忌諱에 저촉되어 자에 전문을 삭제 발행하오니 조량照亮하시압"
이라는 사유와 함께 삭제되고,[138] 30~39쪽 자체가 생략되었다.

또 독립운동과 관련한 구체적인 용어는 직접 사용할 수 없었다. 즉
3호에 '북미대한인유학생총회 5년회年會' 안건에 대한 기사에도 "상해
上海○○정부政府○○○문제, 구미위원중歐美委員中○○○문제가 해외
문제의 중심, 해내海內에 대하여 민족운동촉성방침民族運動促成方針으로
절대 ○○를 목적한 민족과 사회 양주의兩主義의 단일체인 민주의회 설
치문제의 건"이라고 표현했던 것도 그러한 한계에서 나온 것이다.[139]

물론 발간 주체들은 이런 사실을 인정하고 있었다. 일제의 허가를
받아 국내에서 인쇄하여 배포한 것이므로 일정한 한계를 가지는 것은
오히려 당연했다. 때문에 그들은 미리 그러한 점을 내세우기도 했고,
그러다 보니 개량주의적이라는 비판을 피할 수 없는 것 또한 마땅한
일이었다.

이 책이 창간되자,《동아일보東亞日報》는 '재미유학생이 발행하는
과학잡지'라는 제목 아래 "미국에 있는 유학생총회에서는 그 기관지
《우라키》라는 것을 발간하였는데, 이 잡지는 순전히 재미유학생의 힘
으로 편집된 것으로 미국에 있는 명사들도 붓을 잡는 것인바, 잡지의
내용은 순전히 학계에 근거를 둔 과학잡지로 조선에서 처음 보는 훌
륭한 것이며 더욱 미국에서 편집하는 것 만치 더 귀한 것이라는데, 책
값은 오십전이오, 발매소는 시내 견지동 한성도서주식회사와 평양의
관후리館後里 광명서관光明書館이라더라"고 상당히 긍정적으로 보도하
였다.[140] 이후에 이 잡지에 대한 다른 기사를 찾기는 어려운데, 6호가
나왔던 1933년에 역시《동아일보東亞日報》가 그 주요 목차를 소개하

---

138)《우라키》3호, 1928, 29쪽.
139) 이 내용은 국내의 신간회와 중국에서의 유일당운동으로 나타난 좌우합작, 민족전
    선통일운동에 대한 논의를 의미한다
140)《東亞日報》, 1925년 9월 30일자.

기도 했다.[141]

5. 《우라키》의 가치

《우라키》는 근현대사 연구에 중요한 자료이다. 그럼에도 완질이 알려지지 않았다. 그래서 이 연구는 그 자료를 소개하면서 장차 유학생 사회와, 미주 동포사회 및 독립운동의 관련성을 규명하는 것을 목표로 삼고, 첫 단계로 잡지 내용 분석을 도모하였다.

앞으로 진행할 연구를 위하여 이 잡지가 담고 있는 자료적 가치를 결론에 대신하여 정리해 두고자 한다. 첫째, 이 잡지는 1910년대에서 1930년대 사이의 재미 한인 유학생회의 조직과 중심인물에 대한 정확한 정보를 제공해 주고 있다. 각 호마다 임원진의 면모가 그 직책과 더불어 소상하게 제시되어 있어서 그 변화 과정도 쉽게 알 수 있게 해 주고, 또 미국 여러 지역에 터를 잡은 지역별 지회 조직과 그 규모를 한눈에 파악할 수 있게 한다. 그뿐만 아니라 유학생 출신으로 국내에서 구성된 구미학우구락부歐美學友俱樂部와 같은 조직과 구성원의 면모도 알려주고 있다.

둘째, 유학생들의 동향 가운데 출신학교와 전공 내용을 알려 주고 있다. 학부과정과 대학원, 박사학위까지 누가 어느 과정과 어느 학교를 졸업했는지에 대한 종합적인 이해를 가능하게 해 준다. 그리고 시기별로 전공분야별 통계치를 산출할 수 있어 전공분야에 대한 유학생들이나 국내 인사들의 선호도를 가늠할 수 있다. 그것은 귀국 이후 유학생들의 사회 진출과도 직접적인 연관을 가지는 것이고, 특히 그들이 일제 말기나 해방 이후 국내 각 방면에 비중 있게 자리 잡은 경우가 많기 때문에 더욱 그러하다.

---

141) 《東亞日報》, 1933년 6월 10일자.

셋째, 그들이 가진 사상을 확인할 수 있다. 물론 국내 배포용이었기 때문에 한계가 있었지만, 행간의 뜻을 헤아리면 그들의 사상적 성향을 파악할 수 있다. 특히 아나키스트 단체인 흑풍회의 존재를 광고로 보여 주고 있어서 매우 흥미롭다.

넷째, 이 잡지는 유학생들의 활동만이 아니라 이민사 연구에도 많은 도움을 줄 것이다. 실제로 6호에는 '미국의 이민사'가 다루어져 있고, 미주 지역에 대한 한국이민사 연구에 도움이 될 만한 자료들이 여러 곳에 나뉘어져 있다. 또한 이 책에는 한국인만이 아니라 중국인과 일본인의 이민 동향도 분석되어 있고, 특히 미국 정부가 채택한 이민 정책의 변화도 쉽게 파악할 수 있는 자료가 담겨 있다.

다섯째, 광고에 보이는 동포사회의 모습도 중요한 사료로 인정된다. 우선 흥사단이나 국민회 등 동포사회의 조직과 임원이 광고에 등장하였고, 재미사회문제연구회, 흑풍회 등의 무정부주의 조직과 대표의 이름도 등장했다. 그런 인물들이 독립운동사와도 관련을 갖는 경우가 있었다. 예를 들자면, 광고에 나타나는 시카고의 Uptown Grill 총무 김경金慶은 바로 《백범일지白凡逸志》에 보이는 그 사람이다. 대한민국 임시정부의 재무장으로서 김구가 돌파구를 마련하고자 재미 동포들에게 개인별로 편지를 보내어 자금지원을 요청하였는데, 이에 응해 돈을 보내준 인물 가운데 한사람이었다. 김구는 "시카고의 김경 같은 이는 '집세를 주지 못해 정부 문을 닫게 되었다'는 보도를 보고, 즉시 공동회共同會를 소집하여 미화 200여 달러를 모금하여 보내준 일도 있었다"고 기록하였다.[142] 그 자금이 바로 한인애국단의 항일투쟁이었던 이봉창·윤봉길 의거에 사용되었다. 때문에 이들에 대한 연구는 재미동포 사회와 미주 지역 한인독립운동사, 대한민국 임시정부와의 관계 등에 대한 연구에도 많은 도움을 줄 것으로 생각된다.

---

142) 도진순 주해, 《백범일지》, 돌베개, 1997, 320쪽

찾아보기

618

624